民事法学の歴史と未来

田山輝明先生古稀記念論文集

【編集委員】
五十嵐敬喜
近江幸治
棚澤能生

成文堂

田山輝明先生

謹んで古稀をお祝いし

田山輝明先生に捧げます

執筆者一同

はしがき

　私たちが敬愛する田山輝明先生は、2014年1月21日に古稀を迎えられ、3月をもって早稲田大学をご退職されます。

　田山教授は、1962年に早稲田大学法学部へ入学され、1964年、在学中に司法試験に合格されました。しかし法曹の道へは進まれず、大学院へ進学して研究者になることを選択され、故野村平爾先生の下で社会科学の一環としての法律学の研究に取り組み、同学部専任講師、助教授、教授として実に42年の長きにわたって早稲田大学で民法、土地法、農業法、成年後見法の領域を中心に研究され、教鞭をとられました。この間、ドイツ・フンボルト財団の奨学生として、ゲッチンゲン大学で在外研究生活を送られ、その後ドイツを中心とするヨーロッパ各国の研究者を招聘して数々の国際シンポジウムを主宰され、またご著書『西ドイツ農地整備法制の研究』成文堂（農村計画学会賞、日本農業法学会賞受賞）にて法学博士の学位を取得されました。さらにこうした学問活動が高く評価され、ドイツ政府より、ドイツ連邦共和国功労勲章功労十字小綬章を受章されております。

　法学教育面でも、田山ゼミから毎年多くの司法試験合格者を輩出し、優秀な法曹を社会へ送りこんでこられましたし、また門下の数多くの研究者が、日本各地の大学で、上述の法分野を中心に、田山教授の学風を受け継ぎ、発展させようと日々研鑽を積んでおります。

　学会活動においても、日本農業法学会会長や日本法社会学会理事を長年務められ、日本における法律学の進展に貢献されました。また各地の成年後見センター理事長や、審議会委員も務められ、実務、政策形成に対して学問的観点からの指導提言をされてこられました。

　学内行政にあっては、法学部教務担当教務主任、法学部長、早稲田大学常任理事、早稲田大学副学長を歴任され、大学全体の発展のために奮闘されました。

　田山教授が研究者の道に入られて、田山法学を形成してこられた足跡につ

いては、早稲田大学法学部時代からの友人である五十嵐敬喜教授との対談をご覧いただきたいと思います。古稀記念論集にはやや型破りな企画ですが、学問を目指された頃の時代状況、それぞれの研究の背後にあった問題関心などが分かる、後進の研究者にとっては誠に興味深い、戦後日本における精神史の一こまを垣間見ることができるような読み物となりました。

　本論文集は、日頃から田山先生の薫陶を受けてきた後輩や、教えを受けた者たちが、先生の古稀を記念して企画、執筆しました。古稀を迎えられても学問の現役であられる先生からのご批判、ご教授を仰ぎながら、共に法律学の一層の発展に寄与できることを願い、本書を田山先生に捧げます。

　斬新なアイデアで、田山教授との対談を企画、実施してくださった五十嵐教授に御礼を申し上げます。また出版事情厳しき折、このような論文集の出版を快くお引き受け下さった、成文堂の阿部耕一社長と飯村晃弘氏に、執筆者を代表して深甚の感謝を申し上げます。

2014年2月吉日

近江　幸治
楜澤　能生

目　次

はしがき

ドイツにおける危険責任の成立
　——プロイセン鉄道法25条制定に対するサヴィニーの寄与——
　……………………………………………………………浦川道太郎　*1*

ドイツにおける担保制度の展開と優先弁済権の構造 …近江幸治　*17*

白紙委任状の濫用と表見代理
　——帰責理論の観点から—— ………………………多田利隆　*61*

人身傷害保険と素因減額………………………………藤村和夫　*77*

原子力発電所事故と損害賠償責任 ……………………小賀野晶一　*101*

消費者保護と事業者間契約の規律 ……………………後藤巻則　*125*

劣後的担保権の実行に係る担保権実行方法の制約について
　——わが国におけるABL取引の展開を契機として—— …青木則幸　*143*

BGBへの物権行為概念の受容 ………………………大場浩之　*161*

無効に関する一考察
　——複数契約が一つの取引を形成する場合における一部無効と一部解除——
　……………………………………………………………足立祐一　*179*

「定期建物賃貸借期間満了後の法律関係」再論………藤井俊二　*205*

土地利用における土地所有権の規制論 ………………大西泰博　*221*

区分所有建物における管理費余剰金の法的性質 ………鎌野邦樹　*245*

集団所有土地の農家による請負契約上の財産関係 ……渠　　涛　*265*

入会権概念の拡張についての再検討
　　——入会権団体による国立公園の管理支配は正当化されるか——
　　　　　　　　　　　　　　　　　　　　　　　　　　　　越知保見　275

いわゆる二項道路における通行妨害排除請求と
公共的利益の実現 ……………………………………………秋山靖浩　299

スイス民法典における共有と階層所有権……………………藤巻　梓　321

スイスにおける生乳生産割当枠制度
　　——国家による市場管理から私人による市場管理へ？——　…楜澤能生　341

面会交流の協議規範・調停規範・審判規範・間接強制規範
　　——面会交流原則実施論の問題点と実務的危険性を考える——
　　　　　　　　　　　　　　　　　　　　　　　　　　　　梶村太市　365

性同一性障害と AID 出生子の法的地位 ……………………棚村政行　393

民法第772条の「推定」と法律上の父子関係 …………片山英一郎　425

成年者保護と憲法
　　——世話、措置入所および強制治療——…………フォルカー・リップ　453

判断能力の不十分な人々をめぐる事務管理論の再構成
　　——本人中心主義に立った成年後見制度との統合的解釈の試み——
　　　　　　　　　　　　　　　　　　　　　　　　　　　　菅富美枝　481

平成25年法律第47号による精神保健福祉法改正と成年後見制度
　　——医療における代諾の観点から——　…………………廣瀬美佳　513

アメリカ合衆国の成年後見法における成年後見人の意思決定基準
としての代行判断決定法理と最善の利益基準の関係
　　——各州制定法の類型化と新学説の登場——　………志村　武　531

死後事務委任契約の可能性とその限界
　　——委任者の相続人の解除権行使を中心に——　………黒田美亜紀　559

スイス成年後見法における法定代理権の変遷 ………青木仁美 *579*

成年後見事件担当裁判官の行為に基づく国家賠償責任
　——フランス成年後見法制理解の機縁として—— ………山城一真 *605*

比較法について………………………………ゲルハルト・ケブラー *635*

田山輝明先生古稀記念論文集に寄せて
　——田山輝明教授の学問を語る—— ……………………五十嵐敬喜 *653*

田山輝明先生　略歴・研究業績目録…………………………………… *679*
　あとがき

#	ドイツにおける危険責任の成立
――プロイセン鉄道法25条制定に対するサヴィニーの寄与――

浦 川 道 太 郎
Michitaro URAKAWA

 I　はじめに
 II　プロイセンにおける鉄道開設と鉄道法の制定
 III　プロイセン鉄道法25条のその後
 IV　おわりに

I　はじめに

　過失を要件としない不法行為責任は、ローマ法においても存在しており[1]、ローマ法を継受した普通法や自然法思想に基づくドイツ領邦国家の法典にも例外的にせよ規定されていた。しかし、それが新たに大きく発展する契機となったのは、新エネルギー源である蒸気機関の発明により工場制機械工業による生産が開始された産業革命以降のことである。すなわち、産業革命により危険技術の利用が一般化し、前時代に経験しなかった危険の現実化としての巨大事故が多発して社会問題となる中で、損害賠償責任の成立要件から被害者救済の阻害要因である過失を排除した責任が損害賠償法の改革として成立したのである。

　このような産業革命以降に生まれた無過失責任を、危険の現実化である事故に対する新たな帰責原理を示すものとして、危険責任（Gefährdungshaftung）と呼ぶことが許されよう。そして、この危険責任をドイツにおいて最初に法律の形で制定したものが、1838年のプロイセン鉄道法（Gesetz über die Eisenbahn-Unternehmungen）の第25条である[2]。

（1）　ローマ法では、actio de pauperie（四足動物が与えた損害に関する訴権）、actio de pastu（放牧損害訴権）、actio effusis vel deiectis（流出投下物訴権）などの無過失責任が存在していた。

プロイセン鉄道法は、プロイセンにおいて最初に鉄道が開設された時に制定され、その損害賠償規定である危険責任は、後に見るように、紆余曲折を経ながら従来の法的伝統や学説から断絶する形で導入されたものである。また、そこには近代私法の基礎を築き、不法行為を自由意思の濫用として意思に基づく過失責任主義の確立に努めたサヴィニー（Friedrich Carl von Savigny）の寄与という興味深い事実もある。

筆者は、以前にこの法律の成立史について簡単に触れたが[3]、その後のドイツ危険責任法の歴史的研究には見るべきものが多い[4]。そこで、本稿では、近年発表の文献などを参考にして、ドイツにおける最初の危険責任立法であり、その後の危険責任特別法の原点となったプロイセン鉄道法25条の成立について再検討してみることにしたい[5]。

---

(2) Gesetz über die Eisenbahn-Unternehmungen vom 3. November 1838 は、正確には鉄道事業（企業）法と訳すべきだが、一般に das preußische Eisenbahngesetz と呼ばれていることから、ここでも「プロイセン鉄道法」と呼ぶ。

(3) 浦川道太郎「ドイツにおける危険責任の発展（1）」民商70巻3号480頁（1974）

(4) Baums, T., Die Einführung der Gefährdungshaftung durch F. C. von Savigny, ZRG Germ., 1987, 277 ff.; Heyn, F. B., Die Entwicklung des Eisenbahnfrachtrechts von den Anfängen bis zur Einführung des Allgemeinen Deutschen Handelsgesetzbuches (ADHGB), 1996; Lenz, L., Haftung ohne Verschulden in deutscher Gesetzgebung und Rechtswissenschaft des 19. Jahrhunderts, 1995; Schubert, W., Das preußische Eisenbahngesetz von 1838, ZRG Germ., 1999, 152ff.; v. Gadow, O., Die Zähmung des Automobils durch die Gefährdungshaftung, 2002; Scherpe, J. M., Technological Change and the Development of Liability for Fault in Germany, in Miquel-Casals, M. (ed.), The Development of Liability in Relation to Technological Change, 2010, pp. 134-184; Lohsse, S., The Development of Traffic Liability in Germany, in Ernst, W. (ed.), The Development of Traffic Liability, 2010, pp. 75-111.

(5) プロイセン鉄道法成立史については、浦川・前掲論文（注2）公表後に、錦織成史教授が下記の Hansemann と Lehmann が著した文献を資料として危険責任に関する免責事由の観点から詳しく検討し、さらに北山教授も検討を加えている。錦織成史「不可抗力と避けることのできない外的事実」論叢110巻4・5・6号203頁以下（1982）、北山雅昭「一九世紀ドイツにおける損害賠償法の一側面（1）」早大法研論集40号113頁以下（1987）。

本稿は、錦織論文の後で、1985年に公表された危険責任条項の成立におけるサヴィニーの功績を明らかにした Baums, aaO. (N. 4) の論文、及び後掲注8の Stumpf の論文と前掲注4に掲記した文献を参考にして、改めてプロイセン鉄道法25条の成立過程をたどり、若干の評価を加えるものである。

Hansemann, D., Kritik des preußischen Eisenbahn-Gesetzes vom 3. Nov. 1838, 1841; Lehmann, G., Körperverletzungen und Tödtungen auf deutschen Eisenbahnen und die Unzulänglichkeit des Rechtsschutzes, 1869.

なお、北山教授は、前掲論文136頁（注（25））において、「［浦川は］プロイセン鉄道法につい

Ⅱ　プロイセンにおける鉄道開設と鉄道法の制定

1　プロイセンにおける鉄道建設

　蒸気機関車による鉄道営業は1825年にイギリスのスチーブンソン（George Stephenson）によりストックトン・ダーリントン間鉄道として始められた。イギリスにおける商業鉄道の成功を受けて、ドイツ関税同盟（1834年）成立後に域内の物流が増大したドイツでも、鉄道の利便性と将来性に対する期待が企業家層を中心に高まり、各地で鉄道建設計画が公表され、株式の形での資金募集もおこなわれるようになった。

　ドイツ最初の旅客鉄道運送は、イギリスに10年遅れる1835年12月7日に、バイエルン国王ルードヴィヒ1世（Ludwig I）の免許を受けて、ニュルベルク・フュルト間で「国王の特許を受けたルードヴィヒ鉄道会社（Königlich privilegierte Ludwigs-Eisenbahn-Gesellschaft）」により開始された。そして、こ

て、当時のドイツにおける鉄道に対する時代遅れの恐怖心からかような規定が設けられたと述べ、それ故『危険責任立法』とは言えないとする」（［　］内、筆者）と拙稿（浦川・前掲論文（注2）82頁）を引用している。しかし、拙稿では、プロイセン鉄道法25条の成立に関して、当時の一般市民の不安を背景に導入されたものであり（この点については、北山教授も「〔ユンカー層の〕新たな、そして不気味な交通手段によって引き起こされる農産物等に対する被害もしくは健康上の不安」（北山・前掲論文121頁）が本規定制定の「基礎的要因」であると述べている）、法理論に残した影響の点で限界があったと強調しているが、それが「『危険責任立法』とは言えない」と記したことはない。むしろ、「ドイツで実質的意味での危険責任が最初に規定されたのは、ドイツ産業革命の文字通りの『牽引車』の役割を果たした、鉄道についてであった」と述べ、プロイセン鉄道法25条の評価において、「最初の危険責任の立法は、わずか一五八キロメートルの距離しかなかったときに鉄道事故のおそろしさを予見しその後の危険責任立法の手本となった意義は高く評価しうるとしても、危険責任理論の端緒ではなかったといえる」（浦川・前掲論文83頁）と記して、同法が「最初の危険責任の立法」であり、「その後の危険責任立法の手本となった意義（を）高く評価」している（北山教授は、上記論文121頁でまったく同様の表現を用いて、プロイセン鉄道法25条について拙稿と同じ評価を下している）。したがって、北山教授の拙稿に対する指摘は、極めて不正確な論文引用によるものであり、誤読・誤解に基づく批判もまったく根拠のないものである。同教授による筆者に対する批判は、北山雅昭「ドイツにおける過失責任主義の確立過程と経済的自由主義」法研論集（早稲田大学）36号131頁（注9）（1985）などにもあるが、これも筆者の論文を率直に読解したものとは思われない。北山教授の危険責任に関する初期の一連の研究は拙稿に欠けていた歴史的事実を丹念に発掘するものであっただけに、誤読・誤解に基づく一方的な批判は残念である。

（6）　もっとも、実用的な蒸気機関車により旅客輸送を目的とした鉄道をスチーブンソンが中心となって1830年に開通させたのはリバプール・マンチェスター間鉄道である。

の前後に、領邦国家（ラント）であったプロイセンでも、多くの鉄道開設の免許を求める動きが現れた。[7]

このような動向の中で、プロイセンにおいて最初に営業を開始したのは1838年10月29日に全面開通したベルリン・ポツダム間鉄道であるが、この鉄道開通に先駆けて、鉄道事業に関する政策がプロイセン政府内で問題になった。[8]

当時のプロイセン政府内では、鉄道導入に関して積極的意見と消極的意見があり、国王であるフリードリヒ・ヴィルヘルム3世（Friedrich Wilhelm III）は鉄道に対して消極的意見を表明しており、[9]それに対して後に国王フリードリヒ・ヴィルヘルム4世（Friedrich Wilhelm IV）となる皇太子は鉄道事業に対して理解を示していた。しかし、いずれにせよ、ナポレオン戦争後の国庫の窮乏の中で、国による鉄道建設は当面は不可能な状況であり、民間資本による鉄道建設をどのような条件で認めるべきかが問題となり、マグデブルグ・ライプチヒ間鉄道の免許条件を検討する中から、プロイセン政府は、民営鉄道全体の免許に妥当する一般的条件を制定した。

2　一般的条件からプロイセン鉄道法へ

プロイセン政府は、1836年6月11日に、鉄道のための土地収用、会社の資本調達、会計規則、軌条使用料（Bahngeld）[10]と運賃、陸路運送に大きな権益

(7) 1830年代のプロイセンにおける鉄道政策について詳述するものとして、石垣信浩「プロイセン鉄道建設をめぐるブルジョワジーの動向」経済論集（大東文化大学）26号39頁以下（1977）、山崎彰「三月前期プロイセン鉄道政策の歴史的特質」土地制度史学116号20頁以下（1987）。
(8) 1838年プロイセン鉄道法の制定に至る経緯については、Heyn, aaO. (N. 4), S. 105 ff. および Stumpf, B., Die Entstehung des Preußischen Eisenbahngesetzes vom 3. November 1838, RB14 (1938), S. 1056 ff. に詳しい。なお、Stumpf の論文は、学習院大学の岡孝教授のご好意により、同大学図書館所蔵の雑誌からコピーを得た。
(9) ベルリン・ポツダム間の鉄道開通について、国王は、「ベルリンからポツダムに数時間早く着くと予定されても、そのことは大した歓びではない」と述べている。この発言には、時間短縮に関する国王の生活感覚とともに、鉄道により実現される安全・快適な大量輸送で旅行が国民一般のものとなり、国王・貴族の特権が失われることに対する危惧感が表れており、このような感覚も鉄道建設に抵抗する見解となった。これに対して、勃興する産業・金融資本、企業家にとっては、ドイツ関税同盟内での安全・安価・確実な物流を保障し、人の移動を容易にする鉄道建設は是非とも実現したいものであった。
(10) Bahngeld は、免許を受けた鉄道会社が敷設した軌条を別会社が利用する際に支払うべき金

を持つ国営事業たる郵便との間の利益調整等々に関わる、鉄道免許に関する「一般的条件（Allgemeine Bedingungen）」を勅令として発布した。[11]

この一般的条件は、後のプロイセン鉄道法の基礎を提供するものであるが、第10（X）条には、プロイセン鉄道法25条に結実する危険責任をめぐる議論の発端となった鉄道会社の責任について次の規定が置かれていた。[13]

「鉄道施設により何らかの関係で国に対して生じるあらゆる損害賠償請求について、鉄道会社は、無条件で責任を負担しなければならず、また、国が結果的に請求を受けるあらゆる損害賠償請求権に対して国に代わって完全に責任を負担すべき義務を負う。国に対するこのような訴訟が提起された場合には、国は、提起された請求の全額に至る保証の提供を鉄道会社に求め、訴訟の全費用の弁済を確保する権限を有する。」

条文から明らかなように、この規定は、国が鉄道会社に免許を与えるものの、鉄道事業から生じる一切の法的責任を鉄道会社に負わそうとするものであり、当時のプロイセン政府当局者の鉄道事業に対する懐疑的な立場を示し、その育成に消極的な姿勢を鮮明にするものとなっている。また、この規定は鉄道会社の国に対する責任を定めているものの、鉄道事故により被害を受ける第三者に対する鉄道会社の責任に関する規定は何ら含んでいない。

鉄道事故による旅客及び第三者の被害についての議論は、一般的条件の制定後に郵便事業との関係等について再考する中で、一般的条件を見直して鉄道法を制定する過程で具体化するのである。そこで、鉄道会社の責任に焦点

銭であったが、現実には適用されなかったといわれている。

(11) 「一般的条件」は、正確には、「公衆の利益になり、免許を必要とする鉄道事業において、会社に国王陛下の裁可を授与し特許を与えるための審査の基礎となる一般的諸条件（Allgemeine Bedingungen, welche bei denjenigen Eisenbahnunternehmungen, die für gemeinnützig und zur Genehmigung geeignet befunden worden, den weiteren Verhandlungen zur Vorbereitung der Allerhöchsten Bestätigung der Gesellschaft und Erteilung der Conzession zu Grund zu legen sind))」と称するものであり、Stumpf, aaO.（N. 8), S. 1080 ff. に全文が掲載されている。これは個々の鉄道会社の免許条件に一般的に妥当するものとして、一般的条件と称された。

(12) Lenz, aaO.（N. 4), S. 60.
(13) Stumpf, aaO.（N. 8), S. 1081.

を当てて、一般的条件からプロイセン鉄道法制定に向かう過程を検討することにしよう。

3 プロイセン鉄道法制定過程における議論——ミューラーの提案

　一般的条件については、ベルリン・ポツダム間鉄道の免許申請などにともない変更が加えられたが、プロイセン内閣は、鉄道会社と郵便との間の補償問題や株式資本の償却問題などの懸案を根本的に解決することにし、1837年3月14日に一般的条件を基礎に鉄道法を起草するための鉄道委員会を設置した。この委員会は、関係省庁の官僚から構成されており、鉄道会社の代表者の参加はなかったが、鉄道事業に好意的であった皇太子（フリードリヒ・ヴィルヘルム4世）が強く審議過程に関与した[14]。

　1837年7月31日、国王は、法律案の提案を内閣に求めたが、内閣内では鉄道と郵便との関係や投下資本の減価償却などに関して意見対立があり、皇太子の介入もあって内閣内で多数意見であった法律案（内閣案）と少数意見である鉄道委員会から提案された法律案（委員会案）の2つが最終的に国王に提出されることになった。

　内閣案の起草過程で注目すべきことは、ミューラー司法大臣（Heinrich Gottlob von Mühler）により、過失推定をともなう下記の鉄道会社の責任規定が提案されたことである。

　　「株式会社により反対の証明がおこなわれるまでは、鉄道による輸送の間に生じたすべての損害については、軌条若しくは輸送手段の瑕疵ある性質又は職員、職場監督者若しくは線路番人の過誤によるものであると推定される[15]。」

　この責任規定は、鉄道会社に旅客や第三者に対する責任を初めて課したものである点と、損害の抑止効果を目指して法人である鉄道会社の過失推定を責任の根拠にした点[16]で、極めて注目すべきものである。ミューラーは、本規

---
(14) Lenz, aaO. (N. 4), S. 60.
(15) Lenz, aaO. (N. 4), S. 62 ; Stumpf, aaO. (N. 8),S. 1090 f.

定の提案理由を以下のように説明している。

「生じた損害の原因が『複雑な機械』の欠陥やその監視にあることを証明するのは被害者にとっては屢々困難であるので、付加的な規定は正当化されよう。すなわち、輸送の間に軌道上で生じたあらゆる損害については、株式会社により反対の事実が証明されない限り、軌条若しくは輸送車両の欠陥、又は職員、職場監督者若しくは監視人の過誤により生じたものと推定される。」「私は、損害賠償に関するその他の法原則から逸脱した本規定は鉄道会社にとって極めて厳しいものと、実際のところ考えている。だが、この厳格さは鉄道営業に際して事業者の注意を鋭敏にし、公衆を事故から保護するために最も確実な手段である。」[17]

しかしながら、このミューラーの提案に対しては、従来の責任原則にない責任を設けるものであり、責任が広範に過ぎ、イギリスなどでも鉄道事故はあまり発生していないため、鉄道会社の利益を考えると、このような責任は不要であるとの反対意見が多かった。

このため、国王の下に提出され、国王により枢密院の審議にかけられた2つの法律案は、鉄道会社の責任については同一内容であったが、会社の国に対する責任の面でも、会社の旅客・第三者に対する責任の面でも、会社にとって緩和された内容を持つものとなった。すなわち、一般的条件の第10（X）条に定められていた鉄道会社の国に対する無条件の補償責任は変更されて、鉄道会社が承認し、又は判決により確定した事例に限って会社は国が負担する賠償責任を補償する義務を負うことになり、また、国に対して損害賠償請求権が行使された場合に会社が保証を立てる義務も廃止された。そして、会社の旅客・第三者に対する責任の面では、ミューラーの上記の提案に代えて、次に掲げる鉄道会社の補充的責任（subsidiäre Haftung）が法律案19条として挿入されたのである。

---

(16) 法人擬制説によれば法人の過失責任は肯定しがたいが、法人実在説によれば法人の過失責任は肯定できる。ミューラーの提案は、法人学説の見地からも興味深い問題点にも触れるものであった。Lenz, aaO. (N. 4), S. 62.
(17) Stumpf, aaO. (N. 8), S. 1091.

「鉄道による運送に際して会社の雇用する職員、職場監督者又は線路番人の何らかの過誤により生じた全ての損害に対して、会社は、損害賠償が加害者自身から取得できない限りで、責任を負う。」[18]

4 プロイセン鉄道法制定過程における議論
　　——枢密院におけるサヴィニーの見解表明

補充的責任の形式の法律案19条は、枢密院の審議に付され、枢密院では関係部会でまず検討された。この部会の審議において、枢密院議員であり法務部会の委員であったサヴィニー[19]は、内務・商事部会において同条文に対する注目すべき見解を書面により示した。少し長くなるが、バウムスの論文にサヴィニーの見解が掲載されているので、それを引用しよう[20]。

「第19条について、鉄道による輸送の際に発生した損害に関する内閣の議論で、司法大臣ミューラー氏は、無過失の証明を要する推定された会社の責任を提案した。本提案に対しては、この規定が一般的法原則からあまりに乖離しているとの反対を受けた。だが、同様のことが実際上旅客に対する旅館主人の責任（ALR II 8 § 444 ff）についても妥当していることだけでも、彼の提案は一考に値する。彼の提案が採用されないとするならば、第19条に述べられた賠償義務については、以下の検討が必要のように思われる：

1．被害者がまず最初に職務を怠った職員に対して訴訟を提起することは要求されるべきでない；むしろ、会社が責任を負い、しかる後に会社はその職員に対する求償権を行使できる。

2．同様に、一見して過失がないような損害において、実際に有責な個人を探し出すことは、被害者にとって、多くの場合不可能である。このことは、会社にとっては、極めて容易である。

---

(18) Lenz, aaO. (N. 4), S. 63 ; Baums, aaO. (N. 4), 278.
(19) サヴィニーは、1817年から1848年まで31年間、枢密院議員を務めた。枢密院議員としてのサヴィニーについては、中村安菜「実務家サヴィニーの業績——その評価と再検討（1）」法学研究論集（明治大学）31号140頁以下（2010）参照。
(20) Baums, aaO. (N. 4), 278 f. このサヴィニーの枢密委員会における見解は、東西ドイツの統一後に旧西ドイツ側研究者に閲覧が可能になったプロイセン省庁と枢密院の文書の中からバウムスが初めて公にしたものであり、後に述べるように、これまでのサヴィニー像に修正を与える内容を持つものである。

3．さらに、次のa）b）の損害に対して、会社も責任を負わねばならない
a）軌条又は機器の瑕疵ある性状から生じる損害；なぜならば、その際に誰かの懈怠があると推定されるならば、非難されるべき者を探し出すことは被害者にとって期待できない；
b）また、まったく避けられないと思われる事業の性格から生じる損害。例えば、高速で移動する蒸気機関車による火災の危険を完全に防止することは現在に至るまで達成不能に思われ、そしてイギリスではなんどもこのような大損害が生じている。かような事例では、誰にも責任を帰することができない。しかしながら、このような損害を受けることを鉄道敷地の隣地の土地所有者や旅客に強いることもできない；むしろ、被害者自身に過失がある損害、又は外的な不可避の原因（äußere unabwendbare Ursachen）により生じた損害を除いて、事業上防止することができない危険性から発生した損害を会社が負担することが、適切であると思われる。」

　ここに見るサヴィニーの見解は、ミューラー司法大臣による当初の提案であった法律上推定した過失責任を鉄道会社に課す規定を基本的には支持するものである。そして、このような厳格な責任をプロイセン一般ラント法（ALR）に規定のあるローマ法由来のレセプツム（receptum）責任により根拠づけるものであった。しかしながら、サヴィニーの意見は、それにとどまらず、会社に過失がないような鉄道事業自体に固有な危険性の実現による損害にまで鉄道会社に責任を負担させる考えであり、過失責任との結節点を有するミューラーの提案から飛躍して、上記3．b）に記されたように、無過失責任である危険責任の考え方を明瞭に示している。そしてこのサヴィニーの卓見が最初の危険責任立法であるプロイセン鉄道法25条に結実していくのである。

5　プロイセン鉄道法制定過程における議論
——枢密院総会の議論と鉄道法25条の制定

　サヴィニーの部会における見解は、総会に提出される各部会の意見を纏めた鑑定意見書にそのままの形で採用され、この鑑定書をもとに枢密院総会の審議が実施された。

審議の場では、最初に、輸送の際に生じた損害が事変 (Zufall) により生じたとの証明をしない限り、会社に対する責任 (Schuld) が推定されるとする内容の部会提案をめぐって議論が展開した。

厳格な責任を主張する部会提案に賛成する意見は多数であり、以下のような根拠を挙げていた；すなわち、このような責任原則は、フランスやイギリスにもあり、また、船主、陸上運送人、郵便の責任を定める ARL II 8 §§ 1734 f., 2459, 2462 及び 15 §§ 185, 187 にも先例がある。もっとも、これらのレセプツム責任[21]は、旅行や物の陸上運送のために船、荷馬車、郵便馬車を利用する者との関係で妥当するものであるが、自由意思でそのような運送施設を利用する者が被った損害について妥当することは、被害者が施設の外部に留まり、その利用と結びつく危険に意識的に身を曝していない場合に生じた損害について、なおさら適用されなければならない。ここで問題とされている推定は、レセプツム責任が当てはまる施設よりも高い程度で鉄道において妥当する。なぜならば、レセプツム責任が妥当する施設よりも、鉄道施設における方が、第三者にとって、鉄道職員の責任 (Schuld) が原因で損害が生じ、彼が責任者である事実を証明することが困難であるからである。

この見解に対しては、対価（運賃）を支払っている鉄道輸送利用者については運送中の全損害に鉄道会社が責任を負担するレセプツム責任が妥当するが、その他の者に対する無過失責任を会社に負担させることは適切ではないとの意見もあったが、支持を受けなかった。

この後、下記の提案がおこなわれ、票決することなく決定された。

　　鉄道会社は、損害が事変 (Zufall) により生じたことを証明しない場合には、鉄道を輸送のために利用する者に加えられたか第三者に加えられたかを区別せず、輸送の際に生じた全損害に対して賠償しなければならない。

---

(21)　この時代のレセプツム責任に関しては、野田龍一「レセプツム責任の適用範囲」福岡46巻2・3・4号185頁以下（2002）参照。なお、野田教授の論文（野田・前掲論文225頁）は、レセプツム責任の鉄道事業への適用とサヴィニーの見解についても論及している。

次に、総会は、不慮の事件であるが鉄道固有の性質から損害が生じた場合にも、損害賠償責任を鉄道会社が負うとする部会提案について討論した。

　部会提案に反対する者は、鉄道に対する厳格な責任が同様に火災の危険がある他の事業や汽船や蒸気機関を使用する工場などには存在していないことを挙げ、鉄道会社だけに例外的に特に厳格な責任規定を導入することに反対した。

　これに対して部会提案を支持する者は、鉄道の危険が警察規定では防止できないこと、鉄道が長距離を走行すること、危険が広範囲に及ぶこと、鉄道隣地の土地所有者とその居住者が鉄道会社の利益となった土地収用の結果として危険状態に置かれることなどを挙げ、鉄道は他の火災危険がある施設と相違するとして、鉄道会社に対する例外的な責任を設けることを理由づけた。そして、国は、鉄道の隣地に居住する者の保護のために、鉄道に固有な危険を認めて、鉄道に対する特に厳格な責任を導入する義務があると主張した。

　このような討論の後で、議長は、「損害が被害者自らの過誤により生じたものでなく、また、外的な不可避の原因により生じたものでない限り、鉄道会社は、その事業固有の性質から生じた損害についても賠償すべきである」との提案について議決にかけ、これが29対4の多数で可決された。[23]

　かくして、プロイセン鉄道法25条の条文が若干の修文を受けて下記のように決定されたのである。

　　プロイセン鉄道法25条[24]
　　会社は、鉄道により輸送される人及び貨物又はその他の人及びその者の物に生じたあらゆる損害を賠償する責任があり、損害が被害者自身の責任

---

(22) プロイセン鉄道法の7―22条は鉄道会社による土地取得と鉄道敷設に関する規定が定められており、鉄道会社には鉄道敷設に必要な土地収用の権限が与えられている。この民間会社が保有する土地収用の権限の問題も、当時の鉄道免許に関する大きな争点であった。
(23) Baums, aaO. (N. 4), 279 ff.; Lenz, aaO. (N. 4), S. 65 ff.; Stumpf, aaO. (N. 8), S. 1094 f.
(24) 我妻栄「損害賠償理論における『具体的衡平主義』」民法研究Ⅵ（債権各論）204頁（1969、有斐閣）及び錦織・前掲論文（注5）205頁にプロイセン鉄道法25条の翻訳がある。本文の翻訳はそれらを参考に筆者が訳したものである。

(Schuld) 又は避けることができない外的事変 (unabwendbarer äußere Zufall) によりもたらされたことを証明した場合にのみ免責される。事業に固有の危険な性質は、損害賠償を免除する事変とみなすことができない。

Ⅲ　プロイセン鉄道法25条のその後

　プロイセン鉄道法25条は、制定後、普墺戦争によるプロイセンの領土拡張、プロイセンに関わる個別鉄道会社の免許条件や鉄道路線に関する領邦国家間の条約により当初の領域を超えて場所に関する効力の範囲を拡張するとともに、オーストリア・ハンガリーやシュレスヴィヒ・ホルシュタインのような他の国の鉄道に関する厳格な責任のモデルを提供し、他の国の判例法にも影響を与えた。また、プロイセン鉄道法25条は、人損に関する部分については、1871年制定のライヒ損害賠償責任法（Reichshaftpflichtgesetz）により効力を失ったが、物損に関しては、1940年4月29日の「物損に対する鉄道及び市街電車の責任に関する法律（Gesetz über die Haftpflicht der Eisenbahnen und Straßenbahnen für Sachschaden）」が制定されるまで効力を持続し、100年を超える生命を保った。

　プロイセン鉄道法25条の解釈においては、それが鉄道会社に雇用された者の労災事故に対する適用を認めて制定されたかに関して、意見対立がある。オゴレクは、鉄道企業の職員の労災事故に対して保護を与える意義がとりわけ本規定にあったと述べるが、ハインは、その見解に異議を唱え、労災事故に対する同規定の適用は立法者意思に反するものであり、判例による拡張解釈によるものであると述べている。いずれにせよ、同法施行後に、鉄道会社は雇用契約において同法25条の適用がないことを条件として労働者を採用す

---

(25) Lenz, aaO. (N. 4) S. 69 ; Heyn, aaO. (N. 4), S. 107 f.
(26) Esser, J., RVerw Bl. 1938, 999 ff.
(27) Ogorek, R., Untersuchungen zur Entwicklung der Gefährdungshaftung im 19. Jahrhundert, 1973, S. 63.
(28) Heyn, aaO. (N. 4), S. 123.; Lenz, aaO. (N. 4) S. 71. ハインは、立法時の資料に労災事故に鉄道会社の責任を及ぼす意図を述べたものはないとし、本規定を拡張解釈により労災事故に最初に及ぼしたのは1856年11月25日のベルリン王室上級裁判所（Königlichen Obertribunal zu Berlin）第4法廷の判決（StriethA, Bd. 22 (1856), No. 75）だと述べる。

ることにしたので、労災事故補償の根拠としての無過失責任は排除されることになった。だがしかし、判例は、後に、労災事故に本規定を適用する拡張解釈をおこない、最終的には、1896年5月3日の法律（Preß. Gesetzsammlung, 1869, S.665, Nr. 38）によって、鉄道会社による雇用契約上の免責条項は一般的に無効と宣言されることになった。[29]

IV おわりに

本稿は、危険責任の最初の立法であるプロイセン鉄道法25条の成立過程を[30]最近公表された資料をもとに明らかにするものであるが、先行する錦織教授の労作につけ加える点は多くはない。しかし、危険責任成立史に関する理解[31]を正確にするために、バウムスにより発掘された本規定制定に対するサヴィニーの寄与の事実を紹介するとともに、危険責任成立の意義を再度確認する必要があると考えて、執筆したものである。

上述したところを振り返ってみると、危険責任としてのプロイセン鉄道法25条の成立に関しては、以下の点を指摘することが許されよう。

1）本規定のルーツを辿ると、プロイセンにおける鉄道建設にともなう鉄道会社に対する免許条件に端を発し、ミューラー司法大臣の提案に起源を求めることができる。このミューラー提案の意義は、鉄道免許の一般的条件の中では、鉄道会社の責任として、国に生じる損害賠償上のリスクを鉄道会社に全面的に転嫁することだけが考えられていたのに対して、推定された過失責任の形で鉄道会社の旅客・第三者に対する損害賠償責任を導入しようと試みたところにある。すなわち、ここには、当時の損害賠償法の理論である過失責任主義を修正しようとする立場のみならず、免許者である国の視点からではなく、鉄道により被害を受ける旅客・第三者の視点から鉄道会社の責任

---

(29) Ogorek, aaO. (N. 27), S. 63. Lenz, aaO. (N. 4) S. 71 ; Benöhr, H. P., Zur ausservertraglichen Haftung im gemeinen Recht, Festschrift für Max Kaser zum 70. Geburtstag, 1976, S. 707.
(30) プロイセン鉄道法25条はドイツにおける最初の危険責任立法にとどまらず、世界における最初の危険責任立法といえる。
(31) 錦織・前掲論文（注5）203-211頁。

問題を考察しようとする被害者保護の立場が表れており、損害賠償法上大きな一歩が踏み出されたと評価できる。

2）上記のミューラー司法大臣の提案は、その後の内閣の議論の中で、既存の法理論と合致しないものとして排斥され、従業員から損害賠償金を取得できない場合にのみ鉄道会社の責任が生じる補充的責任の形に書き改められた。しかし、ロマニステンとして著名な枢密院議員であったサヴィニーは、枢密院の部会審議の過程で、鉄道会社に厳格な責任を課すことができる根拠をレセプツム責任に求めてミューラー提案を擁護したばかりでなく、さらに鉄道・被害者双方に過失のない鉄道事業に固有の危険の発現から生じる損害についても鉄道会社の責任を肯定すべきだと主張した。このサヴィニーの意見表明により、鉄道会社の責任は、過失責任主義に基づくものから大きく飛躍して、無過失責任としての危険責任への道が切り拓かれたのである。したがって、その後の彼の『債務法』には危険責任に関して何ら触れられていないものの、[32] 3）に述べる事実を含めて、初めて「危険責任」[33]の着想を得た者はサヴィニーであるといえる。[34]

3）サヴィニーは、鉄道会社に対する厳格な責任の根拠をローマ法に由来

---

(32) Savigny, F. C., Obligationenrecht als Theil des heutigen Römischenrechts Bd. II, 1853では、最後の2頁（330～331頁）で契約（Vertrag）と不法行為（Delikt）以外の第3の債権発生原因として variae causuarum figurae（その他の事件形態）を挙げて、「債務者の自由行為（freie Handlung）あるいは債務者の意思と無関係な事件に基づく」債務成立について叙述しているが、これらは一般化できないものとして簡略に指摘するだけで、プロイセン鉄道法についてはまったく触れていない。

(33) 新たな時代の無過失責任に Gefährdungshaftung の名称を与えたのは、リュメリン（Max Rümelin）である。岡松参太郎『無過失損害賠償責任論』448頁（1953年、有斐閣）。

(34) Deutsch, E., Die Gefährdungshaftung und der Bundesgerichtshof, in ; 50 Jahre Bundesgerichtshof, 2000, S. 675. サヴィニーに対する評価として、プロイセン鉄道法25条のような危険責任が登場した社会の産業化が進む時代の中で、彼の「体系」にまったくそのような動きが反映されていないことから、彼は、時代の動きを見ることができず、またそれを無視したように一般には理解され、また語られてきたが（拙稿「ドイツ危険責任法の基礎」比較法学11巻2号87頁以下もほぼ同様の評価を下していた）、そのような評価はバウムスによるプロイセン枢密院における鉄道法審議でのサヴィニー意見書の発見・公表により覆ることになった（Baums, aaO. (N. 4), S. 278）。枢密院議員としてのサヴィニーは、時代の立法的課題に対して熱心に取り組み、社会における新たな形の被害に対する法的保護の必要性について認識して、ローマ法に根拠を求めながら、適切な解答を導き出したのである。サヴィニーの実務家としての評価について、中村・前掲論文（注19）145頁。

するレセプツム責任に求めた。レセプツム責任は、託送荷物に対する陸上運送に携わる荷馬車業者などに適用された無過失責任であり、その点で同じ陸上運送に関わる鉄道に拡張される基盤があった。しかし、輸送中の物的損害のみならず人的損害にまで責任を拡張し、さらに鉄道を利用していない第三者の被害にまで責任の射程を拡大したことは、もはや本来の責任の拡張解釈の範囲を逸脱しているものといえよう。また、レセプツム責任が「海陸の運送人・旅館の主人等が受け取った運送品又は客の携帯品の滅失・損傷について、受領（receptum）があったという事実に基づいて、法律上当然に負担する結果責任」であることを考えると、この責任の対象は保管に伴う危険であり、鉄道による沿線火災等に対する無過失責任の根拠とするには解釈上の大きな飛躍がある。すなわち、旅客でない者や鉄道敷地外の第三者の被害にまで鉄道会社の無過失責任を認める見解には、レセプツム責任の対象である保管とはまったく異なる鉄道という新たな技術危険（火の粉を放散し、高速で走行することから生じる危険や事故原因について被害者に究明困難をもたらす人的・物的要素が複合した技術の危険）とその危険に曝される市民保護への視点の移行があり、ここには司法大臣ミューラーと、その提案をさらに洗練して新たな危険責任に結実させたサヴィニーの現実を見る卓越した発想があったことが確認できる。そしてプロイセン鉄道法25条が最初の危険責任立法と呼ばれる名誉を獲得し、後代の危険責任立法の手本となることができた由縁は、レセプツム責任を基盤としながら、保管の危険を超えて新たな技術危険とそれに対する被害者保護を意識的に責任の問題としたところにあるといえよう。

　4）もっとも、プロイセン枢密院でサヴィニーの上記の見解を支持したユンカー層を中心とした枢密院議員たちには、煤煙と火の粉を吹き出す蒸気機関車が鉄道沿線に火災の危険を与える光景が脳裏にあり、「列車に乗ると、また列車を見るだけでも頭痛が起こる」（バイエルン医大の見解）という鉄道に関する当時の素朴なドイツ人の意識もあって、そのような漠然とした未知の

---

(35)　この時代のレセプツム責任を詳述するものとして、野田・前掲論文（注21）とともに同「近世ドイツにおけるレセプツム責任」福岡47巻3・4号455頁以下（2003）。
(36)　浦川・前掲論文（注3）83頁。
(37)　錦織・前掲論文（注5）209頁（注⑦）も、枢密院議員の念頭にあったのは「機関車が排出する火の粉による火災であった」と述べている。

不安感も鉄道に対する厳しい責任の成立に力を貸した。したがって、このまったく新たな事態に対する「特別の責任」という意識が、プロイセン鉄道法25条を特殊な必要性から生み出された過失責任主義に整序できない孤立した変則法 (singuläres Recht = ius singulare) として、パンデクテン法学の主流から無視ないし等閑視される結果を生み出し、また、実務的にも鉄道会社によりその効力を限定しようとする試みを導いたのである。(39)

そして立法と理論の前面に危険責任が再度登場してくるのは、1860年代に産業事故が多発して被害者保護が実際に無視できなくなった中で、統一されたドイツ帝国の法律として立法されたライヒ損害賠償責任法 (1871年) の時代まで待つことになる。(40)

---

(38) バイエルン国王ルードヴィヒ1世 (Ludwig I) は、1830年代初頭にイギリス、フランス、ベルギーに技術者を送って調査をし、本文に記した当時のバイエルン医科大学の見解を打ち消したといわれる。Clapham, J. H., The economic development of France and Germany, 1815-1914, 1923, p. 150.
(39) 前掲3及び (注28) (注29) 参照。
(40) 鉱業での労災事故における被害者救済のために、1838年のプロイセン鉄道法25条の危険責任の考え方が判例により浸透していったとの評価もある。岡松・前掲書 (注33) 448頁。この点については改めて検討したい。

ドイツにおける担保制度の展開と優先弁済権の構造

近 江 幸 治
Koji OHMI

Ⅰ　はじめに——本稿の視点
Ⅱ　債権の構造と優先弁済制度
Ⅲ　ドイツ土地担保権の変遷と優先弁済観念の変質
Ⅳ　結びに代えて

Ⅰ　はじめに——本稿の視点

　「担保」制度は、「債権」を保全するために「物」または「人」を「担保物」として提供する制度であるが、「債権」との関係でいえば、その<u>「債権」自体を発生させる</u>機能をもち、また、「債権」が履行されない場合には「担保物から<u>優先的に債権を回収</u>」させる効力をもっている。前者は、「金融（金銭の融通）を円滑」にする機能であって、市民の生活や企業の経済活動において欠くことのできない必須の金融獲得手段である。後者は、担保物に対する「優先弁済権」であって、担保制度としての強権的な機能である。
　このうち、民法は、「物」をもってする担保制度として、2つの約定担保権（留置権、先取特権）と2つの法定担保権（質権、抵当権）を規定したにすぎず、しかも、それを、所有権（土地所有権）を制限する「物権」（制限物権）として構成した（他方、民法は、統一的な「人」的担保制度を用意していない）。
　しかし、市民生活や企業活動にとっての「金融の円滑」手段ということからは、抵当権以外は問題にならない反面、それに代わり、経済社会は、譲渡担保、代物弁済の予約（仮登記担保）、所有権留保などの「変則担保」（非典型担保）を生み出した。
　さらに、本来、民法典では担保権として予定されたものでない他の制度

（保証債務・連帯債務、債権譲渡、相殺、第三者弁済、代理受領、振込指定など）が、実質的に担保的機能を営むことから、実質的な担保制度として、大いに利用されているのが実情である。

　近時は、それ以外にも、コベナンツ（covenants 誓約）条項を利用して、債務者の財務状況を監視しつつ与信・債権管理を行うなど、様々な与信制度が現れつつある。

　このような多様な担保・与信状況に接するとき、「担保」制度は、これからの市民の生活や企業の経済活動が大きく展開するなかで、どのような存在であるべきかという、制度の存在形態に対する検討課題と、ふりかえって、そもそも「担保」とは何なのかという本質論の問題に直面しよう。

　私は、「担保」には様々な機能があるものの、担保物権・担保制度全般を通して、その基本的な本質は、最終的に担保権者に「優先弁済権」を与えることであると考えている。ただし、それが、どのような形で現れ、また、容認されるかは別問題である。例えば、「相殺」は、本来、担保とは無縁の制度だが、これが期限利益喪失条項と相殺予約条項とを組み合わせると、物的担保以上の簡便かつ強力な担保制度へと変身するのである。これもまた、一つの「優先弁済権」である。もとより、このような方法を承認するかどうかは、その時代思潮と法政策にかかっていよう。

　結局において、担保権に限らず、担保制度とは、債権者に、「優先弁済権」を与え、これを確保・保障するものにほかならないことは明らかである。

　では、このような「優先弁済権」は、担保制度の歴史の中で、どのように考えられ、また、「制度」として確保されてきたのか──このことを追究しようとするのが、本稿の出発点である。

　「近代的」抵当権（ひいては「近代的」担保制度）というものが存在するかどうかは、にわかに論じることはできないが、少なくとも、「近代社会」の産物である「近代民法」（フランス民法典）が成立してから200年以上がたち、また日本民法が成立してから130年以上を経た今日、「担保制度」は、そろそろ根本的に検討する時期に来ていよう。民法典上の担保制度は、各国においても、封建時代の制度を色濃く残している部分も多く、反面において、最先端の金融手段として機能しなければならないからである。

このような問題意識から、本稿では、最初に、「担保」と「債権」との関係を論究して、「担保」の本質的機能が「優先弁済権」であることを理解し、それを前提として、まず、ドイツ担保制度の歴史的展開に焦点を当て、担保制度の存在形態と優先弁済権の存在形態を観察するものである（日本法やその他制度的比較については別稿を予定している）。

II　債権の構造と優先弁済制度

1　「担保」概念の措定──「担保」の機能

　まず、最初に、「担保」の用語は多義的で広く使われるため、本稿における「担保」概念を措定しておかなければならない。

　「担保」（Pfand, security）とは、債務の履行を確保するために、債務者から債権者に対して、債務の価値代替物（担保物）を提供することであり、債務者が債務を履行しない場合には、債権者は、その担保物から優先弁済を受けることができる制度である、と説かれるのが普通である。このことの意味は、債務者が債務不履行に陥った場合に、債権者に対する事後的救済として、債権と価値同一物を債権者に「優先的に」取得させるということであり、「担保」一般について当てはまることである。しかし、「担保」には、もう一つの事前的な機能として、「金融を円滑にさせる」という機能があることを忘れてはならない（特に、約定で発生させる債権に関して）。それゆえ、ここでは、「担保」制度の意義ないし機能を、次の２つの側面から観察しておく。

　第１は、市民の生活や企業の経済活動という、いわばポジティブな場面において、「担保」は、「信用」（Kredit, credit）を付与・創造し、または不足の「信用」を補完する制度として機能していることである。この点は、ともすると法律学では無視されがちであるが、しかし、経済学的分析からは重要な視点である。すなわち、「担保」を提供することによって「信用」を得る（＝「資金を得る」または「支払の猶予を受ける」）ことである。この機能は、次に述べる担保の優先弁済機能よりもはるかに重要なものであって、市民の生活

（１）「信用」の用語も多義的で、多様な意味で使われるが、本稿では、「債権・債務を発生させること」、及び「弁済を猶予すること」、の双方を指すものとして捉えておく。

や企業の経済活動の根幹に関係する機能である。

　これは、契約（経済活動）によって発生する債権関係に典型的に当てはまろう。すなわち、「担保」（物的担保、人的担保）を供与することにより容易に金銭の貸し借りが行われるから（＝金融の円滑化）、経済活動が持続し、発展するわけである。しかし、不法行為、事務管理および不当利得によって発生する債権であっても、それらは発生した時点で直ちに弁済期にあるはずであるから、その弁済の猶予を願うために「担保」を提供することがあり得る。その場合における弁済の猶予とは、「信用」の付与にほかならない。したがって、「担保」の「信用」供与機能とは、約定の経済活動の場面のみならず、弁済猶予の場合を含め、「担保」一般についていえることである。このように、これらの各場合において（債務者が債務不履行に陥らない限りは）、「担保」は、「信用」を付与ないし補完する金融制度として機能していることは明らかである。これを、「担保」制度の"ポジティブ"な機能といってよい。

　第２は、債務者が債務を履行できない債務不履行の場面（いわばネガティブな場面）においては、「担保」は、<u>債権を保全するため、その強権的性格を発揮し、担保目的物から「優先弁済」を受ける</u>ことができる制度として発動する。すなわち、担保物は、<u>債務の価値代替物</u>であるから、債権者は、その<u>価値代替物から優先的に債権相当額の弁済を受ける</u>ことになる。民法典上の担保物権制度は、このような制度として構成されている。ある意味では、市民生活や企業活動が破綻した状態における「担保」制度の機能であるから、これを、「担保」制度の"ネガティブ"な機能ということができよう。

　そして、この第２の「優先弁済権」というのは、「債務」の肩代わり（価値代替物）となる「担保物」が「債務」（Schuld）とは論理的にも直接関係をもたないゆえに、「責任」（Haftung）と位置づけられることは、後述するとおりである。本稿で取り上げる「優先弁済権」は、「責任」概念と密接に関係しているのである。

2　「債権」の「摑取力」との関係
(1)　債権の「請求力」

　次に、「債権の効力」と「担保」制度との関係を理解しておかなければな

らない。

　「担保」は、「債権」を保護し、その履行を確保する法制度である。しかし、「債権」自体もまた、ローマ法以来、一つの"財貨"として位置づけられ、法的に保護されてきた。すなわち、「債権」は、保護されるべき"しくみ"を、それ（債権）自体の内にもっているのである。「債権の効力」として規定されている各制度がそれである。とりわけ、パンデクテン体系において、「民法債権編」の各制度は、債権を強力に保護する制度として構成されている。それゆえ、ここでは、「担保」に関係する範囲で、特に「債権」に内在する保護のしくみである「債権の効力」を概観しておこう。

　「債権」とは、二当事者間において生じた「履行」（給付）をめぐる〈権利・義務〉関係であり、具体的には、「履行を請求できる」こと（＝履行の請求）と、「履行に応じなければならない」こと（＝履行の義務）とを基本とする、羈束・拘束規範である。そもそも、債権・債務は、その発生時点において、みずから「債権・債務」自体の消滅を自己目的としているものであって、その消滅は、「請求」に応じた「履行」によってもたらされるものである。したがって、このことから、「債権」の本質が、法律的当為（Sollen「なすべきこと」・「あるべきこと」）としての履行の「請求」（Anspruch）であること（反対に、「債務」の本質は、同じく法律的当為としての履行の「義務」であること）、が理解されるであろう。それゆえ、債権の「本質的効力」は、一定の行為を「請求」することができるとする「請求力」（Anspruchsmacht）にあると考えなければならない。

　このように、債権者・債務者は、〈請求〉を基礎とする規範的拘束関係に

（2）　現在の民法（債権法）改正において導入されようとしている「履行請求権」・「債権の請求力」という概念も、このような思想の上に成り立つものである。すなわち、「履行請求権」につき、「債権の請求力」として、「債権者は、債務者に対し、その債務の履行を請求することができる。」とし、次条で「債務の履行が不能（その債務が契約によって生じたものである場合にあっては、当該契約の趣旨に照らして不能であることをいう。）であるときは、債権者は、その債務の履行を請求することができない」として、「履行請求権の限界」を定め、他方において、「債務者が任意に債務の履行をしないときは、債権者は、民事執行法の規定に従い、直接強制、代替執行、間接強制その他の方法による履行の強制を裁判所に請求することができる。ただし、債務の性質がこれを許さないときは、この限りでない」として、履行遅滞後における請求力の発動機能を認めている（後者の点は、従来通りであるが）。

あり、この関係は、「請求」の実現・満足によって消滅し、同時に「請求力」の規範としての役割は終了する。しかし、その満足を得ない場合には、依然、「請求力」に服し、履行を促すべき当為的状態が存続することになる。したがって、「請求力」は、債権を消滅させるべき完全な満足を得させること（＝履行の実現）をも含む概念である(3)。また、これは、履行の規範であるから、第1に、当為的状態の結果として、「債務」者の任意履行を促すが、「債務」が任意に履行されないときは、第2に、「強制」履行という形で権利的性質を発揮し、第3に、「摑取力」（Zugriffsmacht）を派生させて、債務者の「一般財産」に対する強制執行を可能とし（＝「責任」の追及）、第4に、債務不履行（＝違法行為）によって損害を生じさせた場合には、「損害賠償請求権」を発生させるのである。

ところで、かつて、債権の「本質的効力」をめぐり、それは、債権者が、債務者からの行為（＝給付）のもたらす結果（＝給付結果）を受領し（＝給付受領権）、かつそれを適法に保持しうることだ（＝給付保持力）、と捉える説が多数を占めていた(4)。この説に従えば、債権の本質的効力とは、「給付受領権」と「給付保持力」ということになる。その理論根拠は、学説によって多少のばらつきがあるものの、債権と請求力との関係の理解において、債権者の「請求」によらずに、債務者が任意に弁済した給付（給付結果）を受領・保持しうることが債権の本来の姿であるから、その場合に給付を受領し保持しうることが債権の効力なのだとするところにあると思われる(5)。それゆえに、この「給付保持力」を債権の本質的効力に据え、「請求（力）」はそのための一手段・作用にすぎないと理解する(6)。そして、「給付保持力」とは、給付結果が債権者に帰属し、その帰属が法的に承認されることであり(7)、したがって、

----

(3) いうまでもないが、ここでいう「請求力」とは、債権の論理構造から見た場合の請求権能であって、具体的・現実的な「請求権」を指すわけではない。奥田昌道『債権総論〔増補版〕』（1992・悠々社）14頁参照。
(4) 我妻榮『新訂債権総論』（1964・岩波書店）6頁、於保不二雄『債権総論〔新版〕』（1972・有斐閣）6頁、林良平〔安永正昭補訂〕＝石田喜久夫＝高木多喜男『債権総論〔第三版〕』（1996・青林書院）3-4頁〔林良平〕参照、奥田・前掲注（3）債権総論〔増補版〕3頁・13頁・73頁など。
(5) 例えば、奥田・前掲注（3）債権総論〔増補版〕3頁・13頁・73頁。
(6) 我妻・前掲注（4）6頁、於保・前掲注（4）債権総論〔新版〕6頁。

不当利得で返還請求されないのだ、と説明する。

　しかし、「請求力」というのは、債権が"消滅（満足）"するまで存続するところの、法律的当為（Sollen）としての「給付」を促す拘束規範である。したがって、たとえ任意弁済であっても、法律的当為としての「請求力」に服しているものと解さなければならない。それゆえ、債務者は履行しなければならず、反対に債権者は受領権があるのだから、債権者が「請求力」に基づいて給付を受領しうるのは当然である。そして、債権者が給付を受領すれば、「請求力」の規範的使命は終わり、「債権」関係は直ちに消滅する。「債権」が消滅した以上は、両者間には、もはや何らの規範的な拘束関係も存在しないのである。そうであれば、給付を受領した後で、それを「保持しうる（＝保持し続けることができる）」とする観念などは成立する余地はないのである。

　それゆえ、任意弁済といえども、法律的当為（Sollen）に応ずべき行為であるから、「給付」として正当化されるのは当然であり、給付終了後において不当利得の観念が成立する余地はない。したがって、不当利得を成立させないとする「給付結果を受領し保持しうる権能、すなわち給付結果の帰属とその帰属の法的承認をうける権能」などは、債権の本質的効力と考えることはできないのである。このことから、私は、「給付受領権能ないし給付保持力」を、債権の本質としての先験的観念とは見ない(9)。

　いずれにせよ、債権の本質的効力は、規範としての「請求力」であると考えなければならない。

(2) 債権の「摑取力」

　債権の本質的効力は、上記したように、「請求力」にある。しかし、請求力が規範として功を奏しない場合（債務者が任意に弁済しない場合）、債権は、当然に、債務者の所有する一般財産に対して執行することができる。この一般財産に対する執行的効力を、「摑取力」（Zugriffsmacht）という(10)。この関係

---

(7) 我妻・前掲注（4）6頁、林良平・前掲注（4）林ほか3-4頁。
(8) 前田達明『口述債権総論〔第三版〕』（1993・成文堂）87頁。
(9) 以上につき、近江幸治『民法講義Ⅳ債権総論〔第3版補訂〕』（2009・成文堂）13頁〔初版1994〕。
(10) 「摑取力」は、具体的には、債務名義取得→強制執行という手続を通して実現される。この

からいえば、債務者の一般財産は、「債務」の引当てとなっているのである。この関係を、「債務」に対する「責任」(Haftung) と呼んでいる。したがって、債務者は、「債務」(Schuld) を負うとともに、一般財産によって「責任」負担していることになる。

以上のことから、債権は、第1次的には、その本質的な効力である「請求力」により、抽象的規範として債務者の任意弁済を促すが、その弁済が実現されない場合には、第2次的に、「請求力」から派生した「掴取力」により、強制執行という形で債務者の一般財産から満足を受けることが保障されているのである。

(3) 「掴取力」と担保法との関係

「掴取力」は、債務者の一般財産に対する執行的効力である。しかし、「債権」は一般財産に対して掴取できるといっても、一般財産自体は、債務者個人が排他的な使用・収益・処分権限を有するものであり、他人が干渉することは許されない（私的自治の原則）。したがって、一般財産を掴取する場合には、当然に、その法的根拠（権原）が必要となる。すなわち、「債務」のための「権原」である「債務名義」(Schuldtitel) である。通常は、「確定判決」が債務名義となろう。

だが、債務を履行できない状態にある債務者は、その法的手続に着手される以前に、一般財産を散逸させてしまうことは常であるし、また、確定判決を得て強制執行を申し立てても、債権者平等の原則によって、原則として、債権額に応じた分配がされるから、債権の満足は通常はあり得ない。したがって、掴取力には、一定の制度的限界がある。

そこで、掴取力の有する制度的桎梏を回避し、いついかなるときでも、他の債権者に優先して弁済を得る制度として構築されたのが、「担保権」制度

ことから、「掴取力」は実体法上の効力ではなく、手続法上の制度だとする考え方もある。しかし、「請求力」が満足を得なくて消滅しない場合に、規範として当然に発生するものであるから、手続法上の権能ではなく、請求力から派生するところの債権の実体法的効力であると考えなければならない。また、その具体的権能である訴求可能性や強制可能性も、請求力に内包されているものである（奥田・前掲注（3）債権総論〔増補版〕13頁、林良平・前掲注（4）林ほか61頁）。

(11) ただし、この Haftung（責任）はゲルマン法で発生した概念であり、そこでは特殊な観念であったことは、第2章で見るとおりである。

である。担保権が「優先弁済権」だといわれるのは、このためである。

3 「信用の付与・補完」制度としての「担保」制度

次に、冒頭で述べた第1の、「担保」の"ポジティブ"な機能であるが、この点については、法律学ではあまり触れられてこなかった。そこで、分析視角を変え、多少経済学的な視点から観察しよう。

(1) 同時的交換関係から異時的交換関係へ

(a) 取引の基本としての同時的交換関係

「債権」とは、ある人と他の人とが社会的接触関係を持つに至ったときに、その当事者間において、「一定の行為」を要求することができる権利と、「一定の行為」をしなければならない義務とが、対峙している状態であって、当事者は、この権利・義務に拘束されることになる。

もともと、経済取引というのは、取引当事者の一方Aの「物」の給付に対して、他方Bの「物」が、「同時に」かつ「等価で」交換されるのが原則である。これが、「同時的交換」関係である。その典型が「交換」取引であり、その始源的形態が「物々交換」である。ここにあっては、Aの所有物とBの所有物とが一定の価値基準に従って同時的に交換されると同時に、そこには何の債権・債務も残さない。すなわち、「同時的交換」取引においては、債権・債務は存在しないのである。

---

(12) 交換における「等価」というのは、取引ではあたりまえのことであるが、しかし、その「価値」を判断するのは、取引当事者の主観的な「需要」（必要性）の問題である。したがって、特に物々交換においては、両当事者が、それぞれの主観的判断に基づいて、「等価」と判断して交換を行うことになる。ここにあっては、相手方の提供する「物」に対する「需要」（必要性）が、主観的な価値基準となっている。

だが、貨幣経済が発達して、物の「価値」が貨幣によって量られるようになると、取引「市場」（Market）においても、すべての物が価格化（＝商品化）し、価格を基準として価値が決定されるようになる。そして、交換の基本的価値基準である「需要」（必要性）は、金銭的判断である「価格化」へと抽象化されることになる。このようにして、取引される「物」の価格は、価値基準である貨幣により、客観化されるにいたるのであって、このことは、他方において、取引形態が「交換」から「売買」が独立したことを意味するのである（したがって、「交換」は「売買」の一変態であるなどとする理解（柚木馨＝高木多喜男『注釈民法(14)』（有斐閣）322頁）は正しくないといえよう）。近江幸治＝小賀野晶一『民法コンメンタール第12巻』（1987・ぎょうせい）2276頁以下、近江幸治『民法講義V契約法〔第3版〕』（2006・成文堂）163頁以下〔初版1998〕参照。

(b) 異時的交換関係への発展

しかし、取引社会が安定し発展するにつれ、Ａの物の引渡しに対して、Ｂの対価を払うべき〈時〉が、次第に遅れる場合が生じてきた。その契機は、経済学史では、隔地者間の取引であったといわれる。すなわち、甲地所在のＡが、乙地所在のＢに対してある「物」を給付することに対し、Ｂの対価（給付）が事後的になされるという取引形態の発展である。このような反対給付が遅れることを容認するという取引事情は、そもそも、当事者の一方Ａが、相手方Ｂ（の反対給付）を「信用」したからこそ可能となったのである。このような取引形態を、「異時的交換」関係というが、異時的交換は、社会の安定と発展に伴い、場所的隔地に関係なく、一般化するにいたるのである。それを可能にしているのは、ひとえに、取引当事者間の（とりわけ、先履行者の後履行者に対する）「信用」(Kredit, credit) なのである。

<u>この異時的交換（＝給付）が、法律学上でいう「債権・債務」関係の発生にほかならない</u>[13]。すなわち、ここにあっては、同時的交換取引とは異なり、債務者は、与えられた信用期間内に履行することが許容され（異時的弁済が許され）、反対に、債権者は、その期間内は履行請求ができないことになる（期限の付与）。このように、異時的交換とは債権・債務の発生であるから、<u>債務者には履行「義務」が、債権者には履行「請求権（権利）」が、それぞれ生じる</u>ことになる。

(2) 等価性の維持と規範的拘束

(a)「等価性」の維持

このように、異時的交換関係とは、本来、同時的交換にあるべき取引が、「信用」を媒介として、一方当事者の物の給付に対して、他方当事者が一定期間後に対価物を給付（反対給付）するという関係であるから、他方当事者の反対給付によって、本来的な同時的交換関係の成立・終了（＝債権・債務不存在）と同じ結果に至る。したがって、異時的交換関係は、信用を介して、同時的交換関係が転化したものという理解が可能である。このことから、次の２つのことが演繹されよう。

---

(13) 近江・前掲注（9）民法講義Ⅳ 2 頁以下。

第1は、同時的交換関係は、「等価性」を維持して、異時的交換関係に転化したものであること、である。例えば、Aが、甲物を100万円でBに売却し、Bの対価の支払いを6か月後とする契約が成立したとすると、この契約を前提とする限り、6か月後においても、甲物と対価の100万円は、6か月前と同じく、依然「等価性」を有していることになる。ただし、この場合において、その「等価」性を維持させているものは、「利子」(Zinsen)である。[14]

　このように、同時的交換関係は、「信用」を媒介として、「等価性」を維持しつつ、異時的交換関係へと転化することになる。

(b) 規範的拘束

　第2に、異時的交換関係は、本来、同時的交換関係にあるものが転化した関係であるから、したがって、それ自体、異時的交換関係の解消を、すなわち他方当事者Bの事後的対価給付（債務の履行）による関係の解消を、目的的に内包する関係でもあること、である。債権は、本来、債務者の給付行為を介して、債権者が「財貨獲得という目的を達すれば消滅すべき運命にある」[15]。それゆえ、この目的から、債務者の給付「義務」と、それに対応する債権者の給付請求「権利」とが発生してくる。

　このような意味において、既に述べたように、「債権」関係とは、第1に、それ自体、関係の解消（＝給付による債権の消滅）を目的としている関係であり、したがって、第2に、その給付（履行）めぐっての、人と人との〈請求：義務〉という規範的結合状態――当為（Sollen）的規範拘束――が形成されているのである。そして、「請求力」は、義務の履行によって満足を得れば、規範としての役割は終了するが[16]、その満足を得ない場合には、当為的状態が存続し、依然、「請求力」に服していることになる。

(c) 「信用」の付与・補完

　上記から理解されたように、異時的交換関係、すなわち「債権・債務」関係を発生させるものは、「信用」である。

---

(14) このように、「利子」は、取引においては、等価性を維持させる機能をもっている。他方、「利子」は、ある意味では、「信用」を発生させる重要な要素でもある。とりわけ、金融機関は、「利子」収益を目的として「信用」を与えるという循環的な経済活動を行う経済主体である。
(15) 奥田昌道『債権総論（上）』(1982・筑摩書房) 3頁。
(16) 林良平・前掲注（4）林ほか5頁参照。

ところで、「信用」とは、一般的には「人に対する信頼」であって、債務者は一定の期日までに必ず支払ってくれるであろうと期待する、債務者個人に対する「人的な」信用・信頼が基本である。具体的には、債務者の「返済能力」と「返済意思」とに対する信頼であると考えてよい。

しかし、返済意思というのは債務者個人の内心の意思であるから当てにならないし、他方、債務者が誠実な人間であって返済意思があっても、弁済すべき資力がないならば、その「人的な信用」は裏切られることになる。そこで、法律学では、返済意思は法律の表面にはほとんど浮上せず、もっぱら「返済能力」が重視されるから、「信用」は、この「返済能力」を中心に判断されることになるのである。

「返済能力」とは、端的に、主観的能力を排除した、客観的な返済能力を指す。すなわち、債務者が債務額以上の財産（価値代替物）を有するかどうかである。そうすると、債権者が債務者に与信（金銭の貸付けまたは支払いの猶予）をするに当たり、当該債務者が信用できる人物かどうかを不問としても、その価値代替物（担保物）を債権者に提供させることによって、債務者が債務不履行に陥った場合でも、債権者は、その担保物から絶対安全に貸付金を回収できることになろう。これが、「物的信用」制度であって、ここにおいては、「担保物」（価値代替物）は、「返済能力」を客観的に示すものとして捉えられるのである。

要するに、本来、返済能力と返済意思とに依拠する「信用」は、経済取引においては、このような「物的信用」の制度として現われるのである。したがって、「担保物」は価値代替物として「返済能力」を保障する財貨であるから、これに対する担保権の設定により、異時的交換関係の成立（債権・債務関係の発生）が実現されることになる。[17]民法典の「担保物権」は、このような制度の1つである。

これが、上記1で述べた、担保制度の第1の意義ないし機能（ポジティブな機能）である。

---

(17) 近江幸治「有担保主義の動揺と『信用』問題（1）」早稲田法学63巻4号5頁以下（1988）。

2 「優先弁済権の確保」としての「担保」制度
(1) 「引当て」・「形（かた）」という概念と「責任」概念
次に、冒頭で述べた第2の、「担保」の"ネガティブ"な機能である。

先に「担保」とは、債務の履行を確保するために、債務者から債権者に対して価値代替物（担保物）を提供することであり、債務者が債務を履行しない場合には、債権者は、その担保物から優先弁済を受けることができる制度であるといったが、これが、法律学で一般的に使われる概念規定であろう。

わが国では、世上、「引当て」、「形（かた）」、「抵当」などと言われてきたものである。そこでの「引当て」ないし「形」というのは、債務の弁済がされない場合に、その「引当て」ないし「形」とされた「物」（担保物）が、債務（弁済）自体の肩代わりとなることである（上記Ⅱ3参照）。

このことは、担保物自体が、「債務」の履行それ自体となることを意味するが、しかし、担保物自体は「債務」と直接的関連性をもたない。そこで、「債務」をカバーするもの（＝債務の価値代替物）という意味で、「債務」（Schuld）概念から峻別された「責任」（Haftung）概念が使われるようになった。

「責任」（Haftung）概念は、Ⅲで後述するように、ゲルマン担保法の研究の中から発生した概念であるが、現在では、一般化した概念である。したがって、わが国で使われてきた「引当て」、「形（かた）」という観念は、「責任」概念であると考えてよい。

(2) 「債務の肩代わり」の具体的方法
上記の場合において、債務が弁済されないときに、「引当て・形」となった担保物が「債務の肩代わり」となる方法には、2つあろう。

第1は、債権者が、その提供された担保物につき、債務に代わるべき価値代替物として、その所有権をみずから取得する方法である。「流質」ないし「抵当直流」である。最近のわが国で、「私的実行」といわれるものである。

第2は、当該担保物を第三者に売却し、その売却代金から債権相当額を取得する方法である。一般には、裁判所の手続的介入による「競売」（公的競売）の方法で行われる。担保物は公けの「市場」（Marcket）で売却されることになるが、「市場」においてはあらゆる商品が一定の価格（市場価格）によ

って取引されることから、恣意的評価を排除できない「流担保」の方法と比べて、合理的側面をもっている。なお、抵当不動産の関係者全員の同意の下で行われる「任意売却」（任売）も、債権者の恣意的価値評価でないという意味で合理性はあるもの、方法としては、私的実行の一形態と考えるべきであろう。[18]

　これらの方法がどのような形で認められるか、それとも禁止されるかは、その時代と制度による。

(3) 優先弁済権の付与

　いずれにせよ、「引当て」ないし「形」の提供を受けた債権者は、当該債務者をめぐって他に複数の債権者がいようとも、その「引当て」ないし「形」となった担保物については、「債務の代替物」として、優先的・独占的にみずからその所有権を取得できるか、または、その担保物を売却して売却代金から優先的に弁済を受けることができる。

　このことは、その優先弁済権が、契約によって付与されたもの（約定担保権）であっても、また法律によって付与されたもの（法定担保権）であっても、担保権に共通していえることである。なお、この優先弁済権の付与機能については、担保権でなく、担保的機能を営む他の制度についても、同じことがいえるのである。

　したがって、「担保」制度の本質は、債権者に、担保物に対する「優先弁済」の権限を付与することにあると理解することができる。ただ、その優先弁済権を制度的にどのように確保するかは、「担保制度」の構築の問題である。日本民法は、パンデクテン体系の下で、優先弁済性の創出を物権の排他的支配権能に依拠したため物権の一種として物権法の中に位置づけたが、それが唯一の制度でないことはいうまでもない。

　これが、上記1で述べた、担保制度の第2の意義ないし機能（ネガティブな機能）である。

---

(18) 近江幸治『民法講義Ⅲ担保物権〔第2版補訂〕』（2007・成文堂）172頁以下参照。「任意売却」は、抵当不動産の関係者全員の同意を前提としているが、理論的には、破産管財人の管理処分権（破産法78条1項）に基づき、裁判所の許可を得て行われるものである（同条2項）。上野隆司監修／高山満＝田中博文＝大坪忠雄＝村山真一＝藤原勉『任意売却の法律と実務［第2版］』（2006・金融財政事情研究会）2頁以下参照。

以下では、上記で考察した、担保制度が本質的に有する、①「信用」の付与機能と、②「優先弁済権」の確保を軸（分析視角）として、「担保」制度の存在形態を考察することにする。

Ⅲ　ドイツ土地担保権の変遷と優先弁済観念の変質

1　ゲルマン担保法の基本概念——「責任」（Haftung）

　ゲルマン担保法の基本概念は、「責任」（Haftung）である。「責任」（Haftung）とは、「債務」（Schuld）が履行されなかった場合に、その履行に代わる「賠償」を強制的にさせることであって、これには、「人的責任（Personenhaftung）と「物的責任」（Sachhaftung）とがある。そして、その対象である「人」[19]または「物」自体が賠償の対象とされた。これが「責任」の内容である。この「責任」のために、担保目的物が setzen され、aussetzen され、versetzen されると説明される。[21]

　そして、物的担保においては、「物」自体が「債務」に代わる賠償のすべて（責任対象物）であるから、債務者は、「物」以外に人的な責任（債務）を負うことはなかった。このしくみにつき、「物的責任ないし代当責任」（Sachhaftung）[22]概念が使われてきたが、その中核をなす観念は、「債務に代わるべき物」と「賠償」であった。

　それゆえ、担保目的物である土地の価額が債務額を下回った場合にも債務

---

(19)　「人」的責任は、古くは「人」を身分的に拘束し、隷属させるものであったが、これが、貨幣経済の発達に伴い、次第に、人（債務者）による「債務」の支払へと変化していった。高嶋平蔵『近代的物権制度の展開と構成』（1969・成文堂）236頁。
(20)　Otto v. Gierke, Schuld und Haftung, 1910［Neudruck 1969, Scientia］, S.11ff.
　なお、「債務」（Schuld）と「責任」（Haftung）の区別は、Brinz の発見（1874年）に始まるといわれる。
(21)　R. Hübner, Grundzüge des Deutschen Privatrechts, 5. Aufl. 1930, S.328.
(22)　中田博士は、"Haftung" につき、「代当責任」の訳語を当てるが（中田薫「独仏中世ニ於ケル債務と代当責任トノ区別」法学協会雑誌29巻10号1509頁（1911）参照）、「責任」とは、現在の一般的観念と異なり、「賠償」という特殊な観念に支えられているものであるから、単なる「責任」または「物的責任」の用語よりも、「代当責任」の方が的訳であると思われる。ただ、本稿では、その用語が必ずしも熟しているとはいえず、また、ゲルマン担保法の Haftung が「物的責任」と訳されるのが普通なので、「物的責任」の訳語を使う。

者は責任を負う必要はなく、反対に、土地の価額が債務額を上回った場合にも、債権者はその超過額を返す必要はなかった。これは、上記した「責任」概念からの当然の帰結であった。

このように、「責任」概念の下では、暴利行為という観念は成り立たず、逆に、暴利性の排除や清算義務を問題とするのであれば、物的「責任」の概念は成り立たないのである。

以下では、ドイツにおける土地担保制度の歴史的変遷を追い[23]、その担保形態の展開を把握するとともに、各制度における優先弁済権がどのように確保されてきたかを考察する。

2 「条件付譲渡」(bedingte Übereignung) と「物的責任」

(1) 「解除条件付譲渡」(auflösend bedingte Übereignung)

ドイツにおいて、最も初期的に現れた土地担保の方法は、「条件付譲渡」(bedingte Übereignung) であった。これは、「担保のための所有権の譲渡」(Eigentumsübertragung od. -übereignung zur Sicherung) であって、一般に、「所有(権)担保」(Eigentumspfand) ないし「売買担保」(Verkaufspfand) などと呼ばれるものである[24]。

そして、形態的には、土地の占有を債権者に移転する形態が普通であったから、土地所有権の移転は、弁済があったことを解除条件とする解除条件付で行われた。それゆえ、この時代の担保を、「解除条件付譲渡」(auflösend bedingte Übereignung) と呼んでいる。

ゲルマン法においては、当然のことながら「ゲヴェーレ」(Gewere) の所在が問題となるが、ここにあって、債権者には、条件付授与 (Investitur) により所有権ゲヴェーレ (Eigentumsgewere) が与えられ、したがって、債権者は、それを根拠として、当該土地を占有・用益することができた。

---

[23] 以下のドイツ土地担保制度の歴史的展開の一部については、近江幸治『担保制度の研究——権利移転型担保研究序説——』(1989・成文堂) 139頁以下を基礎としているが、本稿の研究視角から内容を整序し、文献も追加している。

[24] Hübner, a.a.O. S.402, usw. なお、世良晃志郎＝廣中俊雄教授は、この条件付譲渡ないし所有権担保につき、「譲渡担保」の訳語を当てている。Mitteis, Deutsches Privatrecht, 3. Aufl. 1959／世良晃志郎＝廣中俊雄訳『ドイツ私法概説』(1961・創文社) 211頁。

そして、債務が弁済されたときは、債権者の保有する所有権が失効して債務者に戻されるが、債務が弁済されないときは、債権者の保有する土地所有権がそのまま「物的責任」の対象となり、債権者の所有物となるのである。

なお、「解除条件付譲渡」は、外観上は「買戻留保付売買」（Verkauf unter Vorbehalt des Wiederkaufs）として現れたが、これは、いわゆる民法で法認される「買戻（特約付売買）」（Verkauf auf Wiederkauf）とは区別すべきものとされている。(25) すなわち、前者では買主は目的物を転売できないが、後者ではそれが可能とされている。

(2)　「停止条件付譲渡」（aufschiebend bedingte Übereignung）

担保制度が所有権の条件付譲渡という形式をとる時代において、目的物の「占有を債務者に留める」担保形態は、初期的には、「停止条件付譲渡」（aufschiebend bedingte Übereignung）の方式で可能とされた。(26) ただし、この時代の担保は、「解除条件付譲渡」によってなされる「占有を債権者に移転する」形態が主流であって、「占有を債務者に留める形態」（停止条件付譲渡）の担保はきわめてまれであり、かつ局部的に行われたにすぎない。

しかし、たとえまれであっても、本稿の問題意識からは、これを無視することはできない。「占有を債務者に留める」形態は、「占有を債権者に移転する」形態とその利用要因を異にするからである。この時代において、停止条件付譲渡を生じさせた社会的・経済的要因は、おそらく「占有を債務者に留める」担保形態に普遍的な、みずから目的物を用益しつつ担保に供するということ（＝目的物の占有を自己に留めなければならないということ）であろう。これは、後に見られる neuere Satzung（新質・非占有質）に共通する要因であり、ひいては、抵当権および譲渡担保に共通する要因でもある。

この担保方式は、債務者が一定期間内に受け戻さないときは、債務者は、債務証書の日付で（すなわち遡及的に）土地を譲渡する、という Investitur （授与行為）によってなされた。したがって、ゲヴェーレ（所有権ゲヴェーレ Eigentumsgewere）もまた、停止条件付で譲渡されたのである。そして、債務者が受け戻さない場合には、その土地がそのまま債権者の所有物となった。

---

(25)　Hübner, a.a.O. S.404, usw.
(26)　Vgl. Otto v. Gierke, Deutsches Privatrecht, Bd. II, 1905, S.818.

(3) 「帰属・流担保」（Verfall）と「物的責任」（Sachhaftung）——優先弁済権の確保

以上のように、「条件付譲渡」においては、債務が弁済されない場合、担保目的物である土地の所有権は、そのまま債権者に移転した（解除条件付譲渡では当然に、停止条件付譲渡では条件成就の時に）。この所有権「帰属」（Verfall）は、所有権担保（売買担保）においては、必然的かつ本質的な効果である。

「責任」概念からすれば、土地の価額が債務額を下回った場合にも債務者は責任を負う必要はなく、反対に、土地の価額が債務額を上回った場合にも、債権者はその超過額を返す必要はないのであるが、<u>「所有権担保」においては、売買における所有権移転の単純な効果とて、この「物的責任」効果が発生</u>する。そして、「担保」という目的があったにせよ、法理論的には真の「売買」であったから、「所有権担保（売買担保）」として、その合理性が「責任」から正当化されたのである。

このように、条件付譲渡の時代にあっては、担保制度の本質である「優先弁済権」については、「所有権」の譲渡⇒「責任」の終了⇒「優先弁済」効果（債権者の実質的な満足）の発生、という流れの中で、「優先弁済権」が確保されていることになる。

(4) 条件付譲渡の衰退

しかし、とはいえ、一般には、土地の価額が借金額を超過することが普通であるから、債務者（売主）は、借金額を超過する価格の土地を債務者が失うことがしばしばであり、このことが、債務者にとっては大きな脅威であった。また、土地は様々な封建的な制約を受けており、特に、土地を譲渡するにあたって親族または封土領主（Lehensherrn）の同意が必要な場合に、債務者は、しばしばこれらの同意を得られず、そのために信用の取得を放棄しなければならなかった。

このような理由から、「条件付譲渡」（bedingte Übereignung）は、「買戻し」（Verkauf auf Wiederkauf）として利用されなかった限り、時とともに衰微し[27]、担保制度の次の新しい発展形態である「古質」（ältere Satzung）を生み出した

---

(27) Hübner, a.a.O. S.404.

ものとされる。[28]

3 「古質」(ältere Satzung) と「流質」(Verfall)
(1) 制限物権的性格の「古質」(ältere Satzung)

上に述べたように、債務者にとって、解除条件付譲渡（所有権担保）は、借金額を超過する価格の土地を失うことが脅威であった。反面において、土地が信用能力を有するものであることが意識されるようになると、土地を「担保」として金融を得ることが、社会的にも広く行われるようになった。このことは、反面において、法形式的にも「売買」の否定であって、担保設定行為として認識されたのである。

このようにして発展したのが、"ältere Satzung"[29]（古質・占有質）といわれる担保形式である。この「古質」は、フランク時代に出現し、その後の100年内にほぼ完成された。

もちろん、「条件付譲渡」から「古質」への移行は、段階的なものでなく、相対的かつ徐々的に推移していった。そして、「古質」の時代にあっても、「解除条件付譲渡」はしばしば担保慣行とさえなっていた。しかし、「古質」の出現は、「解除条件付譲渡」の衰微にその契機を持つものであるとともに、「売買」ではなく（売買行為の否定）、明確に「担保」行為として意識されたことによるものであった。

したがって、「古質」は、所有権の移転ではないから、「制限物権」的性格の担保設定行為なのである。

(2) 「占有を債権者に移転させる形態」（占有担保）

「古質」(ältere Satzung) は、担保形態としては、旧来の「解除条件付譲渡」と同じく、土地の占有を債権者に移転させる形態（＝「質」形態）であった。

したがって、ältere Satzung で設定されるゲヴェーレは、所有権ゲヴェーレではなく、Satzungsgewere od. Pfandgewere（質ないし担保ゲヴェーレ）で

---

(28) 「条件付譲渡」（形式的には Verkauf mit Vorbehalt des Wiederkaufs) は、しばしば「買戻し」(Verkauf auf Wiederkauf)、と混同し、また、後には「買戻し」へ移っていったといわれる (Gierke, a.a.O. (Deutsches Privatrecht) S.812 ; Hübner, a.a.O. S.404 ; Planitz, a.a.O. S.62)。
(29) Hübner, a.a.O. S.404 ; Mitteis／世良＝廣中訳・前掲注(24) 211頁。

あった。Satzungsgewere（質ゲヴェーレ）とは、用益ゲヴェーレ（Nutzungsgewere）であって、債権者は、その保有者として土地を占有・利用し、かつ果実を収得できた——この意味で ältere Satzung は Nutzungspfand（用益担保）と呼ばれる——。

しかも、この用益を、債権者は、債務者に貸した金の利息（Zins）に対する代償として引き受けるのであるが——この意味で ältere Satzung は Zinssatzung（利息質）と呼ばれる——、それによって元本が償却されることはないし、また、債権者の用益権は、元金が返済されない限り永久に続くもの——この意味で ältere Satzung は Ewigspfand（永久質）と呼ばれる——とされた。これが、ältere Satzung における、土地担保関係のきまりであった。

(3) ältere Satzung における流担保禁止の萌芽

「古質」（ältere Satzung）においては、一定期間内に債務の弁済がされない場合は、「条件付譲渡」と結合された。上記で述べたように、「解除条件付譲渡」は、所有権の移転であるゆえに、受戻しのないときは流担保（Verfall）と同一の効果がもたらされるが、「古質」がこの「条件付譲渡」と結合したということは、法効果においてその流担保的効果を生じさせることであった。つまり、「古質」は、債務不履行のときは、Verfallpfand（流担保ないし帰属質）とされたのである。したがって、依然、「物的責任」が法効果の原則だったのである。

しかし、Verfallpfand（流担保）においては、「条件付譲渡」の場合と同じく、債務と目的物との価格差が計算されず、債務者側には、わずかな債務のために多くの土地を失うという危険が存した。

他方において、カノン・教会法は、利息の取得を禁止し、暴利行為を排除する政策を強めていくが、担保の設定においてもその影響を受け、Verfallpfand（流担保・帰属質）は、徐々にではあるが、Verkaufspfand（売却担保。Distraktionspfand）へと移行していく。すなわち、債権者は、裁判上の授権に基づいて債務者の土地を売却し、それによって自己の債権に充当させるので

---

(30) Hübner, a.a.O. S.406.
(31) 高嶋・前掲注（19）229-230頁。

あるが、その超過額（過剰利得）はこれを債務者に返還しなければならないとする方向に向かっていくのである。

4 「新質」(neuere Satzung) にいたる担保方式の過渡的諸形態
(1) 「占有を債務者に留める形態」（抵当形態）の担保

「古質」(ältere Satzung) は、時代とともに衰退し、12世紀の初め頃から、抵当権 (Hypotheken) の原型となった「新質」(neuere Satzung) が発達する。ところで、「古質」の衰退が、そのまま「新質」の発達に直結するわけではなかった。古質は、「土地の占有を債権者に移転する」形態の担保方式であり、新質は、「債務者がみずから土地を占有」しつつ担保に供する担保方式であって、その利用要因が異なる以上、両者の衰退と発達の間に直接的関係を認めることができないからである。

特に、「新質」は、後に述べるように、都市の発達によって、都市特有の経済的要因として、「土地の占有を債務者に留める」必要があったことから必然的に生じた担保形態なのである。それゆえ、ここでは、この「土地の占有を債務者に留める」必要から生じた、「新質」に至る過渡的・中間的性格の典型的な担保である、農村における Rentenpfand と、都市における Satzung mit Zinsgewere des Gläubigers を概観しよう。[32]

これらは、経済的には、社会構造の変化により――とりわけ農村における地代的グーツヘルシャフト（地代領主制 Rentengutsherrschaft）の成立と都市における貨幣経済の浸透により――、法律的（担保制度的）には、すでに成立している「古質」の法構成の影響により、「停止条件付譲渡」から推移したものと考えられるのである。

(2) Rentenpfand（地代質）

第1は、農村で発達した「地代質」(Rentenpfand) である。地代質は、荘園内部に貨幣経済が浸透してきたことにより、荘園領主が封建的寄生地主化し、領主と農民との間にいわゆる「地代的グーツヘルシャフト」(Rentengutsherrschaft) の関係が成立した結果生じたものであるといわれる。[33] これは、

---

(32) Gierke, a.a.O. (Deutsches Privatrecht) Bd. II, S.818.
(33) 槇悌次「集合物抵当権の性格（一）」法学19巻3号113-117頁（1955）、鈴木禄弥『抵当制度

債権者が、土地に対する直接的ゲヴェーレを持つことなしに（したがって、土地は債務者が占有する）、債務者の土地から毎年一定の収益＝「地代」(Rente) を取得するものである（この Rente（地代）は、債権額との経済的関係に立つものとされる）。

　債権者の地代取得権の根拠は、間接占有、すなわち「間接的ゲヴェーレ」である。そして、その「地代」は、債務者が土地を占有することに対する「対価」という観念に支えられていたものと思われる（これが、後に、地代請求権上のレンテ (Rente) としての性格に変化していく）。[34]

　この法構成は、おそらく、すでに成立していたザッツング (Satzung, 質または質置) の法制度の影響によるものと考えられる（特に、ゲヴェーレの構成について）。要するに、Rentenpfand（地代質）は、社会的・経済的には荘園の構造的変化ということを直接的契機とするものであるが、「占有を債務者に留める」担保という形態から見る限り、権利移転型担保である「停止条件付譲渡」から脱却する過渡的形態であると考えられる。

(3) Satzung mit Zinsgewere des Gläubigers（債権者の地代ゲヴェーレを伴う質）

　第2は、都市で発達した「債権者の地代ゲヴェーレを伴う質」(Satzung mit Zinsgewere des Gläubigers) である。都市においては、「占有を債務者に留める」担保は早くから大きな有用性が認められてきた。ここにおいては、後に成立する「新質」(neuere Satzung) の前段階として、「停止条件付譲渡」から発展した "Satzung mit Zinsgewere des Gläubigers"（債権者の地代ゲヴェーレを伴う質）が発達した。[35] ここでは、債務者が土地を用益し、債権者は地代ゲヴェーレを持つことにより地代を収得する。このゲヴェーレにより、債権者は、土地の間接占有を取得するのである。すなわち、ザッツング (Satzung) 的法構成である。[36]

　　　の研究』(1968・一粒社) 5頁。
(34)　槇・前掲注 (33) 116頁。
(35)　Planitz, a.a.O. S.62；槇・前掲注 (33) 120-123頁、鈴木・前掲注 (33) 8-9頁。
(36)　Satzung におけるゲヴェーレの構成である。鈴木教授によれば、「この制度を近代法の考え方にあてはめれば、質権設定に際し、質権者が占有改定により質物上に間接占有を取得し、質権設定者は引続き直接占有を継続する形――かかる質権は現行法上禁ぜられている〔日民345条〕

興味のあることは、この「債権者の地代ゲヴェーレを伴う質」の実体は、農村において見られた過渡的形態である「地代質」(Rentenpfand) とまったく同一であることである。すなわち、債権者は間接的ゲヴェーレによって間接占有を取得し、それを媒介として地代 (Rente) を収得するが、その「地代」自体の基本的性格は、債務者の土地の使用料（賃借料）であった。したがって、両者は、本来的には Ewigpfand（永久質）であり、地代の支払いが怠られた場合には、債権者が土地を直接に占有するところの占有担保＝Verfallpfand（帰属質ないし流担保）となることは当然であった。

この両者は、「ältere Satzung から neuere Satzung へ」という図式[38]の中では、その中間的・過渡的な担保形態として位置づけられるのが一般である。その位置づけは、担保制度の発生史として時系列的に位置づけるという意味では正しい。しかし、反面、neuere Satzung（新質）の出現（の要因）を強調するあまり、この時代以降の ältere Satzung（古質）の存在形態＝

――である。なお、Würzburg および Frankfurt a. M. では、実際に一旦担保地の占有を債権者に引渡し、それからふたたび抵当権設定者に引渡された」とする（鈴木・前掲注 (33) 8 頁）。

(37) このことから、Wolff ＝ Raiser は、両者を Rentenpfand として同一に扱い、その性格を収益上の単なる権利質（Rechtspfand）であるとする。Wolff ＝ Raiser, Sachenrecht, 1957, S.521.

(38) この理解は、ゲヴェーレ (Gewere) の分析と経済史的説明でもって裏付けされたので、ドイツ法制史の主流を占めるところとなった。

(39) 例えば、Planitz, a.a.O. S.62. 鈴木・前掲注 (33) 5‐6 頁・8‐9 頁。

　法史学は、ältere Satzung のカテゴリーにも neuere Satzung のカテゴリーにも属しないこの二つの担保形態を、「ältere Satzung から neuere Satzung へ」という図式のなかで、両者の中間に位置する過渡的形態であると位置づけたのである。

　しかし、「占有を債務者に留める」担保形態は、neuere Satzung の時代に初めて出現したものではないのであり、その系譜を考えた場合には、むしろ、停止条件付譲渡から neuere Satzung へ移行する過渡的形態と考えたほうが正当であると思われる。

(40) 法史学の関心は、ゲヴェーレ (Gewere) の分析とともに、ältere Satzung と neuere Satzung との実体を比較し、とりわけ後者の要因を経済史的に説明することにあったのである。すなわち、後者のメルクマールである「占有を債務者に留める」ということを、貨幣経済の浸透にともなう交換価値の把握であり、これは都市市民に特有のものとする反面、前者を用益（Nutzung）＝自然経済に支えられているものとする（もちろん、発生史的には異論はないが）。

　だが、この図式を強調するあまり、同じ自然経済に支えられているはずの「条件付譲渡」と「古質」との関係を、法史学は経済史的に明白には捉えてはこなかった。また、「占有を債務者に留める」という社会的要因は、必ずしも都市に特有のものではなく、すでに条件付譲渡の時代に、「停止条件付譲渡」として存在していたし、さらに、「新質」の出現まで中間的な諸形態が存在していたのである。このようなの時代において、なぜに「占有を債務者に留める」担保が存在していたか。このような事実、およびその社会的経済的要因は、「ältere Satzung から neuere

「占有を債権者に移転する」担保形態が軽視されたきらいがないではない。[41]ちなみに、それ以降も、この担保形態は、antichretisches Pfand (antichrèse) として、細々ながら存在していたのである。[42]

しかし、いずれにせよ、ältere Satzung の利用度は徐々に薄れ、ローマ法継受の後に不動産担保権が抵当権に統一されることによって、「占有を債権者に移転する」形態は、土地担保方法として、完全に排除されるのである。

(4) Verfallpfand （流担保）

上記の「地代質」(Rentenpfand) においても、「債権者の地代ゲヴェーレを伴う質」(Satzung mit Zinsgewere des Gläubigers) においても、債権者は、間接的ゲヴェーレによって間接占有を取得し、それを根拠に「地代」(Rente) を収得するが、「地代」は、土地の使用に対する対価（土地の賃借料）であり、債権の元本を消滅させるものではなかった。Ewigpfand（永久質）といわれるゆえんである。したがって、地代の支払いが怠られた場合には、債権者は、土地を直接に占有することが認められ、Verfallpfand（帰属質ないし流担保）となった。

したがって、ここにおいても、担保の本質である優先弁済権は、「物」に対する「物的責任」という形で存在していたといえる。

Satzung への移行」という図式では説明がつかないのである。
(41) もちろん、学者は一般に、neuere Satzung が ältere Satzung を完全に駆逐したものでないことを付言するが（例えば、Hübner, a.a.O. S.409；Mitteis ／世良＝廣中訳・前掲注 (24) 213頁)。
(42) ローマ法の antichresis に由来するフランスの antichrèse（アンティクレーズ）によって、その存在性が正当化されていたのである。Hübner, a.a.O. S.414；近江「不動産の質・譲渡担保・所有権留保」星野英一＝鈴木禄弥＝岩城謙二＝椿寿夫＝米倉明＝伊藤進編集『現代における担保法の諸問題』NBL266号所収11頁（1982）参照。

そして、この antichretisches Pfand にも利息の禁止ないし制限の規定が適用された（W. Hromadka, Die Entwicklung des Faustpfandprinzips im 18. und 19. Jahr-hundert, 1971, S. 147)。なお、antichretisches Pfand は、プロイセン一般ラント法典（ALR: Allgemeines Landrecht, 1794）においても、隠れた暴利行為として認識されていた（Hromadka, a.a.O. S.147 Anm. 74)。

5 「新質」(neuere Satzung) の出現と「売却」(Verkauf)
(1) 「新質」(neuere Satzung) の出現

ドイツにおける都市の発達は、土地の担保方法として、土地の占有を債権者に移転させない形態の担保方法を生み出した。

その第1は、Rentenkauf（土地定期金売買）である。ここにおいては、債権者の収得するものが土地の負担から生ずる永久的な「レンテ」(Rente od. Zins, 定期金) であり、この「レンテ」（定期金）収得権が設定・売買されるのである。レンテが価値増殖を営むからである。そして、この機能を保障するものは、レンテ不払いの場合の土地取上げ (Verfallpfand, 帰属質ないし流担保) であった（地代不払いの場合と同じである）。

「土地定期金売買」(Rentenkauf) を構成する要素は、実質的には、Ewigpfand（永久質）と Verfallpfand（帰属質ないし流担保）である。教会は、その両者を禁止してきたが、しかし、「レンテ」(Rente) は、永久質 (Ewigpfand) での「利息」ではなく、「地代」であると意識されたことにより、「定期金売買」は担保＝Pfand ではなく売買＝Kauf であるとされ、事実上カノン法の利息禁止の脱法行為たりえたのである[43]（因みに、次に述べる「新質」にあっては、カノン法の禁止によって利息 (Zins) を取得することは不可能であった[44]）。

その第2は、12世紀の初頭に現れた "neuere Satzung od. jüngere Satzung"（新質・非占有質）である。

ケルンやハンザなどの商業都市では、商業の興隆により資本需要が増大し、人々の流入に伴って土地の価値が上昇した。しかし、金融を必要とする商業従事者にとっては、住居や営業用家屋・土地を債権者に引き渡すわけにはいかなかった。また、これらの都市の商人が、外国貿易のために一回限りの航海資金を調達しようとする場合にも、永久的に設定されるものでない質[45]

---

(43) Rentenkauf（定期金売買）による利息禁止の脱法については、西本頴『利息法史論』(1937・有斐閣) 73頁以下に詳しい。特に、定期金売買が、利息付消費貸借と区別されたことについては、同書104頁以下。
(44) この Rentenkauf の観念が、後のドイツ民法典における、債権を前提としない担保制度としての Grundshuld（土地債務 BGB1191条）、Rentenschuld（定期土地債務 BGB1199条）、Reallast（物的負担 BGB1105条）へとつながっていく。
(45) Mitteis／世良＝廣中訳・前掲注 (24) 213頁など。

(Satzung) が要求された。このようにして、抵当権 (Hypothekenrecht) の原型である neuere Satzung (新質) が成立したのである。

「新質」においては、担保権者には、担保物に対する間接占有と、条件付摑取権としての期待的ゲヴェーレ (anwartschaftliche Gewere) が与えられた。これによって、担保権者は、<u>物権的期待権</u>を取得し、<u>目的物につき第三者に対する追及</u>が認められたのである。

なお、新質は、以下で述べるように、いくつかの特別の手続を要するのであるが、ともあれ、それ以前の Rentenpfand (地代質) および Satzung mit Zinsgewere des Gläubigers においては、「占有を債務者に留める」ことを可能とするために、いったん債権者に引き渡された担保物を債務者が借り受ける(したがって、その際には、地代 (Zins od. Rente) が対価として授受される)、という法構成をとらざるをえなかったのに対し、そのような迂遠な法構成を経ることなく、「登記」および「裁判所による差押え」(Fronung) という手続きによって、直接に「占有を債務者に留める」担保形態として独立することができたのである。

(2) 担保権設定契約と「登記」

「新質」は、初期的には裁判所で (後には役場で)、相続人の同意を得て行われる要式行為 (担保権設定契約) であり、かつ、その設定は、「シュラインスカルテ」(Schreinskarte) に登記された。この登記は、最初は証拠の補強にすぎなかったが、13世紀頃より、その際に実質的な審査がなされるにおよんで、次第に設権的効力を持つものとなっていった。

その後、シュラインスカルテは、カード (Karte) 形式から帳簿 (登記簿。

---

(46) 例えば、林毅『ドイツ中世都市法の研究』(1972・創文社) 196頁、鈴木・前掲注 (33) 9頁。
(47) Mitteis／世良＝廣中訳・前掲注 (24) 213頁。
(48) Gierke, a.a.O. (Deutsches Privatrecht) Bd. II, S.818f.
(49) Schreinskarte は、1135年にケルンで始まったもので、綴り込み形式のカードであり、箱 (Schrein) で保管されたことから、この名が付いたといわれる。Mitteis／世良＝廣中訳・前掲注 (24) 186頁。
(50) Schreinskarte は、土地所有権の譲渡 (Auflassung)、質 (Satzung) の設定などが登記されたが、「新質の設定契約そのものが登記されるようになったのは1163年以来であって、それ以前には新質による所有権の移転についての登記がなされている。」とされる。林毅・前掲注 (46) 199頁注 7。

Buch）形式へと発展し、名称も、Grundbuch（不動産登記簿）、Pfandbuch（担保権登記簿）、Hypothekenbuch（抵当権登記簿）と称されることになる。

したがって、本項で重要なことは、「新質」が、①「担保物の占有を債務者が有する形態」の担保であること、および、②非占有担保であることから来る債権者の不安は、「登記」により「公示」されていることで権利が保障されるにいたったこと、である。とりわけ、登記等の方法による「公示」は、ゲルマン担保法の特徴といってよい。

(3) 「帰属・流担保」（Verfall）から「売却」（Verkauf）へ——「物的責任」の崩壊

(a) Fronung（裁判所による差押え）

「新質」の基本的な法効果は、「古質」と同じく、依然、流担保（Verfall）であった。[51]この手続は、次のような方式でなされた。すなわち、債務が弁済されない場合、裁判所は、担保の土地を差し押さえて、債権者に土地の占有を付与することを決定した後、その差押えの1年後（1年と1日）に、その土地の所有権を没収（Konfiskation）して、債権者に与えた（これは、期待的ゲヴェーレを有していた債権者に現実的ゲヴェーレを与える行為（現実的授与行為（Investitur）でもある）。この間は、担保土地は裁判所の管理下に置かれ、債務者は処分が禁止（法律保護停止。Bannlegung）されるが、土地を受け戻すことはできた。[52]

この方式は、最初にフランクとザクセンの法領域において用いられたことから、フランク法の概念であるFronung（フローヌング、差押え。missio in bannum regisとも呼ばれる）といわれ、また、裁判所による「差押え」が行われることから、「差押担保ないし執行担保」（Fronungspfand, Exekutionspfand）といわれる。Fronungとは、債務者が履行を遅滞した場合に、その土地を裁判所が差押えること（＝債務者の処分の禁止）を意味し、この差押えの1年（正確には1年と1日）後に、その土地の所有権がされることになる。[53]

---

(51) Hübner, a.a.O. S.407ff, Planitz, a.a.O. S.63, Mitteis／世良＝廣中訳・前掲注(24) 214頁、林毅・前掲注(46) 194-196頁、竹下守夫『不動産執行法の研究』(1977・有斐閣) 68-71頁。
(52) Hübner, a.a.O. S.407ff.
(53) Planitz, a.a.O. S.63, Hübner, a.a.O. S.407ff.; 竹下・前掲注(51) 68頁。

なお、この執行手続は、後に簡略化し、裁判所による差押え（Fronung）を経ずに、当事者の流担保（帰属）の約定（Verfallklausel）により、直接に債権者への所有権移転（流担保）が認められた（特に、南ドイツにおいて）。[54]

(b) 流担保の禁止と売却（Verkauf）への移行

新質においては、上記のように、当初は「帰属（流抵当）」がその効果であったが、しかし、特に南ドイツでは、「新質」が Verkaufspfand（売却担保）として扱われるようになり、この思想が北ドイツにも普及した。そして、この観念が流担保の思想を排除し、その結果、「新質」の法効果は Verkaufspfand（売却担保）であると認識されるにいたったのである。[55]

「新質」における Verfallpfand（流担保ないし帰属質）から Verkaufspfand（売却担保）への移行は、純粋な「物的責任」を放棄したことであり、債務者は、生じうべき不足額については「人的責任」を負うことになった。逆に、債権者は、追加請求できるから、取立不足の危険を負担しないことになった。[56]

この変化は、「古質」の場合と同じく、カノン法の暴利行為の禁止によるものであったと考えられる。売却担保は、売却によって得た売得金（Erlös）から満足を受け、剰余金はこれを債務者に返還する（＝清算）ものであり、[57] このような清算は、カノン法が奨励したものであり、かつ、カノン法が暴利行為を禁止した結果出現した制度だからである。

カノン法の実質はローマ法であるが、ローマ法では、すでにコンスタンティヌス帝が流担保契約を禁止していたことは、あまりにも有名であろう。後のいわゆる「ローマ法継受」は、不動産換価方法を執行債権者による換価から、裁判所による公の競売へと改めたのであるが、[58] この領域でのローマ・カノン法の影響は大きく、流担保を禁止して「売却担保」へ移行させたのもカ

───────────────

(54) Hübner, a.a.O. S.407ff, Planitz, a.a.O. S.63, Mitteis／世良＝廣中訳・前掲注 (24) 214頁。
(55) Hübner, a.a.O. S.407ff, Planitz, a.a.O. S.63. ただし、この売却質（Verkaufspfand）は、初期的には、「古質」時代から生じていたが（Mitteis／世良＝廣中訳・前掲注 (24) 212頁）、本格的な展開が見られるのは、「新質」においてである。
(56) Mitteis／世良＝廣中訳・前掲注 (24) 212頁、234頁。
(57) Hübner, a.a.O. S.410f；高島・前掲注 (19) 230頁。
(58) 竹下・前掲注 (51) 72頁。

ノン法であった。

　以上のように、「新質」においては、初期的には、裁判所の「差押え」（Fronung）によって「帰属・流担保」（Verfall）が認められたが、後には、裁判所の介入（差押え）なしに、「帰属・流担保」の約定（Verfallklausel）が認められた。しかし、カノン法は、高金利（暴利行為）の制限を強めるとともに、同様の効果をもたらす「帰属・流担保」（Verfall）を許さなかった。その結果、新質における債務不履行の効果は、「帰属・流担保」（Verfall）から「売却担保」（Verkaufspfand）へと移っていったのである。このことは、もはや、「担保」概念が、「責任」（Haftung）概念では説明がつかないことを意味するのである。

6　ローマ法継受と近代的抵当権の成立
(1)　ローマ法継受とゲルマン担保法との相剋

　神聖ローマ帝国の時代にあっては、ドイツ全土に共通する法律体系として「ローマ法」が志向されたが、担保法もその例外ではなかった。いわゆる「ローマ法継受」である。

　担保制度につき、ローマ法では、不動産・動産を区別せず、「占有担保」（担保物の占有を債権者に移転する形態）の「ピグヌス」（pignus）と、「非占有担保」（担保物の占有を債務者に留める形態）の「ヒポテカ」（hypotheca）があった。[59] 後者は、無方式で設定される非占有担保であって、次第に前者をほとんど駆逐したといわれる[60]（ただし、その「駆逐」とは、利用面に関してであって、存在自体がなくなったわけではない。前記したように、その後も、占有担保は、antichrèseという形で存在してきたからである）。また、ローマ担保法では、すでにコンスタンティヌス大帝時代から、その効果につき、「流担保・帰属質」（lex commissoria）が禁止されていた。[61]

---

(59)　これ以外に、目的物を第三者に信託的に譲渡する「フィドゥキア」（fiducia）があった。十字軍遠征者が、自分の財産を他人に託して出征するときなどで使われたといわれる。ドイツにおける「信託行為」（fiduziarisches Geschäft）概念は、fiducia を基礎として作られたものである。

(60)　Mitteis／世良＝廣中訳・前掲注（24）215頁。

(61)　Leo Raape, Die Verfallklausel bei Pfand und Sicherunguubereignung, Berlin 1913／高嶋

「ヒポテカ」(hypotheca) は、何らの方式を必要とせずに「合意」または「法律」によって成立し、「公示」はされなかった。また、総財産の上に成立する「一般抵当」(Generalhypothek といわれる) が認められていた。このローマの抵当権 hypothecaが、継受により、ドイツ全土に共通する抵当原則(ドイツ「普通法」Gemeines Recht)) とされ、「抵当権」(Hypothek) の名称が付けられた。そして、一部の都市では、担保の一般原則となった。

しかし、合意または法律により無方式で設定され、かつ総財産に対する一般抵当権が認められるということは、抵当権とその対象である担保物との結合関係、すなわち物権の基本原則である「特定の原則」が、排除されることを意味する。それは、"隠れた"優先権であって、取引の安全を害することはなはだしく、他の一般債権者にとっては非常な脅威であった。それゆえ、この Hypothek の普及に伴い、土地の「物的信用」は完全に損なわれたといわれる。

(2) ゲルマン担保法原則への回帰

このような「ドイツ普通法」の流れに対して、有力な部族国家都市においては、ドイツ・ゲルマン法への回帰が謳われ、独自の法典を編纂する動きが始まった。抵当権についていえば、「新質」(neuere Satzung) で培われた、厳格な「担保設定行為」と「登記」によってのみ成立するとするゲルマン原則が志向されたのである。

すでに17世紀末頃からこの動きが見られるが、特に大きな影響を与えたのは、プロイセンの一連の抵当権令——「抵当権及び破産令」(Die Hypotheken - und konkursordnung, 1722) と「一般抵当権令」(Allgemeine Hypothekenordnung, 1783)——であり、これは、1974年の「ALR：プロイセン一般ラント法」(Allgemeines Landrecht für die Preußien Staaten, 1794) に結実した。その後、

平藏＝近江幸治訳「担保物権および譲渡担保における流担保の約定（一）」比較法学14巻2号95頁（1980）。
(62) これが、「優先債権」制度、すなわち先取特権の走りをなすものである。まず、フランス法で採用され（privilège）、日本の旧民法に継受され、明治民法（現行民法303条以下）に引き継がれた。
(63) これらの特質が、ゲルマン担保権と比較して、ローマ抵当権の弱点とされ、後の学者によって批判される的となる。例えば、Nussbaum, Deutsches Hypothekenwesen, 1913, S.331ff, usw.
(64) Mitteis／世良＝廣中訳・前掲注 (24) 216頁。

各ラントは、抵当権法令を発布し、「抵当登記簿」(Hypotekenbuch) を創設して、抵当権の「公示」制度を整備した。これによって、ローマ抵当権に特有な、合意なくして成立する沈黙質や、特定の原則と矛盾する一般抵当権などは排除されることになった。[66]

(3) 近代的抵当権の成立

(a) ドイツ民法典の成立 (1896年)

ドイツの統一民法典制定の経緯は、政治事情と無縁ではなかった。幾多の戦いのを経て、1966年にオーストリアに勝利したドイツ・プロイセンは、1867年に「北ドイツ連邦」(Norddeutscher Bund) を結成し、その後、1870年に普仏戦争でナポレオン3世に勝利した後、1871年に「ドイツ帝国」を成立させた。この政治的・社会的事情を背景に、統一民法典の制定の気運が高まった。

ここにおいて、自然法学的思想からフランス民法典を模範として全ドイツに共通する統一民法典を制定すべきだとする Thibaut（ローマ法学者・統一民法典推進派）と、法は民族精神と歴史の発露であるとし、すでにいくつかのラントにおいて法律が制定されていることから、時期尚早であるとする Savigny（ロマニステン歴史法学派）との間で、大きな民法典論争があったが、制定作業は、後者を中心として進められた。その結果、1888年に「ドイツ民法典第1草案」が公表された。[67]

しかし、これは、全体的にローマ法的性格であったため、ゲルマニステン（歴史法学派）からの強い批判にさらされた。その嚆矢は、Otto v. Gierke であり、Savigny との激しい論争が展開された。その結果、1889年の「第2草案」を経て、ローマ法（パンデクタ・学説彙纂 Pandecta）を再構成したパンデクテン法学の精緻な理論体系を基本としながらも、ゲルマン法制度を部分的に採り入れた「第3草案」が「民法典案」として1896年に成立し、1900年

---

(65) これらの抵当権制度の変革を推し進めた社会的・経済的背景については、田中克志「プロイセンにおける投資抵当権成立史」民商法雑誌75巻3号425頁以下（1976）に詳しい。
(66) Mitteis／世良＝廣中訳・前掲注 (24) 216-217頁。
(67) 現行の日本民法典（財産法1896年（明治29年）、家族法1898年（明治31年））は、1890年（明治23年）に交付された「旧民法」（インスティトゥーツィオーネン体系）が廃棄されたことにより、このドイツ民法第1草案を模範に再構成されたもの（パンデクテン体系）である。

1月1日から施行された。これが、現行の「ドイツ民法典」(Deutsches Bürgerliches Gesetzbuch) である。

(b) 近代的所有権と抵当権

近代的抵当権は、「近代的所有権」を前提とし、所有権の権能の一部に制限された（または、所有権を制限する）「物権」として構成されている。ドイツ法における「所有権」は、「物の所有者は、法律または第三者の権利に反しない限り、<u>自由にその所有物を処置し</u> (verfahren)、かつ他人の一切の干渉を排除することができる」（ドイツ民法903条）とする。

この規定における「自由にその物を処置する (verfahren)」とは、所有権の積極的効力であり、「所有者は自由に<u>物</u>を措置し得る。事実行為に依り物を<u>占有使用収益処分</u>すると或は法律行為に依り物権の設定所有権の譲渡物の賃貸等を為すとを問はず物を包括的に支配する凡ゆる権能を有する」ことである（下線近江）。
(68)

日本法と比べ、きわめて簡単な表現であるが、これは、ゲルマン法にあっては、まだ所有権について抽象的・観念的概念構成が十分でなく、所有権とその他の制限物権との概念分化を知らなかったところ、ドイツ民法典は、まったくローマ法の所有権概念を採用したもので、普通法以来ローマ法ならびに民法上の所有権は「絶対無制限完全無欠な抽象的概念的物上支配権であって恒久性・普遍性及び弾力性をもって特色とする」と考えられたからである。
(69)

したがって、所有権の内容を簡潔明快に表現した日本民法206条の規定と同じ概念規定であると考えて差し支えない。すなわち、所有者は、その所有物につき、自由に、「使用、収益、及び処分」をすることができるとする内容である。

抵当権は、この一部の権能である「処分・換価」権能を内容とする制限物権であることは、ドイツ民法1113条1項の規定から明らかである。すなわち、「<u>土地は抵当権の目的</u>とすることができ、抵当権者は、自己の債権の弁

---

(68) 於保不二雄［高木多喜男補遺］『独逸民法〔III〕物権法（現代外国法典叢書（3））』（復刻版 1955・有斐閣）74頁。
(69) 於保・前掲注 (68) 独逸民法69-70頁。

済のために、土地より一定の金額の支払いを受ける権利を有する」。そこでの「土地より一定の金額の支払いを受ける」というのは、「物的責任」(Sachhaftung) というゲルマン的観念が基礎にあるものの、現在的観念からいえば、土地を強制執行により売却した代金から弁済を受けることであるから、「土地」からの優先弁済権ということにほかならない。

(4) 「物」に対する追及権としての「抵当権」(Hypothekenrecht)
(a) 流通抵当と保全抵当
(α) 流通抵当権（普通抵当権）(Verkehrshypothek)

ドイツ抵当制度は、上記のとおり、基本的に、ゲルマン法の系譜を受けるものである。そして、抵当権は、「自己の債権の弁済のために、土地より一定の金額の支払いを受ける権利」として設定される（BGB1113条1項）。これには、流通抵当権と保全抵当権とがあり、流通抵当権が原則形態である。

ドイツ抵当権の設定は、要式行為として、「物権的合意」と「登記」によって成立する（BGB873条）。そして、「流通抵当権」(Verkehrshypothek) については、土地所有者に「抵当証券」が発行され、原則として、債権者は、土地所有者から抵当証券の引渡しを受けた時に抵当権を取得する（BGB1117条1項）。現実には、土地所有者は、抵当権者から金銭を受け取ると同時に、抵当証券を抵当権者に引き渡すことになるとされる。[70]

流通抵当権の登記には公信力があり、債権から切り離されて、抵当権を善意取得することが可能である。そて、抵当権は、「証券」に化体されているから、抵当権の譲渡は、証券理論により、「証券」の譲渡によって行われる。このように、流通抵当権は、投資などのために、抵当権を流通させる目的から導入されたものである。[71]

抵当権者が被担保債権について任意弁済を受けない場合、抵当権者は、土地を強制執行して、土地の売却代金から優先弁済を受けることができる（BGB1147条）。この場合、債権者が証券を呈示しないときは、所有者は、抵

---

(70) 山田晟『ドイツ法概論Ⅱ民法・民事手続法〔新版〕』(1973・有斐閣) 194頁。
(71) 抵当権の流動化にはいくつかの目的がある。いわゆる「投資抵当権」への志向もその1つである。しかし、それが普遍的な経済的要請というわけではない。流通抵当権と土地債務の導入の経緯については、高島平蔵「ドイツ抵当権の発達について」比較法学7巻2号 (1972) 121頁以下参照。

当権の実行に対して異議を述べることができるから（BGB1160条1項）、流通抵当権の実行に際しては、「抵当証券」と「登記」をもって権利者であることを証明しなければならないことになる。

なお、土地所有者は、債権が自己に対して弁済期にない限り、弁済のために、土地所有権の移転を請求し、または強制執行手続以外の方法により、土地の譲渡をすべき権利を、債権者に与えることができない（BGB1149条）。いわゆる、「抵当直流の禁止」である。

　（β）　保全抵当権（Sicherungshypothek）

保全抵当権（Sicherungshypothek）も、「債権を担保」するために設定される抵当権であり、同様に、「自己の債権の弁済のために、土地より一定の金額の支払いを受ける権利」であるが（BGB1113条1項）、特に被担保債権との結びつきが強いものである。その設定は、原則として、「物権的合意」と「登記」によってなされるが（BGB873条）、保全抵当権は、後述するように、「強制執行（または仮差押え）による登記」によっても成立する（ZPO866条1項、867条1項、932条1項）。

保全抵当権は、「保全抵当権として登記」しなければならない（BGB1184条2項）。そして、保全抵当権においては、抵当権者の権利は債権によってのみ定まり、かつ、債権者は、債権の証明に登記を援用することができない（同条1項）。このことは、登記に推定力・公信力がないことを意味するから、債権の存在は、登記簿以外の方法で証明しなければならないし、登記簿を信頼しても抵当権を善意取得することができない。さらに、保全抵当権については、抵当証券を発効することができない（BGB1185条1項）。

抵当権者が被担保債権について任意弁済を受けない場合、抵当権者は、土地を強制執行して、土地の売却代金から優先弁済を受けることができる（BGB1147条）。

　（γ）　強制抵当権（Zwangshypothek）と抵当権の実行（強制執行）

「強制抵当権」（Zwangshypothek）とは耳慣れない用語だが、ドイツ民事訴訟法866条1項・867条および932条によって発生する抵当権である。[72]

---

(72)　日本の旧民事訴訟法はこの「強制抵当権」を受け継がなかったし、ドイツ法の影響を受けて「強制競売」と「強制管理」を承継した民事執行法も、これを受け継がなかった。

ドイツにおいて、抵当権者が、土地その他抵当権の及ぶ目的物より弁済を求めるには、「強制執行」の手続によらなければならない（BGB1147条）。「土地に対する強制執行」には3つの方法がある。すなわち、①「債権のための保全抵当権（Sicherungshypothek）の登記」、②「強制競売」、および、③「強制管理」である（ZPO866条1項）。このうち、どの方法を採るかは債権者の自由であり、債権者は、そのうちの1つを単独にまたは他の方法と併せて、行うことができる（ZPO866条2項）。

i 強制抵当権　　抵当権者は、①の「強制抵当権」の取得を選択する場合、債権額が500ドイツ・マルク〔現750ユーロ〕を超えることを条件として（ZPO866条3項）、執行名義（Vollstreckungstitel）に基づき、「保全抵当権の登記」を申し立てることができる。この申立てにより、保全抵当権は土地登記簿に「登記」（執行力ある名義に付記）されるが、この「登記」によって、「強制抵当権」（Zwangshypothek）が成立するのである（ZPO867条1項）。

「強制抵当権の登記」（強制抵当権）は、強制執行処分の1つであるものの、強制競売・強制管理と異なり、直接に債権の満足をもたらすものではなく、債権の保全のために単に債務者の「土地に対する物権的掴取権を取得」するにすぎない（＝実体的請求権の保全が目的）。ドイツ法では、わが国と異なり、先に執行（強制執行）に着手することにより優先権が与えられるからである。そこで、債権者が、その債権につき保全抵当権の順位において（ZVG10条1項4号。いわゆる「4号順位」）満足を得ようとする場合には、土地の強制競売

　　「強制抵当権」については、Stöber-Zeller, Zwangsvollstreckung in dass unbeweglichen Vermögen, 4. Auf. 1979, S.7 ff. また、斎藤和夫『ドイツ強制抵当権の法構造――「債権者保護」のプロイセン法理の確立――』（2003・慶應大学法学研究会）、斎藤和夫『ドイツ強制抵当権とBGB編纂――ドイツ不動産強制執行法の理論的・歴史的・体系的構造――』（2011・慶応大学法学研究会）の膨大な研究がある。

(73)　「執行名義」（Vollstreckungstitel）と「債務名義」（Schuldtitel）とは、同じように理解されることがあるが、「執行名義」は、ゲルマン法の思想に由来するものであり、「物」それ自体に対する執行という観念が強い。それに対し、「債務名義」は、「人」（債務者）に対する執行という観念に支えられていよう。

(74)　ゲルハルト・リュケ／石川明訳『強制執行法関係論文集』（1976・慶応大学法学研究会）17頁以下、ゲルハルト・リュケ「ドイツ法における強制抵当権（Zwangshypothek）の諸問題」小野木常・斎藤秀夫還暦『抵当権の実行 下』（1972・有斐閣）527頁以下。山田・前掲注（70）197頁、308頁。

または強制管理を追行しなければならない。それゆえ、この抵当権の承認は、わが国の執行原則（債権者平等の原則）と異なり、債権者平等の原則を採用しないことでもあるのである。
(75)

なお、強制抵当権の一種である「仮差押抵当権」（Arresthypothek）も、同様に、「土地または土地に関する規定の適用がある権利（Berechtigung）に対する仮差押えの執行は、債権のための保全抵当権の登記によって行う」（ZPO932条1項）ものであり、その「抵当権の登記を求める申立ては、929条2項・3項の意味において、仮差押命令の執行とみなす」（同3項）。
(76)

ii 強制競売・強制管理 「強制競売」（Zwangsversteigerung）は、執行名義に基づき、抵当不動産を強制競売に付して、その売却代金から満足を受けるものであり（ZVG15条以下）、「強制管理」（Zwangsverwaltung）は、執行名義に基づき、抵当不動産を強制的に管理し、その不動産の収益から強制的に債務の弁済をさせるものであって（ZVG164条以下）、わが国の制度とほぼ同じである（むしろ、わが国の民事執行法の制定に際しては、これらドイツの制度が大いに参照されたといわれる）。
(77)
(78)

ドイツでは、わが国の基本原則である「任意競売」は認められておらず、抵当権実行は、「強制執行」の方法で行わなければならない。強制執行をするには、まず、その法的権原である「執行名義」（Vollstreckungstitel）を取得しなければならない。「執行名義」は、「確定した終局判決または仮執行の宣言を付した終局判決」（ZPO704条1項）、その他の和解調書や執行認諾の公正証書などである（ZPO794条参照）。この執行名義に基づき、債権者は、「執行文」（Vollstreckungsklausel）を付した判決の正本（執行力ある正本 Vollstreckbare
(79)

---

(75) 山田・前掲注（70）308頁。
(76) ドイツ民事訴訟法（ZPO: Zivilprozeßordnung）およびドイツ強制競売強制管理法（ZVG: Gesetz über die Zwangsversteigerung und Zwangsverwaltung）の条文訳については、法務大臣官房司法法制調査部編『ドイツ強制執行法』〔中野貞一郎訳〕（1976・法曹会）を参酌した。
(77) 強制競売の実行手続については、越山和広「ドイツにおける不動産担保権の実行手続」（http://www.moj.go.jp/content/000011248.pdf）2頁以下が詳しい。
(78) 斎藤・前掲注（72）（BGB編纂）4頁は、日本の民事執行法が、ドイツの「強制競売」と「強制管理」の方法を明確に継受したことを指摘する。この点（とりわけ強制管理）につき、新井剛「ドイツ強制管理制度論──担保不動産収益執行制度のための比較法的考察──（一）（二）」大阪学院大学法学研究31巻1・2号245頁以下、32巻1号121頁以下（2005）参照。
(79) 「執行文」（Vollstreckungsklausel）とは、「この正本は、強制執行のために何某（当事者の

Ausfertigung）を取得して、強制競売または強制管理を申し立てることになる（ZPO724条1項）。

「強制競売」および「強制管理」に関する手続は、特別法に委ねられるが（ZPO869条）、「強制競売および強制管理に関する法律」（ZVG: Gesetz über die Zwangsversteigerung und Zwangsverwaltung）がそれである。この法律は、強制執行一般に適用されるものである。

そこで、注意しなければならないのは、抵当権実行が任意競売でなく強制競売とされたことは、わが国のような優先弁済権の根拠を、物権の特性である「排他的支配権」に求めないことでもあることである。それゆえ、物権である抵当権の優先弁済権の根拠は不明とならざるを得ない。そこで、上記「強制競売強制管理法」（ZVG）は、強制競売および強制管理における、不動産の売却代金ないし収益に対する優先順位を特別に定めているのである。[80]

(b) 土地債務（Grundschuld）・定期土地債務（Rentenschuld）と抵当権

「土地債務」（Grundschuld）とは、債権の存在を前提とせずに、土地から一定の金額の支払いを受ける物権である。すなわち、BGB1191条は「〔1項〕土地は、土地債務の目的とすることができ、土地債務の権利者は、<u>土地より一定の金額の支払いを請求する権利</u>を有する。〔2項〕金額、利息その他従たる給付を土地より支払うべき土地債務もまた、これを設定することができる」とする。

「土地より一定の金額の支払いを請求する権利」という点で、抵当権と同じであり、抵当権に存した「自己の債権の弁済のために」という行為目的が存在しない点で、抵当権と異なる。そこから、「債権」から切断された「土地の負担」と観念される。

土地債務は、物権であるから、その設定は、物権的合意と登記とによる（BGB873条）。経済的には、担保目的で利用されるのが普通であり[81]、例えば、土地所有者が自己名義で土地債務を登記し、これを、債権の担保として債権

表示）に付与する。」とする文言であり、判決の末尾に付記され、署名・押印されるものである。ZPO725条。
(80) 山田・前掲注（70）309頁以下。
(81) 於保・前掲注（68）独逸民法360頁、山田・前掲注（70）204頁。

者に供する（土地債務の譲渡）などのような形でも使われる。この場合、担保される債権については登記の方法がないため、債権が消滅しても土地債務に影響を与えないから、債権者には強力な権利が発生することになる。土地所有者は、不当利得に基づく土地債務の返還を請求できるだけである。

「定期土地債務」（Rentenschuld）とは、「一定の金額を土地より定期に支払うべき土地債務（Grundschuld）を設定する」ものであり、そして、「定期土地債務の設定には、その支払により定期土地債務を消却させることができる金額を定めなければならない。消却金額は、これを不動産登記簿に記載しなければならない」（BGB1199条）。消却権は所有者が有し（BGB1201条1項）、所有者は、消却請求権を債権者に与えることができない（BGB1201条）。

以上のこのように、土地債務・定期土地債務は、<u>当該「土地から」一定の（または定期に一定の）金額の支払いを請求できる</u>物権である。これは、実質的に担保でありながら、被担保債権の存在を前提としない。ドイツ特有の制度であって、特にプロイセンの制度を承けたものといわれる。

(c) 物的負担（Reallasten）と担保制度の関係

ドイツ民法は、中世の制度の系を引く「物的負担」（Reallasten）を、物権（制限物権）として採用した。すなわち、「土地は物的負担の目的とすることができ、物的負担の権利者は、土地より反復的給付の支払いを受ける権利を

---

(82) 髙島・前掲注（70）論文132頁。

(83) このような利便性から、特に1970年代以降、金融機関は、抵当権ではなく土地債務を担保権として利用するようになり、銀行普通取引約款の中に不動産担保権として土地債務を設定する条項が入れられ、土地債務が抵当権を凌駕したといわれる（越山・前掲注（77）12頁）。中山知己「ドイツ土地債務の担保的機能（一）～（三）」立命法学185号40頁以下、186号52頁以下、191号32頁以下（1986～87）、大場浩之『不動産公示制度論』（2010・成文堂）155頁以下も、この関係を指摘する。

ただし、その際利用されるのは、純粋な土地債務ではなく、債権担保を目的とした土地債務であるとされる。土地債務の設定・譲渡自体は、物権的合意（物権行為）と登記により行われるが、その前提である担保約定（債権契約）においては、「土地債務を保全目的のものと性格付けるために必須の要素（原因行為）」である事柄が取り決められる。すなわち、「土地債務設定の目的（所有者と債務者が異なる場合は被担保債権とその債務者を表示して当該債務の担保として利用されることが示される。）、債権者の換価権に関する事項、被担保債権の満足に至った場合の土地債務返還請求権に関する事項などが含まれている。また、土地債務権者は担保設定者の利益を最大限考慮する契約上の義務を負うことが承認されている（情報提供義務、勘定書交付、剰余売得金の返還など）」である（越山・前掲注（77）17頁以下）。

(84) 山田・前掲注（70）204頁。

有する。　物的負担は、他の土地の現時の所有者のためにもまた、これを設定することができる」（BGB1105条）とする。

　これは、「土地」は、価値を産出する「物」であるゆえに一定の「負担」（Last）を引き受けることができるとする観念を前提として、その際、土地から「反復して給付を受ける」権利を「物的負担」（Reallast）として規定したのである。その給付すべき負担には、金銭や穀物などが一般的であろうが、行為でもかまわない。ただ、「反復」しなければならないから、2回以上の給付が必要である。

　この制度は、そもそも、中世の荘園における領主と領民の身分的隷属関係を前提として存在した、領民の土地領有に対する納税および賦役の給付義務が、土地そのものの負担であるとする観念から生じた制度であるといわれる。[85] しかし、身分的隷属関係から決別した近代法では、「土地」自体が一定の給付を負担する制度として、新たに再構成されたのである。ただし、「土地の負担」は、各ラントによって一様ではないため、民法施行法により、具体的な規制は、各州法の立法に委ねられた。

　物的負担は、担保物権ではなく、用益物権として位置づけられているが、実質的には、担保制度として機能してきたといえるであろう。ゲルマン法には、形式的には債権を担保しないが、実質的に担保制度として機能していたものがいくつかあった。

　ⅰ　古くは、農村で発達した「地代質」（Rentenpfand）がある。地代質は、荘園内部に貨幣経済が浸透してきたことにより、荘園領主が封建的寄生地主化し、領主と農民との間に地代的グーツヘルシャフト」の関係が生じ、土地を占有する債務者に対し、土地から毎年一定の収益＝「地代」（Rente）を取得するものであった。

　ⅱ　同じ頃に、都市で発達した「債権者の地代ゲヴェーレを伴う質」（Satzung mit Zinsgewere des Gläubigers）もそうである。これは、後に成立する「新質」（neuere Satzung）の前段階として、「停止条件付譲渡」から発展したものである。この「債権者の地代ゲヴェーレを伴う質」の実体は、農村において

---

(85)　於保・前掲注（68）独逸民法269頁以下による。

見られた過渡的形態である「地代質」(Rentenpfand) とまったく同一であり、債権者は間接的ゲヴェーレによって間接占有を取得し、それを媒介として地代 (Rente) を収得するが、その「地代」自体の基本的性格は、債務者の土地の使用料 (賃借料) であった。

iii 新質の時代においてみられた Rentenkauf (土地定期金売買) もそうである。ここでは、債権者の収得するものが土地の負担から生ずる永久的な「レンテ」(Rente od. Zins, 定期金) であり、この「レンテ」(定期金) 収得権が設定・売買される。これは、実質的には担保であり、その効果は Verfallpfand (帰属質ないし流担保) であが、「レンテ」(Rente) は、担保 (= Pfand) される債権の「利息」ではなく、売買 (= Kauf) の「地代」とされたことにより、カノン法の利息禁止を脱法できたのである。

iv ドイツ民法典が規定する、債権を前提としない担保制度としての Grundshuld (土地債務 BGB1191条)、Rentenschuld (定期土地債務 BGB1199条)、Reallast (物的負担 BGB1105条) は、上記の各制度と系譜を同じくするものである。

さて、物的負担 (Reallast) は、このような制度の系譜を受けるものの、担保制度とはされなかった。しかし、実際には、債権担保のために、または、農地を相続人に譲渡した農民が農地から扶養を受けるために設定されることが少なくなく、土地債務および定期土地債務があまり使われていないのに対し、物的負担は多く使われているといわれる。

(d) 純粋な物的責任から物的責任と人的責任との融合

ドイツ民法典における各担保権の規定のしかたを見ると、多分に、ゲルマン法上の「責任」(Haftung) 観念を色濃く残している。例えば、抵当権、土地債務・定期土地債務、物的負担などの規定においては、「土地より……支払いを受ける」とする概念がそうである。これは、歴史的にも、「物」に対して、純粋な物的責任を課している表現であった。この点、日本民法の抵当権規定が、「不動産について、他の債権者に先立って自己の債権の弁済を受ける」との表現と比較すれば、一目瞭然であろう。したがって、少なくと

---

(86) 山田・前掲注 (70) 191頁。
(87) 於保・前掲注 (68) 独逸民法271頁。

も、法形式上は、このような「責任」概念を残存しているといってよいであろう。

しかし、現代のドイツ抵当権法は、ゲルマン担保法の基本的観念であった「責任」(Haftung) 概念に支えられているわけではない。すなわち、「債務は、通常、責任の基礎である。これは、訴えと執行により実現されうるのである。両者とも、給付が可能なものであるかぎり、給付自体に向けられており、賠償に向けられているものではない(88)」。

このことから、しばしば、現代法においては、純粋な物的責任から、物的責任と人的責任との融合へと移行しているといわれるのである。

Ⅳ 結びに代えて

本稿の研究目的と視点は、冒頭に述べたとおりであって、今後、市民の生活や企業の経済活動が大きく展開しようとしている今日、必須の金融獲得手段である担保制度はどのようにあるべきか、その際、債権者の優先弁済権はどのように確保されるべきか、を意識しつつ、特に、ドイツの土地担保制度の展開における担保形態の変遷と優先弁済権の存在形態を考察したものである。そこで、分析の基本としたのは、「担保」の本質が「優先弁済権」にあるとする概念の措定である。

ⅰ ドイツでは、条件付譲渡（所有権担保）の時代には、当然のことながら、売買の目的物である土地は、売買の効果として債権者に帰属することになるから、債権・債務は残らない。担保物の「帰属」(Verfall) と同じである。

ⅱ その後に出現した「古質」（土地の占有を債権者に移転する形態）は、担保的意識に支えられ、したがって売買ではないとされたゆえに、「制限物権」型担保とされている。ここでも、担保物は、「責任」の対象物として、当然に債権者に「帰属」(Verfall) した。「優先弁済権」は、「責任」観念から導かれる帰属担保 (Verfallpfand) という形で、債権者に与えられているのであ

---

(88) Mitteis／世良＝広中訳・前掲注 (24) 252頁。

る。

　iii　都市の興隆に伴って出現した「新質」は、「土地の占有を債務者に留める形態」であることから、新たな担保設定方式を出現させた。法理論的には、債権者が土地に対して期待的ゲヴェーレ（間接ゲヴェーレ）を有することにより可能となったのであるが、そのことよりも重要なのは、裁判所または役所において、相続人の同意を得て行われる要式行為（担保設定契約）とされ、かつ、登記帳（Schreinskarte）への「登記」が要求されたことである。

　そして、債務者が債務不履行の場合には、担保物である土地が、債務の肩代わりとして「責任」の対象となることは「古質」と同じであるが、その場合、「裁判所による差押え」（フローヌングFronung）が要求され、その差押えの1年後に土地所有権が債権者に移転した（この間は、土地は裁判所の管理下に置かれた）。

　また、カノン・教会法は、利息の禁止を強めたことから、担保における「帰属」（Verfall）が利息禁止を脱法する典型手段であったため、帰属担保（Verfallpfand）が禁止され、担保の効果は「売却」（Verkauf）へと移行した。

　新質において、「帰属担保」から「売却担保」へと移行したことは、現在の担保観念からは合理的と考えられるが、しかし、このことは、ゲルマン担保法観念からは、「純粋な物的責任」を放棄したことを意味する。そのため、土地の売却代金が債務額に満たない場合には、債務者は、「人的責任」を負うことになったのである。それゆえ、債権者の「優先弁済権」は、物的責任と人的責任との混合形態となったのである。

　そして、この「新質」が、ゲルマン・ドイツ抵当制度の基本として、各ラント（領邦）に受け継がれ、ドイツ近代抵当権の基礎を造っていくのである。

　iv　ローマ法継受との相剋の中で成立したドイツ民法上の抵当権（Hypothekenrecht）は、ローマ法の影響を強く受けつつも、基本的には、ゲルマン担保観念に支えられているといえる。流通抵当権と保全抵当権とは、その立法趣旨が異なるが、その実行は、共に「強制執行」手続によって行われ、「強制競売」または「強制管理」という形で、「優先弁済権」が保障されることになる。これについては、わが国の抵当権実行の効果と同じである。

　ただ、保全抵当権は、「登記」をすることにより、強制執行の方法の1つ

である「強制抵当権」となることが可能である。これは、優先弁済を受けることではなく、その優先権を確保する意味を持つものであるから、ドイツ特有の方法である。

　他方、ドイツ民法は、「債務の存在を前提としない担保制度」として、「土地債務」（Grundshuld）と「定期土地債務」（Rentenschuld）とを採用した。これは、新質時代に見られた Rentenkauf の系を引くゲルマン特有の担保制度である。債務は存在しないが、土地自体が「責任」の対象となっている担保である。

　また、担保制度ではないが、土地が「負担」を負うとする「物的負担」（Reallast）が、用益物権の一種として認められている。実質的には担保方法として機能しているもので、その観点からは、土地が「責任」の対象となっていると考えられる。

　このようにしてみると、担保権にせよ、実質的な担保制度にせよ、債権者には「優先弁済権」が与えられていることは明らかであって、ただ、その発現形態は、一様ではなく、様々な形をとって現われることである。いずれも、「金融の円滑」化に帰一することは、同じである。社会の発展に合わせて、これをどのように改革するかは、制度構築の問題である。

　この研究は、ドイツ担保法だけでなく、近代民法を最初に作り上げたフランス法、体系を異にするも同じくローマ法を継受している英米法、大陸法の影響を受けて成立した日本法等についても、同様の手法で検証をする必要があろう。この残された課題については、他日に期さなければならない。

白紙委任状の濫用と表見代理
――帰責理論の観点から――

多 田 利 隆
Toshitaka TADA

I はじめに
II 判例の状況
III 「意思」に即した構成
IV 意思から帰責へ
V 白紙委任状の濫用と帰責

I　はじめに

　代理取引においては、本人が、委任状の記載事項のうちの一部もしくは全部を白地にした白紙委任状を作成して特定の者に交付し、その白地部分が代理行為時までに補充されて相手方に呈示されるという方法が取られることが希ではない。その場合に、本人と被交付者との間では、代理権の内容について一定の合意があって、それに即した補充がなされるべきことが約されており、それに反した補充がされて相手方に呈示されたとしても、実質的権利関係においては違反部分について無権代理となり、本人にその効力が及ぶものではない。しかし、相手方が不当補充の事実を知らず、呈示された委任状の内容に対応した代理権があるものと信じて取引を行った場合に、その信頼を、どのような範囲でいかなる法律構成によって保護すべきかという問題が生じてくる。
　この点に関して、わが国の通説・判例は、民法109条のいわゆる代理権授与表示による表見代理の成否の問題として利益調節の途を探ってきた。委任状が代理権の証明手段として相手方に呈示された場合には、当該委任状の作成交付自体が109条の代理権授与表示に該当しうるということが、通説・判

例によって広く認められており（委任状の交付は代理権授与の間接的な表示）、白紙委任状の不当補充・不当行使（以下、「白紙委任状の濫用」という。）がなされた場合の動的安全と静的安全との調節方法として109条適用の可能性を探るのは、その点に鑑みて解釈論として自然な流れであるということができるであろう。問題は、実際に呈示された委任状の内容が本人の意思にもとづいていないという点にある。109条の代理権授与表示は、「表示」が本人の意思にもとづくものであることを前提としているからである。ただ、その元になった白紙委任状は、本人の意思にもとづいて作成・交付されている。

この解釈上の問題点については、周知のように、判例と多数説が対立している。判例は、原則として109条の適用はないとしながら、例外的に、（ⅰ）当該白紙委任状も含めて、交付された書類が転々流通することを常態とするものである場合、もしくは、（ⅱ）転々流通することを常態とするものでない場合であっても、直接交付を受けた者が濫用した場合や、特に何人において行使しても差し支えない趣旨でその書類が交付された場合にかぎり109条の適用可能性を認めている。これに対して多数説は、そのような原則・例外の区別をすることなく109条を適用すべきことを主張している。もっとも、多数説の動向に着目すると、かつてのように、善意無過失要件による調節の可能性を踏まえつつ、取引安全保護の社会的要請に応えようとする、「現代法的理念」による理由付けは近年では影を潜め、本人側の帰責性もしくは帰責事由に着目する考え方が増えている。このことは、真正権利者すなわち真の権利関係に依拠すべき立場にある者の帰責性が信頼保護における原則的要件であることが、わが国の民法学界に広く認められるようになったことを示すものとして歓迎すべき事柄であろう[1]。しかし、それがいかなる帰責の考えかたにもとづくのか、それは果たして109条の想定している帰責事由と合致するのか否かについては、十分な検討が行われていないように思われる。本稿は、そのような問題意識にもとづいて、従来の判例の意味するところを洗い直し、帰責理論の観点からこの問題について検討を加えたものである。

（1） 従来のわが国の信頼保護をめぐる判例・学説における帰責軽視の傾向とその修正の動きについて、従来の動向の理論的背景を探り、進むべき方向を論じたものとして、多田利隆『信頼保護における帰責の理論』（1996年　信山社）17頁以下参照。

Ⅱ　判例の状況

　上に述べたような判例法理は、最判昭和39・5・23民集18-4-621において明らかにされたものである。事案は、債務者Xが債権者Aとの間で所有不動産について抵当権設定契約を締結し、Aに対してその抵当権設定登記手続きのために白紙委任状等の書類を交付して登記手続きを委任したところ、Aがその書類をBに転交付し、BがそれをXの濫用してX代理人名義でYとの間にその不動産について抵当権設定契約を締結して設定登記をしたというケースであるが、判決は、109条の代理権授与表示要件は満たされないものとした。この判決の意義については、当時の下級審判決の中には白紙委任状の直接の被交付者が濫用した場合（いわゆる直接型）のみならず、その者から転交付を受けた者（以下、「転得者」という。）が濫用した場合（いわゆる間接型）についても取引の安全保護の観点から109条の適用可能性を認めるものが少なくなかったが、静的安全との権衡への配慮から最高裁としてそのような動向に歯止めをかける趣旨であったと指摘されている。[2]

　39年判決の示した判断枠組みは、基本的にはその後も維持されてきた。すなわち、下級審判決も含めて、白紙委任状が非転々流通型の書類群を構成していると見られるケースで、直接型については代理権授与表示について積極に解し、間接型については消極に解する（例外的場合に当たらない）という取り扱いが維持されてきたのである。[3]「基本的には」というのは、その後の判例

---

(2)　坂井芳雄〈判解〉曹時16巻8号1141頁、河上元康〈判批〉神戸法学14巻2号430頁以下。直接型の事例でそれまでに109条の代理権授与表示を認めたものとして、たとえば、大判昭和6・11・24裁判例(5)民249、東京地判昭和26・10・161下民集2-1196、福岡高判昭和37・2・27判時302-20。間接型の事例については、積極例として、東京地判昭和25・10・27下民集1-10-1736、大阪地判昭和27・10・31下民集3-10-1536、東京高判昭和34・6・29東高民時報10-6-143。消極例として、東京地判昭和34・10・1判時205-21等。

(3)　前者の例として、最判昭和41・4・22民集20-4-752（表見代理の成立は否定）、東京高判昭和59・3・15判時1114-44、東京高判昭和60・4・24判時1154-85、東京高判平成6・11・21判時1531-33。後者の例として、最判昭和50・11・14金法779-27、東京高判昭和41・7・7金法452-50、東京地判昭和45・12・15金法609-32、東京高判昭和51・7・20判タ345-197。もっとも、直接型について、白紙委任状の交付が代理権授与表示に当たらないとして109条の適用を否定したものある（浦和地判昭和60・8・2判時1185-137）。

の中には判例法の変容を示しているのではないかと疑われるものがあるからである。たとえば、最判昭和42・11・10民集21-9-2417は、Aが融資を受けるに際して、Xがその連帯保証人となることを承諾して、Bまたはその委任する第三者に代理権を与える目的でBに白紙委任状等を交付したが、その融資が不成功に終わった後、Bがその書類等をAに交付したところ、AはYとの間で金銭消費貸借契約を締結するにあたってその書類を用いてXの代理人として連帯保証契約を締結したという事案について、XはYに対してAに代理権を与えた旨を表示したものと解するのが相当であるとして、109条の表見代理の成立を認めた原審判決を支持した。本件については、白紙委任状を交付した者の覚悟していた責任と表見代理を認めることによって負わなければならない責任との差異があまり大きくないこと、すなわち、委任事項の濫用の程度が軽微であったという事案の違いが39年判決とは異なる結論を導いた実際上の理由であると説かれることもある[4]。しかし、本判決の調査官解説やその後の下級審判決に照らすと、本件では、当該白紙委任状等が直接の被交付者にとどまらずその委任する第三者に代理権を与える目的で交付されたという事情が重視されて、このような場合には、判例準則に言う「特に何人において行使しても差し支えない趣旨でその書類が交付された場合」要件を満たすものと考えられていたことが窺える[5]。また、最判昭和

なお、直接型・間接型の区別は必ずしも明確なものではない。たとえば、本文で直接型に分類した最判昭和41・4・22民集20-4-752では、目的を偽って自分に実印等の交付をさせた者が白紙委任状を偽造し、他の書類と共にそれを交付された者が無権代理行為をしたというものである。実質的には実印を交付した事実を白紙委任状の交付と同視して間接型の事案と考えるべきであるかもしれないが、実印等の被交付者が白紙委任状を作成して他人に交付することについては、本人が了知していたことが控訴審判決からは窺える。そうすると、実印等の被交付者は、白紙委任状の被交付者というよりも、本人に代わって白紙委任状を作成した者に相当するのであり、したがって、このケースは直接型に分類すべきことになろう。また、本文で同じく直接型に分類した東京高判昭59・3・15判時1114—44の事案は、白紙委任状は金銭消費貸借の借主となる予定の者（A）に交付され、それが貸主となる予定の者（B）に転交付されてその者が白紙委任状を濫用したというものであり、形式的には間接型に当たる事例であるが、最初からAを通じてBに交付されることになっており、Aは交付の仲介をしたにすぎないと考えれば、これも直接型ということになる。

(4) たとえば、野村豊弘〈判批〉法協86巻1号113頁（1969年）。
(5) 杉田洋一〈判解〉最判解説昭和42年度558頁以下（1973年）では、行使者を特定の者に限定するものではなかったのであるから、予定した範囲外の者に交付されて行使されたとしても代理権授与表示が認められるのだと説明されている。同旨の説明として、風間鶴寿〈判批〉法時40巻

45・7・28民集24-7-1203は、Yが所有不動産をAに売り渡し、その所有権移転登記手続きのために白紙委任状を含む関係書類をAの代理人Bに交付し、BはそれをAに交付したが、Aは取得した当該不動産をX所有の不動産と交換することとして、交換契約締結の代理権をBに授与して上記関係書類をBに交付し、Bはそれを用いてYの代理人であるかのようにふるまってCとの間で交換契約を締結したという事案で、YのCに対する代理権授与表示を認めた。39年判決との関係については、AB間の白紙委任状を含む書類の授受は「Yから信頼を受けた特定他人」間の授受であり事案が異なると説いている。直接の被交付者と転得者とが特定されており共に本人から信頼を受けたという関係が認められるときは、形式的には間接型であっても実質的な一体性を重視して直接型として取り扱ってかまわないということであろう。[6]

このように、判例の中には、一見すると39年判決と合致していないかのようにみえるものもあるが、それらはいずれも、その枠組みの範囲内で事案の処理を行っており、39年判決の判例準則は、原則的には、その後も維持されてきたと解してよいであろう。

Ⅲ 「意思」に即した構成

このような判例準則の意味するところについて、それを支持する立場からは次のような説明がなされている。たとえば、昭和39年判決の調査官解説によれば、109条は善意の第三者保護の制度ではなく本人の表示上の責任を問うものである以上は、「本人において当該の内容の表示行為をなすべき意思の存する限度内においてのみ善意の第三者が保護される」のであり、間接型

7号83頁（1968年）参照。また、東京高判昭和47・6・23金商330-10では、第三者の手に渡り行使されることを容認していたということは上記判例準則（ⅱ）の後段を満たすものであることが明言されている。
(6) 鈴木弘〈判解〉最判解説昭和45年度809頁以下（1971年）参照。また、上記東京高判昭和51・7・20判タ345-197は、より一般的な形で、「直接の被交付者から右登記関係書類の交付を受けた第三者を直接の被交付者と同視しうるような特別の事情がある場合」は代理権授与表示を認めうると述べている。

の場合には意思にもとづく本人の表示行為がないので代理権授与表示が認められないのだと説かれている。判決がそのような考え方に基づいているのだとすれば、109条を信頼保護制度の一環である表見代理について定めた規定であるとする現行法の内容（平成16年改正）やそれ以前からの通説的理解とは異なる前提に立っていることになる。

判例・通説は以前から、白紙委任状と109条との関係について、記名株式の譲渡のように交付された者ならだれが行使しても差し支えない趣旨で白紙委任状が交付され（いわゆる「転々予定型」）、正当な所持人が代理人名を記入して代理行為をした場合には、当該委任状によりその者に代理権授与行為がなされたものと解しており、また、転々流通を予定していなかった場合であっても、代理人名を記入して代理行為をした転得者が、特定の予定された者であったならば、当該委任状によりその者に代理権授与行為がなされていると解すべきことについても特に異論はなかった。それらにおいては、当該代理行為は有権代理となり、代理行為の内容が代理権の内容を超えている場合に110条の表見代理の成否が問われるのはともかく、109条の表見代理の成否を論じるべき必然性はない。問題は、代理行為をした白紙委任状の転得者が正当な所持人とは認められない場合（転々予定型の場合）や、予定外の者であった場合（非転々予定型の場合）である。昭和39年の判例準則は、上記のような従来の通説・判例の延長線上で、そのような枠を超えて白紙委任状の濫用がなされた場合に、本人の意思にもとづく表示があったといえるか否かという観点から、静的安全保護に配慮しつつ妥当な調節点を示そうとしたものと解される。転々予定型の場合や、非転々予定型でもだれが用いてもよい趣旨で交付した場合、そして、非転々予定型であっても直接の被交付者が濫用し

（7）　坂井前掲注（2）1142頁。
（8）　この用語は、四宮和夫〈判批〉法協91巻7号1120頁（1974年）が初めて用いたもののようである。四宮博士は、白紙委任状濫用のケースを、転々予定型と非転々交付型（転々予定型）に分け、後者を直接型と間接型に分けられる。
（9）　本文でも取り上げた大判大7・10・30民録24―2087、四宮前掲注（8）1124頁、川島武宜『民法総則』（1965年　有斐閣）329頁、佐久間毅『民法の基礎1　総則〈3版〉』（2008年　有斐閣）268頁。
（10）　石田穣『民法総則』（1992年　悠々社）392頁、川井健『民法概論1　民法総則〈第4版〉』（2008年　有斐閣）238頁。

た場合については、現実になされた表示について実際には本人の意思が欠けていたとしても、意思にもとづくものとして109条の代理権授与表示を認めてよいということである。

　こうした意思の判定のしかたについて、判例を支持する学説は、そこに「予期」という観念を当てはめている。たとえば、「白紙委任状が第三者の手に渡り第三者によって補充されて、その者が代理人として行為するであろうことは予期しないのが普通であるから……」とされている。間接型においては直接型と比較して本人と自称代理人とのつながりが相対的に希薄であるという理由付けもこれに類するものとみてよいであろう。また、下級審判決中には、予期できたか否かをメルクマールとして掲げるものがある。さらには、先に取り上げた最判昭和42・11・10民集21-9-2417や最判昭和45・7・28民集24-7-1203の内容について、「予期」という観点から説明することも可能であろう。

　判例の考え方を支持する上記の学説のほかに、意思に即して問題を論じる学説として、次のようなものがある。たとえば、白紙委任状の濫用の場合には代理権授与表示が本人の意思にもとづいていないことを理由に、全面的に109条の適用可能性を否定する見解がある。この見解は、白紙委任状の濫用の場合には現実になされた委任状の呈示には代理権授与を第三者に知らせようとする意思を欠いているのであるから109条は適用されず、間接型については、転交付が代理人の越権行為に該当する場合に110条（濫用者がかつての代

---

(11)　谷口知平〈判批〉民商52巻1号112頁（1965年）。白紙委任状といっても、一般に、転々流通が予定されているものではないことを指摘する近江幸治『民法総則〈第6版補訂〉』（2012年　成文堂）292頁も同様である。
(12)　幾代通『民法総則〔第2版〕』374頁（1984年）。
(13)　東京地判昭和34・10・1判時205-21は、間接型でありかつ代理行為の内容が逸脱していたという事案（抵当権設定手続きのために白紙委任状を交付したところ譲渡担保の設定がなされた）について、そのような用い方を「予期し得る場合にのみ、右書類の交付ないし呈示をもって譲渡権限授与の表示があったものと解すべきである」としている。
(14)　昭和42年判決の事案においては、債務者であるAが自分の代理人から白紙委任状の転交付を受けてそれを用いることはXにとって予見あるいは容認の範囲内であったケースである。また、昭和45年判決の事案においても、Aが代理人Bから白紙委任状を交付され再度それがAからBに交付されて用いられることは、やはり、Yの予見・容認の範囲内であったとみることができよう。

理人であった場合には110条及び112条)の類推適用もしくは適用によって相手方が保護されうるにすぎないと説く。意思の有無についてはあくまで現実に呈示された外観に即して考え、判例のような例外的場合を認めないわけである。あるいは、学説の中には、この代理権授与表示という観念の通知について、委託内容に反した補充がなされたことは使者によって意思表示が誤って伝えられた場合に相当するので、錯誤について定めた95条の類推適用によって対応すべきであるとする見解がある。[16]

　以上にみてきたように、白紙委任状の濫用について本人に民法109条の代理権授与表示を認めうるか否かについて、判例と複数の有力学説は、現実になされた委任状の呈示において本人の代理権授与表示の意思を認めうるか否かという側面から、すなわち、白紙委任状の作成・交付という行為に含まれている意思が、そのような事態についても及んでいると解すべきか否かという観点からアプローチして、原則否定あるいは否定という帰結を導いているのである。

Ⅳ　意思から帰責へ

　現実に呈示された外形と意思とのつながりを問題とするこのような立論は、「109条の代理権授与表示を認めるべきか」という解釈論としては当然に必要なものであり、そのような立論自体は批判すべきものではない。しかし、白紙委任状の濫用と相手方の信頼保護というこの問題を判断すべき実質的論拠は、意思の法理ではなく帰責の法理にあること、「意思」は後者に照らしてその意義を明らかにされるべきであることを、看過してはならないであろう。

---

(15)　石田前掲注(10) 426頁以下。委任事項濫用の場合について、その部分は偽造であり109条の適用はなく一種の代理権限踰越として110条によるべきであるとする見解として、川島前掲注(9) 329頁。

(16)　三宅正男〈判批〉別冊ジュリ10号(不動産取引判例百選) 21頁(1966年)。三1で取り上げた幾代説も、直接型で委任事項欄が濫用された場合について、このような構成を説いている。幾代前掲注(12) 373頁参照。また、佐久間前掲注(9) 271頁以下は、直接型については109条の成立可能性を認め、間接型で委任事項が濫用された場合について、使者による誤伝達に相当すると考えるとどのようになるかという形で、民法95条の類推適用の可能性を説いている。

周知のように、多数説は、転々予定型か非転々予定型か、また、後者の場合に直接型か間接型を問わず、民法109条の代理権授与表示を認めうると解してきた。その中には、取引の安全すなわち動的安全という社会的需要に応えるべきであるという基本的立場に即して肯定するものと、白紙委任状の作成と交付について本人に帰責事由ありと説くものとが含まれており、近年は後者の見解が多く見受けられることは、「Ⅰ　はじめに」で述べたとおりである。前者を代表する例として我妻説を挙げることができるであろう。白紙委任状の濫用のケースについても積極説が取られているが、実質的理由として取引の安全を保護すべきことと並んでその論拠は、意思に求められている。すわなち、「白紙委任状を交付することは、一般に、その所持者に代理権を与えた旨を表示することにな」り、名宛人を白地にした委任状は、「たとい本人が特定の者だけを相手方にする意思であっても、一般的な効力を有する」とされる。意思表示に関するいわゆる表示主義的な見地から、名宛人白地の白紙委任状を作成・交付した当事者の意思解釈として、そのような行為の中には所持人に代理権を授与するという意思の表示（観念の通知）を認めてよいとされているのである。

　これらに対して、信頼保護における帰責という観点から立論を行ったのは、四宮説である。すなわち、四宮博士によれば、「代理人名の部分が空白である白紙委任状は――交付者の交付の趣旨が何であれ、また、添付される書類が何であれ――客観的には、転輾される可能性を蔵している―中略―。そのようなものを自己の意思に基づいて交付した以上、上の客観的可能性として生じた外観―中略―に原因を与えた者として、その外観を正当に信頼した者に対し、本人としての責に任じなければならない、と考えられる。……これを法典に即して構成すれば、代理人名の空白である白紙委任状を発行した者は、その委任状の所持者の取引相手方に対して、所持者を自己の代理人にしたという表示（すなわち授権表示）を、その委任状自体によって行なっているのだ、と解することになるであろう」と説かれている。ここでは、現実

---

(17)　我妻栄『新訂　民法総則』（1965年　岩波）364頁以下。川島前掲注（10）272頁や川井健〈判批〉法協89巻3号348頁以下（1972年）も同旨と解される。
(18)　四宮前掲注（8）1126頁以下。四宮和夫＝能見善久『民法総則〔第8版〕』（2010年　弘文

に他人によってなされた委任状呈示が本人の意思にもとづいていたかではなく、白紙委任状という転々譲渡される「客観的可能性」のある外観を意思にもとづいて交付したことが注目され、そのような外観への意思的関与を以て109条の代理権授与表示ありとされているのである。この場合の「意思」は、法律行為的意思ではなく、外観への意思的関与すなわちそのような外観を作出することの認識・認容ということになろう。「自己の意思に基づいて交付」および「客観的可能性として生じた外観に原因を与えた」という内容に照らして、この見解は、ドイツ法のレヒツシャイン法理（Rechtsscheinstheorie）や英米法の禁反言則（rule of estoppel）で伝統的通説として説かれてきた与因主義（Veranlassungsprinzip）あるいは与因理論（Veranlassungstheorie）を採用したものである。

　帰責可能性要件（いわゆる帰責事由）は、保護価値性要件（いわゆる保護事由）と並ぶ信頼保護における一般的かつ原則的な要件である。それは、信頼保護の反面において真正権利者（真の権利関係に依拠すべき立場にある者）が法律行為的意思に基づかないで法的不利益を被るべきことを正当化し、正義衡平の理念に応えるべきものとして、その内容の探求と定式化は信頼保護法理の核心部分をなしてきた。通説として長く受け入れられてきたのが、与因主義である。このような理論状況そのものは、すでに早くからわが国の民法学および商法学において認識されていた。しかし、動的安全もしくは取引の安全重視の趨勢の中で帰責の側面は軽視され、与因主義という帰責原理が持ち出されること自体ほとんど見られなくなっていた。取引の安全という社会的利益を

　　堂）333頁以下では、この後半部分すなわち「これを法典に即して構成すれば」以下の内容のみが説かれている。なお、四宮前掲注（8）1124頁以下を見ると、「帰責事由」概念については、転々予定型と非転々予定型との両類型の判断基準としてそれを説くなど、信頼保護法理において信頼者側の保護事由に対応する真正権利者側の要件であることが、明確には認識されていなかったことがうかがわれる。
　　なお、河上前掲注（2）431頁以下は、一般人が見て本人が被交付者に自分の代理人であるかのような「信頼」を与えたと考えられるか否かが重要であって、（一緒に交付された書類の性質とは関係なく）転々とされうる客観的性質を備えた白紙委任状を作成交付した場合には、その所持人が転得者であっても、その所持人と取引をしようとする者に対して、その者に代理権を与えた旨を表示したものと解すべきである旨を説いている。これは、四宮説と説くところが同じであるとも解されるが、表示主義的な意思解釈を述べたものとみれば、我妻説に近いともいえるであろう。

重視することが、正義公平よりも便宜を主とする解釈態度に合致するものとされ、信頼保護制度は、団体的利益に個人的利益が劣後すべき一場面であり現代社会の要請に適ったものであるとして、それ以上の正当化の理論について論じることはほとんどなされなくなっていたのである。四宮博士によって白紙委任状の濫用に関して「帰責」や「与因」という概念が持ち出されたのは、そのような従来のわが国民法学の偏りが指摘されて大きく転換のうねりが現れた時期であった。[19] 四宮説も、そのような流れに沿うものとして位置づけることができる。白紙委任状の濫用という本稿で取り上げた論点について、近年では、「帰責事由」あるいは「帰責」という観念が持ち出されることが多くなっていることについては、すでに指摘したところであるが、四宮説はその嚆矢というべきものと位置づけてよいであろう。

V　白紙委任状の濫用と帰責

1　信頼保護における帰責の原理

　信頼保護における真正権利者の、不利益負担の正当化根拠とその判断基準に関して、レヒツシャイン理論を軸とするドイツの信頼保護理論においては、ローマ法的な過失責任主義との関係に留意しつつ、与因主義、過失主義（Verschuldensprinzip）および危険主義（Risikoprinzip）の三つの考え方が展開されてきた。与因主義は、信頼の客観的基礎たりうべき外観（レヒツシャイン）の発生・存続に、意思にもとづいて原因を与えたことを以て帰責根拠とする考え方であり、長く通説的地位を保持してきた。過失主義は、真正権利者が故意・過失によって不実の外観を発生・存続させたことを以て帰責根拠とする考え方であり、表見代理や意思表示の有効性に対する信頼保護制度（契約締結上の過失を含む）について根強く説かれてきた。また、危険主義は、

---

[19]　たとえば、ドイツのレヒツシャイン学説や動産即時取得についての議論を紹介する喜多了祐博士の先駆的研究や、民法177条について第一譲受人の帰責事由の必要性を強調する篠塚昭次博士の公信力説、表見代理や動産即時取得について帰責事由に光を当てた安永正昭教授の論稿、従来の帰責軽視の理論動向について総合的に分析を加える多田の論稿が現れ、また、不動産登記への信頼保護に関して真正権利者の帰責事由を重視する94条2項類推適用法理の展開が本格的に行われ始めた。これらの詳細については、多田前掲注（1）20頁以下を参照していただきたい。

誤った外観に依拠した取引がなされるという危険への関わり方について、危険支配あるいは危険引き受けの意思が認められることをもって帰責根拠とすべきことを説く考え方である。危険引き受けの意思に帰責根拠を求めようとする見解は、与因主義の内容と接続性を持ち、その中身を昇華したものとみることができる。[20] わが国では、民事責任特に不法行為に関して、過失責任主義との関わりで、原因主義とか無過失責任主義あるいは危険責任論が論じられるのが通常であるが、信頼保護に関してはそのような議論はほとんどなされていない。上記のような異なる帰責原理の存在や与因主義という考え方自体、基本書で言及されることはなく、近年のドイツでは与因主義に代わって危険主義が多くの学説によって支持されているという理論動向についてもあまり知られていないのではあるまいか。先述の転換点を経て、帰責事由の重要性については、わが国の学説や判例（特に94条2項の類推適用の判例法理）においても広く認識されてきたのであるが、肝心の帰責の中身については検討が不十分であるといわざるをえないのである。白紙委任状の濫用という問題においても、それを相手方の信頼保護として構成するかぎり、白紙委任状を作成・交付したという本人の行為を帰責の観点から検討すべきであり、そのような観点を示して与因主義という当時の通説的帰責原理を当てはめて相手方の信頼が保護されるべきことを説いた四宮説は、正鵠を付いた立論として高く評価すべきであろう。

なお、付言すれば、危険との関わり方を問題とするという点では、与因主義も過失主義も、また、危険主義も変わりはない。すなわち、いずれの帰責原理においても、不実の外観にもとづいた取引がなされるという危険すなわちそのような取引事故が生じる危険への真正権利者側の関わり方が問われているのである。そのような危険性を有する外観を意思にもとづいて作出すればそれだけで帰責事由があるのか（与因主義）、そのような危険な外観の作出について故意・過失があって初めて帰責事由を認めうるのか（過失主義）、そのような危険を善意者よりも多く支配し得たこと、あるいは、そのような危険を引き受ける意思が認められるところに帰責事由ありとするのか（危険主

---

(20) 各帰責原理のドイツにおける生成と展開の過程およびその内容の詳細については、多田前掲注（1）83頁以下を参照していただきたい。

義)の違いである。白紙委任状濫用に関しては、与因主義によれば、濫用の危険性のある白紙委任状という外観が意思にもとづいて作出され存続せしめられたか否か、過失主義によればそれが故意・過失にもとづくものか否か、危険主義によればそのような危険について、それを作成・交付した本人の行為の中に相手方よりも多くの支配可能性があったか否か、あるいは、濫用の危険を引き受ける意思があったと解しうるかという違いである。

2 判例準則と帰責の原理

このような帰責原理の観点から白紙委任状の濫用に関する判例準則を眺めると、そのいずれの立場にも不適合であるといわざるを得ない。それは、直接型すなわち直接の被交付者が濫用した場合と、間接型すなわち転被交付者が濫用した場合を区別し、前者について表見代理の成立可能性を認めているという点においてである。まず、与因主義の立場からは、白紙委任状という外形を意思にもとづいて作成した点においては、間接型であっても変わりはない。過失主義の立場からは、白紙委任状の作成・交付について過失があった、すなわち、そのような濫用がなされることについて認識・防止すべきであったのにそれを欠いていたか否かは、直接型の場合にはそれが認められ間接型の場合にはそれが否定されるというものではない。過失の有無についてそのような定型的な判断は成り立ちえないからである。危険主義の立場からは、直接型・間接型を問わず、白紙委任状濫用という取引事故発生の危険については相手方よりも本人がより多く支配しえたことに変わりはないし、危険引き受けの意思についても同様である。

結局、この不整合は、①判例準則が、白紙委任状だけではなく、それを含

---

(21) たとえば、磯村保〈判批〉別冊ジュリスト175号(民法判例百選I 第6版)61頁(2009年)は、受任者名白地の委任状を交付した場合には直接交付を受けた者以外の名前が補充される「リスクを本人自身が作出したものと考えられる」とされているが、そのようなリスクへの真正権利者の関わり方を問題とする点ではすべての帰責原理に共通であるから——これが過失主義でないことは明らかであるが——危険主義が説かれているわけではないであろう。

(22) 直接型であれば被交付者が濫用しそうか否かが認識可能であるというわけではない。帰責事由の有無が定型的・抽象的に判断されるべきこと、過失主義の中には、立法論として具体的に過失の有無を問うべきことを説くものもあるが、実定法を前提として解釈論として説かれる場合には定型的な判断をせざるをえないことについては、多田前掲注(1)284頁以下参照。

む交付された書類全体に着目していること、②109条の代理権授与表示に必要な「意思」を認めうるかという解釈論としてこの問題を構成しようとしていることに由来するということができるであろう。②のように「意思」を中心に構成しようとするために、帰責という観点から着目すべき「危険」の内容も、表意者がどのようにそれを認識していたのかという主観的なものとなっているのである。しかし、①については、取引の安全を保護すべき必要性の大小がそれによって考慮されうるというメリットがあるにしても、ここで問題となるのは、その中に含まれていた白紙委任状という外形が濫用されたという事実である。そのような濫用は他の書類と併せて初めて可能になったものかもしれないが、本人が代理行為に拘束されるか否かの判断において重要性を持っているのは、あくまで、白紙委任状という外形である。また、②については、この問題場面で実質的に検討すべきは、授権表示の意思ではなく帰責であるということは、これまで述べたところである。「意思」の法理にひきつけて構成するならば、濫用の危険性は「いかなるつもりでそれらの書類を交付したのか」という本人の意思によって影響されることになるであろうが、ここで問題とすべきは、濫用の客観的危険性である。

3　危険主義と109条の解釈論

　この場合にはいかなる帰責原理が妥当すべきかであろうか。この点について明確に説いているのは、四宮説であり、そこではすでにみたように、与因主義がとられていた（Ⅳ参照）。これに対して、筆者は、従前から、信頼保護全般については危険主義を原則的な帰責の原理とすべきことを説いてきた。今日の取引生活においては、外観を手がかりに実質的法律関係を把握して取引関係に入るという営為をめぐって、真正権利者側においても善意者側においても、取引事故に遭遇する危険性が増大しており、その危険性の発生・存続および現実化について、真正権利者の過失を問うことは適合性を保ちえなくなっている。さらに、信頼保護が問題となる問題場面においては、真正権利者と善意者は共に被害者的な立場にあり、両者の間の損失配分に際しては、端的にそのような危険への関わり方自体に着目して配分を決定すべきではないか。真正権利者の無過失責任を認める与因主義がドイツ法におい

ても英米法においても、不法行為法領域に先がけて信頼保護における通説的地位を占めてきたのはそのような事情を反映したものであるが、この与因主義すなわち原因主義は、危険主義へと解消される運命にあるのではないかというのが、その大筋の内容である。

　不法行為法の分野で危険責任論を説いたミュラー・エルツバッハ（Rudolf Müller-Erzbach）が信頼保護における帰責原理としても危険主義が妥当すべきことを説いたのは、因果責任の尻尾を捨てきれなかった与因主義を昇華し過失主義の妥当しえない信頼保護の法領域に新たな視点を持ち込んだ象徴的事実ではなかったかと思われる。ただ、民法典は各信頼保護制度ごとに帰責事由の内容を異にしており、危険主義が一律に当てはまるわけではない。その内容に応じて各制度を分類整理する必要がある。109条の表見代理制度についてはどうであろうか。代理権を与えていないにもかかわらず与えたという表示をしたということが、その表示を信じて取引がなされるという危険との関係で、相手方よりも多く危険を支配し得たこと、あるいは、危険引き受けの意思を認めうることに相当すると考えることができる点において、この信頼保護制度については危険主義が妥当する一適用場面と考えるべきであろう。白紙委任状の濫用という問題場面は、まさに、「危険」という要因が顕著であるという点において、危険主義と親和性を有するものである。

　しかし、ここで問題となる危険は、厳密には、危険主義において取り上げられる危険そのものとは異なることに注意しなければならない。危険主義においては、真正権利者の作出した外観と現実に信頼の基礎として作用した外観との食い違いは想定していない。これに対して、白紙委任状の濫用における危険は、第一次的には、不当補充されて行使されるという危険である。したがって、白紙委任状の作成・交付にすでに危険支配あるいは危険引き受けの意思を認めるのであれば、濫用の危険が、誤信による取引が行われる危険の一環を構成している関係にあることを、その前提として認めなければならない。この点に関して、わが国の取引慣行として、他人に文字どおり「白紙委任的に」用務を任せ、他の書類と共に白紙委任状を一括して交付すること

---

(23)　危険主義が原則的な帰責原理たるべきこと、および、109条はその一適用場面と解しうることについては、多田前掲注（1）247頁以下参照。

が広く行われてきたので、濫用に定型的に帰責事由ありとするのは無理であり、したがって、誤信にもとづく取引がなされる危険について本人の帰責を認めることはできないと考える余地がある。しかし、白紙委任状の作成・交付の中にはそのような危険が伴うということは、取引に参加する者は認識しておくべきであり、そこに定型的に危険支配あるいは危険引き受けの意思を認定することは、今日、取引通念として、広く定着しているとみてよいであろう。

　以上、本稿は、帰責という観点から、白紙委任状の濫用と109条の表見代理について論じてきた。私見は、結論においては、多数説と同様に、転々予定型か非転々予定型かを問わず、また、直接型か間接型かを問わず、代理権授与表示を認めるべきであると考えるものである。判例も含めて、授権表示が意思にもとづいてなされたことを要することを出発点として、表示行為の意思や法律行為的意思の有無という観点から、部分的あるいは全面的に109条の代理権授与表示を否定する見解があるが、この問題に対しては、信頼保護法理における真正権利者側の帰責という観点からアプローチすべきである。そのような観点は、すでに四宮説に示されており、近年の学説においても次第に浸透してきた。しかし、帰責の内容については、四宮説が与因主義を持ち出しているほかは、ほとんど手つかずの状況にある。この点について、私見は危険主義が信頼保護の原則的な帰責原理たるべきであり、109条も危険主義に立脚した規定と解すべきものと考えるものである。すなわち、代理権授与表示の「意思」は、行為意思や法律行為的意思ではなく、自分がいかなる外観を作出しているかの認識にその核心がある。そして、それは危険主義の立場からは、危険支配でありまた危険の引き受けに相当する。そのような観点からは、客観的に見て濫用の危険を伴っている白紙委任状をそれと認識しつつすなわち「意思」にもとづいて作成・交付したならば、109条の代理権授与表示を認めることができるということである。

人身傷害保険と素因減額

藤 村 和 夫
Kazuo FUJIMURA

I　はじめに
II　裁判例
III　本判決の検討、評価
IV　若干の検討
V　素因減額分に優先的に充当することの妥当性
VI　人身傷害保険の意義の再確認
VII　おわりに

I　はじめに

　近時、普及・浸透の度合が著しい人身傷害（補償）保険は、被害者等が、自ら保険会社と契約した保険契約に基づいて、加害者の責任の有無や過失割合の程度に関わらず保険金の支払を受けることができるもの、すなわち、交通事故等により被保険者が死傷した場合において、被保険者に過失があるときでも、その過失割合を考慮することなく算定される額の保険金を支払うとされているものであり、上記保険金は、被害者が被る損害に対して支払われる傷害保険金として、被害者が被る実損を、その過失の有無、割合に関わらず塡補する趣旨・目的の下で支払われる。

　保険金を支払った保険者は、加害者に対する損害賠償請求につき被害者に代位するが、その範囲を巡っては、これまで①比例説、②比例配分説、③人傷基準差額説、④訴訟基準差額説等の見解が提示され、当初は裁判例も区々に分かれていたが、以下のような経過を辿り、裁判例の方向性もほぼ固まったといえる。

　まず、神戸地判平成16年7月7日（交通民集37巻4号895頁）が比例配分説を、

大阪地判平成18年6月21日（交通民集39巻3号844頁）が人傷基準差額説を採ったが、東京地判平成19年2月22日（判タ1232号128頁、交通民集40巻1号276頁）が、被害者が先に人身傷害保険金を取得したケースにつき訴訟基準差額説を採用し、名古屋地判平成19年10月16日（交通民集40巻5号1338頁）、大阪地判平成19年12月10日（交通民集40巻6号1589頁）と訴訟基準差額説に立つ裁判例が続いた後、東京高判平成20年3月13日（判時2004号143頁）が出て、訴訟基準差額説でほぼ固まったといえる状況にあった。

　この後、最判平成20年10月7日（判時2033号119頁、交通民集41巻5号1104頁）が、被害者（12歳の男子）の父が締結していた自動車保険契約の人身傷害補償条項に基づき被害者が支払を受けた保険金の額を（過失相殺〔5割〕後の損害額から）控除した原審の（絶対説による）判断を違法として破棄・差戻したが、基本的に同じ発想に出ているものと考えられ（なお、その差戻控訴審〔大阪高判平成21・2・2〕で和解が成立している）、名古屋地判平成21年1月16日（平成19年(ワ)3103号、平成20年(ワ)4164号）も訴訟基準差額説を採る。

　このような方向性は、最判平成24年2月20日（民集66巻2号742頁）で確認されたといってよいであろう。同判決は、人身傷害条項のある普通保険約款によれば、保険会社は、「交通事故等により被保険者が死傷した場合においては、被保険者に過失があるときでも、その過失割合を考慮することなく算定される額の保険金を支払うものとされているのであって、上記保険金は、被害者が被る損害に対して支払われる傷害保険金として、被害者が被る実損をその過失の有無、割合にかかわらず塡補する趣旨・目的の下で支払われるものと解される」とした上で、上記約款中の代位条項にいう「保険金請求権者の権利を害さない範囲」を、保険金請求権者が、被保険者である被害者の過失の有無・割合に関わらず上記保険金の支払いによって過失相殺前の損害額（裁判基準損害額）を確保することができるように解することが合理的であるとし、「上記保険金を支払った訴外保険会社は、保険金請求権者に裁判基準損害額に相当する額が確保されるように、上記保険金の額と被害者の加害者に対する過失相殺後の損害賠償請求権の額との合計額が裁判基準損害額を上回る場合に限り、その上回る部分に相当する額の範囲で保険金請求権者の加害者に対する損害賠償請求権を代位取得すると解するのが相当である」とし

その後、最判平成24年5月29日（交通民集45巻3号522頁）が、人傷基準差額説を相当とした1審・原審判決を覆し、前掲最判平成24年2月20日を引用して訴訟基準差額説に立つ姿勢を明確にした。
　このように、被保険者（被害者）に過失がある場合であっても、過失相殺による減額がなされることはない（被害者は、人身傷害保険金と加害者〔賠償義務者〕からの賠償金により、過失相殺なしとして計算した損害額を手にすることができる）というのが、この人身傷害保険の特質であり、過失相殺がなされる事案において人身傷害保険金が支払われた場合、その代位の範囲については、訴訟（裁判）基準差額説に従うことで落ち着いてきている。
　このような状況において、この人身傷害保険を巡って次に問題として意識されるのは、素因減額の取り扱いである。
　既によく知られているように、学説上の議論は依然として継続しているものの、判例は、心因的・体質的（身体的）素因のいずれについてもこれを考慮しうるものとして認め、その際には、過失相殺規定を類推適用して損害額を減額し得るとしている（最判昭和63・4・21民集42巻4号243頁、最判平成4・6・25民集46巻4号400頁、最判平成8・10・29交通民集29号5号1272頁）。
　そこで、人身傷害保険が、被害者（被保険者）の過失の有無・その割合にとらわれることなく算定される保険金を支払うものであり、同保険金が、被害者が加害者に請求することのできない（被害者の過失割合に相当する）損害額部分に優先的に充当されるものであるならば、素因減額についても同様の取り扱いをすべきではないのか、すなわち、人身傷害保険は、被害者（被保険者）の素因の有無・その寄与割合にとらわれることなく算定される保険金を支払うべきものであり、その代位に関しても、加害者との関係において素因を理由として減額される部分に優先的に充当されるべきではないかということが問題として浮上してくることになる。
　この点については、保険約款の人身傷害条項に明確な規定が存するわけではないものの、素因減額に関する規定と読めなくもない条項が存在し、しかも、その解釈を巡って十分な議論が尽くされているわけではないところから、問題となるものである。

II　裁判例

　人身傷害保険と素因減額との関係に関する裁判例はほとんど見あたらないが、わずかに大阪地判平成24年9月19日（自保ジャ1887号1頁）（以下、「本判決」という）がある。

1　事案の概要

　本件は、X1（男、症状固定時46歳）が後部座席に乗車中のタクシーがY運転の普通乗用車に追突され、X1が頸椎捻挫、頸椎後縦靱帯骨化症等を受傷し、その後、経時的に頸椎後縦靱帯骨化症による脊髄症状を発症した（後遺障害等級5級2号該当）ことに基づき、X1が、Yに対して損害賠償を請求し、同時に、X1に対して人身傷害保険金（4082万3917円）を支払ったX2が、Yに対し、Y加入の自賠責保険からの回収金（1499万円）を控除した額（2580万3917円）を保険代位による求償請求としてその支払を求めたものである（ただし、臨時費用の3万円は求償対象外）。

　ここにおいてX1は、X1の後縦靱帯骨化が本件事故により生じたのではないとしても、それは加齢変化であるから「素因減額は認められないし、仮に、素因減額が認められるとしても3割を超えない。そして、人身傷害保険（一般条項23条）は、被保険者の利益を害さない範囲で代位することとして、被保険者が保険金と損害賠償金を併せて損害の全部の塡補を受けられるようにしたのであるから、また、同じく民法722条を根拠とする過失相殺と素因減額とで異なった扱いをすることは不公平であるから、X1が支払を受けた人身傷害保険金は、X1の素因減額による減額分に優先的に塡補されるというべきである。したがって、素因減額の適用により、YのX1に対する損害賠償額が減額されることにはならない」と主張した。

　これに対してX2は、「本件保険契約の約款（人身傷害条項11条1項）上、被保険者の素因の寄与分については補償の対象外とされており、X2は、上記約款に基づいて、X1の素因（後縦靱帯骨化症）の寄与度を5割と判断し、素因減額5割を控除した金額を人傷保険金として支払ったものである。X2が

X1に支払った人傷保険金は、X1の素因による減額分に填補されるものではない。この点に関するX1の主張は、約款上、過失相殺による減額分は補償され、素因減額分は補償の対象外とされていることを看過したものである」と主張した。

こうして、X2の支払った人身傷害保険金を、X1の損害のうちの素因減額部分に優先的に充当することの可否が争われたのである。

2 本判決の概要

本判決は、「X1は、本件事故を契機として経時的に頸椎後縦靱帯骨化症による脊髄症状を発症して後遺障害として残存したものであるところ、X1には、もともと後縦靱帯骨化症（ないし後縦靱帯骨化）の素因があっ」て、それは素因減額の対象となるとし、その素因の寄与が5割であると認定した上で、次のように述べてX1の主張を斥けた。

① 人身傷害条項の規定

「本件保険契約約款人身傷害条項は、…自動車事故による人身損害に対して人傷保険金を支払う（同1条1項）が、素因があった場合は、支払う人傷保険金は素因がない場合の相当損害額である（同11条1項）と定めていることが明確であり、素因がある場合の人傷保険金は、素因がない場合の人身損害（素因減額後の損害）を対象として支払われるものと解するほかない。」

② 過失相殺との類似性

上記約款上、素因に関しては同11条1項が存するのに対し、過失については、それと同様の規定（過失があった場合は、支払う人身傷害保険金は過失相殺後の損害相当額である旨の規定）がない以上、過失と素因とで取り扱いが異なるのは当然であり、不公平とはいえない。

③ 法の適用関係

過失相殺は民法722条（2項）が適用されるのに対し、素因減額の場合は、同条が類推適用されるに過ぎない。

④ 事故によって生じた実質的な人身損害

自動車事故の被害者側に過失があった場合であっても、その際に生じた人身損害が当該事故を原因として生じたことに変わりはないのに対し、被害者

に素因があった場合には、その際に生じた人身損害は当該事故と素因の両者を原因として生じたものといえるのであり、必ずしも人身損害の全体が当該事故によって生じたとはいえない（たとえば、割合的因果関係を肯定する立場からは、因果関係レベルの問題として、素因による部分は、「自動車事故による人身損害」ではないと扱われることになると解される）のであって、本来的には過失と素因とは異質なものである。

⑤　一般条項23条1項の解釈

　上記約款一般条項23条1項は、「その損害に対して支払った保険金の額の限度内で、かつ、被保険者等の権利を害さない範囲内で」と定めているところ、この規定から、被保険者が、保険金と損害賠償金とを併せて損害の全部の填補を受けられるようにしたものと解するのは飛躍がある。

　上記一般条項23条1項と人身傷害条項からは、被害者に過失があった場合は、人身傷害保険金は人身損害の全体（過失相殺による減額分を含む）を対象として支払われ、それを、過失相殺後の損害部分から充当するか、過失相殺による減額部分から充当するか等、複数の充当方法が考えられるところ、被保険者等の権利を害さない範囲内で充当していくと定めているのであるから、まずは過失相殺による減額部分に優先的に充当することが導かれる。これに対し、素因があった場合は、人身傷害保険金は素因がない場合の人身損害（素因減額による減額部分を含まない）を対象として支払われるに過ぎないから、それを、まずは素因減額による減額部分に優先的に充当するという解釈を導くことはできないし、これをもって被保険者等の権利を害するものとはいえない。なぜならば、被保険者等は、もともと、加害者に対して素因減額後の損害部分しか請求できないことはもとより、保険契約上、人身傷害保険金としても素因減額後の損害部分しか支払いを受けられないことになっているからである。

Ⅲ　本判決の検討、評価

1　約款の規定

　本判決において問題とされている本件保険契約約款第2章「傷害条項」第

1節「人身傷害条項」11条（すでに存在していた身体の障害または疾病の影響）（以下、「11条」という）は次のように規定している。
「①　被保険者が第1条（当会社の支払責任）の傷害を被ったときすでに存在していた身体の障害もしくは疾病の影響により、または同条の傷害を被った後にその原因となった事故と関係なく発生した傷害もしくは疾病の影響により同条の傷害が重大となった場合は、当会社は、その影響がなかったときに相当する金額を決定してこれを支払います。
②　正当な理由がなくて被保険者が治療を怠り、または保険契約者もしくは保険金を受け取るべき者が治療をさせなかったために第1条（当会社の責任）の傷害が重大となった場合も、前項と同様の方法で支払います。」

今日、この人身傷害条項は若干の改訂を経て以下のような規定となっている。すなわち、本判決における保険者（保険会社）と同一保険会社の「甲保険」約款第2章「傷害保険」の「人身傷害条項」第7条（他の身体の障害または疾病の影響）（以下、「7条」という）は、次のように定める。
「(1)　次のいずれかに該当する身体の障害、傷害または疾病の影響により第1条（保険金を支払う場合）の傷害が重大となった場合は、当社は、その影響がなかったときに相当する金額を支払います。
　①　被保険者が第1条の傷害を被った時既に存在していた身体の障害または疾病
　②　被保険者が第1条の傷害を被った後にその原因となった事故と関係なく発生した傷害または疾病
(2)　正当な理由がなく被保険者が治療を怠ったことまたは保険契約者もしくは保険金を受け取るべき者が治療をさせなかったことにより、第1条（保険金を支払う場合）の傷害が重大となった場合も、(1)と同様の方法で支払います。」

11条と7条を比較すると、表現の違いは認められるものの、その規定の意味するところは全く変わらないといって差し支えないであろう。したがって、本判決に対する評価は、今日の保険契約約款人身傷害条項（7条）を前提とした議論にも妥当するものといえる。

これを前提として、本判決が判決理由として挙げている各々についての検

（1）　本約款は、本判決（本件訴訟）における原告代理人である田上洋平弁護士に提供していただいた。

討を試みよう。

2 人身傷害条項の規定

まず注目すべきは、本判決が11条１項を躊躇いもなく素因減額に関する規定と捉えている点である（Ⅱ2①、②）。

素因減額を巡っては、学説、判例を通じてかなりの議論の蓄積があるところである[2]。そして、先に述べたように、判例は、基本的に素因減額を容認する姿勢を採っているが、そこでも、素因には心因的なものと体質的（身体的）なものという類型があることを承認しており、両者を一様に取り扱っているわけではない。

しかるに、本判決は、心因的素因と体質的（身体的）素因とを区別することなく、11条１項を単に「素因減額」について定める規定としている。

たしかに、11条１項が「…身体の障害もしくは疾病…」としているところから、これは当然に身体的（体質的）素因に限定する趣旨であることを前提とするものと理解することができないではない。

しかしながら、本判決の主意を酌んで、仮に、11条１項を素因減額に関する規定とみることを前提とした場合であっても、心因的素因と体質的（身体的）素因とが重合・一体化していると捉え得るような場合（心因的素因と体質的〔身体的〕素因とを明確に分別しがたい場合）には、保険者により、心因的素因をも包括した形で同条同項に基づく素因減額（割合）が主張、適用される事態を招来する可能性がある。これは如何にも妥当性を欠くものといわざるを得ないであろう。

また、11条１項の「…または同条の傷害を被った後にその原因となった事故と関係なく発生した傷害もしくは疾病の影響により…」という部分と「7条１項２号」とは、その文言上、明らかに素因減額に係る内容を表す規定と捉えることはできない。

したがって、本判決が11条１項を「素因減額」に関する規定と断じたこと

（２） 少し古いが、藤村和夫「素因減責論あるいは寄与度減額論の現在」東京三弁護士会交通事故処理委員会・（財）日弁連交通事故相談センター東京支部共編『民事交通事故訴訟 損害賠償額算定基準 1999（平成11年）』184頁参照。

は不適切といわなければならない（同時に、7条1項を素因減額に関する規定とみることもできない）。

3　過失相殺との類似性

人身傷害条項の中に、過失相殺に関し11条1項（7条1項）と同様の規定が存しないことはその通りである。

したがって、同約款に従えば、同条同項を素因減額に関する規定と捉える限りにおいて、過失と素因とが異なる取り扱いを受けて然るべきという点は同意しうる。

4　法の適用関係

過失相殺は722条2項が（直接）適用されるのに対し、素因減額は同条同項が類推適用されるに過ぎないことを理由として挙げる部分の理解は容易でない。

本判決の意図を忖度するならば、過失相殺は、直接適用すべき722条2項という明文規定が存するのであるから法的根拠が明確である、これに対し、素因減額は、同条同項を類推適用するものであるから、それほど明確というわけではないということを謂わんとしているのであろうか。しかし、被害者の過失（素因）を斟酌して損害賠償の額を定めることができるという帰結を導くことは、同条同項の直接適用であれ、類推適用であれ、変わりはない。

過失相殺と素因減額とで取り扱いを異にしてよいという理由にこの点（一方が明文規定の直接適用であり、他方がその類推適用であること）を挙げる本判決の真意を推し量ることはできない。

むしろ、過失相殺は722条2項が直接適用されるがゆえに損害額の減額を認めやすいのに対し、同条同項の類推適用を根拠とする素因減額は、損害額の減額については抑制的でなければならないとみることもできるのであり、そうであれば、本判決の意図はなおさら理解しがたいものとなろう。

5　事故によって生じた実質的な人身損害

本判決は、被害者に過失があった場合であっても、その際に被害者に生じ

た人身損害が事故を原因とするものであることに変わりはないのに対し、被害者に素因があった場合には、その際に生じた人身損害は事故と素因とを原因として生じたものといえるのであり、人身損害の全体が事故によって生じた損害とはいえないとして割合的因果関係の考え方を引き合いに出し、本来的に過失と素因とは異質なものであるとしている。

この点についても疑問なしとしない。

まず第一に、本判決の叙述は、過失相殺（被害者の過失）を事故発生にのみ関わるものと認識しているのではないかと思わせる点である。

過失相殺は、事故（損害）の発生についてのみならず、損害の拡大について被害者に過失があった場合にも妥当するものであることは既に広く承認されているところ（東京地判昭和38・4・26判タ145号158頁、大阪地判昭和47・1・13判タ276号333頁等）、本判決はこのことを看過しているのではないかと思われるのである。

次のような例で考えてみよう。

(ア)、(イ)、(ウ)の円はいずれも交通事故後、被害者に生じた損害とする。

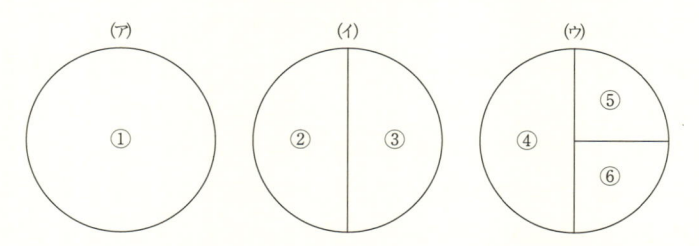

(ア)は、加害者の過失と被害者の過失とが相俟って事故が発生し、損害が発生したものとすると、損害の全部（①）が事故起因損害となり、ここから被害者の過失に応じて過失相殺がなされる。

次いで、(イ)は、加害者の過失と被害者の過失とが相俟って発生した損害が②で、③は素因に基づく損害とすると、本判決によれば、事故起因損害は②のみであって、③は事故と因果関係がないため、そもそも損害賠償の対象にならず、②についてのみ過失相殺が問題となる。

(ウ)は、やはり加害者の過失と被害者の過失とが相俟って発生した損害が④であり、⑤を損害の拡大について被害者の過失が関わった損害（被害者の過失

により拡大した損害部分)、⑥を素因に基づく損害としよう。

　そうすると、本判決の言を借りれば、⑤は事故起因損害ではないのであるから、⑥と同様に⑤も損害賠償の対象にはならないといってよいように思われる。しかしながら、今日、この⑤の部分も当然に損害賠償の対象となり、この部分についても過失相殺がなされることも当然のように受け容れられている。事故に起因する損害か否かということをメルクマールとするのであれば、⑤と⑥は同じように扱われてよいように思われるのである。

　たしかに、過失相殺は、事故（損害）の発生と損害の拡大のいずれについても行われうるものだとしても、実際には、その両者を峻別しがたいものであるがゆえに、公平の観念に従い、両者を一体のものとして捉え、その割合をどの程度と認定し、どの程度の減額をなすか裁判所の裁量に委ねているものではある。しかし、本判決のように、因果関係レベルに着目する視点に立てば、事故に起因する④の損害と事故に起因しない⑤の損害とが異種の損害と観念されることは肯定せざるを得ないであろう。

　第二は、割合的因果関係の考え方を引き合いに出し、因果関係レベルの問題として、素因による部分は「自動車事故による人身損害」ではないと扱われることになると解されるとし、これをもって過失と素因とは本来的に異質なものであるとする点である。

　本判決の意図は、過失と素因とは異質なものであるから、人身傷害保険金の支払い対象としても、したがって、代位に際して（過失相殺部分に、あるいは素因減額部分に）優先的に充当されるか否かの取り扱いについても異なって然るべきだというものであろう。

　しかし、過失相殺についても、これを因果関係のレベルで理解し、被害者の過失（行為）による部分については自動車事故との因果関係を否定するという考え方が存在することはよく知られている[3]。勿論、その考え方に対しては賛否が分かれるところであり、したがって、その当否はおくとしても、そのような考え方が存すること自体は認めなければならない。

（3） たとえば、民法起草者の梅謙次郎博士は、被害者の過失によって生じた損害は、加害者の過失との間に因果関係が存しないのであるから、加害者が責任を負わないのは当然であるとされていた（法典調査会「民法議事速記録」41巻178丁以下）。

そして、その考え方に対して賛否両論が存し、その当否が問われているということでいえば、割合的因果関係の考え方についても同様のことがいえるのであり、そうであれば、敢えて「例えば、割合的因果関係を肯定する立場からは、」(傍点、筆者)という前提を措定する手法で判決の理由付けとすることの妥当性が問われるべきであろう。

なお、本判決は、本来的には過失と素因とは異質なものであるとするが、そもそも両者が異質なものであることは自明であり、だからこそ判例も、過失については722条2項を適用し、素因については同条同項を類推適用することとしているのである。

6　一般条項23条1項の解釈

一般条項23条1項（以下、「23条1項」という）は以下のような規定であった。

> 「被保険者が他人に損害賠償の請求をすることができる場合には、当会社は、その損害に対して支払った保険金の額の限度内で、かつ、被保険者等の権利を害さない範囲内で、被保険者等がその者に対して有する権利を取得します。」

そして、これも約款が改訂されたことにより、今日では「基本条項26条（代位）」（以下、「26条」という）が、これに相応する規定となる。26条は、代位につき次のように定めている。

「(1)　損害が生じたことにより被保険者または保険金を受け取るべき者が損害賠償請求権その他の債権を取得した場合において、当社がその損害に対して保険金を支払ったときは、その債権は当社に移転します。ただし、移転するのは、次表「限度額」を限度とします。

区　分	限　度　額
①　当社が損害額の全額を支払った場合	被保険者または保険金を受け取るべき者が取得した債権の全額
②　①以外の場合	被保険者または保険金を受け取るべき者が取得した債権の額から、保険金が支払われていない損害額を差し引いた額

(2)　(1)②の場合において、当社に移転せずに被保険者または保険金を受け取るべ

き者が引き続き有する債権は、当社に移転した債権よりも優先して弁済されるものとします。
(3)、(4)略」

　この26条1項、2項は、保険法25条2項に沿った内容となるべく改訂されたものといってよいであろうから、前掲最判平成24年2月20日が述べるように、人身傷害保険金を支払った保険会社が代位取得する債権は、被保険者または保険金を受け取るべき者が受け取る保険金と（過失相殺後の）損害賠償請求権の額とをあわせて（過失相殺前の）裁判基準損害額を回収してもなお残っている損害賠償請求権の範囲に限られるということを明らかにしたものと理解しておいてよいであろう。

　なお、本判決は、人身傷害保険金は、素因減額による減額部分に優先的に充当されるものではないと解釈しても被保険者等の権利を害するものとはいえないとするところで、「被保険者等は、もともと、加害者に対して素因減額後の損害部分しか請求できないことはもとより…」と述べているが、この点は過失についても同様であることは指摘しておいてよいであろう。すなわち、被保険者等は、加害者に対して過失相殺後の損害額部分しか請求できないという点である。

Ⅳ　若干の検討

　Ⅲ2でみたように、11条1項を素因減額に関する規定とみることは不適切といわなければならないが、本判決の意を酌んで、同条同項が身体的素因につき減額を認める規定であることを前提として、そのように解することの妥当性を検討してみよう。

　まず、人身傷害保険金を支払った保険者の代位請求を含め、次のように、典型的ないくつかの事例を想定する。

(1)　過失相殺も素因減額もない場合
(2)　過失相殺がなされる場合
(3)　素因減額がなされる場合

(4) 過失相殺、素因減額の双方がなされる場合

そして、自動車事故における被害者（被保険者）をX、同加害者をY、Xに人身傷害保険金を支払う保険会社をAとし、同事故によるXの損害を5000万円、Aが支払う人身傷害保険金を3000万円、Xの過失割合を20％、Xの素因減額割合を20％として、Aが支払う人身傷害保険金、XがYに対して賠償請求できる額、Aが（Xを代位して）Yに請求できる額（および、以上のことから導かれるXが受ける塡補額とYの負担額）につき、それぞれ具体的にみてみよう（図中では「万円」は省略した）。

なお、AのYに対する代位請求額の計算の仕方につき、26条1項によった場合と前掲最判平成24年2月20日（および本判決）によった場合との双方を挙げておいた。

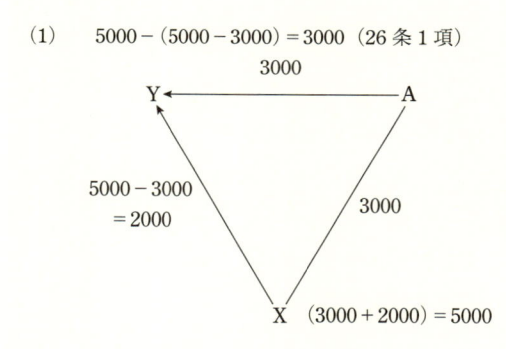

(1)　5000－(5000－3000)＝3000（26条1項）

```
           3000
    Y ←─────────── A
     \             /
      \           /
  5000-3000      3000
   =2000        /
        \     /
         \   /
          X  (3000＋2000)＝5000
```

この最もシンプルな事例の場合には、AがXに3000万円を支払い、Xは、Yになお2000万円を請求することができ、Aは、Yに3000万円を代位請求する（Xは5000万円塡補され、Yの負担は5000万円）。

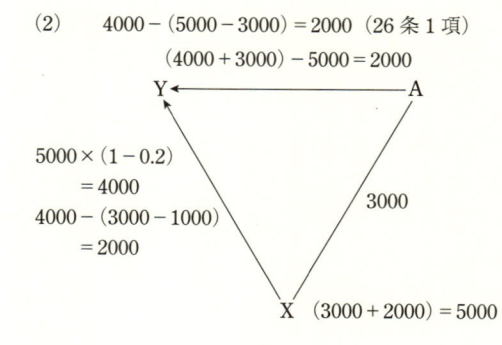

(2)　4000－(5000－3000)＝2000（26条1項）
　　　　(4000＋3000)－5000＝2000

```
           3000
    Y ←─────────── A
     \             /
5000×(1-0.2)      /
   ＝4000        3000
4000-(3000-1000) /
   ＝2000      /
          X  (3000＋2000)＝5000
```

Xは、過失相殺後Yに4000万円請求することができるところ、Aから支払われた3000万円はXの過失割合相当分（1000万円）に優先的に充当されるから、Xは、Yになお2000万円請求することができ、Aは、Yに2000万円を代位請求する（Xは5000万円塡補され、Yの負担は4000万円）。

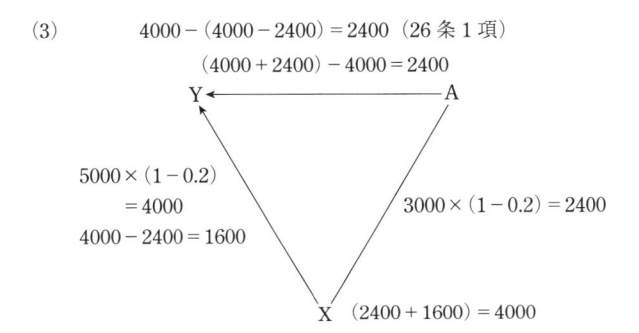

(3)　　　　4000−(4000−2400)=2400（26条1項）
　　　　　　　(4000+2400)−4000=2400

```
          Y ←────────── A
        ╱                ╲
5000×(1−0.2)          3000×(1−0.2)=2400
   =4000
4000−2400=1600
        ╲                ╱
          X (2400+1600)=4000
```

　本判決の考え方によれば、この場合の人身傷害保険金は、素因減額分を控除して支払われるから2400万円となる。
　そして、Xは、素因減額後Yに4000万円請求することができるところ、Xが、なおYに請求することができるのは、その4000万円から人身傷害保険金の2400万円を控除した1600万円ということになり、Aは、Yに2400万円を代位請求する（Xは2400万円+1600万円=4000万円を塡補され、Yの負担は1600万円+2400万円=4000万円となる）。

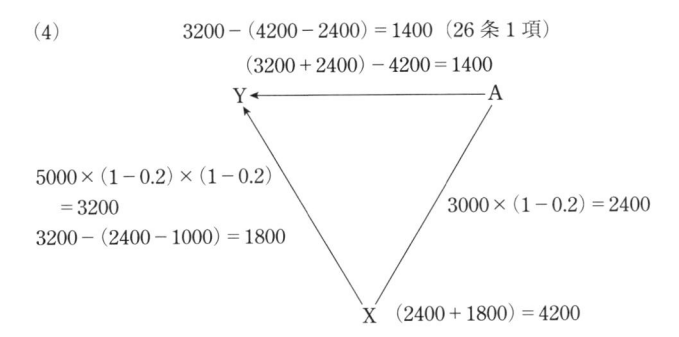

(4)　　　　3200−(4200−2400)=1400（26条1項）
　　　　　　　(3200+2400)−4200=1400

```
          Y ←────────── A
        ╱                ╲
5000×(1−0.2)×(1−0.2)    3000×(1−0.2)=2400
   =3200
3200−(2400−1000)=1800
        ╲                ╱
          X (2400+1800)=4200
```

　本判決の考え方によれば、この場合の人身傷害保険金は(3)と同様2400万円となる。
　ところで、XのYに対する請求権は、過失相殺と素因減額の双方があるのであるから、まず過失相殺をなし、その後、素因減額を施すことになるから3200万円となる。

人身傷害保険金は、Xの過失割合相当分にのみ優先的に充当されるのであるから、Xが、なおYに請求することができるのは1800万円ということになる。
　XのYに対する関係での素因減額分は800万円であり、Aの支払った人身傷害保険金は、Xの過失相殺分を含めてXの損害に対する補償という意味を有しているから、AがYに代位請求することができるのは1400万円であるというのが本判決に従った帰結になるのであろう。これによりXの填補額＝4200万円、Yの負担額＝3200万円となって数字の上では整合することになり、23条1項（26条1項）の文言にも反しないことになる。
　以上は、便宜的に、Aの判断による素因減額割合と訴訟上判断されたそれとを同じ割合であることを前提としたものであるが、これが一致しない場合にはどのような算定になるのであろうか。

(4′)　Aの決めた素因減額割合を30％、訴訟により導かれたそれを20％（過失相殺なし）としてみよう。

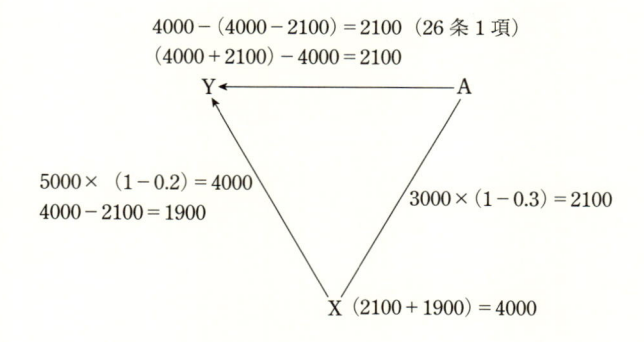

$$4000-(4000-2100)=2100 \quad (26条1項)$$
$$(4000+2100)-4000=2100$$

Y ← A

$5000×(1-0.2)=4000$
$4000-2100=1900$

$3000×(1-0.3)=2100$

X $(2100+1900)=4000$

　この場合、Aから支払われる人身傷害保険金は2100万円である。Xが、もともとYに請求することができるのは素因減額後の4000万円であり、ここから人身傷害保険金を控除すると、Yに請求することができるのは1900万円となり、Aが代位取得するのは2100万円である。これにより、Xは4000万円填補され、Yの負担額も4000万円となる。

(4″) 次は、(4′)の場合に過失相殺（20％）もあるという場合についても確認しておこう。

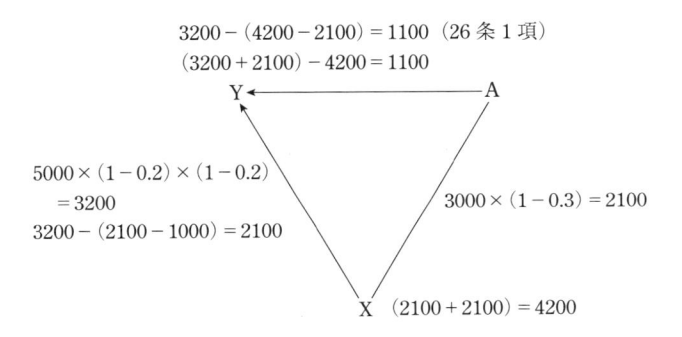

$$3200-(4200-2100)=1100 \text{ （26条1項）}$$
$$(3200+2100)-4200=1100$$

```
                Y ←─────────────── A
5000×(1-0.2)×(1-0.2)              3000×(1-0.3)=2100
  =3200
3200-(2100-1000)=2100
                X  (2100+2100)=4200
```

　この場合、AからXに支払われる保険金は(4′)と同様、2100万円である。Xが、Yに請求することができるのは2100万円であり、Aが代位取得するのは1100万円となる。これにより、Xは4200万円塡補され、Yの負担額は3200万円となる。

　このように、(4′)、(4″)いずれの場合も、Xが塡補を受けるべき額（この額は、本判決に従った場合の額である）を塡補され、Yが負担すべき額を負担することになって、やはり数字の上では整合することになり、23条1項（26条1項）の文言にも反しないことになる。

　ただ、Xが、Yに対して請求しうる額は変わってくるから、Y（賠償義務者）の賠償資力によってはX（被害者）に影響を与えることにはなる。また、Aが代位取得しうる額も影響を受ける。

(5)　さて、被害者に素因が認められる場合、その素因が寄与している分を控除して支払われる人身傷害保険金をXの素因減額分に充当することができない道理であるのは本判決のいう通りである。

　しかし、そこをあえて素因減額分にも優先的に充当してみるとどうなるか試みてみよう（過失相殺20％、素因減額20％とし、11条1項〔7条1項〕に基づき人身傷害保険金について素因減額する場合〔①、③〕と人身傷害保険金についても素因減額を行わず支払う場合〔②〕とを比較してみよう）。

XのYに対する請求権は、5000万円×(1−0.2)×(1−0.2)＝3200万円である。

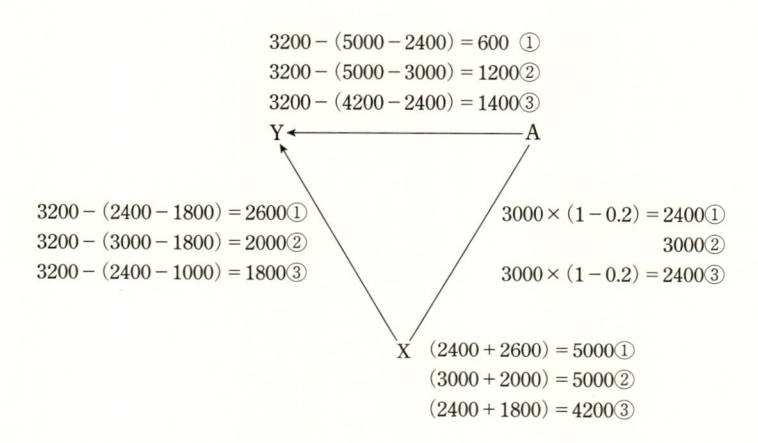

$$3200 - (5000 - 2400) = 600 \text{ ①}$$
$$3200 - (5000 - 3000) = 1200 \text{ ②}$$
$$3200 - (4200 - 2400) = 1400 \text{ ③}$$

Y ← ——————— A

左辺（Y側）:
$3200 - (2400 - 1800) = 2600$ ①
$3200 - (3000 - 1800) = 2000$ ②
$3200 - (2400 - 1000) = 1800$ ③

右辺（A側）:
$3000 \times (1 - 0.2) = 2400$ ①
3000 ②
$3000 \times (1 - 0.2) = 2400$ ③

X
$(2400 + 2600) = 5000$ ①
$(3000 + 2000) = 5000$ ②
$(2400 + 1800) = 4200$ ③

この場合の各金額は、上図に示したとおりである。因みに、①が本判決におけるX1の主張に従うものであり、X2の主張に従うと③になるであろう。②は、11条1項（7条1項）がないものとした（あるいは、素因減額に関する規定ではないとした）場合の帰結である。

以上のように、11条1項を本判決のように解し、また、23条1項を前掲最判平成24年2月20日等のように解するという前提で、いくつかの典型的パターンについて、人身傷害保険金の支払額、被害者（被保険者等）の加害者に対する賠償請求額、保険者（人身傷害保険会社）の代位求償額、加害者の損害賠償（負担）額が、それぞれどうなるのか計算を試みてみると、それぞれの額が異なってくるのは当然としても、数字の上では、特に問題が生ずるようなことはないように思われる。

しかし、そのことが、本判決の考え方をそのまま容認してよいことに繋がるものではない。

V 素因減額分に優先的に充当することの妥当性

1 23条1項にいう「損害」と「権利」の意義

23条1項をどのように解するかは、既に前掲最判平成24年2月20日等で明らかにされているといって差し支えないであろう。

すなわち、前掲最判平成24年2月20日は、「保険金請求権者の権利を害さない範囲」を、保険金請求権者が、被保険者である被害者に過失があるときでも、その過失割合を考慮することなく算定される額の保険金の支払いによって過失相殺前の損害額を確保することができるように解することが合理的であるとし、その上で保険会社が代位する範囲（額）を定めている。それゆえ、人身傷害保険金は過失相殺部分に優先的に充当されるとしているのである。

ただ、このような判例の解釈が、23条1項の文言をどのように解するがゆえに導かれるのかを明らかにしておく必要はあろう。

まず、保険会社が代位する範囲は、「…その損害に対して支払った保険金の限度内で…」というところの「損害」とは何を指すか。

素直に考えれば、この「損害」は、交通事故後、被保険者が被った損害、過失相殺等を施される前の「生の損害」そのものを指すといえよう。

文理上の解釈にこだわれば、この「損害」は、「…その損害…」（傍点、筆者）といっているのであって、その前の部分にある「被保険者が他人に損害賠償を請求することができる場合は…」の「損害」を受けていることになり、そして、この「損害」は、被保険者が他人（加害者）に賠償請求することができる「損害」＝過失相殺等を施された後の「損害」を指すことになろうか。

ところが、「その損害」は人身傷害保険金の支払い対象とされているのであり、それゆえ、「その損害」＝「…他人に損害賠償を請求する…」にいう「損害」と解すると、過失相殺による減額分も含めて保険金支払いの対象とする人身傷害保険の趣旨に悖ることになる。したがって、「被保険者が他人に損害賠償を請求することができる場合は…」とは、具体的な損害賠償額が

定まった段階での「損害賠償」を指すのではなく、一般的に、被害者が加害者に損害賠償請求することができる場合ということを意味しているにすぎないものと解すべきであろう。

ちなみに、「保険金請求権者の権利を害さない範囲」にいう「権利」とは、前掲最判平成24年2月20日等により、被害者（被保険者等）が、人身傷害保険金と加害者に対する損害賠償請求権（額）とを併せて、上記「生の損害」の全額を塡補される利益を内容とし、「被保険者等がその者に対して有する権利」にいう「その者」は上記「他人」を指し、「権利」は、被害者が加害者に対して有する損害賠償請求権を意味するということになる。

このように、同条同項に現れる「損害」を「生の損害」とみるならば、ここでは、過失相殺がなされる前のものであることは勿論、いわゆる素因減額という（減額）操作が施される前のものという意味での「生の損害」を観念しなければならないであろう。そして、これこそが前掲最判平成24年2月20日等がいうところの「裁判基準損害額」に当たるのである。そうであれば、人身傷害保険金も、その「生の損害」を支払対象として然るべきこととなる。そして、このように解することは、人身傷害条項1条にいう「損害」の意義とも整合するものといえよう。

2　26条1項の「債権」の意義

同条同項1号、2号では、「債権」という言葉が4回使われているが、これらはやはり、全部同じ意味で使われているとみるべきであろう。そして、その意味は、交通事故に基づく損害が発生した場合においては、被害者（被保険者等）が加害者に対して取得することになる損害賠償請求権に他ならない。

そうすると、ここでも「…当社がその損害に対して保険金を…」といっている「損害」も、やはり文理解釈によるならば、被保険者等が加害者に対して取得する損害賠償請求権にいう「損害」＝過失相殺等を施された後の損害を意味することになろうが、これでは上記1で述べたように、人身傷害保険の趣旨に悖ることになろう。したがって、この「損害」も前記「生の損害」とみるべきである。

仮に、この「損害」は、過失相殺によって減額される部分を含むものではあるが、素因減額によって減額される分は含まないというように解するとしても、同条同項冒頭にある「損害」は、交通事故後に生じた損害＝「生の損害」とみなければならないであろう。

3　過失相殺と素因減額の法的処理における類似性

先に、過失と素因とが異質なものであることは自明であると述べた（Ⅲ5）。

過失は、被害者が自ら招いたものという実質を有するのに対し、素因は、（過失と同様の性質を有するものがあることを完全には否定できないが）一般的に被害者が自ら招いたものという実質を有するものではないからである。

しかしながら、両者が、人身損害賠償の具体的な場面において損害賠償額を減額する要素として機能し、その際の法的根拠として、判例上（前者は直接適用、後者は類推適用という相違はああるものの）722条2項が用いられているという点においては共通する。

本判決は、過失相殺には722条（2項）が適用されるのに対し、素因減額の場合は同条（同項）が類推適用されるに過ぎないと述べるが（Ⅱ2③）（したがって、過失と素因とが異なる取り扱いを受けるのは当然であるとの意であろう）、むしろ逆である。すなわち、過失と素因とは、人身損害賠償額を減額するという共通の機能を営み、その際、722条2項というやはり共通の根拠に基づくものである以上、両者は（その減額分を人身傷害保険によって填補させるという意味において）同様の取り扱いを受けて然るべきと思われる。

4　本判決の意義

以上述べてきたところから明らかなように、本判決の理由とするところは、11条1項の存在を前提とし、かつ、同条同項を素因減額に関する規定と解する限りにおいて、人身傷害保険金額の算定において素因部分を控除して支払うことにならざるを得ない、したがって、保険者の代位する額の決定に際しても、人身傷害保険金を素因による減額部分に優先的に充当するわけにはいかない、という部分を除いて説得力に欠けるといわざるを得ない。

Ⅵ　人身傷害保険の意義の再確認

1　人身傷害保険は、前記約款の人身傷害条項1条が規定しているように、急激かつ偶然な外来の事故により被保険者が身体に傷害を被ることによって被保険者等が被る損害に対して（保険金請求権者に）人身傷害保険金を支払うことを内容とするものであり、保険法2条7号の「傷害疾病損害保険契約」に属するものといえよう。

2　この人身傷害保険に素因減額を持ち込み、これを機能させることは、果たして適切な姿勢といえるか。

　先に述べたように、素因減額を巡る判例の姿勢は一応固まっているようであるとはいえ、なお残された問題はあり、他方、学説上の議論もほぼ収斂しているといえるわけではない状況において、わざわざ紛争を招来するかのような約款を用意することが人身傷害保険の趣旨に合致するものといえるかは疑問である。仮に、素因減額を肯定するとしても、次のような問題に対し如何に対処するかは難問であろう。

　まず、治療歴もなければ何らの症状も現れておらず、被保険者自身も自覚していない、いわば潜在的素因ともいうべきものについて、これをどのように処理するかが問われる。

　判例は、「…加害行為前に疾患に伴う症状が発現していたかどうか、疾患が難病であるかどうか、疾患に罹患するにつき被害者の責めに帰すべき事由があるかどうか、加害行為により被害者が被った衝撃の強弱、損害拡大の素因を有しながら社会生活を営んでいる者の多寡等の事情によって左右されるものではない」として、たとえ潜在的なものであっても素因減額をすることができるという姿勢を示している（前掲最判平成8・10・29、ただし、治療の長期化や後遺障害の程度に大きく寄与していることが明白であることを要求している）が、このような素因の存在を理由として、人身傷害保険金を請求する段階で素因減額を持ち出されるのは、被保険者等にとってまさに不意打ちといえるのではないだろうか。

また、素因減額をする場合には、まずは保険者（保険会社）が素因減額割合を定めることになるところ、その割合が確固たる根拠に基づくものとはいえないのではないかという疑念がついて回る。それにも拘わらず、被保険者としては、保険会社の提示する素因減額割合を（不承不承）受け容れるか、あるいはそれに服することなく訴訟を提起して同割合（あるいは素因減額の可否自体）を争うかの二者択一を迫られることになる。しかし、このようなことは人身傷害保険の特質に着目して、同保険契約を締結した保険契約者ならびに被保険者（保険金請求権者）にとっていかにも本意ではなかろう。
　このような問題が存するにも拘わらず、人身傷害保険が、過失相殺については減額せず、素因については減額するという姿勢を堅持することについて、被保険者等は容易に得心しがたいのではなかろうか。

　3　過失相殺を考慮しないという人身傷害保険の特質が意味するものは何か。
　それは、人身傷害保険金を給付することによって被保険者が被った損害（全損害）を填補せしめることを目指すものと理解することができようし、保険者の意図もここにあるとみて差し支えないであろう。
　一方、保険契約者が自ら保険料を支払って人身傷害保険に加入するのは、被保険者に過失がある場合には、加害者に対する損害賠償請求権のみでは被保険者に生じた全損害を填補することができなくなるから、そのような場合であっても全損害が填補されるようにしようとするためであると解される。
　このように、人身傷害保険契約当事者の同契約に対する思い（意図、期待）は共通するのである。そうであれば、その思いに応え、人身傷害保険の人身傷害保険たる所以を全うするためにも、同保険においては、過失相殺と素因減額とが同様の取り扱いに服するという方向が志向されるべきであろう。

Ⅶ　おわりに

　保険契約者は、事故後被保険者に発生した損害のすべてを賄うことができるように人身傷害保険に加入するのであると理解し、加害者に対する損害賠

償請求において減額される可能性のある部分についても、これを塡補することができるものとなるというところに人身傷害保険の本来の姿を見いだすことができるのではなかろうか。

　前記約款の7条1項1号が存する以上、今後も本判決と同様の結論を導く裁判例が出現するであろうことは容易に予想されるところ、保険者においては、同条項号の改廃に注力し、人身傷害保険が名実ともに保険契約者等の権利擁護に資するものとなるべく慮ることが望まれる。

原子力発電所事故と損害賠償責任

小賀野　晶　一
Shoichi OGANO

I　はじめに
II　原子力損害賠償制度
III　原子力損害賠償法3条の解釈論
IV　本件事故の被害者の損害賠償請求に関する実務
V　被害者救済における平時の法律論、異常時の法律論
VI　原子力損害賠償法の制度論
VII　環境問題
VIII　おわりに

I　はじめに

　田山輝明先生は民法の基礎的分野から現代的課題に至るまで広範な分野において比較法研究、法社会学研究を基礎にする精緻な制度論や解釈論を展開されている。その根底に人間及び生命に対する深い愛情をうかがうことができる。このような法学研究における普遍的価値に学び、私はこれまで事故法、環境法、成年後見法などについて関心をもつことができた。これらはいずれも被害者救済、弱者救済のあり方を問い、法の正義のあり方が課題になっている。このような法学における課題について根本的に問題提起をしたのが東日本大震災であり、とりわけ原子力発電所事故である。
　2011年3月11日に発生した東日本大震災は、大地震、大津波によって巨大規模の被害をもたらした。加えて、東日本大震災に伴い東京電力福島第一原子力発電所事故が発生した（以下、この原発事故を「本件事故」ともいう）。本件事故については、被害者の法的救済、特に損害賠償責任及び救済方法のあり方が問われている。被害者の法的問題を解決することは、主として法学分野

の役割である。このうち民事法・民事実務分野では、主として損害賠償責任のあり方が問題になる。損害賠償額の算定、損害賠償金の支払方法、民法や原子力損害賠償法の解釈論上の問題、原子力損害賠償紛争審査会の中間指針及びその他の基準の妥当性、原子力損害賠償補償制度のあり方などがそこでの論点である。また、東京電力に対する損害賠償請求等の紛争処理に関して、裁判やADR（裁判外紛争解決機関）による解決のあり方が問題になる。

本件事故から2年余が経過した。被害者に対する東京電力による損害賠償の支払いは、避難を余儀なくされたことによる損害賠償（慰謝料）から始まり、2013年3月29日から財産損害に対する賠償の手続が開始、徐々に支払いが開始されている。

この間、原子力損害賠償法に基づく制度の仕組みや、法解釈・運用等に関する多くの文献が公刊され、また、弁護士会における研修等を通じて、紛争処理実務の状況が明らかにされている。(1)本稿ではこれらの資料・報告等を参

---

(1) 本稿は、拙稿「巻頭言　東日本大震災と原子力損害賠償責任」賠償科学38号1頁（2012年）に基づき、その後の状況を踏まえて整理したものである。本テーマについては、東日本大震災後に多数の文献が出版されており、わが国の出版文化の豊かさとこれを支える知的創造の厚さを実感することができる。そのなかからごく一部を掲げよう。法分野からは、ジュリスト1427号（特集　東日本団震災）（2011年）、法学教室372号（特集　法律学にできること――東日本大震災を契機に考える）（2011年）、自由と正義62巻13号（特集　原発問題への対応と弁護士・弁護士会の役割）（2011年）、QAシリーズ（商事法務、学陽書房など）のほか、原子力法として総合的に検討する卯辰昇『現代原子力法の展開と法理論（2版）』（日本評論社、2012年）、同『原子力損害賠償の法律問題』（金融財政事情研究会、2012年）、原子力損害賠償支援機構について解説する高橋康文『解説原子力損害賠償支援機構法――原子力損害賠償制度と政府の援助の枠組み』（商事法務、2012年）、憲法学から問題提起する奥平康弘・樋口陽一編『危機の憲法学』（弘文堂、2013年）、環境法から考察する高橋滋・大塚直編『震災・原発事故と環境法』（民事法研究会、2013年）、法政策から検討する石村耕治・市村充章編著『大震災と日本の法政策』（丸善プラネット、2013年）、中間指針を分析する中島肇『原発賠償　中間指針の考え方』（商事法務、2013年）のほか、多数ある。学会をみると例えば、日本賠償科学会（シンポジウム「東日本大震災と賠償科学」（2012年））、環境法政策学会（『原発事故の環境法への影響　その現状と課題』（商事法務、2013年））などのほか、日本私法学会が2013年10月にシンポジウム「震災と民法学」を開催する（論究ジュリスト2013年夏号（6号））。専門職団体では例えば、2013年10月、日弁連が人権擁護大会シンポジウム「放射能による人権侵害の根絶をめざして…ヒロシマから考える、福島原発事故と被害の完全救済、そして脱原発へ」を開催する。その他の分野も多岐に及ぶが、政府事故調を解説する畑村洋太郎・安部誠治・淵上正朗『福島原発事故はなぜ起こったか　政府事故調核心解説』（講談社、2013年）、社会学から田中重好・船橋晴俊・正村俊之編『東日本大震災と社会学――大災害を生み出した社会』（ミネルヴァ書房、2013年）、漁業経済学から濱田武士『漁業と震災』（みすず書房、2013年）、人類学等からトム・ギルほか編『東日本大震災の人類学――津波、

考にし、原発事故の損害賠償責任、とりわけ法律論を行う場合に拠り所とすべき基本的考え方とはどのようなものかを探ることとしたい。ここに法律論とは本稿では解釈論や制度論をいい、責任論と損害論のそれぞれのあり方が中心になる。したがって、このような検討は、民事責任論のあり方を再考することになるであろう。

Ⅱ 原子力損害賠償制度

原子力発電所事故については、1961年の原子力損害賠償法（正式には「原子力損害の賠償に関する法律」。原賠法と略称されることもある）に基づく制度が存在する。

本法は、原子炉の運転等により原子力損害が生じた場合における損害賠償に関する基本的制度を定め、もって被害者の保護を図り、及び原子力事業の健全な発達に資することを目的とする（1条）。本法に基づく原子力損害賠償制度は、主として次の3つの構造を有する。

第1に、原子力事業者（以下、「事業者」ともいう）に無過失かつ無限の賠償責任を課すとともに（3条1項本文）、その責任を原子力事業者に集中させている（4条1項、3項）。なお、原子炉の運転等により生じた原子力損害については、商法798条1項、船舶の所有者等の責任の制限に関する法律、製造物責任法の規定は適用されない（同3項）。

原子力事業者の損害賠償責任の根拠となる規定は、本法3条1項である。すなわち、「原子炉の運転等の際、当該原子炉の運転等により原子力損害を

原発事故と被災者たちの「その後」』（人文書院、2013年）、ラジオ放送局の闘いを記録する片瀬京子とラジオ福島『ラジオ福島の300日』（毎日新聞社、2012年）、司法を批判する新藤宗幸『司法よ！　おまえにも罪がある——原発訴訟と官僚裁判官』（講談社、2012年）、磯村健太郎・山口栄二『原発と裁判官——なぜ司法は「メルトダウン」を許したのか』（朝日新聞出版、2013年）、問題の考え方を探る佐倉統『「便利」は人を不幸にする』（新潮社、2013年）、復興の意見をまとめる萩原久美子・皆川満寿美・大沢真理編『復興を取り戻す　発信する東北の女たち』（岩波書店、2013年）などのほか、岩波新書（大島堅一、海渡雄一、山秋真、森まゆみ。2011年～2013年）、ちくま新書（吉見俊哉、福山哲郎。2012年）を挙げておこう。なお、高橋・前掲書『解説原子力損害賠償支援機構法——原子力損害賠償制度と政府の援助の枠組み』に同書発行時までの主要文献が簡潔に紹介されている。

与えたときは、当該原子炉の運転等に係る原子力事業者がその損害を賠償する責めに任ずる。ただし、その損害が異常に巨大な天災地変又は社会的動乱によって生じたものであるときは、この限りでない。」と規定する。ただし書に該当する場合には原子力事業者は免責される。3条1項の本文に該当するか、それともただし書に該当するかによって、本法に基づく損害賠償の内容や方法が大きく変わってくるのである。

第2に、原子力事業者に対して、原子力損害賠償責任保険への加入等の損害賠償措置を講じることを義務づけている（6条、8条、10条）。これは賠償責任の履行を迅速かつ確実にすることを目的とする。ここに損害賠償措置は2つある。一つは、原子力損害賠償責任保険に基づくものであり、損害保険会社が引き受ける。もう一つは、原子力事業者と国との間の原子力損害賠償補償契約に基づくものであり、責任保険契約その他の原子力損害を賠償するための措置によってはうめることができない原子力損害を原子力事業者が賠償することにより生ずる損失を政府が補償する（10条2項に基づき原子力損害賠償補償契約に関する法律が1961年に制定されている）。賠償措置額は原子炉の運転等の種類により異なるが、通常の商業規模の原子炉の場合の賠償措置額は1200億円である。なお、この額は、1999年9月の東海村JCO臨界事故、欧州の動向等を踏まえ従前の600億円から引き上げられたものである。

第3に、損害賠償措置額を超える原子力損害が発生した場合には、国が原子力事業者に必要な援助を行うこととなっている（16条）。この援助は、事業者に責任がある場合（3条1項本文）における国の関与である。

第4に、事業者が免責された場合（3条1項ただし書）には、国は必要な措置を行うものとする（17条）。

A：原子力損害賠償法における責任の構造：
    3条1項本文
        →　事業者　　責任あり　⇒　損害賠償措置（6条以下）
                             （1200億円。①責任保険、②補償契約）
        →　国　　　上記の措置額を超えるとき　⇒　必要な援助（16条）
    3条1項ただし書

事業者　　責任なし
　国　　　　必要な措置（17条）

B：2011年8月～、原子力損害賠償支援機構法による国の支援制度の導入

Ⅲ　原子力損害賠償法3条の解釈論

1　法律論

　本件事故の損害賠償責任については、原子力損害賠償法3条1項本文に該当するか、それとも同ただし書に該当するかが問題になる。原子力事業者に責任を集中させる本条の立法趣旨によると、ただし書の規定はさらに大規模な災害（関東大震災の3倍以上の地震など）を想定していることから、東日本大震災はこれに当たらず、本文に該当すると解する見解が有力である[2]。本法に基づいて設置され、損害賠償の範囲等について検討する原子力損害賠償紛争審査会（18条参照）も、本文に該当することを前提にしている。

　この点につき、東京電力の経営者が被告とされた株主代表訴訟において東京地判平24・7・19判時2172号57頁は、「同項ただし書における「異常に巨大な天災地変」を極めて限定的に解釈し、人類がいまだかつて経験したことのない全く想像を絶するような事態に限られると解釈することにも相当の根拠が認められるというべきである。」とし、東日本大震災はこれに該当しないと判断した（請求棄却）。

　ところで、本文の適用になると、原子力事業者である東京電力は本件事故に起因する損害について無限（青天井）に責任を負うことになるが、予想される何兆円規模の損害賠償額の支払いに東京電力が耐えられるかが不透明であり、状況によっては支払いが滞り被害者救済に支障が生ずることが懸念された。そこで、かかる事態にならないように、国は2011年8月に、原子力損害賠償支援機構法を制定した。この法律は、原子力損害賠償法3条の規定により原子力事業者が賠償の責めに任ずべき額が本法7条1項に規定する賠償

（2）　議論の状況について大塚直「福島第一原子力発電所による損害賠償」法律時報83巻11号49頁（2011年）参照。

措置額を超える原子力損害が生じた場合において、当該原子力事業者が損害を賠償するために必要な資金の交付その他の業務を行うことにより、原子力損害の賠償の迅速かつ適切な実施及び電気の安定供給その他の原子炉の運転等に係る事業の円滑な運営の確保を図り、もって国民生活の安定向上及び国民経済の健全な発展に資することを目的とする（1条）。本法は、東京電力が負うべき損害賠償責任について、その実効性を担保する役割を担う重要な法律である。[3]

本件事故が原子力損害賠償法3条1項本文に該当し、ただし書に該当しないとする上記解釈論は、本法の立法趣旨である震災の規模を考慮したものとされているが、かかる解釈については、このたびの未曾有の災害及び事故を前にして、人々の常識や感覚からは乖離する。[4]

専門家のなかには上記解釈論を採らず、本件災害は本法3条1項ただし書に該当すると解する見解があり、結論として、「今回の震災が貞観の大震災よりも大きく、1000年に一度のものであったということは、「異常に巨大」ではないのであろうか」と指摘する。[5] こちらは常識に沿っており、その意味において説得的である。

それでは、本法3条1項ただし書に該当すると解される場合は、被害者救済はどのようになるか。現行制度のもとで国の援助として予定されている補償額は限定的であり、補償額の決定は政治的判断によることになるから、被害者が最終的に十分な救済が得られるかどうかは不透明である。[6] また、原子力事業者である東京電力の免責という効果も、所有する施設の事故であり、より徹底した防災対策をしていれば事故を防止し得たのではないかという疑問が生じる。したがって、3条1項本文により東京電力の責任が認められるとする判断は当時の判断としては現実的であった。もっとも、国及び国の関

---

(3) 高橋康文（注1文献）のほか、大塚直「福島第一原発事故による損害賠償と賠償支援機構法」ジュリスト1433号39頁以下（2011年）参照。
(4) 例えば、やまもと民話の会『——語りつぐ——小さな町を呑みこんだ巨大津波』（小学館、2012年）参照。
(5) 森島昭夫「原子力事故の被害者救済（1）」時の法令1882号39頁以下（2011年）。
(6) 野村豊弘「原子力事故による損害賠償の仕組みと福島第一原発事故」ジュリスト1427号122頁（2011年）は「政府が行う被害者の援助は、損害の賠償ではないから、損害額より低い額であることも想定される。」と指摘する。

係機関が原子力発電を国の政策として推進してきたことを踏まえ、いち早く、本件事故はただし書に該当すると解しこれを前提に、国は被害者に十分な補償をするという政治的決断をしていたら、被害者救済をめぐるその後の状況は違っていたであろう。かかる政治的決断は国民の支持が得られるであろうと期待された。国民は国の為政者が下した時の配慮として受け止め、同時に、これに伴う負担に応える決意をしたはずであるからである。そして、かかる国及び国民の対応は、新たな国家論・日本人論としての評価を得たのではないだろうか（評価が行動の目的になるものではないが）。

　以上、本法3条1項本文とただし書のそれぞれについてみたが、いずれの場合も本件事故について国が国家賠償責任を負うかどうかは、国家賠償法1条の責任論（主として規制権限不行使の解釈論）として別に検討される問題である。事業者（原子力損害賠償法3条本文）と国（国家賠償法1条）がともに責任を負う場合には、共同不法行為（民法719条）の成立が考えられる。もっとも、規範論として、民事責任に関する法規範の総合的あり方という観点からみると、国の責任等に関して原子力損害賠償法と国家賠償法との関係をより明確にすべきであろう。

2　解釈論の基礎となる事故原因の検証

　本件事故が原子力損害賠償法3条1項本文に該当するか、ただし書に該当するかの問題を総合的に解明するためには、事故原因を明らかにすることが有益である。本件事故については、それぞれ民間、東京電力、政府、国会の4つの事故調査委員会が事故を検証し、報告書をまとめている。

　事故調査委員会の各報告書については、本件事故あるいは本件事故と東日本大震災との関係を、天災か人災か、想定外か想定外でないか、のいずれで捉えているかに注目すると、全体的評価を大枠で理解することができる。もっとも、今度の事故を例えば天災と人災に明確に二分できるか、想定外か想

（7）　大塚・前掲「福島第一原子力発電所による損害賠償」50頁。国の責任を広範に論ずるものとして礒野弥生「原子力事故と国の責任――国の賠償責任について若干の考察」環境と公害41巻2号36頁以下（2011年）参照。
（8）　森島昭夫「原子力事故の被害者救済（2）」時の法令1884号35頁以下（2011年）参照。

定外でないかは何を基準に判断するか、などが問題になろう。この点、国会が設置した事故調査委員会（黒川清委員長）は「原発事故は人災」と結論づけ、厳しい評価をしている。

なお、上記4つの検証では、その目的が事故原因の解明を中心としており、被害者救済のあり方については検討されていない。被害者救済は原子力損害賠償紛争審査会にゆだねられている。被害者救済と事故原因解明はそれぞれの目的を有し、別の営みということもできる。しかし、被害者救済のあり方は責任の所在及び内容と密接に関連している。例えば、本法3条1項が原子力事業者の無過失責任を規定しているから、事業者の過失の有無や内容を考慮する必要はないということにはならない。事故の検証のあり方としては、責任追及・被害者救済と事故原因の解明とを密接に関連あるものと捉え、総合的に検討することが有益である。[9]

Ⅳ 本件事故の被害者の損害賠償請求に関する実務

1 原子力損害賠償紛争審査会の指針

本件事故の被害者に対する東京電力による損害賠償の支払いは、当事者間の自主的交渉にあっては、当事者が拠り所とする基準（法的考え方）に基づいて行われる。この基準としては、民法や、民法の特別法のルールが基礎になる。また、原子力損害賠償紛争審査会がまとめた指針（「東京電力株式会社福島第一、第二原子力発電所事故による原子力損害の範囲の判定等に関する中間指針」(2011年8月5日)。以下「中間指針」という）が参考にされる。

中間指針は、日本において先例のない事案に関する被害者の賠償基準を提示するものとして重要な意義がある。賠償基準の内容は不法行為法の考え方を本件事案について整理することに主眼が置かれている。

中間指針は、第1次指針（2011年4月28日）、第2次指針（2011年5月31日）及

---

[9] 産業廃棄物等の不法投棄事案において地方自治体に設置された行政対応検証委員会の検証報告では、より根本的問題として、当時の機関委任事務体制下における廃棄物法制の問題点（特に制度における危機管理機能の欠如）や、組織における危機管理意識のあり方にまで踏み込んで検討が行われた。同様の視点は、事故の規模や性質は違うが基本的には、本件事故の検証についても妥当する。

び第 2 次指針追補（2011年 6 月20日）において決定された内容にその後の検討を加え、賠償すべき損害と認められる原子力損害の当面の全体像を示したものである。その後、中間指針の追補（2011年12月 6 日）、中間指針の第二次追補（2012年 3 月16日）が出されている。なお、中間指針とは別に、経済産業省が2012年 7 月20日、「避難指示区域の見直しに伴う賠償基準の考え方について」を公表した。こちらも中間指針とともに国の基準となる。

　被害者救済のために、東京電力による損害賠償の支払いが簡易、迅速に進められることが必要であるが、現実には関係者の努力にもかかわらず支払いは遅延している。紛争処理における中間指針の妥当性や使い勝手については、賠償問題に係る紛争処理の現場において中間指針にどこまで依拠できるかが問われるべきである。中間指針は損害の捉え方については原則として差額説に則り、損害算定は個別損害の積上げを行っているが、被害者救済において十分でないとする批判がある。このような批判に対しては、「中間指針は、――自主的な解決に対する一般的指針であるため当然であるが――賠償範囲の外延を確定したわけではない」との反論がある。中間指針は制度的、理論的には参考資料にとどまる。確かに、中間指針の基準としての性質や位置づけを踏まえることは必要である。[10][11]

　本件事故に関する損害賠償請求問題については、中間指針、ADR の基準、裁判基準など損害賠償に係る複数の基準が併存する。東京電力が採用する基準（いわゆる東電基準）もある。東京電力との自主的交渉や、裁判や ADR を通じての紛争処理の過程において、中間指針が紛争処理基準として果たし得る役割が明らかになるであろう。本件事故被害者の弁護活動をみると、中間指針はしばしば被害者に厳しい内容になっているとして、指針によって提示された基準をいかに修正し被害者保護を手厚くするかに関心が集まっている。かかる実務の状況は、被害者が中間指針に不信感をもち、これを増長することにつながる。中間指針が本件損害賠償に関する複数の基準のなかでどのような位置にあるべきかを明確にする必要があろう。

---

(10) 大塚・前掲「福島第一原子力発電所による損害賠償」50頁。
(11) 森島昭夫「原子力事故の被害者救済（3）」時の法令1888号41頁（2011年）は裁定権限のない原子力損害賠償紛争審査会の指針の有効性に疑問を呈する。

2 損害算定における問題点

　第1に、総論として、原子力損害賠償責任のあり方を明らかにすることが重要である。本件事故の特徴は、被害者（被災者）が何の落ち度もなく突然に日常生活を奪われてしまったこと、生活の拠り所であった郷土や地域（コミュニティ）が奪われてしまったこと、なかには家族がばらばらに避難を余儀なくされたこと、多くの被害者が自らの生活に関する原状回復の見込みがたっていないこと、見込みがたっても原状回復は長期に及び得ることなど、多様な諸点に求めることができる。某紙で目にした「被害者は生活の全てを奪われ、帰る家もなくなった。」とする言葉に本件事故の全てが語られている。そこで、本件事故の損害算定にあたっては、以上の諸点を考慮し、被害者が現実に被った被害に加え、放射能汚染等による世代を超えて長期に及ぶであろう苦痛（精神的損害）と財産的損害が塡補されるべきであろう。

　第2に、各論として、次の4点を指摘しておこう。

　第1、損害の説明（責任）、損益相殺、消滅時効など、現行不法行為損害賠償法の考え方をそのまま適用することができるかが問題になる。損害論については、損害の評価・算定について差額説（あるいは労働能力喪失説）か死傷損害説か、個別損害積上げか定額か、損害賠償方法について一時金か定期金かなどの基本的問題がある。本件事故の紛争処理実務は、判例・通説の採用する差額説、個別損害積上げ、一時金を原則としている。そして、かかる大枠のなかで、避難対象地域の区分や被害者の個性による類型化の工夫がなされている。しかし、定額や定期金の利点を考慮し、これを用いることも不可能ではない。

　近時の報道等によると、当事者である東京電力も伝統的な法律論を一部修正することを示唆している。[12] また、平成25年4月23日、時効に関する特例法案が閣議決定された。国の原子力損害賠償紛争解決センター（紛争解決機関）に東京電力との和解の仲介を申し立てたが、和解が成立しないで3年の時効期間が過ぎても、仲介の打ち切りを通知されて1月以内であれば東京電力に対して損害賠償請求訴訟を提起することができることとなった（平成25年5月

---

[12] 例えば、2013年1月10日夕刊各紙は東京電力社長の「裁判で消滅時効の権利を主張するつもりはない」とのコメントを報じ、この問題のニュース性の高さを窺わせる。

29日特例法が成立。衆参両院の委員会は政府に、全被害者が長期間にわたり損害賠償を請求できるように検討を求める付帯決議を行った本件事故について3年を10年に延長する提案も実現しそうである）。

　第2、被害者の慰謝料は損害賠償の柱の1つとなるべきものであるが、避難に伴う慰謝料の根拠となる資料を自動車事故で用いられる自動車損害賠償責任保険（自賠責保険）における慰謝料基準（日額4200円。月額換算12万6000円）や、民事交通事故訴訟損害賠償額算定基準（公益財団法人日弁連交通事故相談センター東京支部）（「赤い本」）による期間経過に伴う慰謝料の変動状況に依拠することについての適切性が問われている。難しいのは、拠り所とする有用な資料が他に見当たらないこと、毎月12万6000円が適当かどうかの判断が極めて難しいこと、などである。なお、実務上は、原子力損害賠償の毎月の慰謝料については、被災等の慰謝料発生を根拠づける事実がADR等で認められれば、以後は3か月に1度、東京電力から被災者に用紙が発送され、被災者が記入・返送すれば3か月分の慰謝料がまとめて支払われるようである。

　第3、事故に関する風評被害はどのように扱えばよいか。風評とひとくにいっても、当該事故との間に何らかの関係があるものから、根も葉もないものまであり、また、科学的根拠に基づくもの、想像によるものなど、様々である。単なる風評被害は損害賠償の対象にならないのが原則である。事案のなかには本件事故により現に放射能汚染が広がっており、これによる被害については、風評ではなく、原則として本来の損害として捉え、賠償に含まれなければならない。中間指針もこれを認めている。また、風評被害についても、事故との間に相当因果関係が認められる場合には原則として「あるがまま」の損害が認められるべきであり、ここに平時の法律論で問題になり得る原因競合による分割責任法理を用いることはできないであろう。ここでは本件事故に関する風評被害の定義を明確にしなければならない。

　第4、中間指針が言及していない損害については、被害者は個々に説明

---

(13)　風評被害の類型については、中島肇『原発賠償中間指針の考え方』54頁以下（商事法務、2013年）。
(14)　大塚・前掲「福島第一原子力発電所による損害賠償」52頁。
(15)　本件事故の風評被害等に係る判例分析については升田純『風評損害・経済的損害の法理と実務（2版）』35頁以下（民事法研究会、2012年）。

(裁判では主張・立証)して賠償を求めることができる。しかし、判断基準の明確性、公平性や、被害者の資料に基づく説明の労を考えると、あらかじめ中間指針の基準に組み込まれることも期待された。賠償金支払いの最終イニシアティブをもつ東京電力には加害企業として被害者救済に配慮した行動が求められている。東京電力からいわゆる東電基準が示されているが、次に述べるADRにおける基準と比べると概して低額にとどまっている。

3 ADRによる救済

　本件事故に関する紛争処理機関についてみると、被害者から提出される損害賠償・補償に関する大量の案件を、公正かつ迅速に処理しなければならない。これらの課題について、裁判における対応だけではその手続き(厳密性)、時間(長期化)、費用(高額化)などにおいて限界がある。そこで、原子力損害賠償問題を簡易、迅速に解決するために、2011年8月に原子力損害賠償紛争審査会の中に、原子力損害賠償紛争解決センターが設置された。本センターは国が設置したADR(裁判外紛争解決機関)である。同センターは同年9月1日から和解仲介の申立受付を開始し、今日に至っている。[16]

　ところで、被害者には、東京電力に対して直接請求する者のほか、当初から本センターでの解決を望む者がいる。直接請求し東京電力が提示した賠償額に納得できない者も本センターに救済を求めることができる。

　本センターにおける救済の手順は、救済の申立てにより、調査官(弁護士)が被害の内容を調査し、仲介委員が面談や書類で意見を調整し、和解案が提示される。本センターは12の賠償基準を策定しており、これが和解案の基礎になっている。被害者は和解に応じることも、和解に応じないで裁判での解決を求めることも、いずれの判断もなし得る。

　本センターにおける紛争処理の現状をみると、損害賠償について本センターには大量の案件が申し立てられている。平成23年9月1日から24年4月27日までのADRによる件数(総計)をみると、申立件数2037件、既済件数177件(内、取下げ70件)となっている。[17] 申立ては今後数年間、継続するであろう

---

(16) NIBEN Frontier 2011年12月号22頁以下(出井直樹、丸山輝久)参照。
(17) 渥美利之「東日本大震災の法的問題」日本賠償科学会第60回研究会資料(2012年6月)参

と予想されており（2012年8月31には3793件にのぼった。このうち和解が成立したのは520件）、これらの大量案件について、人的、物的に的確に対応できるかどうかが懸念される。法律相談体制の補強を含め、紛争処理体制の充実が急務であろう。紛争処理の遅れの要因として、本人申立てが当初は約8割以上、2012年8月時点で約7割以上に登っていることが指摘されている。そして、より大勢の弁護士がこの問題に関与することが期待されている。

　原子力損害賠償紛争解決センターが扱う各事案について、当事者・当事者代理人の果たす役割が重要である。これに加えて、紛争解決に当たる単位であるパネル及び仲介委員が果たすべき役割が大きい。仲介委員には可能な限り被害者救済に重点を置いた賠償基準の運用が望まれるが、公表された和解事例を見るとそのような観点からの交渉や運用がなされたものが少なくない。被害者救済の最前線で紛争解決に当たっている仲介委員あるいは弁護士の活動の成果を示すものであろう。

　もっとも、本センターにおける以上のような活動も現行制度からくる限界があり得る。現行法（実体法、手続法）に基づく差額説や個別損害積上げの方法は、被害者の事故前の生活を具体的に捉え、これを損害の評価・算定の基礎となるものである。かかる方法は、本件事故においても一定の役割を果たすことができるが、同時に、差額説・個別損害積上げの短所、特に損害の評価・算定が複雑、煩瑣で、時間がかかることに対しては、何らかの改善が必要ではないだろうか。

　以上をまとめると、本件事故の被害者救済を迅速かつ実効的に進めるために、ADR の活動が期待されるが、問題の大量性、複雑性など本件事故の特徴を考慮すると従来の ADR の方法・内容を踏襲するだけでは紛争解決の機能を十分に発揮することができない恐れがある。弾力的に、運用上、制度上の工夫を図ることが必要であろう。これは新たな ADR 論を追求しようとするものである。[18]

　　照。
(18)　森島昭夫「原子力事故の被害者救済（3）――損害賠償と補償」時の法令1888号43頁参照。

V 被害者救済における平時の法律論、異常時の法律論

　本件事故に係る紛争処理の実務から学ぶべきは、平時に行われてきた法律論の妥当性を検証することではないだろうか。不法行為による損害賠償の範囲については、債務不履行における損害賠償の範囲とされる通常損害及び特別損害の基準（民法416条1項・2項）が参考にされ、判例は原則として、その不法行為によって通常生ずべき損害を賠償範囲とし、また、特別事情によって生じた損害についても当事者（加害者）がその事情を予見し、又は予見することができたときは賠償範囲に含められるとする（相当因果関係論）。それでは、本件事故のような異常な損害はどうだろうか。民法416条については、異常な損害は当事者の予見可能性の有無にかかわらず損害の対象にならないと解されている。[19] 不法行為責任についてはどのように考えるべきか。考え方としては、平時の法律論と異常時の法律論があり得る。平時の法律論では債務不履行責任と同様の判断になろう。あるいは、異常な損害は不可抗力によるものであり、損害賠償の対象にならないという説明もできるであろう。しかし、これでは法の正義は実現しない。原子力損害賠償法3条は民法の特別法として、異常な損害についても原則として事業者の損害賠償責任を認めており、解釈・運用にあたってはこの趣旨を活かすべきであろう。

　原子力損害賠償法については、平時の解釈論と同じ姿勢で行うのではなく、本件事故を直視し被害者の苦悩、悲惨な実態を回復することがめざされるべきである。もちろん異常時の被害者救済とはいえ、何でもできると主張するものではない。民法における損害賠償責任論の基本的考え方として結果責任を認めることは妥当でないし、異常時だから平時の法律論を修正することができると安易に考えることもできない。このことは法秩序のあり方として当然のことである。しかしながら、例えばコミュニティを奪われたことについて既存の法律論に救済を求めることが困難であるように、異常時だから実施されるべき法律論があるはずである。災害や災害に伴う事故について、

---

(19)　米倉明『プレップ民法（4版増補版）』110頁（弘文堂、2009年）。

平時の制度に不都合が認められる場合には、しっかりした根拠のもとに、その責任論と損害論の可能性を追求することは法の正義を実現することになる。これを異常時の法律論として整理することができるであろう。異常時の法律論は、迅速な問題解決を必要とする本件事故の被害者救済のための法律論であり、公的救済の可能性を含む、より徹底した救済を実現するための法律論である（上記した時効に関する特例法は、異常時の法律論が実定法として具体化したものといえるであろう）。異常時の法律論のもとでは、状況によっては平時の解釈論の停止や、平時の解釈論に代わる運用論、政策論、制度論に行き着く。

　異常時の法律論に基づき、被害者救済の方法に言及すると、まずは、事故の本質を捉えるために、被害者と被災地の実状を客観的に把握することが肝要である。放射能による被害は長期に及び、その範囲も広がる可能性があり、これについては当然のことながら現地調査を重ねることによって事実を明確にしなければならない。[20]同時に、原子力被害の実態把握には長期間を要することとなるから、当分の間必要な金銭が被害者に早い段階で支払われなければならない。そこで、ある段階で一定の区切りを設け、その時点における汚染状況、被害状況に基づき損害賠償金の一部を前払いすることが考えられる。あるいは、必要資金のほかに、ある程度まとまった金銭を必要とする場合もあり得ることを考えると、制度として一時金と定期金を併用することも検討に値する。一時金と定期金の併用は、本件のように既に相当の損害が発生しており、しかも将来にわたって損害の発生が予測されるが不確定な要素が存在する場合に有益であろう。西原道雄の定額化論を再評価し、個別損

---

(20) 現地調査の必要性につき植木哲「巻頭言　法律家は震災・原発事故現場に学ぶべし」日本私立病院協会会報231号（2011年）が早々に指摘し、最近では柳田邦男氏がこれを強調している（毎日新聞2013年4月27日付朝刊、同年6月22日付朝刊）。事実を伝えることについて、マスコミの果たす役割は大きい（岩手日報社、河北新報社、福島民報社、福島民友新聞社など地元紙等の真価が発揮される。「再生への道──地元紙が伝える東日本大震災」（日本新聞博物館）参照）。福島民報2013年5月13日（電子版）は、原子力損害賠償紛争審査会の委員8人が前日の12日、「本件事故で避難指示の対象になった県内の市町村で、初めて現地調査を行った」と報じている。同報によると、「富岡町を訪れた能見会長は調査後、報道陣に対して「震災だけでなく、（原発事故で）住民が長く住めなくなったことで、（住宅の）被害がさらに大きくなっている」と述べ、中間指針の見直しを検討する考えを示したとのことである。

害積上げとセットにすることが工夫されてよいであろう。

　以上、法の正義を実現するために、平時と異常時という判断枠組みを明らかにし、本件事故については異常時の法律論を追求することが望まれているのではないだろうか。

Ⅵ　原子力損害賠償法の制度論

1　民間企業の責任

　現行の原子力損害賠償制度は被害者救済のうえで基本的な問題を残していた。現行法は前述のように原子力事業者に責任を集中させる仕組みになっているが、原子力事業者は大企業とはいえ民間企業であることを考慮すると、被害者救済に遺漏のないような制度的手当てがなされるべきであった。東京電力は株式会社であり株主の利益を考慮しなければならないことからくる限界が当然に予想されたからである。例えば、想定外についてはその概念を明確にすることが必要であるが、原子力事業者が想定外の事態に備えた防災対策をとるという決断をしても、そのために必要になる巨額の費用等の支出について株主の理解を得ることは容易でないことが想像される。

　今日、企業のコンプライアンスや社会的貢献（CSR）が求められており、この分野で企業の果たすべき役割は大きくなっている。そうすると、株主の利益という上記考え方に対しては、企業も株主も社会的貢献の観点から公益を追求すべき責任があるという反論が成り立つ。まして原子力事業者が担っている高度の社会的役割を考慮すると、電力会社には民間企業の伝統的論理は通用しない。このように理念や理屈の上では反論は合理的かつ説得的であるが、日本企業の社会的責任に関する考え方の水準は恐らくはそこまでには至っておらず、想定外の防災対策を期待することは現実には難しいといわなければならないのではないだろうか。

　東京電力は従来、公益事業を行う巨大企業として人々の信頼を得てきたが、同時に利益追求を使命とする株式会社としての性質・態度を当然のこととして堅持している。このことは損害賠償の支払いなど事故後の東京電力の一連の対応からも窺える。

本件事故による被害は深刻化し、損害額は膨れあがっている。現行制度における1200億円という賠償措置額が被害者救済において十分でなかったことも明らかになった。そのため、上記のように原子力損害賠償支援機構法が制定され、これによって導入された制度によって補われることになったのである。ちなみに、2012年7月31日、原子力損害賠償支援機構（2011年9月設立の認可法人）を通じて東京電力に1兆円以上規模の税金が交付された。これにより東京電力は実質的には国有化されたとの評価が妥当する[21]。2013年5月21日、不動産や家財に対する賠償金の支払いに応ずるため東京電力は1549億円の交付を受けた。

2　原子力事業者の責任の性質

原子力事業者の無過失責任の規定（3条1項本文）は原子力事業の危険性を考慮して民法の過失責任を修正するものであるが、問題は原子力事業者の免責を定める3条1項ただし書の存在であり、これを本文との関係でどのように整理すべきか。すなわち、一方で無過失責任を課し、他方で「異常に巨大な天災地変」「社会的動乱」に限って免責を認めていることについて、責任の性質をより鮮明にすることが必要である。

原子力発電所事故がひとたび起きると、その損害は他の事故とは比較にならないほど甚大である。日本は世界で唯一の被爆国であり、被爆の悲惨さを熟知している。原子力損害賠償法における被害者救済の仕組みとしては、かかる被害の甚大性、異常性が考慮されるべきであった。

現行制度に不備があったことは、原子力委員会の「原子力損害の補償に関する専門部会」委員として答申をまとめた我妻栄（民法学者）が、50年以上も前に明確に指摘していた[22]。すなわち、制定された法律は答申とは救済の思想が違っていたのである。答申と法律を比較すると、法律は国の責任が背後に退いており、被害者救済や防災において、より安易な道が選択されたとい

---

[21]　「総合特別事業計画の概要」（2012年5月）参照。同計画は、原子力損害賠償支援機構及び東京電力株式会社が共同して策定し、原子力損害賠償支援機構法に基づき主務大臣認定を得たものである。
[22]　「原子力二法の構想と問題点」ジュリスト236号6頁以下（1961年）。私法学会における議論については私法22号（1960年）参照。

える。本法は今日まで、基本的枠組みを変えずに今日に至っている。仮にそのとき上記我妻提言を受け、青天井の被害を想定した制度構築に努めていたら、国はもちろん原子力事業者による被害者救済、ひいては防災対策についても、より徹底したものになっていたであろう。恐らくはこの問題に対する国民の意識も違っていたはずである。制度を支える意識は重要である。原子力損害賠償支援機構法 2 条は、国の責務として「国は、これまで原子力政策を推進してきたことに伴う社会的な責任を負っている」と明記した。この規定は、本法（原子力損害賠償法）に明記され、原子力損害賠償制度の基礎となるべきであった。

　原子力発電が国の政策として進められてきたことについては、本テーマに関する論説においてたびたび指摘され、本稿でも言及した。原子力発電所事故について国は重い責任を負っている。しかし、事業者も国と同様に重い責任を負っている。本件事故責任の所在を検討するにあたり、責任の所在を事業者か国かという二者択一で論ずることは、平時の法律論に影響されているといえる。

　より総合的な視点から、新たな行政救済システムを構築することによる救済の提案もなされている[23]。このことについて、既存の行政救済システムが果たした機能やそこでの問題点を検討することも必要である。公害健康被害補償制度における公害病認定基準をみると、公害の原点である水俣病訴訟について、最判平25・4・16は国の認定基準（1977年環境庁環境保健部長通知「後天性水俣病の判断条件」（「52年判断条件」）が求める複数の症状の組み合わせが無くても、生活歴などを総合的に判断すれば感覚障害だけでも認定できると判断した。行政と司法との関係にも及ぶ問題であり、ここからいかに教訓を得るかが問われている。

3　危機管理を考慮した制度論とはどのようなものか

　現行原子力損害賠償制度の不備、及びこの制度をとりまく法的状況の問題点について検討した。これまでの考察に基づいて、危機管理を考慮した制度

---

(23)　森島・前掲「原子力事故の被害者救済（1）——損害賠償と補償」43頁。

論とはどのようなものかについて検討しよう。

　先に引用した我妻栄は原子力損害賠償制度のあり方を論ずるにあたり、原子力発電所事故による青天井の被害（想定外の被害）を想定した議論を行っていたが、ここに学者の見識を見ることができる。残念ながら答申あるいは我妻提言の方向での法制度は構築されなかった。一般に、制度論では、当該制度がどれほどの覚悟のもとで構築されているかが問われるべきである。原子力損害賠償制度についてみると、①より徹底した被害者救済制度とはどのようなものか（青天井の損害賠償に対応することができるかどうかが要点となる）、②より徹底した防災対策とはどのようなものか（原子力発電所事故を制御することができるかどうかが要点となる）、③被害者救済と防災対策とを共に実現するためにはどのようにすればよいか（環境法等からの示唆が考えられる）、などが明らかにされなければならない。

　科学・技術の進歩により、原子力発電所の安全性を高めることは可能であろう。しかし、科学・技術がどんなに進歩しても100％の安全性を維持することは恐らく不可能であろう。そうすると、原子力発電所事故はいつかは起きるものであるという厳しい事実を受け止め、この事実を踏まえて議論を進めることが必要である。安全性の追求は、同時に、事故が発生した場合の対応を考えることでもある。重要なことは事故の抑止であるが、事故は起きるものと想定し、事故発生後の制御可能性を追求することが肝心である。原子力発電所の制御可能性は、その安全性と密接に関連する問題であることをあらためて確認しておきたい。

　以上の認識のもとに、原子力損害賠償制度のあるべき姿（制度像）を提示しなければならない。そして、ここで得られた知見は、当然のことながら国民の納得を得ることが必要である。本件事故の被害者は日々襲ってくる精神的苦痛や身体的苦痛に耐えている。その後に死亡した被災者のなかには適切な対応がなされていれば延命できた者も相当数に登るであろう[24]。被災を免れた人々も計画停電等を経験し、その後も不安を抱え生活上の影響を受けている。より基本的には、脱原発・卒原発の可否を含むエネルギー問題が控えて

---

(24)　朝日新聞は震災関連死という概念を用いて調査し「避難生活による疲労などで死亡した者は10都県で2601名にのぼる」と報ずる（2013年3月11日付朝刊）。

いる。

　2012年9月15日、政府は「革新的エネルギー・環境戦略」を決定し、目標として「2030年代に原発稼働ゼロを可能とするよう政策資源を投入する」ことを掲げた。これを巡って賛否激しい議論が起き、上記決定は閣議決定がなされていない。その後、同年12月の衆議院議員総選挙で政権が代わり、エネルギー政策の見直しが行われ原子力発電所の位置づけが再考されている。脱原発（あるいは卒原発）は直ちに、電力の不安定、電気料金の値上げ、地球温暖化問題など、解決すべき課題が浮上する。関連する情報を総合的に検討し、個人として、国民として、国家として進むべき方向について決断しなければならない。ここでは考え方の基本となるべき考え方（哲学）が必要である。

　以上に検討したことから示唆されるように、損害賠償責任のあり方は事故抑止のあり方や事故処理のあり方と密接に関連している。危機管理を考慮した制度とは、事前の事故抑止と事後の事故制御の双方を考慮した総合的な制度でなければならない。

Ⅶ　環境問題

　原子力発電所事故は環境問題でもある。我妻栄の学者としてのメンタリティはその弟子加藤一郎（元東京大学名誉教授）に受け継がれ、加藤は名著『不法行為』を著すとともに原子力問題に関する論文を残している。[25]

---

(25)　加藤一郎『不法行為法の研究』（有斐閣、1961年）（「原子力責任——原子力災害補償立法上の問題点」、「ビキニ事件における損害賠償」を収録）。同論文は民事責任、責任保険、国家補償の3つの視点から考察する。森島昭夫の直近の研究の一部は本稿で引用した。野村好弘は『環境問題』（筑摩書房、1978年）を著し環境問題を明快に分析した。そして、原子力問題については、生命、身体、財産その他の生活の安全を事故や災害から守る利益として位置づけている（133頁以下）。環境問題の原点はここにあり、環境法・政策はここから出発しなければならない。『環境問題』は、加藤の利益衡量論を環境訴訟論として発展させたものであり、『不法行為』の環境法における応用研究の一つとして位置づけることができるであろう。淡路剛久は、『環境権の法理と裁判』（有斐閣、1980年）、『不法行為法における権利保障と損害の評価』（有斐閣、1984年）、『公害賠償の理論（増補版）』（有斐閣、2008年）、その他多くの編著による文献を著し、これら一連の研究は被害者救済の理論として学界及び実務に大きな影響を及ぼしている。森島、浅野直人は環境省における政策立案のブレーンとしても活躍している（中堅、若手もこれに続く）。この

法制度上は、原子力発電所は環境法・政策の対象外とされてきた。環境問題は水俣病訴訟、四日市訴訟など多くの先例を有しており、私たちはそこから教訓を得てきた。例えば、第 1 に、公害被害の深刻性、公害賠償費用の甚大性（公害防止費用との比較資料もある）、コミュニティの崩壊と回復、未然防止・予防原則の視点、リスク・コミュニケーション（危機管理情報の共有等）、科学的知見の重要性などについて、公害問題・環境問題の具体的事例に基づく豊富な知恵と技術が蓄積している。第 2 に、紛争処理手続についても、簡易な手続き・迅速性が有する価値について、認識を深めている。第 3 に、法だけでなく思想、哲学、さらに正義論にも及ぶ問題であるが、弱者保護の価値が有する普遍性、一般性についても理解を深めている。しかしながら、これらの教訓が原子力損害賠償制度の改善や原子力事業者の防災対策等に活かせなかった。検証ということでは、原子力発電所の安全性について、例えば原子力発電所に係る各種訴訟及び裁判制度の意義と限界を明らかにすることも必要であろう。[26]

　2011年 8 月30日、放射性物質汚染対処特措法（正式には、「平成23年 3 月11日に発生した東北地方太平洋沖地震に伴う原子力発電所事故により放出された放射性物質による環境の汚染への対処に関する特別措置法」）が一部を除き施行された（2012年 1 月 1 日全面施行）。本法は、福島第一原発事故に伴う放射性物質の拡散による環境の汚染への対処に関し、国、地方公共団体、関係原子力事業者等が講ずべき措置等について定めることにより、環境の汚染による人の健康又は生活環境への影響を速やかに軽減することを目的とする（ 1 条参照）。この目的を達成するため、本法は、国、地方公共団体、関係原子力事業者（事故由来放射性物質を放出した原子力事業者）、関係原子力事業者以外の原子力事業者、国民の責務を明らかにしている。このうち、国については、「国は、これまで原子力政策を推進してきたことに伴う社会的な責任を負っていることに鑑み、事故由来放射性物質による環境の汚染への対処に関し、

　　ほかにも、加藤の影響を受けた環境法学者はそれぞれの道で成果を残している。
(26)　原子力発電所の設置や事故をめぐる訴訟は少なくないが、裁判所は一部の判決（もんじゅ訴訟名古屋高裁金沢支部判決。上告審最高裁によって破棄）を除き、概ね、それぞれの事案において、原子力発電所の安全性に疑問を投げかける原告らの主張を認めていない。

必要な措置を講ずるものとする。」とする。そして、環境大臣は、事故由来放射性物質による環境の汚染への対処に関する施策を適正に策定し、及び実施するため、最新の科学的知見に基づき、関係行政機関の長と協議して、事故由来放射性物質による環境の汚染への対処に関する基本方針の案を作成し、閣議の決定を求めるものとする。放射性物質の処分については、第4章（9条～42条）で「事故由来放射性物質により汚染された廃棄物の処理及び除染等の措置等」について規定する。第5章「費用」では、事故由来放射性物質による環境の汚染に対処するため本法に基づき講ぜられる措置（除染等の措置）の費用負担は、原子力損害賠償法3条1項の規定により関係原子力事業者が賠償する責めに任ずべき損害に係るものとして、当該関係原子力事業者の負担の下に実施されるものとされ（44条1項）、関係原子力事業者は、その費用について請求又は求償があったときは、速やかに支払うよう努めなければならないとされる（同2項）。以上のように、本法は、原子力損害賠償法3条で責任を負うべき原子力事業者に対して厳しい責任を課している。本法附則6条は「政府は、放射性物質により汚染された廃棄物、土壌等に関する規制の在り方その他の放射性物質に関する法制度の在り方について抜本的な見直しを含め検討を行い、その結果に基づき、法制の整備その他の所要の措置を講ずるものとする」と規定する。

　環境基本法については、放射性物質による環境汚染の対処に係る適用除外規定（13条）が削除され、関係する立法の改正も進められている。なお、環境省は2013年5月2日、本件事故で飛散した放射性物質に汚染された地域での除染方法をまとめたガイドライン（2011年12月策定）を改訂した。除染作業で生じた排水の回収・処理や用具の洗浄などの具体的方法、除染の新技術の導入、作業の効率性など、主要項目の改善が図られている。

Ⅷ　おわりに

　本件原子力発電所事故おける被害者救済、事故処理のあり方を追求することは、日本の再生さらには人類の発展のために何をなすべきかを明らかにすることになる。法学分野では本件事故について、より根本的に、法の正義と

は何かを再考しなければならない。本件事故を憲法における問題、人間と生活、人間と自然の問題として受け止めることができるであろう。[27]

　本稿では損害賠償法の分野から、異常時の法律論という視点を設定し、伝統的法律論から飛躍した思い切った提案を試みた。本テーマは現在進行中の課題である。事故法のあり方について議論が深められ、本件事故の被害者救済に資することがあれば幸いである。

---

(27)　岩間昭道「日本国憲法と非常事態・環境保全」ジュリスト1427号15頁以下（2011年）。奥平・樋口編・前掲書『危機の憲法学』第3章、第4章、第9章、第11章～第13章、熊本信夫「原子力発電所の設置と市民の対応」環境法研究16号45頁以下（1983年）参照。

消費者保護と事業者間契約の規律

後 藤 巻 則
Makinori GOTO

I　はじめに
II　消費者保護に関係する各種法律の適用対象
III　事業者間契約の規律
IV　むすびに代えて

I　はじめに

　日本において、消費者契約に対しては、消費者契約法等の特別法による規律が存在するが、事業者同士の契約（事業者間契約）に対しては、これを強行法的に規律することはほとんど行われていない。しかし、判例には事業者間契約を規律するものがあり、現在進行中の民法改正の審議においても事業者間契約の規律に適用可能ないくつかの規定の新設が検討されている。これまで契約関係の規律は、―以下で引用する若干の研究があるものの―主として消費者契約を対象に議論されてきたが、事業者間契約の規律も重要な検討課題である。そこで、本稿ではこの点につき考察することにしたい。[1][2]

---

[1]　主として事業者間契約を締結した中小事業者の保護の問題として議論されている。近畿弁護士会連合会＝大坂弁護士会編・中小事業者の保護と消費者法（民事法研究会・2012年）1頁以下など。

[2]　本稿は、第3回東アジア民事法学国際シンポジウムにおける私の報告と同様のテーマを扱ったものであるが、本稿では、報告時間の関係から同報告では取り上げなかった観点からの検討を加えるとともに、同報告で取り上げた論点について判例等を補充し、他方で、同報告原稿において海外研究者向けに記述した消費者契約法の基本的な解説等を削除した。このような事情から、本稿の記述は、上記報告の内容と一部重複している。この点につき予めお断りしたい。

II　消費者保護に関係する各種法律の適用対象

　消費者保護に関係する各種の法律はどのような場合に適用されるか。これに属する代表的な法律である消費者契約法、特定商取引に関する法律（以下、「特定商取引法」という）、割賦販売法、製造物責任法、宅地建物取引業法、貸金業法についてこの点を確認しておこう。[3]

1　消費者契約法

　消費者契約法は、すべての消費者契約を適用対象とする。ただし、労働契約については、従来から労働法によって一般の契約とは異なる取扱いがなされ、独自の規律分野が形成されているため、これを適用除外としている（消費者契約48条）。

　消費者契約法の適用対象となる「消費者契約」とは、「事業者」と「消費者」の間で締結される契約であり（消費者契約2条3項）、消費者とは、「個人（事業として又は事業のために契約の当事者となる場合におけるものを除く）」をいい（消費者契約2条1項）、事業者とは、「法人その他の団体」および「事業として又は事業のために契約の当事者となる場合における個人」をいう（消費者契約2条2項）。

　消費者契約法が消費者契約に特別な規律を定める根拠は、消費者と事業者の間に「情報の質及び量並びに交渉力」についての構造的格差があることに求められる。事業者とは、同種の行為を反復継続して行う者であり、この同種行為の反復性・継続性ゆえに、事業者は、自己が扱う商品や役務に関する情報において質的にも量的にも消費者に優位する。同様の理由で、取引交渉の場に置かれた消費者は、事業者に対して交渉力において劣位する。消費者契約法が民法の定める一般的なルールを修正するのは、消費者契約がこのような状況下で締結された契約であることを考慮したものである。

（3）　この問題を詳細に扱うものとして、石戸谷豊「消費者問題の裏側にあるもの―抽象的消費者像から具体的人間像へ」津谷裕貴弁護士追悼論文集・消費者取引と法（民事法研究会、2011年）292頁以下がある。

2 特定商取引法

　特定商取引法は、当事者の一方が消費者契約法上の消費者でなければ適用されないわけではない。すなわち、訪問販売・通信販売・電話勧誘販売の形式によって、「営業のために若しくは営業として」行われる売買契約・役務提供契約の申込みまたは締結については、同法の規定を適用しない旨の「適用除外」が定められている（特商26条1項1号）ことから、訪問販売、電話勧誘販売、通信販売については、一般社団法人や一般財団法人等の団体はもちろん、営業活動を行っている個人事業者や会社であっても業務としてでない取引を行う場合については同法の適用がある。

　連鎖販売取引については、「店舗その他これに類似する設備……によらないで行う個人との契約」（特商34条1項等）であることが行為規制の適用要件とされており、業務提供誘引販売取引についても、「事業所その他これに類似する施設……によらないで行う個人との契約」（特商52条1項等）であることが行為規制の適用要件とされていることから、消費者契約法上の消費者よりも広く行為規制の規定の適用を認めている。

　特定商取引法の適用範囲が消費者契約法の消費者よりも広いのは、特定商取引法は、訪問販売以下の特定類型の取引を適用対象としており、不意打ち勧誘（訪問販売、電話勧誘販売、訪問購入）、遠隔地取引（通信販売）、長期・高額の役務提供取引（特定継続的役務提供）、利益収受誘引取引（連鎖販売取引・業務提供誘引販売取引）という勧誘や取引の特質に着目して規制しているからである。[5]

3 割賦販売法

　割賦販売法の規定する割賦販売（割販第2章）について、「営業のために若

---

(4)　ただし、特定継続的役務提供については、「国民の日常生活に係る取引において有償で継続的に提供される役務であって、次の各号のいずれにも該当するものとして、政令で定めるものをいう」（特商41条2項）という限定がある。また、訪問購入については、当該売買契約の相手方の利益を損なうおそれがないと認められる物品又は訪問購入の規制を受けることとされた場合に流通が著しく害されるおそれがあると認められる物品で、政令で定めるものに関する訪問購入は適用対象から除外される（特商58条の4）。
(5)　石戸谷・前掲注（3）295頁。

しくは営業として」締結するものは適用除外とされており（割販8条1号）、特定商取引法と同様の考え方が採用されている[6]。ローン提携販売ではこの規定が準用されており（割販29条の4第1項）、包括信用購入あっせんについては35条の3の60第1項1号に、個別信用購入あっせんについては同条2項1号に、それぞれ同様の規定が置かれている。

4 製造物責任法

製造物責任法は、製造物の欠陥によって他人の生命、身体または財産を侵害したときに適用され（製造物3条）、被害者は消費者に限定されない。したがって、この場合の「他人」には、事業者である自然人はもちろん、法人も含まれる。

5 宅地建物取引業法

宅地建物取引業法は、昭和46年の改正で、「購入者等の利益の保護」を目的規定に設けたが（宅建1条）、もともと同法は契約当事者が事業者であるか消費者であるかによってその適用に差異を設けるものではなく、その購入者には消費者に限らず事業者や法人等も含まれる[7]。宅地建物取引業法における購入者等が消費者に限られないのは、一般の買主等は宅地建物取引の専門知識や取引経験に乏しく、契約の交渉能力や取引物件の調査能力を持ち合わせていないことや、宅地建物は高額な取引物件であるだけに、買主等が契約内容を十分に理解しないままに契約を締結すると、後日取引紛争に巻き込まれたり、宅建業者に一方的に有利な契約条件で契約を締結させられたりして著しい不利益や損害を被ること等が考慮されたことによる[8]。

---

(6) ただし、連鎖販売取引や業務提供誘引販売取引における商品の購入等については、購入者等が利益を得るために事業を行うという点において、営業活動とみなされるケースが多く、この場合を適用除外とすると割賦販売法の消費者保護規定が適用されなくなるため、同法8条1号の適用除外規定の適用を排除している（同号イ、同号ロ）。
(7) ただし、契約当事者の双方が宅地建物取引業者である場合については適用除外の規定が定められている（宅建78条2項）。
(8) 岡本正治＝宇佐美咲・〔改訂版〕逐条解説　宅地建物取引業法（大成出版社、第2版、2012年）。なお、不動産取引法を独自の法領域と理解し、不動産取引の説明義務を消費者保護というよりも不動産取引の特質が要求するものであるとする見解もある（平井宜雄・不動産取引の

6　貸金業法

　貸金業法は、貸金業を営む者の業務の適正な運用の確保および資金需要者等の利益の保護を図るとともに、国民経済の適切な運営に資することを目的とするが（貸金1条）、その資金需要者には、消費者のみならず個人事業者や法人も含まれる[9]。中小事業者向けに運転資金を融資し、この債務を保証した保証人に対する責任追及をめぐって社会問題化した、いわゆる商工ローン問題も、中小事業者への融資をめぐるトラブルであった。

7　小括

　消費者契約法は、労働契約を除くすべての消費者契約に適用される。そこで、同法は、各取引の特徴を捨象し、消費者・事業者という取引の主体のみに着目して、同法の適用範囲を定めている。これに対して、消費者保護に関係するその他の法律においては、物品・サービスの提供者として事業者が予定されていることは条文上明らかであるが、物品・サービスの受領者としては主体を限定していない。これらの法律は、むしろ物品・サービスの提供者が事業者であることと、各法律が適用される取引類型の問題点に着目して適用範囲を定めていると言えよう[10]。そのため、消費者契約法の消費者概念を消費者保護に関連する法領域の全体に当てはめるならば、消費者保護の範囲を限定しすぎることになるある[11]。のみならず、この方向は各法律が定める規律の趣旨に反することにもなりかねないことに注意する必要がある。

Ⅲ　事業者間契約の規律

　そこで、消費者法の規律に当たっては、消費者契約法における消費者の定

　　紛争事例集の基本思想と業界のあり方（不動産適正取引推進機構、1988年）31頁）。
(9)　ただし、法人の資金需要者には適用されない規定がある（貸金13条の2等）。
(10)　これらの法律のうち製造物責任法は、欠陥製品により被害を受けた者と製造者との間に直接的な契約がない場合に適用されることから、不法行為法の特則として位置づけられる点で、契約類型の問題性に着目して制定されたわけではない。しかし、欠陥製品による被害の救済に際して消費者であるか事業者であるかという点が本質的な問題とはならない点は、他の法律と同じである。
(11)　石戸谷・前掲注（3）298頁。

義をできるだけ柔軟にとらえる必要がある。とりわけ最近では、消費者契約法において「事業」を行う者や特定商取引法において「営業」を行う者が法の保護の対象から除外されることを利用して、これらの者をターゲットにした悪質商法が急増している。このような状況下で、これらの者に対して消費者契約法や特定商取引法による保護を及ぼす余地がないかどうかが議論されている。
(12)

1 「消費者に近い事業者」という考え方
(1) 「事業として又は事業のために」契約の当事者となる個人

この点につき、「事業として又は事業のために」契約の当事者となる場合であっても消費者性を肯定すべき事例があり、このような契約当事者を消費者と認めた判決もある。

例えば、〔1〕マルチ商法では商品を購入したり会員になるだけでなく、他に販売したり会員を勧誘したりするため、この者を消費者というのは難しい面があるが、連鎖販売取引であっても、それに加入しようとする者が商品等の再販売等を行う意思を持たず、自らの消費のためだけに当該商品の購入契約を締結する場合は、当該契約は「事業としてでも、又事業のためにでも」なくなされる契約であって、当該加入者は売買契約に関し消費者契約法2条1項の消費者に該当するとした判決がある。
(13)

また、〔2〕内職商法で月2万円は確実に稼げると勧誘されてCD—ROMを購入させられた者が消費者契約法4条1項2号による取消しを求めた事案において、内職商法の被勧誘者であることを特に問題とすることなく、消費者に当たるとした判決がある。
(14)

さらに、〔3〕自動車の販売・修理の会社に対し訪問販売業者が欺瞞的な勧誘方法により同会社の事務所に設置する消火器を販売した事案について、購入者は、「自動車の販売・修理及びそれに付随するサービス等を業とする

---
(12) 近畿弁護士会連合会＝大坂弁護士会編・前掲注（1）1頁以下、奥野弘幸＝宇賀神徹＝斎藤英樹＝三浦直樹「消費者法・業法等による中小事業者の救済―特別法による解決と限界―」現代消費者法17号（2012年）15頁以下参照。
(13) 三島簡判平成22・10・7消費者法ニュース88号225頁。
(14) 東京簡判平成16・11・15LEX/DB文献番号28100409。

会社」であって、「消火器を営業の対象とする会社ではない」から、「営業のため若しくは営業として」契約したものではないとして、特定商取引法の適用を認めた判決がある。これと同様の観点から消費者契約法の適用も認める余地があろう。

(2) 事業活動を行わない「団体」

〔４〕親睦団体につき消費者契約法の適用を認めた例として、権利能力なき社団である大学の学生ラグビークラブチームが、合宿のための手配旅行契約を締結したが、合宿の前日に部員に新型インフルエンザの罹患が発覚したため、予約を取り消して、宿泊先の求めに応じて取消料を支払ったが、同チームは学生からなる権利能力なき社団であり、情報の質及び量並びに交渉力において消費者と異ならないためこれを消費者と認め、消費者契約法9条1号を適用して、平均的な損害額を超える支払金額の返還請求を認めた判決がある。

2 消費者概念のあるべき方向性

消費者の定義については、消費者契約法2条を形式的に適用することなく、取引の実情等を総合的に勘案したうえで、消費者・事業者間の情報・交渉力の構造的格差を是正するという消費者契約法の立法趣旨に照らして解釈されるべきであろう。特に意図的に同法の適用を逃れようとする悪質な事業者が存在していることを勘案すれば、別途消費者の定義の解釈基準を明らかにする規定を置くことも考えられる。いずれにせよ、消費者契約法2条の定義によれば事業者となる個人であっても消費者として保護される場合があることを認めるべきであり、他方で、団体であっても当該取引との関係では、情報や交渉力の不均衡という消費者と同じような状況に構造的に置かれることがある以上、消費者と同じに扱う場合があることを認めるべきである。

外国の状況をみると、EU法における消費者法概念は、自然人であることと、事業の範囲外の目的で行為する行為する者であること、という明確な要素を有しているが、加盟各国では、EU消費者法上の保護を事業者にも拡張

---

(15) 大阪高判平成15・7・30消費者法ニュース57号155頁。
(16) 東京地判平成23・11・17判時2150号49頁。

する傾向が少なからず見られる。たとえば、ドイツでは、2000年の債務法現代化法により、EC消費者保護指令と同様に、民法典中に「自身の営業活動又は自身の独立した職業活動に含まれない目的のために法律行為を締結する自然人」という定義が置かれたものの、民法典においてのみ統一的な消費者概念が規定されているにすぎず、かつ、消費者信用については事業開始目的の借入についてまで適用範囲を拡張している（BGB512条）。また、フランス消費法典は、消費者に統一的な定義自体を与えていない。このような比較法上の動向からも、消費者契約法が規定するような狭い消費者概念は批判されるべきものである。

3 事業者間の合意に対する規律とその根拠

上記のように消費者契約においては、消費者と事業者の間に「情報の質及び量並びに交渉力」についての構造的格差があり、これを根拠として、消費者契約に対する規律が働く。

これに対して、事業者は情報や交渉力を有しており、自分自身を守る力をもっている。したがって、事業者同士の契約、すなわち事業者間契約にあっては私的自治、契約自由の原則がより尊重されると一般的には言うことができる。しかし、事業者同士の関係がすべて対等なわけではない。そこで、事業者間契約にあっても、契約自由の原則が無制限に働くのかどうか、制約が働くとして、どの程度の制約を、どのような理論的根拠によって課すことができるのかを検討することが必要である。

この点につき、上記のように定義上は消費者としての保護を受けない者に対して消費者契約法や特定商取引法の規律を及ぼす判決もあり、比較法上も、消費者概念を拡張する動向がある。とはいえ、わが国で上記のように消費者概念を広く捉える判決はごく少数である。そこで、「消費者に近い事業者」という考え方から離れて、より一般的に事業者間契約の規律につき考察

---

(17) 中田邦博「ヨーロッパにおける消費者概念の動向—EU指令と加盟各国における消費者概念をめぐる論点—」河上正二編著・消費者契約法改正への論点整理（信山社、2013年）179頁。
(18) 谷本圭子「消費者概念の法的意義」鹿野菜穂子他編・消費者法と民法〔長尾治助先生追悼論文集〕（法律文化社、2013年）59頁。

する必要があるように思われる。

(1) 法律による規律

まず、各種の事業者間契約を法律によって強行法的に規律することが考えられる。比較法的には、事業者間契約に対し強行法によって契約内容の規律を行う例もかなりの数に上っており、例外的とは言いがたい。しかし、日本では、現行法上、契約の内容を規律する強行法規は、消費者契約や労働契約のように契約の一方当事者が事業者ではない場合がほとんどであり、事業者間取引を強行法的に規律する規定はほとんど見られない[19]。その意味で、事業者間契約においては、基本的に契約自由の原則が尊重されている。

(2) 判例による規律

しかし、日本においても判例を見ると、事業者間契約にあっても契約自由の原則が貫徹されているわけではない。むしろ事業者間契約にあっても不当な条項に柔軟に対処している。その際、事業者間契約については不当な条項を規律する法律上の対応がなされていないため、民法の一般条項や契約解釈を用いた規律がなされてきた。

(ア) 一般条項による規律

例えば、民法420条1項は当事者間で予定された損害賠償額を裁判所が増減できないと規定しているにもかかわらず、判例は、事業者間契約にあっても、その額が著しく過大である場合には、過大な部分を公序良俗違反で無効にしている[20]。

ここで過大な賠償額の予定を制限する理由として、判例は、一応いわゆる暴利行為論に依拠しつつ、賠償額の予定が過大であるというだけでは公序良俗違反にしないという立場をとっていると言えるが、その際、ドイツ法における暴利行為論とは異なり、債権者側の事情としての暴利目的（債務者の窮迫等に乗じて暴利を図る意図）はほとんど問題とされていない。また、債務者の事情（無思慮・窮迫）を問題としない判決も多く、実質的には損害額の予定の過

---

[19] 小塚荘一郎「事業者間契約の強行法的規律」前田庸先生喜寿記念・企業法の変遷（有斐閣、2009年）187頁。
[20] 執行秀幸「いわゆる事業者間契約では、契約自由の原則が無制限に妥当するか」椿寿夫編集・講座　現代契約と現代債権の展望4（日本評論社、1994年）261頁。

大性のみを基準に公序良俗違反を判断する立場に近い[21]。そのため、判例は、契約当事者間の交渉力等の格差といった点よりむしろ、債権者側に実際に生じた損害額に比べて過大な賠償額の予定は、一方当事者にとって著しく不当であることを重視し、このような契約条項は、たとえ合意があっても制限されるべきだと考えていると見ることができよう。ここでは、事業者間契約の場合も含めて、取引当事者間の利害調整の手段として公序良俗違反が用いられていると言えよう。

また、事業者間の競争の制限を目的とする契約が公序良俗に違反し、無効とされることがある。

例えば、〔５〕自動車教習所間で締結された、教習所新設・増車の際に事前協議を要するとの協定につき、「個々の企業が成り立つか否かは専ら市場の法則に従うべきもの」で、中小企業団体の組織に関する法律等法令の規定に基づく場合を除き、単に過当競争のおそれがあるというだけで、その結果回避のため企業間の競争を実質的に制限することは法の許さないところ」だとして、上記協定は公序良俗に反し無効だとした判決や[22]、〔６〕一定のバス路線について免許申請を制限する乗合バス事業者間の協定を独占禁止法３条で禁止されている私的独占に当たるとして、私法上も公序良俗違反により無効とする判例がある[23]。このような判決において、裁判所は、競争秩序の維持を重視し、競争を不当に制限する自由は、両当事者の自由な合意によっても認めることはできないと考えていると見ることができよう。ここでは、事業者間契約の場合も含めて、健全な取引環境の確保の手段として公序良俗違反が用いられていると言えよう。

(イ) 契約解釈による規律

裁判所が事業者間で締結された契約の解釈を通じて事業者間の契約自由に介入することもある。その例は、いくつかの場面で見られるが、瑕疵担保責[24]

---

(21) 新版注釈民法 (10) II (有斐閣、2011年) 616頁〔能見善久＝大澤彩〕。
(22) 名古屋高金沢支判昭和53・7・11判時923号90頁。
(23) 高松高判昭和61・4・8判タ629号179頁。
(24) 例えば、最近の最高裁判決として、請負人である会社の製造した目的物が、注文者である会社から別会社を介してユーザーとリース契約を締結したリース会社に転売されることを予定して請負契約が締結され、目的物がユーザーに引き渡された場合において、注文書に「ユーザーがリ

任免除特約の有効性を問題とした下級審判決を素材として考えることにする。

瑕疵担保責任免除特約の効力を否定したものと肯定したものに分けて検討することにしよう。

(a) 瑕疵担保責任免除特約の効力を否定したもの

例えば、〔7〕不動産会社からマンション建設目的で土地を購入した不動産会社が、購入後に同土地を調査したところ、地中に従前建物の地下室を伴う基礎が存在することが判明したため、その撤去に要する費用等の損害賠償を求めたという事件がある。この事件では、「地中障害が発生した場合は、売主の責任と負担で解決する。但し、建物基礎の部分については、買主の責任と負担で解決する」という特約条項があったが、平成9年の東京地裁判決は、本件契約当時、従前建物の基礎は、布基礎のようなもので、撤去に多額の費用は要しないと売主・買主とも想定していたことから、上記特約条項は、従前建物の基礎については、布基礎程度のものは買主の費用で撤去し、予想外の大規模な基礎があった場合には売主が撤去費用を負担する旨の合意であったと判断し、本件で実際に発見された地下室を伴う基礎については予想を超えるものであったことは明らかであるから、その撤去費用については売主が負担すべきであるとして、売主・買主間の瑕疵担保責任免除特約を認めなかった。ここでは、売主・買主とも大規模地中障害を予想していなかったという状況において、売主・買主が当該免責特約によってどのような瑕疵についてのリスク配分を意図したのかという契約解釈により売主の瑕疵担保責任が肯定されている。

また、〔8〕住宅用地として土地の売買契約が締結されたが、土地中にガソリンスタンドの埋設基礎等の障害物が存在した場合について、平成17年の

ース会社と契約完了し入金後払い」等の記載があったとしても、上記請負契約は上記リース契約の締結を停止条件とするものとはいえず、上記リース契約が締結されないことになった時点で請負代金の支払期限が到来するとした判決がある（最判平成22・7・20裁時1512号7頁）。この判決は、他からお金が入れば請負代金を支払う旨の合意につき、契約締結の際の事情等から停止条件付契約ではないと解釈した判決である。

(25)　東京地判平成9・5・29判夕961号201頁。
(26)　山下純司「事業者間契約と非事業者間契約—瑕疵担保責任免責特約をめぐる対等性の考察」学習院大学法学会雑誌43巻1号（2007年）305頁。

札幌地裁判決は、同土地の売買契約書には、売主であるYが瑕疵担保責任を負わない旨が記載されていたものの、Yおよび買主であるXは、契約締結時に、本件土地がガソリンスタンドとして使用されていたことを認識した上で、あえて地中埋設物の存在を前提に、本件売買契約の代金を減額するなどの話合いをしたことはなかったことや本件土地西側の境界線に、地中埋設物の一部が露出しており、Y主張の瑕疵担保責任免除特約は、この点を指しているとみることもできるとして、Y主張の瑕疵担保責任免除特約の主張を採用することはできないとした。この判決においても、売主・買主が当該免責特約によってどのような瑕疵についてのリスク配分を意図したのかという契約解釈により売主の瑕疵担保責任が肯定されていると言えよう。

さらに、〔9〕分譲販売のための住宅を建築する目的で本件土地を買い受けた不動産会社が、同土地の地中にコンクリート等の地中埋設物が残存していたため、買主が売主に対して、瑕疵担保責任または信義則上の説明義務違反に基づき、撤去に要した費用等の損害賠償を求めたのに対して、売主が、「買主の本物件の利用を阻害する地中障害の存在が判明した場合、これを取り除くための費用は買主の負担とする」という免責特約を主張したという事件がある。この事件につき平成15年の東京地裁判決は、本件地中埋設物は、「隠れた瑕疵」に当たるとした上で、「売主自身が従前建物解体業者に依頼して行った従前建物の解体・撤去の態様によれば、本件土地中に本件地中工作物が残置されている可能性があったことは明らかである」とともに、「従前建物の撤去を自ら業者に依頼して行った売主において、これを把握することもまた極めて容易であった」ことから、本件地中埋設物の存在を知らなかったことにつき、売主に悪意と同視すべき重大な過失があったとし、売主は、民法572条の類推適用により上記免責特約の効力を主張しえないと判断して、瑕疵担保責任を認めた。

(b) 瑕疵担保責任免除特約の効力を肯定したもの

これらに対して、〔10〕Xが、公園事業用地としてY（東京都）に売却した土地の代替地をYから買い受けレストランを建築営業後、レストランを解

---

(27) 札幌地判平成17・4・22判タ1203号189頁。
(28) 東京地判平成15・5・16判時1849号59頁。

体して、跡地に看護婦寮を建設しようとしたところ、地中にタール分を含んだレンガやコンクリート等の構造物が埋設されていたため、Xにおいて右埋設物を撤去しなければならなかったことについて、債務不履行又は瑕疵担保責任に基づいて、Yに対し、上記埋設物の撤去に要した費用について損害賠償を請求したところ、Yが瑕疵担保責任免除特約等を主張して争った事案において、平成7年の東京地裁判決は、本件代替地売買契約に先立つ、Yによる本件土地に関する地中埋設物の調査および撤去の方法は、その義務に違反したものとは認められないとして、請求を棄却した。[29]

また、〔11〕土壌汚染について一切の責任を負わない旨の免責特約が付された売買契約の目的土地から法令の基準値を超える六価クロムが検出された場合において、平成24年の東京地裁判決は、売主が土壌汚染対策法や東京都環境確保条例に準拠した方法で土壌汚染調査を行った際に基準値を超える六価クロムが検出されていなかったときは、たとえ売主がかつて同土地上で六価クロムを使用していたことがあったとしても、本件土壌汚染を認識していなかったことについて悪意と同視すべき重大な過失があったとは認められず、本件免責特約は有効であるとした。[30]

(c) 検討

〔7〕判決、〔8〕判決は、売主・買主が当該免責特約によってどのような瑕疵についてのリスク配分を意図したのかという契約解釈により瑕疵担保責任免除特約の有効性が否定されている。

他方、〔9〕判決は、「従前建物の撤去を自ら業者に依頼して行った売主」において、「本件土地中に本件地中工作物が残置されている可能性」を把握することが極めて容易であったと判示していることから、売主・買主とも瑕疵の存在については善意である（すなわち、目的物の瑕疵の有無に関する情報については売主・買主に情報の不均衡がない）ものの、瑕疵を把握するための情報について売主・買主間に情報の不均衡が見られるために、瑕疵担保責任免除特約の効力が否定されたものと見ることができよう。

このような売主・買主間の情報の不均衡という観点から見ると、〔10〕判

---

(29) 東京地判平成7・12・8判時1578号83頁。
(30) 東京地判平成24・9・25判時2170号40頁。

決は、「Yは、本件調査及び撤去により発見した埋設物をすべて除去し、Xは、その後整地された状態で本件土地の引渡を受けた」という事案に関する判断であり、〔11〕判決においても、事前に売主が専門業者による調査を行い、買主に調査結果が開示されている。この意味で、〔10〕判決、〔11〕判決においては売主・買主間に情報の不均衡は見られない。

この対比からすると、〔10〕判決、〔11〕判決における免責特約にあっては適切なリスク配分がなされているが、〔9〕判決における免責特約は、瑕疵を把握するための情報について情報の不均衡がある状況で合意されたという点で、適切なリスク配分を行った特約とは言えない。〔9〕判決は、こうした観点から、適切なリスク配分を創設する方向で、事業者間の免責特約を解釈した判決と見ることができよう。

4 事業者間契約に対する規律の根拠

消費者契約法8条1項5号によれば、消費者契約の目的物に瑕疵がある場合に、事業者の責任を免除する特約が無効となる。事業者間契約においてはこの規定は適用されず、また、上記のように消費者契約法よる保護のハードルは高い。この点からは、事業者間契約における瑕疵担保責任免除特約の効力を否定することは困難である。しかし、瑕疵担保責任免除特約については、消費者契約法の規定のほかに民法572条の規定がある。

そこで、〔9〕判決は、民法572条に依拠して、事業者間の瑕疵担保責任免除特約の効力を無効とする結論を導いた。この場面において、裁判所は、目的物の瑕疵の有無に関する情報については売主・買主に情報の不均衡は見られないものの、瑕疵を把握するための情報について不均衡があり、その意味で実質的に対等でない事業者間の免責条項の効力を否定していると理解することができよう。そうだとすると、実質的に対等でない事業者間で結ばれた条項に対しては裁判所の介入による規律の余地があるということになろう。

しかし、免責条項は、不当性が問題視される条項の代表的なものであり、とりわけ瑕疵担保責任免除特約については、民法にこれを規律する規定

---

(31) 山下・前掲注（26）306頁参照。

(572条)が明定されている。そのため、瑕疵担保責任免除特約に関する裁判所の考え方が上記のようなものだとしても、あくまでも瑕疵担保責任免除特約の場面を対象とする判断であり、この考え方を事業者間で結ばれたそのほかの条項についても一般化できるかどうかは、慎重な考慮を要する問題である。むしろ消費者契約法において消費者契約に特別な規律が定められている根拠が、消費者と事業者の間に「情報の質及び量並びに交渉力」についての構造的格差があることに求められるとすると、事業者間契約についても、例えば大企業と系列会社、メーカーと専属販売店等、これに類する構造的格差がある事業者間で結ばれた条項についてのみ裁判所の介入が可能とも思われる。さらに、事業者間契約の規律にあっては、上記の名古屋高裁金沢支部判決や高松高裁判決に現れているように、競争法的な視点が重要であり、この点の考慮も必要である。本稿では問題点の指摘にとどめるが、消費者契約の規律と事業者間契約の規律の考え方の異同を含め、事業者間契約の規律についてはなお検討すべき課題が多く、さらに議論を深める必要がある。

5 民法改正による対応

　事業者間契約の規律についてはなお検討すべき点が少なくないが、現在進行中の民法（債権関係）改正の審議では、民法典に次のような規定を導入することが検討されており、これが実現すれば事業者間契約の規律にとって有益なものとなろう。以下で、これに関連する諸制度を挙げて検討する。

(1) 暴利行為

　民法改正の審議において、公序良俗違反についての従来の規律に加えて、「相手方の困窮、経験の不足、知識の不足その他の相手方が法律行為をするかどうかを合理的に判断することができない事情があることを利用して、著しく過大な利益を得、又は相手方に著しく過大な不利益を与える法律行為は、無効とする」ことが検討されている。このような規律が民法典に規定さ

---

(32)　大澤彩「事業者間契約における不当条項規制」法時85巻7号（2013年）62頁。
(33)　商事法務編・民法（債権関係）の改正に関する中間試案の補足説明（商事法務・2013年）1頁以下。
(34)　同様の視点に立つ検討として、潮見佳男「中小事業者の被害救済の視点からみる民法（債権法）改正と消費者法」前掲注(12)現代消費者17号29頁以下。

れれば、事業者間契約の規律にとって有益であろう。

(2) 不実表示

　民法改正の審議において、「目的物の性質、状態その他の意思表示の前提となる事項に錯誤があり、かつ、表意者の錯誤が、相手方が事実と異なることを表示したために生じたものである場合において、当該錯誤がなければ表意者はその意思表示をせず、かつ、通常人であってもその意思表示をしなかったであろうと認められるときは、表意者は、その意思表示を取り消すことができる」とすることが検討されている。これは、表意者が動機の錯誤に陥っているにすぎない場合であっても、相手方の不実表示によって表意者が錯誤に陥った場合には錯誤による取消しを認める規定であり、事業者間契約の規律にとっても有益であろう。

(3) 契約締結過程における情報提供義務

　民法改正の審議において、「契約の当事者の一方がある情報を契約締結前に知らずに当該契約を締結したために損害を受けた場合であっても、相手方は、その損害を賠償する責任を負わない」ことを原則としつつ、「（1）相手方が当該情報を契約締結前に知り、又は知ることができたこと、（2）その当事者の一方が当該情報を契約締結前に知っていれば当該契約を締結せず、又はその内容では当該契約を締結しなかったと認められ、かつ、それを相手方が知ることができたこと、（3）契約の性質、当事者の知識及び経験、契約を締結する目的、契約交渉の経緯その他当該契約に関する一切の事情に照らし、その当事者の一方が自ら当該情報を入手することを期待することができないこと、（4）その内容で当該契約を締結したことによって生ずる不利益をその当事者の一方に負担させることが、上記（3）の事情に照らして相当でないこと」のいずれにも該当する場合には、相手方は、その損害を賠償しなければならないと規定することが検討されている。このように一定の場合に契約当事者が契約締結過程における情報提供義務を負うと規定することは、情報の不均衡に着目する法的処理に拠り所を与えるものとして有益であろう。

(4) 信義則等の適用に当たっての考慮要素

　民法改正の審議において、信義則等の適用に当たっての考慮要素として、

「消費者と事業者との間で締結される契約（消費者契約）のほか、情報の質及び量並びに交渉力の格差がある当事者間で締結される契約に関しては、民法第1条第2項及びその他の規定の適用に当たって、その格差の存在を考慮しなければならないものとする」ことを検討すべきだとされている。このような規定が置かれれば、事業者間契約を含めて、情報の格差・交渉力の格差がある契約に対して規律を及ぼす可能性が広がるであろう。

(5) 約款

民法改正の審議においては、約款を使用した契約において、約款の組入要件を充たして「契約内容となった契約条項は、当該条項が存在しない場合に比し、約款使用者の相手方の権利を制限し、又は相手方の義務を加重するものであって、その制限又は加重の内容、契約内容の全体、契約締結時の状況その他一切の事情を考慮して相手方に過大な不利益を与える場合には、無効とする」ことが検討されている。約款が消費者契約のみでなく事業者間契約についても用いられる以上、このような約款規制の規定を置くことは事業者間契約の規律にとって有益であろう。

Ⅳ　むすびに代えて

裁判所は、消費者概念自体を拡張的に捉えることには慎重であるが、事業者間契約に対して介入し、規律を及ぼす判決もある。また、民法改正により新設が検討されている規定の中には事業者間契約を規律するものもある。その意味では、事業者間契約の規律は推進される方向にあると言えよう。もっとも、日本において、契約の規律についての従来の議論は消費者契約の規律に重点を置いたものである。事業者間契約の規律については、消費者契約の規律との考え方の異同を含め、さらに議論を深める必要がある。

劣後的担保権の実行に係る担保権実行方法の制約について
――わが国における ABL 取引の展開を契機として――

青 木 則 幸
Noriyuki AOKI

- I はじめに
- II 抵当権と劣後的債権者
- III 仮登記担保と劣後的債権者
- IV 不動産譲渡担保と劣後的債権者
- V 動産譲渡担保と劣後的債権者
- VI 最後に

I はじめに

　近年、わが国の中小企業等に対する事業者融資の取引実務において、米法をモデルとして考案された ABL（アセット・ベースト・レンディング）取引の導入が進められ、担保法学にも多くの話題を提供してきている。
　ABL 取引は、事業者の流動動産、売掛債権、預金口座等の流動財産を包括的に担保にとる融資取引である。利用される個々の担保権の内容からいうと、一見、旧来型の集合動産譲渡担保や集合債権譲渡担保を組み合わせただけに見える。しかし、その利用方法には、明確な取引類型的特徴がある。①ABL 取引の導入を試みている融資者は、従来いわゆるメインバンクとして融資を行ってきた銀行が中心である。メインバンクは、債務者の経営の監視能力に優れる融資者であったとされる（リレーションシップ・バンキング）[1]。②かような取引指向を引き継ぐ ABL 取引の融資者は、有担保融資においても債務者の事業の価値を一義的な信用の裏付けとしているとされ、目的財産の価

---

[1] ABL 取引との関連に注目するものとして、須藤正彦「ABL の二方面での役割と法的扱い」NBL879号23頁（2008年）。

値を一義的な信用の裏付けとする有担保与信とは区別される[2]。③信用の裏付けの違いは、債務不履行発生後の融資者の行動にも表れるとされる。ABL取引の融資者は、債務不履行発生後にも、私的実行を行わず、倒産手続（再建型）を利用して信用の裏付けである事業を再生させ弁済を受けるか、あるいは、事業そのものを売却することによって融資債権の回収を図ることを指向するのだとされる（いわゆる「生かす担保」[3]）。④融資者が流動財産を担保にとる目的も、このような取引類型との関係で説明される（担保の機能論[4]）。

信用不安の局面についていうと、ABL取引における担保権には倒産手続での処遇が重要であることになりそうである。しかし、ABL取引の出現は、担保権の実行制度のあり方を検討する上でも、重要な意味を持つ。じつは、メインバンクは、事業者に対する主要融資者であって独占的融資者ではない[5]。後発の有担保融資者や一般債権者の存在なくしては、債務者の事業は立ち行かない。上記の取引指向をもついわば「実行を志向しない」融資者に債務者の流動財産上の最先順位の包括的譲渡担保権を与えるということは、後発の有担保融資者が劣後順位の譲渡担保権者か、事実上特定の財産の価値を引当とする無担保債権者にならざるを得ないということである。このような債権者（劣後的債権者と呼ぶ）は、ABL融資者とは考え辛く、流動財産を担保にとる場合には、旧来型の集合動産譲渡担保権者や集合債権譲渡担保権

---

(2) 池田真朗「ABLの展望と課題」NBL864号21頁（2007年）23頁など。
(3) 中村廉平＝藤原総一郎「流動資産一体担保型融資（アセット・ベースト・レンディング）の検討」金法1738号52頁（2005年）、池田真朗「ABL等に見る動産・債権担保の展望と課題」伊藤古希『担保制度の現代的展開』275頁（日本評論社・2006年）、池田・前掲注（2）など。
(4) ABL取引との関連で、①森田修「ABLの契約構造」金法1959号34頁（2012年）43頁以下。理論について、②森田修『アメリカ倒産担保法』（商事法務・2005年）、③債権管理と担保管理を巡る法律問題研究会報告書『担保の機能再論』（日本銀行金融研究所・2008年）など。
(5) 例えば、中小企業庁「中小企業白書2007年度」（http://www.chusho.meti.go.jp/pamflet/hakusyo/h19/h19_hakusho/index.html）第2部第3章第2節2は、東京商工リサーチ「金融機関との取引環境に関する実態調査」（2006年11月）を引き、複数行取引をわが国中小企業と金融機関との取引の特徴の1つに挙げている。もっとも、メインバンクには、暗黙の協調融資としての「協調的融資」におけるリード銀行としての役割も指摘されてきたところであり（加藤正昭他「メインバンクと協調的融資」経済学論集58巻1号2頁（1992年）など）、複数融資者の関係に着目した類型的考察を進めていく必要があろう。この点、ABL取引を契機として債権者間契約たる担保管理契約としての明示化が進むとの見方もある。森田・前掲注（4）①37頁。本稿では立ち入れないが、今後注視していきたい。

者である可能性が高い。すなわち、債務不履行に際して、直ちに、譲渡担保の私的実行によって、場合によっては、被担保債権の強制執行によって、裏付けとなる財産の価値からの債権回収（私的実行、強制執行）を図る志向を持つ融資者（いわば「実行を志向する」債権者）である。ABL取引の出現は、わが国においても、優先的担保権をもつ「実行を志向しない」融資者と劣後的担保権をもつ「実行を志向する」融資者が競合する事案類型が生じつつあることを意味しうるのである。

では、わが国の担保権の実行制度において、優先的担保権に先行して劣後的担保権の実行ないし被担保債権の強制執行が試みられる場合の処遇は如何。

この点の議論は、目的財産の種類や担保権の法形式によっても異なる。有体物について事業者に対する融資者がとるであろう担保に限定すると、ABL取引に直接関係するのは集合動産譲渡担保であるが、動産譲渡担保の理論は、しばしば、不動産譲渡担保や制定法上の不動産非占有担保である抵当権および仮登記担保に関する理論の影響を強く受けてきた。実行制度に関する議論も、一般的には、その例外ではない。しかし、上記の問いに関する議論に限定すると、ABL取引との関連で問題となる、集合動産譲渡担保権者が担保権の実行ないし被担保債権の強制執行によって優先的担保権の目的物となっている動産からの債権回収を図る方法に関する議論は、不動産非占有担保制度に関する議論と論調を異にする。本稿では、かような議論状況を整理した上で、上述の取引構造の変化を迎えつつあるわが国において、再検討を要する問題が潜む可能性を探りたい。[6]

II 抵当権と劣後的債権者

(1) 抵当権の実行方法については、通常、民事執行法所定の担保権の実行

---

[6] なお、紙幅の制約から、次の点で検討領域を限定する。有体物と無体物では前提が大きく異なるため、有体物に限定し、不動産と動産の譲渡担保およびその制約理論に深く影響を与えてきた抵当権（執行手続）と代物弁済予約（仮登記担保）のみを素材とする。また、これらの素材についても、異種の担保権の競合に関する議論には立ち入らない。除外した項目については別の機会に検討を試みたい。

手続の利用が想定されている[7]。抵当権の実行は、強制執行の手続を準用しており（民執188条）、この手続は差押え（処分禁止）、換価（競売）、満足（配当）からなるものと説明されるのが通常である。

(2) 後順位抵当権者の存在は民法典が予定するところであるが、抵当権の実行手続における他の抵当権の処遇は次のとおりである。

抵当権の実行によって抵当不動産について競売が行われ売却があった場合、競売開始決定を得た債権者（差押債権者）の権利に劣後する抵当権のみならず優先する抵当権も消滅する（消除主義）（民執59条1項、民執188条）[8]。これは、新所有者となる買受人に負担のない不動産を取得させることで買受人の地位の安定と換価の促進を図る趣旨であるとされる[9]。そのうえで、売却によって消滅する担保権を有する債権者は売却代金の配当に与りうる（民執87条1項4号、民執188条）。（執行競合の場合には最初の）競売開始決定に係る差押えの登記前に登記された抵当権はこれにあたり、差押えが抵当権の実行として行われている場合においても実行抵当権に対する優先・劣後を問わない。また、被担保債権の弁済期を問わない（民執88条、民執188条）。

また、消除主義を前提に、差押債権者以外の抵当権者には競売手続参加の機会を逃さないための通知制度が用意されている。競売開始決定の後、開始決定の債務者への送達および差押登記がなされ、いずれかがなされた時点で差押えの効力が生ずるが、差押えの効力が生じ配当要求の終期が定められた（民執49条1項、民執188条）後に、差押えの登記前に登記された抵当権で売却により消滅するものを有する債権者等に催告が行われる。届出は債権者の義務（民執50条、民執188条）であり、執行裁判所が剰余の有無の判定や売却条件確

---

[7] 抵当権の実行方法としての執行手続の選択は強行法ではなく、設定契約上の特約によって私的実行を選ぶことは可能である。ただ、実行方法の特約についても対抗力を確保する必要があるところ特約の有無は抵当権の登記事項には含まれない。そこで、かような特約としての代物弁済予約に基づく請求権を仮登記（不登旧2条2号、現105条2号）によって保全する方法が、1950年代頃までに広く利用されるようになった。もっとも、この方法は、現在では仮登記担保法の適用を受けるため、仮登記担保の項目として検討する。なお、拙稿・「抵当権の実行方法の強行法性について」法時85巻8号98頁（2013）98頁で関連する議論の整理を試みた。

[8] もっとも、消除主義の発動は、剰余主義によって制限されている（民執63条、民執188条）。本稿ではこの点については、立ち入らない。

[9] 中野貞一郎『民事執行法』（増補新訂6版・青林書院・2010年）416頁。

定の資料を集める目的の制度であるとされるが、一面において、権利者に競売手続参加の機会を保障する趣旨を含む。

後順位抵当権は、少なくとも剰余の見込みがある場合には実行されうるのであり、先順位抵当権が実行されないまま維持されている場合にも、先順位抵当権を含む他の担保権が消滅し、順位に応じた配当が行われる。これら区別されるべき状況は、先順位抵当権が任意に優先弁済を受ける等して消滅した場合であり、この場合には後順位担保権の順位が上昇する。

(3) 目的不動産について一般債権者による強制執行が開始された場合の処遇について。抵当権者は第三者異議の訴えを提起できないとされる。抵当権は優先弁済権であり処分権能のみを内容とする権利にすぎないから、優先弁済を受けることで目的を達せられ執行による目的物の換価や引渡しを妨げる利益を有さないからであると説明される。抵当不動産について一般債権者が強制競売を開始する場合の処遇は、担保競売の場合（本稿Ⅱ（2））と同様である。

Ⅲ　仮登記担保と劣後的債権者

(1) 仮登記担保は、代物弁済予約として展開されてきた沿革を背景に、設定者が所有する目的不動産の所有権を代物弁済として担保権者に移転することを実行方法として予定する。帰属清算型の実行方法である。

この方法では、仮登記担保契約に基づく目的不動産の所有権移転に関する予約完結の意思表示か契約上の停止条件成就が実行の開始にあたる。本来、このような意思表示や条件成就があると、直ちに所有権が債務者から担保権者に移転するはずであり、それにより代物弁済の効果が生じ実行が完了することになりそうである。仮登記担保法は、これを次のように修正する。

対内的効力について、①予約完結権の行使ないし条件成就の日に相当する「所有権を移転するものとされている日」以降に、債権者が清算金の見積額を債務者等の第三者（担保権設定者ないし承継人に相当する）に通知（実行通知と呼

---

(10) 中野・前掲注（9）395頁。
(11) 米倉『譲渡担保の研究』（有斐閣・1976年）82頁、中野・前掲注（9）308頁。

ぶ）し、通知到達の日から2か月（清算期間と呼ぶ）の経過によって所有権の移転が生じる（仮担2条1項）。②所有権移転後であっても担保権者の清算金支払債務と設定者の所有権移転登記および引渡しの債務の履行は同時履行の関係に立つ（仮担3条）。③債務者には清算金の支払債務の弁済を受けるまで受戻し請求権を有する（仮担11条）。

帰属清算における所有権の移転は、清算期間完了時であるが、この時点で劣後的担保権がすべて消滅するわけではない。競売手続における売却とは異なり、実行担保権者はこの時点で負担のない所有権を取得するわけではないのである。仮登記担保法上、劣後的担保権者が所定の期間に主張しうる種々の権利が規定されており、少なくともそれらの権利行使の可能性が失われるまで、劣後担保権の負担が存続していることになる[12]。

(2) 仮登記担保法は、優先的仮登記担保の仮登記後に登記された先取特権、質権、抵当権について、①優先的仮登記担保によって債務者が支払いを受けるべき清算金に対する物上代位（仮担4条1項）を認める。また、②競売申立権を認める。すなわち、（後順位仮登記担保権者を除く）劣後的抵当権者等は、清算期間には弁済期の到来前でも競売請求を行うことができ（仮担12条）、さらに、清算期間経過後であっても清算金支払債務の弁済前に実行を申立て開始決定を得ることで帰属清算の進行を阻むことができる（仮担15条1項）。①物上代位は、優先的担保権者の実行（帰属清算）が行われる場合にとりうる手段であり、優先的仮登記担保が実行される前に劣後的担保権者のとりうる実行法としては②競売が予定されていることになる。競売がある場合、仮登記担保は仮登記の時点で抵当権の設定があったのと同じ処遇を受ける（仮担13条1項）。

劣後的担保権者が仮登記担保権者である場合、①物上代位が認められる

---

(12) 劣後担保権の負担について、本文記載の存続（仮担15条1項）がみられるほか、仮登記担保権の消滅時期も所有権の移転時期（清算期間完了時）と一致しない。①目的物について競売が生じる場合には消除主義が採用されている（仮担16条1項）。そうでない場合、②清算期間経過時には消滅せず、所有権移転登記を完了することにより代物弁済の目的を達成して消滅するとされる。また、③清算金の支払まで受戻権が認められうる（仮担11条）。法務省民事局参事官室編『仮登記担保と実務』（金融財政事情研究会・1979年）21頁以下（清算期間経過時に所有権移転の効力が生じるとしたうえで、仮担15条1項を権利行使の障害事由、同16条1項を解除条件と説明する）および同・557頁、高木多喜男『担保物権法』（第4版・有斐閣・2005年）315頁。

(仮担4条2項)が、②競売申立権は認められない（仮担12条）。優先的仮登記担保の実行に先立って劣後的仮登記担保権者がその実行をする方法は、帰属清算によることになる。その場合、消滅しうるのは劣後的担保権（担保仮登記に遅れて登記された抵当権と後順位仮登記を含む）のみであり、優先的担保権については引受主義的処遇がなされることになる。

（3）　目的不動産所有者の一般債権者による強制執行が開始された場合も、競売における売却があれば仮登記担保権が消滅する（仮担16条1項）。この場合にも、担保仮登記に係る権利を抵当権とみなし、その担保仮登記のされた時に抵当権の設定の登記があったものとされる（仮担13条）。

Ⅳ　不動産譲渡担保と劣後的債権者

（1）　不動産譲渡担保の実行方法については、民事執行法所定の担保権の実行手続の利用は予定されておらず、私的実行によることになる。不動産譲渡担保における私的実行は、帰属清算と処分清算に分かれる。

判例は、最判昭46．3．25民集25巻2号208頁を機に、実行時の担保権者に処分清算と帰属清算を選択させる見解に傾き、債務不履行によって担保権者に処分権限を認め、処分により第三者が確定的に所有権を取得しその時点で債務者が受戻権を失うとする見解をとるに至った。

学説では、初期には、①帰属清算法理確立前の古い判例で、外部的移転構成を前提とした処分型実行においてのみ清算が認められていたことから、清算尊重の観点から処分清算を原則とすべき旨が有力に説かれていた。その

---

(13)　椿寿夫他座談会「仮登記担保契約法をめぐる諸問題」手研278号10頁（1978年）23頁。
(14)　後順位仮登記担保権者は、被担保債権について強制執行をする方法も選択しうるが、実務上、後順位仮登記担保権の私的実行が行われた事例もみられる。最判昭51.3.19判時813号35頁（後順位仮登記担保権者が予約完結権を行使した後、代位弁済による先順位仮登記の抹消登記手続を求め、認められた）。
(15)　もっとも、劣後的抵当権の場合と同様、強制執行の開始が実行担保権（帰属清算）の清算金債務の弁済後には、実行担保権者が帰属清算による所有権の取得を差押債権者に対抗できる（仮担15条2項）。その場合、第三者異議の訴えが認められる。中野・前掲注（9）309頁。
(16)　最判昭62.2.12民集41巻1号67頁、最判平6.2.22民集48巻2号414頁、最判平18.10.20民集60巻8号3098頁など。

後、仮登記担保法の制定と前後して、②特約により処分清算を選択する余地は否定しないものの、設定者の清算請求権と担保権者の引渡請求権との同時履行を認める必要性を理由に、帰属清算を原則とすべきと説く見解が有力となった。さらにその後、上記の判例の動向を踏まえつつ、③担保権者に処分清算の選択の余地を与えることの必要性を説く見解が目立つようになっている。指摘されているのは、第三者への処分による客観的価格形成の可能性や、実行担保権者の清算金準備の困難を回避しうる点である。[17]

(2) 不動産譲渡担保では、最初の譲渡担保権の設定によって形式上所有権が担保権者に移転するのみならず、所有権移転登記がなされるのが通常である。[18] このような実情から、譲渡担保の目的不動産について、私的実行開始前の処分が問題となるのは、専ら譲渡担保権者による処分が想定されてきたのであり、設定者による後発処分に相当する譲渡担保の重複設定を想定した議論はほとんど見られない。僅かに、譲渡担保権を抵当権の実体をもつ担保権とみて、譲渡担保権設定契約を登記原因とする抵当権設定登記（私的実行を予定する特約まで公示されているとする）の選択を認めるべきであるとする見解が主張されており、[19] これによると後順位譲渡担保権も成立しまた第 2 順位の抵当権設定登記がなされうる。しかし、実務の追随は見られないようである。

かような事情のもと、不動産譲渡担保の実行方法については、重複設定された他の担保権への影響（消滅の有無・配当請求の可否）についての議論はほとんどみられない。

(3) 譲渡担保の目的不動産を一般債権者が差し押さえた場合の処遇につい

---

(17) 多数の文献があるが、学説史の概観として、柚木馨＝高木多喜男編『新版注釈民法（9）』（有斐閣・1998年）862頁〔福地俊夫〕参照。なお、学説③に対する最近の批判として、生熊長幸『担保物権法』（三省堂・2013年）311頁がある。

(18) 譲渡担保を登記原因とする所有権移転登記もなされうるが、従来、実務では売買を登記原因とする登記が行われてきたとされ、学説も譲渡担保を原因とすることの実効性を認めてこなかった。吉田真澄『譲渡担保』（商事法務研究会・1979年）191頁以下。なお、平成16年の不動産登記法改正を機に譲渡担保を原因とするものの増加が見込まれる点について、道垣内弘人『担保物権法』（第3版・有斐閣・2008年）306頁、山野目章夫『物権法』（日本評論社・2012年）360頁など。

(19) 米倉・『担保法の研究』（新青出版・1997年）97頁。

ては一定の議論の蓄積があるが、譲渡担保権者の一般債権者による差押えの事案が中心である。抵当不動産の差押えの事案と比定されうる債務者の一般債権者による差押えの事案については、強制競売の申立てが却下されるからである。[20] 学説には、不動産譲渡担保も実体は抵当権であり、所有権移転登記も実体は抵当権の登記であるから、執行法のレベルでも実体に即した処理を図るべきであると説くものもある。[21] しかし、多数説は、「売買」はもちろん「譲渡担保」を登記原因とする所有権移転登記がある場合でも、設定者の譲渡担保権が公示されているわけでないから、登記から直接判定できない権利に基づく申立てとして却下されるのはやむを得ない（形式主義）と説明している。[22]

V　動産譲渡担保と劣後的債権者

(1)　動産譲渡担保の実行方法について。理論的には、とりわけ個別動産を念頭に、不動産譲渡担保と共通の枠組みの議論が妥当するものとされてきた。集合動産譲渡担保についても、実行開始前に担保権の効力が個別動産に及ぶかという点に関する議論の影響を受けるものの、私的実行における処遇については、個別動産しいては不動産譲渡担保に準ずるものと考えられている。[23]

(2)　設定者のもとに目的物の現実の占有がある動産譲渡担保においては、設定者が目的物を重複して処分することは珍しくなく、後発の処分が譲渡担保の設定であることも珍しくない。もっとも、後発の処分の相手方が、先発の譲渡担保権の設定を認識したうえで、劣後的譲渡担保の設定を受ける意思で設定者との契約に臨むという事案は稀であったようで、相手方が認識しないまま動産譲渡担保が重複して設定された場合を主な想定事案として、議論

---

(20)　中野・前掲注（9）309頁（高松高決昭47．6．12判時674号78頁を引く）。
(21)　米倉・前掲注（19）96頁。
(22)　槇悌次『担保物権法』（有斐閣・1981年）363頁、吉田・前掲注（18）195頁、中野・前掲注（9）309頁。
(23)　理論的には固定化の要否について争いがある。また、被担保債権額を越える内容物の引渡しにも議論が残る。概観として、道垣内・前掲注（18）339頁、山野目・前掲注（18）372頁など。

が重ねられてきた。なお、ここでの議論は、個別動産を想定して論じられてきた。ただ、私的実行開始前の構成物の処分について学説がわかれる集合動産譲渡担保についても、目的物の範囲が重なる場合には、個別動産とかわらないはずである。

学説では、初期には、ⓐ所有権的構成の影響のもと、譲渡担保権の併存を前提としない見解もみられた[24]。しかし、担保権的構成が定着していく中で、次の4説が展開されてきた[25]。

第1に、譲渡担保権を抵当権と類比される担保権であるとみる見解ないしその影響のもと、後発に設定された譲渡担保権が後順位抵当権類似の担保権として成立しうることを前提に、ⓑ設定契約の順序で順位を決する見解や[26]、ⓒ占有改定の順序で順位を決する見解が主張された[27]。

第2に、ⓓ担保権の実質を重視しつつも、所有権移転を前提に、設定者留保権(担目的に関連しない権利)の制約を受けるとする見解から、後発譲渡担保権の内容を設定者留保権上の担保権であると構成する見解が主張された[28]。

第3に、最近では、ⓔ判例を念頭に所有権的構成に立つ場合でも、譲渡担保契約に基づく債権的請求権(担保目的の実現として目的動産を債権者に引き渡す旨)を観念しうるし、少なくとも弁済等で優先担保権が消滅する場合には実効性も認められる等の事情から、重複設定の許容性は排除されないとする見解が示されるようになっている[29]。

なお、いずれの説を前提としても、占有改定による即時取得を認める立場

---

(24) 我妻栄『新訂担保物権法』(有斐閣・1968年) 610頁、650頁。
(25) いずれの説でも、動産及び債権の譲渡の対抗要件に関する民法の特例等に関する法律(平成16年)による登記がなされる場合には、登記を対抗要件と説明する。ⓑ説について、近江幸治『担保物権法』(第2版補訂・成文堂・2007年) 321頁、ⓒ説について、高木・前掲注(12) 341頁、ⓓ説について、道垣内・前掲注(18) 305、313頁。なお、関連して第三者の即時取得阻止の効果に言及するものも多いが、疑問を呈する見解もある。平野裕之『総合民法3』(第2版・信山社・2009年) 266頁。
(26) 米倉・前掲注(11) 47頁以下(この目的では、確定日付ある証書によって締結される必要があるとする。)、近江・前掲注(25) 318頁。
(27) 高木・前掲注(12) 340頁。
(28) 道垣内・前掲注(18) 312頁。
(29) 古積健三郎「判批」民商136巻1号24頁(2007年) 31頁、武川幸嗣「判批」判評582号21頁(2007年) 23頁。

に立つと、後順位譲渡担保権の設定を受けた者が善意無過失の場合には、先順位ないし単独の担保権を即時取得しうるとされる[30]。もっとも、占有改定が外観の変化を伴わない引渡しであることから、学説の支持は必ずしも厚くない。

　集合動産譲渡担保の重複設定の場合には、後発の譲渡担保を目的物の範囲の異なる優先的譲渡担保権と解する余地もある。先行する集合動産譲渡担保の契約内容によっては、後発の担保権設定を、設定者に付与された処分権限による処分と見てよい場合もありうる。また、権限外の処分の場合も、集合物論を前提に、場所的関係を構成物の要件とする見解や、固定化前の先行する担保権の構成物への効力を否定する見解によれば、上記のように解する余地がある[31]。ただ、搬出は実行の前提行為であり[32]、搬出までは目的物の範囲の重なる劣後的譲渡担保権として処分されよう。上記の余地を論ずべき状況は限定的である。

　判例では、最判平18．7．20民集60．6．2499（養殖業者である債務者が生産している養殖魚を目的物とする集合動産譲渡担保において、買主であると主張する後順位譲渡担保権者（原告）の設定者（被告）に対する動産引渡請求を否定した事案）が、「重複して譲渡担保を設定すること自体は許されるとしても、劣後する譲渡担保に独自の私的実行の権限を認めた場合、配当の手続が整備されている民事執行法上の執行手続が行われる場合と異なり、先行する譲渡担保権者には優先権を行使する機会が与えられず、その譲渡担保は有名無実のものとなりかねない。このような結果を招来する後順位譲渡担保権者による私的実行を認めることはできないというべきである。」と判示した。重複設定による後順位譲渡担保権の成立を認めたが、その私的実行権限を否定する内容であり、権利内容は必ずしも明らかにされていない。

　私的実行が試みられる局面にわけて整理すると次のように言えよう。

　㋐先順位譲渡担保権が実行される場合、併存する後順位担保権の存在を認

---

(30) 議論状況については、米倉・前掲注（19）80頁、近江幸治『物権法』（第3版・成文堂・2006年）158頁など。
(31) 我妻・前掲注（24）665頁、道垣内・前掲注（18）337頁。
(32) 裁判昭43．3．8判時516号41頁は、処分清算型の個別動産譲渡担保について、搬出を実行の前提行為とみて、不法行為とはいえないと判示している。

めない@説を除き、後順位譲渡担保権者に清算金からの優先弁済が認められるべきとみることに争いはない。具体的に後順位譲渡担保権者が清算金を取得する方法としては、設定者が取得する清算金請求権に対する物上代位が挙げられるが、そのような物上代位がどのような手続によって行われるのかは不明であるとの指摘もある[33]。また、後順位譲渡担保権者が予め設定者との間で、将来取得しうる先順位譲渡担保権者に対する清算金請求権につき、債権質の設定を受けておく方法も指摘されている[34]。これらは、いずれも、先順位譲渡担保権の私的実行を前提として、後順位譲渡担保権者に認められる優先弁済権の実現方法である[35]。

⑦後順位譲渡担保権の私的実行については、議論が分かれる。@説は後順位担保権の実行を想定していない。ⓑ・ⓒ説からは、目的物の所有権上の後順位抵当権類似の権利であるのだから、後順位譲渡担保権者の私的実行権限を認め、私的実行により先順位譲渡担保権が巻き込まれるかたちで消滅し、自己の優先弁済権を行使するだけだとみることになる[36]。一方、ⓓ説では、後順位譲渡担保権者は、先順位担保権者が把握する目的物の所有権上の担保権（優先弁済権）と同一内容の権利を劣後する順位で把握しているのではなく、設定者留保権上の担保権であるのだから、所有権そのものについての実行権限を含まないと説明される[37]。ⓔ説も同様であろう。

調査官解説を含む多くの論稿で指摘されているとおり、この点で前掲平成18年判決はⓓ説と親和的である[38]。もっとも、判決中に明示する根拠は、設定契約からうかがわれる後順位担保権者の権利内容ではなく、私的実行における優先担保権者への配当制度の欠如の問題点に過ぎない。後順位譲渡担保権の権利内容は、後順位抵当権類似の劣後的優先弁済権であるが、正当な実行方法を欠いている状態であるために私的実行が認められないだけだと見る余

---

(33) 道垣内弘人「集合動産譲渡担保論の新段階」金判1248号1頁（2006年）、小山泰史「判批」銀法673号74頁（2007年）76頁、森田修「判批」法協124巻11号212頁（2007年）234頁など。
(34) 森田・前掲注（33）234頁。
(35) 先順位担保権者の私的実行に先立ち後順位担保権者が先順位担保権者に代位弁済する途も考えられるが、理論的には同様に位置付けてよいであろう。
(36) 米倉・前掲注（11）78頁。
(37) 道垣内・前掲注（18）312頁、森田・前掲注（33）221頁。
(38) 宮坂昌利「判解」曹時60巻6号224頁（2008）237頁など。

地も排除されないはずである。そうだとすれば、今後このような見地から、私的実行の方法を再検討することで、劣後的優先弁済権としての後順位譲渡担保権の私的実行を認める議論につながる可能性もある。この点、学説では、後順位譲渡担保権者は私的実行によって先順位譲渡担保権の負担の付いた所有権を取得し、物上保証人類似の地位につくとする見解が示されており、興味深い。[39]

⑦先順位譲渡担保権が弁済等により私的実行によらず消滅した場合、順位上昇がありうる。少なくとも⑥・ⓒ説ではそのように考えることになろう。[40]また、ⓔ説でも、重複設定の意味を、先発担保の消滅を一種の条件とする担保権の設定であると説明すれば、類似の効力が生じるとみることも可能である。[41]ただ、ⓓ説の立場を徹底すると、この点は微妙である。この点で、前掲平成18年判決は順位上昇を当然に認める趣旨ではないとの指摘もある。[42]

(3) 現実の占有が設定者に留められる動産譲渡担保については、設定者の一般債権者が目的物について強制執行を行う事案は珍しくなく、かような場合の譲渡担保権の効力についての議論の層も厚い。従来、主として個別動産譲渡担保を想定しつつ、次のような議論がなされてきた。

学説は、初期にはⓐ所有権が外部関係において譲渡担保権者に移転していることを根拠に第三者異議の訴えを認める見解が支配的であったが、[43]譲渡担保権も抵当権同様に優先弁済を受けることで目的を達するのであるから、執行局面における抵当権者と同様の処遇を受けさせれば足りるとする視点から、ⓑ譲渡担保権者に第三者異議を認めるが差押債権者が被担保債権を弁済し優先弁済を得させることで斥けることができるとする説、[44]ⓒ原則として優

---

(39) 高木・前掲注(12)349頁、田中克志「集合動産譲渡担保と目的動産の不適正処分等に関する一考察」法政研究11.1＝4.1(2007)19頁。もっとも、平成18年判決では、担保権の負担付きの所有権の取得は観念されていない。武川・前掲注(29)23頁。これに関して、調査官解説は、動産譲渡担保における公示の不十分、後順位譲渡担保権者の私的実行における第三者の善意取得の阻止の困難による、先順位担保権の保護の不十分を指摘する。宮坂・前掲注(38)237頁。
(40) 米倉・前掲注(11)77頁。
(41) 前掲注(31)の重複設定肯定説が実益として挙げているところである。
(42) 道垣内・前掲注(33)1頁、森田・前掲注(33)234頁など。
(43) 大判大3.11.2民録20輯865頁などの大審院判決の立場に由来。
(44) 我妻・前掲注(24)638頁など。

先弁済請求によるべきであり（民訴旧565条、民執133条類推）、競売では譲渡担保権者が完全な満足を受けないときに限って例外的に第三者異議の訴えを肯定すべきとする説、ⓓ譲渡担保権者に第三者異議の訴えを認めず、優先弁済請求（民訴旧565条、民執133条類推）を認める説などが主張されるようになった。もっとも、かような優先弁済説の批判を受けつつも、譲渡担保権者の実行の方法や時期を選ぶ利益、および、債務者の経営上不可欠の稼働中の動産を目的とする譲渡担保の場合の経営維持機能の尊重の観点から第三者異議の訴えを原則とする立場を維持し、ⓔ譲渡担保の私的実行に余剰があり、譲渡担保権者が余剰価値を壟断するのが差押債権者との公平を害すると認められる事情がある場合には、第三者異議の一部認容を認め、譲渡担保権者に被担保債権額の範囲で優先弁済を得させるという説が出されている。

判例は、民事執行法制定前から譲渡担保権者に第三者異議の訴えを認めてきた。もっとも、下級審には、第三者異議の訴えを斥けたものもみられ、〔B〕優先弁済を重視する学説の評価を受けている。

集合動産譲渡担保の場合、設定者の債権者の差押えの処遇には、譲渡担保権の効力が構成物に及ぶか否かの議論が影響しうる。及んでいるとみる場合は、個別動産譲渡担保に準じる処遇となる。集合物論を前提に固定化まで構成物には効力が及んでいないと見れば、債権者の差押えによる構成物の流出も妨げえないとも考えうる。ただ、後者の場合も、担保権者は差押えを固定

---

(45) なお、民事執行法成立に伴い、平等主義を採用するわが国の強制執行制度にそぐわないとの批判を受け、優先弁済請求権（民訴旧565条）の規定が削除され、譲渡担保権者の手続参加に関する明文規定もないため、先取特権者の配当要求の規定（民執133条）を類推適用する。

(46) 柚木馨＝高木多喜男『担保物権法』（第3版・有斐閣・1982年）573頁。

(47) 米倉・前掲注（11）82頁、槙悌次『担保物権法』（有斐閣・1981年）372頁。

(48) 設備動産を念頭に置いた議論。ただし、ⓑ説のいう方法ないし弁済による代位によって譲渡担保を実行できるから、経営維持にはならないという批判もある。米倉・前掲注（11）90頁。

(49) 中野・前掲注（9）313頁。

(50) 旧法下の大判大3.11.2民録20輯865頁、大判大5.7.12民録22輯1507頁、最判昭34.8.28民集13巻10号1336頁、最判昭56.12.17民集35巻9号1328頁。現行法では最判昭58.2.24判時1078号76頁など。

(51) 槙・前掲注（47）368頁など。

(52) 道垣内・前掲注（18）338頁。なお、第三者異議の訴えを認めるべきとする立場からの批判として、安永正昭『講義物権・担保物権法』（有斐閣・2009年）411頁、生熊・前掲注（17）335頁などがある。

化事由にすることで、優先弁済権を確保できるとされる[53]。その場合の処遇も、個別動産譲渡担保の場合に準じよう。

Ⅵ 最後に

　わが国の動産の非占有担保制度の中心をなす動産譲渡担保の理論は、従来、不動産の非占有担保権を提供する諸制度の議論の影響を強く受けてきた。しかし、優先的担保権の実行に先行して劣後的債権者が、その担保権の実行か強制執行によって優先的担保権の目的物からの債権回収を試みる局面に限定して検討すると、動産譲渡担保の処遇は不動産非占有担保権のいずれとも一致しておらず、劣後的担保権者の実行について最も大きな制約が課されうる議論状況にあるといえる。

　主要な不動産の非占有担保制度である抵当権、仮登記担保、および、不動産譲渡担保についてみると、上記局面での処遇は、概ね次のようにわかれている。抵当権の実行では、競売と配当を伴う処分清算型の執行手続の中で、消除主義がとられる。仮登記担保法では、劣後的担保権たる抵当権の実行や強制執行によって競売が行われる場合には消除主義的処遇がなされるものの、劣後的担保権たる仮登記担保の実行方法としては帰属清算が予定され引受主義的処遇が予定されている。不動産譲渡担保については、所有権移転登記を利用する実務を前提に重複設定を想定しづらいことから、後順位譲渡担保権者による私的実行、所有権移転登記に遅れて登記された抵当権等の実行による競売、強制競売を認める必要性は、ほとんど認められてこなかった。

　これに対して、動産譲渡担保に関する上記局面での処遇は次のような議論状況にある。設定者が現実の占有を有する動産を譲渡担保に遅れて処分することによって劣後的担保権者が出現しうるため、重複設定を想定した議論の蓄積があり、また、設定者側の債権者による強制執行に関しても議論の蓄積が厚い。劣後的担保権の私的実行については、学説上抵当権類似の消除主義的処遇を主張する見解や仮登記担保法類似の引受主義的処遇を主張する見解

---

(53)　道垣内・前掲注（18）338頁。

もみられるものの、判例は私的実行権限を否定する見解を採用している。集合動産譲渡担保の場合も、目的物の範囲が重ならないと解する余地のある稀な状況を除けば、同様の議論状況にある。強制執行によって目的物に競売が生じる場合については、学説上抵当権および仮登記担保同様の消除主義的処遇が主張されてきたものの、判例は第三者異議の訴えを認める見解を維持している。

両者を比較すると、劣後的債権者が、優先的担保権の目的物からの債権回収のためにとりうる方法には、選択の幅に著しい差があると言えそうである。不動産の非占有担保権については、担保の形式次第で、競売手続の利用によるかあるいは私的実行であっても引受主義的処遇を甘受すれば、劣後的担保権の実行方法が確保される。それに対して、動産の非占有担保としては、実質的に動産譲渡担保の利用によることになるところ、少なくとも判例は、劣後的担保権の私的実行と被担保債権の強制執行の両方を厳しく制限する方向にある。

問題は、かような現状で足りるのか、という点である。冒頭に述べたABL取引の導入に伴う「実行を志向しない」優先的担保権者と「実行を志向する」劣後的債権者の競合という視点からは、動産譲渡担保においても、優先的担保権の実行ないし消滅を待たずに、劣後的担保権の実行を可能にする制度設計が必要であるように思われる。そのためには、設定契約において、優先順位の点以外は同一の権利内容を持つ後順位譲渡担保権が重複設定される可能性も排除すべきではなかろう。もっとも、そのような可能性が認められる場合にも、私的実行の方法をどのようにまたどの程度制約するのが適切であるのかは難問である。

抵当権および仮登記担保の処遇と比較から制度設計の考察を試みる場合でも、両者の差異を(競売による)処分型実行と帰属型実行の違いとみる場合には、抵当権に比定される処分型実行の場合には消除主義的処遇を伴うが、配当手続を欠く場合には、優先的担保権者を害することになるので、私的実行を認めないとの判例の立場に接近しそうである。しかし、両者の差異を競売と私的実行の違いとみる場合には、引受主義的処遇によって、劣後的担保権の私的実行を許容する方向も考えられる。もとより、そのような処遇を認め

るとしても、劣後債権者にどこまでの実益があるのかは、詳細に検討する必要があるし、この点については、即時取得制度（動産・債権対抗要件特例法による場合を含め）や強制執行制度との関係も検討を要しよう。この点、冒頭に示した問題意識と類似の取引類型の対立が生じて久しい米国の議論をも参考にしつつ検討を進めるべきであると考える。次稿の課題としたい。

＊　本稿は、早稲田大学特定課題研究助成費（特定課題 B）の交付を受けた研究課題（2013B-012）の一部である。

BGBへの物権行為概念の受容

大　場　浩　之
Hiroyuki OBA

I　はじめに
II　部分草案
III　第一草案
IV　第二草案
V　おわりに

I　はじめに

1　問題意識

　わが国の不動産物権変動の場面において、物権行為の独自性、ましてや、その無因性の必要性については、判例[1]および通説[2]により否定されている。物権行為概念はドイツ法上のきわめて特殊な概念であって、理論上も実務上も、日本の民法解釈論においては不必要なものであるというのが、一般的な理解であろうと思われる。

　しかし、わが国の民法典が、物権と債権の峻別、および、抽象化による総則規定の創設を前提とした、いわゆるパンデクテンシステムを採用していることは明らかである。また、所有権の承継取得の場面においては、その前提としての売買契約等の債権契約があるため、その債権契約を手がかりとしながら、物権行為の独自性を認めることなく、物権変動の効果の発生を根拠付けることも可能だと言えるが、抵当権設定の場面のように、前提となる債権契約を必ずしも措定できない状況もありうる[3]。それぞれの場面において、物

---

(1)　例えば、大判明28・11・7民録1・4・28以下を参照。
(2)　例えば、我妻栄著・有泉亨補訂『新訂・物権法（民法講義II）』（岩波書店・昭58）56頁以下等を参照。

権行為の存在を認めたり認めなかったりするのは、理論的な観点からして、統一がとれていないのではないか。

さらに、実務の観点からしても、とりわけ動産売買と比較して価値の高い不動産売買の際に、債権契約がなされただけの段階で所有権の移転が発生すると一般的に理解されているかといえば、きわめて疑問であると思われる。(4)通常は、代金支払い、目的物の占有の移転、さらには、登記の移転等の外部的徴表を通じて、当事者は所有権の移転を自覚的に意識するのではないか。

以上の理論と実務の両面に鑑みれば、むしろ物権行為概念を認めることによって、日本の物権変動の場面をより良く説明することができるのではないか。少なくとも、物権債権峻別論を前提とする民法典が存在する以上、まずは、物権行為概念を認めることから議論を始める方が、論理的に正しいのではないであろうか。

2 課題の設定

以上の問題意識に基づき、筆者は、これまで、物権行為に関する研究として、日本における物権行為論を整理する論稿(5)をすでに公表しており、また、現行ドイツ法における物権行為概念の実質的な創始者と目される Friedrich Carl von Savigny の見解に焦点を当てた論稿(6)を準備している。

しかし、Savigny の見解が当時のドイツ法学界において急速に浸透していったことは事実であるが、BGB（ドイツ民法典）が制定される直前の1872年に制定された EEG（プロイセン所有権取得法）においては、物権行為ないし物権契約についての規定は存在しない。その点から、EEG と BGB の物権行為についての立法内容に直接的な関連性を見出すことは困難であるとする見

（3） 抵当権設定契約を、債権契約ではなく、独立した物権行為ないし物権契約として把握する見解は、むしろ一般的であろうと思われる。
（4） 判例は、所有権の移転時期の問題に関して、理論上の契約成立時移転説を維持しつつ、具体的な事例に応じて、契約成立時そのものを、代金支払い等と関連させつつ柔軟に認定するという手法を用いているが、きわめて迂遠な方法であり、一般的には理解し難い。
（5） 拙稿「物権行為に関する序論的考察―不動産物権変動の場面を基軸として―」早法84・3・325以下（平21）を参照。
（6） 拙稿「物権行為概念の起源―Savigny の法理論を中心に―」早法89・3（平26・刊行予定）を参照。

解が主張されている。[7]

 したがって、ドイツ法上の今日の物権行為概念を正しく把握するためには、次に、Savignyの物権行為論がBGBにおいて採用されるに至った経緯について、検討を加えなければならない。とりわけ、Reinhold Johowが策定した物権法部分草案、それに基づく第一委員会での議論と第一草案の内容、そして、第一草案に対する批判を受けた上での第二委員会での議論と第二草案の内容について、それぞれ詳論することが重要であると考えられる。

II 部分草案

1 Johowの見解

 Johowによる物権法部分草案は、1880年に起草された。しかし、部分草案に盛り込まれた条文自体には、物権行為ないし物権契約の文言は使用されていない。[8] 物権行為論との関連では、当事者の所有権移転の意図の重要性だけが、そこでは明文化されていた。したがって、その意図の法的性質論については解釈に委ねられていたと、ひとまずは言うことができる。

 しかし、この点について、Johowは次のように明確に述べている。すなわち、所有権移転の効果は、所有権者と取得者がお互いに所有権移転を求める意思を表示することによって発生するものであり、また、この意思表示は、所有権移転契約を形成し、いわゆる物権契約の性質を有すると主張したのである。[9] この言明から、Johowの見解がSavignyの理論から強い影響を[10]

---
(7) この点につき、有川哲夫「物権契約に関する学説史的考察」福岡20・4・286以下（昭51）を参照。
(8) 土地所有権の移転に関しては、部分草案の117条および118条を、動産所有権の移転については、部分草案の132条および133条を、それぞれ参照。いずれの条文においても、所有権移転の要件として、当事者の所有権移転に関する意図と、登記または引渡しの存在については明文化されているが、当事者の意図それ自体の法的性質についての規定は、特に存在しない。部分草案の内容につき、詳しくは、Werner Schubert, Die Entstehung der Vorschriften des BGB über Besitz und Eigentumsübertrag —Ein Beitrag zur Entstehungsgeschichte des BGB—, Berlin 1966, S.27 を参照。
(9) Reinhold Johow, Entwurf eines bürgerlichen Gesetzbuches für das Deutsche Reich, Sachenrecht mit Begründung, Band II, Berlin 1880, S.740 を参照。
(10) この点に関連して、Johowは、所有権移転に関する物権契約に至る動機が債権契約によっ

受けていたことは、疑いの余地がない。

また、Johow は、iusta causa（正当な原因）を所有権移転意思と同視することで、譲渡行為の固有の性質を正当化するとともに、物権行為の独自性とその外的無因性を認めることによって不当利得返還請求権の意義を高めようとしていた。[11]この点も、Savigny の初期の理論を受け継いでいた証左であると言える。[12]

2 評　価

部分草案においては、物権行為ないし物権契約が明示的に規定されなかったとはいえ、その実質的な内容について、Savigny の物権行為論から大きな影響を受けていたことは間違いのないところである。

しかし、いくつかの点で、Johow の見解と Savigny が到達した理論とは隔たりがあった。例えば、物権行為の無因性と不当利得返還請求権との関係性について、Johow は両者を有機的に関連付けているが、Savigny は、最終的には、無因性の根拠付けとして不当利得返還請求権をそれほど重視してはいない。[13]

また、その無因性自体についての考え方として、Savigny が内的無因性から議論を始め、演繹的に外的無因性を導き出そうとするのに対し、Johowが直接的に外的無因性から理論の展開を試みる点も、両者の相違点である。[14]

さらに、土地所有権の移転に焦点を絞ってみると、Johow の見解の特徴がより浮き彫りにされてくる。部分草案は Auflassung の概念を明示的に導入していたのであるが、このことは、EEG の規定についての解釈論を受け継いだものとして評価することができるだろう。[15]この点から、Savigny の理

　て付与されるのではないと、明確に表明している。例えば、Reinhold Johow, Entwurf eines bürgerlichen Gesetzbuches für das Deutsche Reich, Sachenrecht mit Begründung, Band I, Berlin 1880, S.633 f. を参照。

(11)　この点につき、Johow, a.a.O. 10, S.636 を参照。
(12)　さらには、引渡し自体を契約であると捉え、その契約を通じて所有権の承継取得がなされるという記述も存在する。この点については、Dieter Haag Molkenteller, Die These vom dinglichen Vertrag, Frankfurt am Main 1991, S.135 を参照。
(13)　例えば、Jens Thomas Füller, Eigenständiges Sachenrecht?, Tübingen 2006, S.124 を参照。
(14)　Haag Molkenteller, a.a.O. 12, S.135 を参照。

論とは間接的なつながりを有しつつも、同時に、EEG の規定内容およびその解釈論を BGB に導入することの重要性もまた、看取される。

ただし、Savigny と同様に Johow もまた、引渡しそれ自体に所有権の移転をもたらす契約を見出していたことは、注目に値する。土地所有権の譲渡の際には、登記が譲渡契約の形式として認識されていた。Johow は、意識的にではなく引渡しや登記が行われた場合にも、所有権の移転を認めるべきケースがあることを指摘し、引渡しや登記を譲渡契約そのものであるとする見解を正当化しようとしたのであった。[16]

以上のように、Johow による部分草案における物権行為概念は、Savignyの見解と EEG の規定内容をそれぞれ有機的に結合させたものであることがわかる。とりわけ、部分草案の策定の前提として、土地所有権の移転に関しては、EEG に準拠することがすでに決定事項とされていた。[17] このこともまた、Johow の部分草案にきわめて強い影響を与えたと言える。

Ⅲ　第一草案

1　第一委員会における議論

Johow による部分草案を議論の素材として、第一委員会は1881年から審議を始めた。そこでは、無因的物権契約の承認は当然の前提とされつつ、議論が進められている。

土地所有権の移転に関して、第一委員会は、所有権者と取得者の間の所有権移転に関する合意と、登記の必要性を要求している。このことは、Johowの部分草案と相違はない。土地に関する物権変動の中でも、とりわけ土地所有権の移転に際しては、両当事者の合意は登記官の面前において口頭で同時

---

(15)　動産所有権の譲渡よりも、土地所有権の譲渡を前提とした規定および議論が部分草案においてなされていることにも、理由があった。Johow にとって、Savigny の理論の継受と EEG の規定内容の重視は、いずれも、部分草案における所有権移転理論の骨格であったと評価することができる。

(16)　Johow, a.a.O. 9, S.754 を参照。現行法の規定および解釈論からすれば疑問はあるが、Johow は、その具体的なケースとして、代理人を通じた占有の取得を挙げている。

(17)　この点につき、Schubert, a.a.O. 8, S.26 を参照。

になされる必要があるとするのも、予測されうる議論の流れである。つまり、Auflassung の導入である。[18]

動産所有権の移転についても、当事者間の所有権移転の合意と引渡しが要件とされた。ここでの合意も、その前提とされた法的原因の存在の有無や、当事者による認識の相違に影響されないと考えられていた。[19]

また、内的無因性と外的無因性についての議論は、第一委員会においては特に存在しない。[20] 所有権移転に関する両当事者の合意が、まさに所有権の移転それ自体に焦点が当てられた性格を有しており、所有権移転の動機や目的はもちろん、先行する売買契約等の債権関係の有効性からも影響を受けないとするのは、もはや自明のことであると考えられていたのであろう。[21]

第一委員会の議論において、最も特筆に値するのは、物権変動に関する両当事者の合意を、契約そのものとして明確に位置付け、そして、立法内容にも具体的に取り入れようとした点にある。法的原因と譲渡行為の関係を遮断することにより、譲渡行為概念およびその合意の法的性質を独自のものとして把握する道を開き、物権変動についての合意を利用しやすい概念へと組み替えることが試みられたのであった。[22]

---

(18) 第一委員会による物権行為概念をめぐる議論については、Motive zu dem Entwurfe eines bürgerlichen Gesetzbuches für das Deutsche Reich, Band III, Sachenrecht, 2. Auflage, Berlin und Leipzig 1896, S.6 ff. を参照。
(19) この点につき、Haag Molkenteller, a.a.O. 12, S.140 を参照。
(20) 少なくとも、関連する記述は各文献には見られない。この点につき、有川・前掲注 7・296 を参照。
(21) もちろん、物権行為の無因性の承認については、今日の観点からすれば疑問は残る。ドイツにおいてさえ、無因性を批判する見解も存在するほどである。物権行為の無因性から生じる実際上の難点を克服しようとする解釈論を提示する判例として、RGZ 70, 55 ff. を参照。しかし、当時においては、それだけ Savigny の見解と EEG に代表される当時の立法の影響力は大きかったと言える。
(22) できる限り、契約についての総則規定を物権的合意にも適用させたいとする第一委員会の意図を見ることができる。パンデクテン体系に基づく法典化を目指していたことの証左と言えるだろう。物権的合意を契約とみなすことによって、普通法と立法の調和が完全に図られると考えられたのである。この点につき、Motive, a.a.O. 18, S.333 を参照。また、Horst Heinrich Jakobs, Werner Schubert, Die Beratung des Bürgerlichen Gesetzbuches —In systematischer Zusammenstellung der unveröffentlichten Quellen—, Sachenrecht, Band I, Berlin 1985, S.584 も参照。

2　第一草案の内容

　以上の第一委員会における議論を踏まえて、1888年に第一草案が起草されることとなった。

　土地所有権の移転に関しては、当事者間の Auflassung と称される物権契約と登記が要件であることが明記された[23]。さらに、物権契約の有効性に関して、その前提となる法的原因を摘示する必要はなく、また、前提とされていた法的原因についての認識が当事者それぞれにおいて異なっていたり、その法的原因がそもそも存在しなかったりしたとしても、物権契約は覆滅されることはないとされた[24]。これにより、物権行為の独自性と、その内的無因性および外的無因性が、いずれも条文において明定されることになり、そして、物権行為が契約として明確に位置付けられることとなった。

　また、動産所有権の移転に関しても、分離主義に基づく独自性と無因性を有する物権契約、および、引渡しが、それぞれ要件として明記されることとなる[25]。この点に関連して、動産所有権移転の要件としての引渡しに、占有改定が明示的に追加されたことは注目に値する[26]。というのも、それだけ、形式としての引渡しの重要性が後退し、相対的に、物権契約の理論的な必要性が高まるからである。

　第一草案における物権変動論、とりわけ、物権行為概念に関する規定の方法の特徴として、まず、土地についての物権変動に関する規定がおかれ、その上で、動産についての物権変動については、可能な限り土地についての規定を準用しているという点が挙げられる。土地と動産との関係について、前者の問題を基準に据えていたことが伺われる。それだけ、EEG の存在の重要性が浮き彫りとなっている。

　物権行為に関する第一草案の規定内容の中で最も特徴的な点は、Johow

---

(23)　第一草案828条1項を参照。とりわけ Auflassung については、第一草案828条2項および868条を参照。
(24)　第一草案829条1項を参照。
(25)　第一草案874条1項を参照。なお、動産所有権移転に関する物権契約の無因性については、第一草案874条2項により、土地所有権移転に関する物権契約についての規定である829条が準用されている。
(26)　第一草案874条3項を参照。

による部分草案の規定からさらに進んで、物権行為を契約として正面から認めた点にあると思われる。物権変動を求めることそれ自体を目的とする法律行為が契約としてみなされるという点は、Savignyによる物権行為論が学界に広く浸透してからBGBの立法作業が開始されるまでの間に、すでに十分、認識されていた。しかし、直近の立法であるEEGにおいても、そのことは法文化されてはいなかったのである。(27)

3 評　価

　第一草案は、部分草案の内容をさらに進めて、所有権移転を求める当事者間での意思の合致を、契約として明確に法文上で位置付けた。このことは、部分草案との関係のみならず、EEGを含めたそれまでの諸立法と比較してみても、顕著な特徴である。ここに、物権契約が、草案段階ではあるが、立法においてはじめて認められたことになる。(28)

　さらに、その物権契約の無因性についても、間接的にではあるが、明文化された。(29)法的原因がそもそも存在しない場合だけではなく、それまで長い間議論の対象とされてきた、当事者間でそれぞれ異なる法的原因が前提とされていた場合にも、物権契約の有効性に影響はないと明言されたのであった。(30)

　しかし、このように物権契約の独自性と無因性を正面から認めたとはいえ、その理由は明確に述べられてはいない。このことは、Savignyの理論とEEGまでにおける物権変動に関する解釈論を、それぞれきわめて忠実に、そして、やや盲目的に受け継いだとも評価することが可能である。

---

(27)　Motive, a.a.O. 18, S.333 を参照。
(28)　例えば、有川哲夫「物権契約理論の軌跡―サヴィニー以後一世紀間―」原島重義編『近代私法学の形成と現代法理論』（九州大学出版会・昭63）317頁以下等を参照。
(29)　ただし、第一草案829条1項において、たしかに物権契約の前提となる法的原因の摘示は不要であるとされたが、逆に、当事者が物権契約の有効性を法的原因の存否に積極的にかからしめることを望んでもならないのかという点については、検討の余地が残されている。少なくとも、第一草案理由書の中に、この点に関する記述は存在しない。これについては、Füller, a.a.O. 13, S.124 を参照。
(30)　このように、民法第一草案は、物権契約の内的無因性と外的無因性をそれぞれ明示的に条文の中に取り入れたが、そもそもなぜ物権契約の無因性を認めなければならないのかという点について、明確な理由付けを行ってはいない。この点につき、Haag Molkenteller, a.a.O. 12, S.140 を参照。

この点を顕著に示す証左として、引渡しそれ自体を物権契約とみなした点を挙げることができる。その理由は、パンデクテンシステムに基づく総則規定を、所有権移転を求める当事者間の意思の合致に対しても適用させることにあった。そのためには、意思の合致を契約として捉えなければならなかった。

　けれども、今日のドイツにおける物権行為概念についての理解からすれば、引渡しを契約として捉える思考方法は必ずしも有力な見解ではない。今日においては、引渡しはむしろ事実行為として考えられており、物権契約それ自体とは異なる概念、法律行為とは区別されるべき概念として考えられている。

　したがって、第一草案においては、法律行為と事実行為の概念が混同されていたか、少なくとも、所有権移転の要件論の場面においては、意識的な区別が欠如していたと評価せざるをえない。

　所有権の移転に関して、引渡しと登記という形式が決定的な要件となることは、直近の立法である EEG の存在から、すでに自明のこととされていた。このことに加えて、パンデクテンシステムに基づく、物権と債権の峻別や抽象的な総則規定の創設の必要性が、EEG や Johow の部分草案の内容以上に、第一草案の策定において、物権行為概念の重要性の強調を導いたのではないかと推測される。

　以上の点から、引渡しや登記という形式を所有権移転のための要件に盛り込むと同時に、本来であれば形式的な事実上の概念である両者を物権契約の要素として位置付けるという規定内容に至ったものと考えられる。

(31)　この点につき、Motive, a.a.O. 18, S.333 を参照。
(32)　土地所有権移転のための要件の一つである登記もまた、引渡しと同様に事実行為として捉えられるのが一般的である。物権行為と引渡しまたは登記との関係はきわめて密接であるが、引渡しまたは登記を法律行為としてとらえる見解は、少なくとも今日のドイツ法上の解釈論としては主流ではない。
(33)　Füller は、この点を捉えて以下のように指摘している。すなわち、第一草案においては、所有権移転の要件として引渡しを積極的に位置付けたいという考え方と、抽象的な物権契約理論と引渡しをなんとか有機的に結び付けたいという思考が重なって、本来は事実行為であるはずの引渡しを法律行為として捉える見解へと昇華したと主張する。この点につき、Füller, a.a.O. 13, S.125 を参照。
(34)　また、物権契約の無因性を承認したことについては、しばしば、登記手続きにおける登記官

第一草案が、普通法の引渡主義にも、フランス法に代表される意思主義にも偏ることなく、無因的物権契約の存在を前提とした形式主義、言い換えれば、物権的合意主義を採用したことは疑いのないところである。その最たる理由は、EEG の規定内容とその解釈を受け継ぐこととともに、パンデクテンシステムのさらなる明確な確立にあったと言える。それはすなわち、Savigny の法理論の呪縛から逃れられなかったことをも、同時に意味しているのである。

Ⅳ 第二草案

1 第二委員会における議論

以上の経緯を経て策定された第一草案は、第二委員会において批判を受けることとなる。

第二委員会では、所有権移転の要件に関して、物権契約概念を条文中に明記するべきであるとする提案はそもそもなされなかった。当事者間の意思の合致に関する規定を設けるべきであるとする見解はもちろん主張されたが、その意思の合致を契約として法律上性質決定することは避けられるべきであると考えられたのである。

物権行為が契約として法律上明記されるべきでないとする見解が、第一草案の内容と異なることは言うまでもない。問題は、物権行為が積極的に契約

の審査権限との関係で議論されている。すなわち、登記官の実質的審査権を否定し、形式的審査権のみを認めることによって、取引安全の保護をより図ることができるという観点である。登記官は物権契約の前提とされた法的原因を審査する必要がない、つまり、より正確に表現するならば、実質的審査権限を有していないとし、しかも、それに加えて、物権契約と債権契約の関係が遮断されることによって、物権変動の効果が維持される可能性は、少なくとも理論上は高まることになる。しかし、無因的物権行為概念の創始者である Savigny が、登記官の審査権限との関係を意識していたわけではないことは、明白である。この点につき、EEG との関連ではあるが、好美清光「Jus ad rem とその発展的消滅—特定物債権の保護強化の一断面—」一法 3・357 以下（昭36）を参照。また、登記官の審査権限の概念を整理するものとして、とりわけ、鈴木禄弥『抵当制度の研究』（一粒社・昭43）97頁以下が有益である。

(35) 物権変動に関する立法の分類については、原島重義「債権契約と物権契約」契約法大系刊行委員会編『契約法大系Ⅱ（贈与・売買）』（有斐閣・昭37）107頁を参照。
(36) この点につき、土地所有権の移転に関しては、Jakobs, Schubert, a.a.O. 22, S.251 ff. を参照。また、動産所有権の移転に関しては、Jakobs, Schubert, a.a.O. 22, S.592 ff. を参照。

であると宣言されなくても、物権行為が内容面において契約の性質を有することに変わりはないのかどうかという点に移ることになる。つまり、契約一般に関する規定の適用を、物権行為は受けるのかどうかという点である。この点を解明するためには、第二委員会においてなぜ契約という文言が回避されるに至ったのかということを明らかにしなければならない。

まず、第一草案において、無因的物権契約概念が明記されたことに対しては、学界からも多くの批判がなされた[37]。しかし、第二委員会の議論が、契約の文言を用いない方向で進んでいったのは、そのような批判を受け入れたからではない。

第二委員会は、第一草案828条の規定の内容を以下のように理解することから議論を始めた。つまり、土地に関する物権変動の要件として、当事者間の処分に関する契約および登記が必要であると明確に把握した[38]。したがって、物権的合意の法的性質を契約ではない別の概念として把握するという考え方を、採用してはいなかったのである。

ただし、同時に、第二委員会は、次のように契約の内容を理解した。すなわち、ここで言うところの契約というものは、登記をするという権利者の意思と取得者のそれに対する承諾を生じさせるものに他ならず、また、言い換えれば、物権変動を発生させるということについての両当事者間での意思の合致であることに疑いの余地はないとするのである[39]。

以上の理解を前提として、第二委員会は、物権変動の効果発生に向けられた意思表示の要件としては、権利者による物権変動に関する登記の許諾と取得者による許諾の受け入れだけで十分であり、契約という文言を規定中で用いることは、むしろ不必要であると考えたのである[40]。

したがって、第二委員会は、物権契約という概念を否定したのではなく、

---

(37) この点については、有川・前掲注28・319頁以下を参照。
(38) Protokolle der Kommission für die zweite Lesung des Entwurfs des Bürgerlichen Gesetzbuchs für das Deutsche Reich, Band III, Sachenrecht, Berlin 1899, S.52 ff. を参照。
(39) この点につき、Benno Mugdan, Die gesamten Materialien zum bürgerlichen Gesetzbuch für das Deutsche Reich, Berlin 1899, S.522 ff. を参照。
(40) なお、すでに、帝国司法庁における委員会において、物権契約の文言を明記することに対する批判が存在していたことにつき、Haag Molkenteller, a.a.O. 12, S.147 f. を参照。

あくまで、条文中にそれを明記しないという態度を示したにすぎない。それゆえ、物権変動に関する当事者間の意思の合致により、物権契約が発生し、その物権契約に、契約に関する総則的な規定が適用される余地は、当然自明のこととされたのである。[41]

2 第二草案の内容

第二委員会における以上の議論の流れを反映する形で、第二草案が策定された。1895年のことである。

第二草案794条の規定内容は以下のようになっている。すなわち、土地所有権の移転等のためには、法律上特段の規定がない限りにおいて、物権変動に関する権利者と相手方の合意および登記簿への物権変動についての登記が要件とされると規定された。[42] そこでは、物権契約の代わりに、当事者間の合意という文言が採用されている。

また、動産所有権の移転については、第二草案842条が規定している。そこでは、所有権者と相手方の間での所有権移転に関する意思の合致と、目的物の引渡しが、それぞれ所有権移転の要件とされた。[43] 土地所有権移転の場合と同様に、ここでも、物権契約の文言は用いられてはいない。

このように、第二草案では、土地所有権移転の場合と動産所有権移転の場合のそれぞれにおいて、物権契約の名称は採用されないことになったが、このことは、前述したように、Savignyの法理論から引き継がれた無因的物権行為論が完全に放棄されたことを意味するわけではない。

とりわけ、物権行為の独自性だけではなく、無因性についても、その特徴が維持されたと解することができる。というのも、物権行為を債権的な契約とは無関係な契約として位置付けることに関して、理論的な反対論が強かったわけではないからである。物権変動に関する第二草案の規定内容を確認してみても、そこには、物権変動を求める両当事者の意思の合致が要求される

---

(41) この第二委員会の思考方法は、土地に関する物権変動だけではなく、動産物権変動についての規定内容にも妥当する。例えば、Protokolle, a.a.O. 38, S.196 ff. を参照。
(42) 第二草案794条1項を参照。
(43) 第二草案842条1文を参照。

と定められているのであって、その意思が、物権的な意思であり、かつ、債権的な意思とは異なる概念であることが示唆されている。

3 評　価

以上のように、第一草案の規定内容とは異なって、第二草案では、物権契約という名称が放棄されるに至った。第一草案の際立った特徴とも言えた物権契約という名称は、物権的合意に置き換えられることになった。さらに、その物権的合意の無因性についても、特別な規定は設けられないことになった[44]。

しかし、物権的な法律行為をどのように呼称するべきかはともかく、少なくとも、そのような物権的な法律行為に対しても総則的な規定を適用するべきことについては、第二委員会において見解の一致が見られていたと評価することができる[45]。さらに、物権債権峻別論に基づく無因性の原則をここでの法律行為論から排除するということも、少なくとも一般論としては議論されていない[46]。

第二草案の意義として特記されなければならないことは、物権契約の名称が拒絶された点よりも、むしろ、登記と引渡しが物権的合意から明確に区別されるに至った点である。第二草案では、登記と引渡しは事実行為としての公示であるとして、明確に物権的合意と切り離されている。このことは、それまでのSavignyの法理論から大きく逸脱している[47]。

---

(44)　Protokolle, a.a.O. 38, S.64 f. を参照。
(45)　この点につき、Protokolle, a.a.O. 38, S.56 ff. を参照。その限りにおいて、第一委員会と第二委員会の見解は一致していたと解することができるだろう。
(46)　その結果、物権的合意を契約と称するかどうかの問題は重要視されなくなり、少なくとも契約に適用される規定が物権的合意にも適用されるとする考え方が前提とされた上で、物権契約の名称の問題は、その後の学説における議論に委ねられることになった。この点については、Protokolle, a.a.O. 38, S. 56 を参照。
(47)　Savignyは引渡しを本来的な契約として把握していた。しかし、第一草案が引渡しを譲渡行為の形式としても捉えることができると理解したことにより、すでにその時点で、Savignyの見解が直接的に受け継がれたとは言えない状況は生じていた。さらに進んで、第二草案では、物権的合意と登記および引渡しを明確に区別した。ここに至って、契約上の要素と事実上の要素の混合形態は解消されることになった。この点を指摘するものとして、Füller, a.a.O. 13, S.126 を参照。

以上の分析からすれば、第二草案における物権変動に関する規定内容に対する評価として、Savigny の法理論以来の無因的物権行為論が基本的には維持されたとするのは、たしかに正しい。しかし、物権契約という名称が使われなかったことからも示唆されるように、物権的合意と公示行為としての登記および引渡しが分離された点は、Savigny の物権契約論との明確な相違が見受けられる。

　法律行為と事実行為の分離は、体系的な視点からすれば、たしかに是認しうる点を有する。しかし、それにより、依然として物権的合意を債権的な契約とは異なる次元の概念として維持し続けることに対しては、批判が高まることになる。というのも、登記や引渡しといった事実上の要素が取り除かれた後の物権的合意概念に、具体的にどのような有為な点が存在するのか不明瞭だからである。[48]

　Savigny によって提唱された、目的や原因としての債権行為とは一線を画する物権行為の概念は、提唱された時点ですでに中立的な性質を有していたが、事実的な要素が取り払われることによって、さらに、その抽象性は増すことになった。[49] このことにより、民法全体の体系性がさらに純化されたことはたしかであろう。しかし、その反面において、物権行為が、その具体的な利点についてさらに説明し難い概念になったことは否定できない。

V　おわりに

1　結　論

　周知のように、その後、第三草案の策定を経て、BGB は1896年に公布および1900年に施行されることになる。しかし、物権変動に関する規定内容、

---

(48)　この点については、第二委員会においてもすでに認識されており、議論がなされた。しかし、詳細に立ち入った見解が示されることはなかった。これについては、Protokolle, a.a.O. 38, S.57 f. を参照。Savigny 以来の物権行為概念を捨て去ることまでは、できなかったのである。物権債権峻別論を前提とするパンデクテンシステムを採用することの重要性ゆえか、または、直近の立法である EEG の存在の大きさゆえか、いずれにしても、第二草案において、物権行為概念それ自体は維持されることになった。
(49)　Savigny の見解については、Haag Molkenteller, a.a.O. 12, S.36 ff. に詳しい。

とりわけ、物権行為概念に関する部分は、第二草案以降、変更を加えられることはなかった。したがって、概念としての無因的物権契約論は引き続き維持されつつも、その契約という名称とともに条文に明記されるという形で復活することはなかったのである。

物権行為概念に関する BGB の制定過程を追うことによって得られた結論は、以下の通りである。

まず、現行の BGB に至る過程において、部分草案、第一草案および第二草案の物権行為に関する内容は、いずれにおいても、Savigny の法理論の影響を強く受けていたと同時に、直近の EEG の規定内容を色濃く反映したものであったということが挙げられる。無因的物権行為概念を承認し、物権変動の要件論として、物権的合意主義を採用するということについては、BGB の制定過程において自明の理であったというのが、総括的な評価としては正しいであろう。

しかし、BGB の制定過程をさらに分析してみると、厳密には、それぞれの過程において相違点が見受けられる。特に注目されるべき点は、物権行為概念が契約として明記されたのかどうか、そして、登記や引渡しが物権行為の要素として捉えられたのかどうかということである。[50]

前述した通り、物権行為が契約として条文中に明確に位置付けられたのは、第一草案においてのみであり、その他の段階では一度も契約として明記されることはなかった。もちろん、物権的意思表示の合致が契約としてみなされるという、その内容についての解釈に関しては、当時、見解の一致が見られてはいた。しかし、少なくとも条文に明記されなかった以上、物権行為概念の法的性質について、その後の解釈論上の余地は残されたと言える。

また、登記や引渡しといった形式的な行為が、物権行為の要素としての位置付けから次第に離脱し、事実行為として純化されていった過程は大変興味深い。第二草案においては、条文上、物権的意思表示の合致と登記等が明確に別の要件として記載されるだけではなく、解釈論としても、登記等は事実

---

(50) これらの点は、むしろ、無因的物権行為概念の否定に繋がるというよりも、物権変動に関連するその他の問題、例えば、登記や引渡しに代表される公示制度を確立させる等の問題を引き起こす要素となったと言える。この点を指摘するものとして、Füller, a.a.O. 13, S.126 を参照。

行為であって法律行為ではないとする理解が定着した。このことは、今日におけるドイツでの一般的な物権行為論の理解に直接つながるものである。

以上のように、無因的物権行為概念はSavignyからBGBに確実に受け継がれた。しかし、その内容は変化を遂げている。少なくとも、BGBの規定上、引渡し自体を物権契約と解することはなくなった[51]。無因的物権行為論はSavigny以来の議論であると紹介されることが常であるが、今日における同理論の正当性を検討する際には、Savignyの法理論との距離を仔細に測りつつ行っていく必要がある。

2　今後の課題

本稿においては、ここまで、Savignyの物権行為論がどのような経緯を辿ってBGBに結実したのかについて、分析を試みてきた。しかし、今日の物権行為の独自性および無因性の当否につき結論を下すためには、当然のことながら、問題は数多く残されている。

まず、BGBの制定後、ドイツにおける判例と学説が、どのように無因的物権行為概念を評価してきたのかについて、検討を加えなければならない。

また、かりにドイツ法において無因的物権行為概念が承認されるべきであるからといって、そのことから直ちに、日本法の解釈論としても同概念を肯定するべきであると解することはけっしてできない。そのためには、ドイツ法と日本法を架橋するさらなる理論構成が必要不可欠である。

そこで考えられる概念が、ius ad remである。厳格な物権債権峻別論を前提とするパンデクテンシステムの台頭と時を同じくして、ius ad remはその姿を消していった。しかし、実際には、仮登記制度をはじめとして、現行法にも、ius ad remと同様の機能を営む概念が散見される。このことは、ドイツにおいても日本においても同様である。このius ad rem概念の再検討を足がかりとして、物権行為概念の意義をさらに明らかにすることはできないであろうか。この点もさらなる課題となる。

そして、物権債権峻別論自体の批判的分析も、当然のことながら対象とな

---

(51) 物権行為の無因性を承認する根拠としてよく挙げられる取引安全の保護も、Savignyが提唱したものではなく、登記官の実質的審査権の否定とともに、その後に登場した議論である。

ってくるであろう。課題はいまだ数多く積み残されている。

無効に関する一考察
――複数契約が一つの取引を形成する場合における一部無効と一部解除――

足 立 祐 一
Yuichi ADACHI

- I　はじめに
- II　一部無効と一部解除の判断
- III　全部無効、全部解除の要件
- IV　むすびにかえて

I　はじめに

　今日においては、複数の契約によって一つの取引が形成されることもしばしばである。民法においては、単一の契約が前提とされているため、取引を構成する一方の契約と他方の契約との関係についての規定はなく、また、個別の契約は互いに影響を与えないのが原則である。このため、特に一方の契約が消滅する場合に、この消滅が他方の契約に対してどのような影響を及ぼすかという消滅の場面について研究が進められてきており、複数の契約が並立して存在し、これが一つの取引を形成するような場合も「複合契約」という名称が与えられるようになってきている。「複合契約」の消滅の場面として、一方の契約の無効や解除がある。学説においては、複数の契約によって形成される取引全体の目的を顧慮することによって、一方の契約が消滅するとこの取引全体の目的を達成することができなくなることから、他方の契約が消滅する、あるいは取引全体が消滅することを根拠づける[2]、という方向性

---
(1)　このような取引の法的構造に関する研究として、都筑満雄『複合取引の法的構造』（成文堂、2007）、小林和子「複数の契約と相互依存関係の再構成—契約アプローチと全体アプローチの相違を中心に」一橋法学8巻1号135頁（2009）など。
(2)　都筑・前掲注（1）339頁、同「複合契約中の契約の消滅の判断枠組みと法的根拠に関する一考察——複合契約論考・その二——」南山法学33巻1号1頁（特に32頁以下）（2009）。また、近時、栗田晶「目的不到達に基づく契約の解除——契約内容となっていない目的の不到達——」

がとられるようになってきている。他方で、近時の債権法改正に向けた議論のなかでは、複数の契約の無効と解除として、無効と解除のそれぞれの部分に提案が置かれているということもあった。この消滅の場面の検討において、無効と解除は、一括して考えられるか、あるいはパラレルなものとして扱われていることが多く、また、無効と解除とで、結論や結論に至るまでの考え方が大きく異なるべきではないと考えられていることが多いと思われる。しかし、契約の無効と解除は同じ消滅の場面と考えることもできるが、複合契約以外の場面を考えれば、無効の原因は法律などによって定められたものであり、この原因が存在することによって契約は無効となるが、解除は特に近時では契約からの解放という面が強調されており、必ずしも同じ取扱いができるとは限らないとも思える。複合契約における議論、その消滅の場面においては、無効と解除についてどのように考えるべきか。

以下においては、ドイツにおける一部無効および一部解除の議論を参照して、複合契約における、複数の契約のうちの一方の契約の消滅が他方の契約に影響を与える場合の、無効と解除の枠組みの異同について考えることとしたい。ただし、ここでは無効について取り扱うことを中心とし、それと解除

信州大学法学論集16号19頁（2011）、森田修「『契約目的』概念と解除の要件論——債権法改正作業の文脈化のために——」小林一俊、岡孝、高須順一編『債権法の近未来像：下森定先生傘寿記念論文集』231頁以下（2010）、小野秀誠「目的不到達の復権——最判平8・11・12民集50巻10号2673頁——」一橋法学8巻1号1頁（2009）などでは契約の「目的」と複合契約を形成する一方の契約の消滅の問題が関連付けられている。

（3）たとえば民法（債権法）改正検討委員会による債権法改正の基本方針においては、複数の契約の無効（【1.5.50】）、複数の契約の解除（【3.1.1.77】）について提案が行われ、文言は少々異なるが二つの提案の内容はパラレルなものとなっている。また、法制審議会民法（債権法）部会においても、複数の法律行為の無効、複数の契約の解除の条文それぞれについて検討されていた（また、たとえば、「中間的な論点整理」第32、2（3）（99頁））において「一つの契約の不履行に基づいて複数の契約の解除が認められるための要件……との整合性にも留意しながら」という記述もある。ただし、中間試案においては、複数の法律行為の無効は採用されていない）。

（4）たとえば、消滅の場面を扱う論稿（都筑・前掲注（1））においても、一方の契約が他方の契約にいかなる影響を与えるかという点において、解除と無効において特に異なる取扱いを意識されていないように思われる。また、平野裕之「一部無効」椿寿夫編『法律行為無効の研究』（日本評論社、2001）206頁において「解除でも一つとして全部解除できるのか、複数とみて他の契約も解除できるのか、形式論ではなく実質論が重要であり、仮に結合契約論として別に論じるとしてもここでの一部無効論の結論とに差がでないようにすべきである」とされている。

（5）ドイツにおける一部無効の議論、特に要件を扱っているものとして、中川敏宏「ドイツ法に

との枠組みとの異同、として考えていくこととする。また以下本稿では、三当事者以上の場合にも関わる議論ではあるが、近時の改正提案の検討の対象ともなっている二当事者間の複合契約を主に念頭におく。

　ここでドイツの一部無効と一部解除の議論を取り扱うことについての理由は次のようなものである。複数の契約が一つの取引を構成するという場面については、無効の部分を他から切り離すという点から見れば、複数の法律行為のうちの一部の無効の問題、あるいは契約の可分性の問題に関連しており、これらは一部無効の問題としても扱われる。そして、日本法においては一部無効の規定がなく、単一契約または複数の法律行為の中に無効な部分が含まれている場合に残部の契約およびその他の法律行為がどうなるか、という問題については、ドイツにおける一部無効の規定であるドイツ民法139条（以下BGB139条）の議論が初期の学説によって転用され、その後もしばしば参照されていた(6)。また、複合契約の消滅の場面について、複数の契約をどのような場合にひとまとまりのものと見て一部の消滅を全体の消滅に結びつけるかというに点について、後に述べるBGB139条の一体性の要件を紹介する見解がある(7)。さらに、ドイツにおいては、この一部無効の規定における一体性の要件と同様の考え方が解除の要件の判断においてもなされ、複数の契約のうちの一部に解除原因があった場合に全体をひとまとまりと考えて解除できるかの判断の基準の一つとされている。

　以下では次のような構成をとる。まず、一部無効と一部解除の判断枠組みにおいて、どのような要件において、無効・解除が一部にとどまるのか、そ

ける『契約結合（Vertragsverbindungen）』問題――契約の一体性と一部無効・一部解除問題――」一橋法学1巻3号861頁（2002）、近藤雄大「複数の契約における一体性の判断基準とその要素について――ドイツのフランチャイズ取引を素材として――」行政社会論集18巻3号37頁（2006）、同「単一契約における一部無効の判断方法」同志社法学60巻7号539頁（2009）、熊谷芝青「法律行為の分割可能性」社会科学論集83号59頁（2002）、同「法律行為の単一性」社会科学論集84号87頁（2003）、同「一部無効法律行為と当事者意思」駒澤法曹1号13頁（2005）などがある。また、於保不二雄編『注釈民法（4）』（有斐閣、1967）225頁以下［奥田昌道］でBGB139条がとりあげられている。
（6）近藤・前掲注（5）同志社法学60巻7号541頁を参照。
（7）中川・前掲注（5）は、複合契約における契約の個数の問題とBGB139条の一体性の要件について論じる。また、近藤・前掲注（5）行政社会論集も複数契約を一体とみなす場合の要素についてBGB139条の一体性を検討する。

れとも全部に及ぶのかが区別されるのかについて見る。そして、そのうちで特に複合契約を構成する一方の契約の消滅に関わる要件である、一体性および利益欠落、義務違反の重大性をそれぞれ取り上げる。一体性および利益欠落の要件は、それぞれ一部無効、一部解除の特徴的な要件であるからである。その後、当事者の意思による一体性と利益欠落との異同、一部無効の仮定的当事者意思、法律行為の一部に無効が存する場合における全部無効の制限について見ていき、複合契約を構成する複数の契約のうちの一方が無効である場合と解除される場合とで、全体の消滅の要件にどのような違いがありうるのか手がかりを得ようとするものとする。

II 一部無効と一部解除の判断

1 一部無効

以下では、ドイツにおける一部無効の規定であるBGB139条の規定および、解除の規定であるBGB323条においての要件について見る。特に複数の契約のうちの一方の契約が無効あるいは解除となる場合において、他方の契約も無効あるいは解除となるかどうかの分かれ目になる要件とは何かについて見ることとする。

(1) 要件

BGB139条では、「法律行為の一部が無効である場合において、その無効な部分を欠いてもそれが行われていたであろうと認められないときには、法律行為全体を無効とする」と定められている。139条は、もともと文言上は単一の法律行為を想定したものであり、一個の法律行為のうちの個別条項において無効原因が存する場合が念頭におかれている[8]と考えられる。すなわち、法律行為、例えば契約が可分で、当事者がその無効な部分がなくとも契約をなしたであろうことが認められる場合に限り契約の残部を有効にすることができるという規定になっている。そして文言上は全部の無効を原則とす

---

(8) Motive zu dem Entwurf eines Bürgerlichen Gesetzbuches für das Deutsche Reich, Band I S.222 (Die gesamten Materialien zum Bürgerlichen Gesetzbuch für das Deutsche Reich, hrsg. von Mugdan, Band I, S.475).

る。ここでは、契約の可分と当事者の意思、特に当事者の仮定的当事者意思という要素を判断することによって、契約の一部分に無効原因が存在する場合に、契約全部を無効とするか、無効原因と関係しない契約の部分が残るとして残部の有効を考えるかが問題となる。しかし、実際には139条の対象と考えられ、139条の文言における「法律行為」の中に含まれているのは一個の法律行為だけではなく、「一体性を有する複数の法律行為」も対象に含まれているとされる。すなわち、一部が無効な場合に全体が無効となるかという問題について、この規定は単一契約の一部分が無効となっている場合と、複数の契約のうちの一部の契約が無効となる場合、両方の場合に適用されるということになる。ここに一部の契約が無効となる場合の複合契約全体がどうなるかという問題と関わる余地がでてくる。このとき通説によれば139条が適用される「法律行為」であることの要件として、単一性あるいは一体性を要求し、この単一性が認められる場合に139条が適用されることになる。

　この139条の枠組みによれば、複数の契約が一つの取引を形成する場合に、一方の契約に無効原因が生じるときは、139条適用のための要件である外見上複数の法律行為の一体性が認められると、当事者がその無効な部分がなくとも契約をなしたかどうか、という当事者の意思あるいは仮定的な当事者意思を判断することによって、複数の契約のうちの一方が無効となったときに、複数の契約が形成する取引全体が無効になるか、が決まる。すなわち、一部無効の規定において複数の契約のうちの一部の契約の無効を取り扱うには、複数の契約が一体をなしているかということと、当事者がその無効な部分がなくとも契約をなしたかどうかという当事者の意思あるいは仮定的な当事者意思、が重要な要素となる。

(2)　一体性の判断内容

　「当事者がその無効な部分がなくとも契約をなしたかどうか」という要件については後述することにし、ここでは後述する一部解除の判断においても

---

(9)　z.B. *Larenz/Wolf*, Allgemeiner Teil des Bürgerlichen Rechts, 8, Aufl., 1997, §45 Rn. 3 ; *Flume*, Allgemeiner Teil des Bürgerlichen Rechts, 2. Band, Das Rechtsgeschäft, 4. Aufl. 1992, S 570 f.

(10)　*Larenz/Wolf*, a.a.O., §45 Rn. 4 ; *Flume* a.a.O., S.571 f.

共通して関係する一体性の要件の判断内容について見ておくこととする。

複数の法律行為のうち一方に無効原因があるときに取引全体が無効となるかは、139条の適用を受けるかどうかに関わる一体性を有するか、そして当事者がその無効な部分がなくとも契約をなしたかどうか、という当事者の意思あるいは仮定的な当事者意思が認められるかどうか、によって判断されることになる。前者が肯定され、後者のような意思がないとされれば、全体が無効となる。

まず、法律行為の一体性の要件は、法律行為時の当事者意思を基準に判断される。そのような一体性意思が認められるためには、複数の法律行為が条件によって、一方の法律行為が他方なしには存在しないほどに一つの法的な一体にまとめられていることまでは、必要ではない。[11] 一体性を基礎づけるためには、当事者の利益の顧慮と、取引慣例の顧慮のもとでつきとめられた契約締結時の当事者意思で十分である。一体性を有すると認められるためには、複数の法律行為が全体として行為者によって単一の法律行為として法的に意欲されたかどうか、すなわち、当事者意思が、契約締結時に外見上分離されているが内的には関連している行為が、互いに「成立し、消滅する」べきであること、に向けられていなければならない。[12] 一体性に向けた当事者意思は、その一体性に向けた意思が、一方の当事者に存在し、それが相手方に認識可能で、そしてそのことが相手方に同意されるか、あるいは少なくとも甘受されることを必要とする。[13] 法律行為が経済的に互いに緊密な関係にあっても、それ自体だけでは、法律行為の一体性を基礎づけるのに十分ではないが、しかし、一体性に向けた意思に対する重要な徴憑にはなりうる、とされる。[14] 一体性に向けた意思が確認できないときは、外観的に分離された契約の意味と目的にしたがって、客観的なつながりが存在するかが問題となる。

---

(11) Soergel, Bürgerliches Gesetzbuch mit Einführungsgesetz und Nebengesetzen, Bd 2, Allgemeiner Teil 2, 13. Aufl. 1999, §139, Rn. 17. [Worfgang Hefermehl]

(12) Soergel/Hefermehl (1999) §139 Rn. 17 ; Münchener Kommentar zum Bürgerlichen Gestzbuch, Band. 1, Allgemeiner Teil, 6. Auflage, 2012, §139 Rn. 16 [Jan Busche]

(13) Soergel/Hefermehl (1999) §139 Rn. 17 ; J. von Staudinger, Kommentar zum Bürgerlichen Gesetzbuch, Buch 1 : Allgemeiner Teil 4, Neubearbeitung, 2010, §139 Rn. 39. [Herbert Roth]; BGH LM Nr. 46 zu §139 BGB.

(14) Soergel/Hefermehl (1999) §139 Rn. 17 ; Staudinger/Roth (2010) §139 Rn. 45.

判例によれば、契約を締結した者の考えにしたがって、ある二つの行為がそれだけでは効力を有せず、共同して相互に「成立・消滅」するかどうか、を基準に判断することになる。もっとも、一体性の意思自体が表示されることは多くはないと考えられるから、多くの場合は、外部に対する徴憑が問題となる。

　まず、共通の経済的目的ないし経済関係の存在、経済的結合への意思が、それだけでは単一性（一体性）を認めるには不十分だとされるものの、一体性の意思の徴憑としては重要であるとされる。判例においては、法律行為の一体性に向けた当事者の意思が確定できない場合でも、合意の内容、契約の内容が一体性の決め手となることがあるが、そこでは形式的に複数の法律行為が分割されていても、経済的に非常に密接な相互関係にあり、個別の法律行為だけでは独立性を有さず、相互依存によってのみ意味ある法律行為として存在しうると認められるかどうかが、単一性（一体性）が認められるような「客観的意味の関連」の有無の基準となるという。その際には、問題となっている複数の契約が時間的に間隔をおいて締結されたか、あるいは同時に締結されたか、ということや、同一の文書において締結されたか、ということは、結論にとって決定的ではないものの、一定の方向性を与えるということは認められている。すなわち、まず、時間的に間隔をおいて契約が締結された場合には、同一当事者間で結ばれた契約でも、通常、複数の法律行為が成立することになる。しかしながら、時間的間隔をおいて締結されたものであっても、以前の取り決めを具体化させる、あるいは変更させようとするもの（例えば、あとから売買契約の目的物が拡大される）であるときは、単一の法律関係とされることもありうるため、当然には決定的な基準とはならない。次に、同一の文書において締結されたかどうかについては、契約書の数が一つであるか複数であるかは、一体性の根拠とはなりえないものの、契約書の個数に応じて契約の一体性に向けた当事者の意思が推定されることがあり、判

---

(15)　BGH NJW 1976, 1931, 1932; BGH LM Nr. 46 zu §139 BGB.
(16)　Staudinger/Roth (2010) §139 Rn. 39.
(17)　Staudinger/Roth (2010) §139 Rn. 45.
(18)　*Larenz/Wolf*, a.a.O., §45 Rn. 8.
(19)　*Medicus/Lorenz*, Schuldrecht II, Besonderer Teil 16. Auflage, 2012 Rn. 1077.

例においてもこのような事実上の推定が行われる。すなわち、一つの証書で契約が締結されたときは、単一性(一体性)が推定され、複数の契約が別個の証書によって締結され、あるいはそれらの成立に時間的な間隔があることは、それぞれの契約がそれぞれ独立していることを推定させる。これらの推定は反証によって覆すことが可能で、そのためには、当事者の単一性意思、または「客観的意味の関連」の証明が必要であり、経済上の関係の証明では反証として不十分であるとされる[21]。

2 一部解除

次に、以下において解除についての規定のうち、一部解除についての規定の内容についてみる。

(1) 一部解除の規定の利用

ドイツ民法では、BGB323条5項において一部解除についての規定がおかれている[22]。この条文は、1文と2文で内容が区別されており、1文が「一部給付」すなわち、量的に不十分な給付の場合、2文が「契約の本旨に従わない給付」、すなわち質的に不十分な給付の場合を規定する。複合契約の解除という場合には、複数の契約のうちの一方の契約の解除であること、また、契約の個数の問題が生じうることから、質的というよりもむしろ量的な不十分であることを考えると、量的に不十分な給付と関係が深いように思われるため、まず量的な不十分である「一部給付」の場合の解除について考える。

一部給付においては、まず給付の可分性が問題となる。可分性が認められ

---

(20) Soergel/Hefermehl (1999) §139 Rn. 18; Staudinger/Roth (2010) §139 Rn. 40 f.
(21) Soergel/Hefermehl (1999) §139 Rn. 18; Staudinger/Roth (2010) §139 Rn. 41.
(22) BGB323条の規定は以下のようになっている。
　323条(不給付または債務の本旨に従って履行されなかった給付による解除)
　(1) 双務契約において、債務者が弁済期の到来した給付を履行せず、または債務の本旨に従って履行しない場合は、債権者は、債務者に相当期間を定めて給付または追完履行を催告したにもかかわらず、その期間を徒過した場合に、契約を解除することができる。
　(2)～(4) 略
　(5) 債務者が一部給付を履行したときは、債権者は、債権者がその一部給付に全く利益を有しない場合にのみ、契約全部を解除しうる。債務者が給付を債務の本旨にしたがって履行しなかったときは、義務違反が重大でないときは、債権者は契約を解除することはできない。
　条文訳については半田吉信『ドイツ債務法現代化法概説』(信山社、2003) 468頁を参照した。

ない場合には、一部解除は問題とならず、直接、全部解除が可能であるかの問題となるからである。この可分性の判断において、技術的な可分性および法的な可分性と並んで、「当事者の意思による不可分」が顧慮される。改正前の法（旧文言325条1項2文、326条1項3文）において支配的であった見解によれば、技術的な可分性や法的な可分性による法律行為の独立性に関わらず、当事者意思に合致するときは、契約の不可分性が肯定されていた。これが、新法においても維持されると考えられ、また、この不可分性は、139条の規定において取り扱った一体性と同様の観点にしたがって、次のように定められることになるとされている。[24]

すなわち、一体的な取引の前提は、「（当該）取引を、全体を優先させるもののように思わせるような、各部分同士の内的なつながり」である。ここで検討されることは、「契約の際に、一体性の意思が少なくとも一方の当事者に認識されており、他方の当事者によって甘受されているか」であり、これにしたがって、契約の各部分同士は互いに存在を左右しあう。以上のような意思は、個々の給付の部分がその利用において相互に密接に関連付けられているときなどに、認められやすい、と考えられている。[25]このように、当事者の意思による不可分という観点とそれにともなって契約のどこまでを一つの「まとまり」と見ることができるか、ということが問題となっており、BGB139条における一部無効の「一体的な法律行為であるか」の判断と同じ判断が当事者意思による不可分の場合について行われるため、この点で一部無効の場合と同様の判断・処理が行われると考えられる余地がある。なお、この不可分性は給付だけでなく反対給付についても必要である。[26]

当事者の意思による給付の不可分が認められる場合は、本来は、全体で一つとみなされる結果として一部解除の問題とはならないため、全部解除につ

---

(23) Soergel, Bürgerliches Gesetzbuch mit Einführungsgesetz und Nebengesetzen, Band 5/2 Schuldrecht 3/2 13. Auflage, 2005, §323 Rz. 174 [Beate Gsell]; *Muthers, Christof*, Der Rücktritt vom Vertrag : eine Untersuchung zur Konzeption der Vertragsaufhebung nach der Schuldrechtsreform, 2008, S.121.
(24) Soergel/Gsell（2005）§323 Rz. 174.
(25) Soergel/Gsell（2005）§323 Rz. 174.
(26) Soergel/Gsell（2005）§323 Rz. 177 ; *Muthers*, a.a.O., S.121.

ながりやすいと考えられる。このように当事者の意思の不可分が認められる場合は、一部解除の問題とはならないはずであるが、実際は、そのまま全部解除が認められるのではなく、一部給付、一部解除の場合を規定する323条5項1文における全部解除の要件である、債権者の利益の欠落があるかどうか、が検討され、この要件を満たすことで全体が解除されることになるとする見解がある。また、この債権者の利益の欠落の代わりに、義務違反の重大性を問題とすることも主張されている。そのため、複合契約との関連においても、当事者の意思の不可分以外に全部解除のための要件につき考える必要がある。以下においては、これらの利益欠落および義務違反の重大性の要件について簡単に述べる。

(2) **利益の欠落**

可分性が認められる場合には、一部給付の問題となり、323条5項1文の問題として捉えられることになる。そうすると、一部給付が履行されたときは、債権者が「その一部給付に全く利益を有しない場合にのみ」、契約全部の解除となると規定されていることから、「その一部給付に全く利益を有しない」、ということが問題となる。債権者が一部給付に利益を有しないと認められると、323条5項1文にしたがって、部分的に給付がなされず、さらに給付と反対給付が可分であって可分性の要件を満たす場合に、債権者に契約全体を解除する権利が与えられることになる。このように、債権者の利益の欠落は、解除が一部にとどまるか、契約全部に及ぶかの分かれ目となる。

一部給付について利益の欠落の判断の対象と考えられるのは、給付の一部分（受け取るはずであった給付）、つまり義務違反の対象ではなく、すでに債権者によって受領された一部給付および、将来になってはじめて履行されるはずの、未だ債務者が契約の本旨に適って提供することが可能な一部給付（履行されてはいないが、将来においては履行がなされうる給付）についての利益である。この要件の判断において決定的なのは、「債権者が、受領した給付の

---

(27) Vgl. Soergel/Gsell (2005) §323 Rz. 191.
(28) Münchener Kommentar zum Bürgerlichen Gesetzbuch, Band 2, Schuldrecht Allgemeiner Teil 6. Auflage, 2012, §323, Rn 203. [Wolfgang Ernst]
(29) Soergel/Gsell (2005) §323 Rz. 192.
(30) Soergel/Gsell (2005) §323 Rz. 187 ; MünchKomm/Ernst, (2012) §323 Rn 197, 203.

断片と、減額して均衡のとれた反対給付との交換に際して、その契約による給付の利益を少なくとも部分的に実現することができるかどうか」である[31]。その場合、客観的な基準が債権者の利益の欠落の判断に用いられる。その基準としては、第一に、債権者が約束された給付によって追求する個々の目的を見なければならないが、その目的は、契約の履行に結び付けられている本来の給付目的の利益でなくてはならない[32]。すなわち、債権者に対する部分的な契約の実行が、「債権者に一般的に何か価値を持っている」、「債権者が一部給付に任意の利益を有している」、というだけでは十分ではない。

また、債務者が、給付によって債権者が追求する目的を知っているか、あるいは知ることができたかどうかは、債権者の利益の欠落が認められるかの判断、全部解除が許容されるかの判断にとっては重要ではない[33]。

これに対して、受け取った給付の一部だけでは債権者の目的に役に立たない、そして欠けた部分がその他の方法によっては全く調達できない、あるいは調達が困難である、または調達に遥かに高いコストがかかるとき、あるいは債権者が、一手に完全な給付を受け取ることに対して正当な利益をもつときは、債権者の一部給付に対する利益が特に欠落するとされる[34]。加えて、給付の目的が時間上拘束されていて、それに基づいて部分的な遅延が全体で目的が無に帰すことにつながる場合、一部給付の利益が否定されるべきであると考えられている[35]。

債権者の利益の欠落の決定について基準となる時点は、原則的に解除の意思表示の時点である[36]。また、追完履行請求権は不履行後、指定した期間が満了しても存続するから、債権者は追完履行を主張する権利を認められる。それゆえ、原則的に、猶予期間満了後にはじめて生じる利益欠落であっても考慮に入れられる。債権者が受け取った給付の断片をいかなる場合にも維持す

---

(31) BGH NJW 1990, 3011, 3012 ; NJW 1990, 2549, 2550.
(32) Soergel/Gsell (2005) §323 Rz. 187.
(33) Soergel/Gsell (2005) §323 Rz. 187.
(34) Soergel/Gsell (2005) §323 Rz. 187 ; *Huber, Ulrich*, Handbuch des Schuldrechts, Band 2/9, Leistungsstörungen, §45 I 3, S.422.
(35) Soergel/Gsell (2005) §323 Rz. 187.
(36) Soergel/Gsell (2005) §323 Rz. 187.

ることを、債務者が例外的に考慮に入れてもよいときは、全部解除は除外される。なお、因果関係について、利益欠落が、まさに部分的に給付されなかった部分との因果関係をもっていなければならない。つまり、利益欠落の直接の原因が部分的な給付がなされないことであることが必要となる。これに対して、その他の理由に基づく給付の受領に対する利益の欠落は考慮されない。

ここまで、量的な一部給付の場合に契約全部を解除するための要件を見てきた。しかし、当事者の意思によって一体的に取り扱われる複数の契約の全部解除についての要件として、質的に不十分な給付がなされた契約の全部を解除する要件を、一部給付の要件の代わりに利用する見解もある。そこで、次に質的に不十分な給付が行われた契約の全体を解除する際の要件について見ることにする。

(3) 義務違反の重大性

契約の本旨に従わない給付、すなわち質的に不十分な給付の場合、323条5項2文によれば、その義務違反が重大なものではないとき、全部解除は認められないと規定される。義務違反が重大なものであるときに、契約全体を解除することが可能となる。よってこの義務違反の重大性の要件は、本来、質的に不十分な給付の場合の全部解除のための要件である。

この要件が必要とされる本来の趣旨は、些細な瑕疵の場合に、債権者は、法的な権利をもたない、というところにはなく、些細な瑕疵の場合に、契約の全体の解除による過度な制裁を避けるところにある。

この義務違反の重大性という要件は、323条5項1文で規定されている、一部給付の利益の欠落の要件に比べて、明白にハードルが低いと考えられ、利益の欠落ほどの要件は必要ないと考えられている。すなわち、契約の本旨に従わない給付の場合、一部給付の場合よりもより容易に契約全部を解消す

---

(37) Soergel/Gsell (2005) §323 Rz. 187.
(38) Soergel/Gsell (2005) §323 Rz. 188 ; MünchKomm/Ernst (2012) §323 Rn. 205.
(39) Soergel/Gsell (2005) §323 Rz. 188.
(40) J. von Staudinger, Kommentar zum Bürgerlichen Gesetzbuch mit Einführungsgesetz und Nebengesetzen, Buch 2 : Recht der Schuldverhältnisse (Leistungsstörungsrecht 2), Neubearbeitung 2009, §323 Rn. C24 [Hansjörg Otto/Roland Schwarze].

る権利が与えられると考えられている[41]。不完全履行が重大でないとき、債権者には売買契約と請負契約において減額の可能性が残される（BGB441条1項2文、638条1項2文[42]）。

ここでいう「義務違反の重大性」における「義務違反」とは、契約で義務付けられた性質より、債権者が受領したものが劣っているというところに存在するものである。ここにおいては債務者の帰責性はあまり問題にならないし、包括的な利益の考量の問題でもない[43]。重大な義務違反が存在するかどうかは、品質の逸脱の客観的な範囲と、その品質の逸脱の結果として生じる債権者の利益がどのくらい侵害されているかによって決定される[44]。

重大性の要件は、給付が著しい低価格を示す、あるいは、債権者が契約にしたがって得ることができると期待していたものが、瑕疵ある給付によって債権者の手に入らなくなってしまったことまでを必要とするのではなく、給付の利益が著しく侵害されたために、債務者が契約の解消についてかかる負担や不利益を顧慮しても、契約の解除が過度な対応ではないと思われる場合に肯定される[45]。

3　小括

以上、一部無効と一部解除についての規定の要件についてみてきた。複数の契約のうちの一方が無効となるときの残部の契約の有効については、まず複数の法律行為を一体のものとすることを意図する当事者の意思およびその徴憑が問題となった。複数の契約のうちの一方を解除しようとするとき他方の契約がどうなるかについては、一部無効と同様に当事者の意思およびその徴憑となるものが検討されたうえで、全部解除が許容されるためには利益の欠落あるいは義務違反が重大であることの要件がさらに考えられることにな

---

(41) Staudinger/Hansjörg Otto/Roland Schwarze (2009) §323 Rn. C24 ; Soergel/Gsell (2005) §323 Rz. 211.
(42) Staudinger/Hansjörg Otto/Roland Schwarze (2009) §323 Rn. C24.
(43) Soergel/Gsell (2005) §323 Rz. 216 ; Staudinger/Hansjörg Otto/Roland Schwarze (2009) §323 Rn. C25.
(44) Soergel/Gsell (2005) §323 Rz. 213.
(45) Soergel/Gsell (2005) §323 Rz. 216.

る。もっとも、複数契約のうちの一部の無効の場合・解除の場合ともに、具体的に決め手となるべき要件があると考えるよりは、それぞれ指針となるべき要件があるにとどまり、実際は具体的に徴憑となるべき事実が検討されることになるように思われる。

Ⅲ 全部無効、全部解除の要件

1 検討の対象

　上述した一部無効・一部解除の要件を前提に、以下では、無効および解除の判断枠組みにおいて、特に契約全部が無効・解除となるための要件において、その判断の中で顧慮される内容の異同について見ていくこととしたい。無効および解除の判断枠組みにおいて、複数の契約をつなぎ合わせる根拠についての考え方はBGB139条の一体性の要件におけるものであり、同じものである。しかし、一体性が認められた後に、どのような判断によって全体の無効、全体の解除につながるか、締結された契約をなるべく維持するという観点から、無効や解除が全体に及ぶことがどのように制限されるのか、という点については、なお異なるものと考える余地はある。以下においては、まず、一部無効の判断と一部解除の判断との異同が上述した要件において現れているか考えるために、解除の枠組みにおける一体性の考え方と全部解除の場合に要件として挙げられている債権者の利益欠落要件の関係について見たあと、一部無効と一部解除のそれ以外の相違点について手がかりを得るために、上述の部分では検討しなかったBGB139条における「無効部分がなくとも、契約を締結したであろう」という当事者意思について、そして、BGB139条における全部無効に対する制限について見ておくこととする。

2 可分性における当事者意思と全部解除のための利益欠落要件

　給付に不可分性が認められる場合には、一部解除の問題とはならない結果、一部給付の規定が適用されるのではなくBGB323条1項が適用されることになり、全部解除のみが問題となるはずである。しかし、上述（Ⅱ 2（1））の通り、当事者意思によって不可分となった給付の全部解除のために

は、債権者の利益の欠落あるいは義務違反の重大性という要件も満たす必要があるとする見解がある。この可分性の判断における当事者意思による不可分の判断と、利益欠落の判断に関しては、その異同に関して問題とされることがある。これは、可分性の判断においての「当事者意思による不可分」は、「欠けている部分と一部給付は当事者の意思によって不可分になっているか」ということが問題とされ、他方、利益欠落の判断は、「欠けた部分なしに提供された一部給付に債権者が利益を持つか」が問題となるが、考え方によってはこの二つの要件が同じものと考えられるからである。すなわち、当事者の意思によって不可分であるか、ということは、債権者が必要とあれば欠けた部分がなくとも契約を締結したかどうかという判断であり、それは、債権者にとって一部給付に利益があるかどうかによってのみつきとめられる、という見解に立てば、当事者の意思による不可分の判断と利益欠落の判断を区別することに意味がないことになるからである。可分性の判断はBGB139条、すなわち一部無効の規定における一体性の要件と同様の判断枠組みであるから、この二つの異同とは、一部無効の規定における一体性の判断と一部解除の利益欠落の判断の異同を考えることと同じことにもなる。

　しかし、債権者の一部給付への利益は、一体性(不可分性)への当事者意思の決定に通常何らかの役割を果たすが、当事者意思にしたがった不可分性と債権者の一部給付の利益とは完全に一致はしない。その理由としては以下のようなことが挙げられる。まず、契約の一体性が契約締結時点の当事者の意思を基準とするのに対し、契約の債権者の一部給付の利益にとっては、別の時点、すなわち契約締結時点ではなくて、解除の意思表示を行った時点が基準になる。加えて、債権者は客観的に与えられた一部給付の利益にも関わらず、一体性をあくまで主張したかもしれないし、不可分性が、債務者の主導であるいは利益においてもまた、取り決められるという場合もありうる。つまり、利益の欠落が債権者のみに関わるのに対して、不可分性は、債権者の利益のみとは限らず、債務者の利益によっても取り決められる。また、立

---

(46) Soergrl/Gsell (2005) §323 Rz. 175.
(47) Soergel/Gsell (2005) §323 Rz. 175.
(48) Soergel/Gsell (2005) §323 Rz. 175.

証責任に関して重要な相違が存在する。すなわち、少なくとも一部給付がなされ、したがって全部解除が323条5項1文の制限を受けることは、一般的な立証責任の規制に応じて、債務者が証明しなければならない。これに対して、利益の欠落の証明は債権者の責任となる。なおこの違いは、条文の構造から生じるものである。したがって、以上から当事者意思に基づいた不可分性は、利益欠落要件と区別して考える意味を持っている、ということになる。

また、全部解除における当事者の意思による不可分性の位置づけという点では、債務者の利益のために不可分性が取り決められたときは、債務者が義務に反した行いによって契約の解除原因を作り出した当人であるため、その当事者の意思に基づく取引の不可分性もまた、債権者の一部解除を阻害する不可分性となるのか、ということも問題になりうる。323条1項と、323条5項での解除とは、全部解除においてまずもって次の点で異なる。すなわち、可分性の部分でも述べたように、323条5項1文については、債権者が一部給付につき利益を有したかどうかが解除の可否を決定づけることになる一方で、当事者意思は、両当事者の意思に基づいて取り決められる。そのため、当事者意思の可分性により323条5項の適用が排除されるかどうか、という問題は、解除の際には当事者双方すなわち債権者・債務者双方の意思を顧慮するのか、債権者の意思のみを基準として解除の判断が行われるのか、という問題につながる。そして、このことは、解除の原因である給付の不履行がもともと債務者によって生じるにもかかわらず、当事者意思の不可分を認めることで債権者の意思だけではなく債務者の意思まで顧慮されるようになるという点で、不当と見ることもできる。

この点については、当事者の意思による不可分を認める判例において、当事者の意思による不可分が債務者の保護として用いられていたとする見解がある。[50]例えば、ビール会社の契約違反の事案[51]が挙げられる。この事案は、ビ

---

(49)　Soergel/Gsell (2005) §323 Rz. 176.

(50)　*Huber, Ulrich*, Handbuch des Schuldrechts, Band 2/9, Leistungsstörungen, 1999 §45 I 2 S.416 ff. がこの見解を取り、事案として以下の判例を挙げている。

(51)　RGZ 67, 101.

ール会社が飲食店経営者に飲食店の土地を売却し、その売買契約において、経営者には、18年のビール供給契約が義務付けられた。そして、経営者は、質の悪いビールの継続的な給付を理由に、ビール供給契約の解除の意思表示をした、という事案である。この事案において、ライヒ裁判所は、ビール会社がビール供給義務の観点のみから売買契約を締結したとし、それゆえ、経営者は、ビール供給契約と土地売買契約とを全体としてのみ解除することができる、と判断した。この関連において、ライヒ裁判所は、326条1項3文、325条1項2文（旧法）の規定から、経営者の一部解除の権利を導きだすことができるか、ということを判断した。すなわち、326条1項3文、325条1項2文の規定は、債権者がすでに給付された一部給付を保持することに対して利益をもつとき、一部が履行され、一部が不履行の契約を履行されている部分につき一部解除する権利が債権者に与えられる、と理解されるが、これによって経営者の一部解除の権利を認められるかが判断された。この経営者の一部解除の権利について、ライヒ裁判所は、特に139条（とその他の規定）から導き出される原則、すなわち、通例、一体的な契約は、また一体的に成立し、消滅する、という原則を援用することで否定し、326条1項3文、そして325条1項2文は、一体的な契約の部分的な不履行の場合には、適用できないと結論づけた。

ここでは、粗悪なビールをビール会社が供給し、経営者にはビール供給契約の維持が期待できないにもかかわらず、経営者はこのような継続的なビール供給契約を、飲食店を明け渡すことによってのみ免れることができることになり、当事者の意思による不可分が事実上、債務者（ここでは、債務を履行しなかったビール会社）にとって有利な結果をもたらすと見ることもできる。

---

(52) RGZ 67, 101, 105
(53) 債務法改正以前の325条1項2文は、「一部不能の場合において、契約の一部の履行が相手方の利益とならないときは、相手方は、第208条第2項により、債務の全部の不履行に基づく損害賠償を請求し、又は契約の全部を解除する権利を有する」（条文訳については椿寿夫・右近健男編『ドイツ債権法総論』（日本評論社、1988）222頁による）と定め、326条1項3文はこの規定を遅滞の場合にも準用することを定める。問題としては、323条5項1文の場合と同様と考えてもよいと思われる。
(54) RGZ 67, 101, 104 f.; *Huber, Ulrich*, a.a.O., S.418 f.
(55) RGZ 67, 101, 104 f.; *Huber, Ulrich*, a.a.O., S.419 f.

以上のような不当な結論をもたらすという点から、このような見解からは債務者の利益でなく、債権者の利益を優先的に顧慮すべきこと、すなわち、全部解除に関して、債権者の利益欠落を要件とされるべきことが主張される[56]。

　また、近時、ドイツにおける債務法改正後の議論で、履行義務の範囲においては、当事者による不可分が妥当するとしながらも、解除の判断に関しては、当事者の不可分によって直接323条1項によって処理するのではなく、323条5項1文の規定の趣旨を重くみて、債権者の利益欠落を要件とし、また一部解除も認めようとする見解[57]がある。この見解は、債務法改正によって、解除の際に債権者の利益のみが顧慮されるようになったこと、また解除に関して、契約締結時の当事者意思を根拠に直接全部解除とするよりも、当事者間での調整が行え、均衡のとれた結果に達することを顧慮しているようである[58]。

3　一部無効における仮定的当事者意思

　以上において、一部無効における一体性の要件と利益欠落の異同についてみたが、以下においてはここまで本稿においては検討しなかった一部無効の仮定的当事者意思について見ておくこととする。

　契約の一部分に無効な原因があった場合、一体性が認められると、可分性が判断され、そこで可分性が認められれば、最後に「当事者が無効な部分がなくとも、法律行為がなされていたか」ということによって、無効が一部分にとどまるか、全体に及ぶかが決せられることになる。ここで、当事者の意思が再び問題となる。「無効な部分がなくとも、法律行為がなされていた」ということが認められたときは、法律行為の一部に存する無効原因による無効はその部分に限られ、これが認められない場合には、全体が無効になる。この当事者意思については、実際の当事者意思と仮定的な当事者意思が考え

---

(56)　*Huber, Ulrich*, a.a.O., S.419 f.
(57)　*Muthers, Christof*, Der Rücktritt vom Vertrag : eine Untersuchung zur Konzeption der Vertragsaufhebung nach der Schuldrechtsreform, 2008, S.121 f.
(58)　*Muthers*, a.a.O., S.123.

られるが、ほとんどの場合においては仮定的当事者意思を検討することになる。

(1) 実際の当事者意思

理由書において「一つの意味関連のなかにある複数の意思表示による結び付きが有する意味は、単に当事者の意思のみから読み取られることができる」とされていることから、まず、当事者の契約締結時の実際の意思が顧慮される。しかし、当事者は契約締結の際に、一部無効をほとんどの場合に予期していないから、実際の当事者意思は存在しないことが多い。つまり、実際の当事者意思が存在するのは例外的だが、実際の当事者意思は、仮定的当事者意思にしたがった解釈に優先する、ということになる。当事者の契約において、当事者が救済条項の取り決めによって、一部無効の場合に対して準備しているとき、BGB139条の任意法規の性質を原因として、BGB139条の適用の余地はない。

そこで、仮定的当事者意思が問題とされる。

(2) 仮定的当事者意思

判例は、仮定的当事者意思をつきとめるのに、補充的契約解釈の原則を用いた。ドイツにおいては補充的契約解釈についてBGB157条において規定が置かれており、この157条の枠組みにおいては、契約当時の当事者の実際の考えを確認する、あるいは、当事者があとから、契約の一部無効を知った後で、実際に意図したことを見つけ出すということが問題となるのではない。むしろ決定的となるのは、もし、当事者たちが当時すでに、一部無効について知っていたのならば、当事者たちが、信義則にしたがってそして分別ある考量によって、契約締結に際して何に向けて合意に達したかである。一部無効で問題とされる仮定的当事者意思もこれと同様に判断される。

この仮定的当事者意思については、まず客観的に理性的な判断を、当事者

---

(59) Motive I, S.222 (Mugdan I, S.475).
(60) *Mayer-Maly*, Die Bedeutung des tatsächlichen Parteiwillens für den hypothetischen, in: FS Flume I, 1978, S.622; Staudinger/Roth (2010) §139 Rn. 75; *Larenz/Wolf*, a.a.O., §45 Rn. 25.
(61) *Ulmer*, Offene Fragen zu §139 BGB, in: FS Steindorff, 1990, S.806.
(62) Staudinger/Roth (2010) §139 Rn. 75.
(63) *Ulmer*, a.a.O., S.806.

意思として見なしていくものがある。例えば、Flume は、当事者が、直接、法律行為の締結後に、法律行為が部分的に効果を持つべきではないのか、あるいは全体として効果を持つべきではないのか、という二者択一を突きつけられたとき、法律行為の当事者は、思慮分別のある人物として無効原因に関わらない部分に関して法律行為を有効と認めるかどうか、という問題として捉え、事実の問題ではなく、評価の問題であるとする[64]。

しかし、通説的な見解によれば、仮定的当事者意思は、純粋に客観的な評価の問題である必要はない、と考えられている[65]。これは、客観的な評価では139条が当事者意思の貫徹のために役立とうとする、すなわち私的自治の原則の実現、という139条の趣旨に反することになるからである。むしろ、評価をするにあたっては、まず、当事者の立場が問題となり、分別のある第三者の見解や、裁判官の考え方は問題とならない[66]。

実際の適用の場面においては、客観的な評価と当事者の見解の考慮がしばしばさまざまな強度で共に作用する。すなわち、当事者の見解が突き止められないときは、やむを得ず、法律行為を客観的にみることが中心を占めなければならない[67]。ここでは裁判官によって、契約目的を顧慮して利益を十分に吟味する方法によって価値判断がなされることが、考えられているのである[68]。

また、仮定的当事者意思がどの時点を基準時とするかについては、契約の締結時が基準時であるとされる[69]。

4 全部無効の制限
(1) 全部無効の原則およびその制限

BGB139条は、規定の文言上は、全部無効が原則とされている。しかし、

---

(64) *Flume*, Allgemeiner Teil des Bürgerlichen Rechts, 2. Band, Das Rechtsgeschäft, 4. Aufl. 1992, S.580 f.
(65) Staudinger/Roth (2010) §139 Rn. 75 ; Soergel/Hefermehl (1999) §139 Rn. 34.
(66) Staudinger/Roth (2010) §139 Rn. 75.
(67) Staudinger/Roth (2010) §139 Rn. 75.
(68) Soergel/Hefermenl (1999) §139 Rn. 34 ; Ulmer a.a.O., S.806.
(69) Staudinger/Roth (2010) §139 Rn. 77.

その後の判例においては、BGB139条の原則と例外が逆転していると評されるほどに、全部無効の制限、あるいは残部の契約の維持が行われているし、また、学説においても、原則的に全部無効が制限される方向で議論が行われている。(70)この全部無効が原則とされることの理由としては、BGB139条は私的自治のための規定であるとされていることが考えられる。一部無効の際に、残部の契約を維持するとすれば、契約当事者が契約締結時に合意したものとは異なるものを当事者に押し付けることになる。これが、裁判官による契約の修正、または契約当事者の私的自治に反することに当たると考えられるため、それを避けるために全部無効が原則となっていたとするのが一般的であるものと思われる。

以下においては、139条が適用できないとされる場合、この全部無効を修正、軽減することによって残部を有効とする考え方について、全部解除の制限との違いの手がかりを得るため、触れておくこととする。

例えば、契約の無効となっている部分の無効を定める規範の目的によって、139条が適用されない、あるいは139条の効果が目的に応じて縮減されることがある。すなわち、契約において、無効が問題となっている合意が抵触している禁止規範あるいは強行法規が、搾取や詐欺、あるいは不確実性からの保護を目的としているときは、これによって全部無効とすると、法規範の保護の対象となっている契約当事者が、契約に基づいて受けている全ての利益も失うことになるから、契約全部の無効はまさにこの保護目的と矛盾する、と考えられる。(71)判例は、それゆえ、この場合において契約を無効な条項なしでも有効とみなしている。ここでは、方法論的に見て、139条の目的論的な縮減が問題となっている、と考えられている。(72)

また、信義則との関わりから、139条の主張が制限されることもある。判例においては、信義誠実の原則を顧慮して139条の適用が制限されており、例えば、次のような場合が示されている。(73)

---

(70) 鹿野菜穂子「ドイツ民法典における法律行為の一部無効」石部雅亮編『ドイツ民法典の編纂と法学』(九州大学出版会、1999) 319頁。
(71) *Larenz/Wolf*, a.a.O., §45 Rn. 33.
(72) *Larenz/Wolf*, a.a.O., §45 Rn. 33.
(73) *Larenz/Wolf*, a.a.O., §45 Rn. 36 ff.

まず、契約の履行のあとに、契約の履行にとって意味をなさない一部の取決めから全体無効が導かれるときは、139条の援用は権利の濫用であり、そのため242条の信義則にしたがって許容できない、とされる。例えば、パン屋の用益賃貸借契約において、賃借人に賃貸借契約が終わった後の時期に、制限された競業避止義務を負わせる。さらに賃借人には賃貸借期間中、パン屋の土地の先買権が認められていた。その先買権の合意は、形式不備を理由に無効だった。なお、この先買権は行使されなかった。用益賃貸借関係終了後、賃借人の競業避止義務違反が問題となった際に、賃借人はこの先買権の無効を理由として、用益賃貸借契約全体の無効を主張した。このような事案において、ライヒ裁判所の判断では、信義則によって賃借人の主張は退けられた。

そこで決定的であったのは、契約が本質的に両当事者によって完全に履行され、賃借人に対しては先買権の無効からそもそも不都合は生じない、ということである。これによって、賃借人にとっては、賃借人の側であらゆる用益賃貸借の利益を享受しており、いまや賃借人に用益賃貸借が終了した後も存続して負わされる義務を履行しなくても許容するとしたら不当であるとされたのである。

さらに、単に無効の個別の定めがなくとも契約全体が維持されるかが問題となるだけではなくて、無効な契約の定めそれ自体を部分的に顧慮する（維持する）ことも問題になる。このような問題においては、契約は、まず、当事者の取決めの無効を定める法規が保護している当事者自体の利益が存在するという理由で、維持される。その上で、無効によって生じた欠缺を任意法規（および慣習）によって補充しようとすると、当事者の当初の取決めよりも重い負担を法規範が保護の対象としている当事者に負わせることとなるとして、その限りで無効とされた契約の定めが維持されることになる。例えば、弁護士報酬の事案において、成功報酬の取決めが法律により無効となるが、

---

(74) *Larenz/Wolf*, a.a.O., §45 Rn. 37.
(75) RGZ 153, 59.
(76) *Larenz/Wolf*, a.a.O., §45 Rn. 38.
(77) *Larenz/Wolf*, a.a.O., §45 Rn. 41.

効力は維持される場合である[78]。このとき法規による補充では契約の取決めより重い負担が依頼人に生じる場合があるとき、依頼人の利益のために無効とされた条項が法規より下回る限りでは有効なままとされる。そのため、その限りで成功報酬という合意が維持された。この判決は、保護される当事者、依頼人が部分的な無効および契約の欠缺を任意法規によって埋めることによって、当事者が契約締結の際に契約に取り入れたのではない規制を押し付けられることを避けるという限りで、139条の基本的な考えに一致するとされる[79]。契約が139条に反して、無効な部分を除いて維持され、これによって生じた契約の欠缺が法律によって埋められる全ての場合において、契約の修正が問題となる。ここでは、BGHは契約を一方の当事者の、依頼人の利益にのみ修正する準備があり、また不利にならないようにも修正する結果、その限りで無効な契約部分も、実際には維持されることになっている[80]。

また、学説においては、139条の制限にとっては「結局、契約当事者の特別な保護が決定的である」、として139条の制限が個人の保護に向けられたものであると考えるものもある[81]。そこでは、139条を制限しようとする判例を個人に向けられた観点に関して考察すると、次のような事例群の区別を考えることができるのではないか、と考えられている[82]。すなわち、まず、判例においてしばしば問題になる場合として、契約の無効である部分がもっぱら両契約当事者の内の一方に利益を与えるもしくは、契約当事者の一方の保護を目的とするが、無効な部分によって利益や保護を受けるのではない相手方当事者がこの契約部分の無効を援用し、そしてそれによって139条にしたがって全体の無効を援用する場合である[83]。このとき、一方当事者の利益あるいは保護のためにもっぱら定められている契約の一部の無効によって、全体を無効とすることはできない。これは上述の二つの場合と並んで、信義則との関わりから139条の適用が除外される場面でもある。それ以外の場合として問

---

(78) BGHZ 18, 340.
(79) *Larenz/Wolf*, a.a.O., §45 Rn. 42.
(80) *Larenz/Wolf*, a.a.O., §45 Rn. 42.
(81) *Beckmann*, Nichtigkeit und Personenschutz, 1998.
(82) *Beckmann*, a.a.O., S.218.
(83) *Beckmann*, a.a.O., S.218.

題になっている場面としては、個人に対して向けられている無効規範の保護目的が139条の制限を基礎づけている場合である。[84]これは全部無効とすると無効を定める規範が保護の対象としていた当事者が保護されない結果となる場合である。最後のグループとしてまとめられる場合は、契約がすでにどちらの側についても履行されており、当事者が契約の無効な部分を援用し、しかしそれがもはや意味を有しなくなっている場合である。この最後のグループには上述したパン屋の事例が該当する。[85]

(2) 小括

以上のようなBGB139条の制限が考えられており、これらは複数の法律行為を対象とするものではないが、次の点を考えることができるように思われる。すなわち、BGB139条の適用の際には、その適用範囲および無効の範囲について、保護法規の内容、当事者の利益が顧慮されることになる。法律行為の一部の無効の原因となった法規の趣旨により、全部無効とするのがよいか、一部無効が望ましいかが決められ、保護されるべき当事者がどちらであるかも検討される。そして、保護されるべき当事者がどちらであるかを前提に、当事者の利益が考慮され、無効とされるべき範囲が決定される。しかし、ここにおいてはやはり当事者双方の利益状況が考慮されることになる。

また、BGB139条は、もともと私的自治の原則を趣旨とする規定であり、上述の法規の目的という点を除けば、契約の修正に当たらないか、当事者が契約締結時に合意した内容と異なるものを当事者に押し付けるものではないかどうかが問われている。

Ⅳ　むすびにかえて

1　検討

ここまで、ドイツにおける一部無効と一部解除について一部を除き複数の契約に関わる点から概観してきた。複数の契約が並立して存在し、一つの取引を形成する場合の、一方の契約の無効・解除がどのような影響を与える

---

(84)　*Beckmann*, a.a.O., S.221.
(85)　*Beckmann*, a.a.O., S.223.

か、という点においては、まず概略以下のようであるように思われる。すなわち、無効の場合は、契約締結時の当事者の意思によって契約が一体的に扱われているかどうかが判断され、最終的には、本来は両当事者が契約の一部の無効を知っていたら、無効部分なしに契約を締結していたであろうかを検討する要件であるところの仮定的当事者意思を探求することによって、無効となる範囲が決せられる。他方で解除の場合には、契約の可分性における判断において、一部無効の際の一体性の判断と同様の判断が行われるが、最終的には債権者の利益の欠落あるいは契約違反の重大性が判断されることによって解除の範囲が決せられることになる。

一体的な意思は、実際の意思を考えることができればそれが優先されるという見解はあるが、多くの場合契約書の数をはじめとする徴憑によって判断されていくことになるほか、無効の場合には仮定的当事者意思の探求の段階において、解除の場合においては債権者の利益の欠落・契約違反の重大性の判断の段階において、契約の解釈や、当事者の利益状況の判断や法的な評価が入り込むことになる。

このように最終的には、契約解釈や評価の問題となっていくという点については、複合契約の消滅の場面を判断する際の、一部無効、一部解除、双方の判断枠組みに共通するところである。なお、これについては、一部無効、一部解除の規定の要件ともに決定的となるメルクマールがないということも関係していると考えられる。それでははじめに提起した、複合契約の消滅の場面について、無効と解除の枠組みではどのような差異が生じるのかについてはどうなるか。この点について、以下検討する。

一部無効および一部解除の判断枠組みの差異は、まず、一体性についての当事者意思および仮定的当事者意思と、一部解除の枠組みにおける全部解除に必要な要件である債権者の利益欠落の差異において生じているところから生じうる。これによって、基準とされる時点が一体性の当事者意思すなわち、一部無効の判断枠組みが契約締結時であるのに対し、利益の欠落が決定的となる一部解除の枠組みの場合は解除の意思表示時が基準となる。そして、顧慮される事情については、一部無効の一体性の判断においては当事者双方の利益が顧慮されることになるのに対し、一部解除の利益欠落の判断に

おいては、主に債権者の利益が顧慮されることになるのである。

このことに付け加えて、BGB139条の制限において顧慮されていたことを考えると以下のようになる。すなわち、無効においては、無効の根拠となった法規範の目的によって一部無効となるか全体が無効となるかが影響を受ける。また原則として当事者の双方の利益が顧慮されることになるが、無効を定める規範の目的から、より保護されるべき当事者がどちらか検討され、これを前提に双方の利益状況が顧慮されることもある。

以上より一部無効と一部解除の判断枠組みでは、両者ともに、解釈および利益状況の評価によって範囲が決せられる点については共通するが、このように顧慮に入れられる内容が異なることとなりうる。

2　日本法への示唆および今後の課題

以上の点を前提とすると、複数の契約によって構成される取引の一部の消滅の場面においては、一方の消滅が他方の消滅を導くための根拠づけとなる法律構成を示す必要があるとともに、実際に消滅の範囲を決するためには、どちらの、あるいはどの当事者を保護するのか、という問題を検討することも必要とするようにも思われる。本稿で参照したドイツ法の枠組みをそのまま日本法へ持ち込むことはできないが、実際に消滅の範囲を決するためには、どちらの、あるいはどの当事者を保護するのか、という問題を検討することになるという視点は日本法の場合でも必要になるように思われる。その際には、複数の契約が構成する取引全体の目的の位置づけが問題となるように思われるが、この点を含め今後の課題である。また、一部無効の制限の議論についても、全てを検討したわけではなく、一部無効と一部解除の枠組みの比較について問題を示そうとしたに過ぎないため、今後の課題としたい。

「定期建物賃貸借期間満了後の法律関係」再論

藤 井 俊 二
Shunji FUJII

I　問題の所在
II　借地借家法38条4項の趣旨
III　定期借家終了の通知の効力
IV　私見

I　問題の所在

　定期建物賃貸借（以下、「定期借家」という）は、平成11年に「良質な賃貸住宅等の供給の促進に関する特別措置法」（法律153号）によって借地借家法に導入された制度である。

　正当事由制度によって存続を保護されているいわゆる「普通借家」では、賃貸人側に更新を拒絶することができる正当事由が具わらない限り、賃貸借期間が満了した場合には、契約は更新されるのである。これに対して、定期借家では、借家契約において定めた期間満了に際して契約の更新がない旨の特約をすることができるのである（借地借家法38条1項）。

　それでは、定期借家において賃貸借期間が満了したときは、借家契約は確定的に終了するのであろうか。

　借地借家法38条4項本文は、賃貸人は、期間満了の1年前から6ヵ月前までの間（「通知期間」という）に賃借人に対して期間の満了により建物賃貸借が終了する旨の通知をしなければ、その終了を建物の賃借人に対抗することができない、と規定する。

　終了する旨の通知をしなかったときは、「その終了を建物の賃借人に対抗することができない。」とは、どのような意味かを検討するのが本稿の課題

である。すなわち、この通知をしなかったときでも、定期借家契約は確定的に終了しているのか、それとも賃借人に対抗することができない結果として、賃貸借契約はなお存続しているものとして取り扱われるのか、ということである。

この問題については、筆者は既に見解を表しているが（拙稿「定期借家権の終了に伴う法律関係」日本不動産学会誌16巻1号（2002年））、後に述べるように、近時、東京地裁が非常に硬直的な判決を続けて出しているが、これらに対する批判する必要があると考えたので、ここに再論することにした。

II　借地借家法38条4項の趣旨

1　終了を対抗するには通知を要するとした趣旨

終了する旨の通知をしなければ、賃借人に定期借家契約の終了を対抗することができないとした趣旨は、賃借人に契約終了に関する注意を喚起することを目的としたものであった。期間満了の1年前から6ヵ月前に通知をしなければならず、またこの通知期間を経過した後は、通知から6ヵ月が経過したときに、終了を対抗することができると定めたのは、再契約のための交渉や代替建物を探すため必要な期間を確保するには、6ヵ月が相当であると考えられたからである（山口英幸「改正借地借家法の概要」ジュリスト1178号10頁）。

借地借家法26条1項は、期間満了の1年前から6ヵ月前までの間に更新拒絶の通知をすべきことを定め、また同法34条2項は転借人に対して原賃貸借が終了する旨の通知をしてから6ヵ月が経過しないと転貸借は終了しないと定めていることが、6ヵ月を相当な期間とした理由のようである。山口論文では言及されていないが、借地借家法27条は、賃貸人が解約申入れをした場合においても、6ヵ月経過することによって終了するとされていることも考慮されたと思われる。

2　ドイツ民法における通知義務

この終了の通知の制度は、当時の西ドイツにおける1982年賃貸借法改正法（詳細は、藤井俊二『現代借家法制の新たな展開』（成文堂、1997年）121頁以下参照）に

よって日本に先立って導入された定期賃貸借 Zeitmiete 制度における通知義務制度を参考にしたと思われる。なぜなら、定期借家論が議論され始めた頃には、借家関係の終了について賃貸人から賃借人に対して何らかの通知が必要であるという議論はされていなかったからであり、筆者が、都市的土地利用研究会においてドイツ（定期借家論が議論されるようになった当時は、既にドイツは統一されていた）では、定期賃貸借制度があるが、賃借人のために終了について期間満了の3ヵ月前には通知をしなければならないとする規定があることを紹介したときに、大いに関心をもたれたからである。

3 ドイツ民法における通知の期間

ドイツの定期賃貸借は、借家関係を終了させる正当な利益が期間満了時に賃貸人側に発生することを予定して締結され、満了の3ヵ月前になお正当な利益が期間満了時に発生することを賃借人に通知することを義務付けていた。通知の期間を3ヵ月前としたのは、賃借人が引っ越し先を探すのに相当な期間と考えられたからである（詳細は、藤井・前掲借地権・借家権の存続保護143頁以下）。ドイツでは、賃貸人の解約告知は、原則として、3ヵ月後に効力を生じるが（藤井・前掲書借地権・借家権の存続保護164～165頁）、わが国では、先に述べたとおり6ヵ月経過後に終了することになっているから、ドイツとわが国の通知期間の相違はこのことから説明することができることになる。

Ⅲ 定期借家終了の通知の効力

1 対抗の意義

賃貸人が通知期間内に通知をした場合には、定期借家の存続期間満了時に当該賃貸借契約が終了したことを賃貸人は賃借人に対抗することができることになる（借地借家法38条4項本文）。

通知期間を経過した後に、賃貸人がこの通知を賃借人に対してした場合には、その通知が賃借人に到達した日から6ヵ月が経過しないと、賃貸人は賃借人に定期借家契約の終了を対抗することができない（借地借家法38条4項ただし書）。

さて、期間満了により定期借家関係は終了する旨の通知をした場合に、賃貸人はその終了を賃借人に対抗することができるとは、どのような意味であろうか。

2 対抗することができないとは

民法では、「対抗することができない」と定める条文は多い。これらの条文の多くでは、「対抗することができない」とは、当事者間で生じた法律効果を第三者に対して主張することができないという意味である。

例えば、民法94条1項によると、通謀虚偽表示は当事者間では確定的に無効であるが、この虚偽表示の無効を善意の第三者に主張することはできないことになる。したがって、善意の第三者との関係では、虚偽表示による意思表示を行った当事者間の法律行為は有効になされたものとして扱われることになる（例えば、内田貴『民法Ⅰ［第4版］総則・物権』（東京大学出版会、2008年）52頁参照。）。

また、民法177条の適用において問題となる不動産物権の二重譲渡の場合には、例えば、AがBに不動産の所有権を譲渡する契約をしたが、不動産の登記名義をBに移転していない間に、Aはさらに同一不動産をCに譲渡する契約をし、登記名義もCに移転した場合に、CがBに対して不動産物権の取得を対抗することができることになる。この場合には、Aからいったんは Bに所有権が移転しているのであるが（民法176条）、Cが登記の時に完全に所有権を取得し、その所有権は、AからCに直接移転するのであって、AからいったんBに移転し、BからCに移転するものではなく、Bは当初から全く所有権を取得しなかったことになると解することもできる（最判昭和46年11月5日民集25巻8号1087頁）。

3 賃貸借当事者間における対抗

これに対して、借地借家法38条4項本文における対抗の問題は、当事者間において発生した法律効果を一方当事者が他方当事者に対抗することができるか否かの問題である。

一般に、「対抗することができない」とは、実体法上の効力は生じている

が、当該権利を主張する手続的要件に欠けている状態をいうとされる（稲本洋之助＝澤野順彦編『コンメンタール借地借家法［第3版］』（日本評論社、2010年）296頁［藤井俊二］）。すなわち、期間満了によって賃貸借関係は消滅しているが、賃貸人が終了の通知をしていないときは、賃貸借の終了を賃借人に対して主張することができないため、賃貸建物の明渡しも請求できなくなるのである。

4　終了通知がなく、賃借人が使用を継続している場合

さて、それでは、賃貸人が明渡しを請求しない間に、賃借人が従前通り賃借建物を利用し、それを賃貸人が認容している場合の法律関係をどのように説明すべきであろうか。

(1)　借地借家法38条4項立案担当者の考え

定期建物賃貸借制度導入当時の法務省担当官の説明によると、「従前の賃貸借契約が継続している状態になるものと解される」とされていた（山口・前掲論文10頁、法務省民事局参事官室が実質的に編集したと考えられる、借地借家法制研究会編『新訂・一問一答新しい借地借家法』（商事法務研究会、2000年）193頁）。この説明によると、定期建物賃貸借が期間満了後も継続していることになるが、期間満了によって終了しているはずの賃貸借が継続することについての理論的説明がないのがこの説明の欠点である。

また、この説によると、定期建物賃貸借がなお継続しているとするのであるから、賃貸人は終了した旨の通知をすることによっていつでも通知の日から6ヵ月が経過すれば、賃貸借は終了するということになるのであろうか。

(2)　下級審判決

しかし、その後の下級審において、「定期建物賃貸借契約は期間満了によって確定的に終了し」、それは「終了通知がされたか否かによって異なるものでもない」とされ、終了する旨の通知があっても、通知から6ヵ月間は「賃貸人は賃借人に対して定期建物賃貸借契約の終了を対抗することができないため、賃借人は明渡しを猶予されるのであ」るとする判決が現れた（東京地判平成21年3月21日判時2054号98頁）。この判決によれば、従前の賃貸借契約は継続していないことになり、「対抗することができない」とするのは、「賃

貸人が期間満了前の終了通知を怠ったことに対する制裁」であるとしている。

　同様の判決は、近時の東京地裁でもなされている。すなわち、賃貸人が終了の通知をせずに、賃貸借期間が満了し、その後も賃借人は建物の使用を継続し、賃貸人も賃貸借関係の継続をすべく協議を続けたが、結局、協議が調わず、また、この間、賃借人が賃料を支払わなかったので、賃貸人がなお従前の賃貸借は継続しているとして賃貸借契約の解除をし、損害賠償を請求したのに対して、賃借人は期間満了によって賃貸借は確定的に終了しているから、期間満了後建物を占有していた分については不当利得の返還をすれば足りるとして、争った事案について、東京地裁は、賃借人には借地借家法38条4項所定の「事前終了通知が履践されていない場合であっても、賃貸借契約自体は期間満了により確定的に終了し、ただ契約終了に係る具体的な効果（明渡請求、明渡遅滞に係る約定損害金請求等）を賃借人に主張することができないにとどまると解するのが相当である。原告〔筆者注：賃貸人〕は、従前の賃貸借契約があたかも継続していると考えるべきであると主張するが、それでは契約の自動更新を認めたに等しく、更新を認めない定期建物賃貸借制度の根幹に反するといわなければならない。また、賃借人は建物を権原なく占有する者として賃料相当額の不当利得返還義務を免れないのであって、このような法律関係を全体としてみた場合に、賃貸人に特に酷であるともいえない。」と判示しているのである（東京地判平25年1月22日判決、平成22年（ワ）第40411号判決（判例集未登載。本判決は、原告側訴訟代理人である進士肇弁護士および中山祐樹弁護士より提供を受けたものであるが、その後、LEX/DBZ5510283で公表されている）。

　したがって、これらの判決によれば、期間満了後も賃借人が賃貸借物の使用を継続していても、従前の賃貸借契約は終了しており、それは権原のない占有となるのである。そうすると、賃借人は、賃料相当分の不当利得金を賃貸人に返還することになるが、賃貸借が継続しているならば、義務を負っていたであろう用法遵守義務等は負わなくてもよいことになる。また、敷金は、賃借人の不当利得返還債務や用法違反による損害賠償債務を担保しなくなるであろう。さらに、賃借人が使用を継続して、従前通りの賃料を支払い続

け、賃貸人がこの賃料を受領する場合に、賃貸借契約は継続していないのであろうか。賃貸借は継続していないが、賃借人も賃貸人も終了したとは主張しない場合は、賃貸借は継続するないし新規賃貸借が締結されたと解する余地はないのであろうか。

(3) **法定更新説**

そこで、借地借家法38条4項の規定は、定期借家の法定更新を定めた規定だと理解する説が現れる。すなわち、終了の通知後、6ヵ月間は従前の賃貸借が期間の定めのないものとして更新されたものと解するのである。定期借家は更新のないものではないかという批判に対しては、「定期借家法は、更新しない旨の合意をその合意のとおり有効としているにすぎないのであって、合意によらない法定の更新まで否定する理由はない。」借地借家法38条4項は、同条1項によって期間どおりに終了させると生じる不都合を回避するために設けられたものであり、一種の法定更新を認めたものであるというのである(小澤英明『定期借家法ガイダンス』(住宅新報社、2000年) 228頁以下)。

この説によれば、賃借人が1回でも賃料を賃貸人に支払えば、賃借人が賃貸借の不存在を主張するのは背理である。その後の賃貸借は期間の定めのない民法上の賃貸借として民法617条1項2号によって、賃借人はいつでも解約の申し入れをすることができ、申入れから3ヵ月経過した時に賃貸借は終了するとされる。

すなわち、定期建物賃貸借契約を締結したことを重視して、正当事由制度の適用がある普通借家に転換すべきではないという実質的判断がなされているのである。

(4) **相対的継続説**

この説は、対抗することができないとは、当事者間では確定的に発生した法律効果が対第三者との関係では、否定されるということになると理解したうえで、当事者間では賃貸借終了という法的効果が発生しているが、終了の通知がないために、賃貸人は、この終了を賃借人に主張することができないだけであるとされる。それでは、終了したことを対抗できないことをどのように法的に構成するかであるが、この説では対抗法理に基づく相対的構成を当事者間でも貫徹して、賃貸借は期間満了によって終了するが、賃貸人がこ

れを賃借人に対して対抗することができない結果、あたかも継続しているかのように扱われるとされる（吉田克己「東京地判平成21年3月19日判時2054号98頁判例批評」判評617号19頁～20頁）。ただし、東京地裁平成21年3月21日判決では長期にわたる使用継続があったときは、新規の普通建物賃貸借契約の黙示の締結を認めるという一般論を述べるが、これに対して、短期の使用継続、1回だけの賃料の支払いがある場合にも、普通建物賃貸借の黙示の締結を認めてよいとされる（吉田・前掲判例批評21頁）。

Ⅳ 私見

1 定期建物賃貸借の期間満了による終了

前掲東京地裁平成21年3月19日判決は、定期建物賃貸借「契約は期間満了によって終了する。」と述べる。この点については、異論がないであろう。

2 終了する旨の通知を規定した趣旨

また、同判決は、借地借家法38条4項が終了する旨の通知がなければ、賃貸人は、終了を賃借人に対抗することができない、さらに通知期間を経過してから通知したときは、通知の後6ヵ月間は終了することを対抗することができないと定めるのは、賃貸人に対する一種の制裁であって、賃借人の建物占有を正当化するものであると、述べる。

しかし、この規定が設けられたのは、賃貸人に対する制裁ではなく、むしろ、長期の賃貸借の場合に、賃借人が期間満了を失念して、不意打ち的に明渡しを求められることがないように、賃借人を保護するためであったはずである（稲本＝澤野編・前掲コンメンタール295頁［藤井］）。前掲東京地裁平成21年3月19日判決は、このことも言及しているが、賃貸人に対する制裁というのは立法趣旨から離れたものであるといわざるを得ない。なぜならば、賃借人保護が主たる目的であるのに、「制裁」であるとする部分が一人歩きして、賃借人保護の趣旨が没却される恐れがあるからである。

3 終了する旨の通知の時期

　定期建物賃貸借が期間満了によって終了する旨の通知は、その期間が満了した後でもすることができるであろうか。

　前掲東京地裁平21年3月19日判決は、「契約終了通知が期間満了前にされた場合と期間満了後にされた場合とで異なるものではない」と述べる。確かに、借地借家法38条4項では通知をすべき時期を限定する規定は存在しないから、いつでも、すなわち存続期間満了後においても賃貸人は終了する旨の通知をすることができ、通知後6ヵ月が経過すると賃貸借は終了すると解することもできるように思われる（民間賃貸住宅契約研究会『Q&A わかりやすい定期賃貸住宅標準契約書』（大成出版社、2006年）49頁上原由起夫「定期借家権の解釈論的検討」国士館法学33号282頁）。

　しかし、このように解すると、期間満了後数年経過した後は賃貸人は終了した旨の通知をしていつでも賃貸借を終了させることができる。このような解釈は不合理であろう。

　つまり、定期建物賃貸借制度は、正当事由制度によって終了の時期が不明確となっている普通建物賃貸借制度を改めて、終了の時期を約定した期間どおりにしようとして制定されたものである。ところが、前掲東京地裁平成21年3月19日判決によれば、期間満了後はいつでも終了する旨の通知をすることによって終了させることのできる不定期の定期建物賃貸借という矛盾した性格を有する賃貸借が成立しているということになる。それとも、賃借人が権原のないままに占有を継続しているということになるのか。

　借地借家法38条4項本文において賃貸人の通知義務の規定を置いたのは、将来において期間が満了すると賃貸借が終了する旨を定めたものであり、だからこそ、法文では「終了する旨の通知」と定めているのであって、「終了した旨の通知」とは定めていないのである。また、同ただし書も、同趣旨の通知を規定したものと解すべきであるから、ただし書における通知は、期間満了の6ヵ月前から期間満了時までになされるべきものであると解する（稲本＝澤野編・前掲コンメンタール298頁［藤井］、澤野順彦『定期借家の実務と理論』（住宅新報社、2000年）171頁、澤野順彦『論点借地借家法』（青林書院、2013年）177頁）。

4 期間満了後、賃借人が建物の使用を継続している場合に法律関係

(1) 序論

存続期間満了後、終了する旨の通知がなく、賃借人が建物の使用を継続している場合の法律関係をどのように法的に構成するかという問題について、前掲東京地裁平成21年3月19日判決によれば、期間満了によって定期建物賃貸借は、終了しており、その後も賃借人が建物使用を継続している場合には、賃借人は無権原で建物を占有していることになる。そうすると、賃借人が賃料を支払い、賃貸人が異議なくそれを受領している場合には、賃貸人は受領した賃料分の金銭を不当利得していることになる。その後に明渡しが問題となった場合には、賃借人は使用利益の不当利得の返還と賃貸人は受領した金銭の不当利得分を返還するという問題が生じる。しかし、これは合理的な解決ではない。賃貸人が異議なく賃料を受領するときは、賃貸借を継続しようと考えている、ないしは新規賃貸借を締結しようと考えているとみるのが素直な解釈であろう。

そこで、学説としては、既にみてきたように、①借地借家法38条4項を定期借家の法定更新を定めたものと解する説（小澤弁護士の説）と、②賃貸人が期間満了による定期借家の終了を賃借人に対抗することができない結果、あたかも賃貸借が継続しているかのように扱うと解され、これを相対的構成とされる説（吉田教授の説）が出てくるのである。

①説は、38条1項によって法定更新の規定（借地借家法26条）を排除する特約を有効としているのであるから、定期建物賃貸借の法定更新は背理であるという指摘があり、この指摘はもっともである。

②説は、対抗することができないとする規定の趣旨に則った極めて巧妙な解釈である。

(2) 借地借家法38条4項ただし書

しかし、この説では38条4項ただし書の説明ができないであろう。すなわち、通知期間経過後に終了する旨の通知をした場合には（われわれの見解では、期間満了時までにしなければならないが）、通知時から6ヵ月間は終了したことを対抗することができないというのは、相対的であるとするならば、賃貸人にとっては対抗できないのであるから、賃貸借は継続するが、賃借人にとって

は終了しているということになるのであろうか。賃借人が終了したことを主張しないときは、賃借人にとっても賃貸借は終了していないのであって、結局、通知がなく、賃借人も終了を認めない限り、両当事者にとって賃貸借は終了していないことになるから、通知は対抗要件であると規定されているが、効力要件的作用を営むことになる。したがって、この規定は、定期借家の期間を法定的に延長することを定めたものと解すべきであろう。

　定期の賃貸借の延長ということについても、疑問が生じなくもない。しかし、ドイツ民法の定期賃貸借においては、賃貸人による終了事由に関する通知が遅れた場合には、賃借人はその遅れた期間分だけ賃貸借関係の延長を請求することができる旨の規定があり（ドイツ民法575条2項）、賃借人保護のために定期賃貸借の延長が認められているのであって、政策的にこのような規定が設けられることはあり得ることである。

(3)　民法619条1項の適用可能性

　われわれは、賃貸人が終了する旨の通知をせず、賃借人は定期借家の終了を主張せずに賃貸物の使用収益を継続している場合には、民法619条の規定によって賃貸借が黙示的に更新されると解している（稲本＝澤野編・前掲コンメンタール、澤野・前掲実務と理論）。

　前掲東京地裁平成21年3月19日判決は、「民法619条1項に基づいて従前の賃貸借と同一の条件で更に賃貸借をしたものと推定（法律上の事実推定）されることにない（あるいは当然に推定が覆される）ものと解される。」と述べる。更新されないという合意があれば、民法619条1項の推定は覆されるというのである。

　定期で賃貸借が終了するという合意がある場合に、黙示の更新があるのは、背理であるということであろうか。

　ドイツ民法では、住居の定期賃貸借についても黙示の延長の規定（ドイツ民法545条：賃借人が賃貸借期間経過後も賃貸物の使用を継続している場合には、契約当事者の一方が他方当事者に対して2週間以内に反対の意思を表示しないときは、賃貸借関係は期間の定めなく延長される）が適用されると解されている（通説、Christian Rolfs, in J. von Staudingers Kommentar zum BGB, 2006, §575 Rnr. 67. Hubert Blank, in Schmidt-Futterers Mietrecht Großkommentar, 2013, §575 Rnr. 34. Martin Häublein, in Münchener Kommentar zum BGB, 2012, §757 Rnr. 38。)。すなわち、期間を定めた賃貸借でも、ドイツ民法545条1項に定める要件を満たす場合には、賃貸人が期間経過後、賃借人の使用継続を知ってから2週間内に異議を述べない場合には、賃貸借は期間の定めなく延長されることになるのである。

わが民法でも、民法619条1項は「賃貸借の期間が満了した後賃借人が賃借物の使用又は収益を継続する場合において、賃貸人がこれを知りながら異議を述べないときは、従前の賃貸借と同一の条件で更に賃貸借したものと推定する」と規定している。

この規定の要件である①賃借人が期間満了後も継続して使用収益をしていること、および②賃貸人が賃借人による使用収益の継続の事実を知っていながら異議を述べないことという要件が満たされれば、賃貸借契約は同一の条件で更に賃貸借されたものと推定されてよいはずである。民法619条1項の規定からは、期間の定めのある賃貸借であるならば、定期借家であってもその適用を排除されることはないと解されるのである。

黙示の更新の推定がなされた後の賃貸借は、従前の賃貸借契約は別個の賃貸借であると解する。なぜならば、民法の規定では、敷金を除く、賃貸借の担保は期間満了によって消滅するのであり（民法619条2項)、この規定からすると従前賃貸借は消滅して、賃貸借から発生する債権に付従する担保も消滅するとされているからである（梅謙次郎『民法要義巻之三』（有斐閣、大正元年復刻版）675頁、末弘厳太郎『債権各論』（有斐閣、1918年）645頁）。

借地法、借家法が制定されて、不動産賃借権の存続が正当事由によって保護されるようになってからは、更新は、継続的契約関係が期間満了によって終了しないで継続することであると説明されるが（我妻栄『債権各論中巻一（民法講義Ⅴ2）』（岩波書店、1957年）439頁、広瀬武文『借地借家法』（日本評論社、1950年）245頁は、従前賃貸借と更新後の賃貸借は、同一の性質を有するものと説明する。)、この説明は、正当事由制度の適用がある建物賃貸借の場合に妥当するのであって、正当事由制度による存続保護がない賃貸借には借地法・借家法制定前の解釈が妥当すると考える（稲本＝澤野編・前掲コンメンタール291頁［藤井]）。

民法619条1項によって更新が推定されるときは、その賃貸借は期間については民法617条が適用される結果期間の定めのない賃貸借になるがそれ以

外の内容は、同一であると解すべきであろう（梅・前掲書675頁、末弘・前掲書646頁、鳩山秀夫『日本債権法各論（下巻）』（岩波書店、）1924年）501頁）。

したがって、賃料は従前の賃貸借契約と同一額であると推定されることになる。さらに、民法619条１項によって更新が推定される場合には、賃借人は従前賃貸借におけると同一額の賃料の支払い債務を負担することになるから、その債務の不履行があり、信頼関係が破壊されたと認められるときは、賃貸人は賃料債務の不履行を理由に契約を解除することができることになる（民法541条）。

⑷　更新しない旨の特約がある場合

定期建物賃貸借契約書において更新がない旨の特約があった場合（旧建設省が作成した「定期賃貸住宅標準契約書」第２条２項は「本契約は、前項に規定する期間の満了により終了し、更新がない。」と定める。）、前掲東京地裁平成21年３月19日判決は「従前の賃貸借と同一の条件で更に賃貸借をしたものと推定（法律上の事実推定）されることはない（あるいは当然に推定が覆される）もの」と解している。

しかし、このような特約があるにもかかわらず、賃貸人は、賃借人が使用収益を継続していることに対して異議を述べず、終了する旨の通知もせず、賃借人は賃料を支払おうとしている場合に、なお黙示の更新の推定は働かないとするのみでよいのであろうか。

ドイツにおいても同様の問題がある。ドイツにおける解釈論では、黙示の延長規定（ドイツ民法545条）特約によって排除しているときでも、賃借人が約定の期間を越えて使用を継続している場合には、失効の法原則 der Rechtsgrundsatz der Verwirkung（この原則については、加藤一郎『民法ノート（上）』（有斐閣、1984年）97頁以下参照）が適用されると解されている。すなわち、賃貸人は契約終了後発生している返還請求権を行使しないであろうと、賃借人が信頼するに足る相当な期間が経過すると、賃貸人は返還請求権を喪失すると構成するのである（Blank, a.a.O. §575 Rnr. 35.）。

ただし、返還請求権が失効した場合に、それでは賃貸人と賃借人との間でどのような賃貸借関係が成立することになるかは、残念ながら述べられてはいないが、いずれにせよ、賃貸人の返還請求権が失効するのであるから、従

前の賃貸借関係は延長されているものとして扱われることになろう。
　さて、それでは、わが国ではどのように解されるべきであろうか。
　前掲東京地裁平成21年3月19日判決は「期間満了後、賃貸人から何らの通知ないし異議もないまま、賃借人が建物を長期にわたって使用継続しているような場合には、黙示的に新たな普通建物賃貸借契約が締結されたものと解」するとしている。このように、新規の賃貸借を黙示の締結することを認めると、新規賃貸借は、正当事由制度の適用のある普通建物賃貸借ということになる。東京地裁は「長期にわたって」というのは言い過ぎであって、吉田教授は「事情によっては、短期の使用継続、さらには1回だけの賃料としての金銭の授受を伴う使用であっても、普通建物賃貸借の黙示の締結を認定しうる場合がある」とされる（吉田・前掲判例批評183頁）。
　筆者も、吉田教授が主張されるように「長期にわたって」というのは言い過ぎであり、事情によっては短期の使用継続によって新規の賃貸借の黙示の締結を認めてよいと考える。
　ドイツにおけるように賃貸人の返還請求権の失効という構成は参考になるであろう。権利失効の原則によって、賃貸人の返還請求権が失効した結果、賃借人は賃借物の使用を継続できると構成することも可能ではないであろうか。
　さらに、更新しない旨の特約があっても、賃借人が賃借物の使用収益を継続しており、賃貸人がそれに対して返還請求をしないときは、期間の定めのない賃貸借の新規成立を認めるべきであろう。
　また、賃借人が賃借物の使用を継続しながら、賃料額が決まっていないから、賃料を支払わずにいて、突然、対抗法理に基づいて、定期建物賃貸借の終了を主張して、賃料の支払いを拒むのは、むしろ矛盾する行為であって、信義則上許される行為ではないというべきである（ここでは、権利失効という言葉が馴染む）。したがって、この場合には、賃借人は、信義則上、定期借家の終了を主張する権利を喪失しているというべきである。
　新規の賃貸借の締結が認められても、賃料額が確定していないときは、賃借人は賃料を支払わなくてもよいであろうか。
　賃料支払義務は賃借人の主たる給付義務 Hauptleistungspflicht であるか

ら、賃借人は賃料を必ず支払わなければならない。したがって、賃借人が、賃料額が確定していないことを理由にして賃料の支払いをしない場合には、当然に債務不履行となり、賃貸人はこの賃料債務の不履行によって信頼関係が破壊されているときは、契約を解除することができることになる（民法541条）。

　なお、当事者間で賃料額を確定することができないときは、新規賃料であるから、借地借家法32条を直接適用はできないが、これを類推して、賃借人は相当と認める額の賃料を賃貸人に支払うことで賃料債務の不履行を回避することができると解すべきである。そして、当事者は、裁判所に相当賃料の確定を求め、確定された額に過不足があるときは、差額に1割の利息を付して、各当事者は賃料の支払いもしくは返還をすべきである。

　先に述べたように、借地借家法32条は、継続賃料の増減額について賃料の相当額が確定できない場合に適用されるものであるが、定期借家終了後の新規賃貸借について当事者は従来の賃貸借の継続ないし延長と観念しているであろうから、その賃料の相当額を確定するために借地借家法32条を類推適用することが妥当であると考える。

［筆者後記］
　田山先生には、早大大学院入学以来、ドイツ農業法のゼミを通して、ドイツ語およびドイツ法の指導をみっちりとしていただきました。今日の私のドイツ法の研究は、田山ゼミにおける（先生の別荘での合宿も含め）ご指導のたまものと感謝しております。そのご薫陶にいかほど応えられたかは、きわめて不安ですが、この場を借りて、感謝と古稀のお祝いを申し上げます。
　本稿は、前掲東京地判平25年1月22日判決の控訴審の意見書として執筆したものに、加筆・訂正を加えたものである。

土地利用における土地所有権の規制論

大　西　泰　博
Yasuhiro ONISHI

I　はじめに
II　ドイツにおける地区詳細計画と土地所有権の規制
III　日本における土地所有権の自由の規制と公共の福祉
IV　日本の土地問題と土地所有権の規制論
V　土地利用規制と資源分配の法律学―むすびに代えて

I　はじめに

　土地法学を研究する者にとって、土地所有権の規制論は、長年にもわたる大きな課題といってもよいであろう。最近では、都市法学者の原田純孝教授は、土地所有権に関する多数の論文を世に送り出しているが、『民法の争点』の論文「土地所有権の規制」は、小論文ではあるが、きわめて明快に都市法学の視点からの理論が展開されており、土地法学を研究する私もおおいに刺激を受けており、本稿を書くひとつのきっかけにもなっている。

　ところで、かつて成田頼明教授は、「土地利用規制の公共性と憲法問題」につき、開発と保全の調整、都市における生活環境の改善、秩序ある市街地の形成、地価高騰の抑制、公共用地の確保などの目的の達成を可能にするために、土地所有者に対して一定の計画に従った土地利用を義務づけ、計画に従わない使用・収益・処分を抑制しても、土地所有権を不当かつ不合理に侵害したものとは言えないものと思われる、と述べていた。さらに、財産のうちでも、とりわけ土地については、その公共的性格が著しく強いものとされているから、国民生活や国民経済の向上・発展のために不可欠な土地の利用

（1）　原田純孝「土地所有権の規制」（内田貴・大村敦志編『民法の争点』（有斐閣）（2007年）118頁以下。また119頁に掲げられた参考文献を参照のこと。

を国または公共団体が大幅に統制し、土地所有者の自由な使用・収益を抑制しても、今日のわが国の条件の下では「公共の福祉」に適合した措置であるということができよう、とも述べていた。その論文を読んだとき、やはり土地所有権の規制との関係では、もう少し公共の福祉の具体的な理論の展開の必要性を感じたのである。だが、それはとてつもない大きな問題なので、今日にいたるまで論じたことはない。

しかしいつまでも放置するわけには行かない。本稿では、そうした意識の下に、土地所有権の規制論につき、憲法・行政法の視点から土地法学的な検討を行いたいと考えてはいるが、しかし、憲法学者・行政法学者から見れば、多くの問題点をかかえた論文であることは執筆者自身が一番よく知っていることでもある。だが、公法と私法を含めた土地法学の構築のために少しでも役立つことができればと考えている。

II ドイツにおける地区詳細計画と土地所有権の規制

私はこれまでドイツの土地法、特に土地所有権や地上権についていろいろ研究してきたが、ドイツの都市計画法である建設法典（Baugesetzbuch）にも関心があり、今でも調べることがある。ドイツは、ひとつにはこの建設法典によってきびしい土地利用規制を図っていることは、つとに知られていることであるが、そこには地区詳細計画（Bebauungsplan）（Bプラン）があり、強い拘束力のある条例として存在しており、土地所有権を強く規制しているのである。以下においては、ドイツの状況をいま一度確認しておきたいと思う。[3]

まず、個人の自由・独立の本質的基盤をなす所有権は、土地に対する全面的な支配権（Herrschaftrecht）を示すものであるが、同時に公益により要請されることは、こうした個人の絶対的権利を制限することである。そして公益と私益が激しく対立することになるが、この対決のきわどさを避けるため

（2） 以上につき、成田頼明『土地政策と法』（弘文堂）（1998年）103頁以下。
（3） 以下の叙述については、ヴィンフリート・ブローム＝大橋洋一訳『都市計画法の比較研究』（日本評論社）（1995年）に依拠している。以下においては、ブローム＝大橋訳『都市計画法』と略す。

にも、国家計画と財産権制限を伴う土地利用の配分は不可避となる。しかし、国家権力の増大は、個人の独立および自由に対して、いっそう危険度を高めているので、「法治国の諸原則」および「憲法の個々の指令」から国家権力行使の目標設定・限界づけと利益を侵害された者の権利救済の可能性が導かれねばならないのである。

　次に、基本権としての自由権は、その概念に照らすとさしあたりは無制限とみなされたので、国家によるすべての規律は、侵害（Einschränkung）として「正当化」を必要とするのである。そして土地所有権との関連で、このことが意味することは、土地利用に関する規律は、法治国原則による制限と正当化の必要性を尊重しなければならないのである。特にこのような規制は、「公共の福祉」を理由としてのみ可能であり、「法律の留保原則」により法律の根拠を必要とするのである。したがって例えば、計画の規制それ自身ないし個別事例における適用は、「比例原則」に応じていなければならず、それゆえ「適切」「必要」「適度」でなければならない。また、建築の自由（Baufreiheit）が憲法上保障された結果として、建設法上や計画法上の規律は制約とみなされ、それゆえこうした制約は、公益による正当化を要し、さらに法律上の根拠を必要とし、「比例原則」に応じていなければならないのである。

　さて、ドイツにおいては、土地利用規制のひとつの制度として地区詳細計画制度が存在している。「地区詳細計画」は、土地所有者の自由を制約することになるが、所有権のいわばこうした内容確定の限界はどこにあるかが問われることとなる。土地所有権については、土地所有権の社会的拘束義務（Sozialbindngspflicht）として、高い要請が課されねばならないのであり、この義務（Pflicht）は、具体的状況により、所与の法的事実的状況への土地の包摂に応じて区分されるのである。そして、特別な義務であるところの「状況的拘束性（Situationsgebundenheit）」という観点のもとで、基本法14条１項が要請しているのは、ただわずかに「比例原則」が守られ、土地所有権の「本質的内容」が維持されることである。ここで、土地所有権の「本質的内

（４）　ブローム＝大橋訳『都市計画法』13頁。
（５）　ブローム＝大橋訳『都市計画法』25頁。
（６）　ブローム＝大橋訳『都市計画法』57頁。

容」に属するのは、「処分権限」と「利用権限」である。土地所有者は、広範な制限の下でも、その土地を売ったり、担保としたり、計画の指定に従い利用できるので、「経済利用」が許される限りで、土地所有権の「本質的内容」は侵害されていないということになる。

　この土地所有権の本質的内容については、連邦憲法裁判所の見解が存在するので、みておきたいと思う。連邦憲法裁判所は、これまでに2つの要素を明らかにしている。ひとつは所有物を「私的に利用すること」(Privatnützigkeit)とその所有物の「処分の原則的自由」(grundsätzliche Verfügungsbefugnis)である。「私的に利用すること」ついて連邦憲法裁判所は、一連の判決で、状況によって左右される所有権を「私的に用いるということ」を、少なくとも所有物の種類と状況に応じて、経済的に意味のある可能な利用の仕方が所有者に残されていなければならない、と述べているのである。また、「処分の原則的自由」とは、この原則的な機能が、土地取引法に関する決定で、憲法によって保護された法制度としての核心的領域に入るとされて以来、この機能は、所有権秩序の分野における行為の自由の不可欠の要素であり、その結果、譲渡の禁止は、市民のこの自由領域への極めて重大な侵害にあたる。それゆえ譲渡の禁止は例外的にしか認められないのである。

　土地所有権の本質的内容につき触れたついでに、土地所有権の「社会的制約論」につき簡単にみておくことにする。まず、基本法14条は、所有者の真性かつ直接的な法的義務を確立したものであり、拘束力のある基本法の委任者たる立法者を、そして解釈の指針として行政および司法を拘束するとの見方が、通説の見方である。それゆえ、所有権の法的義務の内容は、連邦憲法裁判所によれば、立法者は、所有権の内容および限界の規定を設けるに際して、私的所有権の保護とその社会的制約との双方から明らかとなる「社会的モデル」を実現しなければならないのである。そして、ここでいう社会的制約には、その所有物の利用に依存している個々の法仲間の利益をも考慮すべしとの要請が含まれるのである。結局立法者は、すべての当事者の保護に値

---

(7)　ブローム＝大橋訳『都市計画法』73頁。
(8)　エクハルト・シュタイン＝浦田賢治他訳『ドイツ憲法』(早大比較法研究所)(1993年)に依拠している。シュタイン＝浦田他訳『ドイツ憲法』と略す (239頁以下参照)。

する利益を、適正な調和とつりあいの取れた関係にもたらさなければならないのである。したがって、所有権の社会的制約とは、所有権の保障もそして万人の平等な現実的な自由の達成にも寄与すべきであり、財産の不平等な配分に基づく社会的な権力の地位を保護するものであってはならないのである。あるいはまた社会的制約に関して、連邦憲法裁判所は、土地は増加せずしかも不可欠であるという事実は、土地の利用を、任意の勢力間の見通しの利かない競争と個々人の恣意に完全に委ねることを禁じることになるのであり、つまり公共の利益は、土地に関しては、他の財産よりも増大して認めるべきこととなる、としている。

最後に土地所有権についての状況的拘束性（Situationsgebundenheit）について述べることにするが、この理論についてはいくつかの論文があるので、簡単に触れることにする。連邦最高裁判所の考え方の基礎にあるのは、次のような考え方である。つまり、すでになされている利用のみが状況的拘束性の内容を決めるのではなく、むしろ事物の本性から生じる利用および経済的利用の可能性が、換言すればそれは理性的かつ経済的考察方法のもとで、場所的形態の所与性および不動産の状態から生じるわけだが、そうした可能性が拒否されるか・本質的に拒否されるか・あるいは制限されたか、が決定的なものとなるという理論である。

さて、以上のことから、若干考えてみることにしよう。第一に、地区詳細計画は、土地所有権の規制をともなうので、「比例原則」を守らなければならないことが分かる。日本でもこの比例原則が様々な領域で活躍しているようであるが、ドイツでは土地法において、より細かく言えば前述の都市計画法たる建設法典の地区詳細計画において登場してきている。日本の土地法学でも活躍する可能性があるようにも思われるが、定かではない。

ところで、比例原則については、憲法の学説上次のような説明がある。命令や禁止を含む法律は、個々人の自由を侵害し、その基本権を制限するの

---

(9) シュタイン＝浦田他訳『ドイツ憲法』241・242頁。
(10) シュタイン＝浦田他訳『ドイツ憲法』255頁。
(11) ドイツの土地所有権については、大西泰博『土地法の基礎的研究　土地利用と借地権・土地所有権』（敬文堂）（2010年）187〜299頁参照。以下、大西『基礎的研究』と略す。

で、立法者は比例原則を考慮すべきことになる。ここで考えられているのは、手段と目的の比例である。つまり、採用された手段によってもたらされる不利益が、追求される公益目的における利益に比例しなければならないことを意味する。連邦憲法裁判所は、結局、客観的公正性、適切性、必要性および要求可能性という諸原則を打ち出している。客観的公正性の原則とは、立法者は、基本権の侵害を客観的公正かつ理性的な公益の考量によって根拠付けることが要求され、法的権力を関係のない目的に濫用してはならないという原則である。適切性の原則とは、ある手段が許されるのは、意図された結果がその手段によってもたらされる場合だけに限られるという原則である。必要性の原則（これはしばしば「過剰の禁止」あるいは「可能な最小限度の侵害の原則」とも呼ばれる）は、立法者が、基本権の制限が、より緩やかでかつ同程度に有効なその他の手段を選択することができなかった、という原則である。要求可能性の原則は、侵害の大きさとその侵害を正当化する理由の重みならびに緊急性との比較考量を命ずる原則である。[12]

こうしてみると、比例原則は、基本権たる土地所有権の侵害になるのか否かのきわどいところで活躍するなかなか重要な原則のように思われる。なお、あくまでも手段と目的との比例であり、規制の目的の妥当性を云々する原則ではないようでもあり、注意する必要性があるようにも思われる。いずれにしても、比例原則はやはりかなり抽象的な内容であり、具体的な利用計画でどのように適用され、妥当な結論を導くのかは重要である。

第二に、ドイツの土地法学を研究する中で、いつも私は、憲法学者・行政法学者・民法学者といった法学者が土地所有権について相当程度議論を積み重ねているという事実に圧倒されるのである。上述のように、連邦憲法裁判所を中心に、土地所有権の「本質的内容」や「社会的拘束」や「状況的拘束性」や「社会的制約」といった法理論の構築に努めているのである。そしてここで注意すべきことは、ドイツにおいては、土地と建物が一体となっており、土地所有権といっても通常は建物所有権をも含めて考えているのである。したがって、土地所有権の社会的拘束といった場合、通常は当然に建物

---

(12) シュタイン＝浦田他訳『ドイツ憲法』71・72頁

所有権の社会的拘束も含んで考えているのであり、あえて言えば、空間をも考えているのである。つまり建物を媒介とした空間を考えているのである。そして、空間利用（Raumnutzung）という中で、住居が扱われているのである。それゆえに、ドイツにおいて「土地法」という場合、しばしば「土地空間法」という言葉が使われることがあるが、それはそうしたことを意味しているので、土地空間法となるのである。それゆえ、社会的拘束といった場合、そのことは、空間にも妥当すると考えるのが通常と思われる。

Ⅲ　日本における土地所有権の自由の規制と公共の福祉

　土地利用が、日本においては、必ずしも整合性・平等性・衡平性をもたらしていないのが現状ではあるが、そしてその現状の根底にある土地所有権の利用の自由を、強く規制することによって土地所有権という財産権の侵害となり、なるほど土地所有権の本来的姿を失うことになるが、しかしながら土地所有権の自由を強く規制することによって、たとえば良好な住環境が確保されるならば、土地所有権がある意味では新たな権利として再登場することも少なからず理解できよう。

　しかし、土地所有権の利用の自由の規制の必要性・重要性を強く感じるとしても、やはり土地法学においては、土地所有権の規制の正当性が法的な視点から求められることになるであろう。前述したように、成田頼明教授は、公共の福祉の観点から正当性がある旨を述べていたが、日本においてはひとつにはまさにこの公共の福祉をめぐって、土地利用規制法による土地所有権の自由の規制の正当性・妥当性・整合性等々が議論されてきたと考えて過誤はないものと思われるのである。

　ところで、憲法29条2項の公共の福祉については、憲法学者の見解が多数あるが、私自身は法社会学者・土地法学者の渡辺洋三教授の見解に相当以前から共感を覚えていたので、議論の出発点として、まずは渡辺洋三教授の考え方を若干詳しくみておくことにしたいと思う。[13]

---

(13)　渡辺洋三『財産権論』（一粒社）（1985年）141頁〜171頁参照。

まずは、「内在的制約」と「政策的制約」の二分論が登場する。内在的制約ないし必要最小限度の人権相互間の調整のための制約原理が、憲法13条の公共の福祉であり、社会国家的・政策的制約原理が、憲法29条2項の公共の福祉であるとの通説的見解は、多くの問題があるとする。具体的には、①この二分論は、基準があいまいであり、またこのように固定的に考えることはできない。たとえばこの二分論によれば、「他人の生命・健康への配慮」、「他人の人間としての尊厳への配慮」、「人権相互間の調整」などは内在的制約と解されているが、現代における公害防止や消費者保護のための企業財産の規制を考えた場合、その規制は上述の3つのための規制であるともいえる。それにもかかわらずこの3つのための規制はむしろ通常は政策的規制と考えられており、あいまいである。また、借地法・借家法を、憲法学者は政策的制約に分類するが、私人間の権利相互の調整のための私法規定としてとらえるならば、内在的制約といえる。②内在的制約＝憲法13条の規制原理は、社会全体の公共維持のための消極的目的の規制であり、政策的制約＝憲法29条2項は、国家の政策的実現のための積極的目的の規制であるとするが、つまるところ国家の法制度は、それ自体が常に国家＝公共の観点からの財産権の規制を目的としているであろうから、内在的制約であろうと政策的制約であろうと変わりはない。③内在的制約は、憲法13条の公共の福祉による制約であるから、補償は要しないとの見解があるが、補償の要否は憲法29条3項のみの問題である。したがって、憲法13条の問題か憲法29条の問題かといった概念法学的論理操作で片付けるべき問題ではない、とする。

次に、市民法的制約と現代法的制約が語られている。①財産権の具体的内容は、常に国家の法秩序によって定まっている。そして財産権の内容が常に公共の福祉の規制の下にあるという点では、近代でも現代でも変わりはない。問題は、近代における公共概念と現代における公共概念の差異である。②近代における公共性は、経済的市民社会の成立を前提とし、その全体としての商品交換秩序（それが自由主義段階での公共の福祉そのものである）を保障する統一的市民法体系によって規律されていたのであり、このような市民社会の公共概念いいかえれば市民社会的公共性が、財産権の内在的制約と呼ばれるものに照応する。それゆえに内在的というのは、近代的商品交換そのもの

に当初から本来的に含まれている社会的性質のことを言うのであり、私権の属性としての内在的制約論は、近代市民法の固有のものであり、公共の福祉という法概念を必要としないものである。③市民的公共性に対して、現代国家の公共性は、統一的市民社会の価値原則が崩れ、市民社会を構成する諸個人・諸階級の私的利益の対抗があらわになることに伴って、市民社会内部に国家が介入し、国家公共の手によって私的利益相互の対立を調整することから生じる公共性である。④日本民法にも戦後、第1条の規定において公共の福祉規定が置かれたが、本来的には市民法自体が市民社会全体の公共の内容を決めたものであるから、公共の福祉といった法概念を必要としないのであるが、「現代市民法」は対等でない市民相互の紛争を処理する必要にせまられ、この紛争の精神的基準として憲法13条にあわせてこの規定を入れた。だが、それは私的自治を前提とする裁判規範としての私法の枠内の問題であり、しかもあくまでも立法や解釈の指導理念としての意味しか持たないから、現実の解釈学あるいは裁判規範としては、実際的意味をもたない。⑤これに対して憲法29条2項のいわゆる国家的公共の福祉は、現代国家の政策的要請に基づき財産権を公共秩序の中に組み入れ、行政権によってこれをコントロールする場合にのみ問題となるのである。したがってたとえば、民法の相隣関係における財産権の制約は、憲法29条2項の公共の福祉により説明する必要はなく、また結局私権相互の調整にかかわる民法領域の問題は無数にあり、これをいちいち取り上げて憲法29条2項の公共の福祉に合致するかどうかを論じることは、意味がない。

最後に、国民経済論と人権論が出てきている。①憲法29条2項の公共の福祉が問題となるのは、一定の国家政策に基づいて公共の担い手としての行政権が、経済的市民会に介入する場合、そしてその場合の法的形態として、私法上保障されている財産権の行使に行政上の特別な制約が加えられる合理的理由がある場合に限定される。②公共の福祉の内容の重要な一つの側面は、国民経済上の要請であるが、それは現代国家が国民経済を管理・組織化する任務を持つに到ったことに由来する。したがって、国土の開発・土地利用の計画・都市計画などの土地問題の解決は、国民経済上の重要な課題であり、土地私権に対する公的介入の強化は、土地公有の問題も含めて土地立法の全

面的展開をもたらしているが、これも現代公共の福祉の重要な一つとなる。③国民経済上の要請に答えて登場してくる現代法の諸分野、たとえば土地法は、現代公共の福祉の一つの側面である。そして現代法においては、国民経済が法律概念となり、公共の福祉の内容を規制しているのである。④以上のことに対して、公共の福祉のいま一つの重要な側面、すなわち国民の生存権＝社会的経済的権利の保護という点においては、生存権としての財産権、勤労者の権利、消費者の権利、環境権、日照権、健康権、社会保障権など現代的生存権の体系が、現代的人権の重要な柱であるとすると、これら人権論の保障のために、法人企業の資本主義的財産権の自由な行為を制限することは、人権論という課題において大きな部分を占めている。そして弊害除去のための財産権規制は、単なる私的利害の衝突という利益考量的政策ではない。⑥それゆえ、人権尊重の観点から、公共の福祉の内容を規定することは、法律論としても可能であり、人権論こそが立法や行政の裁量を指導し、あるいは限界付ける憲法判断の基準となるのである。結局、人権論を基礎とした国民経済論の展開が、憲法論として要請される公共の福祉である。ただ現実には公共の福祉は、人権否定の正当化のための法律概念であることもあるが、そうした正当化は認めるべきではない。

　さて、渡辺洋三教授のやや難解な理論を、私の理解に基づき、若干検討することにしよう。その際、土地利用規制法について考えてみることにしたい。

　最初に、公共の福祉を考えるとき、それが憲法13条の公共の福祉なのか、憲法29条2項の公共の福祉なのかといった具合に、区別することは意味がないとしているが、先の論述からすると、確かに説得性があると思われる。そうなると今度は、市民法的制約か現代法的制約かといった基準があらわれる。憲法29条2項の公共の福祉は、近代市民法と区別される意味での現代法に固有の国家的制約を謳っているとすれば、そして憲法13条の公共の福祉は、国家政策とは関係のない市民社会の公共の福祉とすれば、この基準は成立する余地があり、さらに先にみたように、憲法29条2項は現代国家の政策的要請にもとづき財産権を公法秩序にくみいれ行政権によってこれをコントロールする場合のみに問題になるとすれば、憲法29条2項においては現代公

共の福祉が登場することになり、土地法・土地利用規制法はこの現代公共の福祉のもとで考えることになろう。しかし、現代公共の福祉で考えるとしても、やはり中心概念が明確ではないので、人権論こそがそこでの中心概念となるものと解される。つまり、人権を侵害するような土地利用規制法は正当性・妥当性がないとの結論になるものと思われる。

ただし、この場合の人権はいかなる人権であるかといえば、かなり多岐の権利を渡辺教授は考えており、根の部分にあるのが生存権であり、さらに環境権・日照権などが、登場してきている。こうした権利が侵害されるのならば、土地利用規制法は、正当性がないとの結論にいたることになろう。こうした生存権を中心とした環境権や日照権という一種の人権を重く見て考える方法は、後にもまた触れるが、私自身にとっては基本的には支持できる考え方である。そして、私たちはこうした権利の重要性を知ることができるのである。

しかしながら、何よりも、公共の福祉の中身が変わらない限り、いかなる権利も保護からは程遠いところに留まらざるを得ないであろう。国家の土地政策や経済政策自体が、市民生活を優先するような政策にならないと、問題解決にはならないように思われる。おそらく渡辺教授の人権論もそうしたことを含んだ人権論であろう。そしていまある公共の福祉概念を、特に土地についてどう変えていくかは、重要な課題である。

ところで、藤田宙靖教授は、最近「土地利用に対する規制は、公共の福祉の見地からする必要最小限の規制に限られるべきであるとする「必要最小限規制の原則」が、大きな足かせとなっている」と述べている。そして、この原則を土地基本法2条は修正したのだと主張している。[14]ここでは、この「必要最小限規制の原則」をどう考えるかについての見解につき少しみてみることにして、その原則の修正に向けた藤田教授の考え方については、また後ほど触れることにしたい。

---

(14) 藤田宙靖「土地基本法第2条の意義に関する覚書き―「土地についての「公共の祉優先」とは何か―」(藤田宙靖『行政法の基礎理論 下巻』(有斐閣) (2005年) 323頁以下。以下、藤田『基礎理論』と略す。また、藤田宙靖=磯部力=小林重敬編『土地利用規制立法に見られる公共性』(土地総合研究所) (2002年) 所収の藤田論文 (7~18頁) 参照。以下藤田他『土地利用規制立法』と略す。

まず大石眞教授の藤田教授に対する見解をみることにしよう。大石教授は、最初は通説の確認から論を進めている。[15]すなわち公共の福祉につき、内在的制約と政策的制約があり、そして内在的制約という場合には、その自由権に対しての必要最小限の規制だけを認めるが、政策的制約の場合には、必要な限度での規制という形で、その必要最小限というふうに絞らないでもう少し幅を持たせるというのが通説的見解であるとする。そして、憲法13条における必要最小限規制の原則というのは、個人の人格形成にかかわる精神活動の自由ということを念頭においたことは明白だとする。したがって、必要最小限規制の原則を財産権保護といったようないわゆる経済的自由にまで持ち込むことは、憲法29条2項で公共の福祉ということを強調した趣旨を大きく損なうことになり妥当ではなく、そもそも通説はそういう解釈をとってはいないのであると述べる。ここまでで考えると、この大石教授の説明は、藤田教授の見解に対する疑問ということになろう。さらに大石教授は続けて言う。特に土地所有権の場合は、憲法22条・29条を含めて経済的自由という言い方ができるが、土地の所有という問題と、ある職業に就くあるいは営業活動をするという場合とでは、等しく経済活動の自由といっても、やはり大きな違いがある。職業の場合には、個人の自由な活動が社会的な価値をもたらすことはあるが、土地の場合は、土地に対して何らかの働きかけをしてそこに付加価値が出るということがあるかもしれないが、むしろ土地が持っている資源としての有限性によって経済的価値がもたらされているので、個人の自由な活動と直接かかわりを持っているわけではない。特に土地所有が投機目的の場合を考えると、違いがある。したがって、土地の所有・利用について、外的な規制は必要最小限にとどめるべきという憲法13条の論理は、憲法29条には直接には働かない、と大石教授は主張している。結局藤田教授の理解の仕方には反対ということになろう。

　必要最小限規制の原則が、通説によれば憲法13条の原則であって、財産権についての憲法29条2項の原則たりえないということになると、藤田教授の考え方は少数説になろうが、藤田教授は土地利用規制において大きな足かせ

---

(15)　大石眞「憲法から見た必要最小限規制原則」(藤田他『土地規制立法』19頁以下)。

になってきたと述べ、また土地基本法2条がこの原則を修正したと述べているので、こうした憲法上の通説的考えをある意味では度外視して実際には土地立法や土地政策が、この原則に基づいて行われていたとも考えられるが、そのようなことが一般的に言ってありうるのかどうか私には不思議な問題のように思われる。しかし実務をみる限りこの原則で動いていたと考えてよいであろう。あるいは、先に検討した渡辺教授のような見解にたてば、藤田教授の考え方もある意味よく理解できるようにも思われる。

　また実は、もともと藤田教授は、次のように考えていたのである。つまり、ある財産権の制約のどこまでが内在的制約であって、どこからが社会的制約になるのかは、必ずしも常に明確であるわけではない。あるいは、財産権の制約が、近代的財産権に内在的に付着していたものであるのかそれとも社会的要請から新たに要請されるようになったものであるのかを厳密に区別しようとしても、おそらくそれは法解釈論的には決定的な意味のあることではない。両者の厳密な区別は、土地所有権についてみれば困難である場合が少なくないし、また社会の発展に伴い、そのような社会における権利の内在的な制約は、従前とは異なることもありうるのである、との考えがそれである。結局、渡辺教授の考えとある種通ずるところがあるものと考えてよいであろうし、むしろ通説の見解は説得性がないのであり、必要最小限規制の原則は、憲法29条2項の公共の福祉にも妥当すると考えてもよいことになり、藤田教授の理解の仕方は首尾一貫していると解されるのである。

　なお、ついでながら大石教授は、土地基本法については、次のように述べている。まず土地基本法2条から5条にかけて、四つの理念が掲げられているとの理解を示す。そしてこの四つの理念は、単なる個人の保障、あるいはそれに対する制約または限界というような枠組みかというとそうではなく、社会的公共性に関するものだとの見解を提示する。土地基本法が言う社会的公共とは、アメニティとかまたはその自然環境を含めた快適な居住空間の確保というような本来総合計画的な計画あるいは調整を必要とする公共性のことをいうのである。このような社会的公共性は、憲法解釈論としては、表面

―――――――――――――――――
(16)　藤田宙靖『西ドイツの土地法と日本の土地法』（創文社）（1988年）141～143頁参照。

上は「公共の福祉」ということに表象されるが、それは単に現時点における国民や住民の利益あるいは権利だけでなく、将来の世代への責任までも射程においたいわば総合的で立体的な観念なのであるとする。示唆に富む見解と思うが、社会的公共性という概念については、公共の福祉という概念との関係で、さらなる検討が必要となろう。

Ⅳ　日本の土地問題と土地所有権の規制論

　土地問題という社会問題を法学的に検討し、土地問題の解決をめざす土地法学研究を行っている私の中で、「土地の細分化」と「土地の高度利用」という二つの言葉は、土地法学を研究し始めた当初からそして今日にいたるまでいまだに私にとっては土地問題における大きな問題である。もちろんこの認識は、私が土地法の研究をはじめた初期のころ、渡辺洋三教授の膨大な著作を読む中で、次第に浮かび上がってきたものである。渡辺教授は、「今日では、支配階級に属しない多数の市民の零細な土地所有が普遍的な形で存在するにいたっている（林地は別であるが）。無数の零細に区切られた小土地所有が、どんぐりのせいくらべ式にひしめきあっているというところに、現在の日本の土地制度の特徴があり、また土地問題の複雑さがある」と。また、都市再開発法について述べる中で、「都市の巨大化がもたらす矛盾の深刻化に伴って、地方分散化と共に、既成市街地の再開発による土地の高度利用・有効利用があらためて重要な政策目標とならざるをえない」と述べていたり、あるいは建築基準法について解説する箇所で、「旧法にあった高さ制限規定も廃止された。その代わりに、容積率規定が全面適用になった。……その結果、周辺既成環境を無視する許容範囲いっぱいの高度利用建築物が、次から次へと建てられることになり、日照権問題がいっそう深刻化するにいたった」と述べていたのである。今では誰もが指摘するものではあるが、私にとっては、まさに土地法学研究の原点ともいえる。

---

(17)　渡辺洋三『日本の社会と法［財産］―入門法社会学各論―』（日本評論社）（1965年）10・11頁。
(18)　渡辺洋三『土地と財産権』（岩波書店）（1977年）61頁〜64頁。

それでは、こうした土地問題を土地法学の視点からみて、法律的には根底には何が横たわっているのか、そして何を考えていけばよいのかといえば、やはり多くの人が指摘しているところの土地所有権論であり、とりわけ今日においては土地所有権の利用の自由の規制について考えていくことが重要となろう。その際、日本の場合には、土地と建物が一体化していないので、建物所有権は別個に考えてしまうが、やはり土地所有権の利用の自由の規制といった場合、建物所有権の自由の規制をも含んでいると考えることが必要かつ重要と思われる。したがって土地法とは、日本の場合も前述したドイツの場合のように、土地空間法であると私自身は考えているのである。稲本洋之助教授が、「土地供用義務論」と連動させて考えていた「土地建物一体化論」[19]とは、異なった意味で、やはり土地利用のあり方を考える場合に、土地建物一体化的な観念の必要性はあるように思うのである。

　ところで、「土地の高度利用」や「土地の細分化」はやはり都市環境保全とりわけ住環境保全のためには、極力回避すべきと思われるが、このことを私なりに土地法学の視点から土地所有権と結び付けて論ずるとすれば、「土地の高度利用」の回避については、「土地所有権の利用の自由の規制」、そして「土地の細分化」の回避については、「土地所有権の分割処分の自由の規制」にとりあえずなるであろうと私は考えている。そして本稿では、土地所有権の利用の自由の規制を特に検討するために、ドイツや日本の状況をごく限られた範囲ではあるが、本稿のⅡ・Ⅲにおいていろいろ論じてきたわけである。

　ドイツにおける地区詳細計画においては、これまでその制度の全体像ついては、多くの研究論文があり、また日本の地区計画との相違についても多くの論文があるので、制度自体はよく知られていることは間違いないであろう。さらにこれまでのいくつかの論文によれば、この制度を含めたドイツの建設法典が土地利用にあたり、厳しい規制をしいていることにより、日本におけるような高度利用問題はほとんど生じていないとみてもほぼ間違いないであろう。そうしたことを踏まえたうえで、地区詳細計画を支えている根本

---

(19)　稲本洋之助『借地制度の再検討』（日本評論社）(1986年) 12頁以下参照。

的なものは何かを知るための作業を行い、結局はこれまたよく知られている土地所有権の本質的内容や社会的拘束理論が大きな役割を担っていることを確認したのである。そして計画がもたらす規制とそれとの緊張関係にある土地所有権の保護（侵害）との整合性を、ドイツでは比例原則で考えていることも確認したのである。ただ、比例原則の内容はやはりかなり抽象的であることは否めない。再検討が必要となろう。

　ところで、問題となるのはやはりわが国・日本である。土地所有権の利用の自由の規制の法理として、これまでわが国において議論の対象となってきたのは、おもに公共の福祉である。しかしながら、この公共の福祉という概念は、まさに多義的な概念であって、それゆえに多くの場合においては、国家が個人的な土地所有権の利用の自由を規制する形で機能し、資本が有する土地所有権の利用の自由を規制するという形では機能してこなかったとの理解は、あながちまちがってはいないであろう。そこでもう一度公共の福祉について考え、土地所有権の規制のあり方を考えてみようと試みたわけである。

　しかしながら、その後、土地基本法の制定があり、土地所有権についての公共の福祉という概念が、変化しつつあることも事実であろう。藤田教授[20]は、土地基本法2条が「公共の福祉を優先させる」の意味を、本稿でも少し触れたように、いわゆる「公共の福祉の見地からする必要最小限規制の原則」を修正したものとして理解している。と同時に、「公共の福祉を優先させる」の内容につき、それは例示的に、「適正な利用および計画に従った利用」「投機的取引の抑制」「価値の増加に伴う利益に応じた適切な負担」といった具合に、土地基本法3条から5条において規定されているとする。この三つが、公共の福祉の内容になると解することになる。そのうえで、藤田教授は、土地基本法3条2項の「適切かつ合理的な土地利用を図るため策定された土地利用に関する計画」には、現在における土地利用のみでなく、将来における（将来の世代の）土地利用をも考慮に入れた上での利用配分を定めるもの出なければならないとしている。こうした見方は、特に否定すべきこと

---

(20)　藤田『基礎理論』341頁以下。

でもなく、むしろそうありたいと考えるし、また先に述べた大石教授の見解の中にも現れていたことでもある。したがって藤田教授の場合、より具体的に、土地という資源を将来の世代と共に有効に利用することを考える発想に立つならば、「土地の節約的利用」「将来に備えてのリザーヴ」という目的もまた土地に対する私権に優先する「公共の福祉」であると述べるのである。この土地の節約という考え方は、ドイツにおける建設法典にもある考え方でもある。重要と思われる。

　こうしてみると、土地所有権についての公共の福祉の内容が、以前よりもはるかに具体的になり、土地立法・土地政策の方向性が明確になりつつある。それでは、私の関心事である「土地の高度利用」の抑制、つまり「土地所有権の利用の自由の規制」はこの土地基本法におけるこの公共の福祉のもとで、可能となるのであろうか。藤田教授によれば、これまでの、「規制対象についての必要最小限」および「規制目的の必要最小限」という「必要最小限規制の原則」が修正されることになるのであるから、期待が持てそうでもある。普通に考えれば、規制の強化が可能となり、住環境の保護に向かうことが予測されるからである。また、公共の福祉の内容が具体化されたことが「よい方向で」実現すれば、確かに、土地所有権の「使用」「収益」「処分」の自由がかなり規制されそうなので、土地の高度利用も抑制されそうである。しかしながら、たとえば都市法研究者たちが執筆した『土地基本法を読む』[21]を熟読すると、むしろ、土地の高度利用を促進する可能性がおおいにあるとの見解が多数みられ、私の期待はかなえられそうもない。しかしながら、藤田教授の考え方をできるだけ生かしながら、都市計画法や建築基準法等々のいわゆる都市法・土地公法分野の諸法律を真の意味での公共の福祉に沿うような形で改正し、土地所有権の利用の自由を規制する都市法・土地公法体系の実現にむけて理論構築をしていくことの必要性はさらに強まっているといってよいであろう。いまある土地基本法の3条・4条・5条といった条文をどのように市民生活に生かすことができるかということも大切なことになろう。そのことは、土地あるいは土地所有権についての公共の福祉の中

---

(21) 本間義人＝五十嵐敬喜＝原田純孝編『土地基本法を読む』(日本経済評論社) (1990年) 所収の各論文参照。

身を大きく変えることにもつながるものと思われる。

　ところで、現在も都市計画法や建築基準法が、私たち土地法学者・都市法学者の多くが考えているような好ましい方向には進まず、これらの法律群も規制緩和の方向にあるとすれば、やはり、私も以前少しだけ触れたことではあるが、民法学的な観点から、あるいはあえて言うならば、土地私法的な観点から、そして具体的には権利の観点からもまた考えてみる必要性があるように私には思われる。つまり、たとえば環境権や人格権に基づいて、土地所有権の利用の自由を規制してゆくとの考え方を検討するということを意味する。こうした把握の仕方は、すでにたとえば、槇悌次教授は、著書の中で、所有権の制限態様を論ずる箇所で、「法律による直接の規制の形をとらないものとしては、まず所有権の具体的な行使が個別・具体的な周辺の人々の所有権や人格権や環境権（私法の枠をこえるが）などを侵害する場合に、その自由がこれらの諸権利との調整の見地から制限する場合があげられよう」と述べていたのであり、私も、この考え方については以前から強く印象に残っているのである。また、人権論を根拠にいろいろ主張をしている渡辺教授の考えもこのような捕らえ方に入るであろう。そして、とりわけ環境権については多くの学者が期待をかけていた。私もその一人である。かつてよく読んだ大阪弁護士会環境権研究会『環境権』に収録されている座談会の発言において、たとえば「環境権は公共性論を克服できるか」をテーマに公共性論が議論されており、沢井裕教授は、「差止請求訴訟において最も問題になるのは、加害行為が公共性を伴うものである場合です。環境権は、安易な公共性の抗弁を克服する上で、まさに独自の有用性をもっていると考えます」と述べている。また、「既存の諸概念と環境権」のテーマにおいて仁藤一弁護士は、「私が最初に提唱したときには、いわゆる土地所有権に対する制約概念というか、土地所有権から環境に対する所有権概念を切り離すところに非常に大きな狙いがあったのです」と述べている。以上のことから、やはりこうした方向性もまた、いま一度検討する必要性があると思われるのである。しかし

---

(22)　大西『基礎的研究』180頁以下。
(23)　槇悌次『物権法概論』（有斐閣）（1984年）173頁・174頁。また33頁参照。
(24)　大阪弁護士会環境権研究会『環境権』（日本評論社）（1973年）264頁・273頁以下。

ながら、環境権については、いまだに裁判実務では認められておらず、また環境法学者の中でも、手続き的な権利として環境権を考える学者が多くなりつつあるのが現状である。

　ともあれ、私は、不当な土地利用がなされるのを回避するために、土地所有権の利用の自由の規制を考えているのであるが、もし不当な土地利用により個人の土地所有権が侵害された場合、あるいは侵害される恐れがある場合は、基本的には土地所有権にもとづく物権的請求権の行使でよいはずである。しかしながら、一つには、物権的請求権を行使できるのは土地・建物所有者に限られ、行使できる範囲が限定されるという問題がある。また、不当な土地利用となると、ある意味では地域集団的な問題になるので、集団的な権利の必要性がでてくるのであり、土地所有権では前に進まなく恐れが出てきたのである。他の一つには、日本では皮肉にも土地所有権の侵害は、ややもすると国家的な公共の福祉により侵害行為が正当化される傾向が強かったとの事実が存在する。したがってこのような事情からすれば、土地所有権にもとづく妨害排除等の請求がむつかしくなり、必然的に環境権が登場してきたことも十分に理解できることであろう。そして、土地利用において妨害行為を行う者あるいは妨害を企てる者に対しては、つまり土地所有権の自由を最大限行使しようとする者に対して、その利用の自由を規制するために、環境権に期待がかかっていたといえよう。それゆえ、先の座談会の発言からもわかるように、公共性そして法律に即して言えば公共の福祉の克服のために、また土地所有権の規制・制約のために環境権が登場したと理解されるのである。だが、環境権を実体法的に考えることについての見通しは必ずしも明るくない。裁判実務は、拒否状態にある。

　そうなると、人格権の重要性が再認識されよう。この権利は、日本では生活妨害を考えるときの権利として発達しており、ドイツにおける人格権の発達とは著しく異なる側面を有している。それはさておき、確かに人格権にもとづき、土地利用において土地所有権の自由が不当に行使される場合は、そしてそれが人格権の侵害となるのであれば、人格権にもとづく妨害排除の請求は、土地所有権にもとづくいくつかの問題点を考えると、はるかに明快であることはそのとおりであり、私も人格権を支持する立場にある。裁判実務

は人格権を認めている。しかしこれまでにも指摘されてきているので、言うまでもないことではあるが、土地利用の場合は集団的要素が高いので、個人的権利である人格権では問題があることも否定できない。また、人格権では不当な土地利用に対してそれを阻止できるとしても、その先の土地利用のあり方までは、人格権ではできないとの問題点の指摘も首肯できよう。難しい問題である。だが、考えようによっては、たとえば土地の高度利用問題を人格権の保護を基底にして考えていけば、土地利用全体のあり方についてもそれ相応のところにまでたどり着くことは、十分に考えられるであろうとも私は思っているのである。

　権利といえば、最近、都市法学者の安本典夫教授は、居住権なる権利を主張し理論を展開している(25)。居住権については、相当以前に民法学者の鈴木禄弥教授が主張していたが(26)、鈴木教授の居住権とは基本的にはまったく異なるものである。安本教授の居住権は、土地利用規制法の正当性を担保するための手続き的な権利として、考えているようである。少し詳しく見ることにしよう。たとえば、都市計画決定において、安定した居住の場、人格を保持し主体性を形成する場となる居住の場の確保は、種々の利益の中で特別な利益であり、重要であり、この法的に位置づけられた利益のことを居住権と呼ぶこととする。そして、定義づけるとすれば、居住権とは、適正な居住空間の安定的確保と、居住環境の保全を求める権利である。そして、保障されるべき居住権の具体的内容は地域の状況に応じて異なるものであり、絶対的ではなく、他の利益・考慮事項との調整は一定度予定されている。さらに、計画過程における参加権、あるいはこの権利があるにもかかわらず、参加が拒否された場合は、計画の違法性をより強く主張できる。権利の根拠は、憲法13条・25条・29条・22条・35条がそれにあたるが、それらの底にある理念を現代社会に展開するものであり、より豊富な内容があると考えるべきとする。そして手続き的な枠組み、あるいは議会を介在させる手続きのあり方等につき論じている。

---

(25)　安本典夫「手続きによる正統性と内容上の正当性」(藤田他『土地利用規制立法』105頁以下)。
(26)　鈴木禄弥『居住権論(新版)』(有斐閣)(1981年)

思うに、環境権にも近いが、居住に絞っているので、土地利用の問題を考える際には、具体的になり理解しやすい。しかし、裁判実務ではまだ権利としては認められていないし、また実定法上定められているわけでもなく、その意味では、主張の当初から手続き上の権利であるとの捕らえ方は、一応納得できる。だが、民法学の視点からすれば、環境権と同じように、手続き上の権利とすることにはやはり躊躇があることも事実である。権利とは何かを再度考えざるを得なくなる。

　こうしてみてくると、民法学的な視点で、土地所有権の利用の自由の規制を権利で行うことあるいは調整することはなかなか困難なようにも思われるが、しかし、こうした方向性での理論の深化を続けないと土地利用がますます混乱することは、目に見えているように思われるのである。

　私たちは、基本的には、土地利用が経済主義的競争的に行われることによって生じる一方的な土地・空間の支配による住環境の悪化を何とかしたいと思っているのである。そして、ほぼ自由な土地利用から生じるところのそうした不公平な状態あるいは一方的に押し付けられる住環境悪化を回避するためには、本来あるべき姿での土地利用にしなければと、市民が権利主張をして、少しでも住環境の確保を願うわけであるので、環境権や日照権や景観権といった新たな権利の構築を考え、その権利行使を考え、そうした権利による土地所有権の利用の自由の規制を考えるのである。しかしながら、繰り返しになるが、こうした権利を裁判実務は、なかなか認めようとしないのが現実であり、きびしい状況下にある。

　それでは、たとえば景観の場合、景観権は確かに認められてはいないが、裁判実務は、景観利益は認めているので、そうなると景観利益によって、憲法が保障している財産権である土地所有権の規制・制約は、問題がないのかが問われることになろう。景観利益は市民共通の利益であり、憲法29条2項あるいは土地基本法2条にいう公共の福祉の具体的な内容になると考えることが将来的に可能であれば、理論的整合性は保たれるように思われる。そうなると、日照利益といった利益についても、そうした思考が妥当するとも考えられる。あるいは、こうした諸利益は地域性との関連が大きいので、そのことを考えれば、ドイツにおける土地所有権についての状況的拘束性理論を

通じて、土地所有権の社会的拘束の問題として考える必要もあるものとも思われる。

　私は、景観利益や日照利益そして環境利益は、土地の高度利用を抑制する概念としては、きわめて有用であると考えているので、景観利益や日照利益そして環境利益といった新たな社会的諸利益を保護するような形での土地利用規制法の立法化がさらになされるように今後努力すべきものと思われる。このような視点にたって、土地法・都市法研究者も進めているような都市計画法や建築基準法の改正あるいは土地基本法の改正が今後も必要となろう。その際、景観法とのリンクも必要となろう。また、土地の高度利用を抑制することが、住環境を保護し、まさにそのことが市民の望む公共の福祉になることの法理論の構築をする責務があると考えている。

　土地法学における土地所有権理論や、そしてもちろんこれまでの憲法29条2項や土地基本法2条において歴然として存在する公共の福祉の内容、あるいは新たな権利や利益についての議論を踏まえながら、土地所有権の利用の自由の規制について、また土地利用規制法について、さらに具体的に理論的展開を行い、土地の高度利用の抑制を、そうして土地利用・空間利用のあり方を考えて行きたいと思っている。

V　土地利用規制と資源分配の法律学――むすびに代えて

　渡辺洋三教授は、著書の中で、「法律学にとって、限られた資源の分配のルールとしての法を分析することはあたりまえのことである。……土地法学者が夢中になっている土地規制、家族分野の相続規制など、いずれも限られた資源の分配をいかに有効かつ公正に分配するかという、資源分配の法律学なのである」と述べている。[27]

　ところでドイツの土地法においても、たとえばヘーデマンが、分割所有権というやや古めかしい話になるが（といってもよく似た法的問題は近年の西ドイツでも生じていた）、国家が上級所有権を私人が下級所有権を有する法的形態す

---

(27)　渡辺洋三『法社会学と法解釈学の接点』（日本評論社）（1989年）122頁。

なわち分割所有権をふたたび持ち出すことによって国家的監督および「土地分配」が最も妥当になされ得ると主張したり、あるいはバウアーが、住居所有権（Wohnungseigentum）について語る場合には、「土地の社会的に適切な分散（Streuung）」といった観点から論じていたのであり、ドイツと日本とに類似点があることが伺われるのである。

　考えてみれば、本来的には、すべての市民に土地を分配するのが理想的かも知れないが、そして日本でもいくつかの理由から、宅地の分配が盛んになり、小土地所有が広まるとともに、法人の土地所有も増大し、今日に至っているのが現状ではあるが、もちろん全ての人が所有するまでにはいたらず、やはり土地賃借権や場合によっては建物賃借権の形態も多く、様々な権利形態での分配がなされているとみてよいであろう。また近年では、区分所有権の形態による所有権そのものの分配も活発に行われている。そしてあえて言うならば、本来的には分配の権利形態である所有権と不動産賃借権とは、市民の住生活の安定のためには「対等な権利」であってしかるべきと思われるのである。しかしながら、まだまだ分配がうまく行っているわけでもない上に、分配された土地の利用が混乱しており、特に土地の高度利用が市民社会における大きな土地問題になっていることは、明らかであるがゆえに、土地利用規制をも考えなければならない状況下にある。

　そうしたことからするならば、私たちはもう一度、土地や建物あるいは空間を所有権の形態で分配するのが本当に望ましい制度設計として存在するのか（個人的小土地所有の問題そして小土地所有には区分所有権も含まれよう）、あるいは現在の土地所有の状況を前提に、どのような土地利用規制が望ましいのか、考える必要があろう。しかし資源分配の法律学的要素が高いと思われる土地法学の前途は必ずしも見通しがよいわけでもない。土地法学の構築を願い、希望をもちながら本稿をひとまず閉じることにしよう。

---

(28)　大西『基礎的研究』231頁および237頁参照。

区分所有建物における管理費余剰金の法的性質

鎌 野 邦 樹
Kuniki KAMANO

Ⅰ　はじめに
Ⅱ　本事件の経緯および本事件の争点
Ⅲ　管理費の意義、管理費等の支払義務者、及び管理費等余剰金
Ⅳ　管理費等余剰金の返還の可否および返還の方法
Ⅴ　管理費等余剰金の返還の相手方
Ⅵ　原々審および原審の判断に対する評価
Ⅶ　結び

Ⅰ　はじめに

　マンション等の区分所有建物においては、区分所有者の団体（管理組合）が建物の共用部分や敷地の維持・管理のために各区分所有者から定期的に管理費を徴収しているのが通例である。そして、各区分所有者から徴収される管理費については、通常、毎年、定期的に開催される集会（総会）において、それが充当（支出）される予定の管理業務が示され、（過半数決議によって）区分所有者により承認される。そこでの会計においては、当該年度において徴収された管理費の全てを支出せずに、将来の緊急時の支出に備えて次年度への「繰越金」が見込まれることがあり、現に「次年度繰越金」が発生することが少なくない。それでは、このような形で累積した「繰越金」などを「管理費余剰金」として区分所有者の間で分配することができるか。分配することができるとして、それは誰にどのような割合で分配するのか。前区分所有者等を含む実際に管理費を拠出した者にその拠出額に応じて分配すべきか、それとも現区分所有者にその拠出割合に応じて分配すべきか、または、その他の方法も許されるのか。この問題の本質には、そもそも区分所有者等から

拠出された管理費は、その拠出後においても拠出者の持分に応じて拠出者に帰属しているのか、それとも拠出者からは離れて区分所有者の団体（管理組合）に帰属するのか（その帰属の形態は「総有的」な帰属か）という問題があると思われる。これは、わが国の区分所有法制における区分所有者の団体（区分所有法3条、一般には「管理組合」と呼ばれ、マンション管理適正化法等ではこの団体を「管理組合」としている。）とは何かという、区分所有者の団体の法的性質論と不可分の関係にある。

さて、筆者は、正に「管理費余剰金」は誰に分配されるのかが争点とされた裁判（東京地裁平成24年7月20日判決（受付番号・平成24年（レ）第414号賃料等請求控訴事件、同年（レ）第804号附帯控訴事件）の上告審（なお、第一審は簡易裁判所））において、上告訴訟代理人である植野禎仁弁護士より、「管理費余剰金」の法的性質に関して後記の諸点について意見を求められた。本稿は、それに回答した、東京高等裁判所に提出した鑑定意見書に基づいている。なお、上記の具体的な問題について直接に回答するものではないが、2013年の日本私法学会での藤巻梓・静岡大学准教授の個別報告「区分所有権の法的構成と区分所有者の団体の位置づけ」においては、ドイツおよび日本の住居所有権法制・区分所有法制における住居所有権者・区分所有者の団体の性格を論ずるに当たり、その冒頭において、上記の具体的な問題とほぼ同様の問題が掲げられた。

本稿では、まず、上記裁判における事実の概要および第1審・第2審の判決を示した上で本事件の争点を明らかにし（II）、次に、その争点について論ずる前提として、管理費の意義、管理費等の支払義務者、および管理費等余剰金について述べ（III）、その後に、順次、争点についての筆者の見解を述べていきたい（IV～VII）。このことにより、わが国の区分所有法制における区分所有者の団体の法的性質論のための一作業（各論的考察）としたい。

II　本事件の経緯および本事件の争点

1　本件事実の概要

本件事実の概要は次の通りである。

（ア）平成18年5月、被告は、本件区分所有建物の一住戸を原告に買戻特約付きで売買する旨の売買契約を締結すると共に、被告が引き続き住み続けるために原告との間で同住戸につき、契約期間平成18年5月23日から同21年5月23日までの定期賃貸借契約を締結した。

（イ）同契約においては賃貸借期間中の管理費等は被告が負担することが合意された。なお、同合意がなされたのは、被告が同建物の区分所有者であった平成2年10月から平成18年5月に至るまでは当然のことながら被告が区分所有者として管理費等を支払ってきたが、本件賃貸借完了以後は被告が原告から同住戸を買い戻して再び区分所有者となることを予定していたからであった。

（ウ）被告は、平成21年3月に賃料の滞納を理由に本件賃貸借を解除され本件住戸を明け渡したが、それに至るまでの間およびその後の2か月の間（平成18年6月～平成21年5月）の管理費等を支払った（平成21年6月以降は原告が管理費等を支払っている）。

（エ）その後、平成21年6月、本件区分所有建物の管理組合の総会（第19期総会）決議において同総会開催時点での各区分所有者に対し管理費余剰金（平成21年3月31日までに支払われた管理費の繰越金3億1000万円）が返還されることになった。その返還については、一定期間（平成21年10月～平成23年9月の2年間）は毎月の管理費を減額（1か月あたり1万9千余円）する方式がとられたが、平成23年6月の総会決議では、第9期および第12期において修繕積立金に振り替えていたものを管理費に戻した分および第19期総会において予備的意味合いで一時的に余剰低減の対象化を外した分（3530万）との合計1億7千余円については、一括で返還する方式がとられた。これによって、原告は、前者の方式により前記2年分の合計45万6千余円が同時期の支払いに係る管理費から毎月減額され、後者の方式により28万2千余円の返還を受けた。

（オ）本件は、このような事情の下で、原告が被告に対して滞納した賃料（109万6千余円）等を本件訴訟において請求したのに対して、被告は、本来自らが返還を受けるべき上記（エ）の合計額73万9千余円でもって相殺する旨の抗弁を主張した。本件では、被告の相殺の抗弁が認められるか否かが争点

となった。

2 原々審の判旨

原々審（東京簡裁平成24年2月17日、判例集未登載）は、余剰金として金員が返還される場合には、余剰という以上、原則として、余剰金の負担者に返還される性質のものであって、返還を受ける利益が実質的に返還資格者に移転しているような特段の事情がない限り、実際の負担者に返還されると解するのが相当であるとし、本件余剰金につき、これを支出していない原告が受領する特段の事情はなく、原告は、本件返還余剰金を法律上の原因なく不当に利得しているとして、被告の相殺の抗弁を認めた。

3 原審の判旨

原審（東京地裁平成24年7月20日、判例集未登載）の判断は、次の通りである（実名の掲載部分について削除し修正した）。

「被控訴人（被告）は、本件売買契約以前は本件建物の所有者として管理費等を支払い、また、本件売買契約時には、同時に本件建物の賃貸借契約が締結され、本件建物を買い戻すことを予定していた賃借人である被控訴人（被告）が管理費等を支払う責任を負うことが合意され、事実、被控訴人（被告）が一貫して本件建物の管理費等を負担していたこと、及び本件管理組合が各総会決議により同決議時の区分所有者である控訴人（原告）らに返還した全体管理費の余剰金は、全て被控訴人（被告）が支払ってきた管理費等の余剰分であって、控訴人（原告）らを含めて他の者が支払ったことは一切ないことが認められる。

不当利得が、形式的、一般的には正当視される財産的価値の移動が実質的、相対的には正当視できない場合に公平の理念にしたがってその調整を図る制度であることに鑑みれば、上記のような本件の具体的な事情の下では、控訴人（原告）らと被控訴人（被告）らとの間においては、被控訴人（被告）らが管理費等の余剰金の返還を受ける正当な利益を有していると解するのが相当である。このように解したとしても、控訴人（原告）らは、返還の対象となる管理費等を一切支払ったことはなく、かつ、管理費等の余剰金の返還

を受けることを前提にして本件売買契約の売買代金を決めたものでもないから、控訴人（原告）らに不測の損害を与えることもなく、あるいは関係者間の法律関係の錯綜を生じさせるものでもない。」原審は、以上のように判断して、原告（控訴人）は、管理費等の余剰金73万9千余円の不当利得を受けたとして、原々審と同様の判示をした。

4　本事件の論点（争点）

原々審および原審の判断について、その前提として確認しておくべき事項および検討を要する事項（論点ないし争点）は、次の点であると考える。

すなわち、区分所有法（「建物の区分所有等に関する法律」、以下同じ。）等法令上認められる、区分所有建物の管理組合（区分所有法3条で規定する「区分所有者の団体」であり、以下においても「管理組合」という。）においての、

ア．管理費等の意義、管理費等の支払義務者、及び管理費等余剰金
イ．管理費等余剰金の返還の可否および返還の方法（ないし総会決議の有効性）
ウ．管理費等余剰金の返還の相手方
エ．原審等の判断に対する評価

である。

以下、本稿では、上のア～エについて、順に考察しつつ、筆者の意見を述べることにする。

Ⅲ　管理費の意義、管理費等の支払義務者、及び管理費等余剰金（前記Ⅱ4ア関連）

1　管理費の意義及び管理費等の支払義務者

管理費に関し、区分所有法は、各共有者の共用部分の負担に関する規定（19条。以下では、特に法令名を明示しない限り、引用する条数は区分所有法の規定とする。）を除いて、特段、規定を設けていない。ただ、マンション等の区分所有建物においては、区分所有者全員により構成される団体によって建物およびその敷地等の管理を行うことが必要とされ（3条参照）、そのためには、恒

常的に管理のための費用が必要とされる。そこで、通常は、規約の定めに基づいて、区分所有者から管理費や修繕積立金等の管理のための費用（以下では、管理費等という。）を徴収している（マンション標準管理規約〔単棟型〕25条参照）。

ここで第1に確認しておくべきことは、区分所有法および規約において、管理費等の負担義務者は、共用部分等の共有者であり建物および敷地等の管理について責任を負う区分所有者である。これに反して区分所有者以外の者に管理費等の負担義務を課す旨の規約の定めや集会決議は、無効である。

2 管理費等に関する規約の一般的な定め

ア．一般的には、規約においては、区分所有者から徴収される管理費等について、それが充当される費目が定められており（マンション標準管理規約〔単棟型〕27条～29条参照）、それ以外の費目に充当する場合には、別途、集会における決議または規約の定めを必要とする。

イ．区分所有法は、「管理者は少なくとも毎年1回集会を招集しなければならない」と規定し（34条2項）、また、「管理者は、集会において、毎年1回一定の時期に、事務に関する報告をしなければならない」（43条）と定めているところ、一般に、規約においては、通常総会を毎年1回新会計年度開始前に開催するものとし（マンション標準管理規約〔単棟型〕42条3項参照）、そこにおいて、管理費等の使途に関連する「収支決算及び事業報告」および「収支予算及び事業計画」等の事項について、総会の決議を経るものとしている（マンション標準管理規約〔単棟型〕48条1号、2号等参照）。なお、「管理費等及び使用料の額並びに賦課徴収方法」についても総会の決議を経るものとされている（マンション標準管理規約〔単棟型〕48条3号参照）。本件マンション管理組合の管理規約の定めについても、以上に掲げたマンション標準管理規約の定めと基本的に異なるところはない。

3 管理費等余剰金

ア．管理者ないしは理事会は、当該年度の管理費等の使途に関連する「収支予算及び事業計画」に従って管理費等を支出するが、何らかの事情で会計

年度末に余剰金が生じる可能性がある場合には、「収支予算及び事業計画」の範囲内において会計年度内に当該余剰分を追加して支出するか、予算外の費目に当てるために臨時に総会を招集してその決議に基づいて当該余剰金相当分を支出することにより余剰を発生させないか、あるいは、余剰分をそのままにして繰越金とするか、について判断をし、その判断につき「収支決算及び事業報告」の形で最終的に総会の決議を経ることになる（通常は後者の判断がなされ、本件管理組合においてもそのような判断がなされてきたものと思われる）。当該年度に余剰金が発生した場合には、総会において次年度（以降）の「収支予算及び事業計画」において、その措置について決議がなされる。

　イ．ここで、留意すべきことは、管理費等余剰金は、基本的には管理組合（管理者ないし理事会および最終的には総会決議）のこのような措置によって発生するものであり、各区分所有者が各期に実際に支払う管理費等の金額から当然に発生するものではない。ただし、余剰金が管理組合による徴収の際のミス（過剰徴収）等により発生した場合など「管理費余剰金」の発生が各区分所有者の「管理費余剰支払（過払い）」に起因すると認められるような特段の事情がある場合においては、そのように言えないことは言うまでもない。

Ⅳ　管理費等余剰金の返還の可否および返還の方法
　　（前記Ⅱ４イ関連）

1　管理費等の帰属

　区分所有者が規約の定め等に基づき納入した管理費等は、その全額が直ちに管理組合（区分所有法３条の団体または同47条の管理組合法人）または区分所有者全員に帰属するかのか、また、帰属するとした場合に、区分所有者が区分所有者でなくなったときには、当該区分所有者の支払った管理費等がそれまでの間に管理のための経費として充当されなかった分（余剰金）については当該区分所有者に返還されるのか。

　思うに、通常、区分所有建物の管理のための経費は恒常的および継続的なものであるから、年度ごとにあらかじめ管理のために必要であると思われる経費を見込んで予算を組み、その経費に充てるために基本的には前払いの方

式で管理費等を徴収しているところ（前記Ⅲ1、2参照。なお、理論上は、規約で別段の定めをすることも妨げないと解される。）、各区分所有者が支払った管理費等については、直ちに管理組合または団体的に区分所有者全員に帰属し、たとえ余剰金が生じても、それが各区分所有者の持分（または支払額）に応じて返還されることは予定されていないと解される。このことは、区分所有者が区分所有者でなくなった場合（管理組合の「組合員」でなくなった場合）においても異なるものではなく、民法の定める脱退した組合員の持分の払戻しの場合（民法681条）とは異なる。すなわち、管理費等は、前述したように、規約によってそれを充当すべき費目が定められており（マンション標準管理規約〔単棟型〕27条～29条参照）、そのために現在および将来にわたり充当され、消費されるものであり、それについては、いわゆる出資金等とは異なり、各区分所有者の持分を観念する余地はないものと解することができる。

　以上の点は、管理組合が管理組合法人である場合（47条）と単なる「区分所有者の団体」（3条）である場合において異なるものではない。後者の場合においては、一般的には、当該団体は、権利能力なき社団と解され、管理費等は、区分所有者全員に総有的に帰属すると解される。ただし、留意すべきことは、区分所有法29条1項により、区分所有者も債務を負担し、この点については、管理組合法人の場合であっても、「管理組合法人の財産をもって債務を完済できないときは、区分所有者は、……その債務の弁済の責めに任ずる」（同法53条1項）とされる。

2 管理費等余剰金の返還の可否および返還の方法（本件総会決議の有効性）

　ア．本件管理組合が総会決議に基づいて行ったように、管理費等の余剰金を各区分所有者に返還することは認められるか。管理組合があらかじめ見込んだ管理に要する費用に対して、様々な原因によって、徴収した管理費等では不足が生ずる場合があるのと同様に、それにつき余剰が生ずる場合がある。余剰が生じた場合においては、これを繰越金として処理するのが一般的であると思われる（本件でも、本件総会決議に至るまではそのように処理してきた。）が、余剰金が多額になった場合などは、爾後支払われるべき一定期間の管理

費等を減額したり、余剰金を各区分所有者に返還することが考えられ得る。
　前述したように余剰金は管理組合または区分所有者全員に団体的に帰属するのであるから、集会における団体的決定（集会決議）によって、これを繰越金とするか、その分を爾後の管理費の減額分に当てるか、あるいは区分所有者に返還するかは自由に選択できるものと解される。
　イ．余剰金を繰越金とした場合には、その使途については管理の目的（具体的には規約に定めてある費目）に限定され、それ以外の目的のために充当することは許されない。そこで、これを爾後支払われるべき管理費等の減額分に充てたり、これを各区分所有者に返還することは、管理の目的外の使用として許されないのではないかとも考えられる。この点については、たしかに管理の目的ために充当するものではないが、管理費等が管理の目的のために区分所有者から徴収されたが、結果的に、少なくても当面は余剰金を除く金額によって管理の目的を実現できるのであるから、後に述べる理由（Ⅴ1イ）により、余剰金を爾後支払われるべき管理費等の減額分に充てたり、これを各区分所有者に返還することは問題ないと考える。

Ⅴ　管理費等余剰金の返還の相手方（前記Ⅱ4ウ関連）

1　管理費等余剰金の返還の相手方

　ア．それでは、管理組合の集会の決議によって余剰金を区分所有者に返還する場合において、返還の相手方は、現存する区分所有者で足りるか、それとも従前管理費等を支払った前区分所有者（住戸が転々譲渡された場合など数名の区分所有者が存在する場合もある。）に対しても、その支払った割合に応じて返還しなければならないか。また、余剰金を爾後支払われるべき管理費等の減額に充てる決定をする場合に、従前管理費等を支払った前区分所有者に対しては、その支払った割合に応じた返還をする必要はないのか。
　イ．思うに、前述したように、余剰金は管理組合または現存の区分所有者全員に団体的に帰属するのであるから、これを繰越金として処理する一般的な選択の場合においては、これを専ら現存の区分所有者の利益のためにのみ使用することができるのであり、このことからも、余剰金を現存の区分所有

者の爾後の管理費の減額分に充当したり、現存の区分所有者のみに返還する旨の集会決議も認められると解される。

ウ．なお、付言すれば、管理費等余剰金は、管理組合または現存の区分所有者全員に団体的に帰属するのであるから、これを従前の管理費等の拠出者を含めて返還する旨の集会決議をすることも、建物等「管理に関する区分所有者相互間の事項」（3条、30条1項参照）として許されよう。ただし、このような返還方法が当然に義務づけられるわけではない。このことは、区分所有法が、共用部分の負担及び利益収取について、規約で別段の定めをすれば、共用部分の持分に応じる必要がないことを定めていること（19条）の法意からも是認できよう。

2 特定承継人への「不利益と利益」の承継

以上のことの妥当性については、次のことからも裏付けられるものと思われる。区分所有建物の区分所有権の譲渡があった場合に、特定承継人である現在の区分所有者は、前区分所有者が当該建物等を所有していた当時に生じた事象（例えば、管理の懈怠による共用部分の不具合の発生）に起因する建物の修繕等のための経費については当然に負担しなければならず、また、前区分所有者が当該建物等を所有していた当時の区分所有者の第三者に対する責任についても、前区分所有者と連帯して負担しなければならない（29条2項）。したがって、区分所有法の基本的な考え方は、区分所有建物等の管理に関わる事項については、その不利益と共にその利益も包括的に特定承継人に承継されるというものと解される（8条、46条等参照）。他方、現存の区分所有者の決定（規約および集会の決議）が、従前の区分所有者の利益に対しそれを侵害する形で影響を及ぼすことはない。

Ⅵ 原々審および原審の判断に対する評価（前記Ⅱ 4 エ関連）

以上のことを踏まえて、本件事案ないし原審の判断を検討する。

1 原々審の判断について

ア．原々審は、管理費等余剰金に関し、余剰金として金員が返還される場合には、余剰という以上、原則として、余剰金の負担者に返還される性質のものであるとしている。しかし、前述のように、管理費等余剰金の実質は、区分所有者から徴収された管理費について、何らかの事情により、管理組合の判断により管理のための経費として充当されなかったことにより発生した金員であり（将来において充当される可能性はあり得る。）、区分所有者が管理費を負担する段階において「余剰」が存在するものではなく、また、「余剰金の負担者」なる者は存在しない（前述のように、もちろん所定の管理費の額を過払いする場合はあり、この場合には当然、過払いをした区分所有者は、不当利得として過払分の返還請求が可能である）。すなわち、前述したように、規約等に基づき各区分所有者より徴収された管理費は、当然に管理組合に帰属し、結果的に管理のための経費として充当されなかった「余剰金」の措置については、管理組合における集会の決議によって決定される。

イ．その決定としては、前述のように、現存の区分所有者の判断により、将来の管理のための費用としてひき続き管理組合に留保しておくこともできるし、また、「管理費等の拠出者」に対して返還することもできる。後者の場合においては、「管理費等の拠出者」でない者（賃借人や、区分所有者ではあるが管理費を拠出しない者等）に対し返還をすることは許されないが、「管理費等の拠出者」には、かつて区分所有者であった者で現存の区分所有者でない者や、現存の区分所有者ではあるが当該総会決議後に初めて管理費等の拠出者となる者（管理費等の支払義務者）も総会決議によってこれに含まれると決定することができると解する。その場合には、これらの者に対しても余剰金の返還をしなければならない。したがって、原々審のいう、返還の対象者について、これを「余剰金の負担者」ということ自体、失当であると考える。

ウ．また、原々審は、本件余剰金につき、原告はこれを支出していないと述べる。既に述べたように管理費等の支払義務を負うのは区分所有者である。事実上、賃借人が賃料の一部相当額を管理費等として支払うことはあり、その旨の賃貸人と賃借人との合意は有効であるが（本件における合意もこのように解することができる。）、上述のように管理費等の支払義務者は区分所有

者である原告であるから、賃貸人と賃借人との合意に基づいて賃借人たる被告が管理費等を支払った事実があったとしても（民法474条の第三者弁済に該当すると解することができる。）、賃借人が支払義務者となるわけではない。ましてや、区分所有者でない賃借人が、共用部分から生ずる利益を収得することや、管理組合に団体的に帰属する財産によって利益を得ることは、原則としてできない（区分所有法19条参照）。すなわち、たとえ事実上は被告が賃貸人との合意によって管理費等の支払いをしていたとしても、法的には、原告が支払うべき管理費等の相当額が被告の賃料から減額されていたと解するのが相当である。

エ．原告は、本件管理組合の総会での本件決議の時において現区分所有者であるから、「管理費等の拠出者」として、本件決議に基づいて法律上の原因をもって正当に管理費等余剰金を取得したものと解することができる。これに対して、被告は、本件売買契約ないし本件賃貸借契約前においては区分所有者であるから事実上は「管理費等の拠出者」ではあるが、本件決議がこのような者を余剰金の返還対象者として除外した以上、被告が管理組合に対して余剰金の返還を請求できないことはもちろん、原告に対しても同人が返還を受けた当該余剰金について不当利得として返還を請求することはできない。もっとも、原告・被告間において、被告の賃料の支払いとは何ら関係することなく、被告が原告の管理費等支払債務について代位して弁済する旨の合意のもとに管理費等を支払っていたというような特段の事情がある場合には、被告の原告に対する不当利得返還請求が認められる余地はあるが、本件では、そのような特段の事情があったとは認められない。

オ．したがって、原告に対して返還された本件余剰金について法律上の原因のない不当利得とし、これを前提に被告の相殺の抗弁を認めた原々審の判断は、以上の理由から、是認できない。

2 原審の判断について

ア．原審は、先に掲げたように、「本件管理組合が各総会決議により同決議時の区分所有者である控訴人（原告）らに返還した全体管理費の余剰金は、全て被控訴人（被告）が支払ってきた管理費等の余剰分であって、控訴人

（原告）らを含めて他の者が支払ったことは一切ないことが認められる」と述べる。しかし、たしかに管理費の余剰金は被控訴人（被告）らが支払ってきた管理費等を原資とするものであるが、法的には、前述したように、余剰金は、各区分所有者が支払った管理費を、各年度の総会の決議、言い換えれば管理組合の判断により、その全てを消費し尽くさないで管理組合に留保してきたものであり、ここにおいては、余剰金は《特定の区分所有者が支払ってきた管理費等》の《当然の余剰分》であるという原審の考え方は的確なものではなく、余剰金は管理組合ないしは区分所有者の団体的な決定によって形成されたものであるという考え方がより的確であり妥当であると言えよう。前述のように、一旦徴収された管理費および余剰金については、特定の区分所有者の持分を観念する余地はないからである。

イ．また、原審は、「本件建物を買い戻すことを予定していた賃借人である被控訴人（被告）が管理費等を支払う責任を負うことが合意され、事実、被控訴人（被告）が一貫して本件建物の管理費等を負担していた」と述べるが、事実上、賃借人が賃料の一部相当額を管理費等として支払うことはあり、その旨の賃貸人と賃借人との合意は有効であるが（本件における合意もこのようなものと解することができる。）、前述のように管理費等の支払義務者は区分所有者である原告であるから、賃貸人と賃借人との合意に基づいて賃借人たる被告が管理費等を支払った事実があったとしても、賃借人が支払義務者となるわけでない。

ウ．さらに、原審は、「控訴人（原告）らは、返還の対象となる管理費等を一切支払ったことはない」として、本件管理組合の原告への余剰金の返還を不当利得であるとしているが、前者の点については原審の述べる通りであるとしても、原告は、現存の区分所有者で、管理費等の拠出者となる者（管理費等の支払義務者）であるから前述の「管理費等の拠出者」に含まれる。余剰金が返還される「管理費等の拠出者」の対象者をどの範囲の者とするか、各対象者にどのような割合で返還するかについては、現存の区分所有者の間においては衡平が図られなければならないが（30条3項参照）、現存の区分所有者と過去の区分所有者との間については特にこの点についての考慮は必要ではなく、前述のように、もっぱら総会の決議に委ねられるものと解され、現

存の区分所有者のみを対象者とした本件総会決議については、何ら違法なものではないと解される。

　もっとも、前述（Ⅲ3イ）のように、「管理費余剰金」の発生が特定の区分所有者または特定の時期の区分所有者らの「管理費余剰支払」に起因することが明らかに認められる特段の事情がある場合には、これらの「管理費余剰支払」者に対して、管理組合から当然に当該余剰金の返還がなされるべきであり、また、「管理費余剰支払」者である「特定の区分所有者または特定の時期の区分所有者ら」に当該余剰金の返還がなされず、それ以外の区分所有者にこれがなされたときは、両者の間において、不当利得の法理に基づいて後者から前者に対して返還がなされなければならないが、本件においてはこのような特段の事情があるとは認められない。

　エ．したがって、原々審と同様に、原告が本件返還余剰金を法律上の原因なく利得しているとし、これを不当利得であるとして被告の前記相殺の抗弁を認めた原審の判断は是認できない。

　オ．以上で述べた理由から、筆者は、原々審および原審の判断について是認できず、原審の判断については、上告審において正され、原告に対する本件管理費余剰金の管理組合からの返還は正当なものであり、また被告に対する関係においても不当利得には該当しないと解されるから、被告の相殺の抗弁を否定し、基本的には原告（控訴人・上告人）の請求を認容すべきものと考える。

Ⅶ　結び

1　余剰金の収取者

　「管理費余剰金」は誰に分配されるのかが争点とされた1つの裁判事例の経緯および争点についての筆者の見解は以上で述べたとおりであるが、最後に、次のような設例を用いて、問題点をより一般化した上で、筆者の見解をまとめよう。

　【設例】　管理組合甲は、管理費の余剰（昨年度までの10年間の「繰越金」相当

額）が生じたとして、それを区分所有者で分配する旨の決議を定時総会において行った。分配金の収取者は、同決議のあった時点における区分所有者とされ、分配の方法は、各区分所有者から毎期に支払われる管理費の額の割合に従うものとされた（各区分所有者から支払われる管理費の額の割合は、規約によって、各区分所有者の共用部分共有持分の割合に従うとされている）。ところで、①ある住戸においては、総会決議時の区分所有者Aは、その1か月前に同住戸を前区分所有者Bから買い受け、その時から総会決議に至る1か月分のみ所定の管理費を支払ったのに対し、Bは、当該マンションの分譲時から同住戸の売却時まで10年以上にわたって管理費を支払ってきた。このような場合に、Aが当該管理費余剰金を収取できるか。②また、別のある住戸においては、10年以上前から総会決議時に至るまで、同住戸が区分所有者CからDに賃貸され（今後も同賃貸借は継続の見込み）、両者の契約により管理費はDが支払うものとされ、この間継続的にDがCの名で管理費を支払ってきた。このような場合に、Cが当該管理費余剰金を収取できるか。

　既にこれまで述べてきたことを前提に、上記設例について、筆者の見解を示すこととしよう。
　ア．《管理組合による管理費余剰金の分配の問題》と、《管理組合から管理費余剰金の分配を受けた区分所有者と現実の管理費の拠出者との間の調整の問題》とは、いちおう区別して考える必要があろう。すなわち、管理組合が設例でのAやCに対して管理費余剰金を分配してよいかどうかという問題と、AおよびCに分配された管理費余剰金をめぐるA・B間またはC・D間の利益の調整の問題とは、関連はするが、次元の異なる問題であるので、まずは区別して考えてみよう。
　イ．前者の管理組合による管理費余剰金の分配の問題は、各区分所有者から既に支払われた管理費は誰に帰属するかの問題と関連する。これは、当該管理組合を、民法上の組合と類似の団体と見るか、それともこれを社団（管理組合法人ではない場合には権利能力なき社団）と類似の団体と見るかに関わる問題であり、前掲の裁判事案の場合もそうであるように、一般的には社団と類似の団体と見るべきであろう。そうすると、いったん支払われた管理費は、

管理組合に（ないしは区分所有者全員に総有的に）帰属し、それに対する各区分所有者の管理費の支払額に応じた持分の存在を観念することはできない。このように考えるのが、管理費を支払った区分所有者のその支払時における意思に合致し、また、区分所有者がその区分所有権を譲渡し区分所有者でなくなった場合において、その者に対して管理組合から既払い管理費に対応する持分相当額の管理組合財産からの返還が予定されておらず、また実際にも返還がなされていないことからも、妥当である。このことから、管理費余剰金の分配の問題は、管理組合に「団体的に帰属している財産」についての管理組合による「管理」に関わる問題であると言えよう。

ウ．前掲裁判事案の検討において既に述べたように、「管理費余剰金」は、元々、存在しているものではなく、イで述べた「管理組合に帰属した管理費」についての、「既存の財産の清算」に関わるものではなく、「将来に向けての財産の管理」に関する当該時点での決定（総会での決議）に関わるものであり、同決定によって発生したものである。したがって、その分配については、現実の管理費の拠出者と必ずしも連動させる必要はなく、一定の合理的な基準に従う限り、管理組合の私的自治たる決定として、その分配金の収取者および分配の基準を決定できるものと解することができる。この決定は、上で述べたように「団体的に（区分所有者全員に総有的に）帰属している財産」についての「将来に向けての財産の管理」に関する判断であるということからすると、前掲裁判事案での当該管理組合の決定のように、管理費余剰金の収取者をその構成員である現区分所有者にするとの決定は、妥当であり、決して公平性を欠く不合理なものとは言えない。したがって、設例において、管理組合が管理費余剰金の収取者をAやCとして、これらに分配することについては問題ないと考える。

2 余剰金の収取者と利害関係人との関係

上記1アにおける後者の問題、すなわち、AおよびCに分配された管理費余剰金についてのA・B間またはC・D間の関係については、上記1イの視点（区分所有権を譲渡した者は、管理組合に対して持分の払戻しはできないという視点）とは別の観点からの考察が必要であり、それは、A・B間またはC・D

間それぞれの実質的な公平性の確保、すなわち不当利得の観点からの検討が必要となる（以下では、上記ア～ウに続けてエから始めることとする）。

エ．設例での前区分所有者Ｂや賃借人Ｄとしては、自らがこれまで管理費として支払ってきた額の一部が、従来は管理組合の会計処理上「繰越金」とされ、その「繰越金」の累積相当額がこのたび管理組合の判断よって「余剰金」として現区分所有者に分配されることからすれば、管理費の実際上の拠出者であるＢやＤが余剰金を収取すべきであると考え得るのであり、前掲の裁判事案での原々審および原審は、不当利得の法理に基づきこのような判断をしたと思われる。

しかし、筆者は、不当利得の法理に従う調整が必要な場面も例外的にはあると考えるが（後述）、一般的には、ＢやＤには、ＡやＣに対して、余剰金の取得相当額についての不当利得に基づく返還請求権は認められないと解する。

オ．なぜならば、ＢやＤがこれまで支払ってきた管理費は、本来的に、適宜、管理のためにその時々の区分所有者全員のために支出される性質の金銭であり、また、その一部が「繰越金」や「余剰金」となった場合でも、それらが区分所有者全員に団体的に帰属する管理費を淵源としている以上は、「繰越金」としてその時々の区分所有者全員のための将来に向けての資金であるか、または、「余剰金」としてその時々の区分所有者全員に還元されるものと解するべきだからである。したがって、余剰金がその時々の区分所有者に還元（分配）されたとしても、そのことにより、その者（ＡやＣ）に特に不当利得法理上の「利得（受益）」が生じたり、他方、管理費の拠出者（ＢやＤ）に「損失」が生じることはない。端的に言えば、ＢやＤは、必ずしも自己のためだけではなく、ＡやＣないしはＡやＣを含む「その時々の区分所有者全員」のために管理費を拠出したのである。

なお付言すれば、一方では、その時々の区分所有者（ＡやＣ）は、既存の（低額に抑えられていた）管理費では賄えない共用部分の負担が生じた場合には、それに任じなければならないのである（区分所有法19条参照）。

カ．一般的には、以上のように言うことができるが、上で述べたことを裏返せば、Ｄによる管理費の拠出が、ＣないしＣを含む「その時々の区分所

有者全員」のためであるとは認められないような場合、すなわち、管理費相当額が、その支払い時に、その拠出者Dの損失であり、それに対応する当該区分所有者Cの利得となる状況下で支払われた場合で、元来、拠出者から区分所有者に対して不当利得返還請求ができるようなときには、例外的な場合として扱う必要がある（なお、A・B間においては、このような例外的な場合は生じないと考える）。たとえば、賃借人Dが、実質的に賃料額の全部または一部を形式的には管理費として支払うような場合ではなく、賃貸人たる区分所有者Cのために後にその支払相当額の返還を予定して、当面Cを管理費滞納者とさせない（Cが共同利益背反行為者として管理組合より当該区分所有権の競売請求を受けない）などの理由で管理費を支払った場合や、Dが、管理費の支払義務者を専有部分の占有者（居住者）であると誤解して支払った場合等が、例外的な場合に該当する。この場合には、Dは、管理費の支払い後直ちに、Cに対して、不当利得返還請求権に基づき支払い済みの管理費相当額の返還を請求することができるのと同様に、管理費余剰金を収取したCに対して、自らが支払った管理費相当額の返還を請求することができる。厳密に言えば、ここでの不当利得の対象は、管理費余剰金ではなく、Cが支払った管理費相当額であり、それが返還請求の対象となる。したがって、上述のように、このような例外的な場合は、上記設例の①の場面で生ずることはない。

キ．なお、前掲の裁判事例において、賃借人は、元々の区分所有者であり、区分所有権の買戻しを予定していたことから、賃借期間中も管理費を支払っていたのであり、①その支払い相当額の返還を後に賃貸人から受けることを予定していたものとは解されず、また、②それは実質的に賃料の支払いに代わるものであったと解される。仮に②についてそのように解されないとしても、その利得を賃貸人に与える意思での支払い、すなわち、①のように、賃貸人からの返還を予定していない支払いであったと解することができる。

3 マンションの老朽化等の状況において

マンションの管理において、本稿で検討してきた「管理費余剰金の分配」が生じることは実際にはそれ程多くないと思われる。むしろ今後において

は、大量のマンションが老朽化ないし経年劣化していくのに伴い、建物の維持や補修のためにより多くの金銭の支出が想定されるため、管理費の増額が必要となり、また、仮に管理費余剰金が生じても、それを「繰越金」として将来の老朽化等に備えるのが一般的であろう。しかし、他方で、近い将来に建替えを予定していることから、建物の維持や補修を最低限にして、「繰越金」を「余剰金」として、各区分所有者の「建替え準備金」等の目的で分配することも考えられる。また、建替えに伴う「修繕積立金」の清算や、区分所有の解消（現行制度の一般的な場面では区分所有者全員の合意が必要である。）に伴う「管理費」や「修繕積立金」の清算の場面も今後は少なくないと思われる。このような状況において、本稿で行った論点の考察は、今後、実務上少なくない意義を有するものと思われる。

4 修繕積立金の配分に関して

本稿を閉じるにあたり、「修繕積立金」に関して付言しておきたい。「修繕積立金」については、通常の管理に要する経費に充当される「管理費」（マンション標準管理規約〔単棟型〕27条参照）とは異なり、一定年数の経過ごとの計画修繕、不測の事故等により必要となる修繕、および共用部分の変更その他限定された特別の管理に要する経費に充当する場合に限って「取り崩す」ことが予定され、それ以外の場合には「取り崩す」ことは許されないのが一般的である（マンション標準管理規約〔単棟型〕28条参照）。したがって、上のような特別の管理に要する経費に充当する場合が相当期間存在しなかったり、このような場合は存在したが集会の決議等により実際には充当しなかったために、「修繕積立金」が相当な額になったときに、それは、文字通り「積み立てられる」べきものであり（管理費の場合のように、「余剰金」が「繰り越される」のとは異なる。）、区分所有者間で配分することは本来は予定されていない。ただし、上記のような規約の定めがある場合に、当該規約の定めを変更することによって、修繕積立金を区分所有者間で配分することは妨げられないと解することができる。下級審の裁判例として、上記マンション標準管理規約〔単棟型〕28条に準ずる規約がある場合において、規約の変更を経ずに、集会決議に基づいて、修繕積立金を各区分所有者にその各居住年数に応じて配

分した事案について、当該集会決議を無効としたものがある（福岡地判小倉支部平成25年2月15日、判例集未登載）。

　これに対し、「管理費」においては、通常の管理に要する経費に充当されたが、結果として余剰が生じることとなった場合に、規約に別段の定め（例えば「余剰金は修繕積立金に組み入れる」旨の定め）がない限り、既に述べたように、集会の決議によって区分所有者間で配分することができると解する。この場合に、配分を認める旨の規約の設定またはそのような規約への変更は必要ないものと考える。以上のように、「修繕積立金」の配分の問題については、本稿で扱った「管理費余剰金」の配分の問題とは必ずしも全てが同一ではない。

　（注記）本稿中の管理組合、管理組合法人、規約、集会の議事、賃借人と管理費の支払義務など区分所有建物（マンション）の基本的な法律関係および実務に関しては、田山輝明・鎌野邦樹編『マンションの法律Ｑ＆Ａ』有斐閣、2003年参照（特に、賃借人と管理費の支払義務についての93頁〔篠原みち子執筆〕参照）。

集団所有土地の農家による請負契約上の財産関係

渠　　　　涛
Qu Tao

I　はじめに
II　農家による集団所有土地の請負契約制度の沿革
III　集団所有土地の農家による請負契約関係及び財産関係の位置づけ
IV　新しい問題の出現と対応
V　結語

I　はじめに

　中国では集団所有土地をめぐる各種の問題は社会科学界において関心度が極めて高く、そのうちの法律問題も法学界において長期にわたって激しく議論されてきた。法学界では主に行政法と民法の二分野における議論が最も活発である。行政法は国家政策の影響と拘束を多く受ける農村土地に対していかに規制するかに関わるものであるが、民法の分野において解決すべき最も重要な問題は集団所有土地の請負契約の性質とこの種の契約により取得された財産権の性質、およびその性質の位置づけに基づく具体的な保護メカニズムと制度の完備に関わっている。この問題がうまく解決できるか否かは、民法自身の問題だけでなく、行政法制度の基礎ともなると思われる。

　これは古い問題であるが、完全に解決されないままに社会の発展によりまた新たな問題も数多くもたらしてきた。その原因は、この種の契約は新型契約としてそれ自身の性質とこの種の契約に基づいて取得された財産権の性質が、今に至るも現実に合致する合理的な位置づけがなされていないからであり、そのため法解釈および適用に多くの困惑が現れている。

　このような事情を背景に、本稿は今日この問題があらたに「都市化（原文は「城鎮化」。小都市化の意）の推進」と「相続法改正」の挑戦に直面している

ことを念頭におき、まず歴史的な視点によりこの種の契約の法律関係を明らかにし、そしてこの種の契約およびこの種の契約に基づいて取得した財産権の性質ならびに財産権の主体関係を分析、整理する。さらにこれを基にこの種の新型契約制度を適用するにあたっての統一的な原則と規範を求めようとするものである。

ここでお断わっておきたいことは、集団土地請負経営は大きく二種類に分けることができ、一つは農家による請負経営（「農村土地請負法」第12条以下）、もう一つはその他の形の請負経営（同法第44条以下）であり、本稿の対象は前者である。

II　農家による集団所有土地の請負契約制度の沿革

1　事実関係から法律関係へ

改革開放以前は、集団所有土地の経営はいわゆる「三級所有、生産隊を基礎とする」形をとり、いわゆる「親方日の丸」方式であった。改革開放以降、集団所有土地の請負経営は農村において契約の形式で密かに進められ、政府は農村生産力の向上を考えて最初は政策レベルで承認し、その後、立法レベルでそれを追認した。

この過程は約30年経たが、政策と法律面のレベルからは、1980年代初めから連年中央政府により出された通達（原語は「文件」、以下同じ）、「農村土地請負法」（2002年）、「物権法」（2007年）がみられる。また制度の具体的な実施からは、最初は個人の身分（年齢）に基づいて口糧田、責任田（「労力田」ともいう）、機動田などの分類で請負権を設け、その後は世帯を単位に生産性と連動した請負責任制を実施し、さらに「30年不変」から「長期不変」さらに「長期的安定」へ（「農村土地請負法」第4条）という変化がみられる。そして最後に今日の物権法による用益物権による位置づけが見られる。

つまり、この過程は事実関係から法律関係への過程と総括することができる。

2 債権関係から物権関係へ

　法律関係からいえば、まず、「通達」の段階から「契約の締結」が常に強調されたので、これは契約関係であるといえる。次に、1986年の「民法通則」27条～29条の請負経営世帯の民事法律主体資格に関する規定と80条、81条の二種類の請負経営（一般農地と特殊農地、いわゆる荒山）が「法律に基づいて請負契約と規定（約定と解す）する」という規定からすれば、農民が集団所有土地に対して行う請負経営の法律関係は契約関係であると認識することが出来よう。そして2002年の「農村土地請負法」はこのような法律関係を調整する特別法立法であるが、その法律の全体から見れば、契約制度を基礎としているもののこの契約により取得した権利が物権的な性質を有することについても関係規定が設けている。（たとえば32条以下の請負土地流通に関する規定、37条の流通にあたっては「注文者に届ける」だけでよく「同意」ではない、とする規定など）。さらに2007年の「物権法」第三編「用益物権」（第11章土地請負経営権、124～134条）においては農家の農村集団所有土地の請負経営権が用益物権として定められている。

3 小括

　上記の過程においては、以下の諸点が注意に値する。

　第一、かなり長い期間、農村土地請負経営は政策（中央政府の文書）により調整され、実質上これらの「政策」は既存する事実に対する確認のみである。

　第二、2002年の「農村土地請負法」公布以前は、長い間このような事実的な存在を調整する法律を欠いていた。とりわけ基本法とされる「契約法」（1990年）にこの種の法律関係を有名契約とする規定がなかった。これは、この種の法律関係の特殊性と複雑性を物語っていると思われる。

　第三、この法律関係が最終的に制度として形成されたのは、それまで中国でよく見られた上から下へではなく、逆に下から上へというルートであった。いうなればこれは自然法則に基づく形成であり、すでに形の出来上がった制度を推し進めたものではなく、外来の舶来品でもないのである。

　第四、自然法の法則に基づき形成された制度を概念法学の法則を以て位置

づけることはいささか滑稽に見えるが、民法の体系化のためドイツ法の伝統のある中国の民法学界では常にこのような試みが見られる。しかしながら、このように概念法学を用いてこの種の法律関係を解明する際に、中国では完備された民法の概念や民法典すら存在しないため、論者によって見解が分かれ、いささか混乱した様相を呈しているように思われる。

Ⅲ 集団所有土地の農家による請負契約関係及び財産関係の位置づけ

1 基本視点

この種の法律関係は「契約」を媒介して成立したものであり、契約の民事主体、すなわち契約の当事者は集団経営組織と農家であり、農民個人ではない。したがって、この種の新型契約の性質とこの種の契約により取得した財産権に合理的な位置づけを与えるには、集団組織と農家との間の契約関係およびこの契約により取得した農家の構成員の間の財産関係という二つのレベルで分析すべきである。一方、その分析の方法としては、民法の基本概念に基づかなければならないが、概念法学の規則にこだわる必要がなく、より重要なのは歴史により形成された特有の慣習を重視することである。(1)

2 集団土地所有という問題における国家と「集団」の関係

中国において土地の所有を国家所有と集団所有とに分けることには特殊な歴史的要因が求められるが、報告者はこれは政治的契約に終着すると考える。(2)具体的に言うと、中国共産党は農民の土地問題の解決を中国革命の具体的目標とし、形式上は農民に対する許諾であり、この種の許諾は民法・契

---

(1) 中国の物権法と慣習に関する考察については、拙稿「中国物権法立法における慣習法の位置づけ」『比較法学』第36巻第2号(2003年)87頁以下を、また、同文の中国語版は、渠涛主編『中日民商法研究(第1巻)』(法律出版社、2003年)44頁以下を参照参照されたい。
(2) 政治的契約論に関しては、拙文「中国農村土地財産権民法制度論」(渠涛著『民法理論与制度比較研究』〈政法大学出版社、2004年〉357頁以下)収録を参照されたい。なお、筆者の早期の研究として、拙稿「中国農村と地財産権の研究」『名城法学』第47巻第4号(1998年)65頁以下を参照されたい。

約法上では、申込み（承諾付申込み、あるいは懸賞広告）と解すべきである。農民が命をもかえりみず積極的に中国共産党の指導する革命事業を支持したのは、上記の申込みに対する承諾と考えられる。中国共産党が政権を奪取した後、今日までの間、農地の再分配を実施し、また過激な手段を取らずに集団所有という形をとってきたのは、このような契約の実質的履行であり、農民が中国共産党政権奪取を支持したことに対する一種の見返りともいえる。したがって、中国農村土地財産権問題を議論するにあたっては、このような歴史上の政治的契約関係を忘れてはならない。

しかし注意すべきことは、長期にわたって一般農民の間では真の「土地集団所有」という　権利意識が存在していない点である。これに関して、法学界や経済学界のいくつもの研究業績の中にも「名目上は集団所有、実質は国家所有」とする評価が数多くある。(3) このような状況の下、中国農民が改革開放以降、創造したいわゆる農民請負制の、「創造」の潜在的な意識は、農民たちが政府に対し政府所有の土地を農家全員の連帯債務という形で我々農民に（小作の形で？）耕作させてほしいと願うものにほかならない。

3　集団所有組織と農民の関係

とはいっても、農村土地集団所有は現実に存在するものであり、さらに憲法や各部門法でも規定が設けられている。ならば、集団組織と農民の間の土地の権利に対し実態に即した法律関係の位置づけをしなければならない。

中国農村の現実に基づいて言えば、農民が有する権利は集団構成員の身分を以て、その属する集団が所有する土地を利用する権利である。その権利の性質は、伝統のゲルマン法上の総有関係に属し、また日本民法に定める所有権のある入会権と解すべきである。

たしかに、中国の集団所有土地の法律関係は「総有関係」か「合有関係（「物権法」が規定する共同共有）」かは、中国の民法学界で議論があるが、物権法に総有形態に関する規定が設けられていないため、通説としては合有関係とされている。しかし、物権法において認められているか否かはともかく、

（3）　同上参照。

中国農村土地集団所有関係の現実的形態を近代民法上の概念を以て解すれば、答えは総有しかありえない。[4]

一方、集団構成員たる身分を以て集団所有土地に対する共有権（総有であれ合有であれ）を有する農民個人または農家が集団組織との間に締結した土地請負契約は、債権を設定する契約でもよく、物権を設定する契約（すなわち用益物権）でもよい。その具体的な内容は当然、契約によって約定される必要があるが、ただ指摘すべきことは、中国は国土が広く民族も多いため、現実には物権法が施行されてからも全ての集団組織が完全に物権法に従ってこの種の権利を設定しているわけではない。ましてや、いわゆる「新農村建設」、「都市化建設」などの新しい政策が打ち出され、とりわけ閉幕したばかりの中国共産党第18期三中全会でも「決定」が採択され[5]、集団構成員と集団組織との間の「契約」はさらに複雑化していく傾向にある。このような事情を考えると、民法制度からこの種の新型契約の性質およびそれに関わる財産権に対し今一歩整理された合理的な位置づけをすることがさらに必要であるように思われる。

4 農家の構成員間の請負契約をめぐる財産関係
(1) 内部関係

農家は土地請負契約を通して「集団」から財産権を取得するが、その対象は「隠份（隠れた持分）」の財産から脱皮した「顕份（顕在化した持分）」の財産である。この種の財産を取得した後、農家の構成員の間にはこの財産に対する法律上の関係が発生する。この法律関係は物権か債権かの択一的な選択をする必要はまったくなく、より重要なのはこの財産の所有権及びその主体と所有権の形態、および主体間の法律関係を明らかにすることにある。

まず、「人が増えても土地は増えない。人が減っても土地は減らない」という法定原則を前提に以下の事項が明らかになる。

---

(4) 「新型総有」とする説もあるが、「総有」であることに変りはない。「新型総有」に関しては韓松「我国農民集体所有権的享有形式」（『法律科学』93—3掲載）参照。
(5) 中国共産党第18期三中全会で採択された「中共中央関於全面深化改革若干重大問題的決定」（新華社、http://news.xinhuanet.com/house/gz/2013-11-16/c_118165378.htm, 2013年11月16日 01：54：48）。

第一、契約の当事者、また同時に財産権者の対象は「農家」を主体とし、自然人個人を主体とするものではない。
　第二、「農家」の構成員の構成は自然の形成にもとめる。すなわち出生と死亡を基本形態とし、婚姻や離郷・帰郷などを特別形態とする。
　第三、分母である土地が変わらず、分子である人口が変化し、その結果、その構成員の持分に「浮動化」と「潜在化」をもたらす。
　第四、「農家」を当事者とする請負契約によって取得した財産は「目的財産」とすべきで、本来、「分割」する可能性を持つものではない。
　したがって、この種の財産関係は共有と位置付けるべきで、かつこの共有形態は「合有」であると言えよう。
　次に、これら共有関係にある人の関係は組合契約に関係する規定を準用すべきである。それには二つの理由がある。第一に、組合構成員の間の財産関係には相続関係が存在せず、加入と脱退の関係しか存在しない。第二に、組合成立の時点でその成員の構成を確定すべきであるが、ただこの種の組合の特殊性から、さらに自然的加入・脱退と人為的加入・脱退とに分けることが必要である。いわゆる自然加入・脱退とは自然人の出生・死亡で、人為的加入・脱退とは婚姻と離郷・帰郷を指す。
　ここであらかじめ明らかにしておかなければならないことは、請負契約の目的物たる請負土地という財産は「浮動化」と「潜在化」の特性を有するため、分割は不可能であるが、この共有財産により取得した収益、たとえば現金収益などはその「目的財産」とはされないので、随時分割可能な一般共有財産となる。これは統一性、概括性財産と単一性財産の区別に求められるのであり、この部分の財産については親族関係の親密さ等によって分割や相続を請求することができる。

(2) 外部関係

　外部関係は債権関係と物権関係の二種類の関係が存在する。債権関係は主にその他の契約により成立した債権債務関係であり、たとえば売買、金銭貸借などである。
　物権関係は主に土地請負契約による相手方との間の用益物権関係である。その他、抵当（動産たる農産物などの抵当）や請負契約の譲渡（三分の二構成員の

同意＝共有権利人の利益保護）などがある。

(3) 小括

以上から、農家の構成員間の請負契約をめぐる財産関係を以下のように整理することができる。

第一に、財産所有権の基本形態は分割不可能の合有である。

第二に、構成員の間の関係は組合制度を準用し、さらに組合構成員の加入・脱退は自然と人為とに分ける必要がある。

第三に、構成員が組合共同体から完全に離れた場合、自らの持分権については二つの選択がある。一つは脱退することによって他の組合員に対し持分買収請求権を行使すること、もう一つは脱退をせずに収益分配請求権を行使することである。

Ⅳ 新しい問題の出現と対応

1 都市化の推進と農村土地請負権

都市化という用語が最も早く登場したのは、2000年10月に開かれた中国共産党第15期三中全会により採択された「中共中央国民経済と社会発展の第十次五か年計画制定に関する建議」である。その後、共産党第十六期大会から各種の通達にたびたび現れ、また個別の地域でモデル事業を始めている。今期の政府からは、それを全面的に推し進める姿勢が見られるが、農村土地に対する改革について言えば、前期政府が進めた「新農村建設」も見られることを付言しておく

都市化建設は農村集団土地所有権の再構築およびその所有権により取得された請負権の処分に関わるものである。その中では土地の収益がもっとも重要である。これには現状を維持する場合の一般収益と、農業合作社などの形で集団経営を代表とする請負権譲渡の収益と、都市化建設により土地が収用された後のいわゆる失地収益とが含まれる。この三種類の収益の分配対象は、原則上はすでに集団組織と請負契約を締結した当事者に限られるが、さらに上述したように組合契約および財産合有の規則に基づく分配もなされる。ただし、その収益の財産が分割可能なものになれば（たとえば収容された

後の補償金など)、全体財産は一般共有に変化する。

2 相続法改正と農村土地請負権

全人大法律委員の提案により相続法の改正が2012年の立法計画に組み入れられたということはすでに各メディアが報じるところであり、まだ全人大の法律工作委員会の正式な通達は出されていないものの、このことは疑いようもない事実であろう。このような背景のもと民法学界では農村土地請負権が相続財産の範囲に入るか否かに関する議論が盛んにおこなわれている。肯定説は、これは用益物権であるから当然相続可能であるとするが、否定説は現行法上根拠がないとする。これらの議論に対し筆者は、中国の法治建設は進行中で制度上できるかぎり現行法との間の衝突を回避すべきであるが、農家による土地請負契約は新型契約であるため、この契約により取得した財産権が相続財産に入るか否かについては以下の点を考察すべきだと考える。

第一に、農村集団土地所有権は社会保障という性質をもち、「農民」という身分と関係する。したがって、これが一身専属の財産として相続できないものではないが、相続人の身分に制約を要する。もちろん現在進められている都市化の一環としての社会保障体系が全面的に普及した後はこの限りではない。

第二に、この財産の共有形態は合有であり、「浮動化」と「潜在化」という特徴があるため、共有者の間では相続という関係はありえないし、さらに身分的な制限があるためその他の農業に従事していない財産相続人は相続しえない(ただしこの財産により生まれた収益はその限りではない)。

第三に、中国では現在、相続税や贈与税などが実施されていないが、現代社会の税制としてこの種の税制の実施は時間的な問題である。現在、相続可能の財産範囲を議論する場合は、このような関係も考慮に入れなければならない。

Ⅴ 結語

本稿は農家による集団土地請負契約における財産関係の視点から、この制

度の全体的な適用上の一律的な解釈と規範を求めてきた。また研究と分析を通じて試行可能性があると自分では考える案を出した。しかし、注意すべきことは、法律自身も基本法と特別法の間の一般関係と特殊関係があり、さらに国土が広く民族も多く、とくに農地と農村人口の比率がいまだに相当高い今日の中国では制度の設計と適用で「一刀両断」的な処理は回避しなければならない。したがって本文が出した案は、「物権法」と「農村土地請負法」に基づいて農村集団組織と農家の間で「請負契約」を締結した法律関係のみを適用対象とする。

　最後に強調したいのは、中国の現行の農村土地請負制度はその特別な歴史に由来するものであり、完全に近代民法理念で整備されるものではないように思う。しかしながら、近代の民法理念を活かしてそれに近い概念や理念を持ち出し、近代さらに現代の民法理念を以てそれを解読し整合することは可能であるように思われる。これは総有と合有の概念及びその法律制度の構成の有用性に求められる。

入会権概念の拡張についての再検討
―― 入会権団体による国立公園の管理支配は正当化されるか ――

越　知　保　見
Yasumi OCHI

I　はじめに
II　入会権概念の拡張とその問題性
III　ケーススタディ：志賀高原の入会権団体による管理・支配
IV　入会権の本来的利用と派生的利用
V　入会権に基づく入会地の管理・処分の限界
VI　結論―古典的定義の正当性と志賀高原の管理運営の在り方―

I　はじめに

　入会権は、農村の問題（近代的所有権概念からの農村コミュニティの保護という問題）と考えられがちだが、実は、リゾートホテルのM&Aなどに頻繁に出てくる問題であり、入会地の非農業的利用と近代的所有権との相克が現代的な課題となっていることは、あまり気づかれてはいない。その理由として、入会権が地方の慣習を基盤にするもので、一般化できないために、研究者の研究テーマとして取りあげにくいからであろうかと思われる。しかし、まさに、そのような慣習と歴史を全面に押し出し、入会権者が広大な志賀高原国立公園すべてをを管理し、多年にわたって入会地の事業を独占し、入会地に自治権を有しているかにさえみえる入会権が存在する。本論文は、そのように極大化した入会権をケーススタディとして、具体的事例に即して、入会権概念の拡張についての再検討を行うものである。

Ⅱ 入会権概念の拡張とその問題性

1 入会権の意義とその拡張

　入会権とは、「一般に、一定の地域の住民が共同で山林原野において草、薪、雑木などを採取する権利である」と定義される。入会権の対象となる山林原野を入会林野という。入会権とは入会林野を共同で利用する権利であるから、人工造林をしたり、流木を売ってその代金を分配するような林野は入会林野ではないとされる。入会林野は草を刈ったり落ち枝や枯れ枝を取ったり、天然生木を取ったり、或いは牛馬を放牧する等、農家の自給生活に必要な天然産物の採取に利用されるものとされ、入会権とはこのような農家の自給のための活動を法的に保護した権利である。

　このような入会地は部落とか国とか呼ばれる一定の地域に住む人々が集団的共同で利用し管理している山林原野である。したがっていわゆる部落と呼ばれるものは入会地であることが多く、この部落住民に入会権が帰属していることが多い。

　入会権本来の利用形態を失っている場合はもはやその林野は入会林野ではなく入会権が消滅しているとする先例もある（盛岡地判昭和31年5月14日）が、この判例には農民が入会林野を貨幣経済のために利用してはならないというのは誤りであるとの厳しい批判があり、入会地を何の目的で利用するかは入会権を有する部落住民が決められるとの考え方がむしろ有力である。例えば、部落住民共有地が住宅地その他に利用されても、なお入会地であることを認める判例もある（福岡高判昭和58年3月23日）。今日では、入会権者の使用収益権が、入会権の利用形態は農業生産や生活上の諸資源を獲得するという収益的利用には限定されないことは通説であり、最判平成18年3月17日も「入会権に基づく入会地の利用形態には様々なものがあり、入会団体が第三者との間で入会地について賃貸借契約等を締結してその対価を徴収したとしても、その収入は入会権者の総有に帰属するのであって、入会権が消滅するわけでも、入会権の内容や入会団体としての性質が変容するものでもない。」と述べている。

2 入会権を総有的な共同支配と解することの問題性

　以上のように、入会権により、本来的利用を超えた利用が可能であることから、「一定の地域の住民が一定の山林原野等において共同して雑草、まぐさ、薪炭用雑木等の採取をする慣習上の権利」であるという入会権の定義には、「一般的に」という留保がつけられている(1)。

　ところが、最近では、入会権の定義自体を根本的に変更し、「一定の土地に対する総有的な共同支配権」を意味すると解する見解もある(2)。しかしこの新しい定義（以下「新定義」という）によれば入会権は広義の共有による所有権と何ら異ならないものとなる。入会権が用益的権利であるという本来的な性格を遥かに越えて事実上、入会権が成立する林野に入会権者の共同所有が成立するのと同じことになるようにも見える。

　そして、実際に、入会権者が入会地の管理処分権を全面的に把握しているとの前提で、入会地の管理・処分を行っている例がある。有名な例として長野県の志賀高原についての入会権団体である和合会による志賀高原の管理である。この入会権団体は当初は志賀高原における草木を採取する農民の用益権に関するものであったが、志賀高原がスキーリゾートとして有名になるに従い、入会権者はホテルを運営したり、スキーリフトを運営する等の観光事業を行うようになり、現在では入会権団体の主な業務は入会地における観光事業の独占的な運営管理である。和合会の事例は、慣習に基づく入会権が膨張している極端な例であるように思われるが、新定義では、入会権による入会地の事業の独占が民法理論としては正当化されることになりかねない。新定義が極端な帰結、不合理な帰結を招かないかを検討するうえで、志賀高原の入会権の例は極めて重要なものであり、詳細な事実関係を提示したうえで、かかる事例を念頭に入会権概念についての再検討を行うものである。

---

(1) 中尾英俊『入会権―その本質と現代的課題―』（頸草書房、2009年）（以下「中尾」という）21頁。
(2) 中尾14頁以下。また、淡路＝鎌田＝原田＝生熊『民法Ⅱ［第3版補訂］』（有斐閣、2010年）191頁も参照。さらに、

Ⅲ　ケーススタディ：志賀高原の入会権団体による管理・支配

1　志賀高原の入会権団体による管理・支配の概観

　志賀高原の入会権の実情については、和合会が編集する多数の刊行物によって知ることができるが、これらはすべて非売品の書物である。以下の記述は、和合会編『和合会の歴史』上下巻 (1975) と最近筆者が入手した財団法人和合会編『和合会の手引き―その歴史と性格―』(2002)（以下、「和合会の手引き」という）による。その他の和合会編の出版物として、『和合会の歴史・水利史編』(1985)『和合会の歴史・水利史資料編』(1985)『和合会の歴史・現代水利史編・温泉権史編・同資料編』(1991)『和合会の歴史・社会史編・同別冊』(1992)『和合会の歴史・裁判史編』(1997) なお『和合会の歴史・現代編』(出版年度不明)―があるとされる。

　和合会とは、長野県の下高井郡山ノ内町の入会権者によって設立された財団法人である。財団法人・和合会の基本財産は土地であり、その単独所有権は志賀高原一帯を主体とする台帳面積五千平方メートル余り、実際はその8倍であるとされている。すなわち財団法人は、広大な志賀高原一帯をその所有と主張しているが、財団法人（和合会）は土地所有者ではなく入会権者であり、入会権は共有の性質を有する入会権（民法263条）であると主張している。問題は、共有の性質を有する入会権の意味であるが、その点はⅣ、Ⅴで検討することとし、まず、そのように主張するに至った入会権の歴史を概観する。

　和合会は志賀高原一帯の所有権（あるいは共有の性質を有する入会権）を主張するため、その詳細な歴史を繰り返し書籍化し、その正当性を訴え続けている。その主張を要約すれば、入会財産である志賀高原は、江戸時代には松城藩領の沓野（くつの）村が支配した山（村持山と呼ばれた）であり、明治時代には沓野部落・沓野区などと称されていた。沓野部落の入会地の所有権の帰趨

---
(3)　和合会の手引き3頁
(4)　和合会の手引き3頁、13頁、87頁など。財団法人といっても実際は沓野部落という入会集団が仮装されたものであるとしている。

については、国や地方公共団体との所有権の帰趨をめぐる争いの結果、紆余曲折を経て入会権者による財団法人和合会が設立され、財団法人和合会名義で入会地の所有権登記がなされるに至ったものである[5]。

2 国や地方公共団体との所有権の帰趨をめぐる争い

江戸時代には、沓野村の村民は、志賀高原で白箸の清算、弊軸竹の採取と売却、炭焼きなどの林業を営んでいたが[6]、明治維新による廃藩置県により、松代藩が解体し、平穏村という行政組織に編入された。平穏村に編入された沓野部落の入会地である志賀高原は国有地となったが、1886年に国がこれを沓野部落に払い下げ、1889年には、沓野部落の入会権者293名の名義による共有名義の登記がなされたとされている[7]。しかし、長野県はこの広大な公有林野を私有財産とすることを承認せず、長野県の取り締まり政策により、入会地は平穏村の所有となり、沓野部落が設立した財団法人和合会に対し、300年の地上権が設定された[8]。この300年の地上権の実質は、所有権に他ならないと和合会は主張している[9]。

1953年（昭和27年）に和合会が平穏村から入会地の土地の譲渡を受け、現在では財団法人和合会が所有権登記を行っている。このことから、和合会へ旧来の沓野部落の財産が和合会に返還されて和合会の所有するところとなったと主張する一方、和合会の共有名義の実質は共有の性質を有する入会権であるとも主張し[10]、この土地譲渡によって、地役権の性質を有する入会権から[11]

---

(5) 和合会の手引き18頁
(6) 和合会の歴史（上） 839-841頁
(7) 和合会の手引き35頁、36頁
(8) 設立日は大正12年3月1日で設立趣意書は以下のとおりである（財団法人和合会編『和合会の歴史 志賀高原の歩み 上巻』財団法人和合会、641-644による）。
　1．財団法人の設立は、県当局の切なる勧誘に基づくものであり、沓野区の自発的な意思ではない。
　2．沓野区有財産の全部を平穏村に贈与するが、そのうちの特定部分は古来の慣行に基づき永久地上権を設定すること
　3．永久地上権はただちに財団法人に帰属させること
　4．財団法人に帰属した永久地上権を以て、沓野部落は従来等しくこの財産から生ずる収益によってその恩恵にあずかることができること。
(9) 和合会の手引き49頁、74頁。和合会の歴史（上）641-644頁
(10) 和合会の手引き86頁、和合会の歴史（上）842-843頁

共有の性質を有する入会権に移行したと主張している。[12]

　この主張の趣旨と妥当性については、Ⅳ、Ⅴで検討するが、現在、平穏村は山ノ内町という行政組織に名称変更されており、入会集団である和合会が、入会地である志賀高原をほとんど独占的に管理運営している。

3　戦後における和合会の事業と発展
(1)　観光事業の和合会による独占

　戦後、和合会の事業は昭和30年ごろを契機に観光開発が中心となる。このため、戦後は、和合会財産を和合会員がこぞって直接に利用することはなくなり、和合会財産は会員のうちあるものが、観光関係事業を営んだり、外来者である会社・学校等が寮などを建設して志賀高原の土地利用をするほか、特例として、従来の縁故によって観光資本がホテルを営むことなどに移行した。これらの施設を和合会員が統制して、それからあがる収益を和合会の経営基盤としている。和合会財産を観光施設として利用できるのは、特例を除いて和合会員のみである。ホテル、売店、スキーリフト、ケーブルに至るまで、外来資本であってはならないのが原則であるとしている。[13]

(2)　観光プランの和合会による決定

　志賀高原の観光開発のプランは和合会によって決定される。したがって、志賀高原の観光開発については、和合会がその計画から管理・統制に至るまでの権限を独占している。

　志賀高原の観光開発について「志賀高原運用委員会」がつくられ、この第一回の会合が昭和25年6月10日に行われているが、その際に、長野電鉄の代表が加わっている。この時期までの長野電鉄は、和合会が志賀高原の観光開発をするにあたって、もっともよい相談役であったからである。

　志賀高原の運営には和合会と長野電鉄のほかに長野県側として観光課が加わっている。和合会の開発に客観性を持たせ、行政機関との連絡を緊密にす

---

(11)　和合会の手引き86頁-87頁
(12)　和合会の手引き90頁
(13)　和合会の歴史（上）839-841頁

るためであり、委員会の性格を変更するものではないことを示唆している。そして、志賀高原に対する和合会の管理・統制には、乱開発を防ぐとの名目で、厳しい規制が置かれているとしている。[14]

（志賀高原運営委員会の承認を要する事項）

建物の新築・改築又は増築

工作物又は構築物・看板等の新設・解説又は増設

土石の採掘・立木の伐採・動植物の採取

地形の変更

土地の借用

その他上記に準ずるような行為

(3) 和合会の観光業経営

和合会は、和合会員の生活を優先し、その安定・向上の為に、志賀高原の観光的土地利用を図るという、地元民中心の開発姿勢を一貫して取ってきた。外来者の利用に供する寮地区の設定も、志賀高原に進出した和合会員の二男、三男の雇用の確保のためにしたものであり、地元民の雇用拡大を意識したものであった。[15]

寮の設置が進むと大企業の進出が急激に進み、和合会には土地を守るべしという機運が高まってきた。さらに、会員の志賀高原への観光業進出も盛んとなっていたが、国立公園法による規制もあって、希望会員の自由な進出はできず、会員の衡平論が叫ばれるようになった。そこで財団法人では利益の還元が法的にできないため、大株主を和合会とし、株式を会員に均等所有する形態の公益的な株式会社の設立がなされた。[16] この会社は和合会員のみで構成された、会員の利益を目的とする和合会直営の会社である。

(4) 第三者が事業を営むことの制限

和合会員以外の者は、入会地でいかなる事業も営むことができない。ただ

---

(14) 和合会の歴史（上）、925-926頁
(15) 和合会の歴史（下）、1421頁
(16) 同上

し、共同経営は可能であり、和合会員以外の者が、入会地で事業を行う場合、あるいは和合会員の行っている事業の譲渡を受ける場合は、和合会員との共同経営でなければならない。

具体的には、入会地で事業（たとえばホテル経営）を営む者は、和合会との間で敷地の賃貸借契約を締結する必要があるが、この賃貸借契約には、入会権者以外が賃借地上の建物（ホテル）の支配を取得する場合、賃貸借契約は解除される旨の条項（いわゆる Change of control 条項）が入っている。そして、和合会は、会員以外の者の経営を認めないため、和合会員との共同経営でなければ、入会地上でいかなる事業も営むことができないし、和合会員の行っている事業の譲渡を受ける場合でも、和合会員との共同経営でなければ譲渡を受けることができない。

(5) 第三者の事業制限の現状と問題の所在

上記のような第三者が事業を営むことについての制限の結果、事業を第三者に売却する場合の事業価値がきわめて低くなり、実際問題として、入会地における事業再生の大きな支障となっている。2008年、志賀高原の土地所有者の和合会が会員以外のものに営業許可を出したことがインターネット上で明らかになっている[17]。これは、それまで入会権者以外のものは、志賀高原において、営業を行うことは出来なかったことを意味する。なお、2008年に会員以外のものに営業許可が認められるようになったとはいえ、その場合に和合会に支払う賃料は会員が支払う場合の2倍の賃料となっている。

そもそも行政庁でもない和合会が営業許可権限を持っていること自体が、異常であり、かつ、許可した場合に賃料を和合会に支払わなければならないという許可条件も異常である。更にいえば、その賃料が、会員と会員以外で2倍になることも異常である。このような営業許可権限を持つこと、賃料を享受する権限を持つこと、会員と会員以外に賃料の差別を図ることが許容されるかが問われなければならない。

和合会の入会地の利用（管理・処分）は本来的に入会権を保護した趣旨から

---

(17) http://blogs.yahoo.co.jp/hiro0425kawachi/55215257.html

かけ離れた形で入会権が膨張しほとんど入会地の自治権に近いものに変容しているように思われる。入会権の新定義はこのような極端な入会権概念の膨張を理論的に追認してしまう結果になりかねないが、それでよいかが問題になる。新定義を主張するも論者がそれを意図したものか、あるいは、志賀高原の極端な事例を念頭に置かずに入会権の消滅に関する判例理論の帰結として主張しているかは定かでないが、入会地に対する入会権の適切な権利関係の確立に向けて、志賀高原の事例を念頭に置きつつ、入会権に対する考え方を再検討する必要があるように思われる。

Ⅳ　入会権の本来的利用と派生的利用

1　入会権の消滅と入会権の拡張

古い判例には、入会権本来の利用形態を失っている場合は、もはやその林野は入会林野ではなくその権利も入会権でないとされるものがある。盛岡地判昭和31年5月14日は、「本件についてみると、権利者が権利を平等に行使しているとはいえ、当初部落の全住民の権利だったものが、その後特定の住民のみの権利となり、しかも当初の全住民の生存的性格を捨て、すなわち日常必要な薪炭用雑木などの自足的現物経済利用形態であったのを貨幣経済的利用形態に一大転換をなし、共有権の利用形態と異なるところがなくなってしまった以上入会の本態である利用形態においてその特質を喪失したものといわなければならない。」

しかし、「入会権の収益行為は、一定の山林原野などで草や木の下枝や薪炭用雑木などを獲得することを目的とする利用行為のみに限定することは、適切ではない」との学説が支配的であり、入会権が本来の利用形態以外の利用形態をとっている場合も、入会権が消滅しないことを認める多数の判例があり、最近では、最高裁も、その立場を支持している。

最判平成18年3月17日民集60巻3号773頁は、「本件入会地は、第2次世界大戦後は駐留軍の用に供するために使用されていて、現在は個々の入会権者が直接入会地に立ち入ってその産物を収得するといった形態での利用が行われているわけではないけれども、入会権に基づく入会地の利用形態には様々

なものがあり、入会団体が第三者との間で入会地について賃貸借契約等を締結してその対価を徴収したとしても、その収入は入会権者の総有に帰属するのであって、入会権が消滅するわけでも、入会権の内容や入会団体としての性質が変容するものでもない。」とした原審（福岡高那覇支判平成16年 9 月 7 日判時1870号39頁）の判断を是認することができる、として入会権の利用形態がいわゆる契約利用に変化したとしても入会権が当然に消滅するものではないとする。

仙台高裁昭和48年 1 月25日判時732号58頁では、「入会林野を何の目的で使用するかは部落民が決めることであり、入会権の利用目的の範囲について何らの制限もないことは明らかであって」と述べ、明示的に利用目的に制限がないことを判示している。

長野地判昭和48年 3 月13日判時732号80頁は、「入会権は「各地方ノ慣習ニ従フ」ものであり、その慣習が明治以後の経済的社会的変化の中で徐々に変化するに伴い、入会権の権利内容、特にその収益形態が変化するものと理解すべき（権利内容の動態的把握）ものであるから、入会権の用益内容を自給的古典的な採取行為に限定し、右用益内容が変化したことをもって、直ちに入会権が喪失もしくは解体したと速断することはできない。」とする。

ただし、前記仙台高裁昭和48年 1 月25日が言うところの「入会権の利用目的の範囲」とは、「入会林野を何の目的で使用するか」という林野の使用目的に関して述べたにすぎず、入会地の管理・支配権を無制限に認めることを述べたものではない。

実際、本事例は、入会地を原野のまま利用したのではなく、造林の目的で使用しているという事案であった。また、引用した判示の前文で、「農民が入会林野を生活に必要な現物を採取するためではなく、生活に必要な現金を得るため、入会林野に杉、松等の人工林を植栽し、あるいはこれらの自然林を育成し、植栽育成された立木を、部落民が現物で分配することもないわけではないが、この立木を売って現金化し、その現金を分配するに至ることは稀有な例ではない。」と述べ、「生活に必要な現金を得るため」と限定している点からも農村共同体の生活保障の目的を超えるものを入会権の利用を前提とするものではないことが伺える。

したがって、和合会のような入会地での観光業の独占に本判決の射程が及ぶものではないと考えられる。

入会権の存続の観点から言うならば、一部の入会権者が観光事業を始め、それをすべての入会権者が同意したからと言って、入会権者各人が持っている入会地への立ち入り権が失われることは適切ではないと思われる。すべての入会権者が、農業・林業を廃業する趣旨で、他の事業目的での利用に同意したのでない限り、入会権が消滅したと解することは妥当ではなく、入会権の消滅を否定した上記の判例自体は正当なものである。[18]

しかし、入会権が消滅しないことから、農業的利用、林業的利用以外の利用に関し、入会地の管理・支配権を認めたり、入会地の事業の独占が認められると解することが論理の飛躍であり、入会権を「一定の土地に対する総有的な共同支配権」と定義しなおす学説は、そのような飛躍した論理を正当化する危険があるように思われる。

つまり、問題の核心は、本来的利用でない利用（以下、これを「派生的利用」という）が主たる利用となった場合、入会権が消滅するか否かではなく、派生的利用はどのような利用形態となるか、本来的利用同様の独占的利用、入会地の管理・支配権までが認められるのかという点にある。

2　利用形態による分類[19]

入会地の利用は、その利用形態によって、①古典的共同利用、②集団的直轄利用、③個別的分割利用、④契約利用の4つに分類することができると説かれる。

①古典的共同利用とは、従来の入会権の定義にあたる利用形態であり、入会権者が入会地に立ち入り、草木・かや・落枝・小柴等を自由に取得する形態をいう。

②集団的直轄利用（留山利用とも呼ばれる）とは、入会権者が各自で入山・採取することを制限し、入会団体が集団として産物を管理する利用形態であ

---

[18] 入会権に関する判例の展開については、中尾英俊『入会権の判例総合解説』信山社（2007）参照。
[19] これについて、前掲・中尾98頁以下を参照。

る。この場合、入会地の実際の管理は、入会権者から委ねられた管理者（管理役員）が行うのが一般的である。例えば、入会地に人工植林を行い、立木を処分して現金収入を得ることがある。ここで得た現金収入は、入会団体の運営や地域の共益費に充てられたり、各入会権者に分配されたりする。

③個別的分割利用（割地利用とも呼ばれる）とは、入会地を個々の入会権者に割り当てて（すべての入会権者に均等に割当てるとは限らない）、採草用地、植林、農耕地、住宅用地等に使用させる形態である。このような場合には、各権利者は入会団体に対して一定の土地使用料（賃料）が支払われることが多い。ここで得た現金収入も、入会団体の運営や地域の共益費に充てられたり、各入会権者に分配されたりする。

④契約利用とは、入会地を入会集団自らが使用収益せず、入会権者以外の者に契約によって使用収益させる形態である。例えば、第三者に貸付けて、造林させる、学校やゴルフ場を運営させる等し、当該第三者から賃料として現金収入を得るといった利用形態である。この場合にも、ここで得た現金収入が入会団体の運営や地域の共益費に充てられたり、各入会権者に分配され[20]たりすることは集団的直轄利用・個別的分割利用の場合と同じである。ただし、和合会の場合、④の賃料は③の賃料の倍額となっている。なお、契約的利用は、基本的は、非農業的利用であることがほとんどである。

また、ここでの分配は、和合会の場合、役員の報酬などが支払われた後であり、和合会員に配当される金額は必ずしも多くはないようである。上記の利用形態の分類は有用なものであるが、利用のされ方の分類として別の角度も重要である。すなわち、本来的利用である農業的利用と派生的利用である非農業的利用である。派生的利用の中に、入会権者みずからが、サービス業に従事する場合（上記③の個別的分割利用）、第三者との契約により、第三者をして従事させ、自らはその利用料なり、第三者の取得した収入に対する分配を受けるなど契約に従って利益を受け取る場合（上記④の契約的利用）がある。

---

(20) 現金収入を各入会権者に分配する場合に、入会権者に分配金の支払い請求権を認める場合に入会権の総有的性質との関係が問題になる（この点を指摘するものとして、大村敦志「入会集団の慣習と公序良俗」ジュリスト1332号64頁参照）が、これをもってかかる入会権の利用形態が認められなくなる訳ではない（前掲・大村も同趣旨と考えられる）。

③と④の利用に関し、本来的利用と派生的利用の場合、権利の行使のあり方、その制約は同じでよいかが問題である。

3 派生的利用の場合の入会権者全員の同意

派生的利用に入会権者全員の同意が必要か。多数決で足りるかが問題となる。この点については、判例が錯綜している。入会権は慣習に従うから、入会地の利用形態の変更について入会権者の多数決で決定できるという慣習（もしくはそのような規約）がある場合には、多数決で足りる（福岡高裁宮崎支部平成18年4月28日）。

しかし、入会地の賃貸のような入会地の利用方法を大きく変えるような派生的利用の場合、原則として入会権者全員の同意が必要であるとの判例もある（東京高裁昭和50年9月10日）。

入会地の賃貸には原則として入会権者の全員の同意が必要であると考えたとしても、反対の意思を明確にしない場合は同意したものとして扱ってもよく、さらに、反対するには正当な理由が必要になるとの判例もある（福島地裁会津若松支部昭和50年10月29日判決・甲府地裁昭和63年5月16日判決）。

したがって、従前、入会地の管理に関する事項を入会権者の多数決で決定してきたような事情があったとしても、以前に入会地の処分・変更（賃貸含む）が行われたことがないようなときには、処分・変更には入会権者全員の同意が必要と裁判所に解される可能性もあるが、和合会の事例の場合、入会地の変更についての多数の先例があるであろうから、多数決で足りるという慣習が認められる可能性は高いと考えられる。

V 入会権に基づく入会地の管理・処分の限界

1 共有的入会権と地役権的入会権の異同

和合会は、実質的に志賀高原の所有を主張する一方、和合会自身も所有権登記がなされているとしても、実質は共有の性質を有する入会権であることを認めている。共有的入会権の場合、入会権はそれ自体として登記できないため、登記簿上は便宜的に、入会権者の一部の者や村町が登記簿上の権利者

になっている場合があるとされる[21]。和合会名義の所有権登記もそのようなものであると考えられる。そのような場合の、実質的な地盤所有権者は、入会権者か山之内町であるかが問題となる。

　入会権には共有の性質を有するものと、有しないものがあるとされている（263条、294条）。共有の性質を有する入会権と、地役権の実質を有する入会権のどこが違うのかが問題となる。従来、地盤所有権が入会権者全員の共有に属している場合が「共有の性質を有する入会権」（これを「共有的入会権」という）であり、地盤所有権が入会権者の一部又は第三者に属する場合には「共有の性質を有しない入会権」（これを「地役的入会権」という）であるの説明が一般的である[22]。共有の性質を有する入会権について、入会権者は総有に属する所有権を有するとか、共有的入会権の場合、所有権があれば、共同所有者間で、用益的権利を設定し合っているだけと考えられるとされることが多いと説明されることもある。

　しかし、入会権者が所有権を有しているのであれば、入会権を存続させる必要はないし、用益権者だったものが、所有権を取得することも理論的に無理がある。入会権の消滅が問題となること自体、入会権は所有権と異なる用益権に過ぎないものであることを物語るものである。実質で考えても、本件のように国立公園に属する広大な地域を入会権者が全面的に所有する、あるいは支配する権利を導くのはどう考えても無理があるように思われる[23]。

　共有の性質を有する入会権が、所有権の項目で規定されていることだけでは、入会権を所有権同様の支配権と解する根拠にはなり難いし、そのように解する論者自身も、共有に属する入会権でも地盤所有者との関係をなお、問題が残るとしており、地盤所有者が別の者に属する共有入会権の存在を認めるもののように思われる[24]。それは、同時に全面的支配権である所有権とは異

---

(21) その場合、入会権の存在に善意であるとしても、入会権を第三者に主張するのに対抗要件は不要であるとするのが判例の立場であり（大判明治36年6月19日民録9輯759頁参照）、また、登記が不可能である以上、取得者が民法94条2項によって保護されることはないと解されている。
(22) 判例も同様の区分に従っている（大判平成9年6月26日民録26輯933頁）。
(23) 入会権者は、入会権として利用しているのであるから、時効取得することも考えられない。
(24) 新版注釈民法（7）の入会権は、中尾教授の執筆であるが、共有の性質を有する入会権でも別の者が地盤所有者となり、取引を行うことがあると認めている。そのような場合を対抗要件の問題とする（525頁）が、真に入会権者が所有権者であるならば、無権利者からの取得になり、

なるものであることを認めるものである。

共有の性質を有するということの意味は、入会地における直接的利用（妨害排除）と排他的利用ができる場合があるものと考えるべきである。すなわち、入会地における入会権の趣旨に基づく利用に所有権同様の直接支配性及び排他性がある場合を共有的入会権といい、このような直接支配性、排他性を欠く場合が地役的入会権と整理すべきであるように思われる。つまり、共有の性質を有する入会権者は、地盤を所有するものではないが、地盤所有者に対し、入会権の範囲で入会地の直接的・排他的利用を主張できる（入会権者以外の者の入会権本来の利用（農業的利用）を排除することができる）。従って、入会地における非農業的利用に関しては、直接支配性や排他性は及ばないと考えるべきである。この最後の点は、以下でさらに述べる。

2　排他性が非農業的利用に及ぶのか

入会権の射程に関する真の問題は、共有の実質を有する入会権の排他性が農業的利用以外の場合に及ぶかの問題であり、その観点から論点は再構築される必要があるように思われる。

この点は、これまでほとんど論じられていない。非農業的利用（派生的利用）が行われる場合、そうした利用によって、入会権が消滅するか否かという観点から論じられ、消滅しないとなった場合でも、共有の性質を有する入会権の排他性は非農業的利用について及ばないという議論の建て方が行われたことはなかったように思われる。

そして、そのことが、入会権の議論を歪めてきた理由ではなかったかと思われる。歴史的に、入会権が消滅するか否かという論点から論じられた理由は、地方公共団体が入会地における所有権を確保し、入会権者の団体を解体させようとの政治的意図があり、歴史的に入会権の法理論がそのような強圧的政策に抵抗する理論として展開されてきた側面があったからではないかと考えられる。しかし今日では、そのような国による入会権の解体に抵抗する論理を逆手に取り、志賀高原国立公園という広大な国民の財産をあたかも自

対抗関係には立たないはずであるように思われる。結局、通常の所有権とは異なるある種の直接支配、排他的支配がある範囲で保護されていると解するしかないように思われる。

らの自治地域のように主張し、農業的利用のみならず、そのあらゆる利用に対し、行政組織であるかのように許可権限を行使し、第三者による入会地の非農業的利用を制限したり、利用者に入会権者に請求する以上の利用料（地代）を請求する入会団体が存続していることに注意が払われる必要があるように思われる。和合会は、よく知られた入会団体であり、かつ入会権をもっとも強力に主張している入会団体として知られる入会団体であるから、この団体の入会地の運営の問題を特殊例として、これを外して、入会権の問題を抽象的に議論することは出来ないように思われる。

　入会権者が、共有の性質を有する入会権を保有するとしても、その排他的利用権限は農業的利用の範囲で認められるものであり、ホテルの経営、スキー場の運営などの農業的利用以外の利用については、入会権に基づく排他性を主張することは出来ないと解すべきである。その理由は、地盤所有権者の所有権が完全に入会権者に奪われることになるからである。また、入会権は、本来、入会地と生活の基盤としてきた農民の立場を民法的に保障したものであり、非農業的利用については、非入会権者を排除することは、農民の生活基盤を用益権として保護した入会権の制度趣旨を超える保護を与えるものだからである。入会権についての新定義は、非農業的利用によって入会権が消滅しないとした判例を、入会権が、入会地の全面的支配権（所有権）を認めたものと解するものであるが、判例が述べるのは、Ⅳ2の利用形態の③の農業以外の個別的利用や④の契約的利用（いずれも派生的利用）により、入会権が消滅しないことを述べるにすぎず、派生的利用が行われる場合に、排他性が認められるかには言及しておらず、新定義は、判例の趣旨をはるかに超えて入会権の保護範囲を拡張するものである。そのような解釈は、入会権者による入会地の所有権の剥奪に等しい解釈であり、近代所有権の観点からも、憲法的観点からも許容されないもののように思われる。まして、志賀高原という広大な地域を入会権者の実質的所有に置くような解釈は、志賀高原を自治組織の管理下に置くかのような帰結を招きかねない解釈であり、そうした危険が現実化しているのが、志賀高原の管理の現状であるといえる。

3 入会権の地域性から総有的な共同支配が生じることを認められるのか

　上記の和合会の事例は、一つの極端な例であるが、入会権は、民法上の物権であるけれども、地方の慣習に応じ地方ごとに権利の内容が異なっているとされ、「地方の慣習」がこのような強力な入会権―入会権に基づく入会地の全面的支配―の根拠になっているため、理論的に考察することが重要である。[25]

　しかし、地域性という考え方にも限度があるのではないか。地域性を理由に和合会の志賀高原支配のような極度に強力な入会権を認めることができることには疑問がある。地方の慣習ではなく、その地域の入会権者の主張の強さが入会権の内容を決めていないかについての検討が必要なように思われる。

　日本の民法においては物権法定主義が規定されているが(民法175条)、慣習に基づき民法上の物権リストにない慣習法に基づく物権また慣習を尊重して権利内容が決定することがあることが認められる。温泉に関する権利は民法にない物権の典型的なものである(宇奈月温泉事件)。民法上地方の用益的な権利に関連する物権として入会権があるが、この入会権の内容も地方の慣習に応じ地方ごとに権利の内容が異なっている。慣習的な権利として地域性が認められるのは、用益的権利に関する物権だからであり、その権利の内容が慣習により保護されるのは、用益的権利の範囲、利用権の範囲ではないか、管理権・支配権を慣習法によって与えられることは、所有権者の所有権をはく奪することになるので、理論的にはあり得ないのではないかという疑問がある。慣習に従うということの意味は、結局において、農業的利用に関する直接支配性、排他性がどの程度強固に確立しているかを地方の慣習に従って判断せよということであり、民法が、263条、294条の二つの条文を置いたことの趣旨も、これを示唆しているのではなかろうか。

　入会地の所有権が、国・地方自治体という公的機関である場合、自らの管理責任の一端を入会団体に委託する方が効率的であるという事情から、入会団体が管理権を行使することに合理性を有する場合があると考えられる。し

---

[25] 川島武宜『川島武宜著作集　第八巻　慣習法上の権利1』『川島武宜著作集　第九巻　慣習法上の権利2』岩波書店

かし、その場合は、まさに国・地方公共団体からの委託に基づき権利行使していることが明示されるべきである。受託者の義務として、管理権限を行使することと権利者として行使することには本質的違いがある。その違いが混同されてはならないし、上記の和合会の例はまさにそのような混同・混乱が生じている例であるように思われる。そして、総有的な共同支配権と考える学説にもこの点の混同があるように思われる。

4 判例理論から総有的な共同支配が生じることを認められるのか

　入会権が当初の林業にかかわる事業から別の経済活動に変容したとしても、そのことによっては入会権は消滅しないとの判例理論は正当であり、入会権の存続の観点から言うならば、入会権者が観光事業を始めたからと言って、入会地への立ち入り権である入会権が失われるものではないとした判例自体は正当なものである。

　しかしこのことから、入会権を「一定の土地に対する総有的な共同支配権」と定義しなおし、山林原野における使用収益権限を超えて入会対象地に対する共同支配権と解することとの間には大きな飛躍がある。

　入会権者が入会地でホテル経営などの観光事業を営むことによって入会地から収益を上げることを許容すること、あるいは、ロッジなどを建築してこれを第三者に賃貸することにより、収益を得ること（契約的利用）、すなわち入会権による使用収益の範囲が、農業的利用から生じた収益にとどまらず、観光業などの非農業的利用によるって生じた収益を含むことは、平成18年最高裁判決を含む一連の判例によって許容されてきたと解することはできるが、そのことと、入会地全体の管理処分権限をすべて入会権者が持つかのような新定義・入会権概念の拡張は、一連の判例によって正当化できるものではない。農民がホテル事業やリフトの運営等のサービス業に従事するようになったからと言って入会権が失われるわけではないということと、第三者がホテル事業あるいはリフト事業に参入することに対しこれを排除することの権利までを有する―和合会は、まさしくそのように解釈し、（管理処分権限を有する者として）志賀高原を管理支配してきている―こととは別のことであり、判例はそこまでの権利を入会権者に認めたものとは解し得ない。

5 本来的利用と派生的利用を区別することの正当性

次の問題は、なぜ、本来的利用と派生的利用を区別するのか、そこに正当な理由を見いだせるのかである。

新定義あるいは総有的な共同支配権説は、次のように主張するものと思われる。派生的利用と本来的利用で利用権限の違いが生じる法的根拠はなく、非農業的利用（派生的利用）が認められた以上、非農業的利用であっても、農業的利用と同じ権利を行使しうるので、共有の性質を有する入会権では、非農業的利用について、排他性を否定する根拠がない。非農業的利用に排他性が認められるということは、総有的な共同支配が認められるということである。上記の農業的利用と非農業的利用を区別する理由がないことを前提にすれば、和合会が志賀高原の事業を独占すること、第三者の事業許可権限を実質的に持っていることが正当化され、許可した場合に賃料を和合会に支払わなければならないのは、入会権者が個別的利用をした場合に、和合会に使用料を支払わなければならないのと同じであり、その使用料の額の設定は契約で決まることであるから、非会員の利用料が会員の2倍になっても何ら不合理ではないという論理を導くことも民法上は可能になり得る。

これに関しては、入会権も物権の一種であるから、入会権者の土地利用権を侵害するような態様での土地使用には、入会権者は妨害排除請求権を行使できるとの判例がある。[26] 確かに本来的利用に関しては、第三者の入会地の利用が、入会権者の本来的利用を妨害する結果となる場合に、第三者の利用が制限され、あるいは排除されることは当然である。

そして、入会権の定義を総有的な共同支配権と解する立場からは、派生的利用に関しても妨害排除の権利が認められることは当然となるが、その帰結こそが問題なのである。上記の判例は、入会権者の土地利用（本来的利用）を妨害する態様で行われたために認められたものであり、派生的利用が妨害された場合に、妨害排除請求権が認められた先例はないと思われる。

実際、派生的権利にまで、妨害排除請求を認めると事実上、入会地において、入会権者はいかなる事業についても事業の許認可権を有することにな

---

(26) 東京高判昭和50年9月10日。ただし、同事例は、賃借権の無効確認とともに、入会権者の妨害排除請求を認容。主文は、被控訴人は右土地に立ち入つてはならない。

る。このような帰結は、所有権者の所有権をはく奪する結果に等しく、所有権を保護した近代司法のもとで、そのような入会権の膨張は許容されるものではない。入会権はもともと農業的利用についての用益権であり、それが、非農業的利用を否定するものではないとしても、非農業的利用にまで共有の実質を有する入会権に認められる排他性が認められれば、入会権者はすべての利用に所有権者を含む第三者の利用を排除することができ、入会地を実効支配する権限を認めることになる。これは、入会権を慣習法上の農民の権利として保護した趣旨を大きく逸脱した保護を入会権者に与えるものであり、民法の解釈論としてとりえないもののように思われる。民法上の排他性は非農業的利用には与えられないとの解釈は、所有権とのバランス（調和）から当然に導かれるものである。

所有権との調和の観点からは、入会権にもとづく妨害排除請求権については、あくまで本来的利用についての妨害排除の権限であり、派生的利用に関しては第三者が事業に参入したからといって、その排除を請求する権利はなく、ただ本来的利用についての制限が生じる場合のみ、妨害排除請求権があると解するべきである。

以上のとおり、派生的利用に関しては、そのような利用が入会権を根拠として認められること、あるいはそのような派生的理由をもって入会権が消滅するものではないという点において入会権の意味を拡張するものの、そのような派生的利用に関しては、入会地における独占的な利用権限までは認められないものと解すべきである。

6 独占禁止法との関係

第三者の営業の自由を侵害し、独占禁止法、国・地方公共団体の事業についての許認可権限との関係でも、新定義（総有的支配権説）はとりえない。志賀高原という日本でも有数のスキーリゾートのあらゆる事業が入会権団体に独占されているということは、民法の問題のみならず、公法特に独占禁止法上も問題になる。スキーリゾート事業を商品市場、志賀高原を地理的市場として、一定の取引分野が成立し、和合会は、一定の取引分野における独占的事業者である。独占的事業者が、会員と非会員の間で事業許可を行う要件を

かえ、原則として、非会員の事業許可を与えないことは参入阻害行為であり、また、例外的に参入を認めた事業者に対する賃料（使用料）を会員の２倍とすることは、差別対価による参入抑制行為であり、いずれも排除型私的独占または不公正な取引方法（差別対価）に該当する可能性が高い。

従って、新定義により、入会権者（和合会）の志賀高原の管理支配が正当化されたとしても、和合会の事業独占を規制する最後の手段は残されているとも言いうる。

しかし、そもそも、独禁法の私的独占の対象となるような広大な地域に、入会権者の実質的所有、排他的な管理支配、あらゆる事業についての独占が認められるということ、そのような帰結を招く解釈論の不合理性が独禁法に基づく考察によって明らかになったと考えるべきもののように思われる。志賀高原一帯とこれに接続する林野は、部落有林野の整理・統一によって、平穏村所有の林野となったのであり、和合会員は、本来は、志賀高原についての用益的権利以上のものをもつことは不合理である。しかしながら、和合会は、志賀高原がもともと和合会員の帰属する部落である沓野部落のものであったと主張し、その林野に地上権の設定を受け、あたかも、志賀高原の所有者であるかのようにふるまい、管理処分権限を行使してきているのである。そのような和合会の解釈運用が是正される機会はなく、今日でも志賀高原でビジネスを行おうとする場合、和合会の許可が不可欠であり、志賀高原は、和合会の自治地域であるかのような外観を呈している。総有的な共同支配権と解する説は、和合会の入会地での所有者のような振る舞い、自治地域であるかのようなふるまいを正当化する危険がある。その意味で、入会権については、入会権が保護された趣旨に立ち返って、農業利用以外の分野における事業の独占権まで付与するような定義を採用する解釈論をとることの副作用をよく理解すべきである。

---

(27) 1980年代後半のいわゆるバブル時代に、反社会勢力と疑われるような者が志賀高原のホテルを買収しようとして、裁判紛争となった事例があるが、和解によって終結している。和合会は、この事例を自らの解釈の正当性が裁判所によって認められた例として解釈している。『和合会の歴史・社会史編・同別冊』(1992)『和合会の歴史・裁判史編』(1997) 参照。

7 担保の実行との関係

　このような解釈は志賀高原全体のリゾートとしての価値にも影響を及ぼしている。1990年代のバブル崩壊とスキーリゾートの人気の衰退によって経営が立ちいかなくなっているホテルが多数存在するが、銀行はこれに設定した担保権を実行することすらできない。銀行が自己競落しても、和合会員しかホテルの経営ができず、担保によって投下資本を回収する道が事実上閉ざされているのである。このような極大化した入会権と入会権者による事業の独占が地域の経済活動の活性化を阻害している側面は相当大きい。

8 他のリゾートにおける乱開発の問題と混同されてはならないこと

　確かに、日本全体の温泉リゾートに目を向けると、逆の現象、外資がホテルを所有することにより、温泉利用などの共同利用が破壊され、地域の環境が悪化するという例もないわけではない。しかし、そのような例があるからと言って、野放図な入会権概念の拡張が許容されるべきものではなく、乱開発は公的規制によって制限されるのが本来のあり方であり、乱開発阻止を錦の御旗として、入会権概念を総有的共同支配と解するような極端な解釈論がとられることがあってはならないと思われる。

Ⅵ 結論―古典的定義の正当性と志賀高原の管理運営の在り方―

　以上検討したところを要約すれば、入会権の定義としては、古典的定義が正しく、入会権の物権としての権利を100パーセント享受できるのは本来的利用に限られ、派生的利用に関してはその利用形態によって入会権を消滅させることはなく、また入会権を根拠に（地盤所有者との間でなんらの契約的アレンジメントや許認可の取得もなく）入会地における派生的利用が可能になるものの、その利用については、本来的利用のような独占的な利用権限が生じるものではなく、妨害排除請求権が生じるものではないと解するべきものである。

　入会権またはその派生的利用権限から、入会地におけるあらゆる利用（本

来的利用以外のについての利用)についての管理処分権が入会権者に帰属するものではない。地盤所有者から管理処分権限の行使についての委託を受けて、管理処分を行うことがあるとしても(地盤所有者が国又は地方公共団体の場合、そのような例が多いと思われる)、それは入会権者の固有の権利の行使では」なく、受託者としての権利義務の行使と見るべきである。

志賀高原運営委員会は、和合会が県などの識者の意見を聞きつつ管理処分権を行使している体裁のものと位置付けられているようである。長野県観光課が加わることで、委員会による規制が、公的規制に準じる外観を作ろうしているように見える。しかし、本来は、和合会が入会権を行使しているのではなく、地盤所有者である平穏村からの委託を受け、それにしたがって、管理処分権限が行使され、長野電鉄はそのアドバイザーになっているように組織されるべきである。

# いわゆる二項道路における通行妨害排除請求と公共的利益の実現

秋 山 靖 浩
Yasuhiro AKIYAMA

I　問題の所在
II　二項道路における公共的利益の実現
III　判例の意義と問題点
IV　学説における議論
V　終わりに

I　問題の所在

　ある者の所有する土地が建築基準法（以下「建基法」という）42条2項の規定による指定を受けると、建基法上の道路として扱われる（以下「二項道路」という。詳しくはIIで取り上げる）。そして、近隣住民等の二項道路の通行者は、二項道路に指定された道路敷地の所有者がその通行を妨害しまたは妨害するおそれがあるときは、一定の要件の下で、その道路敷地所有者に対して通行妨害行為の排除および将来の妨害行為の禁止を請求することができるとされている（以下では通行妨害行為の排除と記すが、将来の妨害行為の禁止も含む趣旨である）。

　通行妨害行為のこのような排除請求が認められることにより、近隣住民等の通行利益が確保される。他方で、IIでやや詳しく見るように、二項道路をはじめとする建基法上の道路は、市街地において、防火・避難・交通上の安全や日照・通風等の環境を確保し、良好な市街地環境を形成するという公共的利益を実現しようとしている。そうすると、通行妨害行為の排除請求という形で二項道路の通行妨害状態が解消されることは、二項道路における以上のような公共的利益の実現にも資することになる。

　それでは、二項道路が実現しようとするこのような公共的利益は、近隣住

民等の通行者に通行妨害行為の排除請求を認めるかどうかを判断するに当たり、どのような影響を与えているのだろうか。例えば、このような公共的利益の実現を図るために、通行妨害行為の排除請求を積極的に認めるという解釈がとられているのだろうか。それとも、通行妨害行為の排除請求はあくまでも近隣住民等の通行利益を確保するものであるから、その請求の可否を決めるに当たり、公共的利益の実現には何らの配慮もなされていないのだろうか。

　以上の問題関心から、本稿では、二項道路において道路敷地所有者が通行妨害をしている場合に、近隣住民等の通行者が道路敷地所有者に対して通行妨害行為の排除を請求することができるかどうかを判断するに当たり、二項道路が実現しようとする公共的利益にどのような位置付けが与えられているか・与えられるべきかを考察する。具体的には、二項道路の制度と意義について概観した上で（Ⅱ）、判例が二項道路における公共的利益の実現に積極的な位置付けを与えていないという問題点を指摘した後（Ⅲ）、学説のうち、生活利益秩序違反に基づく差止を主張する見解と人格権を起点として問題を把握する見解を取り上げて、それぞれの見解の中で二項道路における公共的利益の実現がどのように位置付けられているかを検討する（Ⅳ）。

Ⅱ　二項道路における公共的利益の実現

　ここでは、二項道路の制度と意義を概観し、二項道路がどのような公共的利益を実現しようとするのか、また、その公共的利益がどのような仕組みを通じて実現されるのかを確認しておく[2]。

（1）　本稿の検討は、通行妨害行為の排除請求の成否において、二項道路における公共的利益の実現にどのような位置付けが与えられているか・与えられるべきかに焦点を当てている。そのため、通行妨害行為の排除請求権の根拠をめぐる問題（生活利益秩序違反か、人格権ないし人格権的権利か、自由通行権か）には立ち入らない。この点に関する詳しい検討として、岡本詔治『通行権裁判の現代的課題』（信山社、2010年）338頁以下等がある。
（2）　本章の以下の記述は、秋山靖浩『不動産法入門』（日本評論社、2011年）154頁以下をもとにしている。

1 建基法上の道路
(1) 建基法上の道路の意義

二項道路は建基法上の道路の一つである。

建基法上の道路は、市街地において、防火・避難・交通上の安全や日照・通風等の環境を確保し、良好な市街地環境を形成する機能を担っている。このような機能は、建基法が規律する建築物とその敷地に対する各種の制限にも反映されている。例えば、都市計画区域・準都市計画区域内の建築物の敷地は、建基法上の道路に2メートル以上接していなければならない（建基法43条1項本文）。これは、建基法上の道路の上記機能を前提とした上で、防火・避難等の安全や日照等の環境の観点から建築物の敷地を支障なく利用するには、敷地と道路との一定の接続が必要であることを理由として設けられた制限である。また、建築物の容積率・高さについても、建基法は、建築物の前面道路の幅員が何メートルかに応じて制限を設けている（建基法52条2項・56条等）。

以上の機能を十分に果たすために、建基法上の道路は幅員4メートル以上が原則とされている（建基法42条）。また、建基法上の道路内に建築物を建築することや敷地造成のための擁壁を築造すること、これらの建築物・擁壁を道路内に突出させることは原則として禁止されている（建基法44条1項。以下「道路内建築制限」という）。これは、建基法上の道路の敷地を私人が所有する場合にも当然に適用され、この場合にこそ特に意味がある。というのも、本来なら土地の所有者は所有権に基づいてその土地に自由に建築等ができるはずのところ（所有権の自由）、当該土地が建基法上の道路の敷地とされると、建基法上の道路とそれに基づく公共的利益の実現を優先させるために、道路内建築制限によってその自由が制限されることになるからである。

(2) 位置指定道路と二項道路

建基法上の道路となる敷地は私有地であってもよい。私有地が建基法上の道路の敷地とされている場合において、その道路敷地の所有者が障害物等を設置して通行を妨害し、これに対する通行者等の妨害排除請求の成否が争われる事案では、主に二つのタイプの建基法上の道路が登場する。

一つは、建基法42条1項5号の規定によって位置の指定を受けた道路であ

る（以下「位置指定道路」という）。通り抜け可能であるなどの一定の技術的基準（建基法施行令144条の4）に適合している場合に、当該土地の所有者等が関係権利者の承諾を得て特定行政庁に対して道路位置指定の申請をし、特定行政庁により道路としての位置の指定を受けると、当該土地は建基法上の道路とされる。

　もう一つは、二項道路である。基準時に現に建築物が建ち並んでいる幅員4メートル未満の道のうち、特定行政庁が指定したものを例外的に建基法上の道路とし、道路の中心線から左右それぞれ2メートルの線を道路境界線とみなすという制度である。ここでいう基準時とは、建基法第三章の規定が適用された時（具体的には、建基法施行前に既に都市計画区域の指定を受けていた地域では建基法施行時、それ以外の地域では都市計画区域の指定を受けた時）をいう。また、位置指定道路とは異なり、二項道路の指定は特定行政庁の職権によって行われる。

2　二項道路が道路として整備される仕組み

　二項道路の特徴は、道路の現実の幅員が4メートル未満でも、道路中心線から左右それぞれ2メートルの道路境界線まで、合計の幅員4メートルが建基法上の道路とみなされる点である。しかし、現実の幅員は4メートル未満しかないことから、このままでは二項道路における公共的利益の実現に支障が生じかねない（1(1)で触れたように、建基法上の道路は幅員4メートルを原則とする）。そこで、二項道路では、次のような仕組みにより、幅員4メートルの状態を達成しようとしている。

(1)　二項道路の指定と既存建築物

　まず、二項道路の指定があると、現実の幅員の部分だけでなく、道路境界線（【図】の〈後退前〉の破線部分）まで、つまり、甲土地の一部たるα部分を含む幅員4メートル全体が建基法上の道路として扱われる。もっとも、この段階では、道路の現実の幅員は3.4メートルしかなく、α部分には、既存建築物の一部が突出した状態となっている（【図】の〈後退前〉のα部分を参照）。α部分も建基法上の道路である以上、この状態は道路内建築制限に違反しているように見える。しかし、建基法の規定が適用された時点で既に存在す

【図】
※塗りつぶし部分（α）：甲土地の一部であり、二項道路に指定された部分

〈後退前〉

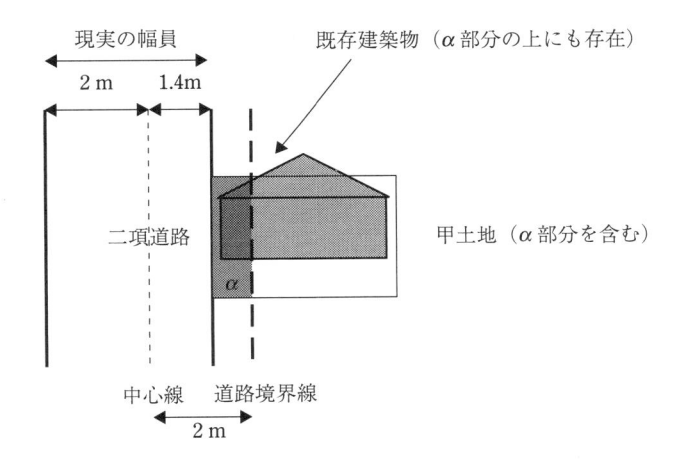

- 現実の幅員：2 m ＋ 1.4m
- 既存建築物（α部分の上にも存在）
- 二項道路
- 甲土地（α部分を含む）
- 中心線　道路境界線：2 m

〈後退後〉

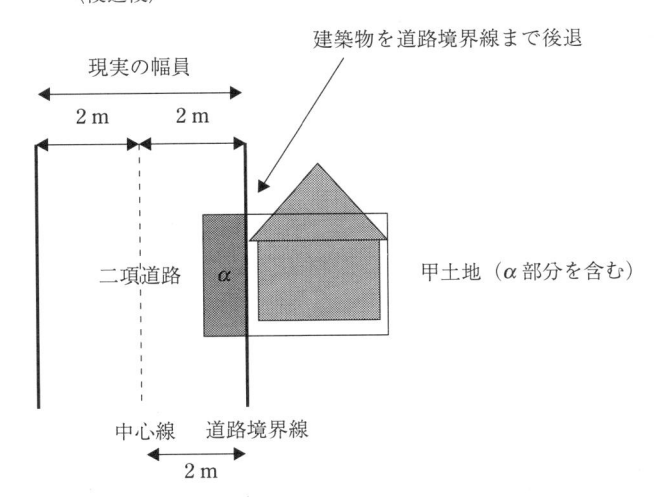

- 建築物を道路境界線まで後退
- 現実の幅員：2 m ＋ 2 m
- 二項道路　α
- 甲土地（α部分を含む）
- 中心線　道路境界線：2 m

る建築物は、たとえ当該規定に適合していなくても、当該規定に相当する従前の規定に違反していない限り、当該規定の適用を免れるとされている（建基法3条2項）。これまで適法だった建築物を違法建築物と扱うのでは、その所有者に酷だからである。その結果、甲土地の所有者は、α部分の既存建築物を除却しなくても建基法違反とはならない。

(2) 後退義務

もっとも、その後、既存建築物の増改築・建替えの段階では、適用免除された規定が適用されるようになるため（建基法3条3項3号）、甲土地の所有者は、α部分の既存建築物を除却しなければならない。これは、甲土地上の建築物を道路境界線まで後退させるという意味で、「後退義務」と呼ばれる（【図】の〈後退後〉参照）。また、α部分は甲土地の所有者に属するが、建基法上はあくまでも道路として扱われるため、敷地面積に含めることができない（建基法施行令2条1項1号）。つまり、甲土地全体の面積からα部分の面積を引いたものが甲土地の建基法上の敷地面積となり、これを基礎にして甲土地上の建築物の容積率等の制限が算定される（敷地面積が小さくなった分、許容される建物の容量も小さくなる）。

以上のように、二項道路では、指定当時は現実の幅員4メートルが確保されていないが、道路に接する土地の建築物の増改築や建替えが進むにつれて後退義務が履行される結果、徐々に幅員4メートルの道路が現実に確保されるようになる。

(3) 二項道路の拡幅整備の重要性

二項道路は、将来的には幅員4メートルになるとはいえ、それまでは現実の幅員が4メートル未満の状態が続く。この状態では、建基法上の道路が本来予定している機能、すなわち、防火・避難等の安全や日照等の環境の確保、および、それらを通じての良好な市街地環境の形成という公共的利益が、まだ十分には実現されていない段階にあるといえる。

そこで、二項道路においては、かような公共的利益の実現を図るために、現実の幅員が4メートル未満の状態を4メートルへと拡幅し、建基法上の道路としてふさわしい状態に整備することが、重要な課題とされている。

しかも、このような課題は、二項道路の現状を踏まえると深刻でもある。

平成20年住宅・土地統計調査（総務省統計局）によると、例えば、東京都では、道路に接する住宅敷地のうち幅員4メートル未満の道路に接するものが約28％も存在している（幅員4メートル未満の道路の全てが二項道路とは限らないが、大多数は二項道路であると推測される）。さらに、東京都豊島区では、この割合は約44％になる。しかも、二項道路は、区画整理や道路網の整備が行われないまま宅地化が進行した地区・地域などにまとまって存在していることが多い。その結果、このような地区・地域では、道路の幅員が狭いために建築物（木造住宅も多い）が密集していることなどと相まって、防火・避難等の安全や日照等の環境の確保に支障が生じ、市街地環境の大きな負荷となっている。それだけに、二項道路の拡幅整備がまちづくりの喫緊の課題となっている。
(3)

3　建基法上の手段の機能不全

ところが、建基法は、二項道路の拡幅整備について、実効的な制度を用意しているとはいえない。

建基法は、建築物の後退義務を課したものの、後退した部分（二項道路内の既存の塀等を撤去して幅員を拡幅した部分。【図】の〈後退後〉の α 部分に該当する）を道路として整備する義務までは明確に課していない。後退部分を道路空間として確保してはじめて建基法上の道路の機能がより良く実現されることからすれば、整備義務まで明確に規定するのが望ましいはずであるが、そのようにはなっていない。その結果、建替え等を契機に建築物は道路境界線（道路中心線から2メートルのところ）まで後退したものの、後退部分に工作物や植栽が残ってしまう例や、後退後しばらくしてそれらの物を後退部分に設置してしまう例が報告されている。また、後退部分の所有者が、その後退部分を道路ではなく駐車場や庭などの自分用の空き地として利用している例も少なくない。これでは、後退部分を含む二項道路は、建基法上の道路としての機能

---

(3) 『狭あい道路とまちづくり——防災と生活と環境の総合化をめざして』（地域科学研究会、1996年）、『狭あい道路と生活道路の整備方策』（地域科学研究会、2001年）、『狭あい道路と密集市街地の計画的整備——その手法と推進実務』（地域科学研究会、2008年）が、豊富な実例を交えつつ、実態と課題を多角的に論じている。

を十分に発揮しえないであろう。

しかも、以上の事態に対して、特定行政庁による違反是正命令（建基法9条）では適切に対処しえない場合がある。道路内建築制限は建築物・擁壁を対象とするため（1(1)参照）、これらに該当しない物（例えば植物や自動車など）が後退部分に残っていても、道路内建築制限の違反には当たらず、違反是正命令の対象にもならないと解されているからである。

さらに、特定行政庁の違反是正命令については、特定行政庁が命令を出すかどうかが特定行政庁の専門技術的な裁量に委ねられるという点での限界もある。すなわち、後退部分に建築物等が存在する場合でも、特定行政庁は諸事情を考慮して命令を出すかどうかを決めることができるため、特定行政庁が必ず命令を発するわけではない。また、近隣住民が、特定行政庁を被告として、違反建築物等の所有者に対して違反是正命令を発令することの義務付け訴訟を提起した場合も、特定行政庁の裁量権が近隣住民の勝訴の大きな壁となりうる。特定行政庁に対して違反是正命令の権限の行使が命じられるのは、特定行政庁が同権限を行使しないことが「その裁量権の範囲を超え若しくはその濫用となると認められるとき」に限られるからである（行政事件訴訟法37条の2第5項）。実際にも、相当重大な建基法違反でないと、特定行政庁の違反是正命令は出ないようである。[4]

4 小括

二項道路における公共的利益の実現は重要な課題であるにもかかわらず、建基法上の制度によっては、二項道路の拡幅整備が順調に進まず、その結果、二項道路における公共的利益もなかなか実現されないことが懸念される。

建基法上の制度のこのような不備を受けて、次には、民法上の手法によって、具体的には、近隣住民等の通行者が二項道路の道路敷地所有者に対して通行妨害行為の排除請求をすることによって、通行妨害を解消しつつ二項道路の機能を確保する――二項道路における公共的利益を実現する――ことが

（4） 金子正史「判批（最判平成18・3・18）」自研83巻9号（2007年）139頁以下も参照。

できるのではないか、という問題意識が生まれてくる。そこで、章を改めて、判例および学説において、このような問題意識を受け止める議論がなされているのかどうかを見ていく。

Ⅲ　判例の意義と問題点

1　最判平成9年および最判平成12年
(1)　最判平成9年

　最判平成9・12・18民集51巻10号4141頁（以下「最判平成9年」という）は、位置指定道路の敷地の所有者が通行妨害を行った事案において、次の判断を示していた。

　「建築基準法42条1項5号の規定による位置の指定（以下「道路位置指定」という。）を受け現実に開設されている道路を通行することについて日常生活上不可欠の利益を有する者は、右道路の通行をその敷地の所有者によって妨害され、又は妨害されるおそれがあるときは、敷地所有者が右通行を受忍することによって通行者の通行利益を上回る著しい損害を被るなどの特段の事情のない限り、敷地所有者に対して右妨害行為の排除及び将来の妨害行為の禁止を求める権利（人格権的権利）を有するものというべきである。／けだし、道路位置指定を受け現実に開設されている道路を公衆が通行することができるのは、本来は道路位置指定に伴う反射的利益にすぎず、その通行が妨害された者であっても道路敷地所有者に対する妨害排除等の請求権を有しないのが原則であるが、生活の本拠と外部との交通は人間の基本的生活利益に属するものであって、これが阻害された場合の不利益には甚だしいものがあるから、外部との交通についての代替手段を欠くなどの理由により日常生活上不可欠なものとなった通行に関する利益は私法上も保護に値するというべきであり、他方、道路位置指定に伴い建築基準法上の建築制限などの規制を受けるに至った道路敷地所有者は、少なくとも道路の通行について日常生活上不可欠の利益を有する者がいる場合においては、右の通行利益を上回る著しい損害を被るなどの特段の事情のない限り、右の者の通行を禁止ないし制限することについて保護に値する正当な利益を有するとはいえず、私法上の通行

受忍義務を負うこととなってもやむを得ないものと考えられるからである。」

(2) 最判平成12年

最判平成9年の判断を受けて、最判平成12・1・27判時1703号131頁（以下「最判平成12年」という）は、二項道路の敷地の所有者が通行妨害を行った事案において、次の判断を示した。

事実の概要は、簡略化すると次の通りである。

Xは甲土地を、Yは乙土地をそれぞれ所有している。他方、本件私道は戦前に開設されたものであり、建基法施行の際（昭和25年）、建基法42条2項の規定による指定を受けて同法上の道路とみなされた。乙土地の一部が、本件私道に含まれている。

XY間の紛争に至るまで、次の経緯があった。Xの先代は、甲土地の上に建物を建てて居住し、主に徒歩で本件私道を通行してきた。昭和59年、Yは、乙土地にマンションを建築したが、その際、乙土地の上にあった塀（これは本件私道内に存していた）を撤去し、道路中心線から2メートル後退した位置にフェンス（旧フェンス）を設置した。これにより、本件私道の幅員が拡幅された。その後、昭和61年、XはXの先代を相続し、甲土地上の建物を取り壊して更地にした。Xは、甲土地を賃貸駐車場として利用する目的を有している。なお、この間、本件私道では自動車の通行がなされたことはなかった（過去に約1年間、近隣のビル建設のため、甲土地が工事関係車両の駐車場などとして利用されたことがあり、Yはその期間のみ、乙土地上の自動車の通行を承諾した）。

平成3年8月、Yは、旧フェンスを撤去し、旧フェンスよりもさらに後退した位置に新フェンスを設置した上で、道路中心線から1メートル弱の位置（したがって本件私道内）に金属製ポール（本件ポール）を10本設置した。そこで、Xは、自動車の通行を妨げられているとして、通行の自由権（人格権）に基づき、Yに対し本件ポールの撤去を請求した。

原審はXの請求を認容したのに対し、最高裁は、次のように述べて破棄自判した（Xの請求を棄却）。

「建築基準法42条1項5号の規定による位置の指定を受け現実に開設されている道路を通行することについて日常生活上不可欠の利益を有する者は、右道路の通行をその敷地の所有者によって妨害され、又は妨害されるおそれ

があるときは、敷地所有者が右通行を受忍することによって通行者の通行利益を上回る著しい損害を被るなどの特段の事情のない限り、敷地所有者に対して右妨害行為の排除及び将来の妨害行為の禁止を求める権利（人格権的権利）を有するものというべきである（最高裁平成8年（オ）第1361号同9年12月18日第1小法廷判決・民集51巻10号4241頁）。そして、このことは、同条2項の規定による指定を受け現実に開設されている道路の場合であっても、何ら異なるものではないと解するのが相当である」。本件においては、本件私道はもっぱら徒歩または二輪車による通行のみに供されてきたこと、Xは昭和61年以降、甲土地を居住利用しておらず、単に賃貸駐車場として利用する目的しか有していないことなどから、Xは、「本件私道を自動車で通行することについて日常生活上不可欠の利益を有しているとはいえない」。

2　判例の意義

以上の判例には、次のような意義を見出すことができる。

特定行政庁による二項道路の指定とそれに伴う建基法上の規制（例えば道路内建築制限）は、Ⅱで述べた公共的利益を確保するために、特定行政庁との関係で道路敷地所有者に対して課される規制にすぎない。この指定および規制によって人々が二項道路を通行することができるようになったとしても、それはあくまでも道路指定に伴う反射的利益にすぎず、二項道路たる道路敷地について通行者に何らかの民法上の権利を与えるものではない。したがって、二項道路を通行する者は、道路敷地所有者によってその通行を妨害されたとしても、道路敷地所有者に対して妨害排除等の請求権を有さないのが原則であるとされる（以下「反射的利益論」という）。

しかし、判例は、反射的利益論から一歩踏み出した。すなわち、生活の本拠と外部との交通という人間の基本的生活利益に着眼した上で、そのような利益の中でも、現実に開設されている二項道路を通行することについて日常生活上不可欠の利益を有する者は、道路敷地所有者が通行を受忍することによってその利益を上回る著しい損害を被るなどの特段の事情のない限り、通行妨害行為の排除を請求することができるとした。これは、人間の基本的生活利益の中から、二項道路を通行することについての日常生活上不可欠の利

益を抽出し、これを通行者個人に帰属する民事上の権利（人格権的権利）と構成した上で、一定の要件の下、この権利を根拠とする妨害排除請求を承認したものといえる。

3 判例の問題点――二項道路における公共的利益の実現との関係
(1) 二項道路における公共的利益の実現の位置付け

二項道路における公共的利益の実現という観点から見ると、判例の立場はどのように評価されるだろうか。

判例は、位置指定道路・二項道路の通行が人格権的権利として承認されるためには、①通行妨害が行われている道路敷地が位置指定道路・二項道路であることを前提として、②その道路が現実に開設されていること、および、③通行者がその道路を通行することについて日常生活上不可欠の利益を有することを要件とする。そして、この権利に基づく通行妨害の排除請求が認められるためには、④道路敷地所有者が通行を受忍することによって通行者の通行利益を上回る著しい損害を被るなどの特段の事情がないことが要求されている。以上によれば、①～③の要件を充足して人格権的権利が抽出され、しかも、道路敷地所有者の利益との比較衡量（④）をクリアーして初めて、妨害排除請求が認められて二項道路における通行妨害状態が解消され、二項道路における公共的利益が実現されることになる（以下、①～④の要件をそれぞれ、要件①、要件②、要件③、要件④と呼ぶ）。

その際、判例には、二項道路における公共的利益の実現を積極的に図るために、要件②や要件③を緩やかに解して人格権的権利が容易に抽出されるようにしたり、あるいは、要件④の衡量をせず、道路敷地所有者の損害が大きくても二項道路における通行妨害状態の解消を優先させるといった発想は見られない。

---

(5) 確かに、最判平成9年は、道路敷地所有者が通行受忍義務を負ってもやむをえない理由として、「道路位置指定に伴い建築基準法上の建築制限などの規制を受けるに至った」ことを指摘している。しかし、道路位置指定による規制を受けていることは、通行者の通行利益との比較衡量（要件④）において考慮されるにすぎない。したがって、例えば、通行者が「道路を通行することについて日常生活上不可欠の利益」（要件③）を有さない場合に、道路敷地所有者が公共的利益のためにこのような規制を受けていることのみを理由として、直ちに通行者の妨害排除請求が

このことは、最判平成12年の判断によく現れている。**1(2)**で見たように、この事案では、Xは確かに、自己の所有地を賃貸駐車場目的で利用する意図しか持っておらず、過去の自動車通行の実績もなかったため、本件私道を通行することについて日常生活上不可欠の利益（要件③）を必ずしも有していなかった。しかし、本件私道の通行妨害行為を行ったYは、一度は本件私道内の塀を除去し、道路中心線から2メートル後退した位置に旧フェンスを設置することによって、（二項道路に指定された）自己の所有地を道路として拡幅整備し、二項道路における公共的利益の実現に資する行為を行っていた。そこで、このようにして実現された公共的利益を確保し続けるためには、要件③を厳格に要求せずに、XのYに対する妨害排除請求を肯定することも考えられた。それにもかかわらず、最判平成12年は、要件③を堅持し、Xには本件私道を通行することについて日常生活上不可欠の利益がないとして、Xの請求を否定したわけである。

　このように見ると、二項道路における公共的利益の実現は、判例において、民法上の妨害排除請求が認められたことの結果ないしは波及効果として位置付けられているにすぎない。

(2) 判例の問題点

　しかし、二項道路における公共的利益の実現という観点からは、判例の立場に対し、次の二つの点で疑問を提起することができる。

　第一に、判例は、近隣住民等が二項道路を通行することについての利益（通行利益）に着目しているが、このような通行利益は、二項道路において実現されるべき公共的利益——防火・避難・交通上の安全や日照・通風等の環境を確保して良好な市街地環境を形成すること——とも広く重なり合っていることである。例えば、二項道路の通行が確保されれば、災害時の避難が円滑になり交通上の安全も高まるし、また、道路空間が確保されることにより、火災時の延焼が防止され、日照や通風等の改善にもつながると考えられる。そうすると、通行利益といっても、それは通行の局面にのみ限定されるものではなく、その他の利益と交錯するものとして捉えることが可能であ

認められるわけではない。

る。

　通行利益を以上のように捉えることができるのであれば、要件③や要件④を判断する際にも、通行利益を文字通りの通行と狭く解するのではなく、通行と重なる範囲で防火・避難・交通上の安全や日照・通風等の環境に関する利益をも考慮に入れることが許されてよいと考えられる。[6]

　第二に、判例は、二項道路における通行妨害の排除請求を認めるに当たり、二項道路が現実に開設されていることを要件としているが（要件②）、これは二項道路における公共的利益の実現の仕組みと必ずしも整合していないことである。

　二項道路における通行妨害とは、最判平成12年の事案に見られるように、道路敷地所有者が二項道路内の塀等を撤去して二項道路の幅員を拡幅整備したものの、その後、拡幅部分に工作物等を設置するなどして通行を妨害する事例が多い。[7]この場合、拡幅した部分の道路敷地については現実に道路が開設されていないと評価される可能性があることから、要件②を充足しないとして、通行妨害の排除請求が否定されることになりかねない。しかし、Ⅱ2で見たように、二項道路においては、二項道路に指定された当初は現実の幅員が4メートル未満であるが、幅員が徐々に拡幅整備されて公共的利益の実現が図られるという仕組みが採用されている。それにもかかわらず、道路敷地所有者が一度は拡幅した幅員を狭めて通行妨害をした場合でもその排除請求が認められないというのでは、二項道路における公共的利益の実現の仕組みを実質的に損なわせてしまうであろう。[8]

---

(6)　秋山・前掲注（2）163頁。
(7)　本稿では検討することができなかったが、最判平成18・3・23判時1932号85頁も同様の事例である。同判決については、さしあたり、秋山靖浩「判批（最判平成18・3・23）」民商136巻1号（2007年）49頁以下を参照。
(8)　池田恒男「判批（最判平成9年）」判タ983号（1998年）70頁、多田利隆「判批（最判平成9年）」リマークス18号（1999年）21頁、石田剛「判批（最判平成12年）」判評501号（2000年）24頁、田中康博「判批（最判平成12年）」商討51巻1号（2000年）232頁、金子・前掲注（4）142頁以下、秋山・前掲注（2）163頁等。

Ⅳ　学説における議論

1　生活利益秩序違反に基づく差止

　二項道路における公共的利益の実現という観点から学説を眺めると、建基法上の道路の通行妨害排除請求を「生活利益秩序違反に基づく差止」と構成する見解が注目される(9)。

　この見解によれば、判例が「人格権」ではなく「人格権的権利」を根拠としたのは、近隣住民等に認められる権利が、侵害されると当然に違法と評価される絶対権としての人格権ではなく、侵害行為の違法評価に当たり、人格的利益の要保護性の強さと侵害行為の態様・目的などとの相関的衡量を要する衡量型の権利であったからだとされる。そして、このような権利の特質からすれば、建基法上の道路における通行妨害の問題は、生命・身体等の人格的利益の帰属（人格権）を内容とする「人格秩序」ではなく、環境からの生活利益の享受を内容とする「生活利益秩序」の次元に属するものとして把握されるべきである。というのも、生活利益秩序においては、他人の享受してきた環境を悪化させる行為が即座に違法とされるわけではなく、一定限度までその他人において受忍することを期待され、その限度を超える場合に初めて、他人の生活利益を違法に害するものと評価される点に特徴があるところ、建基法上の道路の通行妨害排除請求が認められるのはまさにそのような場合だからである。その意味で、この場面における通行妨害排除請求とは、「生活利益秩序に違反すると評価された行為の差止」を認めたものと理解することができるという。なお、ここでいう生活利益秩序の内容は、建基法上の道路における通行妨害の場合、建基法42条１項５号に基づく道路位置指定や建基法42条２項に基づく道路指定によって形成されるとする（もっとも、地域住民が自ら形成したルール、例えば、地域住民が交通上の安全などを理由に自動車通行

（9）　吉田克己「判批（最判平成９年）」民商120巻６号（1999年）1062頁以下。池田・前掲注（８）69頁以下も同様の趣旨を含むが、紙幅の都合上、前者のみを取り上げる。なお、この見解を含めて、建基法上の道路における通行妨害排除請求の根拠をめぐる学説の紹介と分析は、岡本・前掲注（１）369頁以下に詳しい。

を制限する協定を結んだ場合なども、この秩序の内容を構成する因子になることを認める)。

このようにして、建基法上の道路における通行妨害の問題を生活利益秩序の問題と捉えると、通行妨害排除請求の要件の理解にも影響が及ぶ。生活利益秩序の特徴は、同秩序が「個々の市民に個別的な私的利益を割り当てるとともに、市民の総体に公共的利益を配分して」おり、「この二つの利益の間には、公共の利益の実現は私的利益の実現を通じて確保され、また公共の利益の実現によって個別的・私的な利益もまた実現されるという、相互依存関係が見出される」点にある。これを建基法上の道路における通行妨害の場面に当てはめれば、近隣住民等の通行妨害排除請求は上記利益のうち個別的私的利益に着目したものであるが、これが実現されれば、公衆の通行の利益(公共的利益) も確保される。その反面、公共的利益の実現にウエイトを置いて問題を把握するならば、通行妨害排除請求の要件を緩和する余地が生まれる。例えば、二項道路を通行することについて日常生活上不可欠の利益を有するという要件(要件③)に関して、通行利益を有するものの、それが不可欠なレベルとはいえない者にも、二項道路における公共的利益の実現を図る観点から、通行妨害排除請求を認める可能性が開かれる。また、二項道路が

---

(10) このような観点から、吉田・前掲注(9)1067頁以下は、最判平成12年の原審(東京高判平成8・2・29判時1564号24頁)に注目する。

同判決は、「建築基準法は、建築物の敷地、構造等に関する最低の基準を定めて、国民の生命、健康及び財産の保護を図り、もって公共の福祉の増進に資することを目的とする法律であって……、建築物以外に関する定めを設けていないとしても、公共の福祉の増進のために道路の通行を確保する必要性があることは否定できない。建築基準法の規定の趣旨からすると、二項道路は、将来のいずれかの段階では、幅員4メートルの道路が一般公衆の通行に供されることとなることを予定しており、それまでの間は、二項道路に接した建物の改築に伴い徐々に道路の中心線からの後退が行われ、その後退の状態に応じて、一般公衆の通行が拡大していくことを予定しているものと解されるのであり、現状での通行可能な範囲を著しく制限する行為は、建築基準法の趣旨に反するものと解すべきである」とする。その上で、本件では確かに、自動車の通行が可能になったのは昭和59年以降であること、自動車通行の実績はないこと、Xの甲土地の利用目的は日常生活に必須のものではないことなどの事情があるが、「しかし、道路の通行の自由が確保される必要があるのは、本件私道に接する土地の居住者が利用する場合に限定されるものではない。しかも、本件の場合には、本件ポールの設置により、緊急自動車の本件私道への進入が制限される事態の発生も予想される。このような事態の発生も予想されることからすれば、本件ポールの設置による四輪自動車の通行妨害は、公共の福祉に反し、違法なものというべきである。本件私道の利用の直接の目的がXの土地を駐車場として使用し、そこへ出入りする他人所有自動

現実に開設されているという要件（要件②）についても、二項道路のあるべき状態――幅員が拡幅整備されて二項道路における公共的利益が十分に実現された状態――を志向して、この要件を常に要求する必要はなくなるとされる。

2 人格権を起点とする問題把握

これに対して、二項道路の通行妨害排除請求について、判例と同様に人格権的権利ないし人格権を根拠としつつ、二項道路における公共的利益の実現につなげていくという方向性は考えられないだろうか。

(1) 生活利益秩序違反に基づく差止の問題点

1で紹介した生活利益秩序違反に基づく差止という構成に対しては、その秩序の内容および正当化について批判が向けられている。すなわち、「そこでいう『秩序』がなぜ認められ、どのようにして基礎づけられるか」、「そうした『秩序』を構成する原理がどこに求められ、それがどのようにして正当化されるか」が明確でないという批判である。その結果、権利が認められないところで、「個人は『秩序』によっていかなる理由からどのようなあつかいを受けることになるかわからず、不安定ないし危険な状態にさらされる可能性が残る」ことになる。

このような不安定・危険に鑑みるならば、差止の根拠を権利ではなく秩序に求めることは妥当でないというわけである。

　車のためのものであるからといって、右違法性がなくなるものではない」として、Xの請求を認めた。
　　以上の判断は、建基法が定める二項道路の制度趣旨およびそこで実現されるべき公共的利益を重視して、Xにつき、二項道路を通行することについての日常生活上不可欠の利益（要件③）を緩やかに認定したものと解されよう。
(11) ただし、吉田・前掲注（9）1068頁は、位置指定道路についてはこの要件を積極的に緩和してもよいが、二項道路については慎重な考慮が必要だとされる。二項道路の場合、建物の建替えや増改築時には後退義務が生じるものの、その時までは、道路の拡幅整備を行わないままでいても建基法上違法とはならないからである（Ⅱ 2(1)参照）。
(12) 山本敬三「基本権の保護と不法行為法の役割」民法研究5号（2008年）106頁以下。なお、大塚直「環境訴訟と差止の法理――差止に関する環境共同利用権説・集団利益訴訟論・環境秩序説をめぐって」平井宜雄先生古稀記念『民法学における法と政策』（有斐閣、2007年）729頁以下も参照。

(2) 伝統的な権利観の転換

 以上の批判に従うならば、二項道路の通行妨害排除請求の根拠も、近隣住民等の何らかの権利に求めるべきことになる。

 しかし、問題となるのは、この場面では、近隣住民等に帰属する権利の存在を語るのが難しいことである。生活利益秩序違反に基づく差止を主張する見解が指摘したように、二項道路について近隣住民等が有する私的利益は、二項道路が実現しようとする公共的利益とオーバーラップすることから、近隣住民全体に関する利益としての性格を色濃く有しており、その分、個々の近隣住民等に排他的に帰属するとは説明しにくい。

 ここで参考になるのが、伝統的な権利観の転換という構想である[13]。

 これによると、「もともと憲法上の基本権は、自由——することもしないことも法的に禁止も命令もされないこと——を保障するためのものであり、するかしないかを妨げないことを求める権利、つまり防禦権を中核とするものとして構想されている」。そこで、権利とは従来、主体の外にある客体を主体の支配に割り当てるものとして理解されてきたが（支配権的権利観）、これを転換し、主体がするかしないかを決める可能性を保障するものとして権利を理解すべきだとする（決定権的権利観）。その上で、主体が自己のあり方を決める権利が最も基底的な権利として認められ、人格権がこれに相当する。ここでは、「生命、身体、名誉等のように、これまで『利益』の『帰属』を語ることができると考えられてきた場合はもちろん、そのような『帰属』を語ることがむずかしい場合でも、主体として自己のあり方を決める可能性が問題となるかぎり、『権利』としての人格権を認めることが可能になる」という。

(3) 環境的人格権と二項道路が実現しようとする公共的利益

 以上の理解によれば、二項道路の通行妨害排除請求の根拠として判例が認めている人格権的権利も、個々の近隣住民等に排他的に帰属する権利とはいえないとしても、上記(2)の意味の人格権には含まれることになる。具体的には、「『生活の本拠と外部との交通は人間の基本的生活利益に属する』という

---

(13) 山本・前掲注 (12) 127頁以下

考慮から認められたものであり、生活環境に対する自己のあり方にかかわるという意味で、環境的人格権と呼ぶことができるものの一つにあたる」とされる。

判例のいう人格権的権利を以上の意味の「環境的人格権」と捉えるならば、そこには、二項道路の通行という生活環境だけでなく、避難・安全や日照・通風などのその他の様々な生活環境に対する自己のあり方を決めることも含まれるのではないかと考えられる。そして、このことは、二項道路における通行妨害排除請求の成否の判断において、近隣住民等の通行利益（二項道路を通行することについて日常生活上不可欠の利益があること〔要件③〕）のみに着眼するのでは狭く、むしろ、避難・安全・防火・衛生・日照・通風等の生活環境に関わる利益——これらは二項道路における公共的利益と重なる——をも考慮に入れるべきことを示唆している（Ⅲ 3(2)の第一の疑問も参照）。

(4) 他の権利との衡量

もっとも、この見解は、環境的人格権を無制約に承認するわけではない。憲法上の要請として、国家は環境的人格権の侵害に対して少なくとも最低限の保護を与えることが要請されるが、その反面、そのような保護によって相手方の権利に対し過度に介入することがあってはならない。その意味で、環境的人格権がどの範囲まで認められるか、つまりその内容と射程は、環境的人格権と相手方の権利との衡量によって決められるとされる[15]。

これを二項道路の通行妨害の局面に当てはめれば、近隣住民等の環境的人格権と二項道路に指定された道路敷地の所有者の所有権との衡量がなされることになろう（要件④はその一つの現れといえる）。この両者の衡量をどのように行うかが、今後の重要な課題として残されている。

---

(14) 山本敬三「人格権」内田貴＝大村敦志編『民法の争点』（有斐閣、2007年）44頁。もっとも、岡本・前掲注（1）377頁注69は、通行利益を環境的人格権として類型化すると、通行利益と環境利益の双方を曖昧にすることにつながるのではないかと指摘する。

(15) 山本・前掲注（12）129頁以下参照。

V 終わりに

　本稿では、二項道路における公共的利益の実現の意義と重要性を確認した上で、判例においてこの点への配慮が見られないという問題点を指摘した。そして、学説のうち、二項道路における通行妨害排除請求を生活利益秩序違反に基づく差止と構成する見解は、二項道路における公共的利益を直接受け止めた理論を提唱している点で注目されること、しかし他方で、判例と同様に人格権ないし人格権的権利（環境的人格権）を起点にしたとしても、二項道路における公共的利益を取り込む余地がありうることが明らかとなった。

　以上の検討を踏まえると、今後の課題として次の点を指摘することができる。

　まず、生活利益秩序違反に基づく差止については、これに対する批判に示されているように、秩序の内容がどのような因子によって構成されるのか、また、なぜそのような因子によって秩序の内容を構成することが正当化されるのか、という点をより一層明確にする必要がある。

　次に、環境的人格権を起点とする場合においては、道路敷地所有者の所有権との衡量をどのように行うかを具体的に示さなければならない。

　これらの課題を検討するに当たっては、二項道路に指定された敷地の所有者が、近隣住民等との関係で、道路敷地を二項道路として維持・確保する負担を引き受けたかどうかに着目することが一つの手がかりになりうる[16]。一方で、このような負担の引受けは生活利益秩序を構成する重要な構成因子として位置付けられ、かつ、道路敷地所有者の負担引受けの意思があるため、これを生活利益秩序の構成因子とすることも正当化されると考えられるからである。他方で、近隣住民等の環境的人格権と道路敷地所有者の所有権との衡量においても、道路敷地所有者がこのような負担の引受けをした以上は、通

---

(16)　この点は、前掲注（7）で言及した最判平成18・3・23の判示、さらには、二項道路における道路敷地所有者の行為態様や道路敷地を道路目的以外には使用しないという意思を重視する岡本・前掲注（1）352頁以下・374頁以下などから示唆を得ている（秋山靖浩「まちづくりにおける私法と公法の交錯——私道の通行をめぐる最近の民事裁判例を手がかりにして——」北法59巻6号（2009年）3084頁以下で若干の分析を加えた）。

行妨害排除請求を認めるという形で環境的人格権を保護しても、道路敷地所有者の所有権に対する過度な介入には当たらないと解されるからである。これらの点について、今後さらに考察を深めることにしたい。

スイス民法典における共有と階層所有権

藤 巻　　梓
Azusa FUJIMAKI

I　はじめに
II　スイスの共有法と階層所有権の位置づけ
III　共有から階層所有権へ（1962年以降のZGB）
IV　特別権の内容と性質
V　階層所有権者の団体
VI　むすびにかえて

I　はじめに

　スイスは、人口800万人余（2012年末の時点）、総面積4万1285平方キロメートルの比較的小国であり、その国土は九州程度であるが、建物の区分所有につきわが国やドイツと比肩しうる法制度を備えている。本稿は、スイスの区分所有制度に当たる階層所有制度（Stockwerkeigentum）を検討の対象とし、わが国の建物区分所有制度のあるべき姿を追求する上での示唆を得ようとするものである。スイスの階層所有権制度（以下、単に「スイス法」ともいう。）については、これまで、わが国やドイツの建物の区分所有制度と対置される制度としてその相違点が特に強調されて紹介されてきた傾向にある。すなわちスイスの階層所有制度は、わが国の区分所有制度とは異なり、土地およびその上の建物全体が階層所有権者全員の共有に属し、各階層所有権者はそれぞれの住居部分につき物権的な排他的利用権を有していることは周知に属する。このような法的構成を前提とするとき、階層所有権の所有権たる性格はいかなる影響を受けるのか、所有権者間の団体の拘束の態様および程度はど

（1）　スイス連邦統計局ウェッブサイト（http://www.bfs.admin.ch/bfs/portal/en/index.html）による。

うか、さらには、階層所有権者相互間の拘束を基礎づけるべき所有権者の団体の性格はどのように捉えられているかという問題がある[3]。スイス階層所有権についてはすでにいくつかの先行研究があるが[4]、上記の視座からの研究はかならずしも十分ではない。本稿では、以上に掲げた課題について共有法との関係に留意しつつ検討する。

II　スイスの共有法と階層所有権の位置づけ

1　スイスにおける階層所有制度の復活

スイス民法典（ZGB）が制定された1911年当時（施行は1912年）、スイスでは階層所有権がある程度普及していたが、ZGBは、十分な代替制度を設けることなくこれ禁止した。これは、ドイツ民法典（BGB）制定に際して階層所有権が否定されたのと同じ理由による。すなわち、ローマ法以来の「地上物は土地に従う（superficies solo cedit）」の原則と、旧来の階層所有制度に付き纏っていた「紛争の家」としての悪評である。ZGBは物の同体的構成部分について上記原則を定め（642条）、さらに土地につきこれを確認している（667条1項）。このZGBの基本的構成と階層所有制度は相容れず、階層所有制度はZGBの制定当初は否定されたのである[5]。そして、ZGBの施行から50年経過した1962年に、国民の広範囲に固有の住居および業務用の場所の取

---

(2)　鈴木禄弥教授は「極端な立場（建物区分所有法の改正問題に関連して〈シンポジウム〉）」私法43号97頁以下（1981）において、「活発な討論の呼び水」として、スイス法に類似した法的構成の採用を提案されていた。

(3)　この問題について、筆者はこれまでドイツ法を題材に比較法研究を行ってきた。拙稿「区分所有者とその団体の法的関係に関する考察（一）（二・完）」早稲田法学83巻4号141頁（2008）、84巻2号193頁（2009）を参照。

(4)　スイス階層所有権についての先行研究としては、佐々木坦「スイス階層所有権の研究（1）」長崎県立国際経済大学論集第17巻3・4合併号（1984）115頁以下、石川清「スイス階層所有権制度とその登記制度（1）（2・完）」市民と法52号7頁以下・53号25頁以下（2008）、玉田弘毅（訳）「資料　建物の区分所有に関する外国立法例（四）スイス」民事月報35巻2号109頁以下（1978）等がある。また、スイス民法典一般については、松倉耕作「資料　スイス民法典の統一とその特色」名城法学 23巻2号115頁以下（1974）を参照。

なお、本稿に挙げたスイス民法の条文は基本的に玉田教授の上記翻訳によるが、2012年1月1日施行の改正法等一部これと異なる訳を付した。

(5)　立法の経緯については、佐々木・前掲注（4）115頁以下を参照。

得を可能にするという社会政策的目標の下で、階層所有制度の再導入に関する立法手続が開始される。そして、ZGB の共有に関する規定が改正されるとともに、階層所有制度が導入されたのは1965年のことである。

2 スイスの共有法の基本構造

スイス階層所有権に関する規定は、日本やドイツと異なり、民法典の中に置かれている。階層所有権制度の創設時に、ZGB の共同所有に関する規定も同時に改正されたのであるが、興味深いのは、その際に共同所有に関する ZGB の規定がまさに階層所有権の規定に適応するように変更されたという点である。共有に関する規定が適切に構成されているほど、階層所有権の規律がより簡潔なものとなりうると考えられたのである[6]。そこで、以下においてはスイス民法典における共同所有に関する規律と、その特殊な形態としての階層所有権の位置づけを見ていくことにする。

最初に、スイス民法における共有法について、BGB の共有法との比較において簡単に概括しておこう。ZGB も BGB と同様に、共同所有の形態として共有および総有の概念を有する。これらに関する ZGB の規定は大部分において BGB と共通するか若しくは類似するが、両者は次の点において異なる構成を用いている点に留意する必要がある[7]。まず、BGB は741条～758条の債務法（共同関係によりその構成員間に法定債務関係の基礎が形成される）の中に、共同関係（Gemeinschaft）に関する一般規定を置き、それをもって持分による共同関係（Bruchteilsgemeinschaft、単純な権利共同関係（schlichte Rechtsgemeinschaft）とも呼ばれる）を意図している。その一方で、共有（Miteigentum）に関する BGB108条～1011条は、BGB741条以下を補完・修正するわずかな規定を置くにとどまる。ドイツ法の構造からは、共有は、「持分による共同関係」の法律上の特別な現象であるということになる。また、総有による共同関係または総有についての一般規定は存在せず、個別の（債務法上の）総有関係に関する規定を置くのみである。

---

(6) Liver, Miteigentum als Grundlage des Stockwerkeigentums, Gedächtnisschrift für Ludwig Marxer, 1963, S.276.
(7) Brunner/Wichterman, Basler Kommentar, 4. Aufl., 2011, Vor Art. 646-654a, N.29.

これに対し、ZGBにおける共有（共同所有）法は、日本法と同様に、権利共同関係に関する一般規定を置かず、その代表的な現象形態である、物についての権利共同関係すなわち共同所有関係と総有関係に関する規律を、物権法の所有権の部分に置く（646条〜652条）。この法的構成を基礎として、共有および総有に関する規定が、物を目的としない権利共同関係についても類推適用されることになる。

3　スイス共有法の改正（1962年）

　スイスの階層所有権がZGBの共有法規定を土台として構成されていることは上述の通りである。そこでまず、1962年の階層所有制度の導入に伴い、ZGBの共有規定がいかなる変更を受けたかについて見ることにしよう。ZGBの共有に関する規定の主たる変更点は、①必要な管理行為および建築上の措置、②管理上の措置についての裁判官の命令（これは確認にとどまる）、③特定承継人が承継する地位、④共同関係からの共有者の排除、⑤共有関係の廃止の請求、⑥共有者の法定先買権である。以下、それぞれについて具体的に検討する。

　①管理行為および建築上の措置

　ZGBは建物の管理に関し、まず必要不可欠な管理行為についての各共有者の権限を規定する。647条2項によれば[8]、各共有者は、共有物の価値および使用可能性の維持のために必要不可欠な措置の実施を請求し、また必要な場合には当該措置の実施につき裁判官の命令を請求する権利を有する（この措置は、下記の建築上の措置のほか、通常の管理行為もしくは重要な管理行為のいずれであってもよい）。本規定は強行規定であり、共有者間の合意により上記権限を

---

(8)　ZGB647条1項「共有者は、この法律の規定と異なる利用及び管理の規則を合意し、また、当該合意につきこれを全共有者の過半数により変更することができる旨を定めることができる。ただし、独占的使用権の割当てに関する合意の変更は、これについて直接の利害関係を有する共有者の同意を要する。」
　2項「前項の規則は、各共有者に帰属する次の権限を排除し、又は制限することができない。①共有物の価値を維持し、及びこれを使用可能な状態に維持するために必要不可欠な管理行為をすることを請求し、並びに必要に応じて裁判官がこれを命ずることを請求すること。②急迫の又は増大する損害から共有物を保護するため直ちに講ずることを要する措置を、共有者全員の費用で自ら講ずること。」

制限しまたは排除することは許されない。

　さらに管理行為は（ア）建築上の措置（ZGB647c条ないしe条）[9]と（イ）それ以外の措置（非建築上の措置、ZGB647a条/647b条）[10]に大別され、各類型に応じ措置の実施のための合意形成の要件が加減される。以下は任意規定であり、これを具体的に見ていくことにする。まず、（ア）建築上の措置は、（ⅰ）必要不可欠な措置（ZGB647c条）、（ⅱ）有益な措置（ZGB647d条）、（ⅲ）美化および快適さに役立つ措置（ZGB647e条）の三類型に区分され、それぞれの措置に対応する要件が定められる。（ⅰ）必要不可欠な建築上の措置については、共有者の過半数の同意のみにより実施することができる（ただし、後述する647a条所定の「通常の管理行為」に該当する場合は除く）。次に（ⅱ）有益な措置については、共有者の過半数に当たり、かつ共有持分の過半を代表す

---

(9) ZGB647c条「共有物の価値を維持し、及びこれを使用可能な状態にするために必要不可欠な保存行為、修復行為及び更新行為は、全共有者の過半数の同意により、することができる。ただし、各共有者が通常の管理行為としてすることができる行為については、この限りでない。」
　　ZGB647d条1項「共有物の価値の増加又はその経済性若しくは使用可能性の改善を目的とする更新行為又は改築行為をするには、全共有者の過半数に当たり、かつ、共有物の過半の持分を代表する者の同意を要する。」
　　2項「共有物の変更は、それにより共有者中のある者が従来通りの目的に従ってする共有物の使用又は利用を著しくかつ継続的に困難にし、又は不経済なものとするときは、その者の同意がなければ、することができない。」
　　3項「共有物の変更は、共有者中のある者に対し、特にその有する持分の財産的価値と不均衡であるため、その者に期待しえない支出を要求することとなるときは、その者の同意がなければ、することができない。ただし、その者の負担に帰すべき費用のうちその者に期待しうる限度を超える部分を他の共有者が引き受けるときは、この限りでない。」
　　ZGB647e条1項「単に共有物の美化、人目を引くこと又は利用の快適さに役立つ建築行為は、全共有者の同意があるときに限り、することができる。」
(10) ZGB647a条1項「通常の管理行為、特に修繕、栽培及び収穫作業の実施、短期間の保管及び監守、これらを行うためにする契約の締結並びに当該契約、使用賃貸借契約、用益賃貸借契約及び請負契約から生ずる権限（共有者全体のためにする金銭の支払及び受領の権限を含む。）の行使は、各共有者の権限とする。」
　　2項「前項の管理行為の権限については、全共有者の過半数の同意により、別段の定めをすることができる。ただし、必要不可欠な緊急の措置に関するこの法律の規定〔647条2項〕については、この限りでない。」
　　ZGB647b条1項「重要な管理行為、特に耕作方法又は利用方法の変更、使用賃貸借契約又は用益賃貸借契約の締結及び解消、土地改良への参加並びに通常の管理行為〔647条a〕に制限されない権限を有する管理者の選任は、全共有者の過半数に当たり、かつ、共有物の過半の持分を代表する者の同意により、することができる。」
　　2項「前項の規定は、必要不可欠な建築上の措置〔647条c〕には適用しない。」

る共有者の同意が要求される。そして（iii）贅沢な措置とは、共有物の美観や利用における快適さの向上を図る措置を指すが、これについては原則として全共有者の同意が必要である。以上のように規定上は三類型に区分されているものの、ある建築上の措置が上記各類型のいずれに該当するかの判断が困難な場合が多く、個別の事案においてはあらゆる事情を勘案して客観的基準に基づいて判断される[11]。

次に（イ）の非建築上の措置は、通常の管理行為（ZGB647a条）と重要な管理行為（ZGB647b条）に分けられる。前者については、共同体の協議なくして各共有者が単独で実施することができるが、後者については、共有者の過半数にあたり、かつ共有持分の過半を代表する者の同意が必要である。

1963年改正前の共有規定の欠陥は、とりわけ建物の管理および修繕に悪影響を与えていた。そこで改正においては、上記の建築上の措置に関する特別な規定が新設され、必要な措置の実施を確保するとともに、有益な措置の実施を可能にし、また贅沢な措置については、これを排除しないものの各共有者に費用負担に対する拒否権（Vetorecht）を与えることとされたのである[12]。

②管理上の措置についての裁判官の命令

上記のように、1963年の改正により新設されたZGB647条2項1号によれば、共有物の価値を維持し、およびこれを使用可能な状態に維持するために必要不可欠な管理行為をすることを請求し、さらには必要に応じて裁判官がこれを命ずることを請求することは、各共有者の権利である。これに加え、同2号では、急迫の損害から共有物を保護するために共有者が取りうる措置について規定している。これらは共有者の最低限の管理権限を保障するものであり、この権限を共有者間の合意で制限し、もしくは予め放棄することは許されないものとされる。

③特定承継人の地位

共有者の一人がその持分を第三者に譲渡して共同関係から脱退すると、そ

---

(11) Schmid, Sachenrecht, 3. Aufl., 2009, N.757. 各類型の具体例としては、（ⅰ）割れた窓ガラスの修理や屋上テラスの修繕、（ⅱ）共有建物へのエレベーターの設置、（ⅲ）豪奢な浴槽の設置等が挙げられている。
(12) Liver, a.a.O., S.172.

の持分を取得した者は、当然に共有者共同関係（Miteigentümergemeinschaft）の構成員となり、共同関係に既存の規律の拘束を受けることになる（このとき、共同関係に既存の規律につき取得者の知・不知は原則として問題とならない[13]）。これを明文で定めるのがZGB649a条であり、本条は強行規定とされる。かかる法的構成を採用することにより共同関係は強化され、その性質は法人に近接する（共同関係への新たな参入者の地位は、社団への新たな参入者と類似する）。このように、本条は永続的な共同関係（まさに階層所有権）についてその中心的意義を有するものである[14]。

④共同関係からの共有者の排除

共同関係における秩序に違反する共有者がいる場合に、共同関係を保護するため、ZGB649b条は、当該違反者の共同関係からの排除の可能性を定める。ZGB649b条[15]によれば、もはや共同関係の継続が困難であり、自己の共有持分を売却して共同関係から脱退するか、共同関係の廃止を請求するほかに選択肢がない場合には、当該違反行為をなす共有者を共同関係から排除すべきことを請求することができる。

ここで留意されるべきは、共同関係（共有関係）からの共有者の排除は、他の単純な人的結合関係における構成員の排除と比較して、より重大な事柄であるという点である。すなわちこれは、その共有者が円満に取得した完全な権利であるはずの持分を強制的に譲渡させることによってのみ実現され、一種の制裁措置であるから、厳格な要件のもとで認められる。この点、ZGBにおいては、排除を求める訴えは共有者の共同関係における決議のみにより可能であり、また排除の請求については裁判所が判決によりその可否を判断するものとされる（ZGB649b条）。

---

[13] 例外的に、各共有者の共同関係の廃止請求が契約により排除されている場合は、当該合意は登記簿に仮登記されているときに限り、特定承継人に対し効力を有する（ZGB650条2項）。

[14] 2009年の物権法改正により、共有者間の管理および利用に関する規律に加えて、共有者間の管理に関する決議並びに裁判所の判決および処分についても、これを登記簿に仮登記する可能性が認められた。

[15] ZGB649b条1項「共有者の行為又はその共有者が共有物の使用を委ね、若しくは責任を負うべき者の行為により、共有者の全部又は一部に対する義務の重大な違反を生じ、共同体の継続を期待することができないときは、裁判所の判決により、その共有者を共同体から排除することができる。」

⑤共有廃止の請求

　共有者の有する共有廃止の請求権は ZGB650条に規定される。同条 1 項によれば、各共有者は共有の廃止について、契約による廃止の排除の合意がある場合、共有物が階層所有権の対象となっている場合、共有物について継続的な目的が設定されている場合ならびに廃止の請求が時宜に合わずなされた場合を除き、何時でもこれを請求する権利を有する。

　同条 2 項によれば、共有の廃止は共有者間の契約により30年を最長期間として排除することができ、当該期間の経過後に更新によりその期間を延長することができる。ただし、このような合意がなされていたとしても、重大な事由があるときはなお共有の廃止の請求をすることができるものとされている[16]。なお、土地の共有の場合には、当該契約は効力発生のために公証を要し、また、土地登記簿に仮登記されることにより特定承継人に対しても効力を生じる。

⑥共有者の法定先買権

　共有者の法定先買権は ZGB に独特の制度である。ZGB682条 1 項は、土地の共有者の一人がその持分を譲渡する場合において、他の共有者が法定の先買権を有する旨を定める。本規定の目的は、第一に、それにより共有関係の廃止すなわち単独所有への移行を実現するものであり、第二に、他の共有者にとって不都合な第三者が共有関係に参入し共有関係を脅かすことを防ぐことにある[17]。ただし、階層所有権については、その取引可能性を害しないよう、階層所有権者が法律行為によりこれを設定する場合を除いて、法は法定先買権を認めていない（ZGB712c 条）。

4　スイス共有法の特徴

　以上から看取されるように、ZGB は共有の一般規定において、（一部を除き）特に階層所有権を念頭に置いていると思われる規律も規定しており、共有に関する規定とそれに続く階層所有権固有の規定が一体としてスイスの階層所有制度を形成している。そのうち共用部分の利用・管理についてみれ

---

(16)　Brunner/Wichterman, a.a.O., Art. 650, N.16.
(17)　Brunner/Wichterman, a.a.O., Art. 682, N.1.

ば、管理行為および建築上の措置については原則として共有に関する規定の適用が指示されており（ZGB712g 条）、実際上意義を有するのは階層所有権に関する規定ではなく、通常の共有に関する規定（ZGB647a 条〜647e 条）である。このようにして ZGB では、共有関係につきそれが長期間継続することを前提に立法がなされているのである。[18]

Ⅲ　共有から階層所有権へ（1962年以降の ZGB）

1　階層所有権の法的構成

スイスにおける、建物の区分所有権に相当する制度である階層所有は、わが国の区分所有権およびドイツの住居所有権とその法的構造を異にする。ドイツをはじめとするヨーロッパのローマ法圏の国々が「地上物は土地に従う」の原則と建物の区分所有制度との調和に腐心するなか、スイス法は建物の区分所有についてもこの原則を維持する方針を採用し、いわゆる不真正階層所有権を導入することを決めた。[19]これが、日本およびドイツにおける法的構成と根本的に異なる点である。

ZGB712a 条１項によれば、階層所有権とは、不動産（Liegenschaft）の共有持分であって、共有者に対し建物の特定の部分を排他的に利用し、およびその内部に造作する特別権を付与するものである。それでは、階層所有権の法的性格はどのように説明されるであろうか。不真正階層所有権という構成の下、土地は建物全体とともに階層所有権者全員の共有に属し、階層所有権者には、階層所有権の対象部分および共同財産の特定の部分に対する特別権（Sonderrecht）、すなわち物権的な利用権および管理権が排他的に帰属する。したがって ZGB の立法者の想定するところからいえば、階層所有権とはまさに「特別に形成された共有（besonders ausgestaltetes Miteigentum）」[20]にほかならない。

---

(18)　Liver, a.a.O., S.187.
(19)　Bösch, Basler Kommentar, Vor Art. 712, N.4.
(20)　「特別に形成された共有」という表現は、ドイツ住居所有権法における住居所有権の本質を論じる際においても同様に用いられているが、法的構成は大きく異なる。

他方、ドイツ法に目を向けると、住居部分に対する各住居所有権者の権利は「特別所有権」としての性格付けを得ている。このようなドイツ法の法的構成に対しては、スイス法の立場から、「地上物は土地に従う」との原則の下で当該権利を法律上「特別所有権」として構成することにより、それが共有としての性格を失い、単独所有権としての性格を獲得することの説明可能性に対する疑念が呈されていた。ドイツ法においても、「特別所有権」との表現にもかかわらず、それは BGB の規定する所有権ではなく、特別な対象に対する特別な所有権であると解する立場も有力にある。いずれにせよ ZGB の立場からすれば、ドイツ法の採用した構成では「地上物は土地に従う」の原則との整合性という難問を処理しきれていないことになる。結局 ZGB は、ドイツ法におけるような新たな理論の創造を放棄し、共有を特別権として構成するにとどめ、「共有を共有のまま制度化する」ことにした結果、そこでは、わが国やドイツに見られるごとき単独所有と共有との結合関係（両者の優劣の問題）ないし区分所有権（住居所有権）の本質をめぐる議論の余地はないようである。

2 共有との相違

前述のように、階層所有権の法的構成についてはこれを「特別な共有」と解するのが支配的見解であるが、階層所有権は主として次の点において通常の共有と区別される。

第一に、建物の特定の部分についてこれを排他的に利用、管理しまた建築上の施工を付すことについての特別の権利が共有持分と不可分に結合している点である。この特別権は、ドイツ法におけるような個別的所有権（Sondereigentum）を意味するのではなく、その物的効果により、特定の空間について、他の所有権者の利用権限および管理権限を"押し戻す"（zurückdrängen）のである。この階層所有権としての特別権は共有なくしては存在しえ

---

(21) Liver, a.a.O., S,185.
(22) Liver, a.a.O., S.185.
(23) 佐々木・前掲注（4）120頁以下を参照。
(24) Wermelinger Kommentar, 2010, Vor. Art. 712a-712t, N.71 ff.

ず、共有と特別権の不可分の結合が階層所有権に所有権の特別な類型としての性格を付与している。

　第二に、階層所有権については、所有権者共同体の機関に関する詳細な規定が用意されており（ZGB712 f条以下）、これらの規定は部分的に社団法の規定を参照している。これに対して、共有においては共同関係への言及は抜け落ちている。階層所有権者の共同体の管轄および機能は、複数の規定において規律されており、共同体は限定的ながら法的な能力を有するが（後述）、このような能力は通常の共有者共同関係には一切認められていない。

　第三に、階層所有制度の存続の大前提として、ZGB650条1項の共同関係の廃止の請求は、階層所有権においては大幅に制限されている（ZGB712 f条3項）。それによれば、個々の所有権者は共同関係の廃止を請求することができるのは、建物がその価格の半分を超えて滅失し、その復旧が階層所有権者にとって耐え難い負担なくしては実施することのできない場合に限られる。なお、2009年のZGB改正により、階層所有権の解消事由として、建物の築後経過年数が50年を超えており、かつ、建物の状態が悪くもはや建物を規定どおりに（bestimmungsgemäss）使用することができないことが追加された（この改正については別稿で紹介する）。

　第四に、階層所有権者の管理規約（Regelment）[25]である。管理規約はふつう、階層所有権者の集会における特別多数決（階層所有権者の過半数かつ持分の過半を有する者）により決議され、または変更される（ZGB712g条3項）。これに対して、通常の共有においては、利用および管理に関する規律の設定は原則として全共有者の同意が必要とされる（ZGB647条）。なお、2009年の法改正により、共有者は予め当該規律につき共有者の過半数により変更すること

---

(25)　管理規約に関するZGB712g条の文言だけをみれば、階層所有権者に管理規約の設定につき権限を付与するというやや制限的な内容であるが、管理規約が実務上有する意義は大きい。具体的には、特別権の対象となるべき建物部分と共用部分の区分、共用部分の目的決定並びに使用方法の指定および制限、特別利用権（専用使用権）の承認、建物共用部分の維持・復旧・再建、管理者の地位と職務、集会における議決、規約違反行為に対する制裁（共同関係からの排除を含む）等、管理規約の対象とする事項は広範にわたる。管理規約は、通常の共有における利用および管理に関する合意と同様、全階層所有権者およびその承継人、ならびに階層所有権につき制限物権を有する者に対しても効力を有するが、規約が土地登記簿に登記されることは効力発生のための要件とはされない。

ができる旨の合意をなすことができる旨の規定がおかれ（同条1項後段）、これにより共有がまた一歩階層所有権に近づいたことになる。

Ⅳ　特別権の内容と性質

1　特別権の内容

　上述のように、階層所有権は敷地および建物の全体に対する共有として構成され、各住居に対して、所有権とは異なる「特別権」が認められる。この、敷地の共有持分と不可分に結びついた特別権とは具体的にいかなる権利内容を指すのであろうか。ZGB712a条1項・2項によれば、特別権は利用、管理および建築上の構成（bauliche Ausgestaltung）の3つの要素から成る。

　第一に、利用について。各個の階層を排他的に利用する権限は、階層所有権者のもっとも重要な権利である。この単独所有権に類似する権利の内容は、法律および階層所有権者の規約により定まり、例えば、規約により住居の使用目的を居住に限定し、事務や営業目的の使用を制限したりすることも可能である。法または規約による制限がない限り、居住目的か非居住目的かを問わず、また、自己使用か第三者の使用に委ねるかを問わない。但し、他の階層所有権者の権利および共同体の利益を侵害することは許されない。

　第二に、管理について。各人の特別権の対象として割り当てられた空間を単独で管理する権利であり、具体的には、特別権の目的となる各個の階層を維持し、その状態を改善し、またはその目的に適った使用をもたらす、事実上および法律上の一切の行為を含む。

　第三に、建築上の構成について。建築上の構成とは、各階層所有権者の個人的と必要性に応じた、各個の階層の内部の造作を指し、各階層所有権者はこれを自由に行うことができるが、それにより共用部分の機能を損なうことは許されない。建築上の構成の具体例としては、非支持壁の撤去または移動、部屋の細分化、床、天井、壁へのコーティング材の張付け、室内の塗装、家具の搬入、各個の階層の内部での新たなドアの取付け、新たな衛生設備もしくは電気設備の設置等（ただし、それにより共用部分または共用部分について他の階層所有権の有する利益を害してはならない。）が挙げられる。

2 階層所有権の独立性

通常の共有における共有持分と同様に、階層所有権もまた独立の所有権の対象として、原則として自由に処分することができる[26]。階層所有権はZGBの規定する土地の共有持分の特別な一形態であるから、階層所有権者は土地所有者と同様の法的地位に立つのである（ZGBにおいて階層所有権に関する規定は土地所有権の規定の後に、共有の節とは離れて置かれている[27]）。また、階層所有権は登記簿上も土地として扱われる。すなわち、主登記簿にはそれぞれの階層単位（階層所有権）のための登記簿用紙が開設され、土地記述書が設置される（ZGB943条1項4号）。なお、このとき階層所有権の設定の法的基礎となる敷地（共有土地）または継続的地上権（ZGB675条1項）についての登記簿用紙は閉鎖されず存続する。また、階層所有権の譲渡および負担の設定については、土地所有権に関する規定が適用される[28]。

V 階層所有権者の団体

1 はじめに

ZGBは712l条1項において、「共同体は、その管理行為から生ずる財産、特に分担金請求権およびその請求権から生ずる修繕積立金その他の金銭をその名において取得する」と定める。スイス法がこのような共同体を観念したのは、建物の共同管理を確実に実施するためである[29]。すなわち、共同体が共

---

[26] ただし、階層所有権の処分権限は次の場合には制限される。第一に、階層所有権者のための先買権が設定されている場合（ZGB712c条1項）であり、第二に、階層の譲渡、用益権又は居住権の設定および用益賃貸借契約の締結に対する異議の申出が認められている場合（同条2項）、第三に、規約による目的決定がある場合である。

[27] 実際に、筆者がスイス物権法研究の第一人者であるルツェルン大学のシュミット（Schmid）教授に2010年にインタビューしたところでは、階層所有権者の所有権意識は、スイス法の構成の下でも、日本法やドイツ法における場合と殆ど変わるところがないとのことであった。Meiyer-Hayoz/Rey, Berner Kommentar, 1988, Art. 712a, N.83 ff.

[28] 階層所有権の放棄について、階層所有権者はその共有持分およびこれと不可分に結合した特別権を放棄し、階層所有権者の共同関係から脱退することができるものとされている。この場合に、放棄された階層所有権については、その分他の階層所有権者の持分が増加するのではなく、他の階層所有権者はその持分割合に応じ、当該階層所有権に対して権利を取得することになる。すなわち、放棄された階層所有権は他の階層所有権者の共有物として存続するのである。Meiyer-Hayoz/Rey, a.a.O., Art. 712a, N.118 ff.

用部分の利用を統括し、財政上の基礎を確定し、階層所有権の建築上の状態を監視し、必要な措置を実施し、階層所有権の価値を維持すること等を任務とすることを意味する。階層所有権者が共同の事項を処理するためには、内部関係・外部関係の双方について、所有権相互間の法的関係を規律するルールが必要となる。そこで、本来は物権的基礎の上に成立した階層所有権者の団体に、共同関係法的、団体法的な要素が付加されるのである[30]。この規定は、階層所有権者の共同体が独立の存在として法的取引関係に参加することを可能にするために設けられたものであり、強行法規性を有する。立法者はこの共同体に権利能力を認めない一方で、共同の管理の範囲において限定的に財産の帰属主体たる資格と行為能力を付与したのである[31]。この結果、共同体は法的取引において、部分的ながら「法人格を有するかのように」扱われる。しかし、後述するように、共同体はあくまで法人格を持たないものとされる。

既に述べたように、階層所有権は共有を基礎として構成されているが、階層所有権者には共有者と比較して広範な処分権限および管理権限が付与される一方で、所有者相互間には空間的・社会的に密接した依存関係が認められるから、相互間の最低限の配慮が要求される[32]。個々の階層所有権については大幅な独立性が認められるとしても、所有者全員の関与を必要とする領域も必然的に生じるのであり[33]、階層所有権が日本やドイツのような個別の単独所有権ではなく特別権を内容としていることから、その所有者間の団体的拘束の態様も異なることも考えられる。そこで、ZGBにおいて階層所有権者の団体はいかなる法的性格を与えられているのか、以下で検討することにする。

2 共同体の法的性格

階層所有権者共同体の基礎は、敷地及びその構成要素たる建物に対する共

---

(29) Wermelinger Kommentar, Art. 712l, N.10.
(30) Bösch, a.a.O., Art. 712a, N.7 f.
(31) Bösch, a.a.O., Art. 712l, N.1.
(32) Meiyer-Hayoz/Rey, a.a.O., Vor. Art. 712a-712t, N.42.
(33) Meiyer-Hayoz/Rey, a.a.O., Vor. Art. 712a-712t, N.42.

有である。階層所有権者は、同一の物に対し複数人が権利を有する場合の、権利共同関係（Rechtsgemeinschaft）を形成しており、その成立には特別の行為を要しない。この権利共同関係に特徴的であるのは、権利義務の主体は共同関係（共同体）ではなく、複数の構成員（共有者）であるとされる点であるが、これについてはなお若干の言及を要するから、以下で再論する。

　階層所有権者共同体に関する規定について、当時の立法者は、通常の共有に関する規定を超えた、階層所有権者相互間および階層所有権者と階層所有権者共同体との間の法律関係を規律する詳細かつ柔軟な規定を設けることが、階層所有権の存続と機能可能性を保障すると考えた[34]。この立法者の意図を背景として、階層所有権者共同体については社団的要素を伴った包括的な構成が採られ、これは共同体の内部関係および外部関係の双方に現れている。すなわち、内部関係については、多くの場面で合意形成に多数決原理が採用されていること、管理者と階層所有権者の集会との間で権限の分配がなされていること、社団法が補充的に適用されていること、外部関係について共同体に行為能力および訴訟能力が認められていることである。

　このように、階層所有権者共同体についてはその社団的色彩が強調されることから、一部の学説には、共同体が（少なくとも部分的には）法人と称されると解するものもある[35]。しかし、第一に、上述のように管理財産については、形式的には共同体に権限が認められるものの、実体的には階層所有権者の総体に帰属するものと捉えるべきこと、第二に、敷地所有者の法的地位を基礎として成立する階層所有権者共同体の機能は、共有敷地の処分、利用、管理および価値の維持に尽きることを理由として、法人格を認めるべきでないとする見解が一般的である。すなわち、階層所有権者共同体においては、特定の共同目的の追求のために共同体を形成しようとする階層所有権者の意思が欠けており、この意思の欠缺こそが、まさに法人と区別されるべき点と考えられているのである[36]。

---

(34)　Meiyer-Hayoz/Rey, a.a.O., Vor. Art. 712a-712t, N.47.
(35)　Meiyer-Hayoz/Rey, a.a.O., Vor. Art. 712a-712t, N.48.
(36)　Meiyer-Hayoz/Rey, a.a.O., Vor. Art. 712a-712t, N.50.

3 対内関係

　共同の事項を円滑に処理するため、共同体には複数の機関が設けられている。まず、必置の機関として階層所有権者の集会があり、共同体の最高意思決定機関としての位置づけを有する（ZGB712m条）。次に中心的な役割を演じるのが管理者である。管理者は集会により任命され、その選任は任意であるが、集会が管理者の任命をしないときは、各階層所有権者が裁判官による管理者の任命を請求することができる（ZGB712q条）。このほか、集会における委員会および代議員の選出も認められ（ZGB712m条1項3号）、これらは管理者への助言とその職務執行の監査等を職務とする。

4 対外関係

　階層所有権者の共同体は、外部に対しては一つの単位として法的取引に参加する。これを可能にするため立法者は、法人格のない共同体に、制限的な財産能力および行為能力、ならびに訴訟能力と執行申立の能力を認めた（ZGB712l条）。このうち財産の帰属主体たる資格についてみれば、ZGB712l条により、階層所有権者共同体は管理行為から生ずる財産（管理財産）をその名において取得する。そこで第一に、具体的に何が共同体の財産とされるのか、第二に、「共同体がその名において財産を取得する」ということが、階層所有権者および第三者に対する関係でいかなる意義を有するかという問題が生ずる。以下ではこれらについて順に検討する。

　まず、階層所有権者共同体に帰属する財産であるが、これには「管理行為の範囲内」という制限が付されている。ここで注意すべきは、階層所有権の設定された敷地および建物共用部分は、共同の管理の対象ではあるが管理財産には含まれず、各階層所有権者に帰属するという点である。このほか、敷地および建物の共用部分以外の不動産についても、原則として共同体がこれを取得することはできず、共同体による不動産の取得が認められるのは例外的な場合に限られるとする見解が支配的である。例えば、階層所有権の強制

---

(37) 階層所有権者も管理者たりうるが、都市部において実際に管理者に選任されるのは、債務法上の委託を受けた公証人、受託者ないし代弁人（Sachwalter）である。Liver, a.a.O., S.190.
(38) Wermelinger Kommentar, Art. 712l, N.53 ff.

競売手続において、共同体にとって不都合な第三者による競落を防ぐために共同体がこれを競落する場合等がこれに当たるとされるが、いずれにせよ議論の余地のある問題である。

他方で、不動産の管理のために必要な動産や、共同の設備の運営のためのエネルギーは共同体の管理財産に属する。このほか、管理財産を構成する重要な要素としては、まず、共同財産の負担および共同管理の費用（ZGB712h条１項）に関する債権がある。これは共同体が各階層所有権者に対して有する債権である。さらに、共同体の第三者に対する債権も管理財産を構成するが、ここで問題となるのは、建物の共用部分に瑕疵があった場合における売買契約ないし請負契約上の請求権の帰属如何である（特別権の部分に瑕疵があった場合には、各階層所有権者が当該瑕疵に基づく請求権を行使する[39]）。紙幅の都合上詳述は避けるが、共同体が当事者として締結した契約に基づく請求権はもちろん、共同体が契約当事者ではない場合であっても、共同体による請求権の一元的行使が認容される傾向にあり[40]、その限りにおいて団体的拘束は強化されているといえよう。

次に、共同体による財産取得の意義については、共同体の法的性質の如何が重要な要素となる。すなわち、法文によれば、共同体は「その名において」財産を取得するが、法人格を有しないことから管理財産の帰属先の問題が生ずる。この点について学説は、その名における財産の取得は、必ずしも共同体自身が所有者たることを意味するものではなく、立法者が形式上共同体を所有者と看做し、そのような法的取扱を受けるものと説明する[41]。

それでは、共同体が財産を取得する場合に、各階層所有権者は当該財産につきいかなる法的地位に立つのか。本来、全階層所有権者が敷地の共有者であり、これらで共同体を構成しているとき、管理財産は全階層所有権者の共

---

(39) 同様の問題につきドイツの議論状況を考察したものとして、拙稿「区分所有建物の共用部分の瑕疵を巡る権利関係―ドイツにおける瑕疵責任の内容とその追及―」『丸山英氣先生古稀記念論文集』（プログレス、2009年）157頁以下を参照。
(40) Wermelinger Kommentar, Art. 712l, N.67 ff. 連邦裁判所は、共用部分の瑕疵の場合につき、共同体が各階層所有権者の請求権を―法定の債権移転（gesetzliche Abtretung）により―自動的に取得するとの構成を採用している（BGE114 II 239；BGE111 II 458）。
(41) Wermelinger Kommentar, Art. 712l, N.45.

有となるところ、このことと、法文中に共同体が「その名において」財産を取得するとあることとの理論的整合性をどう図るかの問題である。これについては、管理財産に関して、その実体的な帰属と、形式的な行使・処分権限とに一種の分属状態が認められると考えられている。[42] すなわち、共同体による管理活動に供される管理財産については、ZGB712l条に基づきその行使・処分についての権限が共同体に帰属するが、実体的にはその所有権は各階層所有権者に帰属するものと考えられる。[43] かかる法的構成を採用することにより、各階層所有権者は管理財産につき（権利を有するものの）これを個別に処分することができないという帰結が導かれるのである。

Ⅵ　むすびにかえて

以上の検討を踏まえて、最初に掲げた本稿の課題についてまとめたい。

先ず、階層所有権の「所有権」たる性格についてである。ZGBはその法的構成として、各階層所有権者に住居部分に対する排他的な利用等を内容とする権利である「特別権」を認めるにとどまり、住居部分に対する権利を「所有権」として構成しない。しかし、かかる法的構成の下でも、土地・建物全体は階層所有権者共同体の管理財産を構成するものではなく、これらは階層所有権者に帰属する。また、階層所有権も土地所有権と同様に自由な処分性が認められており、そこでは階層所有権者の所有意識も実質的にはわが国やドイツと変わらないといえる。

次に、階層所有権者の団体の法的位置づけについて、スイス法は階層所有権者共同体に法人格を認めないもののこれに部分的な行為能力を付与し、共同体の機能を確保しようとしている。これは、ドイツ住居所有権法が2007年の法改正により住居所有権者共同体に部分的権利能力を認めたことと方向性を同じくするものであり、スイス法は1965年の立法当初からすでに当該規定の必要性を認識していたのである。共同所有においては主体間に常に多少なりとも団体的結合関係が存在するが、日本法の予定する区分所有は専有部分

---

(42)　Wermelinger Kommentar, Art. 712l, N.78.
(43)　Bösch, a.a.O., Art. 712l, N.11 ; Meiyer-Hayoz/Rey, a.a.O., Art. 712l, N.49 f.

と共用部分についてのいわば寄木細工的な構成を基礎としており、主体間の団体的結合がきわめて微弱とされる共有を予定している。この点において、土地の共有を出発点とするスイス法およびドイツ法とは法的前提が異なる。しかし、区分所有者の団体を法的にどう位置づけ、いかなる範囲においてこの団体に権限を付与するかは、建物の区分所有制度を有する国に共通の課題であることが認められよう。さらに、各階層所有権者に単独所有権を認めず、ただ建物および敷地利用権に対する共有しかないとするスイス法が、階層所有権者共同体への法人格の付与に慎重な姿勢であることは興味深い。これは、スイス法の採用する構成が直ちに所有者間の団体性の承認に帰結するわけではないことを示しているといえる。

最後に、共有法と階層所有権との関係である。スイス法においては民法典中に階層所有権に関する規定がおかれ、共有法と階層所有権法がいわば一体となって階層所有制度を構成している。そして、共有法はまさに階層所有制度の基礎たるべく整序されているわけであるが、そこでは「なお縮減された所有権たる性質を失わない極めて個人的な」共有ではなく、存続が保護されるべき永続的な共同関係が想定され、各共有者による共有物管理のための権限の保障が重視されている点が注目される。このように、階層所有制度の出現に伴い共有そのものの根本的な概念が変更を受けていることが、スイス法の理解するうえでの重要な要素であるといえよう。

[付記]
本稿は、公益財団法人全国銀行学術研究振興財団助成金による研究成果の一部である。

---

(44) 鈴木・前掲注（2）97頁を参照。
(45) 我妻栄『新訂・物権法（民法講義Ⅱ）』（岩波書店、1983）316頁以下を参照。
(46) 我妻・前掲注（45）317頁参照。

スイスにおける生乳生産割当枠制度
―― 国家による市場管理から私人による市場管理へ？ ――

楜　澤　能　生
Yoshiki KURUMISAWA

 I はじめに
 II 生乳生産割当枠制度の社会経済的背景
 III 歴史的背景
 IV 生産割当枠制度の導入
 V 生乳生産枠の法的性質
 VI 1998年「新連邦農業法」による生産割当枠制度の変更
 VII 生産割当枠制度の効果
 VIII 生乳生産割当枠からの脱却決定（2003年）
 IX 生乳生産割当枠廃止のヴァリエーション
 X 生乳生産割当枠の廃止に関する法規定
 XI 結び

I　はじめに

　戦後ヨーロッパにおいても、農業従事者の所得と、農外産業従事者の所得格差がますます大きくなる問題が生じ、これに対して国家は、所得均衡を実現するため市場介入によって農産物の価格を高く保つ価格支持政策を展開した。この政策を機能させるためには、同時に国内市場価格を、関税やその他の措置を通じて低廉な世界市場価格から保護しなければならなかった。農業は、技術進歩とこの国家介入が生み出すインセンティヴにより生産量を上昇させたので、国家介入政策は常に費用のかさむものとなっていった。支持価格の水準を下げることが、政治的には実現性が低かった状況の中で、これに代わる生産の量的コントロールを行うさまざまな措置（生産量上限規制、共同賦課金、新規植栽禁止（ワイン）等々）が講じられた。中でも最も重要な手段が、生産枠規制であり、これを通じて生産量を直接制限することが目指された。

生産枠を超える生産については、これを禁止するのではなく、賦課金の徴収によって抑制しようとする制度である。農産物の中でも重要な地位を占める牛乳を中心に導入された。EU においては1984年から開始され、スイスではこれに先立ち、1977年から導入される。しかしこの制度にも問題が伴うことが次第に明らかになる。既存の生産構造が固定化され、これによって競争力が低下するという傾向である。

その後 WTO の枠組みの中での世界取引の自由化により、農業分野においても1994年から EU とスイスは、牛乳経済の領域で保護政策を削減し、国家による価格支持を次第に低減させていかなければならなくなった。これによって介入コストも縮減することになり、国家による生産枠制度の終焉を議論する環境も作られていった。同時に近年の恒常的な需要増によって牛乳領域の世界市場価格は上昇しており、輸出も増大するが、これは生産枠とぶつかることになる。そこで当然に生産割当枠制度の漸次的廃止が検討されるにいたり、EU では2015年の制度更新期で更新しないことが予定され、スイスではこれに先立ち、2009年に生産割当枠制度からの脱却がなされた。

農業という産業の特殊性から、ヨーロッパ諸国で公的な農産物市場管理が必然性を持って展開されてきた。それが今日大きな転換点に立ち至っており、農産物の価格支持、市場管理から国家が手を引こうとしている。同時に農家所得は直接支払いによる補塡の比重を増やしている。今後農産物の価格形成、需給関係の調整は、自由な市場の需給関係に完全に委ねられていくのだろうか。

スイスの生乳生産割当枠制度の歴史的展開を概観することは、EU, 及びその加盟国における農産物市場管理の今後の動向を考える上で手掛かりを与えてくれるであろう。スイスでは2009年に制度の終焉をすでに迎えたからである。

またヨーロッパにおける牛乳の生産調整政策に比肩可能な日本の高権的規制としては、コメの生産調整策をあげることができようが、ヨーロッパにおいて観察することができる規模と質を持った法律上の規制およびそれを巡る

（1） Verordnung Nr. 856/84 vom 31. 3. 1984, Durchführungsverordnung: Nr. 857/84 vom 31. 3. 1984

法理論上の議論を、コメの生産調整策に関して見出すことはできない。その意味で比較法学上も、興味深い対照を見ることができるように思われる。

当初EUおよびドイツとスイスの比較を念頭に置いたが、小稿ではスイスの展開を概観するにとどまった。他日を期すことにしたい。

II 生乳生産割当枠制度の社会経済的背景[3]

1 経済的背景

農産物の生産量の制限を求められる経済的背景としては、次の事情が挙げられている。

ほとんどの農産物は、日々消費される食料生産のための原料として利用されるが、食料の消費は所得の向上によってもそれほど伸びることはない（エンゲルの法則）。そこで生産性が向上して供給量が増えると、常に価格低下がもたらされる。また立地により影響を受け、自然に左右されることから、農業においては特に構造調整が難しい。さらに農産物は通常保存しにくく、天候に左右される収穫量の変動は、過剰供給と価格破壊をもたらしやすい。このような農産物市場の特徴が、とりわけ短期間の供給量制限を導入させることになる。

2 農民家族経営の特殊性

ヨーロッパに特徴的なことは、農業が家族経営によって担われていることである。すなわち労働と資本の大部分が、経営家族自身によって投入されて

---

(2) EUおよびドイツの状況に関しては、クリスティアン・ブッセ（田山輝明訳）「牛乳市場法を背景とする牛乳生産枠権の発展」農業法研究47、2012年、157頁以下、田山輝明「解題：EUにおける牛乳生産枠規制と日本のコメの作付け規制のあり方について」農業法研究47、2012年、210頁以下、亀岡鉱平「生乳クオーター制度廃止をめぐる近年の議論の動向—EU規則261/2012を中心に」早稲田大学比較法研究所『比較法学』第46巻3号、2013年、117頁以下、同「生乳クオータ制度を巡る法的紛争と農業生産権の財産性」早稲田法学会誌第63巻1号、2012年、1頁以下、同「EU及びドイツにおける生乳クオータ制度の歴史と現状」早稲田法学会誌第61巻2号、2011年、157頁以下を参照。

(3) 以下につき Eduard Hofer, Staatliche und private Mengenregelungen in der Landwirtschaft : Hintergründe, Wirkungen, Alternativen, Blätter für Agrarrecht, 2002, H. 3 S.141 ff.

いる。経営の果実によるその補償が他の経済部門における労賃や利子よりも低いにもかかわらず、多くの経営が農業を継続している。若い農民も、均衡所得を得るためには、他の経済部門におけるよりも多くの労働をしなければならないことが分かっていながら経営を継いでいる。その理由は何か？

少し古いデータとなるが、2001年に農業省は、直接支払受給農家のリストから無作為抽出で、農民的農業の長所短所に関するアンケート調査を実施した。農民自身による主観的評価が、その理由の一端を物語っている、とされる。

短所としてあげられたのは、労働時間の長さ (36%)、自由時間の少なさ (18%)、低い収入 (21%)、価格の暴落・市場圧力 (20%) などだが、規則の多さや猫の目行政もあげられている (25%)。これに対して長所としてあげられたのは、自立性 (63%)、自然の中での仕事 (60%)、動物との接触 (18%) などである。農民の意識におけるこのような長短の結合は、短所である長時間労働や低収入にもかかわらず、農業経営を選択させ、これを継続させる結果となっていると理解されている。

家族農業においては、費用補塡は従来から達成されてこなかった。このことは逆に次のことを示唆している。すなわち費用を補塡する価格は通常過剰供給をもたらす、ということである。

3 費用補塡価格の問題

旧農業法第29条[4]は、生産費用を補塡する農業生産物価格が形成されるように、農業政策上の措置を講じるよう、連邦政府に要請した。その場合生産費用が補塡されているか否かは、簿記されている農民経営の労働収入が、農村地域における労賃に匹敵するかどうかによって判断された[5]。実際、長期にわたって価格は、合理的に遂行される谷の経営の労働収入が労賃に到達する水[6]

---

(4) Bundesgesetz vom. 3. Oktober 1951 über die Förderung der Landwirtschaft und die Erhaltung des Bauernstandes, Art. 29
(5) Siebter Landwirtschaftsbericht, 1992, S.155 ff.
(6) スイスにおいては、谷の平坦地が農業における条件有利地であるのに対して、山の地域は傾斜の強い条件不利地域を形成する。谷 Tal と山 Berg は文化の上でも異なる伝統を有しており、多様な観点から対照を構成する。

準で維持されたのである。そのためこの時期にあっては供給圧力がつねに増大した。70年代末には多様な形態での生産制限が必要となり、1977年5月に初めて生乳生産割当が暫定的に、2年後には本格的に導入された。こうして価格保障は、一定乳量の販売保障の限定によってのみ維持されたのである。

4 均衡所得の問題

1998年の新農業法[7]は、もはや費用補塡価格ではなく、持続的に経営されかつ経済的に成り立つ経営への所得を要請する[8]。新法でも農業労働収入と労働者・事務員の労賃との均衡という観念はなお残っているが、ここでは平均的経営に対して均衡所得を達成させることはできないということが、最初から前提とされている。これを実現しようとしたら農業への激烈な参入制限を必要とすることになり、経営が均衡所得を実現できなくても農業という職業がもつ長所（上述のように農家によって主観的に受け止められている長所）ゆえに選択されるということが否定されることになる。憲法104条（後述）も均衡所得を要請しているわけではなく、同条第3項a号において、投下された労働に対する適切な対価を要請しているのである。適切な対価がどれほどかは明確に規定されていない。旧農業法29条を基礎として均衡所得が基準とされるとすれば、それは現実との関連を見失うことになり、適切な解釈として受容されえない、というのが経済省農業部局の公定解釈と言っていい。

III 歴史的背景[9]

（1）20世紀への世紀の変わり目において地域の諸団体が生乳生産団体へと結集し、1907年にスイス生乳生産者中央団体（ZVSM）を創設した。第一

（7） Bundesgesetz über die Landwirtschaft（Landwirtschaftsgesetz, LwG）vom 29. April 1998
（8） Bundesgesetz vom. 29. April 1998 über die Landwirtschaft, 第5条　［連邦政府は］持続的に経営されかつ経済的に成り立つ経営が、地域の他産業従事者の所得に均衡する所得を複数年の平均において獲得できるように、本法の措置をつうじて努めなければならない。
（9） Philipp Spörri, Milchkontingentierung – die Geschichte der Einschränkung der Milchproduktion in der Schweiz, Blätter für Agrarrecht（以下 BlAR と略記）, 2002, H. 3, S.163 ff.

次世界大戦の勃発後、連邦政府はこの ZVSM に国内の生乳供給を確保する任務を委譲したが、団体は生乳や乳産物の生産と販売の安定性の確保を遂行することはできなかった。その後乳価暴落や乳産物販売危機に際して政府は市場介入を余儀なくされる。1933年に生乳取引への一般的監督権が政府に付与され、政府の圧力の下に ZVSM は自助措置として、個々の協同組合や生産共同体に、自前の規則を制定する権利を与える、初めての生産枠制度を作った。この自助規制は、生産枠を移譲することで生産者が市場に適合的な乳価を維持するべきことを規定するものであった。1938年には生産枠制度が連邦によって導入された。

（2）第二次大戦後には、生乳の基礎価格保証が法定され、農民階層に対して国家によって保証される所得が創出された。同時に赤字分担金が生乳生産者一般に賦課される。生乳生産の換価費用に対する生産者のこの分担金は、保証された生乳基礎価格からの一定額の控除により徴収された。[10]

この一般的留保金規制は、生産者の生産抑制量の如何に関わらず販売乳生産者全体を対象とする共通措置であったため、販売用生乳生産量は減ずることなく上昇した。そのため同規制は、生産量に応じて負担する原理、生産者がその経営に適合的な生乳出荷量を自ら判断する仕組み、による補完が必要となった。1962年の牛乳経済決定により、個々の生産者に対して、出荷乳量8,000kg までの分担金免除が導入されたが、出荷乳量は増え続け、補塡されない換価費用も、1960年から67年の7年間で8970万スイスフランから、3億9399万スイスフランへと上昇する。

そこで1968年連邦政府は、生乳生産枠制度を導入しつつ、生乳基礎保証価格を生乳生産の固定基礎量に限定する留保金制度を維持した。出荷乳量がこの基礎量を超えると、生産者は、累進的に増加する生乳換価費用分担金を支払わなければならない。これにより1970年から77年の期間に生産者に対する

---

(10) 牛乳経済領域における追加措置に関する1959年6月19日の連邦決定第4条。販売生乳1キログラム当たり2ラッペン（1ラッペン＝100分の1スイスフラン）が、生乳生産者に保障額として留保され、この金額から出荷量当たりで計算された赤字分担金が控除される。留保された基礎額と計算された分担額の差額（留保残額 Rückbehaltrest）が生産者に支払われる。

分担金は、キログラム当たり1.4ラッペンから4.5ラッペンに引き上げられた。しかし、これによる生産制限は、基礎保証乳価の引き上げ(キログラム当たり58ラッペンから75ラッペンへ)によって相殺された。このように分担金制度は、生乳生産者の生産抑制に対して効果を発揮しなかった。基礎乳価の上昇が分担金の上昇を上回ったことが理由としてあげられている。

IV 生産割当枠制度の導入

以上の経緯の中で政府は協同組合への生産割当枠を中心に検討を進め、1977年に牛乳経済決定MWB77を導入した。この制度の適用対象は、標高750m以下に位置する経営であり、山岳ゾーンIIとIIIに位置する経営には適用されない。適用される経営への生産枠の算定に際しては、1974-75年と1975-76年の協同組合への平均出荷量の7%減が基準とされた。したがって生産者に付与される基礎枠は、93%となる。この7%のうち、土地の形状に応じて3%が配分され、さらに丘陵地帯では基礎枠の2%、山岳ゾーンIの経営には基礎枠の5%が、ゾーン加算される。

一端生産枠が配分されると、法律上の現状保護により、保証された所得源が引き続き確保されるという結果をもたらす。配分された生産枠内の乳価が保障され、農民家族が所得基盤の確保に対する権利をもつことは、生産制限の目的と矛盾する。このことから連邦政府は、生産枠を切り詰める権限を留保した。

V 生乳生産枠の法的性質

どの牛乳生産者も、その乳産物の引き取りに対する権利を有し、またそれを最近隣の集荷業者に引き渡す義務を負う。反対に集荷業者は生乳の一般的な引き取り義務を負う。生乳生産枠によって、生産者による生乳供給が量的に制限されることも、集荷業者による引き取り義務が量的に制限されることもない。生乳生産枠とは、生乳基礎価格に対する個人の法定請求権にほかならず、この基礎価格は指令によって確定された供給乳量についてのみ法律で

保証されるものである。

Ⅵ 1998年「新連邦農業法」による生産割当枠制度の変更[11]

1 憲法による基礎付け

　スイスは、ドイツ、オーストリア、EUとは違って、「1998年農業に関する連邦法」(以下、連邦農業法)によって、広範囲にわたる農業法制(農業市場法、農業構造法、農業生産法)を包含し、法制間の調整を付けている。この連邦農業法に憲法上の根拠を与えたのが、1996年に憲法に入れられた第31条の2、3項b号と、31条の8である。この両条項は1999年に現行連邦憲法第103条と104条へ移行されるが、内容的に基本的な変更はない。

　(1) 103条は、「連邦は、経済的に危機に瀕している地域ならびに経済部門、職業に対して、その存続の確保のために当事者がとることのできる自助措置では充分ではない場合、助成措置を講じることができる。」と規定する。この条文は、スイス憲法コンメンタールによると、連邦に対して①一般的助成権限、②経済部門の構造政策上の措置、③地域的構造政策上の措置、を付与するものである。[12]

　一般的助成権限(例えば国家による融資助成、租税優遇、国会による保証の引き受けなど)に際しては、連邦は経済自由の原則に拘束される。したがって助成措置は、競争中立的に設計されなければならないとされている。ただ、助成される経済部門や職業が、国民経済全体にとって重要であるとか、その存立が脅かされているといった要件は必要でない。

　これに加えて103条は、経済自由の原則から逸脱する構造維持政策に対して憲法上の基礎を与えている。この保護主義的な措置をとるための要件は、存立の危機にある経済部門や職業の援助が要請されていること、かつあらゆ

---

(11)　以下につき Christian Busse, Das Milchkontingentierungsrecht der Schweiz im Lichte des EU-Milchquotenrechts - Zugleich ein Beitrag zu Art.103 und 104 BV 1999, Roland Norer (Hrsg.) "Milchkontingentierungsrecht zwischen Aufhebung und Transformation", Tagungsband der 1. Luzerner Agrarrechtstage 2008, Dike, 2009, S.17 ff.

(12)　B. Ehrenzeller, P. Mastronardi, R. J. Schweizer, K. A. Vallender (Hrsg.) Die schweizerische Bundesverfassung, Kommentar, 2. Auflage 2008, S.1661 ff.

る自助措置が既に取られていることである。したがって措置は、予防的なものではなく、危険が発生してから採られなければならない。

同条はまた、経済的に脅かされている地域を、補完性の原則の下で助成する権限を連邦の立法者に与えている。地域構造政策の目的は、スイスにおける地域経済発展の格差を妨げることである。

(2) 104条は、1項で食料供給の確保、自然の生活基盤の維持(耕地の維持、生物多様性の維持)、農村景観の保全、ならびに農村地域での分散定住を、農業政策の目標、目的として定め、農業が持続的で市場に向けられた生産を通じてこれらの目的に本質的な寄与をするよう、連邦が配慮するものとしている。さらに第2項では、土地経営型農民経営を助成する任務を連邦政府に委託している。その場合連邦は、必要に応じて、農業における自助を補完するために、経済的自由の原則から逸脱することが許されている。第3項は、連邦は農業が多面的な任務を充足するように施策を講ずるものとし、そのために連邦が果たすべき「任務」と、行使しうる「権限」を列挙している(第3項aないしf号)。a) 直接支払による農家の所得補塡、b) 自然、環境、動物にやさしい生産方法に対する助成、c) 食品の産地、質、生産方法、加工工程の表示に関する法令の公布、d) 肥料、化学肥料等の多投入からの環境の保護、e) 農業研究、助言、教育の促進、投資補助、f) 農民的土地所有の確保のための法規を公布する権限(この権限にしたがって連邦は1991年に農民土地法を制定した[13])である。

この中には、生産割当枠は明示的に規制手段としてあげられていない。この規定はむしろ積極的な助成に向けられていて、生産量制限措置には向けられていない。但し生産制限措置は、これと結合している価格支持効果によって間接的な助成と理解することもできる[14]。その限りで生産過剰と位置付けられる分の生産の制限は、104条1項において目標として挙げられている「生産の市場への方向付け」の下に包摂され、104条2項の土地経営型農民経営の助成を間接的に達成させる、という関連を見出すことができる[15]。

---

(13) 楜澤能生「スイス連邦農民土地法と自作者原則」富井利安編『環境・公害法の理論と実践』2004年、日本評論社、173頁以下参照、
(14) Busse, aaO., S. 25

2 1998年農業法
(1) 農業法(以下法と略記)の目的と生産割当枠

法第1条は、目的規定となっている。ここで掲げられている目的は、憲法104条1項のそれと同じである。したがって過剰生産の制限は、これによって達成される価格支持を通じて「生産の市場への方向付け」に寄与し、生乳生産経営の存続に寄与することができるのであり、その限りで、1条c項とd項で挙げられている目的「農村景観の手入れ」と「分散定住」へと間接的に繋がり得る。こうして生乳生産割当枠は新農業法の第一条の目的に位置づけられる。

生産割当枠制度は、法30条にその法的根拠を持つ。「連邦内閣は、生産者に個別に生産割当枠を規定することによって、取引乳の生産を制限する。」ここではEUとは違い、立法者は全生産割当枠の水準を規定していない。現生産量への制限なのか、生産量上昇分の制約なのかが明記されずに、単に取引乳生産を制限する権限を連邦内閣に与えているだけである。

(2) 業種組織[16]

法31条1項は、連邦内閣が、生産割当期間の開始時に割当枠の総量を、市場に適合させること、割当削減は補償されないことを規定している。また2項は、業種組織の構成員生産者に対して割当枠を適合させる、団体の請求権を規定している。EUの生産割当枠制度にはない仕組みである。背景としては、2001年から2002年に3%の生産割当枠を引き上げた後、生乳市況が著しく悪化し、連邦内閣の生産割当枠引き上げが批判された。こうした事態を将来的に回避するため、また生産割当枠の引き上げを業種ごとに可能とするため、個々の生産物を管轄する団体が、その需要に応じた生乳量を別個に申請することとした。[17]

---

(15) このような理解に批判的な見解もある。Eduard Hofer, Staatliche und private Mengenregelungen in der Landwirtschaft: Hintergründe, Wirkungen, Alternativen, BlAR 2002, S.141 ff. は、憲法104条3項には、価格支持は含まれていないとする。

(16) 業種組織 Branchenorganisation とは、「個々の農産物の生産者または生産者集団と、加工業者あるいは取引業者との連合体」(農業法8条2項) である。

(17) Zusatzbotschaft zur Botschaft vom 29. Mai 2002 zur Weiterentwicklung der Agrarpolitik (AP 2007 ; 02. 046) und Botschaft zur Änderung des Landwirtschaftsgesetzes auf dem Dringlichkeitsweg (02. 068) vom 16. Oktober 2002, 7235

(3) 生産割当枠の譲渡

スイスでは、生産割当枠導入以来長期にわたって、土地と結合した生産割当枠の譲渡システムを採用していた。したがって土地利用面積の増加がなければ生産割当枠も増えない状況が続き、生産割当枠制度は硬直することになった。そこで個々の生産者に対して、生産割当枠を経営に適合させる柔軟性を保障することが要請されるにいたる。このことによってまた、構造改善を通じて導入される技術上の進歩を利用することができるようにもなる。生産者にこのような裁量の余地を創出する唯一の可能性として考えられたのが、生産割当枠の売買と賃貸借だった。[18]

法32条は、生産割当枠の譲渡について規定するが、規定の仕方がEUやドイツとは異なっている。まず1項で、連邦内閣は、どの程度生産割当枠を経営関係の変化に適合させることができるかを確定するものとし、この目的のために、2項で、生産者間の生産割当枠の譲渡を規定することができるとしている。その際利用されていない生産割当枠を譲渡から外すことができ、譲渡の枠内で生産割当枠の削減も可能とされる。3項で、土地と切り離された生産割当枠譲渡を、二つの要件の充足を前提として認めた。一つは、生産割当枠の譲受人が、法70条2項にしたがって、エコロジー実行証明を提出しなければならないことであり、もう一つは、山岳地域から谷地域への生産割当枠の移転は許されないことである。[19]

土地と分離された生産割当枠の取引問題については、スイスでも1980年代から意識され論じられていたところである。取引の功罪をめぐる議論の一端を見ると、[20]次のような論点が意識されていたことが分かる。すなわち生産割当枠の移譲を禁じている背景には二つの問題がある。一つは、農場の後継者問題との関連である。生産割当枠所持者が死亡し、あるいは経営から引退する場合に生産割当枠だけが他者に移譲されると、元の経営は一夜にして無価値となる。この経営が継続されるには、販売者の手の下に生産割当枠が残さ

---

[18] Botschaft AP 2002, S.141
[19] この証明は、どの直接支払を受給するにも満たさなければならない要件となっている。楜澤能生「スイスにおける直接支払い―公共経済機能への助成」『農業と経済』2012年3号、73頁参照。
[20] 例えば Paul Richli, Rechtsfragen der Milchkontingentierung, BlAR 1985, S.11 f.

れ、経営の後継者が手当てされるべきである。もう一つの問題は、生産割当枠所持者がいわゆる生産割当枠金利に依拠して所得を得ようとする「ソファーに寝そべる生産割当枠所持者」の温床を形成する可能性が生じることである。生産割当枠自体の取引が固有の経済的価値を生み出すのであり、その価値の実現を生産割当枠所持者に残すのは法的に問題である。これは例えば国家による計画・線引きによって発生する剰余価値が公共還元されないことと類似の問題である。

他方生産割当枠の取引は、生産割当枠制度に流動性をもたらすことにより生産割当枠の経済的に意味のある配分を可能とする。これは他の手段によって実現することは困難である。

生産割当枠取引が持つ以上の功罪を、どのように比較衡量するか。それが持つ陰の側面を否定せずに、陽の側面を実現すること、制約なき生産割当枠取引を認めるのではなく、生産割当枠秩序と農政一般を阻害することのない、取引の枠組み条件を作る、といった提案がなされた。また取引の導入によって、連邦が生産割当枠の削減や廃止を補償なしで実施することが妨げられてはならないような手当ての必要、あるいは生産割当枠取引によって生じる価値上昇の一部を連邦が吸収し、これによって生産割当枠の追加配分をしたり、拡大したりする余地を形成することも視野に入れられた。このような措置を講じられた生産割当枠取引が制度化されれば、これは法的な欠陥が完全に解消されることはなくても、生産割当枠制度の流動性の上昇のための責任ある要素となりうるのではないか、というのが Richli の議論であった。

1998年農業法での制度設計にも以上の議論が反映されている。草案理由の中では、現に経営しているアクティヴな農業者だけが取引の当事者となることができる、という追加的要件を付加する可能性が挙げられている[21]が、法案には入らなかった。

(4) 賦課金規制（法36条）

生産割当枠制度全体の中でも最重要の規定が、枠を超えて出荷された生乳に対する賦課金の規定（法36条である）。

---

(21) Botschaft AP 2002, S.141

生産割当枠は、生産量を直接制限するものではなく、生産者は、無制限の量を出荷することができる。しかし枠を超えた生乳につき、生産者はキロ当たり60ラッペン低い価格（夏季放牧経営については10ラッペン）を受け取ることになる（2003年の改正で実額となったが、98年法では最高で目標価格の85％と規定されていた）。法技術上は、乳価の減額ではなく、出荷された生乳1キロ当たり60ラッペンの賦課金が徴収される仕組みである。例えば生乳基本価格が92ラッペンだとすると、生産者の手元に残るのは32ラッペンとなる。法の規定を厳密に受け取るなら、生産割当枠の配分があるわけではないが、実務では基本的に生産者は、恰も生産制限があるかのように振る舞うだけである。その意味で生産枠は生産権ではなく、公法上の賦課金優遇だという評価が生じる。これに対して農業局の〈指示・解説〉（2005年7月15日付）では、「生産割当枠の配分によって経営者には、生乳を生産し、商品化する権利が付与される」という説明がなされている。もっともこれは行政内部の指示であって、市民の権利義務を創設するものではないと解されている。

　36条2項によって、連邦内閣は、賦課金の徴収の代わりに、生産割当枠の過不足を、次期の生産割当枠期間の勘定につけるか、あるいは地域の生産者組織の中で清算することができる。

Ⅶ　生産割当枠制度の効果[26]

　1975年スイスでは78,000の生乳生産経営が存在した（ドイツの572,000の13.6％）。生産量は290万トン（ドイツの14.9％）だった。1977年に導入されたスイスの全生産割当枠は300万トンであり、1985年にはそれが310万トンに上昇した。

　1975年から1985年の間にスイスでは経営数が27％減じて57,000に、ドイツ

---

(22)　98年法29条（2003年法改正で削除）で定義された。連邦内閣が取引乳について定めるとされ、努力して達成されるべき生産者価格である。
(23)　Richli, a.a.O., S. 2
(24)　Busse, a.a.O., S.40 f.
(25)　Busse, a.a.O., S.41
(26)　Busse, a.a.O., S.56 ff.

では36％減の368,000となった。生産割当枠制度の終了までスイスでの全生産割当枠は、320万トンであり、微増にとどまる。乳牛の生産力の増大と、経営の合理化を同時に伴う、生産制限の帰結は、経営数の恒常的減少であった。2006年には29,000に減少し、1975年の経営数の37％である（ドイツにおける2006年の経営数は、85年の72％の102,000であり、1975年の18％である）。2006年のスイスにおける全生産割当枠はドイツの11.5％であり、スイスの経営はドイツのそれよりも明らかに小さい。スイスでは1経営平均にすると110トンの生乳が生産されるが、ドイツでは273トンである。オーストリアはもっと小さく、62トンである。2007年の生乳の自給率は、スイス112％、オーストリア120％、EU106％である。

このような数字から、制度の目的達成、構造上の影響についていかなる評価が可能かについては見解が分かれるところだが、例えばRüefli[27]は次のように総括している。

「生産割当枠制度は、3つの主要目的のうちの2つを達成できた。第1は、生乳量が安定化されたことであり、第2は、農民の所得が確保されたことである。第3の目的として追求された連邦支出の削減は、販売市場における価格の上昇、生乳の加工コストの上昇により実現されなかった。構造変動に対する生産割当枠制度の作用に関する評価は、アンビヴァレントである。硬直的な生産割当枠レジームによって構造変動にブレーキがかけられ、自由な市場の力の作用によって犠牲となったであろう多くの経営の存続が確保された。同時にこのシステムは、生乳生産者に、その生産性を向上させるインセンティヴも可能性も与えなかった。スイスの牛乳経済は、一方で過剰生産能力により、他方で高い生産コストによって特徴づけられる。」

Ⅷ 生乳生産割当枠からの脱却決定（2003年）

1998年に生乳生産割当枠制度が維持された際、新たに起草された生産割当枠規定に対する理由のなかで、次のような説明が与えられていた[28]。「生産圧

---

(27) Rüefli, Die Milchkontingentierung - Evaluation eines staatlichen Marktlenkungsinstruments, Gesetzgebung heute 1/2003, S.53 ff.

力は以前同様極めて高い。価格支持に関して規定した措置によって生乳生産はその魅力を維持するであろう。生乳生産割当枠制度を廃止して生産をもっぱら需要と供給の自由な作用に委ねるとしたら、疑いの余地なく価格破壊が生じ、構造政策上も社会的にも深刻な好ましくない影響をもたらすであろう。多面的機能を持つ農業の任務の充足も覚束なくなろう。生乳生産が所得政策上の機能を持つべき限り、生乳生産割当枠は、生産を制限する措置として必要であり、継続されなければならない。」

ところがこのきわめて明確な言明も、4年後には早くも問いなおされなければならなかった。「農業政策2007」の農業法の部分改正の理由書の中では「生産割当枠制度の遂行は、行政、団体、上訴審に対する莫大な行政費用を伴った。[29]」という総括がなされ、またEUが引き合いに出されて、「EUは東欧諸国との加盟交渉が終わる（2004年の見込み）前に割当枠制度の将来に関する決定を下さなければならないだろう。新しい国が共同体に加盟して、その時点での牛乳経済政策に参加し、その数年後にこの間樹立された生産量規制が再び廃止されなければならないということは、ほとんど考えられないことである。[30]」という認識の下、EUにおける生産割当枠制度からの脱却の動向をにらみながら、スイスにおける脱却の可否が本格的に検討されるにいたった。その内容は、大要以下のようにまとめることができよう。

自由化の中で競争圧力が高まり、生産者は、経営構造の改善を通じて生産コストを下げることが求められる。経営構造の改善をするには、生産割当枠を調達することが必要であり、土地と分離した生産割当枠取引の自由化が導入された。しかしこの制度の柔軟化によって追加的な費用がもたらされることになった。しかも生産割当枠が、実際に経営している酪農家から農外の業者の手に部分的に渡ることもあった。1999年から2001年の間に取引された生産割当枠は次のとおりである。

---

(28) Botschaft AP 2002, S.139 f.
(29) Botschaft AP 2007, S.4793
(30) Botschaft AP 2007, S.4794 だが実際は、EUへ加盟した全ての国々は生乳生産割当枠規制を完全な形で受容した。生乳生産割当枠の終了についてEU内で真剣な議論が始まったのは、ようやく2007年の半ばだった。Busse, a.a.O., S.61

	量（百万 kg）	価格（Fr./kg）	総額（百万 Fr.）
生産割当枠売買	133.4	1.40	187
生産割当枠賃貸	458.1	0.10	46
総計	591.5	-	233

出典：Botschaft AP 2007, S.4796

　2年間に生産割当枠の18％が販売、賃貸された。そのため1年間に1億1600万フランが使われた。賃貸が大きいので、今後もこの額は増えることになろう。このままのペースで行くと、5年内に生産割当枠の半分以上が、生産割当枠の購入額と賃料の負担を負うことになる。この見通しは、展望があるものとはいえず、むしろ生産割当枠制度から可能な限り早期に脱却すべきことを示唆している。制度を阻害する生産割当枠金利の発生を防止する仕組みの下に取引を置くことで、生産割当枠制度を存続させる提案もあるが、これにも難点がある。提案の具体的内容はいわゆる生産割当枠取引所モデルであり、そこで地域における需要と供給を一括し、統一的均衡価格を形成しようとするものである。生産割当枠の価格上昇はこれによって抑制されるが、ここで達成されるのはせいぜい取引価格の透明化であって、生産者からの資金流出を止めることにはならない。これを不問とするにしても、取引所規制は高い行政コストがかかる。連邦は施行規則を定めて実施しなければならない。さらに、生産者が現行制度において評価していると思われる近隣者間の取引の可能性が危うくなるという問題もある。

　集約的な議論の末、スイスは2003年に、2006年から2009年の間に生産割当枠制度から段階的に脱却することを決定した。移行期間において生産割当枠取引システムはそのまま維持することとされた。後者については賛否接近したが、生産割当枠からの脱却という自由化の方向に進む以上、枠取引の柔軟な利用を削除するべきではない、との判断が優位した。

IX 生乳生産割当枠廃止のヴァリエーション[31]

　生乳生産割当枠システムの終了はいくつかの方法によって可能である。
　第一は、何らの移行規制なく終了するやり方である。例えばEUの生乳生産割当枠制は、期限付きで、何らの移行・事後規制を持たずに導入されたので、そのまま行けば期限の2015年3月31日に失効する。この時点で全生乳生産割当枠は、その効力を失う。但し期限が付されているのは、制度そのものではなく、生産割当枠の割当と賦課金の徴収だけであるから、終了時点後、過去の生乳生産割当枠年を清算することが可能である。
　第二は、移行規制を通じて漸次的にシステムから脱却することが考えられる。EUでは、このオプションがソフトランディングというスローガンの下で選択され、現行制度の期限である2015年に向けて生乳生産割当枠の漸次的引き上げが導入されている[32]。
　第三の道は、生産者自身の生産量マネージメントシステムへの国家主導による移行である。スイスが選択したのはこの方法であり、2006年から2009年の移行期間中に公法上の生産割当枠システムを私法上の生産量調整システムへと漸次移行させる。そのために農業法へ二つの新条項が導入され、2004年1月1日に施行された。法36a条の生乳生産割当枠制度の廃止と、法36b条の生乳販売契約である。

X 生乳生産割当枠の廃止に関する法規定

1 農業法36a条と8a条―自助原則

　36a条1項は、生産割当枠システムの終了時点を2009年4月30日と定めた。同条2項は、生乳生産者を、特定の要件（後述）を充足する組織に帰属することを条件に、これより早期の2006年5月1日より生産割当枠規制から

---

(31) Busse, a.a.O., S.61 ff.
(32) これに関する詳細は、亀岡・前掲「生乳クオーター制度廃止をめぐる近年の議論の動向―EU規則261/2012を中心に」参照。

除外する（早期脱却）規制権限を、連邦内閣に付与した。ここでいう組織とは、法8条2項の意味における、個々の農産物の生産者または生産者集団と、加工業者あるいは取引業者との連合としての業種組織 Branchenorganisation、あるいは生産者と地域の重要な牛乳業者の連合組織である。[33]

この組織に関して重要なことは、法36a条と同時に追加された法8a条であり、同条1項は、この組織が、国家あるいは地域のレベルで、供給者と購買者が合意した適正価格を公表することができるとしている。法8a条2項は、適正価格は品質等級にしたがって定められねばならないとし、また同条3項と4項は、個々の企業に対して適正価格の順守を強要してはならず、また適正価格を消費者価格にまで延長してはならない、と規定する。ここにおいて法8条1項（「品質と販売の促進ならびに生産と供給の市場の要請への適合は、生産者組織または業種組織の責務である。」）に導入された憲法上の自助優先の原則が貫徹されるのを見ることができる。

法9条1項は、集団的に決定された措置に参加しない企業によって、自助措置が危険にさらされるか、さらされる可能性がある場合にのみ、連邦に対して固有の措置を講じることを許している。これを通じて連邦は、決定された自助措置を、一般的拘束力を持つものとして宣言することができ、また法9条2項により、連邦内閣は組織の非構成員に対して、自助措置の財政のための分担金の支払いを命ずることができる。

こうした規制の背後にあるコンセプトを1998年法に関する理由書の中に見出すことができる。「新しい市場管理の重要な目的の一つは、スイスにおける生乳生産を可能な限り高品質に保つことである。新規制の原則は引き続き、連邦が、生乳と乳産物の生産、加工、販売につき、大部分の責任をその参加者に委ねることである。特に将来的には、価格と価格の変動幅を国家が定めるべきではないし、また保証すべきでもない。しかしながら新法の目標と目的は、所得政策上の理由から、価格したがって収益を可能な限り高い水準で安定させることである。」[34]

---

(33) 牛乳業者の定義は、農業概念規定令 Landwirtschaftliche Begriffsverordnung, 1998 (SR910.91) 4条1項に規定されている。「生乳を生産者から……購入し、これを乳産物に加工する、あるいは販売する、自然人、法人、人的会社」

また適正価格を交渉して確定し公表する可能性を入れた理由としては、カルテル法との関係における法的不安定性を排除することにあったことが挙げられている。[35] 8a条2～4項に規定された要件を充足すればカルテル法は適用されない。

36a条2項に戻ると、既述のように同項は、2009年に廃止される生産割当枠からの早期脱却（2006年5月から）を定めているが、早期脱却の要件として次の事項を、生産者の属する組織に課している。①生乳生産の段階で生産量規制を定めていること、②個別に合意された生産量を超えた場合の制裁を定めていること、③生産された生乳量の増加分が、生産された乳製品の需要量の増加分より多くないことの保証があること。

これらの要件は、私的経済による生産量マネジメントの扇の要である。[36] 立法者は、早期脱却の道を通じて、生乳生産割当枠制度の廃止後も、組織による生産量の管理のシステムを存続させる意図をもっていたということができる。生乳生産者は、一定の生産量の上限設定を継続する保証がある場合にのみ、早期に生産割当枠システムからの脱却を許される。

2　農業法36b条　生乳売買契約

同条は、政府提出法案には入っておらず、全州議会 Ständerat の提案で採用された。同条1項は、生乳生産者に対して、生乳を、一牛乳業者か、一生産者共同体または一生産者組織にのみ販売することを強制する。これにより生乳の出荷が束ねられなければならない。法案理由書によれば、生乳販売機会を限定し、生乳生産者により強い交渉力を作りだすこと、スポット市場の発生を最小限に食い止めることが目的とされている。[37]

同条2項によれば、生産者は少なくとも乳量と乳価の規定を含む、1年を最低期間とする契約を締結しなければならない。

同条4項は、業種組織あるいは生産者共同体が、独占契約により量規制を

---

(34)　Botschaft AP 2002, S.128 f.
(35)　Botschaft AP 2007, S.4789 f.
(36)　Busse, a.a.O., S.67
(37)　Botschaft AP 2011, S.6421

適用する場合に、連邦内閣は、この規定違反に対して定められた制裁が効力を持つことを、申請に基づいて宣言することができる、としている。全州議会における説明によれば、この拘束力宣言は、「秩序罰金」の形式における行政措置を規定する、法169条 h 号を念頭に置くものである。これによって同項は、連邦内閣が、制裁を公法上貫徹できるように、私法上の制裁に行政制裁の性格を付与すること[38]、あるいは私法上合意された義務付けを高権的に執行し、もしくは追加的に制裁するものであることが分かる[39]。

本条は、2006年に効力を生じ、2015年4月30日まで適用される（第5項）。

本条は、生産割当枠制度からの脱却後においても、2015年までの期間について、国家が私的自治への介入を強力に行うことを意味している。この期間が過ぎて初めてどれだけ生産するか、誰に販売するかを生産者が自由に決定することになる。それまでは、指定され規制された生産の必要を生産者に納得させるのは、組織の仕事ということになる。

3　生乳割当枠制度の廃止と公法規制

連邦農業法第二章「生産誘導」の下に置かれた30条から36条までの条文により、生乳生産割当枠の規定による生産制限、総割当枠の決定、割当枠の補償なき削減、割当枠の市場への適合、乳価支持、超過生産に対応する賦課金の徴収といった、高権的規制を通じて牛乳市場の管理が行われてきた。2009年をもって国家による従来の牛乳市場管理は終焉を迎えたが、国家による介入措置が完全に撤廃されたかといえば、そうではない。上述のように2015年までの期間、国家は生乳売買契約の領域で特に契約当事者について選択の自由に制約をかけ続ける。契約の自由に対する法的制約のみならず、契約自由が事実上も制約されるという以下の観測もなされている[40]。契約は標準契約書を用いて締結されることになろうが、これは供給乳量と乳価を除いて、生産者にとって何らの交渉の余地のないものとなりうる。生産者の契約相手の選

---

(38)　Busse, a.a.O., S.71
(39)　Roland Norer, Aufhebung der Schweizer Milchkontingentierung: Ablöse des Verwaltungsrechts durch das Zivilrecht? Jahr buch des Agrarrechts. Bd. IX 2010, S.129
(40)　Strebel, Privatrechtliches Milchlieferrecht, S.45

択の自由の制約と、購入サイドの交渉義務の欠落という、生産者側の一方的負担により、不均衡な地位が購入組織に与えられるであろう。

　この生乳売買契約の法的性質を考察すると、私法上の売買契約から出発することができるが、生乳の売渡に関して契約強制が働く。私法上の契約の内容については、乳量と乳価に関する合意が予定されており、期間は最低1年なので、1年ごとに内容の変更が可能である。国家行政による契約義務が課せられている点から、私法上の契約が公法によって被覆されている[41]、ということができる。連邦内閣は、この契約義務を、継続的な企業者間の関係構築に寄与するものとしている。

4　私的組織による行政

　生産者組織や業種組織、地域の重要な牛乳業者と生産者との連合組織は、上述の要件を充足することを前提に、重要な任務が与えられた。これによって生乳生産者は、公法上保障された、一定の生産量出荷権の主体から、私的な生乳管理を引き受けるために、国家によって規定された構造を備えるべき私的組織の構成員へと転変した。この私的組織は、すでに廃止された農業法30条から36条によって与えられていた内容の任務を私法上の形式において課せられるのである。例えば個々の構成員に対して、廃止された生乳生産割当枠に相当する個別経営ごとの契約量の確定と適合が決められる。契約量に満たない場合、それを超える場合のそれぞれにサンクションが加えられる。例えば10％以上の出荷不足が3年間引き続いた場合、補償なしの契約量の10％削減が課せられうるし、5％以上の過剰出荷の場合には、キロ当たり基本額の60％の賦課金、10％以上の場合は、80％の賦課金が課せられる。

　こうして国家は生産量規制から身を引き、私的組織にこれを委ねる。生産割当枠の決定、賦課金の徴収が相変わらず規制されるのであり、国家規制が私法規制に代わっただけである。但し国家は、組織に要件を課したり、規制内容を定めたりする限りで（生産割当枠制度脱却令）、なお私的領域に介入しているということができる。これを行政法学上の自己規制と、制御された自己

---

(41)　Norer, a.a.O., S.127

規制の区別という観点から観察することも可能である[42]。自己規制とは、私的組織が国家的作用なくしてその業種につき拘束力ある行為規制を私法上の規範化の形式で創出し執行することであり、制御された自己規制とは、国家的アクターが、私人による規制を促し、助成し、あるいは私人と交渉すること、と通常理解されている。この分類から法36a条の規定するところを見れば、私法上の自己規制に近いものと評価できる。もっとも国家による介入を否定することもできない。

XI 結び

以上スイスにおける生乳生産割当枠制度の生成、発展、廃止の経緯を概観してきた。ここで確認できたのは、生乳市場の国家的管理の廃止は、スイスにおいては、自由な市場競争原理への転換とはなっていないことである。生産者を含む私的な組織が、国家が担ってきた課題を遂行する仕組みが作られた。これに対する評価は分かれている。しかしこの仕組みが実際にどのように機能しているかという、経験的調査に基づく本格的研究は管見の限りでまだでていない。地域の生産者と加工業者、販売業者で形成される中間団体が、生乳市場管理という公的な課題を、自律的に遂行する主体となりうるのか、それとも加工流通部門が生産者を支配する構造が形成されるのか、実際の動向の調査研究を注視していきたい。

またスイスの特徴は、農業政策の目的を憲法が規定していることである。換言すれば、この目的を遂行する義務を連邦は憲法上負っていることになる。その意味で国家は、生乳生産割当枠を廃止したからといって、農政目的と直結する牛乳市場の動向に関する責任を放棄することはできない。

牛乳市場に関する国家的規制と、当事者組織による自主管理、自己規制の関係が、制度的、実態的にどのように展開していくか、法社会学上の理論関心を大きくそそるテーマでもある。

---

(42) Norer, a.a.O., S.128

＊ 本稿は、早稲田大学特定課題研究助成費（特定課題 B）の交付を受けた研究成果 (2013B-018) の一部である。

面会交流の協議規範・調停規範・
審判規範・間接強制規範
――面会交流原則実施論の問題点と
実務的危険性を考える――

梶 村 太 市
Taichi KAZIMURA

 I　はじめに
 II　面会交流原則的実施論の問題点
 III　協議規範
 IV　調停規範
 V　審判規範
 VI　間接強制規範
 VII　むすび

I　はじめに

1　民法766条改正と家事事件手続法制定

　本稿は、今回の民法改正と家事事件手続法制定を契機に、私がこれまで論じてきた「面会交流調停・審判の運用基準」に関する考え方を総まとめし、これまでの考察をさらに多方面から検討を加えたものである。主として、最近の一部の実務の面会交流原則実施論の問題点と実務的危険性を指摘して批判を加え、従来の運用基準である比較基準説に準拠すべきことを論ずる。協議規範・調停規範・審判規範・間接強制規範の差異に基づく個別的検討の必要性を説く。

　平成23年法律61号で改正され、平成24年4月1日に施行された民法766条は、「(1項) 父母が協議上の離婚をするときは、子の監護をすべき者、父又は母と子との面会及びその他の交流、子の監護に要する費用の分担その他子の監護について必要な事項は、その協議で定める。この場合においては、子の利益を最も優先して考慮しなければならない。(2項) 前項の協議が調わな

いとき、又は協議をすることができないときは、家庭裁判所が、同項の事項を定める。（3項）家庭裁判所は、必要があると認めるときは、前2項の規定による定めを変更し、その他子の監護について相当な処分をすることができる。（4項）前3項の規定によっては監護の範囲外では、父母の権利義務に変更を生じない」と規定する。

この1項で、例えば韓国民法837条の2第1項の規定「子を直接養育しない父母の一方と子はお互いに面接交渉できる権利を有する」などのように、例え抽象的にでも「親子が交流する権利」だと規定しなかったのは、「それが権利として認められるのか、認められるとして親の権利か子の権利か、その法的性質はどのようなものかなどについて、なお議論が分かれている」から、「子の監護について必要な事項の例示として面会交流を明記するにとどめた」とされた（飛澤知行『一問一答平成23年民法改正』10頁以下）。

他方、平成23年法律52号で制定され、平成25年1月1日に施行された家事事件手続法は、家事調停手続と家事審判手続について従来の家事審判法時代より手続の透明性を高め、かつ当事者や利害関係人の手続参加のための諸権利の保障（当事者権の保障）を目的としたもので、ここでは調停と審判の峻別論の問題や面会交流事件における同席調停のあり方などが検討課題となろう。

2　面会交流の実体的権利説と原則的実施論の登場

改正民法766条の新規定においては、上述したように、面会交流は実体的権利＝実体的請求権としては規定されず、単なる監護の一態様とされたに過ぎないとされた。学説上は、最近まで各種の実体的権利説が唱えられているが（後記二1参照）、何れも外国法の単なる模倣か独自の解釈で、理論的根拠がなく、人間関係諸科学上の根拠もなく、実務の指針にもなり得ないと本稿は考える。そして、今回の民法改正はこれまでの判例と実務の運用を明文化という形で是認しただけで、これによって面会交流の権利性が強化されたというようなものでないことは、面会交流審判が当事者の「協議に代わる審判」の性質を有するもので、それは実体的権利の存在を前提とするものではないから、もともと権利性の有無とは縁がないことからも明らかである。

ところで、近時家庭裁判所の統一された見解だとして、いわゆる面会交流の原則的実施論が主張され始めた。面会交流の原則的実施論とは、親子間の面会交流を求める事件が増えているのに対処するため制度運用論の立場から編み出した見解で、面会交流調停と審判等の運用方法について、一定の類型化された面会交流を禁止又は制限すべき事由に該当しない限り、原則として面会交流を実施させ強行させるという基本方針のもとに、事件の迅速処理を目指すべきだという考え方であり、かつ実践論である。具体的には、調停・審判等の基本方針として、面会交流を原則的に禁止・制限すべき事由として、①子を連れ去るおそれがある、②子を虐待するおそれがある、③ＤＶ等配偶者への虐待のおそれがある、等の3原則に類型化し、これらに該当しない限り、原則的に面会交流を認める方向で調停や審判等を運用するというものである。

　このような原則的実施論の方向性は、既に平成20年前後頃から、東京家裁を中心に唱えられ始め実際に実務で採用され始めていた（古谷健二郎「家事調停手続における職権主義と手続保障─実務の視点からの整理及び実感」判例タイムズ1237号23頁（平成19年）など）。

3　原則的実施論批判

　しかし、それが実務で普及するに従って、残念ながら、調停・審判等の運営が画一的・定型的・類型的になりかつ硬直的になった。面会交流は親ないし子どもの権利なのだから、原則的に認めるべきであるとする発言が、調停委員や裁判官ひいては家庭裁判所調査官まで、現れるようになった。それに符牒をあわせるように、原則的実施論の強行によって子どもに精神障害など被害が生じているという報告が、あちこちの実務例からから筆者のもとに寄せられるようになったのである。私は、このような原則的実施論ひいてはそれを基礎とする運用基準の明白基準説（抗弁説）は、立法論としても、解釈論としても、法理論的にも、人間関係諸科学的にも、国民文化的にも全ての観点からして成り立たず、運用基準は双方の諸事情を総合的に比較考量して検討すべきであるとする比較基準説（請求原因説）を支持すべきであると主張してきた。

私は、下記（11）の近著『裁判例からみた面会交流調停・審判の実務』において、以下に掲げる諸論文からなる原則的実施論を徹底的に批判した。本書が批判の対象とする原則的実施論に立つ論文は以下の（1）～（5）の5つである。そして、私の批判的見解を展開するこれまでの著書論文は、以下の（6）～（10）までの5つである。そして、これを踏まえて、93の裁判例を検討して原則的実施論と自説の検証をしたものが、今回の文献（11）である。本論文は、以上の文献によってこれまでに筆者が論じた面会交流の調停・審判の運用基準に関する考え方を総まとめとして整理し、論点の明確化を図ったものであり、私の原則的実施論に対する批判の集大成である。各位の忌憚のないご批判を切に願うものである（ご批判頂ければ直ちに再反論する用意がある）。

　この点において、最近でも、平成23年の民法改正から当然に原則的実施論が導かれるものであるかのような論調が一部に見られるが、そうではないことは立法準備段階の関係者からも指摘されている。すなわち、水野紀子教授は、「将来的には、離婚後も共同親権行使を選べるように立法されるほうが望ましいであろう。しかしDVケースにおける共同親権行使には、きわめて慎重でなければならない。……共同親権行使や積極的な面会交流は、家庭内の暴力から有効に救済する準備とセットでなければならない。共同親権行使が教条主義的に望ましいとされると、DVからの救済システムが整っていない日本では、暴力の現場に当事者を拘束することになりかねない。……被害者への支援や援助が圧倒的に足りない現状であっても、原則は自力救済を禁止して、公権力が家庭へ介入し、子どもの福祉を見極めて両親間の紛争を解決する方向に一歩でも進めるべきであろう。面会交流を明示した民法766条の改正も、その方向への政策の切り替えの一環として理解したい。」とされる（水野編『社会法制・家族法制における国家の介入』177頁以下の水野教授担当部分「9　公権力による家族への介入」参照）。決して、今回の民法改正は即面会交流原則的実施論ではない。原則的実施論の教条主義的性格・イデオロギー的性格が正に問題であり、それが実務的にも多くの弊害を惹起しているのである。

　（1）　平成24年6月23日のシンポジウム「面会交流の理論と実務」（戸

籍時報687号・690号・691号）所収の棚村政行「研究者の立場から」、②相原佳子「弁護士の立場から」、③細谷郁「裁判官の立場から」、④山口恵美子「当事者支援の立場から」

（2） 細谷郁＝進藤千絵＝野田裕子＝宮崎祐子「面会交流が争点となる調停事件の実情及び審理の在り方―民法766条の改正を踏まえて―」家裁月報24年7月号。

（3） 進藤千絵＝野田裕子＝宮崎祐子「親と子の面会交流」安部嘉人＝西岡清一郎監修『子どものための法律と実務―裁判・行政・社会の協働と子どもの未来』（日本加除出版・平成25年刊）。

（4） 関根澄子「面会交流をめぐる事件の実務」棚村政行編著『面会交流と養育費の実務と展望』（日本加除出版・平成25年刊）。

（5） 近藤ルミ子「家事事件における裁判所の役割」伊藤滋夫編『家事事件の要件事実―法科大学院要件事実教育研究所報第11号』（日本評論社・2013年刊）。

（6） 梶村著『家族法学と家庭裁判所』（日本加除出版・平成20年刊）

（7） 梶村著『新家事調停の技法―家族法改正論議と家事事件手続法制定を踏まえて』（日本加除出版・平成24年刊）

（8） 梶村著『［新版］実務講座家事事件法―家事調停・家事審判・民事訴訟・強制執行・渉外事件』（日本加除出版・平成25年刊）

（9） 梶村著『第4版離婚調停ガイドブック―当事者のニーズに応える』（日本加除出版・平成25年刊）

（10） 梶村「親子の面会交流原則的実施論の課題と展望」判例時報2177号1頁以下。

（11） 梶村著『裁判例からみた面会交流調停・審判の実務』（日本加除出版・平成25年）

（12） 日弁連両性の平等に関する委員会第3部会、2013年4月6日シンポジウム「基調報告書―子の安心・安全から面会交流を考える」（日弁連両性の平等委員会ウェブサイト）

（13） 横田昌紀＝石川亨＝伊藤彰朗＝加藤幸＝吉永希［横浜面会交流研究会］「面会交流審判例の実証的研究」判例タイムズ1292号5頁

以下。
以下では、文献引用は原則としてこの（1）〜（13）までの番号で行う。

Ⅱ 面会交流原則的実施論の問題点

1 理論的根拠・実際的根拠の薄弱性

　最近の上記（1）〜（5）で論じられている面会交流の原則的実施論には、理論的・実際的根拠があるかと問われれば、それは一切ないと結論付けるのが本稿の立場である。まず、第1の理論的根拠であるが、今回の改正民法766条の立法趣旨は面会交流を実体的権利としては構成せず、子の監護に関する処分事項の1類型として掲げたに過ぎないことは前記飛澤解説の通りである。解釈論としても、昭和59年当時の最高裁決定調査官解説によれば、これまで学説上は①権利否定説、②子の権利説、③親の自然権・固有権説、④監護に関連する権利説、⑤親権の一権能としての監護の一部説（学説裁判例は、文献（11）226頁）等があるが（近時でもフランス法を模範とすべきだとする見解や複合的・相対的性質を有する権利説などがあるがいずれも説得力を欠く）、これらいわゆる実体的権利説＝実体的請求権説はいずれも根拠薄弱で、日本法の解釈としては到底支持できない。これらの見解の致命的欠陥は、日本法の「協議に代わる審判」の法構造を全く理解していない点である（文献（7）404頁以下）。結局今日では、平成12年最高裁決定調査官解説にある適正協議請求権説＝手続的権利説が実務をリードしている見解である（文献11）227頁以下）。

　そうすると、適正協議請求権説によれば、面会交流の内容は「監護者の監護教育内容と調和する方法と形式において決定されるべきもの」であるとされるから、面会交流の原則的実施論はこの点から到底採用できない見解となる。何故なら、理論的には、原則的実施論は面会交流を相手方に実体的権利として請求できることが前提となるが、適正手続請求権説はこれと真っ向から対立し、比較基準説を採用していると解するほかないからである（文献（11）233頁以下）。

　第2に、実際的根拠であるが、これも根拠薄弱である。原則的実施論に立

つ見解は、文献（2）において、心理学的な見地から見れば、ウォーラースタインやアメイト等の研究をあげて、あたかも面会交流の原則的実施や強行的実施が子の利益に適うかのような論調となっているが、指摘されている何れの論文や資料からも、面会交流を監護者の反対を押し切ってまでして強行することが子の利益に適うという結論は出てこない。むしろ反対で、それらの資料によっても面会交流は子の個別的利益を重視して慎重に実施すべきであるという結論にならざるを得ないのではなかろうか。ウォーラースタイン外の研究でも、面会交流の強行実施は子どもの利益にならない、子どもの心を痛めることのないもっと別の制度が必要と説いているのだから（ジュディス・ウォーラースタイン、ジュリア・ルイス、サンドラ・ブレイクスリー、早野依子訳『それでも僕らは生きていく──離婚・親の愛を失った25年間の軌跡』（PHP研究所・2001年）268頁以下等）、このような部分を殊更無視して原則的実施論の心理学的根拠とすることはできない。すなわち、ここでは詳論する余裕はないが、原則的実施論には心理学的根拠はなく、それを妥当とする経験則もなく、日本の文化的基礎もないことは明らかである（文献（11）8頁、文献（7）388頁以下）。

そればかりではなく、家事事件手続論から見ると、原則的実施論は、調停と審判との手続上の関連として両手続は一本の連続した融合的手続であり、両者は切り離せないといういわゆる融合論的立場に立っていることが問題である。旧家事審判法時代はそれで良かったが、家事事件手続法では明らかに両手続は別個の手続として両手続は非連続であり、いわゆる峻別論を採用している。だから、面会交流許否の判断基準では、協議規範・調停規範・審判規範・間接強制規範とではそれぞれ個別的に検討されなければならないのに、原則的実施論はそれら一連の手続を全て一貫したものとして1個の判断基準（明白基準説）で貫こうとしている無理がある。

2 比較基準説（請求原因説）と明白基準説（抗弁説）

最高裁平成12年5月1決定の担当調査官解説によれば、面会交流は監護者の監護教育内容と調和する方法と形式において決定されるべきものであり、家裁実務においては、面接交渉を認めることが子の福祉に適合するかどうかの観点から面接交渉の許否が決せられてきたと総括している。そうすると結

局、子の利益の観点から非監護親と監護親の双方の諸事情を総合的・相対的に比較考量して、いずれが子の利益に適うかを審理判断してきたこれまでの家裁実務を追認したものであり、その後判例の変更はないから、判例及び実務の立場は、このようないわば比較基準説に立脚してきたことになる。すなわち、あくまで双方の諸事情の全てを比較検討し、いずれの側の主張を認めるのが「子の利益」に適うかを決しようとするもので、客観的立証責任としては子の利益に適合するかどうかについて、面接交渉を求める非監護者側の努力に期待しようとするものであるから、請求原因的構成となる。あくまで双方の事情を比較考量して「子の利益」に適うとする判断に到達してはじめて面会交流を認めることができるとすることから、これを「比較基準説」＝「請求原因説＝否認説」と命名した（文献（6）261頁以下、文献（7）267頁）。結局、裁判所が職権探知主義を駆使して審理を尽くしても、面会交流に関するいずれの主張が「子の利益」に適うかについて判断することができないときは、面会交流は認められないことになる（東京高決平19・8・22家月60・2・137］）。

これに対し、原則的実施論では、面会交流はこれを実施することが子の利益に適うのであるから、面会交流を実施することによって子の利益が害されることの証明を監護者である相手方の努力に期待するものであり、しかも最近の原則的実施論の考え方は例外となる3要件に該当しない限り面会交流を認めるというものであるから、例外に該当することが明白であるとき以外は全て面会交流を認めることになるため、これを「明白基準説」＝「抗弁説」と命名した（前掲各文献）。この考え方だと、ほとんどの場合面会交流を認めてしまうことになり、例えば抗告審で否定された前掲東京高決平19・8・22の原審は、その判断基準を「未成年者の福祉に反するかどうか」であるとして、これを否定し面会交流を認めた（東京家審平19・2・26家月60・2・141）。

しかし、「子の利益」の有無の判断にはこのような二者択一的な明白基準説は馴染まないからこそ、上記のように判例の主流はこれに従わず、あくまで比較基準説に則って監護親・非監護親双方の事情を総合的に比較考量して、いずれの主張が「子の利益」に適うかを丁寧に判断しているのである。「子の利益」とは何をいうのかは後述するが、「子の利益」に適うかどうかの

判断は、事実の積み重ねによる規範的判断であると同時に、それは心理学や精神医学等の人間関係諸科学の知見を必要とする事実的判断であるから（文献（7）186頁、文献（8）10頁等）、二者択一的に判断が可能であるとはいえない。あるかないか、認めるべきか認めるべきでないかの断定的判断は困難な場合が通常であり、中間のどちらともいえない中間領域が存在する。そのような場合に原則的実施論による画一的判断で切り抜け、面会交流を強行しようとすると、必ず無理が生ずる。現にそれによって多くの子どもが精神的に被害を被っているのである。危険きわまりなく、このような実務の運用は許してはならない。

この点について文献（5）の研究会で論じている手続法学者や弁護士の一般的な感覚でも、改正民法766条が、面会交流の拒否や方法・方式等について協議をする場合においては、「子の利益を最も優先して考慮しなければならない」としている規定振りから、子の利益の存在は許否等を決するための積極的要件として法が要求していると解するのが一般である。そのため、そこの研究会での理解では、原則的実施論の説くような抗弁説的解釈に理解を示した者は一人もおらず、手続法学者等である伊藤滋夫教授（59頁）・山本和彦教授（60頁）・垣内秀介教授（62頁）・杉井静子弁護士（48頁）・小池泰准教授（26頁）らはいずれも（細かいニュアンスの差を捨象すれば）、結局「子の利益」の存否について双方の事情を（評価根拠事実と評価障害事実に分けて）総合的に比較考量して判断するほかないとして、画一的な抗弁説的理解の問題性を指摘し、請求原因説＝比較基準説的理解を支持すべきものとしているである。原則的実施論がいかに手続法上の理論と実務からかけ離れた突出した見解であるか、がこれだけでも分かるであろう。このような異説を実務の指針とするような運用は絶対に避けなければならず、まして現実に子どもへの被害が現実的に発生している現状においては、原則的実施論の強行は相当に無謀な行為であることを肝に銘じておくべきである。

3　原則的実施論の危険性

民事責任でも刑事責任でも、法にはその制度の存在自体に効果を期待する場合（一般予防）と、あくまで特定の事情設定と特定の条件下に一定の効果

を期待する場合（特別予防）とがある。上記の原則的実施論の立言は、あくまで面会交流一般の要件を抽象的に述べているだけで、何ら調停や審判の判断基準を提示し得ていない。例えば、文献（2）75頁において、「家庭裁判所の実務においては、非監護親と子との面会交流は基本的に子の健全な育成に有益なものであるとの認識の下、その実施によりかえって子の福祉が害されるおそれがあるといえる特段の事情がある場合を除き、面会交流を認めるべきであるという考え方が既に定着している」と述べている。そのような考え方に反発する裁判官や実務例を私は多く知っており、到底定着しているとはいえないことはさておき、このような立言には賛成できない。このような立言は、文献（5）173頁においても、「面会交流は、子が非監護親から愛情を享受する場として実施される限り、この健全な成長にとって有益であり、原則として認められるべきである。しかし、子の利益に反する場合には、非監護親と子の面会交流は制限される」とする見解にも見られる。

　しかし、ここでの二つの見解は、そもそも面会交流は原則的に実施するのが子の利益に合致するという考え方を基礎としている。しかし、その根拠を欠きそのような一般的な提言を行うことはできないことは、既に1の実際的根拠薄弱性の箇所で指摘したとおりである。そのような心理学的知見も、経験則も、国民の法意識も存在しない。面会交流は、それが行われれば即子の利益に適うというわけではない。子の利益に適う面会交流を実施するためには、その前提がありその条件がある。その前提や条件を具備した面会交流でなければ、子の利益に適わない。そもそも面会交流は子の利益になるものだ、というような一般予防的発想で足りるとするのでなく、あくまで当該前提と条件下ではじめて子の利益に適うんだというような特別予防的視野に立って、子の最善の利益を追求しなければならない。

　原則的実施論の立言は、面会交流が実体的権利であることを前提として、あるいは原則的実施が子の利益に適うことを前提として、その客観的証明責任の所在を相手方（監護者）側に負わせるいわゆる抗弁説に立脚しているが、そのような考え方で実務が運用された結果、子どもにPSTDを含む深刻な被害が発生している事実が、筆者の下に数多く寄せられている。調停や審判を運用する者は、面会交流を実施させることによって子どもや監護親に精神

的被害（障害・傷害）が発生しないように心がけるべき安全配慮義務がある（債務不履行責任・不法行為責任）。しかるに、原則的実施論が強行された結果、子ども等に現実に被害が発生しており、加害者（調停関係者）も特定されているので、筆者としてはいずれ民事責任・刑事責任の追求せざるを得ない立場にある。この問題は、調停・審判の運用関係者は軽く考えるべきではない。原則的実施論による調停・審判の実務の運用の問題点と危険性に関しては、文献（12）に詳しい。

Ⅲ　協議規範

1　協議の際の考慮基準

前記改正民法766条1項は、離婚当事者が離婚の協議をする場合に、「子の利益を最も優先して考慮しなければならない」ものとした。従来の旧規定が2項の調停・審判の際の考慮事項とされていたに過ぎないのを、いわばそれに先行する協議の際の考慮事項に格上げされた。「子の利益の優先的考慮」は、調停規範・審判規範より前にまず協議規範とされたのである。協議規範とは、端的に行為規範そのものである。家事事件手続法39条別表第二各号の審判事件（旧乙類審判事件）は、協議に代わる審判の性質を有し、審判においては当事者の協議の延長線上にあるものとして、審判に至るまでの協議・調停段階の具体的諸事情が当然に考慮される（文献（6）472頁、文献（7）14頁、文献（11）290頁）。調停規範・審判規範は協議規範＝行為規範の延長線上にある。

改正民法766条1項は、協議離婚の際に「子の利益を最も優先して考慮する」ことを要請する。最も優先して考慮するということは、数ある考慮事項の中でも第一に優先して考慮するという意味であろう。ということは、面会交流許否の際の考慮事項の中には、非監護親の利益・監護親の利益・親族の利益・同居者その他の利益・一般社会の利益など様々なものがあるが、その中でも子の利益を最も優先して考慮しなければならないという趣旨であろう。そうだとすれば、この文理上だけから考えても、これらの多様な考慮事項を排除し、上記3原則しか考えない原則的実施論は採用できないことにな

る。

　そうすると、離婚の際の面会交流を協議する場合には「子の利益を最も優先して考慮」しなければならないといっても、何をもって「子の利益」に適うかどうかの判断は当事者に委ねられる。面会交流実施の是非・実施の時期や方法・相手や第三者の立会いの有無等は全て双方の話合いで決まる。子を虐待するとか、遺棄するとか、子の明らかな不利益を条件等とする場合には、ケースによってはその協議は公序良俗に反して無効とされることもあるが、そうでない限り、面会交流の中身は当事者双方の協議によって決められる。双方の協議で、今は子どものために会わない方がよいということになれば、それはそれで協議の結果として面会交流の中身は決定される。平成25年1月から、協議離婚届けをする際には、離婚届用紙に面会交流や養育費支払の協議をしたかどうかをチェックするような戸籍実務となったが（平成24年2月2日民一271号民事局長通達）、これはもとより通達にもあるとおり、チェックするかどうかは当事者の自由である。戸籍官吏はチェックを進めることはできず、もとより強制することもできない。チェックしないことを理由に離婚届を受理しないことはもちろんできない。そのような仕方で、面会交流や養育費支払いの制度の周知化を図ったに過ぎない。面会交流制度等の周知徹底を図る意図を超えて、面会交流等の活用の是非について当事者間に争いがあるときに、行政機関等が片方の主張に肩入れするようなことは、行政等の中立性に反し妥当でない場合が多いであろう。

2　国家的介入の危険性

　いずれにしても、市民・国民・住民の子育ての方法に国家的基準はない。日本国憲法の人権保障規定や家族条項あるいは教育基本法の精神等も各人の子育ての方法や形式にまで介入しようとしているものではない。民法の規定や解釈としても、子育てには「子の利益」を最優先に考えろといっているだけで、「子の利益」の中身にまでは言及していない。わが国には、戦前の教育勅語という国民の子育てにまで介入してきた苦い経験を持つ。このように高飛車に国民の子育てにまで介入してくるような国にしてはならない。面会交流を認めることだけが「子の利益」になるんだというような短絡的な価値

観だけで立法・司法・行政が行われてしまうような国にしてはならない。
　現在は、外国からも移住者も増え、各階層間の均質化に加え多様化は著しいが、わが国にはこれまでの伝統があり、母系社会の原理が支配する甘えの構造の濃厚な母子密着型の子育て文化を持つ。出生時から他人からの独立心と個人の権利の主張をたたき込まれる欧米とは異なる子育て文化を持つ。そこでは、欧米的な権利義務的発想は定着しない。最近の傾向の一部に、自分の利益だけを求めて権利だけを主張する傾向が目立つが、逆に義務の履行なると途端に後退してしまう。そもそも相手の主張に対する配慮や惻隠の情あるいは謙虚さは、すっかり蔭を潜めている。この点は学説の対立の場面においてもそうで、争点についてそれぞれが自分の見解を言いっぱなしで、反対説に対して反論するなどというほとんどなくなった。自分にとって都合の悪い見解に対しては、全くその存在すら無視してしまう。面会交流原則的実施論者や同調者には、特にこのような傾向があちこちで目立つが、これでは学問と実務の進歩にとってマイナスとなるのではないか。事ほどさように、面会交流も自分の権利だけを主張するのではなく、自分の見解だけを論じるのではなく、相手の立場や別の考え方に寛容で包容力にある形で議論を展開しないと、決してこの問題は前に進まないのではあるまいか。
　いずれにしても、ここでは深く論ずる余裕はないが、次のことだけは指摘しておかないと、この問題の総合的理解に禍根を残すことになろう。それは、面会交流原則実施論の思想の背景には、離婚後の共同親権原則論及び厳格なジェンダー論並びに欧米法文化先進論（日本法文化後進論）があるという厳然たる事実である。しかし、各理論は、近時欧米でも反省期に入っているといわれることに加え、現在は勿論そして少なくとも近い将来も、決して国民から一般的な支持を得られることはないであろうことを、ここで予言しておきたい。

Ⅳ　調停規範

1　調停規範の意義と個別性・多様性
　民事に関する紛争の調停規範は「条理」であるとする明文規定があり（民

調法1条は「当事者の互譲により、条理にかない実情の即した解決を図ることを目的とする」と規定する)、「家庭に関する事件」(家事法244条) についての調停も同様に解されるであろう。

調停規範は、法規範そのものではなく「条理」であるとすると、調停規範は以下のように解すべきことになろう。すなわち、調停規範は、まず憲法13条の個人の尊重と幸福追求の権利、14条1項の法の下の平等、24条の家庭生活における個人の尊厳と両性の本質的平等を基軸とすることになり、これらの理念に適合するように運用されるべきことになろう (もっとも面会交流権は憲法13条で保障されているというような極論 (異説) は採用できないであろう)。また、調停規範は強行規定 (単独親権など親権編の多くの規定) や効力規定 (民90条など) に違反してはいけないという制約を持つが、それ以外の任意規定などの分野では、法規範からは相対的独自性を有する。

例えば、判例によれば、面会交流権なるものは、それについて適正な協議を求める手続上の権利 (申立権) に過ぎず、当事者間の協議やそれに代わる調停・審判がなければ権利としては成立せず、最初からそれを相手に請求することができるというような実体的権利ではないとしているが (文献 (11) 参照)、そうであるとしても、子の利益の観点から見てそれを実施すべき事情が認められるのであれば、面会交流を認める方向で調停を進めることができる。それは、面会交流が権利であるからではない。「子の利益を最も優先して考慮」した結果、そのようにすべきだということになったからである。私たちの市民生活で、そのような場面においては「子の利益」のために面会交流を実施すべきだと多くの人が考えるような場合には、日本の子育て文化にマッチするものとして面会交流を実施すべきである。

その意味では、調停規範は合意を基礎とするものである以上、それが得られれば多くの場合当事者が自主的にその合意を尊重することになるから、調停規範はかなり弾力的な内容となる余地がある。当事者間の合意を目指すものであれば、そして当事者間に合意ができることを前提とする限り、そしてそれが「子の利益の最優先考慮」の結果である限り、前記の原則的実施論による調停運用を禁止すべき理由はない。原則的実施論が例外的な場合としてあげる①子の連れ去り経験、②子への虐待経験、③DVなど監護者への虐

待経験等があっても、加害者が反省するなどして監護者が納得し再発の危険がなく、当事者間にそれでもなお面会交流を実施すべきであるという合意が成立した場合には、子の利益への悪影響の要素を排除した上でなら、面会交流を認めて然るべき場合もあり得るといえよう（原則的実施論が危険なのは、そのような調停規範と審判規範をごっちゃにして調停でできるものは審判でも強行できる（文献（5）65頁）としている点にもある）。

したがって、ここでも説得・説明・規範としては比較基準説によるしかないのであるが、ただ調停規範は、それぞれのケースの具体的事情に応じて個別的なものであり得、規範といっても一般的抽象的に策定する必要はない。むしろ、当該具体的な事情を前提とすれば、どのような方法と形式が「子の利益」に適うかが問われなければならない。一般的抽象的に「面会交流は子のためになるから」、面会交流は実施すべきであるというような一般論が調停規範として機能することはない。それができるのであれば、細分化された個別的な面会交流許否の判断基準は必要ないことになってしまうが、そんなことはない。あくまで、当該具体的な事情のもとでの許否基準である必要がある。調停規範の個別性と具体性とは両立し得る。

調停規範が個別的具体的なものである以上、調停規範は類型化が可能となり、できるかぎり類型化してそれぞれの調停規範を策定していく必要がある。調停規範の性質には、多様性・個別性のほかにも、国際性・地域性・階層性・時代性・年齢性等が顕著である。国ごとに、地域ごとに、階層（職業等）ごとに、時代の変化に応じて、年齢の違いに応じて、調停規範は異なり得る。面会交流を一般に認めている国の外国人との国際結婚の場合は、国内においても面会交流を認めやすくなるであろう。面会交流の制度や慣習のない国との外国人との場合には、困難を増すことになろう。面会交流が比較的容易に実現できる都会地の場合とそうとはいえない地方とでは、自ずから頻度等は異なってこよう。年齢性は、面会交流は特に子どもの年齢には配慮しなければならない。乳幼児の場合は多くの場合母の協力が不可欠であろうし、子どもが小学校高学年や中学生になれば、子どもの意思に委ねることになろう。いずれにしても、面会交流が紛争になるのは、子が14歳ころまでである（文献（11）220頁以上参照）。

2　同席調停とウイン―ウイン調停

　調停は、調停判断説を採るにせよ、調停合意説を採るにせよ、当事者間の任意の合意の形成を目指すものである。合意の調達が調停の目的である。面会交流は当事者間の納得づくでの合意によってこそ、子の最善の利益を実現することになる。面会交流は、当事者が納得して協力しあってこそ、子の利益を最も優先して考慮する結果となることができる。当事者が納得せず、合意に至らないまま審判に移行して強制的に実現しようとしても、子の利益に適う面会交流は実現できない。おそらく、審判で子の利益に適う面会交流を実現できる場合というのは、当事者の中に、相手とのこれまでのいきさつからどうしても合意はしたくないが（ハンコはつきたくないが）、裁判所が審判で決めてくれたらそれに従うという意向を示した場合など、場面は限られてくるだろう（その場合には、調停に代わる審判をするか、あるいは調停を不成立にして審判に移行させればよい）。

　改正民法766条では、「子の利益の最優先考慮」が協議規範ひいては調停規範となったので、「協議」という以上、また調停は裁判（判断）ではなく「話合い」であると性質決定する以上、その協議や話合いは当然のことながら対面・対席が前提となり、そうだとすれば必然的に同席調停が原則とならなければならない。これまでは、調停とは話合いだといいながら、実務上は別席調停が多かったが、別席だと結局話し合っているのは調停委員と当事者間だけで、当事者同士は少しも対面で話し合っていない。これでは、調停とは「話合い」ではなく、当事者の調停委員に対する「言いつけ合い」「お願い」に過ぎない。調停委員はその方が優位に立ってやりやすいかも知れないが、これは本来の話合いによる調停ではない。多くの場合、当事者が同席による対面を嫌がるからだが、しかし、子どもの将来にわたることを話合いで決めようとするときに、同席もできないで子どものためになる面会交流の方法や形式を決められるはずがない。まして、面会交流の原則的実施をいうくらいなら、同席調停の原則的実施をいうべきなのに、いっこうにそのような提案が聞かれないのだから、面会交流の原則的実施の本気度が見えてこない。適正な手続は司法の生命線である。別席調停によるブラックボックスを残しては、当事者の不信感を払拭できない。同席調停は、合意の調達の面からも手

続の透明性の面からも司法の本質の面からも、これが原則的な運用方法でなければならない（拙稿「面会交流とレビン教授式同席調停―最近の法制度改革を踏まえ」法政研究）79巻3号667頁以下）。

　また、家事調停は、裁判と異なり、「ウイン―ルーズ」（勝ち負け）ではなく、双方の意向を調整して「ウイン―ウイン」（双方とも勝ち）を目指すものである。面会交流紛争は、双方の婚姻破綻史の延長線上にあり、それぞれの事情があるのだから、解決方法もそれぞれに多様であり、原則的実施論のような画一的処理には馴染まない。面会交流紛争は、何百年何千年にもわたる各国の歴史の流れの中で徐々に育まれた子育て文化の一環なのだから、各国・各地域の法文化に深く関わる。子どものためには欧米並みの共同監護が不可欠だとか、面会交流は原則的に取り入れなければならないなど、欧米的権利義務論の直接的取り入れの主張や、性差を極端に排除した考え方を背景にしたジェンダー論の主張を屡々聞くが、これは決して日本の多様な子育て文化に適合するものではないであろう。

　日本の調停制度は前述の通り「互譲」を要件とするが、互譲の意味は広く、何も金銭的に譲歩したり、方法や履行時期で譲歩したりというような目に見える形で取引することばかりを意味するのではない。日本人は、昔から自然に恵まれ強力な国家がなくてもそれぞれの地域で食べてこられたという自然環境にも恵まれて「自己責任の観念」が強く（萱野稔人＝神里達博『没落する文明』（集英社2012年）55頁）、部落での話合いは多方面に及び全会一致を原則としていたようだ（このことは、きだみのる『気遣い部落周遊紀行』（吾妻書房・1948年）、同『気違い部落の青春』（ミリオンブックス・1961年）をよく読めば分かる）。ここでいう、ウイン・ウイン調停も、実は昔から行われてきたのである。いずれにしろ、面会交流の調停や審判の運用のあり方には、いろいろ問題があるので、できれば最小限遵守すべきマニュアル的なものがあれば便利であろう。最近早稲田大学臨床法学研究所で大塚正之教授や和田仁孝教授が中心になって「家事紛争解決プログラム」を策定中であり、その早期の完成が望まれる（大塚「日本の家事調停制度とウイン・ウイン型調停の統合―家事紛争解決プログラムの策定について」前記法政研究641頁以下）。

　いずれにせよ、家事調停において当事者間の合意が調整できる限り、原則

的実施論で運営してもよい場合はあるが、それはあくまで「子の利益の最優先考慮」の結果としてそのように解される必要がある。それこそ原則は比較基準説に基づく比較考量の結果による「子の利益」の判断でなければならない。

3 調停と審判の関係（融合論と峻別論）と各規範の段階的性格

従来の家事審判法の時代には、調停と審判との関係は連続的なものとして捉えられ、調停で採集された当事者の主張や証拠関係は調停不成立による審判移行によって、当然に引き継がれるものとされた。調停記録はそのまま審判機関に引き渡され、審判機関は何等の行為をすることなく、当然にそれを審判の判断の基礎とすることができた。すなわち、調停手続と審判手続は一体化され融合されたのとして扱われた（融合論）。

しかし、家事事件手続法のもとでは、調停手続と審判手続とは分離・峻別され、両者は別個の手続となり、調停が不成立となり審判手続に移行しても、当然には主張や証拠は引き継がれなくなった（峻別論）。そのため、新法では、調停手続で提出された主張や証拠は、審判手続において当然に審判資料として使えるわけではなく、審判の基礎とすることができるためには、調停段階の資料を審判の資料とするための新たな手続、例えば事実の調査の一環として調べるとか、再提出を促すなどして、審判手続固有の新たな手続が必要となる。その方法としては、調停記録に綴られた資料のうち、どれを審判の資料とするかの選り分けを明確にするなどが考えられている。

このような新法の峻別論の手続のもとでは、面会交流の紛争解決規範といっても、協議規範・調停規範・審判規範・間接強制規範といった段階ごとに、強制力の違いがあり、それぞれの段階ごとに規範内容は当然に異なることに注意しなければならない。第1段階の協議規範では、当事者の自己決定・自己責任の領域の問題であるから、原則として当事者がそれでよいといっている以上、子どもに被害が及ぼす事態にならない限り、国家や他人がとやかく介入すべきではない。子育ての方法と形式の多様性は原則として認めなければならない。第2段階の調停規範においても、当事者が合意の上で子育ての方法と形式について決めようとする以上、原則的に同じことがいえよ

う。ただ、調停機関が「条理」の視点からチェックするだけである。調停とは調停機関の判断を実現する手続（調停判断説）ではなく、当事者が自主的に合意を調達しようとして話合いをしているときに、調停機関はその川の流れを「条理」の視点から見守り必要な修正を加える役割を果たすのが調停だとすれば（川土手の見張り説＝調停合意説、文献（9）45頁）、それで十分である。調停機関が共同親権論やジェンダー論といった一部しか支持されていない特定の価値観で当事者をリードしようとすることが問題なのである。

第3の審判規範の段階では、「調停に代わる処分」として同様に当事者の自主的解決努力を重視しなければならず、当事者のそれまでの協議や調停での話合いの過程が考慮されるという側面を持つとしても、審判となると最終的には裁判所（裁判官）の一方的判断であるから、それだけ強制と法的基準遵守の要請は強くなり、ここでは「子の利益の最優先考慮」に基づき比較基準説に従って厳格に判断されなければならない（後述）。第4の間接強制の段階では、その強制性が直接的に端的に現れる場面であるから、その要件はそれにふさわしい厳格性が要請される。この段階では、審判をしただけでは任意履行が期待できず、「子の利益」の確保のため間接強制金を支払わせてでも実現されなければならない「特別の事情」が存在しなければならないことになる（後述Ⅵ2）。

原則的実施論の問題点は、これらの段階的規範を全て横並びに考えて、その差異を一切認めないことである。調停と審判とを連続的なものと考えて、調停規範と審判規範あるいは間接強制規範との区別を認めないことである。調停も審判も、そして間接強制までも原則的実施論を一貫して押し通し、各段階の丁寧な「子の利益」からのチェックを不要とし、画一的に定型的に結論を出してしまっていることである。しかし、調停においても、原則として比較基準説に従って運用されなければならない。

Ⅴ　審判規範

1　面会交流審判規範としての比較基準説（要件事実説）

面会交流原則的実施論の立場からの明白基準説（抗弁説）を採り得ないこ

とは先にも述べたが、更に敷衍しておこう。原則的実施論の立場にたつ別の論者は、文献（5）173頁で「子が非監護親から愛情を享受する場として実施される限り、子の健全な成長にとって有益であり、原則として認められるべきである。しかし、子の利益に反する場合には、非監護親と子との面会交流は制限される」とする。

　そうすると、ここで「子が非監護親から愛情を享受する場として実施される限り」という限定ないし条件が問題となる。その意味するところは必ずしも明らかでないが、非監護親が面会交流を求める目的ないし動機を問い、専ら子どもへの愛情に基づく場合のみを指すのだろうか。例えば、それが養育費を支払うことを回避するため、監護親との関係復活を目指すため、監護親への復讐のため、その他子への愛情のためにのみ面会交流を求めるのではなく、何らかの他目的が看取される場合には、除外されるというのだろうか。そうだとすると、専ら子への愛情のみに基づき面会交流を求める事例というのはそんなに多くはなく、通常は子への愛情の外にも様々な動機が隠されていることが多い。そうすると、そのような場合にはこの前提・条件は充足されないことになろう。

　そして、仮にその前提・条件が満たされたとしても、だから面会交流の実施・強行は「子の健全な成長にとって有益」であると、そう簡単に結論付けられるのであろうか。面会交流が子の健全な成長にとって有益であるためには、実体法的には民法766条に基づき「子の利益を最も優先して考慮」する必要がある。手続法的にも、家事事件手続法別表第二3項の「子の監護に関する処分」として同様の考慮が必要であり、それを手続的にも、子の利益への考慮を実効性あるものとするための規定として、子の意見聴取の制度（家事法65条・258条1項）等も用意している。それらの規定に基づき、実体法的に、かつ手続法的に、双方の事情を比較考量の上、子の利益を最も優先して考慮した結果として、「子の利益」に適うと判断された場合にはじめて、面会交流の実施が許容されるのであって、「子が非監護親から愛情を享受する場として実施される限り」当然に「子の健全な成長にとって有益」となるのではない。前者から後者を当然に推定されるということはない。法律上の推定とはいえないことは勿論、事実上の推定ともいえない。原則的実施論者

は、心理学の成果によればそのような事実上の推定がなりたつと主張するが、そのような心理学的成果も知見もなく、そのような経験則も存在しない（文献（10）7頁以下）。

　また、同じ論者は、比較基準説（要件事実説）の見解に対して、明白基準説（抗弁説）の立場から、比較基準説は「調停のあり方とか審理のあり方の問題と、面会交流は子供の利益になるものであるかどうかという問題とが少しごちゃ混ぜになっているように思うので……手続進行のあり方の問題が、子の利益に反する事情がない限り面会交流を認めるべきだという考え方を排斥する理由にはならないのではないか」（文献（5）49頁）とされる。しかし、この手続法の問題と実体法の問題とが混在されてしまっているというこの見解は、二重の意味で支持できない。第1に理論的に考えると、家事事件手続法別表第二（旧乙類）の審判事件は、「当事者の協議に代わる処分」の性質を有する民法766条の権利形成・権利実現手続であるから、必然的に「子の利益の最優先考慮」の要件がかぶってくる。「子の利益の最優先考慮」は協議規範であり、かつ調停・審判規範であり、それらの一要件を構成する。協議・調停・審判の運用の方法も当然に「子の利益の最優先考慮」のもとに行わなければならない。むしろ、手続法の問題と実体法の問題とがここでは渾然一体として処理しなければならないのであり、ごっちゃまぜは当然であり、その分離的運用こそ排斥されなければならない。第2に実際的に考えると、子の利益になるように協議・調停・審判を運用しなければ、実体的・実質的に子の利益に適う方法と形式による面会交流が実現できるわけがないではないか。原則的に面会交流を実施することが子の利益に適うという一般論から、当該具体的な面会交流の実施の個別的な検討や協議・調停・審判の運用方法を捨象して、そこから直ちに、だから面会交流を実施・強行すべきであるというのは、いかにも暴論そのものである。こんな運用をするからこそ、調停や審判で決められて面会交流が強行されて子どもが深刻な精神障害に陥る事態を避け得ないのだという認識が足りないのではないか。実体要件の問題のほかに、協議・調停・審判の運用という手続問題も含めて「子の利益の最優先考慮」が図られてこそ、子のための面会交流が実現できるのは、余りにも明白なことではないのだろうか。

子の監護に関する紛争事件は別表第二の審判事件であり、非訟事件であるから、実体法と手続法の要件がごちゃ混ぜになっているのは当たり前で、そこに非訟の特色があり、本質がある。民事訴訟法ではまず実体的要件が客観的に存在し（要件事実論）、その権利確定・実現のプロセスとして訴訟手続がある。これに対し、非訟事件としての家事審判では、審判前・審判外に権利は存在せず、協議・調停・審判によって初めて形成され創設され存在するに至る。要件（実体）とプロセス（手続）はまさに渾然一体としている（文献（6）463頁以下、同（7）14頁以下、同（8）6頁以下参照）。このように、民事訴訟とは、手続の構造が違うのである。上記ごちゃ混ぜ論は、非訟手続である家事審判に、民事訴訟手続の要件事実論、証明責任論をそのまま適用しようとする根本的な誤りをおかしている。

2 「子の利益」の概念とその運用

　面会交流を「子の利益の最優先考慮」のもとに実施しなければならないとしたら、「子の利益」の中身が当然に問題となる。原則的実施論者は、個別的な双方の諸事情を比較考慮することなく、そもそも面会交流は原則として実施することが子の利益に適うのだという極めて単純明快な理由しか述べていない。前述したように、それは欧米的な共同親権論（共同監護論）とジェンダー論を基本的思想としているため、いわば面会交流の実施はそれ自体が子の利益に適うことを自明のこととしているためである。そこでは子の利益についてそれ以上深く考察することはない。原則的実施論では、その必要がないからである。

　しかし、面会交流の原則的実施論に与しない我々としては、「子の利益」の中身について、更に深く検討しなければならない。どのような点を考慮すれば子の利益に適うかについて、具体的な検討をしなければ、双方の事情を比較検討して面会交流許否を決することはできない。ここでは「子の利益」についての詳細な検討をする余裕はなく結論しか示せないが（詳細は文献（7）187頁以下参照）、以下の3つの要件を具備したときにはじめて「子の利益」に適うといえると解する。第1の要件は、監護の安定性＝継続性の要件である。裁決平成12・5・1民集54・5・1607の担当調査官解説がいうよう

に、「面会交流の内容は監護者の監護教育内容と調和する方法と形式において決定されるべきものである」以上、子どもは、特定の監護者によって安定して継続性のある監護方針の下に育てられる必要があり、監護教育方針の安定性・継続性・一貫性は「子の利益」の核心である。面会交流は、やり方を間違うとこの原則に抵触する危険性がある。第2の要件は、父親性（父性原理）と母親性（母性原理）の充足である。子どもに父親と母親がある以上、可能な限り両方からの愛情を共に受けることが必要である。ここで父親といい母親というのは、必ずしも実の親・法律上の親である必要はなく、育ての親であればよく、父親代わり・母親代わりの者でもよく、また父親・母親は立場が逆になることもあり得る。この要件からいえば、面会交流は積極的におこなった方がよいことになる。第3の要件は、第1の監護の安定性の要件と、第2の父性・母性原理の充足との調和の要件である。両方がバランスよく調和して機能する必要がある。そこでこの要件の視点からいえば、面会交流は両親の理解と協力の下に円満におこなわれる必要がある。面会交流は、実施されさえすればよいのではなく、子どもの利益になるように配慮して実施されてこそ意味がある。面会交流について、他方の親が反対し、そのため調停で合意ができず審判に移行し、間接強制で無理矢理実施しても子の利益に適う面会交流とはならないであろう。この視点からは、原則的実施論者がいうような「仮に審判になったとしても面会交流が実施されることが重要であって、それが子の利益でもある」（文献(5)65頁）との見解は誤りということになる。実施されさえすればよいのではなく、子の利益に適うような方法と形式で行われてこそ意味があるのである。

3　比較基準説による審判運用

　面会交流審判の運用について比較基準説（請求原因説）による運用を妥当なものとするためには、非監護親と監護親との双方の事情を総合的に比較検討して、「子の利益の最優先考慮」の結果を出さなければならない。この点についての先行研究である文献(13)によれば、以下の諸要素が比較検討される必要がある。すなわち、非監護親と子との面会交流が制限されるべき考慮要素、また許容される場合におけるその回数や方法等を決定する際の考慮事

項として、①面会交流の合意や従前の面会交流の実績の有無、②非監護親と子間の関係性の良否、③子や監護親の生活状況等（性別・年齢・遠隔地・親の再婚）、④子の意向（許否等）、⑤非監護親の態度（子の連れ去りと虐待・犯罪行為・DV・ルール違反・思いやりの欠如）、⑥監護親と非監護親の関係（高葛藤・DV・不信感・非協力・住所秘匿）等が主な検討事項となる。

　これまでの裁判例からみて、面会交流許否の運用基準がどのように適用されているかをここで論ずる余裕はなく、別著にゆずるほかはない（文献（11）293頁以下）。

VI　間接強制規範

1　履行債務（給付）の特定

　最決平25・3・28家月65・6・96（文献（11）208頁以下参照）は、面会交流を定める調停条項や審判において、「面会交流の日時又は頻度、各回の面会交流時間の長さ、子の引渡しの方法等が具体的に定められているなど監護親がすべき給付の特定」に欠けるところがなければ、旧家事審判法15条・21条1項ただし書、現家事事件手続法75条・268条1項の規定により、間接強制の手続によって実現できるとする。そして、同決定は、1か月に2回・1回6時間等面会交流の頻度や面会交流時間の長さの定めはあるが子の引渡しの方法について定めがない事例、及び面会交流の頻度は「2か月に1回程度」とし面会交流の長さを「半日程度」とするなどの記載の場合はいずれも不特定とし、面会交流の日時・各回の面会交流時間の長さ・子の引渡方法の定めがある場合について債務の特定があるとし、間接強制を認めた。

　これまでの下級審裁判例（前掲文献（11）参照）では、「面会を認める」とのみあるのは確認条項に過ぎず特定に欠くとしたものもあるが（高松高決平14・6・25家月55・4・66）、多くは給付条項と読むことがでるので特定されているとし（大阪高決平19・6・7判タ1276・338など）、また「月2回程度の面接」を不特定としたものがある（東京高決平18・8・7判タ1268・268）。

2 間接強制の許否基準(間接強制規範)

　そうすると、債務名義となり得る調停調書・調停に代わる審判(家事法287条)・審判・離婚訴訟の附帯処分判決(人訴法32条1項2項、前掲東京高決平18・8・7)等において、面会交流の日時・時間・子引渡方法が特定されていることが間接強制の要件となる。筆者は、かつて面会交流債務の任意履行的性格を根拠に間接強制否定説を説き同調する学説もあったが(渡辺義弘「子の監護紛争解決の法的課題——弁護士実務の視覚から問う——」(弘前大学出版会・2012年)137頁以下)、現在では一定の留保付きで間接強制肯定説に改める(文献(11)301頁)。その留保付の意味であるが、前掲最決25・3・28が「子の面会交流に係る審判は、子の心情を踏まえた上でされているといえる」とされていることからも明らかなように、子の心情を踏まえたとはいえないなど、間接強制を許すべきでない特別の事情があるときは、間接強制を否定すべきであると解するからである。

　この点、大阪高決平14・1・15家月56・2・142は、義務の不履行に「正当な理由」があるか、「特別の事情」があれば間接強制ができないとし、大阪高決平15・3・25家月56・158はそれらは請求異議事由たるに止まるとするが、東京高決平24・1・12家月64・8・59が①履行の強制を許さない事情がある債務の場合や、②間接強制の申立てが権利の濫用に当たる場合には間接強制は許されないとしているので、請求異議の訴えを待つまでもなく間接強制を許すべきでないそのような特別の事情が認められる場合には、間接強制の申立て段階でそれをチェックし、申立てを却下することができると解すべきである。そのような明白に子の利益に反する事情があるのに、その後通常1年早くても数か月もかかる請求異議の訴えの帰趨を待てというような迂遠な解釈を採るべきではない。これが間接強制の許否基準であり、間接強制規範である。この段階での「子の利益最優先考慮」の結論である。

　特に面会交流原則実施論は、原則として禁止・排除すべき3要件に当たらない限り面会交流を強行実施しようというのだから、このような考え方に基づく審判を債務名義として申し立てる間接強制の申立ては、上記許否基準に照らし原則として認められないと解するほかはない。

Ⅶ　むすび

1　原則的実施論のイデオロギー的性格

　原則的実施論の最大の特色は、反対説に対する不寛容の精神が徹底していることである。思想的には、離婚後の共同親権論とジェンダー論に与するもので、それらはいずれも未だ国民の多数が支持するに至っていないイデオロギーである。原則的実施論はイデオロギー一辺倒であるため、対立するイデオロギーとは容易に妥協しようとしない。前記（1）〜（5）までの論調は一部の例外を除いて、自己の主張を一方的に述べて、反対説の存在すら無視して、それが唯一の絶対的に正しいと強弁するものであるというしかない。家庭裁判所では大方の裁判官がその見解に従っていると強弁するが、私は例外事例を多く承知している。また心理学の成果によれば、原則的実施論の考え方で面会交流の調停と審判を運営し間接強制することが「子の利益」に繋がると明言する。その自信たるや相当なもので、確信にまで至っており、そのように断言できる資料は一つもなく、科学的に正当な他の考え方があるんだということを容易に認めようとしない。面会交流を法的に強行することが子の利益に適うという心理学の成果がどこにあるんだという反論に対しては、どうも聞く耳を持たないようである。とうとう家庭裁判所はここまで来てしまったかというのが、率直な感想である。

　もはや、そうなれば原則的実施論が何のためにそこまで頑張るのかといえば、その理由は一つしかない。それは、司法行政上、少ない予算で少ない裁判官と少ない職員の下で簡易迅速に家事事件を処理するためには、そういう実務運営を強行することが一番であり、それしか方法がないからである。残念ながら、もし原則的実施論を今後も主張し家裁実務で押し通そうとするのであれば、そのように解釈せざるを得ないであろう。そこには、「子の利益」に適う面会交流をするにはどうすればよいのかというような真摯な考え方はみじんもない。それによって子どもに深刻な被害が生ずるといわれても、意に介しない。大切なのは自分たちの主義主張・イデオロギーを守ることだけである。そこにあるのは、調停・審判の運営者側の司法行政的な思惑だけで

ある。行政職にある者は、一旦政策を確定しそれを実行し始めた以上、最後までやり通すしかない宿命を持つ。いかなる抵抗を排除してでも、当初の政策目的を貫徹しようとするであろう。今回の「面会交流原則的実施論」はそんな性格を帯びていると考えざるを得ない。今回の恐ろしさは、それが前記の共同親権論やジェンダー論という極めて硬派のイデオロギーと結びついている点である。これらのイデオロギーも容易には妥協しようとしない性格をもち、これらのイデオロギーと司法行政とが共に相携えて、原則的実施論を最後まで貫徹しようとするだろう。私はそれに抵抗するすべはなく、引き下がるしかないのだろうか。しかし、私は絶対に引き下がらない。「子の利益」の確保のために心血を注ぐ決意である。

2 原則的実施論に基づく運用の暗黒面

　私は、そのような司法行政目的の下で、しかもそのようなイデオロギーのもとで、面会交流の調停や審判を運営されたら、それがどのような結末を辿るかは火を見るよりも明らかであると思う。監護親が今面会交流を実施すると子どもの利益にならないと幾ら主張しても、禁止・排除すべき3事由に該当しないとして、まず取り上げられない。何を言っても、調停委員や裁判官は、原則的に面会交流を早期に実施するしかないのですと確信に満ちて言うばかりである。そこには、丁寧になぜそれが子の利益の最優先考慮なのかの説明はない。ただ、実施することが子の健全な成長にとって有益なのだと言うだけである。「ダメなものはダメなのです」というのはどこかで聞いたせりふだが、ここでは「ヨイものはヨイのです」とただ言うだけである。

　しかし、こんな一本調子の展望のない調停をされて、当事者が納得するはずがないではないか。無理矢理強引に合意をさせられて、調停成立とされても、任意履行するはずがないでないか。間接強制しても、子の利益に適う面会交流ができるはずがないではないか。一丁上がりで喜んでいるのは裁判所だけということになるのが落ちではないか。このような原則的実施論の運営が今後もなおも続く限り、家事調停や審判の将来は暗澹たるものになるであろう。原則的実施論に立つと、どうしても面会交流の実施を強行することだけが念頭にあって、それに抵抗するものには容赦なく排除しようとする。こ

のような考え方では、どうしても弱者に対する慈しみや人生の悲哀や困惑等に対する深い人間的理解には到達しにくい。ただ、権利の実現とイデオロギーの貫徹だけしか脳裏にはない。事件の早期処理しか念頭にない。そこには非人間的な姿「夜叉的な形相」が浮かび上がってくるだけである。これは調停に失望した当事者から聞いた言葉である。

性同一性障害と AID 出生子の法的地位

棚　村　政　行
Masayuki TANAMURA

 I　はじめに
 II　性同一性障害特例法の立法趣旨と立法過程での議論
 III　嫡出推定・嫡出否認制度の趣旨と判例の採用する外観説
 IV　AID により出生した子の法的地位
 V　判例に見る社会的親子関係の尊重の傾向
 VI　憲法13条、同14条、24条違反及び国際人権法違反
 VII　学説の検討
 VIII　おわりに

I　はじめに

　性同一性障害により男性への性別の変更が認められた者の妻が、その夫の同意を得て行った AID により生まれた子が、民法772条以下での夫の嫡出子として推定されるかどうか、妻の嫡出でない子とされるのかどうかが争われた注目すべき事件がある。

　第一審（東京家庭裁判所）は、2012年10月31日に、「子は、申立人母が、申立人父との婚姻中に懐胎した子であるが、夫である申立人父は、性同一性障害者の性別の取扱いの特例に関する法律第3条に基づき、男性への性別の取扱いの変更の審判を受けたものであって、男性としての生殖能力がないことが戸籍の記載上から客観的に明らかであって、子は申立人ら夫婦の嫡出子とは推定できない」と申立人らの戸籍訂正の申立てを却下した。

　その理由とするところは、一般的に嫡出推定が及ばない子であっても、形式的に妻が夫との婚姻中に懐胎した子について、嫡出子としての出生届がされた場合、市区町村長は、親子関係不存在確認の確定判決等で嫡出推定が及ば

ないことが確認されない限り、嫡出子として出生届を受理せざるを得ないが、「これは戸籍事務の審査の限界による事実上の結果に過ぎず、かかる子について、嫡出推定が及ばない以上、嫡出子としての法的な保護が及ばないことは明らかであって、嫡出子として扱うことが民法上要請されているわけではない」「以上の戸籍上の処理は、あくまでも子が客観的外観的に申立人らの嫡出子として推定されるかどうかという客観的事実認定の問題であって、申立人父を性同一性障害の取扱いの特例に関する法律に基づき男性と取り扱うべきであるとの法律の要請に反するものではなく、かかる取扱いは憲法14条で禁止された差別には該当しない」というものであった。

また、第二審（東京高等裁判所）も、「嫡出親子関係は、生理的な血縁を基礎としつつ、婚姻を基盤として判定されるものであって、父子関係の嫡出性の推定に関し、民法772条は、妻が婚姻中に懐胎した子を夫のこと推定し、婚姻中の懐胎を子の出生時期によって推定することにより、家庭の平和を維持し、夫婦関係の秘事を公にすることを防ぐとともに、父子関係の早期安定を図ったものであることからすると、戸籍の記載上、生理的な血縁が存しないことが明らかな場合においては、同条の適用の前提を欠くものというべきであり、このような場合において、家庭の平和を維持し、夫婦関係の秘事を公にすることを防ぐ必要があるということはできない」「また、抗告人らが主張する特例法4条の規定も、同条3条1項4号に規定する場合を前提とするものであるから、その場合の民法の規定の適用に変更を加えるものではない」「そして、本件戸籍記載は、子の父欄を空欄とするものであって」「客観的外観的に抗告人らの嫡出子として推定されず、嫡出でないこと言う客観的事実の認定を記載したものであるから」憲法14条又は13条に違反するものではないと説示し、本件抗告を棄却した。

そこで、本稿では、以下に、本件第一審、第二審の判断及びその掲げる理由について、詳細に分析検討するとともに、性同一性障害の性別の取扱い

---

(1) 東京家審平成24・10・31LEX/DB【文献番号】2548369参照。
(2) 東京高決平成24・12・26（判タ1388号284頁）。なお、大阪家判平成25. 9. 13（LEX/DB［文献番号］25501809）も、本件原告がAIDにより妻の生んだ子につき父子関係存在確認の訴えを求めたケースで、母が夫である原告との性的交渉により子を懐胎することが不可能であったことは、戸籍の記載から明らかであるから、民法772条の推定が及ばないと請求を破棄した。

の特例に関する法律の立法過程での議論、民法772条以下の嫡出推定・否認制度の立法趣旨、基本的な構造、嫡出推定が排除される場合としての外観説を含む学説・裁判例の検討、諸外国での取扱いや憲法論に照らしてみても、性同一性障害カップルのAID出生子を嫡出でない子と扱うことが法的に許されないという点について詳論することにしたい。

II 性同一性障害特例法の立法趣旨と立法過程での議論

　性同一性障害者とは、生物学的には性別が明らかであるにもかかわらず、心理的には別の性別であるとの持続的な確信をもち、かつ、自己を身体的及び社会的に他の性別に適合させようとする意思をもち、そのことについて2名以上の医師により診断を受けている者をいう（性同一性障害特例法2条）。本特例法は、性同一性障害により苦しみ、そのための治療や診断を受け、社会的には自己の自認する性別への適合性を得ようと誠実に努めている人々への差別や偏見をなくし、生物学的肉体的な性別と社会的心理的な自己の認識する性別の不一致に苦しむことから解放するための性別変更の要件と手続を定めた法律である。言い換えると、特例法は、「生物学的な性別と心理的な性別の不一致によって苦痛や困難を抱えている人々が存在している以上、例えばその心理的な性別によって法的に取り扱うことがそれらの人々の生活・人生の質の向上にもつながるものであるならば、医学的な対応も踏まえながら、法としても対応していくべきであろう。」という判断のもとに制定されたものであった。[4]

　そして、本特例法4条では、1項において、性別の取り扱いの変更の審判を受けた者は、民法その他の法令の適用については、法律に別段の定めがある場合を除き、その性別につき他の性別に変わったものとみなすと規定した。これは、本特例法により、性別の変更を認められた者は、民法上は、

---

(3) 南野知惠子監修『【解説】性同一性障害者性別取扱特例法』81頁（日本加除出版、2004年）参照。
(4) 川崎政司「性同一性障害と法（公法を中心とした法律学の観点から）」『性同一性障害の医療と法』262頁（メディカ出版、2013年）。

「別段の定め」を置かない限り、変更された性別に属する者として婚姻もできるし、養子縁組も可能であるし、直接は触れられていないものの、親子関係の成立についても、変更された性別として扱われると考えられていた。ただし、別段の定めがない限り、変更審判前に生じた身分関係及び権利義務に遡って影響を及ぼすものではないとも規律している（同法4条2項）。これは、当然のことながら、変更前に、兄弟がいたり、婚姻や相続関係、親子関係について、既往に影響を与え、身分関係や権利義務の変更を伴うなど法的混乱が起こることがないようにという趣旨で設けられた規定である。

東京法務局見解では、特例法の国会審議などでもAIDの利用や生殖補助医療については、一切議論もなく、想定していなかった問題であったと主張している。しかしながら、私が超党派で取りまとめをしていたN参議院議員（当時）やY参議院議員（当時）と参議院法制局の担当者との懇談した当時は、「FTMが性別変更の審判を受けた後に、妻と婚姻後、その同意のもとに受けたAIDにより子が生まれた場合に、民法772条の嫡出推定の規定が働き、出生子は夫婦の嫡出子となるのかどうかという重大な問題があるが、この点はいかがですか」とお尋ねしたところ、「法務省とも協議しているが、婚姻も認められ、養子縁組（普通養子と特別養子）もできるわけですし、法律上の夫婦と同じく取り扱うほかないのではないかと言われた」というお話であった。当時、立法担当者が、性同一性障害とAID出生子の問題について、全くの想定外の問題ではなく、性別変更を認める海外においても、相続や子の監護・扶養の問題等で、AIDの出生子の法的地位が問題になっていることは認識していたことは明らかであった。

しかも、記憶によるかぎり、当時の立法担当者は、この問題を先送りしたというより、「民法の適用上、法律上の不妊夫婦のAIDの利用と同様に扱うべきであって差別的に扱うことは困難である」と考えていた。しかも「AIDを含めた生殖補助医療を利用して出生した親子関係について、とくにAID

---

(5) 南野・前掲書99頁参照。
(6) 南野・前掲書101頁参照。
(7) 南野・前掲書60頁の大島俊之教授、同書163頁以下で棚村も、アメリカの裁判例を紹介している。

で妻が生んだ子については、同意をした夫の子とし、精子提供者は父とならないし、認知もできないとする要綱中間試案が出されており、性同一性障害により、性別変更をした者が婚姻して、AID を受けて生まれた子もその者（夫）の嫡出子として嫡出推定を受けるであろう」「もし嫡出推定を受けないとすれば、民法か特例法で例外を明確に定めることになるが、いちいち例外規定を定めることは困難だ」という認識であった。解説にもあるように、刑法の強姦罪など犯罪の客体となりうる立場にもなるわけで、刑法や民法などの基本法の適用においても、特別の定めがない限り、同様に扱われるという想定であった。本件のような問題が起こって、国会での審議がなされず、AID 出生子について立法的手当もなされていない以上、民法772条以下の適用はなく、嫡出でない子とみるほかないという東京法務局の見解は、特例法4条の規律や立法過程での上記議論を無視するもので、著しく妥当性を欠く主張と言わざるを得ない。また、本件第一審審判も、「夫の同意があることを要件に、夫の子とする立法論はあり得るところであるが、そのような法律が成立していれば格別、我が国においては未だそのような立法がされていないのであるから、申立人父が人工授精に同意していることをもって、子との父子関係を認めることもできない。」としている。しかしながら、国会は、当然に当時想定しえた性別変更後に婚姻したカップルによる AID の利用についても、特例法の立法過程での議論の不十分さや明確な立法の欠如というむしろ立法者側の責めに帰すべき事情だけを理由に、性同一障害による性別変更をし他の者と正式に婚姻し当事者やその間に生まれた子に対して婚姻中の夫を父と認めないという重大な不利益を与えたり、戸籍吏の職権で子を母の嫡出でない子として扱うなど、婚姻した不妊の夫婦の AID 利用と比べて著しく差別的な取扱いをすることは許されない。

---

(8) 南野・前掲書99頁参照。
(9) 前掲東京家審平成24. 10. 31。

III 嫡出推定・嫡出否認制度の趣旨と判例の採用する外観説

1 嫡出推定・嫡出否認制度の目的と基本構造

通常、母子関係は妊娠・分娩という外観上の明瞭な事実により容易に確定できる。しかしながら、父子関係、つまり、母が夫との性的交渉により子を懐胎したことを直接証明することは今なお容易ではない。最近では、DNA鑑定や血液型鑑定など科学的な親子鑑定の技術は長足の進歩を遂げているが、鑑定に同意しなかったり協力を得られない場合には、懐胎期間中の同棲など他の事実も考慮して判断をしなければならない。

「父は婚姻の示すところの者である（Pater est quem nuptiae demonstrant）」の法諺が示すように、民法は、妻が婚姻中に懐胎した子は夫の子と推定するとする嫡出推定を置いた。すなわち、民法は、第1に、婚姻中に妻が懐胎した子は夫の子と推定し（民法772条1項）、第2に、婚姻の成立から200日後、婚姻の解消または取消の日から300日以内に出生した子は婚姻中に懐胎したものと推定する（同法772条2項）との二段の推定規定をおき、婚姻中懐胎子につき父性推定をすることにした。婚姻関係にある夫婦の間では、通常夫婦生活が正常に営まれ、妻の貞節も期待できるという婚姻道徳と医学上の統計を基礎に、嫡出父子関係について強力な父性推定を設け、嫡出父子関係の早期確定や紛争の予防・子の地位の安定を期したとも言われる。[10]しかしながら、民法772条以下は、父性推定規定であると同時に嫡出性の推定規定という意味もあり、民法772条の推定を受ける子は民法774条の厳格な手続によらなければその地位を覆されることはなく、その意味で強力な嫡出性の推定規定としても意味をもっている。

日本の民法は、フランス民法と同様に原則的には懐胎主義をとり、婚姻中の懐胎子を対象に嫡出性の付与と父性推定を及ぼすのに対して、英米やドイツは出生主義を採り、推定力は劣っても、婚姻前懐胎、婚姻中出生子をも嫡出子に加えている。このような嫡出推定を受けると、原則として、夫のみが

---

(10) 中川善之助・米倉明編『新版注釈民法（23）親族（3）』（松倉耕作）202～203頁（有斐閣、2004年）、二宮周平『家族法（題3版）』158頁（新世社、2009年）参照。

子の出生のときから1年以内に嫡出否認の訴えをもって推定を覆さない限り（同775条、777条）参照、たとえ不真実な親子関係でも永久的に固定してしまう。また、夫が子の出生後その嫡出性を承認した場合にもこの否認権は喪失する（同法776条）。つまり、嫡出推定・否認制度は、必ずしも、自然的血縁や生物学的親子関係と一致するものとは限らないことを想定しており、家庭の平和、夫婦のプライバシーの保護、子の地位の早期確定、夫の意思の重視などのために、法的親子関係と自然的血縁関係の不一致も許容する立場を採ってきたと言える。このように嫡出推定規定は、父性推定も意味し、厳格かつ強力な推定規定となっている。このように見ても、民法772条、774条以下の嫡出推定・嫡出否認制度は、もともとの生理的血縁を基礎として法的親子関係を認めているだけではなく、生物学的な親子関係と当事者の意思にもとづく社会的親子関係にずれが生ずることを想定し、遺伝的血縁をベースとしつつ、家庭の平和や夫婦のプライバシー保護、子の地位の早期確定の立場から法的な親子関係を認める基本的な構造をもっていたことは明らかである。明治民法の時代から、民法の血縁主義を貫徹することはできず、限界があることを当然のこととしていたのである。

第一審も、性同一性障害性別取扱い特例法3条により「男性としての生殖能力がないことが戸籍記載上から客観的に明らかであって、子は申立人ら夫婦の嫡出子として推定できない」「客観的事実認定の問題」としたま、第二審も、「戸籍記載上、生理的な血縁が存しないことが明らかな場合においては、民法772条適用の前提を欠く」「客観的事実の認定」として嫡出推定が及ばないとした。しかしながら、民法772条は、まさに生理的な血縁をベースにしつつ婚姻を基盤として、法律上の親子関係を決定するもので、家庭の平和や夫婦のプライバシーの保護、子の地位の早期確定という立法趣旨から、法的父子関係を確定しようとする法構造を有しており、安定した婚姻を基礎にした家庭で子育てや親子関係を確立したいという法的仕組みである。し

---

(11) 二宮周平「性別の取扱いを変更した人の婚姻と嫡出推定」立命館法学345・346号589頁（2013年）参照。
(12) 前田泰「日本における議論の整理」家族〈社会と法〉28号16頁（2012年）参照。
(13) 東京家審平成24・10・31前掲。
(14) 東京高決平成24・12・26前掲。

がって、一審や二審が言う、極端な事実主義や血縁主義を徹底するものでも、また、法的親子関係の決定において、生理的遺伝的血縁の存否だけを客観的に科学的に確定しようとするものではありえない。

2 嫡出推定の排除

　嫡出推定の規定は、夫婦が同居し正常な夫婦生活を営んでいることを前提として設けられている。しかし、夫が長期間海外に出張していたり、別居していたり、行方不明であったなど妻が夫の子を客観的に懐胎できないような事情があった場合にも、嫡出推定は及ぶのだろうか。具体的にどのような事情があれば、嫡出推定に関する規定は適用されないのだろうか。また、性同一性障害で性別変更をした夫の妻が生んだ AID 出生子には、嫡出推定が排除されるのだろうか。

　かつて、判例・学説では、妻が婚姻中に懐胎した子についてはいかなる場合にも嫡出推定が及ぶとする無制限説が説かれていた[15]。しかしながら、正常な夫婦関係が存在せず、妻が夫の子を懐胎しえないような客観的事情がある場合にまで、この推定を及ぼしてしまうと、夫は常に嫡出否認の訴えによってのみ父子関係を争わなければならず、嫡出否認制度の厳格性とあいまって、不真実な親子関係が確定してしまうという不合理な結果を招きかねない。そのため、このような場合にまで嫡出推定を及ぼすべきではないのではなく親子関係不存在確認の訴えで争えるとする制限説が妥当視されるにいたった。

　制限説の中でも、大別すると、外観説、血縁説、折衷説（家庭破綻説）、合意説が主張されている。①外観説は、妻が夫の子を懐胎することが不可能であることが外観上明白である場合には嫡出推定は排除されるとする立場である[16]。この立場では、夫婦間の個人的交渉に立ち入らず、夫の子が懐胎不可能なことが外観的に明らかであるケースに限ることで、夫婦間のプライバシ

---

(15)　平賀健太「親子関係と戸籍訂正」『家族法大系Ⅰ』285頁。大判昭和13. 12. 24民集17巻23号2533頁。
(16)　我妻栄『親族法』221頁、松坂佐一『民法提要』78頁、水野紀子「わが国における嫡出推定制度の空洞化とその問題性」民事研修480号13頁。

一を公開されず、家庭の平和が守られるとする。

具体的には、夫が家出し生死不明[17]、長期服役[18]、約２年半前からの事実上の離婚状態[19]など夫婦関係が全くないケースでは実質的には嫡出推定を受けないとしている。

これに対して、②血縁説は、嫡出推定は、夫の生殖不能、父子間の血液型の背馳のような生理的遺伝的に父子関係が存在する可能性がないか、その不存在が科学的に証明された場合にも排除されるとする立場である[20]。この立場は、親子の感情が血縁に根ざすことを無視することはできず、当事者を法的に束縛しても親子としての情愛は期待できないとか、血縁主義や真実主義がむしろ当事者の意思に合致することが多いと説く。たとえば、夫が精子欠如症で婚姻中全く生殖能力を欠いていた場合[21]、夫が精管切除術（パイプカット）をしている場合[22]、夫と子との血液型の対照により客観的に父子関係がないことが明らかな場合[23]、純粋な日本人夫婦の間で歴然たる黒人との混血児が生まれたケースでも、夫でないことが遺伝学上客観的に明白な場合[24]、嫡出推定は排除されるとした。

③家庭破綻説は、嫡出推定・嫡出否認制度が「家庭の平和」の保護を根拠にすることから、家庭がすでに破綻し、守るべき家庭の平和が壊れているときには、真実の親子関係を嫡出否認の訴えによらずに主張できるとする立場である[25]。この立場では、夫婦ないし家庭の平和が崩壊している場合には、血縁主義に途を譲るべきだが、当事者のプライバシーは最大限に尊重されなければならず、父子関係の不存在の証明はまず外観的なもの（同棲の欠如、人種の相違など）から許し、それが不可能な場合にはじめて非外観的なもの（血液

---

[17] 仙台地大河原支判昭和38.8.29下民集14巻8号1672頁、東京家審昭和35.10.1家月13巻1号145頁等。
[18] 那覇家審昭和51.2.3家月29巻2号130頁。
[19] 最判昭和44.5.29民集23巻6号1064頁、最判昭和44.9.4判時572号26頁。
[20] 中川善之助『新訂親族法』365頁、同『民法大要』83頁等。
[21] 新潟地判昭和32.10.30下民集8巻10号200頁等。
[22] 東京地判昭和56.6.10家月36巻8号120頁等。
[23] 東京家審昭和53.3.17家月31巻7号80頁等。
[24] 福岡家審昭和44.12.11家月22巻6号93頁。
[25] 松倉耕作「嫡出推定と子の幸福」『法と権利（２）』末川追悼69頁、梶村太市「婚姻共同生活中の出生子の嫡出推定と親子関係不存在確認」ジュリスト830号128頁。

型背馳、生殖不能など)の証明を許すべきだとする。親子鑑定は当事者や関係人の任意の同意がある場合に限ってなされるべきこと、第三者、親子の各利益衡量にあたっては子の利益を最優先させること、関係者の意思と利益を比較衡量して、家庭の平和や夫婦のプライバシー保護の観点から個別的に決してゆくとする。

たとえば、新婚旅行中にパリで恩師を訪ねるといって半日単独行動をとり、その間に他男と関係をもったらしく子の父はヨーロッパ系白人であり夫との間に父子関係はないという鑑定結果が出たケースで、子の母と夫は離婚し、親子の交流もなく、守るべき家庭の平和もないため嫡出推定は及ばないとか、[26]キャバレーで働く妻が客と関係を持ち子を懐胎したが、その事実を夫に告げて協議離婚をし、鑑定の結果血液型の背馳があり父子関係が否定されたケースで、子の母と夫が離婚し、家庭の平和は存在せず、当事者全員が真実の父子関係を明らかにすることを望んでいる場合嫡出推定は排除されるとした判例がある。[27]

④合意説は、子と母とその夫の三者間に合意があれば、嫡出推定のあるなしに関わらず真実の父子関係の存否を確認訴訟で争いうるとする立場である。[28]嫡出推定否認制度の趣旨は、夫婦生活が営まれ妻の貞節が守られているので、妻の産んだ子は夫の子である蓋然性が大きいこと、他方、嫡出否認制度を置かないと、第三者から父子関係不存在確認の訴えが起こされ、夫婦の秘事が公開され、父子関係の早期確定や家庭の平和が乱されることにある。したがって、関係者の合意があれば、嫡出推定は排除できるとする。この説は、家庭破綻説でいう破綻の認定や外延がきわめて不明確ではないかと批判する。

③の家庭破綻説に対する批判に応えて、⑤に従来の家庭の破綻に加えて、子をめぐる新家庭が形成され、推定排除を認めることが子の利益に合致するときには、親子関係不存在確認の主張を認めるとする新家庭破綻説も主張されている。[29]

---

(26) 東京地判平成2. 10. 29判夕763号260頁。
(27) 神戸家伊丹支部審平成2. 1. 18家月43巻1号133頁。
(28) 福永有利「嫡出推定と父子関係不存在確認」『家族法の理論と実務』判夕8号254頁。

性同一性障害とAID出生子の嫡出性について言えば、学説上も、①外観説はもちろんのこと、②の徹底した血縁説に立たない限り、③の家庭破綻説、④合意説、⑤新家庭破綻説においても、夫の同意によるAID出生子が民法772条の推定の及ぶ嫡出子であることは全く疑う余地もない。すなわち、性同一性障害の夫婦のAID出生子の場合には、性別変更をした夫の生殖不能は戸籍の記載をみないかぎり、外観上夫の子でないことは必ずしも明白とは言えず、また既存の夫婦関係や家庭は全く破綻しておらず、むしろ、夫及び妻・子にとっての受け皿としての婚姻家庭はきわめて円満そのものであって、嫡出推定制度が本来予定している安定した親子関係の形成が可能な家庭である。

本件第一審も、第二審も、生殖能力を欠如していることが戸籍の記載から明らかで、民法の嫡出推定の前提を欠くとして、夫の嫡出子とは認められないと判断した。しかしながら、性同一性障害により性別適合手術等を受けて生殖能力が欠けていることが戸籍の記載から明らかなのは、一般人が戸籍の身分事項欄の記載を一瞥して明らかに認識できるとは言えず、あくまでも戸籍事務管掌者において把握できるということにすぎない。法的な父子関係を私人間で争いがないにもかかわらず、戸籍記載の有無だけで職権により母の嫡出でない子との記載をすること自体、行政による夫婦や家族に対する違法なプライバシーの侵害と言わざるを得ない。

3 最高裁判例の動向—外観説

子の出生する9ヶ月余り前に夫婦が別居していても、別居後出生までの間に、性交渉の機会を有したほか、婚姻費用を分担するなどの調停を成立させ、夫婦間に婚姻の実態が存しないことが明らかであったとまで認めがたい場合は、妻が出産した子が実質的に民法772条の嫡出推定を受けない子であるとはいえないため、夫の提起した親子関係不存在確認の訴えを不適法としたケースがある。(30) これに対して、婚姻成立から数年を経て妻が子を懐胎したが、当時夫は出征中であり夫の子を懐胎することは不可能であったから、子

---
(29) 梶村太市『家族法学と家庭裁判所』307〜309頁（日本加除出版、2008年）。
(30) 最判平成10.8.31家月51巻4号33頁。

は民法772条の推定を受けない嫡出子であり、夫の養子が父子関係の存否を争うことが権利濫用にあたるとの事情も認められないから、養子の提起した親子関係不存在確認の訴えは適法とされたケースもある[31]。

また、離婚後電話で元妻が元夫の子ではないと言い、親子鑑定にも協力しなかったとして、父子関係不存在確認の訴えを提起したケースで、最高裁は「夫と妻との婚姻関係が終了してその家庭が崩壊しているとの事情があっても、子の身分関係の法的安定を保持する必要が当然になくなるものではないから、右の事情が存在するとの一事をもって、嫡出否認の訴えを提起しうる期間経過後に、親子関係不存在確認の訴えをもって夫と子との間の父子関係の存否を争うことはできないものと解するのが相当である」判示して、戸籍上の父からの父子関係不存在確認の訴えを却下している[32]。このケースで、原審は、家族共同体の実体がすでに失われ、身分関係の安定も有名無実になった場合は、少なくとも父子間の自然的血縁関係に疑問を抱かせるべき事実が知られた後相当期間内に提起されるかぎり、真実の父子関係を明らかにするため、例外的に親子関係不存在確認の訴えが許されると判示した。そこで、父から上告がなされたが、最高裁は外観説の立場から上告を棄却している。死後懐胎子が亡父との間で親子関係が認められるかどうか争われたケースで、滝井繁夫裁判官は、「民法は、嫡出推定やその否認を制限する規定、認知に関する制限規定など、血縁関係のない子と法律上の親子関係を認めたり、血縁上の親子関係のある者にも法律上の親子関係を認めない場合が生じることを予定した規定を置いていることからも明らかなように、血縁主義を徹底してはいない」と説示しているように、最高裁は、法的な親子関係の存否を自然的血縁だけで決める態度を採っていないことは明らかである[33]。

すでに述べたように、嫡出推定・嫡出否認制度は、夫婦のプライバシーの保護、家庭の平和、子の利益、父子関係の早期確定などを実現したい趣旨から、出訴権者、出訴期間などについてかなり厳格な規定をおいた。しかしながら、他方で、嫡出否認制度は訴え提起権者が限定されすぎ、出訴期間も短

---
(31) 最判平成10.8.31家月51巻4号75頁。
(32) 最判平成12.3.14判時1708号106頁、判夕1028号164頁。
(33) 最判平成18.9.4民集60巻7号2563頁参照。

いなどの問題があり、外国法と比較しても厳格すぎないか問題がないわけではない。そのため、学説では、嫡出推定が排除される要件や事情をめぐって激しい議論が展開されてきた。

これまでに検討したように、夫の不在や事実上の離婚や夫婦間の同棲の欠如など客観的に妻が夫の子を懐胎することが不可能であることが外観上明白な場合のみ嫡出推定の適用排除を認めるとする外観説、父子間の血液型背馳のように科学的客観的に父子関係の不存在が証明された場合にも適用排除を認める血縁説、家庭の平和か血縁かの二者択一ではなく、子の母と夫との家庭の平和が失われているときには適用を排除する家庭破綻説、夫と母と子の三者の合意があれば適用を排除できるとする合意説などが説かれている。これらの一連の最高裁判決は、最判昭和44.5.29民集23巻6号1064頁等の先例に従い、上記の外観説の立場を維持し、家庭破綻説を採らないことを明言したものである。確かに、家庭破綻説には、懐胎時破綻、出産時破綻、出産後破綻などさまざまなパターンがあり、破綻の認定や程度の判定が困難なケースも少なくない。また、血縁や遺伝的関係だけで法的親子関係を決定してよいものか疑問もあろう。ただ、すでに述べたように、近時は、嫡出推定の排除を夫が全く事情を知らず承認がない場合、母と子が血縁上の父などと再婚し新家庭を形成している場合などに限定しようとする考え方もあり、今後の動向が注目される。

なお、最近、亡Aの異母弟が、亡AとBとの間の子として出生し亡Aの嫡出子として戸籍に記載されている子について、Aとの父子関係が存在しないとの確認請求が求められた事案で、ルーマニア人であるBと日本人のAの婚姻は、日本における在留資格の取得や維持を目的とし法律上婚姻関係が形成されたもので、夫婦生活の実態も存在しないものであるから、妻が夫の子を懐胎する可能性がないことが外観上明白な場合に当たるとして、嫡出推定は排除され、親子関係不存在確認請求が許されると判示した裁判例が出されている。本判決でも、東京高裁は、「嫡出推定制度は、第三者が他の夫婦間の性生活といった秘事に立ち入って子の嫡出性を争う手段を制限し

---

(34) 東京高判平成22.1.20判時2076号48頁。

て家庭の平和を維持すること、出訴期間を定めて早期に法律上の父子関係を安定させ、子の養育環境を確立することを目的とするものと解される。この趣旨からすると、法律上の婚姻関係が継続していても、既に夫婦が事実上の離婚をして夫婦の実態が失われている場合、又は、夫が長期間遠隔地に居住して不在の場合など妻が夫の子を懐胎する可能性がないことが外観上明白な事情があるときは、嫡出の推定が排除されると解するのが相当である」と判示しており、夫婦としての交渉や生活実態がない在留資格取得のための婚姻の場合に、外観説を適用し民法772条の嫡出推定を排除したものであった。

　このように、判例の採る外観説の立場からも、また、民法772条以下の嫡出推定・嫡出否認制度の趣旨から見ても、性同一性障害により性別変更を認められた夫の同意のもとで、妻が受けた AID により生まれた子は、生物学的遺伝的には夫の子ではないかもしれないが、社会生活上外観上、夫の子でないことが客観的に明白であるとは言えないことは論を俟たない。自然生殖の場合の夫の無精子症や性的不能と同様に、性同一性障害にもとづく生殖能力の欠如は、長期別居や事実上の離婚状態（同棲の欠如）のような場合と異なり、必ずしも外観から客観的に明白とは言い難い個人的主観的事情にとどまる。婚姻当事者はもちろん、子にとってさえ、何ら問題にしていない性別変更の事実や生殖機能の欠如という秘事を、形式的な審査権しかない戸籍吏が、戸籍の窓口で取り上げようとすること自体が不謹慎なことではなかろうか。別の言葉で言い換えると、行政機関や司法機関だけが把握しうる職務上知りえた家族や夫婦の秘密、高度のプライバシーに属する事項に関して、家庭の平和や夫婦の秘事、子の地位の安定に直接に関わる嫡出推定の適用につき、私人である当事者間になんらの争いも異議もないにもかかわらず、行政庁が職権で嫡出推定の排除を行うため介入するなどということ自体が、家庭に対する行政の過剰介入と言うべきである。

Ⅳ　AID により出生した子の法的地位

1　問題の所在

　人工授精子については、日本でも1949年から慶応大学病院で不妊治療の手

段として施術され、現在では3万人以上の子が出生していると言われる。また、体外受精子も1983年に東北大学病院で生まれて以来、現在では年間1万人を超え、累積出生数は5万人近いという。そして、生殖補助医療により出生する子の数は、年間の出生子全体の約1パーセントを占めるほどまでに増大している。夫の同意のもとで第三者から精子の提供を受けて実施された人工授精（AIDあるいはDI）により生まれた子は、夫の推定される嫡出子となるのか、また、夫の同意により実施された非配偶者間人工授精子について、夫婦が離婚をする場合に、親権者・監護者の決定はどのように行われることになるのか、人工生殖により自然的血縁関係が存在しないことは子の福祉を左右する考慮事項といえるか、監護養育の継続性、現状尊重の原則と母親優先の原則は、双方の監護能力や監護実績等に明らかな優劣がない場合いずれが決定的なファクターとされるのかが問題となっている。

2　AID出生子をめぐる学説の動向

　配偶者間人工授精（AIH）によって生まれた子が夫婦の推定の及ぶ嫡出子であることに争いはない。これに対して、非配偶者間人工授精（AID）によって生まれた子の法的地位については学説上鋭い対立がある。第1説は、夫の同意がある場合には民法772条の嫡出推定の及ぶ嫡出子となると解する立場である。第2説は、夫の同意があっても夫との間に自然的血縁関係が存在しないから推定の及ばない嫡出子と解する。第3説は、嫡出推定に関する民法772条の適用はないが、夫の同意中に養子縁組の意思を認め、妻の代諾によりAID出生子を養子と構成する。

---

(35)　小池隆一・田中實・人見康子編・人工授精の諸問題80頁、我妻栄・親族法229頁、谷口知平「民法解釈上より見た人工授精子の地位」比較法と私法の諸問題471頁、中川高男・親族・相続法講義（新版）194頁、鈴木禄弥・親族法講義123頁、石川稔・民法(8)161頁、松倉耕作・新民法学5家族法115頁、水野紀子「人工生殖と家族と法」神奈川大学評論32号75頁、二宮周平・家族法136頁等。
(36)　中川善之助・新訂親族法365頁、泉久雄・親族法203頁、唄孝一「体外受精と医事法」Law School 4号45頁、岩志和一郎「AIDによって生まれてきた子の身分関係」判タ709号5頁。
(37)　島津一郎・親族・相続法107頁、前田達明「人工授精子の法的地位」判タ537号8頁、なお、深谷松男「人工生殖に関する家族法上の問題」家族〈社会と法〉15号145頁は、立法論としてだが、特別養子縁組類似の特殊な養親子関係として構成すべきことを説く。

第1説は、人工授精を望んだ夫婦の意思に合致しており、嫡出推定を及ぼすことで子の地位の安定にも資する。しかし、この説に対しては、客観的に夫の血縁上の子でないことは明らかであり、父子関係が問題となったときに夫の意思のみに依存して不真実の親子関係が固定してしまうではないかという批判がある。第2説は、確かに客観的事実には合致するかもしれないが、子の地位があまりにも不安定になり、生殖という家族の秘事に他人が介在し、父子関係を第三者が争う道を広げることにもなりかねない。第3説は、もともと生物学的な血縁のないものに親子の成立を擬制するというAIDの実質に素直な構成ともいえる。しかし、生まれた子を養子とみることは依頼者夫婦の意思に反するばかりでなく、無効な嫡出子出生届の養子縁組への転換を認めない判例法理を前提とするかぎりAID出生子に酷な結果となろう。また、立法論としてはともかく、解釈論としては養子縁組の要式性、未成年養子縁組への家庭裁判所の許可などの縁組要件を潜脱するという難点もある。

　いずれにしても、多数説は、夫の同意あるAID出生子は推定の及ぶ嫡出子とみる第一説に従っており、夫も子の利益保護のために嫡出否認の訴えを否定され、ドナー（精液提供者）と子との父子関係は認められないと解している。これに対して、夫の同意がない場合には、一般原則により、夫から嫡出否認の訴えを提起することにより父子関係を争えるとする立場[38]、客観的に夫の子でないことが明らかであるから、嫡出推定の及ばない子として利害関係ある者はいつでも親子関係不存在確認の訴えにより覆せるとする立場[39]、家庭破綻の場合に嫡出推定が及ばないとする立場[40]などがある。

3　裁判例の動向

　AID出生子と嫡出推定に関しては、夫の同意がなかったとされたケースがある。大阪地裁は、妻がAID等について夫に説明したと認めるに足りる

---

(38)　我妻・前掲書229頁は同棲の事実を欠く場合は推定されない子となるとする。
(39)　深谷・前掲書112頁、島津・前掲書108頁、野村豊弘「人工生殖と親子の決定」家族法改正への課題334頁等。
(40)　中川・前掲書194頁。

証拠がないばかりでなく、夫婦の署名押印による契約書が手続上必要とされているにもかかわらず、そのような誓約書が作成されていなことから事前の包括的承認はなかった、また、子の命名や出生届の提出などは嫡出性承認の意思表示と認めることはできないとして、夫からの嫡出否認の訴えを認容した。(41)この判決は、夫の同意なしに行われたAID出生子につき夫からの嫡出否認の訴えで父子関係を否定できるとする立場を採ったものと解される。

また、夫の同意を得てなされたAIDの場合について、はじめて公表された裁判例があり、その原審判は当事者双方の同意のもとに人工授精が実施されながら、後日AID出生子の嫡出性を否定することは行為の背信性、結果の重大性から許されないと解した。(42)これに対して、この事案での抗告審は、夫の同意を得て非配偶者間人工授精が行われた場合には、人工授精子は嫡出推定の及ぶ嫡出子であり、妻も夫と子との間に親子関係が存在しないと主張することは許されないと説示するにとどまっている。学説では、本件原審判は権利濫用説、抗告審は単純嫡出子説、大阪地裁判決は嫡出性承認説または否認権放棄説をそれぞれ採用したと解する立場もあるが、そこまで明確に法的構成を判示しているとは言い難い。(43)(44)しかしながら、2003年の厚生科学審議会生殖補助医療部会の報告書でも、「精子の提供を受けなければ妊娠できない夫婦のみが」AIDによる人工授精を受けられること、子の出自を知る権利を認め、また、2003年の法制審議会生殖補助医療親子法制部会においても、要綱中間試案で、「妻が夫の同意を得て、夫以外の男性の精子を用いた生殖補助医療により子を懐胎したときは、その夫を子の父とするものとする。」「（1）制度枠組みの中で行われる生殖補助医療のために精子を提供した者は、その精子を用いた生殖補助医療により女性が懐胎した子を認知することができないものとする。（2）民法787条の認知の訴えは、（1）に規定する者に対しては、提起することができないものとする」と提案されている。この結論には、大きな反対はなく学説上もほぼ認められていることは明

---

(41) 大阪地判平成10.12.18家月51巻9号71頁。
(42) 新潟家長岡支部審平成10.3.30家月51巻9号183頁参照。
(43) 本山敦「非配偶者間人工授精子（AID）と嫡出推定」ジュリ1164号138頁。
(44) 澤田省三・本件判比・戸籍691号20頁。

らかであり、新宿区や東京法務局の「いまだに結論が出ておらず、立法的手当がなされず」「下級審裁判例においても、明確に判断したものは見当たらず」「学説上も議論が尽くされていない」との主張のほうが奇異であると言うほかない。

4 学説・裁判例から見る AID 出生子の法的地位

　X女（申立人・抗告人）とY男（相手方）は、平成2年11月22日に婚姻した。Yは無精子症で子供ができなかったが、子を強く欲しがったために、第三者から精子の提供を受ける人工授精を試みることになった。XはYの同意のもとにAIDを受けたところXは妊娠に成功し、平成6年2月6日にAを無事出産した。ところが、XとYは、約2年後の平成8年3月9日に別居するにいたり、Aの養育について、当事者双方の合意が成立し、週末はX宅でそれ以外はY宅で交互に養育している。その後XとYは、平成9年1月22日、調停離婚をし、Aの親権者については審判で決定する旨合意した。

　原審判[45]は、Yは無精子症であり生物学的にはAの父ではないが、当事者双方の同意のもとで人工授精が実施されているので、XYがAの嫡出性を否定することは許されないと説示した。また、原審は、当事者のいずれも養育態度、養育環境等でAの福祉を害するような事情は認められず、親権者としての適格性についても当事者双方に優劣をつけがたいとしながら、現在AはY宅での生活を本拠にし、Y宅での生活を継続させることがAの心身の安定に寄与することになると判断して、Yを親権者に指定した。

　東京高裁は、本件ケースにおいて、夫の同意を得て第三者から精子の提供を受けて人工授精が行われた場合には、人工授精子は嫡出推定の及ぶ嫡出子であり、妻が夫と子との間に親子関係が存在しない旨の主張をすることは許されないとし、第三者から精子の提供を受けて行われた人工授精による未成年子の親権者を定めるについては、未成年子が人工授精子で夫との間に自然的血縁関係がないことが子の福祉に何らかの影響を与えることがありうるか

---

(45) 新潟家長岡支審平成10.3.30家月51巻3号179頁。

ら、このことも事情の一つとして考慮すべきであるが、本件においては、子の年齢（満4歳7か月）などから、子が人工授精子であることを考慮に入れなくても、親権者を母と定めるのが相当であると判断した。

　本件決定では、直接的にはAIDで出生した子につき、父母の離婚の際に親権者をどう定めるか、人工授精の事実は子の福祉を判断するうえで考慮事項となるのかが問題となった。しかし、その前提として、そもそも夫の同意があるAID出生子は、夫との間で推定の及ぶ嫡出子となるのかどうかも争点となった。この点について、本件東京高裁決定は、通説にしたがい、夫の同意を得たAIDの場合には、子は推定の及ぶ嫡出子であり、人工授精子の親権者を定めるについて、人工授精子であることも考慮される一事情となるが、結論的には、監護の継続性や現状の尊重より母親優先の基準にしたがって、母を親権者と定めた。人工授精子の親権者の指定をめぐる高裁レベルの初の判断としても、今後に与える影響は小さくない。本件決定をみても、たとえ、夫の生殖不能という事情があっても、夫の同意があった以上、子は嫡出推定の及ぶ嫡出子とされており、子の安定した養育環境の確保のために、父子関係の成立の場面で、遺伝的生物学的関係によらずに法的親子関係の成立を認めている点は首肯できよう。

V　判例に見る社会的親子関係の尊重の傾向

　ところで、日本では、古くから生後間もない子を貰ってきて、正式の養子縁組届を出さずに、いきなり夫婦の嫡出子（実子）としての出生届を出すという慣行が存在した。これを「藁の上からの養子」という。かつての日本のような血縁尊重社会において、「藁の上からの養子」は、戸籍上実子としての外形をとりながら「生さぬ仲」であることを子にも世間にも知られないよ

---

(46)　東京高決平成10.9.16家月51巻3号165頁、判タ1014号245頁。
(47)　この問題については、石井美智子・人工生殖の法律学6頁以下、同「人工生殖と親子法」判タ925号62頁以下、同「生殖医療の発達と家族法」ケース研究262号78頁以下、金城清子・生命誕生をめぐるバイオエシックス97頁以下、中川淳「人工授精子の嫡出推定と親権者指定」法令ニュース35巻1号42頁以下、村重慶一「人工授精子の嫡出推定と子の親権者指定」戸籍時報503号44頁以下等参照。

うにする方便として利用された。戦後改正された戸籍法49条3項では、出産に立ち会った医師、助産師らの作成した出生証明書の添付を要求しているが、善意の医師らによる不実記載の出生証明書による虚偽の嫡出子出生届はいまだに存在していると言われている。しかしながら、「藁の上からの養子」は、戸籍上実子と記載されていても、実親子関係は原則として自然的血縁によるため、直ちに実子となれるわけではない。そうかと言って、長年親子としての共同生活が営まれ、一応親子となる意思も戸籍上表示されているのに、一切を虚偽で無効な届出として処理することも酷であろう。

「藁の上からの養子」による虚偽の嫡出子出生届と養子縁組の効力について、判例は、大審院以来一貫して、消極的に解し、最高裁も長年事実上の養親子関係が継続してきても、養子縁組の要式性、強行法規性から無効との立場をとってきた。また、学説でも、養子縁組の要式性、届出の適法性確認機能の重視、未成年養子の許可制度の潜脱、夫婦共同縁組の要件無視、近親婚の危険性等の理由から消極的に解する立場と、無効行為の転換、真実の親である代諾権者の承諾があり、親子関係形成意思の合致と不完全ながら届出はあることから積極的に解する立場とが激しく対立してきた。その中で折衷的に長期間継続した事実上の養親子関係を否定することが、権利濫用や信義則上許されないとして、制限する立場もあった。

このような判例・学説の状況のなかで、近時、最高裁は、55年以上の長きにわたり事実上の親子としての生活関係を形成してきた場合に、虚偽の嫡出子出生届に何ら帰責事由もない事実上の養子が親子関係不存在確認の判決を受けることで重大な精神的経済的不利益を被り、関係者間に形成された社会秩序が一挙に破壊されること、すでに事実上の養親夫婦が死亡しておりあらためて養子縁組をして嫡出子としての身分を取得する可能性がないこと、第三者が親子関係不存在確認の訴えを請求する動機、目的等から、かかる請求は権利濫用として許されないと判示した。また、最高裁は、日本で暮らす韓

---

(48) 大判昭和11. 11. 4民集15巻1946頁。
(49) 最判昭和25. 12. 28民集4巻13号701頁、最判昭和49.12.22民集28巻10号2097頁、最判昭和50. 4. 8民集29巻4号401頁。
(50) 最判平成18. 7. 7民集60巻6号2307頁。

国籍の養親夫婦が福祉施設にいた幼い他人の子を「藁の上からの養子」として迎い入れ実子として届け出ていたケースで、30年以上にわたり実の親子同様の生活事実が続き、遺産分割協議も成立させながら、遺産争いが目的で、一挙に親子関係を覆すことは権利濫用に該当するとして、さらに審理を尽くすよう原審への差し戻しを命じている。日本では、フランスのような身分占有の制度はないものの、AID、代理懐胎などの人工生殖子の親子関係等をめぐる新たな動きがある中で、権利濫用法理で「藁の上からの養子」を救済した最高裁判決のもつ意義は大きい。自然的血縁や生物学的な親子関係よりも、子の利益や安定した養育関係を重視し、社会的心理的親子関係を法的親子関係決定の要素として考慮する傾向ははっきりしていると言わなければならない。本件での性同一性障害による性別変更とAIDによる出生子の問題についても、最近の最高裁判例の動向を見る限り、かえって民法772条の嫡出推定を及ぼし、家庭の平和、子の安定的継続的な養育環境の確保、夫婦のプライバシー、そして何よりも、子の法的な地位の早期確定などを考慮して、最高裁判例が示すように、法的な親子関係では、自然的血縁の有無だけでなく、親子関係形成の意思や子の福祉・子の利益なども重視して判断する必要があることは火を見るよりも明らかである。

Ⅵ 憲法13条、同14条、24条違反及び国際人権法違反

1 憲法13条、14条、24条違反

日本国憲法13条では、個人の人格的な生存に関わる重要な私的事項について公権力の干渉や介入を受けることなく自由に決定できる自己決定権や人格的自律権が保障されている。また、憲法14条1項でも、すべての国民は、法の下に平等であって、人種、信条、性別、社会的身分又は門地により、政治的経済的社会的関係において差別されないと規定している。また、憲法24条は、婚姻の自由及び婚姻や離婚など家族に関する事項については、個人の尊厳と両性の本質的平等に立脚することが示されている。もちろん、立法目的

---

(51) 最判平成20.3.18判タ1269号127頁、判時2006号77頁。

に正当性があり、立法府には合理的な裁量権が認められているので、性同一性障害による性別変更をした者にも、立法目的が必要不可欠なものであってそれなりの正当性があり、立法目的と規制手段である AID 出生子をその夫の子でないとすることとの間に実質的な関連性があれば、合理的な理由のある差別的取扱いとして合憲とされる場合がないわけではない[52]。しかしながら、本件のように、性同一性障害特例法により性別の変更が認められ、異なる性に属する者と法的婚姻も認められ養子縁組も許される場合には、民法772条以下の規定の趣旨にしたがい、AID に同意があった場合には、推定される嫡出子として認められるべきである。そうでなければ、性同一性障害者に法的性別の変更を正式に認め、民法その他の法律に別段の定めがない限り、変更された性別であるとみなすとの特例法の趣旨や目的は実現されず、著しく不合理な差別的取り扱いとして、違憲との評価を受けざるを得ない。また、AID という生殖補助医療の利用も、子の福祉や他人の精子・卵子などの配偶子の利用を伴うものであるから、無制約ではないとしても、夫婦が子どもをもつ権利は家族形成権や自己決定権の本質的な内容であって、本質的に個人がコントロールすべき事柄であり、他の重要な利益保護（やむにやまれぬ利益）のために必要最小限の制約しか許されないものである[53]。

　性同一性障害の夫婦のもとに AID により生まれてきた子どもの側からみても、たまたま親が性同一性障害であったかどうか、性別変更の手続をとった者かどうかという、偶然の事情で、嫡出でない子とされるという全く異なった取扱いを甘んじて受けなければならないことを到底正当化することはできない。個人は、本人の努力によって変更が可能な事項について差別的な取扱いを受けることは許されるとしても、個人が責任を負いえない「親の因果が子に報い」式の不利益を与えることは、近代法の基本原理にも明らかに反する。

　諸外国において、ここ20〜10年の間に、嫡出でない子、婚外子へのさまざまな法的差別はほとんど解消されるにいたっている[54]。また、後で述べるよう

---

(52)　芦部信喜・高橋和之補訂『憲法（第5版）』131頁（岩波書店、2011年）参照。
(53)　石井美智子『人工生殖の法律学』2004〜205頁（有斐閣、1994年）。
(54)　棚村政行「嫡出子と非嫡出子の平等化」ジュリ1336号27〜32頁（2007年）参照。

に、性同一性障害者に対する法的差別も、性的自己決定権や性自認・性的指向（セクシュアル・オリエンテーション）の尊重の原理から、ほぼ撤廃されつつあり、婚姻や親子関係の成立、子に対する親権・監護・扶養・相続などの側面でも、ほぼ不当な差別的取り扱いは撤廃されつつあると言ってよい。個人の力ではいかんともし難い性的指向にもとづいて、社会的な関係や法的な関係において、差別的取扱いを受けない権利というものを、人はみな平等に保障されていると言わなければならない。以上から、「性同一障害者の性別変更という基本的な人権を擁護し、その結果、婚姻を許され、法律婚を優遇し、その間に生まれた子を嫡出子として保護すること」が民法772条以下の規定の立法目的であり、かつまた性同一性障害者を性別変更で差別しないという立法目的があるとすると、当該立法目的と性同一性障害のカップルに生まれた子は同様に差別されてはならず、法律婚尊重という立法目的と、二人の間に生まれた子を、婚姻によって生まれた嫡出子として認めないというその規制手段との間には重大な齟齬があり、到底実質的な関連性があるとは言い難い。以上の次第で、本件差別的取り扱いは、日本国憲法14条1項の法の下の平等、憲法13条、24条2項の個人の尊重ないし個人の尊厳に反するものであることは明らかである。

2　国際人権規約等違反

ヨーロッパ人権裁判所のグッドウィン事件[56]により、イギリスでは、婚姻を認め差別を解消する方向に大きく転換することになった。この事件で、2002年7月、ヨーロッパ人権裁判所は、生物学的に男性であったグッドウィンが40歳から治療をはじめ、53歳で性別適合手術（性別再判定手術）を受けて女性として生活していたところ、男性との婚姻を認めないイギリス法はヨーロッパ人権条約12条の婚姻しかつ家族を形成する権利の保障に違反し、また、公的年金も男性だと65歳まで支給されず、出生証明書の変更を認めないイギリス法は同条約8条の私的生活を尊重される権利も侵害していると判示した。

また、34歳のときに性別適合手術を受けて女性として1981年の5月に男性

---

(55)　棚村政行「性同一性障害をめぐる法的状況と課題」ジュリ1364号2頁以下（2008年）参照。
(56)　Goodwin v UK [2002] 2 FLR 487.

と婚姻した元男性が2001年に婚姻は当初から有効だとの宣言を求め、この請求を斥けた控訴院判決を不服として争ったベリンガー事件で、貴族院は、婚姻の目的のための性別適合(gender reassignment)の承認は全体として考察されるべき広範な問題であって、裁判所が判断すべきではなく、立法府が行うべきであるとして上告を棄却した。しかしながら、ヨーロッパ人権裁判所のグッドウィン判決をイギリス政府は受け入れ、最上級審としては、現行の婚姻事件法11条(c)はヨーロッパ人権条約8条、12条に適合していないと宣言せざるをえないと説示した。

その結果、イギリスでは、2004年に、ジェンダー承認法(Gender Recognition Act 2004)が成立し、性転換者は、新たに取得したジェンダーや性別で法的承認を受けることができ、ジェンダー承認委員会に証明書の発行を求めることができることになった。なお、イギリスでは、2004年に同性どうしが登録をすることで、法律上の夫婦と同様の権利を取得できるシビル・パートナーシップ法(Civil Partnership Act)が成立している。また、2008年のヒト受精胚研究法の改正により、同性どうしのシビルパートナーシップの相手方の同意により母親がAIDなど生殖補助医療を受けたり、同意した場合に、相手方は生殖補助医療により生まれた子の親となるとの規定が挿入された。なお、2013年7月には、イギリスで同性婚法が制定された。

このようにヨーロッパ人権条約の解釈上、個人の性別や性自認は、個人の「人格的自律」に不可欠な要素であり、ヨーロッパ国内法では、性自認も性差別の類型に含まれることが共通認識となっている。日本では、ヨーロッパ人権条約にいう私生活を尊重される権利などはないものの、2008年に、国連人権委員会から日本への普遍的定期審査では、「性的指向及び性自認にもとづく差別の撤廃のための措置」を要請する勧告が出され、日本政府はその勧告を受諾した。また、2010年には、国連の女性差別撤廃委員会は、条約2条にもとづく締約国の差別撤廃義務について、「性的指向や性自認の要素」も、

---

(57) Bellinger v. Bellinger [2003] UKHL 21, [2003] 1 FLR 1043.
(58) Gender Recognition Act 2004, June [2005] vol. 35 Fam Law pp 498-501.
(59) 谷口洋幸「性同一性障害／性別違和を抱える人々の家族生活・家族形成」家族〈社会と法〉27号59頁(2011年)。

性別やジェンダーと密接に交差する視点として提案されるべきことを勧告した。今や、国際人権法の中核に、性自認にもとづく個性や人格の尊重、性的指向や性自認にもとづく差別の撤廃や禁止が含まれていることの共通認識が形成されつつあると言ってよい。

市民的及び政治的権利に関する国際規約（以下「B規約」という。）2条1項は、締約国はすべての個人に対し出生による又は他の地位等によるいかなる差別もなしにこの規約において認められる権利を尊重し確保することを約束するとし、同24条1項は、すべての児童は出生によるいかなる差別もなしに、未成年者としての地位に必要とされる保護の措置であって家族、社会及び国による措置についての権利を有するとしている。また、同26条は、すべての者は法律の前に平等であり、出生又は他の地位等のいかなる理由による差別に対しても平等かつ効果的な保護をすべての者に保障すると定めている。

そして、B規約には、直接適用可能性及び自動執行力が認められ、本件規定はB規約24条、26条に明らかに違反するものである。国連の人権委員会の規約の解釈を示す一般的意見18の13項は、「取扱いに区別があっても、その区別の基準が合理的かつ客観的であり、また、その意図が規約に基づき正当である目的を達成することにあるのであれば、区別が差別となるわけではないと思料する。」としている。性同一性障害に関して性別変更を認められ、法的婚姻も許された者が、AIDにより子どもをもつ権利を保障され、法律婚の枠組みの中で、きわめて当たり前の幸せな家庭を維持したいという素朴な思いを、法が切り捨て、差別的取扱いを許容してしまえば、このような人たちは何を信じ、何を頼って生きてゆけばよいのだろうか。たとえ、どんなに少数の生き方でも、人として自分に忠実に自分らしく生きる権利が保障されない社会にだけはすべてではない。性的指向や性自認と法的に割り振られた性別に違和感をもつ人々を差別する社会が、私たちの目指す自由で平等な社会であるとは到底思えない。

また、児童の権利条約2条1項は、児童に対し、出生又は他の地位にかか

---

(60) 谷口・前掲論文60頁。

わらず、いかなる差別もなしにこの条約に定める権利を尊重、確保すると定め、同条約は直接適用可能性及び自動執行力があるとされている。性同一性障害をもち性別の変更を認められた父とその妻であり、自分を生んでくれた母をもつ子に、婚姻により祝福された繭のような温かい家庭を維持させ、誇りをもって生きる権利を認めてあげることが、児童の権利に関する条約や国際人権規約の理想とするところであろう。

Ⅶ 学説の検討

2008年3月に、性同一性障害のため女性から男性に性別の変更が認められた大阪府在住の男性（29歳）は、同年4月、パートナーの女性と婚姻し、AIDを受けて2009年11月に男児が生まれたため、当時住んでいた兵庫県宍栗（しそう）市の市役所に嫡出子としての出生届を提出したところ、これが認められず、大阪市でも認めてもらえなかったために、2012年1月27日に、転居した東京都新宿区の区役所に嫡出子出生届を出した。ところが、新宿区が職権で父の欄を空欄にし、本児を非嫡出子として戸籍に記載したために、同年3月21日に、本児を嫡出子として取り扱わないことは民法772条、性同一性障害者性別変更特例法4条1項、憲法14条に違反する不合理な差別であるとして、戸籍法113条にもとづく戸籍訂正の許可事件を東京家庭裁判所に提起し、第一審、第二審でいずれも斥けられたのが本件である。

すでに述べたように、法務省・東京法務局・新宿区はもちろんのこと、第一審、第二審も、性同一性障害を理由に性別の変更が認められた場合には、民法772条の嫡出推定の規定が想定する範囲を超えており、戸籍の身分事項欄の記載から夫により妻が婚姻中に懐胎することが客観的に不可能であるために、民法772条の嫡出推定は及ばず、妻の婚外子（嫡出でない子）として届出をするほかないとする。この点について、性同一性障害者の性別変更に関する特例法は議員立法で綿密な議論がなされず、生殖補助医療と親子関係の規律についての法整備もなされていない現状では、解釈で、変更後の性別と扱って嫡出子とすることは認められない（水野紀子教授）[61]、民法772条は自然生殖を前提としており、生来の男性が夫である場合の人工授精とちがって、性

同一性障害での性別変更をした者は夫の子であることが客観的に不可能であるため、民法772条の嫡出推定は働かない（野村豊弘教授）などの消極説がある。また、夫の子でないことが明らかである場合には嫡出推定が適用されないとすると、AID利用の場合の嫡出推定排除をめぐる現在の判断基準との関係が問題となり、性転換という外形的にも明らかな事情と、外形的には明らかでない生殖機能の障害とを区別することは考えられるが、なお検討の余地が残されているとの慎重論（窪田充見教授）もある。

これに対しては、法は多様なライフスタイルに中立であり、寛容であるべきだとすれば、養子縁組も人工授精も認められるべきで、人工授精して子育てをすることを否定すべき理由は見当たらない、民法772条以下の嫡出推定・嫡出否認の制度の立法趣旨、生理的血縁と法的親子関係の不一致を前提とした法の構造、AIDに同意した夫を父とする判例、戸籍事務管掌者の形式的審査権の濫用などからGID当事者への不当な差別になる（二宮周平教授）、民法は夫について生来の男性という規定はとくにおかず、特例法でも特段の定めを置いていない以上、性同一性障害者を差別扱いすることは許されない、嫡出推定・嫡出否認制度の立法趣旨、特例法の立法趣旨、外観説、行政の家族に対する不当な干渉からも嫡出子とすべき（棚村政行）、夫が性同一性障害の場合についてだけ、生物学的な観点を優先させ、他の夫婦の場合と異なる処遇をするのは差別的な取扱いで、法務省が婚姻中の妻が生んだ子を非嫡出子する戸籍上の処理は全く想定外のことであったとする立場（大島俊之教授）、特例法4条1項にもとづき、民法上の夫の同意により嫡出否認権は消滅して、法的父子関係が確定するという原則が性同一性障害の場合にもあ

---

(61) 水野紀子「性同一性障害者の婚姻による嫡出推定」『市民法の新たな挑戦―加賀山茂先生還暦記念』601頁以下（信山社、2013年）は、婚姻が承認されたから自動的に嫡出推定の適用やAIDの利用が認められるわけでないと論じる。
(62) 2010年1月10日付朝日新聞朝刊（東京本社）34頁。
(63) 窪田充見『家族法―民法を学ぶ』146頁（有斐閣、2011年）。
(64) 二宮周平「戸籍の性別記載の訂正は可能か（2）」戸籍時報559号9頁（2003年）、同「性別の取扱いを変更した人の婚姻と嫡出推定」立命館法学345・346号603～605頁（2013年）。
(65) 2010年1月10日付朝日新聞朝刊（東京本社）34頁、棚村政行「性同一性障害者と法―民事法の立場から」『性同一性障害の医療と法』292～294頁（メディカ出版、2013年）。
(66) 大島俊之ほか『プロブレムQ&A性同一性障害って？（増補改訂版）』220頁以下（緑風出版、2011年）。

てはまること、戸籍上の親子と血縁上の親子関係が必ずしも一致しなくてもよいことは民法の基本的前提であり、夫婦の間に出生した子を嫡出でない子として届けさせ、特別養子とすることは人格権の侵害ともなろう（床谷文雄教授）[67]、最高裁が外観説を堅持しており、法制審議会生殖補助医療関連親子法制部会による要綱中間試案からも、現行民法上772条の嫡出推定の及ぶ子として出生届を受理する解釈も可能であるとの立場（中村恵教授）[68]、特例法4条の趣旨から戸籍事務担当者が性別変更の記載と言う個人情報を利用できるのは疑問だし、判例がとる外観説にも違反している（渡邊泰彦）[69]との AID 出生子を夫の嫡出子と認めるべきだとする積極説があり、学説では、これが圧倒的多数説と言ってよい。

Ⅷ　おわりに

そもそも、心と体の不一致に悩む性同一性障害者について一定の厳格な要件のもとで、家庭裁判所という司法機関の関与の下に性別の変更を許可し、婚姻や養子縁組をするなど家族を形成する基本的な権利を認めた以上、特例法4条1項にいう民法その他の法令に別段の定めもおかずに、性同一性障害者だけを特別扱いすることは、憲法14条の趣旨からみても、本人の性別や皮膚の色・人種などにもとづく差別と同様に、著しく不合理で不当な差別と言わざるをえない。また、民法772条以下の嫡出推定・嫡出否認制度は、夫婦のプライバシー、家庭の平和、子の利益のための親子関係の早期確定などの目的や趣旨を実現するために、訴え提起権者の範囲や出訴期間等に問題はあるとしても、そもそも、自然的血縁のない法的親子関係の成立を前提とするものであることは明らかである。

男女間の夫婦の AID については、戸籍吏に実質的審査ができないことから形式的審査で、嫡出子出生届を認めておきながら、性同一性障害者につい

---

(67)　高橋朋子・棚村政行・床谷文雄『民法7親族・相続（第3版）』148頁（有斐閣、2011年）。
(68)　中村恵「性同一性障害者の親子関係」法時83巻12号48頁（2011年）。
(69)　渡邊泰彦「性別の取扱いを変更した夫の妻が AID により出産した子の嫡出出生届」新・判例解説 Watch 民法（家族法）（No.61）4 頁（2012年）。

てのみ、職務上知りえた戸籍記載で明らかであるから、母の嫡出でない子と記載させることは、民法772条以下の嫡出推定・否認制度の趣旨・目的とも著しく矛盾する。また、嫡出でない子として届出をさせ、特別養子縁組をさせるのでは、匿名で受けたAIDでは認知もできず、父のいない子になってしまい、本来の特別養子制度の趣旨ともそぐわない。しかも、嫡出推定制度に関しては、家庭の平和、夫婦の秘事の保護、子の地位の早期確定などから、第三者はもちろんのこと、当事者である夫でさえ、子の出生を知ってから1年以内に嫡出否認の裁判を起こさない限り、子の嫡出性を否定できないと厳しく制限しておきながら、他方で、性同一性障害者の場合だけ、血縁主義が強調され、親子関係の成立が不当に差別されているのも、著しくバランスを失している。

現行民法772条は、父性推定と嫡出性の付与を目的としており、起草者は「母子関係は分娩の『事実』で証明できるが、父子関係は法律上の推定で決めるほかない」と考えていた。明治民法（旧820条、民法772条）の起草当時から、血縁主義を徹底させることには限界があった。また、民法772条の嫡出推定の及ばない子の議論は、学説上は、夫の性交不能や血液型の不一致も含む血縁説は次第に後退し、外観上明白な同棲の欠如とする外観説、当事者間に合意があればよいとする合意説が主流となっていった。そして、最高裁が外観説を採用したことで、実務上は嫡出推定が排除されるのは、長期別居などの外観上明白な同棲欠如と、家事事件手続法277条以下の合意が整った場合だけであって、戸籍上性別変更の記載があることが推定排除事由とはなりえないであろう。

判例が採る外観説はもちろんのこと、極端な血縁説を採らないかぎり、性同一性障害での性別変更による生殖不能や性的不能は、必ずしも外観上明白ではなく、民法772条の推定の及ぶ嫡出子である。第三者である行政機関（自治体や法務局）が職務上知りえた高度な個人情報である性別変更の事実や生殖機能の欠如という事実にもとづき、私人間の子の嫡出子・非嫡出子とい

---

(70) 日本近代立法資料叢書6「法典調査会民法議事速記録六」488頁（商事法務、1984年）参照。
(71) 前田泰「父子関係成立のあり方の検討—日本における議論の整理」家族〈社会と法〉28号23〜24頁（2012年）参照。

う重大な身分関係の判断に介入することは、到底許される行為とは考えられない。これは、行政による個人の私生活・家族生活に対する重大な干渉であって、行政の過剰かつ違法な介入と言うほかなく、他の先進諸国では考えられないことである。

また、日本産科婦人科学会においても、2011年2月26日、性同一性障害のため戸籍上の性別を女性から男性に変更した夫婦に対して、他人から精子提供を受ける人工授精（AID）を認める方針を決めている。法務省がAID出生子を夫婦の嫡出子として認めない扱いを明らかにしたために、実施を中止していた医療機関はこれを再開することになった。同学会の見解（規則）では、2007年から性別変更をして婚姻した夫婦へのAIDの実施を認めていたが、子が嫡出子になれないことも踏まえて十分説明したうえで、それでも希望する夫婦にはAIDを実施する方針を決めたものである。また、2010年7月から2011年2月に実施されたアンケート調査でも、性同一性障害の夫婦がAIDで子をもつことを「かまわない」と回答したのが76.2％で、「嫡出子とすべき」と回答したのが79.8％にのぼっていた。産婦人科医など医療の現場でも、性同一性障害とAIDについては肯定的な見解とスタッフの育成等の認識が広まっている。

以上の次第で、新宿区長及び東京法務局の採った措置及びこれを追認する本件一審、二審の判断は、性同一性障害特例法の立法趣旨や立法過程での議論にも矛盾抵触するだけではなく、民法772条以下の嫡出推定・嫡出否認制度の立法趣旨・目的にも明らかに違反するとともに、とりわけ、最高裁判例で認められている外観説にも明らかに違背するものである。また、このような不合理な差別的な取扱いは憲法13条、同14条1項に違反するのみならず、国際人権規約、児童の権利に関する条約等の国際人権法にも明白に違反する

---

(72) 2011年2月27日付朝日新聞（東京本社）朝刊38頁参照。
(73) 中塚幹也「性同一性障害と産婦人科」『性同一性障害の医療と法』76〜77頁（メディカ出版、2013年）参照。
(74) 羽生香織「嫡出推定される人工生殖子と生殖可能性の不存在」法セミ706号15頁（2013年）は、本決定（東京高決平24・12・26判タ1388号284頁）により、人工生殖に対する親子関係不存在確認訴訟においては、生殖可能性の不存在を考慮要素とする途を開いてしまったと評価できるとする。

ものであって、到底是認されるものではない。

以上

民法第772条の「推定」と法律上の父子関係

片 山 英一郎
Eiichiro KATAYAMA

 I　はじめに
 II　立法者の意思と判例上の嫡出子概念の変遷
 III　推定される嫡出子
 IV　推定されない嫡出子
 V　父性推定規定の適用範囲
 VI　むすび―「嫡出子」について思うこと

I　はじめに

「ある子が嫡出子である」とは一体どういうことなのだろうか。

わが民法には「嫡出子」を定義する規定がなく学者によりさまざまな定義がされているが、一般的には血縁関係の存在を前提に理解されている。しかし、このように嫡出子の要件として「当該子の母の夫（場合によっては夫たりし者、以下同様）の子である」ことが必要だということになると、「推定される嫡出子」や「推定されない嫡出子」というのはこの表現自体おかしなものといわざるを得なくなる。

ところで、上述のように民法には「嫡出子」の定義はないが、婚姻中に懐

---

(1)　「嫡出子」という語には、「婚姻によって生れた子」である（穂積重遠『親族法』（昭和8年、岩波書店）415頁、中川善之助『親族法　下巻』（昭和33年、青林書院）344頁）とか、「婚姻関係にある男女の間の子」である（我妻栄『親族法』（昭和36年、有斐閣）214頁、外岡茂十郎「推定されない嫡出子」『家族法大系IV』（昭和35年、有斐閣）1頁）とか、「父母の婚姻による子」である（石川利夫『〔改訂版〕家族法講義〔上〕親族法』（昭和62年、評論社）193頁）というように、さまざまな定義が与えられているが、どれも今日においては、実際に嫡出子として取り扱われている子のすべてを説明するのには不十分である。「婚姻によって生れた子」あるいは「父母の婚姻による子」では婚姻前懐胎子が除外され、「婚姻関係にある男女の間の子」には婚姻の解消または取消し後の出生子が含まれないからである。今日の実情に即した嫡出子の定義が案出されるべきである。

胎された子の父が誰なのかについての推定規定（父性推定規定）は存在する。第772条がこれである。同条はまずその第1項で「妻が婚姻中に懐胎した子は、夫の子」であると推定し、続いて懐胎時期の確定が難しい場合に備えて第2項で「婚姻の成立の日から200日を経過した後又は婚姻の解消若しくは取消しの日から300日以内に生まれた子は、婚姻中に懐胎」されたものと推定している。そしてこの「推定」の効果として、真実の父子関係が存在しない場合における厳格な親子関係の切断方法が第774条以下に規定されているのである。

「推定される嫡出子」、「推定されない嫡出子」という場合の「推定」とは民法第772条第1項の推定、すなわち、生まれてきた子の父はその子の母の夫であるという推定を意味しているのだが、結局これは、真実の父子関係が存在しない場合にその親子関係の切断方法との関連において初めて意味を持つ表現なのであって、この限りにおいて、「推定される嫡出子」、「推定され

---

(2) 本文で述べたように民法第772条は「父性推定」の規定であるが、これはまた一般的には「嫡出推定」規定と呼ばれることも少なくない。その際、「父性」という語と「嫡出」という語が同義で用いられているかどうかは必ずしも明らかであるとはいえない。同条は「父性推定を定めるとともに、この推定を受ける子に、父母が婚姻関係にあることとあいまって、嫡出性をも賦与するという二重の役割を果たす規定」（島津一郎・久貴忠彦編『新・判例コンメンタール民法12』（平成4年、三省堂）22頁）であるとする見方もあるが、少なくとも理論上、当該子を産んだ女子の夫が父でない嫡出子も存在し得るので、同規定にはやはり既婚の女子に子が生まれた場合にその子の父を推定するということ以上の機能はないと思う。

後述の立法者の意思のように、また、初期の大審院判例のように、民法第772条によって法律上の父性推定を受ける婚姻中の懐胎子だけを嫡出子とするならば、「推定される嫡出子」、「推定されない嫡出子」などという概念は生まれてこないはずである。「父性」と「嫡出性」とはやはり別個の概念と考えるべきである。民法に「嫡出子」の定義規定が欠けているといわれる所以である。

(3) 婚姻が解消する原因としては当事者の死亡と離婚とがあるわけであるが現行法ではこれらを分けずに単に「婚姻の解消」としている。しかし、愛し合っている夫婦の夫の突然死と離婚とを全く同じに扱ってよいものだろうか。前者の場合にはそれから300日以内に生まれた子が亡くなった夫の子である可能性は極めて高いだろうが、後者の場合生まれてくる子はむしろ別れた夫の子でないことの方が多いであろう。この点につき、ドイツ民法が婚姻が当事者の死亡により解消しその解消の後300日以内に子が生まれた場合に、子の父を当該子の誕生時にその子の母と婚姻関係にあった男子とする条文を準用していることが（ドイツ民法典第1593条第1文による同第1592条第1号の準用）、立法論として参考になるだろう。このことは、夫の死亡による婚姻解消の場合には、離婚や婚姻の無効・取消しの場合と異なり、妻の貞操を疑わしめる理由が通常は存在しないということによって正当化されている（拙稿「ドイツ血統法における親子関係」早稲田大学大学院法研論集第117号7頁）。

ない嫡出子」という言葉に内在する矛盾にも目をつぶることができるのである。

さてここで、甲男乙女夫婦の家庭に子Xが生まれた、という事例を考えてみよう。この子の血縁上の父と母は誰だろうか。人工生殖技術を用いた等特殊な場合を考えなければ、この子の母が乙であることは明白である[4]。しかし、この子の父が甲であるということを100パーセントの確かさをもって断言することはできない。つまり、この子の実の親となり得る男女の組み合わせは、①父が甲・母が乙、②父が甲以外の男子丙・母が乙、という2通りがあることになる。

ところで、子が生まれると戸籍法に基づいてその子の出生を届け出ることになるのだが、上の事例の場合、出生届の「生まれた子の父と母」（これはまさに法律上の父と母のことである）の欄の記載はどのようになるのだろう。ここでは法律上の父と母が誰になるのかを問うているので、法律上の父を推定する民法第772条との関連で、当該子の懐胎時期が不明であるという前提の下、上の①、②の場合を子が生まれた時期によりさらにそれぞれ細分する必要がある。すなわち、①-a 父が甲・母が乙で婚姻成立の日から200日が経過した後にXが生まれた場合、①-b 父が甲・母が乙で婚姻成立後200日以内にXが生まれた場合、②-a 父が丙・母が乙で甲乙間の婚姻成立の日から200日が経過した後にXが生まれた場合、②-b 父が丙・母が乙で甲乙間の婚姻成立後200日以内にXが生まれた場合、の4つの場合である。いずれの場合も母は乙なので「母」の欄に乙の氏名が記載されることは明らかである[5]。問題なのは「父」の欄の記載である。①-a、①-bの場合には甲でよいが、②-a、②-bの場合には注意を要する。結論からいえば、②-aの場合は原則としてXは甲と乙の嫡出子として届け出られなければならないが（「父」の欄には甲の氏名が記載される）、②-bの場合にはXは甲と乙の嫡出子としても（「父」の

---

(4) わが民法には現在のところ人工生殖子の親子関係に関する規定はないが、現実には人工生殖子は存在しておりその数は増加傾向にある。精子バンクを利用して子を授かったような場合だけを考えてみても遺伝学上の親を法律上の親とすることを当然視することを見直す時期が将来必ず訪れるだろう。人工生殖子の親子関係については、小野幸二「人工生殖における親子関係―代理母出産の親子関係を中心に―」大東法学第7巻第1号1頁を参照。
(5) 母の認知の要否については議論があるが、ここでは一応通説に従っておく。

欄には甲の氏名が記載される)、また乙の非嫡出子としても届け出られることができ、後者の場合は「父」の欄は空欄となる。そして、その際基準となっているのが民法第772条の規定なのである。

本稿は、今日戸籍実務や判例においてある子がどのような場合に母の夫の子として扱われまたは扱われないのかを概観し、嫡出子が真実常に母の夫の子であるのか、また一般的に嫡出子たる要件として考えられている血縁のつながりをどのように捉えるべきかを再考すること、そして嫡出父子関係を律する民法第772条の守備範囲をどのように理解すべきかを検討することをその目的とする。またその際本稿では、民法第772条第2項前半に規定されている出生時期 (婚姻成立の日から200日) を主な考察対象とし、同項の後半についての検討は別の機会に譲ることとする。

まずは、「推定される嫡出子」、「推定されない嫡出子」という概念が生まれてきた背景を知るために、立法者の意思と判例上の嫡出子概念の変遷とをみることから始めたい。

II 立法者の意思と判例上の嫡出子概念の変遷

1 立法者の意思

いかなる子を嫡出子とするかについての立法には出生主義 (婚姻中に出生した子を嫡出子とみる立場) と懐胎主義 (妻が婚姻中に懐胎した子を嫡出子とする立場) とがある[6]。「嫡出子とは適法な婚姻において出生した者である[7]」とするコモン・ローの定義は前者によるものであり、後者は、旧民法の編纂過程において婚姻前懐胎・婚姻後出生子が準正嫡出子と考えられていたことから、明治20年代にわが国で嫡出親子関係を捉える考え方として広く採られていたと推測されている[8]。

嫡出子以外には父性推定は与えられないと考えていた現行民法第772条の

---

(6)　有地亨『新版家族法概論』(平成15年、法律文化社) 119頁
(7)　William Blackstone, Commentaries on the Laws of England, Volume 1 (1979, The University of Chicago), p. 434
(8)　山畠正男「推定をうけない嫡出子に関する覚書」判例時報771号119頁

立法者も、同条の「妻が婚姻中に懐胎」=「夫の子」の推定を受ける子のみが嫡出子であるという懐胎主義を採ったものと思われる。この嫡出子とは民法第772条所定の推定を受ける子のみであるという制限は最終的にはなくなることになるのだが、事実として婚姻中に懐胎された子のみが嫡出子であるという基本的態度は変わらなかった。つまり、婚姻中懐胎という法律上の推定が与えられない場合でも、事実として婚姻中の懐胎が立証されれば当然に嫡出子の地位が認められるというのが立法者の意思であったのである。この考えに従えば、婚姻前に懐胎され婚姻成立後に生まれた子は、たとえ夫の子であることが事実であるとしても婚外子にほかならず、準正により嫡出子となり得るに過ぎないことになる。

2 判例上の嫡出子概念の変遷

従来わが国には法律的な手続を軽視する傾向があり、また時には、届出を求めることが相手に対する不信任感の表明であるかのように考えられていたため、婚姻の届出をせずに事実上の夫婦生活（内縁）を続け、内縁の妻が妊娠して初めて婚姻届をするということが多かった。そして、嫡出子とは婚姻成立から200日が経過した後に生まれた子と理解されていて婚姻前（多くの場合は内縁期間中）に懐胎されそのため婚姻成立後200日以内で生まれた子は嫡出子として扱われることはできなかったので、婚姻前に内縁が先行する慣行があった当時は、第一子はしばしば非嫡出子となってしまう危険があったのである。しかし、このような懐胎子は婚姻成立後200日以内で生まれることが普通であるので民法所定の推定は受けないが、実際の手続では、このような子についても父母の婚姻後に嫡出子出生届がなされれば、それは嫡出子出生届としては無効だけれども認知の効力は認めることができるので（無効行為の転換）、その子は父母の婚姻による準正嫡出子となって戸籍上は直ちに嫡出子として記載されることになるので別段不都合はないとされ、このような子が民法所定の推定を受けなくても構わないという理屈も成り立ち得るわけ

（9） 山畠正男「推定をうけない嫡出子に関する覚書」判例時報774号126-127頁
（10） 山畠正男「推定をうけない嫡出子に関する覚書」判例時報774号127頁
（11） 中川善之助『親族相続判例総評 第1巻』（昭和10年、岩波書店）243頁

である。判例は当初、内縁関係の夫婦の子であることが明らかな子であっても「父母の婚姻成立以前に懐胎」された子は「元より法律上当然（夫の―筆者）嫡出子たるものに非ず。唯婚姻外に生まれたる子として父母が之を認知するときは民法第836条（現第789条―筆者）の規定に従い嫡出子たる身分を取得するに過ぎざるものとす」として、上の態度を採っていた。

しかしこのような考え方では、少なくとも理論的には嫡出子出生届がなされるまでは当該子を非嫡出子とする欠点があるし、なによりも、父の死亡後の認知が認められていなかった当時には子の出生前に父が死亡してしまった場合に認知が不可能となり当該子は嫡出子になることができないという結果になってしまう。上記判例はまさにこのような事例であった。ところが一方でこの判例以前にこれとは対照的に、「父母の婚姻中に生れたる子は仮令其婚姻前に懐胎したるものと雖も苟くも其父に於て否認せざる限りは嫡出子に他なら」ないとした判例もあって、判例の立場はまだ固まっていなかった感がある。

そこで大審院は、「内縁関係の継続中に内縁の妻が内縁の夫に因りて懐胎し而も右内縁の夫妻が適式に法律上の婚姻を為したる後に於て出生したる子の如きは仮令婚姻の届出と其の出生との間に民法第820条（現第772条―筆者）所定の200日の期間を存せざる場合と雖も之を民法上私生子を以て目すべきものにあらず。かくの如き子は特に父母の認知の手続を要せずして出生と同時に当然に父母の嫡出子たる身分を有するものと解するは之を民法中親子法に関する規定全般の精神より推して当を得たるものと謂わざるべからず」とした民事連合部判決をもって、婚姻前に懐胎され婚姻成立後に生まれた子が嫡出子であることを認めた。これによりこの点に関するそれまでの判例法理

---

(12) 大判昭和3年12月6日新聞2957号6頁
(13) 石川利夫『〔改訂版〕家族法講義〔上〕親族法』（昭和62年、評論社）197頁
(14) 大判大正8年10月8日民録25輯1756頁
(15) 中川善之助『親族法 下巻』（昭和33年、青林書院）345頁、泉久雄「判例にみる家族法の世界 推定されない嫡出子」法学教室第111号56頁
(16) 大連判昭和15年1月23日民集19巻54頁
(17) この判例の趣旨を承けて戸籍実務でも、婚姻後200日以内の出生子については父の認知をまつまでもなく出生と同時に父母の嫡出子の身分を有するものとして取り扱うこととされた（昭和15年4月8日民事甲432通牒）。

の混乱には一応の終止符が打たれたわけだが、上連合部判決は、夫がその嫡出子とされている婚姻前懐胎・婚姻後出生子の父性を争う場合には「嫡出子否認の訴若くは親子関係不存在確認の訴を提起する」ことができるともいっており、このような子に明治民法（以下、「旧法」）第820条所定の推定が及ぶのかどうかが必ずしも明らかではなかった。同条の推定が及んでいるのなら父性を争う手段は嫡出否認の訴えのみであり、一般的な親子関係不存在確認の訴えを提起することは許されないからである。[18]

　この問題に決着がつけられたのは上連合部判決から約8箇月後の嫡出子否認請求事件においてであった。本件は、連合部の上事案とは異なり、婚姻に先行する内縁の存在が認められない事案であったが、大審院はここで、旧法第820条にいう「婚姻」とは適法に婚姻届がなされた場合であり事実上の婚姻である内縁を含まないという前提で「婚姻成立の日より200日後に生れたる故を以て民法第820条第2項により妻が婚姻中に懐胎したるものと推定せられ又妻が婚姻中に懐胎したる故を以て同条第1項により夫の子と推定せらるる結果法律上嫡出子たる身分を有する子との間に親子関係の存在せざることを主張する夫は嫡出子否認の訴により之が確定を求むるの外あるべからずと雖も婚姻成立後200日以内に生れたる故を以て夫の子と推定するを得ず為に其の子が嫡出子たる身分を有せざる場合は親子関係の存在せざることを主張して之が確定を求むるには親子関係不存在確認の訴を提起すべく嫡出子否認の訴を提起すべきものに非ず」として、[19] 婚姻成立後200日以内に生まれた子には旧法第820条の推定が及ばないことを明らかにした。ここでは婚姻成立後200日以内に生まれた子は「嫡出子たる身分を有」していないと述べられているが、本判決は、このような子を「推定されない嫡出子」であると言明したものとされている。[20] なお、本判決の原審は「当然の嫡出子中には民法第820条の推定に依る嫡出子と推定はされざるも婚姻中の出生なる為め嫡出子に外ならざるものとして取扱はるる嫡出子との2種存在することを窺知し得べし」といっているが、これも生来の嫡出子の中に「推定されない嫡出

---

(18)　中川善之助『親族法　下巻』（昭和33年、青林書院）347頁
(19)　大判昭和15年9月20日民集19巻1596頁
(20)　石川利夫『〔改訂版〕家族法講義〔上〕親族法』（昭和62年、評論社）197頁

子」なるものの存在を認めたものと考えてよい。最高裁も「ヒデヨと福光の婚姻届出の日から200日以内に出生した被上告人は、同条（民法第772条—筆者）により、福光の嫡出子としての推定を受ける者ではなく、たとえ、被上告人出生の日が、ヒデヨと福光の挙式あるいは同棲開始の時から200日以後であっても、同条の類推適用はないものというべきである」としてこの判例理論を踏襲し、判例上これは確立しているといってよい。

要するに今日、判例は、婚姻成立後に生まれた子は、婚姻に先行する内縁関係があったか否かにかかわらず、原則としてすべて生来の嫡出子であるが、その中には民法第772条所定の推定を受ける嫡出子とその推定を受けない嫡出子とがある、という見解に立っているのである。

Ⅲ　推定される嫡出子

1　概　念

「推定される嫡出子」とは、前述のように、父が母の夫であると推定される子のことであり、懐胎時期が婚姻中であるか否かが明らかでない場合は、婚姻成立の日から200日が経過した後または婚姻の解消もしくは取消しの日から300日以内に生まれた子を指す。懐胎時期が婚姻中であることが明らかな場合は、当該子がいつ生まれたかを問題にする必要は全くない。

---

(21)　最判昭和41年2月15日民集20巻2号202頁
(22)　私見による「推定される嫡出子」とは、「婚姻成立の日から200日が経過した後または婚姻の解消もしくは取消しの日から300日以内に生まれた子」ではなく、生まれた日にかかわらず「妻が婚姻中に懐胎した子」である。
　　民法第772条は一般に、全体として「婚姻成立の日から200日が経過した後または婚姻の解消もしくは取消しの日から300日以内に生まれた子は夫の子と推定される」旨を規定していると解釈されているが、条文の構造に沿った理解であるとはいえない。同条はまず第1項があり続いて第2項があるのであって、第2項から第1項に遡って読む理由はどこにもない。同条第1項の「妻が婚姻中に懐胎した」という事実がはっきりしていれば、同条第2項の推定にはもはや頼る必要は全くない（第2項は無視してよい）のである。これは、「婚姻中懐胎」の法律上の推定を受けない場合でも事実として「婚姻中懐胎」を立証し得る限り、当然に嫡出子の地位を認められるとする立法者の意思にも合致する（山畠正男「推定をうけない嫡出子に関する覚書」判例時報774号127頁）。上記の一般的な解釈は同条第1項を失念したものであるといわざるを得ない。
　　余談になるが、このように「事実」と「推定」とを明確に区別して理解すれば、民法第733条第2項の場合には女子は前婚の解消または取消し後すぐに再婚が可能となる（同項にあるように

しかしまた、懐胎時期が婚姻前である「推定される嫡出子」もある。これは、「準婚」理論によって内縁中懐胎・婚姻後（内縁成立の日から200日経過後）出生の子にも民法第772条を類推適用し、これを「推定される嫡出子」とする中川善之助教授の見解であった。中川教授は、例えば「１月に内縁に入り５月に（婚姻の—筆者）届出をし９月に出産があった場合には820条（旧法—筆者）による推定を受け、従って夫はまた822条（現774条—筆者）による否認権をも与えられると解すべきである」とされており、判例もまた内縁中懐胎子について同条の類推を認めている。ところでこの判例は、単に内縁成立後200日後内縁解消後300日以内に当該子が生まれたという事例に関するものであって、内縁当事者はその間一度も互いに婚姻関係に入ることはなかった。そのため判旨も、内縁の子が内縁成立の日から200日以後または内縁解消の日から300日以内に生まれた場合は民法第772条が類推されて、その内縁子にはすでに法律上の推定される父（その子の母の内縁の夫または母の内縁の夫であった男子）があるとする上告理由に対して、「内縁の子についても民法772条が類推されるという趣旨は、事実の蓋然性に基いて立証責任の問題として、父の推定があるというに過ぎない」ので「（法律上の非嫡出—筆者）父子の関係は、任意の認知がない限りどこまでも認知の訴で決定される」として、同条の類推による推定の一事をもってしては法律上の父子関係はいまだ成立していない旨を明らかにしている。このように判例は、内縁中懐胎の子について民法第772条を類推することは認めたが、それは挙証責任上において意味を持つにとどまり法律上の父性推定が与えられるわけではない、という態度を戦前戦後貫いている。学説上は、内縁成立後200日が経過した後に生まれた

子を出産してはじめて再婚が可能となるのではない）。なぜなら、再婚しようとする女子が「前婚の解消又は取消しの前から懐胎していた」という事実、すなわち前の婚姻中に懐胎したという事実がはっきりしていれば、その子は民法772条第１項により前婚の夫の子であるとのみ推定されて後婚の夫との間に父性推定の競合の生じる余地が全くないことになるからである。また反対に、当該女子が前婚の解消または取消し時に懐胎していなければその後に生まれてくる子は前婚の夫の子と推定されることはないのであるから、同条第１項の規定はやはり適用されるべきではない。結局、再婚禁止期間はあってなきが如きものとなる。このように解することによりいろいろと批判の多い同条に多少なりとも解釈論的な解決を与えることもできるのである。

(23)　中川善之助『親族相続判例総評　第１巻』（昭和10年、岩波書店）249頁
(24)　最判昭和29年１月21日民集８巻１号87頁
(25)　最判昭和42年12月22日家裁月報20巻３号60頁も参照

ならばそれが婚姻成立後200日以内の出生であってもその子を「推定される嫡出子」とするのが多数説であるが、判例は反対である。[27]

なお、「推定される嫡出子」を論じる際には、後述の「推定されない嫡出子」の場合と同様、実際に嫡出子である「推定される嫡出子」（第1タイプ）と実際には妻の非嫡出子である「推定される嫡出子」（第2タイプ。「表見嫡出子」または「推定される非嫡出子」と呼んでもよいだろう）とを区別しなければならない。

2 効 果

ある子が「推定される嫡出子」であることの効果は、その子の母の夫が実はその子の父ではないという場合にのみ現れる（上記第2タイプの場合）。

「推定される嫡出子」が実はその母の夫の子でないときは、その子の父と推定されている当該夫は嫡出否認（と一般には呼ばれているが、実際は「父性否認」）の訴えによって、そしてこの手段によってのみ自己の父性を否認することができる。

嫡出否認の訴えは原則として、当該子の父と推定されている者、つまりその子の母の夫だけが（民法第774条）、当該子の出生を知った時から1年以内に限り提起することができる（民法第777条）。夫が当該子の出生前に死亡したときまたは当該子の出生を知った時から1年以内に否認の訴えを提起しないまま死亡したときは、その子のために相続権を侵害される者（但し、妻は除く。なぜなら、妻は自己の姦通を裁判上主張・立証しなければならなくなるからである）その他夫の3親等内の血族に限り、夫の死亡の日より1年以内に否認の訴えを提起することができる（人事訴訟法第41条第1項）。夫が否認の訴えを提起してその係属中に死亡したときは、上記の者が夫の死亡の日から6箇月以内に訴訟手続を受け継ぐことができる（人事訴訟法第41条第2項）。この否認権は、夫が当該子の出生後においてその嫡出であることを承認したときは、消滅する[28]

---

(26) 山畠正男「「推定されない嫡出子」の混乱」家裁月報28巻7号3頁
(27) 有地亨『新版家族法概論』（平成15年、法律文化社）122頁、前掲最判昭和41年2月15日民集20巻2号202頁
(28) 夫が否認権を失うと民法第772条の推定はもはや覆すことができなくなり、それにより確定した法律上の父子関係は、たとえそれが真実と合致していないものであったとしても、誰も争う

（民法第776条）。民法第772条の推定が否認の訴えによって覆されない限り、真実の父といえども当該子を認知することができないし、その子も真実の父に対して認知の訴えを提起することができないものとされている。

以上のように、民法第772条の推定の効力は極めて強いということができるが、これは法的父子関係の早期安定と家庭内部の平穏を第三者によって乱されないことを期したものと考えられている。しかし他方では、父性推定を覆す方法があまりにも厳格であるために真実と異なる父子関係を法定する結果を招いてしまうことも起こり得るので、法的親子関係はあくまで血縁関係の存在の事実に求めるべきだとする立場から、父性推定を覆す特別な訴えは必要とせず、一般の父子関係不存在確認の訴えによって推定を覆せることにすべきだという見解もある。[29]

3　戸籍実務上の取り扱い

「推定される嫡出子」が真実母の夫の子である場合には何の問題もない。ここで検討されるべきは母の夫が実の父ではない第2タイプの「推定される嫡出子」についてである。

民法第772条の推定は反証をもって覆すことができないわけではないが、これを覆すには、前述のように、嫡出否認の訴えによるほかはない。したがって、この訴えが提起されてその判決が確定するまでは、この推定を受ける子は戸籍上すべて嫡出子として扱われる。それ故、出生届を提出する段階では、同条の推定を受ける子について「嫡出でない子」として届出をしてもこれは例外なく受理されず（明治36年6月23日民刑518回答参照）、必ず当該夫婦の「嫡出子」として「父」の欄には夫の氏名が、「母」の欄には妻の氏名がそれぞれ記載されなければならないことになっている（昭和24年8月26日民事甲1946回答参照）（戸籍法第49条第2項）。つまり実務では、父性推定を排除するに十分な資料がない以上、すなわち父子関係の不存在が裁判上明確にされていない限り、嫡出子としての届出をすべきものとされているのである。[30] 形式的な処

ことができなくなるので、否認権は絶対的に消滅したといってよい。
(29)　石川利夫『〔改訂版〕家族法講義〔上〕親族法』（昭和62年、評論社）202頁
(30)　青木義人・大森政輔『全訂戸籍法』（昭和57年、日本評論社）262頁

理ではあるが、戸籍吏に実質的審査権がない以上、これはしかたのないことといわざるを得ないだろう。

この実際は母の夫の子ではない「推定される嫡出子」と後述の第2タイプの「推定されない嫡出子」(推定の及ばない子)との差は結局のところ民法第772条の推定が事実上及んでいるか否かという点にあるので、具体的な戸籍先例については次章「推定されない嫡出子」の当該箇所でまとめて概観する。

Ⅳ　推定されない嫡出子

「推定されない嫡出子」という術語は、①婚姻成立後200日以内に出生したため、形式的に民法第772条の推定を受けない子と、②形式的には民法第772条の推定を受けるべきではあるが、その母の夫が父であることがあり得ないため、実質的に同条の推定が排除される子の両方をさして用いられることがある。しかしこの①と②は、ともに「推定されない嫡出子」と呼ばれてはいるが、①が(母の非嫡出子であることもあるが)父母の嫡出子そのものであるのに対し、②は実際は母の非嫡出子にほかならない。これら異質の両者を1つの術語で表現することについての問題点はこれまでも指摘されてきているが、第1節までは便宜上、①と②を併せて「推定されない嫡出子」と呼んでおくことにする。[31]

なお、民法第772条は婚姻の解消または取消しの日から300日以内の出生子の父性推定についても規定しているが、婚姻の解消または取消しの日から300日が経過した後に生まれた子はいかなる場合も「推定されない嫡出子」とはならず、懐胎時期が前婚の期間中である場合や後婚が成立している場合を除き、すべて非嫡出子として取り扱われる。[32]

---

(31)　山畠正男「「推定されない嫡出子」の混乱」家月28巻7号1頁以下参照
(32)　本稿では「推定されない嫡出子」という術語の概念の変遷についても触れているのでこのようにした。

1　概　念

　上記①、②の両者を包含した「推定されない嫡出子」という概念は中川身分法学の所産の１つといわれている。[33]

　中川教授は、婚姻に内縁が先行していたために婚姻成立200日以内に生まれた子が嫡出子とならず（上記①の場合）、また、夫による懐胎があり得ない状況がある場合でも婚姻成立から200日が経過した後または婚姻の解消もしくは取消し後300日以内に生まれた子が当然に父性推定を受けてしまう（上記②の場合）という結果と事実との乖離を指摘し、婚姻成立後200日または婚姻の解消もしくは取消し後300日という期限を具体的事実の考慮なしに父性推定の境界とする民法の形式主義を批判された。[34]

　上記①の場合について中川教授は、婚姻中の懐胎を要求している旧法第820条は婚姻後200日以内の出生子を嫡出子ではないとする規定ではないとの前提で、婚姻前に懐胎された子も婚姻中に生まれればそれは父が否認をしない限り「嫡出子に他なら」ないとした前掲大正８年10月８日の大審院判決を承け、「嫡出子に他なら」ないということの意味が不明瞭だとされながらも、これを「嫡出子であるが第820条の推定によるものではないとの意味に解すべき」であるとされた。[35] 判例はその後若干の動揺を示したが、内縁中懐胎・婚姻後出生子を生来の嫡出子とした前掲昭和15年１月23日の大審院連合部判決を経て、前掲昭和15年９月20日の大審院判決でついに「推定されない嫡出子」という概念を認めるに至ったこと、前述の通りである。この第１タイプの「推定されない嫡出子」は、従来の嫡出子概念を拡張するために誕生した概念であり、それ以上の意味はあまりないと考える。なぜなら、この「推定されない嫡出子」は、すでに述べたように、まさに嫡出子そのものだからである。民法第772条の父性推定とは子のために父子たることの挙証の責任を免除しようとするものであって、夫の子と推定される子だけが夫の子であるというのでもなければ、夫の子と推定されない子は夫の子ではないということでもない。[36] そもそも、当該子とその母の夫との間に真実の父子関係がある

---

(33)　山畠正男「「推定されない嫡出子」の混乱」家月28巻７号１頁
(34)　中川善之助『日本親族法』（昭和17年、日本評論社）297頁
(35)　中川善之助『日本親族法』（昭和17年、日本評論社）298頁

のなら、その子がその夫の子と推定されていようがいまいが全く関係のないことなのである。

　上記②の場合、すなわち夫による懐胎があり得ない状況がある場合にも、民法第772条の推定は及ばない。同条の父性推定は、正常な婚姻生活を前提とし懐胎主義に基づいて立てられたものである。したがって、そのような父性推定の基礎となるべき状態がない場合は同条の適用も除外されるべきなのである。しかし、当該子が婚姻成立の日から200日が経過した後または婚姻の解消もしくは取消し後300日以内に生まれた場合は、形式的には夫の子と推定されるべき状態にあるのだから一応は嫡出子として扱われるが、その父性を争うには厳格な嫡出否認の訴えによることを必要としないのである。この第2タイプの「推定されない嫡出子」は、民法第772条の推定が及ばない結果、同法第774条以下の適用もないというところにこそ、そしてその点にのみ意味がある。(37)なぜならば、この「推定されない嫡出子」は「嫡出子」と呼ばれてはいるものの、その実体は前述のように非嫡出子にほかならないのであり、成立している法律上の嫡出父子関係は本来否認（否定）されるべきものだからである。今日では、このような子を第1タイプの「推定されない嫡出子」と区別して「推定の及ばない子」等と呼ぶことが一般化しているといってよい。以降、この用法に従うこととする。

2　効　果

　「推定されない嫡出子」の父性は、厳格な嫡出否認の訴えによらず、確認の利益を有する者なら誰でも、また何年経過した後であっても、広く一般に親子関係不存在確認の訴えによって争うことができる。

　しかし一口に「推定されない嫡出子」といっても、第1タイプの「推定されない嫡出子」には形式的に民法第772条の適用がないのでさほど問題はないが、「推定の及ばない子」には形式的には同条の推定が及んでいるので注

---

(36)　穂積重遠『親族法』（昭和8年、岩波書店）424頁、外岡茂十郎「推定されない嫡出子」『家族法大系Ⅳ』（昭和35年、有斐閣）5頁

(37)　外岡教授は、「772条は、否認の訴の前提としての嫡出推定を規定しただけのことで、子が嫡出子となるための要件を規定したもので」はない、とされている（「推定されない嫡出子」『家族法大系Ⅳ』（昭和35年、有斐閣）6頁）。

意を要する。これが後述の民法第772条の適用範囲の問題である。

3 戸籍実務上の取り扱い

　形式上民法第772条の推定を受けていない子、つまり婚姻成立後200日以内で生まれた子は、第1タイプの「推定されない嫡出子」なので、当該夫婦の嫡出子としてこれを届け出ることができることはいうまでもない。またこのような子は、「推定される嫡出子」と異なり、法律上母の夫の子であると推定されているわけではないので、母はこれを自分の非嫡出子として届け出ることもできるとされている（昭和26年6月27日民事甲1332回答）。しかし、実際は非嫡出子である子を一旦嫡出子として届け出てしまった後に表見父との身分関係を訂正するには、親子関係不存在確認の裁判によらなければならない（昭和26年6月27日民事甲1332回答）。

　「推定の及ばない子」には一応形式上民法第772条の適用があるので、出生届を提出する段階においては、戸籍吏に実質的審査権がない以上、これを夫婦の嫡出子として届け出るよりほかはない（これを妻の非嫡出子として届け出ても受理されない）。しかし出生届が未提出の間に、同条の推定が及ぶ余地のないような事実（父子関係を否定する事実）が裁判上認められた場合には、当該子を最初から母の非嫡出子または母の後夫との嫡出子として届け出ることが

---

(38) 戸籍実務では、婚姻後200日以内の出生子につき夫からする嫡出子出生届は受理する（明治31年8月25日民刑1025回答）、婚姻後200日以内の出生子については、昭和15年1月23日大審院連合部判決の趣旨により父の認知をまつまでもなく出生と同時に父母の嫡出子の身分を有するものとして取り扱う（昭和15年4月8日民事甲432通牒）、婚姻届出後200日未満の出生子につき、母から嫡出子出生の届出があった場合は、これを受理して差し支えない（昭和15年8月24日民事甲1087回答）、婚姻の届出をした後19日目にして夫が死亡し、その後26日目に出生した子については、民法772条第2項の適用はないが、嫡出子の出生届があれば受理すべきである（昭和30年7月15日民事甲1487回答）等とされている。

(39) このように考えると、「推定されない嫡出子」を夫婦の嫡出子として届け出た場合に出生届の「父」の欄に記載される当該子の母の夫にも法律上の推定という盾がないことになる。しかし、父子関係が真実と合致していればそのような盾は必要ない。盾で自分を守らなければならないような矢が飛んで来ないからである。

(40) 出生届は14日以内（国外で出生があったときは3箇月以内）にしなければならず（戸籍法第49条第1項）、正当な理由なしに届出が遅れると5万円以下の過料に処される（同法第135条）。これは出生届が報告的届出であるためであるが、それが故にまた、出生届は届出が遅れても受理されないということはないのである。

(41)(42)
できる。

　戸籍先例には、一方で、妻が夫（前婚）との離婚の判決確定より2年前、同夫の生死不明となった日より1年後に分娩した子については、後夫から嫡出子出生の届出をすることができる（昭和9年3月5日民事甲300回答）、母の夫が民法第30条第1項の失踪宣告（普通失踪）により死亡とみなされた日から約3年前に生まれた子については、失踪宣告の裁判の謄本を添付して母から非嫡出子出生届をさせる（昭和39年2月6日民事甲276回答）、アメリカ人男子と日本人女子を当事者とする離婚判決において離婚原因が民法第770条第1項第2号（悪意の遺棄）による場合であって、判決理由で、上男子が帰国後10年以上音信不通の事実を認定している事案において、離婚判決確定1年前に出生した子につき、非嫡出子出生届をしたときは受理して差し支えない（昭和39年6月15日民事甲2086回答）、婚姻継続中の甲男乙女が事実上離婚し、乙が他の男子丙と事実婚に入り子丁が出生し、その後甲乙が離婚、乙丙が婚姻した後丁の出生の届出をする場合は、甲乙の婚姻中の子として届け出させた後、甲丁間の親子関係不存在確認の裁判を得てこれを訂正すべきであるが、出生届出前に親子関係不存在確認の裁判を得ている場合は、乙丙間の子として出生届をさせてよい（昭和40年9月22日民事甲2834回答）、母の前夫の嫡出の推定を受ける出生届出未済の子について、母の後夫に対する強制認知の裁判が確定し、後夫から嫡出子として出生届があった場合はそのまま受理する（昭和41年3月14日民事甲655回答）等、事実上民法第772条の推定を排除するものがあ

---

(41) 今日では、婚姻の解消または取消し後300日以内（民法第772条所定の期間内）に生まれた子については、平成19年5月7日の法務省民事局長通達により、「懐胎時期に関する証明書」によって当該子の推定される懐胎時期の最も早い日が婚姻の解消または取消しの日より後の日である場合に限り母の非嫡出子としての出生届または後婚の夫を父とする嫡出子出生届が可能となっているが、このような子は民法第772条第1項の「妻が婚姻中に懐胎した子」には当たらず、したがってこの子がいつ生まれようとももともと同条の推定の対象外なのであるから（「推定される嫡出子」ではなかったのであるから）、この通達は当たり前のことを単に確認したに過ぎないものと考える。

(42) このような措置と前掲平成19年5月7日の民事局長通達によって認められるようになった措置とは明確に区別されなければならない。前者の場合に母の非嫡出子または後夫との嫡出子としての出生届が認められるのは本文で述べたように当該子が前夫の子ではあり得ないからであるのに対し、後者の場合は当該子が「妻が婚姻中に懐胎した子」ではないが故に前夫の子と推定されない（民法第772条の対象外である、つまり「推定される嫡出子」ではない）からである（この場合は現実問題としては当該子が前夫の子である可能性もあるのである）。

しかし他方、夫の出征中、妻が他の男子との間に子を産んだ場合でも、嫡出子出生届出をしなければならない（昭和20年9月24日民事特甲408回答）、夫が数年前から行方不明または外国に居住している等事実上妻と別離し、妻が夫の子を懐胎できない客観的な事実があっても、妻が夫以外の男子と通じて出産した子については夫との嫡出子として出生届をするほかはない（昭和23年6月12日民事甲755回答）、民法第770条第1項第2号の規定に基づいてなされた離婚の判決の理由中に多年夫が所在不明であった旨の記載があっても、この判決確定前の出生子は民法第772条によって夫の嫡出子としての推定を受けるものとみるほかない（昭和26年2月13日民事甲267回答）、夫の戦死報告があってから300日後に出生し、妻の非嫡出子として戸籍に記載されている子につき、夫が生還した場合は、法律上父母の婚姻関係は継続しているものと解すべきであり、子は嫡出子としての推定を受けたと解するほかない（昭和26年3月27日民事甲483回答）、妻の産んだ長子と夫との間に夫の長期不在を理由に親子関係不存在確認の裁判が確定し、その裁判の理由中に次子の懐胎時期と推定される期間夫が不在であったことが認定されていても次子については一応夫婦の嫡出子として届け出るほかはない（昭和28年12月2日民事甲2273回答）等、推定の排除を認めないものも見られる。これらは第2タイプの「推定される嫡出子」である。

「推定されない嫡出子」を非嫡出子として届け出る場合は、実の父が判明していても出生届書には父に関する記載はせず（昭和22年12月10日民事甲1500回答）、婚姻していない父母の間に生まれた子についての出生届に父に関する記載をしてきた場合は、その記載を削除させて受理することになっている（昭和23年4月21日民事甲999回答）。非嫡出子（「私生子」という意味での）とその父の法律上の父子関係は認知によって初めて発生するのであるから、当然のことである。非嫡出子は出生により法律上当然に母の氏を取得するので（民法第790条第2項）、戸籍法第18条第2項により母の戸籍に入る。

なお、「推定の及ばない子」が妻の非嫡出子や後夫との間の嫡出子として届け出られるということと、その理由となるべき裁判上明らかにされなければならない親子関係不存在の事実の立証方法とは、全く別問題であることに

注意を要する。上記の先例では、親子関係不存在の立証は、親子関係不存在確認の裁判の確定、母の後夫に対する強制認知の裁判の確定、離婚判決の理由中における夫婦の別居の事実の認定等によってなされている。このように親子関係不存在の立証を嫡出否認の訴えによらずに行い得るということは、民法第772条の推定が最初から及んでいないことを意味しており、まさにこれが（第２タイプの）「推定されない嫡出子」と呼ばれる所以である。この親子関係不存在の立証を嫡出否認の訴えによらなければならないのなら、その子は「推定される嫡出子」（上述の第２タイプ）である。つまり、第２タイプの「推定されない嫡出子」（「推定の及ばない子」）とは、第２タイプの「推定される嫡出子」の中で民法第772条の推定の基礎を欠いているものということができる。そして、いかなる場合にその基礎を欠くことになるのか、どういう場合に嫡出否認の訴えでもって親子関係の不存在を立証しなければならないのかということが、次章の父性推定規定の適用範囲の問題である。

Ⅴ　父性推定規定の適用範囲

1　問題の所在

これまで述べてきたように、嫡出子には「推定される嫡出子」と「推定されない嫡出子」とがあり、それらを分ける際に民法第772条が基準となっている。しかし単に当該子がいつ生まれたかの一事をもって両者を区別すると、その子がその母の夫の子でなくても婚姻成立の日から200日が経過した後または婚姻の解消もしくは取消し後300日以内に出生したならば父性推定

---

(43) 一口に「別居」といっても、戸籍先例は、夫婦が日本とアメリカに別れていた場合は（事実上夫婦間に性的交渉がなかったと認められ、夫による妻の懐胎のあり得ないことが客観的に明白なので）推定の排除を認めたが（昭和38年７月１日民事甲1837回答、本文昭和39年６月15日民事甲2086回答）、父母離婚後300日以内に出生した子について非嫡出子出生届がされた事案では、悪意の遺棄を離婚原因とする離婚判決の理由からは母が夫の子を懐胎し得ないことが明確でないので（これは夫婦が国内で別れていた場合―もっとも、夫は行方不明であったため、国内に居住していたかどうかは不明とされていた―で、夫婦間の性的交渉が全くなかったとは断言できないので）、その届出を受理すべきでない（推定を排除することはできない）とされた（昭和59年６月26日民２―3070回答）。なお、協議離婚で、かつ外国人（朝鮮人）夫の帰国が（裁判上ではなく）法務省入国管理局登録課長の回答書により明らかにされていた場合につき、推定の排除を認めなかった先例がある（昭和40年３月16日民事甲597回答）。

を受けることになってしまい、その表見父子関係を否定するには嫡出否認の訴えによらなければならなくなる。このような処理のすべてが悪いというわけではないが、またすべてがよいというわけでもなく、ここに民法第772条の適用の基準をはっきりさせる必要が生まれてくる。これが父性推定規定の適用範囲の問題である。

2　平成10年と平成12年の最高裁判決

　嫡出推定の排除の許否に関して、比較的最近の2つの最高裁判決が正反対の判断を下した。ここではこのような結論に至った理由を検討する。

（1）嫡出推定が排除された事例（最二小判平成10年8月31日、集民第189号497頁）
【事実の概要】
　A男とB女は昭和18年10月1日に結婚式を挙げ同居生活を開始した。婚姻の届出は同月22日になされた。
　A男は昭和18年10月13日に応召、同月19日に下関港から出征し、南方各地の戦場を転々とした後、昭和21年5月28日に名古屋港に帰還、翌日復員の手続がとられた。B女はこの間にC男と性的関係を持った。
　B女は昭和21年11月17日にYを分娩した。YはA男によりA男B女夫婦の嫡出子として届け出られたが、昭和22年8月4日にC男の養子とされた。Yはそれ以来C男の下で暮らし、C男D女夫婦（昭和27年11月24日婚姻）の子として育てられ、A男B女夫婦とは没交渉の状態にあった。
　A男B女夫婦は昭和26年3月16日にX（昭和24年1月22日生まれ）を養子とし同居生活を送ってきた。
　A男は平成4年4月29日に死亡した。
　XはYを被告として亡A男とYとの親子関係不存在確認の訴えを提起した。
　1、2審とも、B女がYをA男の子として懐胎することは客観的にみて不可能であったとして、Xの親子関係不存在確認の訴えを適法と判断した上、Xの請求を認容した。Yはこれに対し上告を行ったが、その上告は棄却された。

【判決要旨】

「Yは、A男とB女との婚姻成立の日から200日以後に出生した子であるが、B女がYを懐胎した時期にはA男は出征中であってB女がA男の子を懐胎することが不可能であったことは明らかであるから、実質的には民法772条の推定を受けない嫡出子であり、また、Yの出生から40数年を経過してA男が死亡した後にその養子であるXがA男とYとの間の父子関係の存否を争うことが権利の濫用に当たると認められるような特段の事情は存しないなど判示の事情の下においては、XがYを被告として提起した親子関係不存在確認の訴えは、適法である。」

（２）嫡出推定が排除されなかった事例（最三小判平成12年３月14日、集民第197号375頁）

【事実の概要】

XとA女は平成３年２月２日に婚姻の届出をし、A女は上記婚姻成立の日から200日が経過した同年９月２日にYを出産した。YはXの届出により戸籍上XとA女の嫡出子として記載されている。

XとA女は平成６年６月にYの親権者をA女と定めて協議離婚をした。

その後Xは、Yが自分の子ではないとの噂を聞き、A女に問い質したところ、平成７年１月22日、A女がXに対してこれを肯定する電話をし、また、B男がXに対して、Yは自分の子である旨を述べた。そこで同年２月16日、XはYに対して親子関係不存在確認の訴えを提起した。

第１審は、民法第772条によりYがXの子であると推定されるため、XはYに対し上記訴えを提起することはできないとした。

これに対し原審は、嫡出推定および嫡出否認制度の基盤である家族共同体の実体が失われている場合には、真実の血縁関係に合致した父子関係の確定のために、例外的に上記訴えは許されるとした。

Yが上告。破棄自判。

【判決要旨】

「夫と妻との婚姻関係が終了してその家庭が崩壊しているとの事情が存在することの一事をもって、夫が、民法772条により嫡出の推定を受ける子に

対して、親子関係不存在確認の訴えを提起することは許されない。」

(3) 検討

上記の2事例は、両者とも外観説に立ちながら、平成10年判決は嫡出推定の排除を認め、平成12年判決はそれを認めなかった。外観説は当該子がその母の夫によって懐胎される可能性がないことが外観上はっきりしている場合に限り嫡出推定を排除するものであるが、これはすなわち、当該夫婦間に性交渉がなかったことが外観上明らかな場合である。夫婦の間に性交渉がない理由が外観上明らかな場合（夫の長期に亘る海外滞在等）に夫婦間の性交渉の不存在を公にすることは夫婦の秘事の暴露とはいえないが、夫婦の同居生活が継続している場合には、たとえ実際には夫婦間に性交渉がなかったとしても、それを明らかにすることは夫婦の閨房に立ち入ることになる。ところで、当該夫が生殖不能である場合にも当該子がその母の夫によって懐胎される可能性はないといえる。しかし、夫が生殖不能であるというような事実は正に夫婦の秘事であり、外観説の守備範囲ではない。

平成10年判決では、「B女がYを懐胎した時期にはA男は出征中であってB女がA男の子を懐胎することが不可能であったことは明らかである」として、嫡出推定が排除された。これに対し平成12年判決では、XとA女との婚姻関係は終了してその家庭は崩壊しているということは認めたが、「A女がYを懐胎すべき時期に、既に夫婦が事実上の離婚をして夫婦の実態が失われ、又は遠隔地に居住して、夫婦間に性的関係を持つ機会がなかったことが明らかであるなどの事情」（強調は引用者）は認められないとして、嫡出推定は排除されなかった。

改めて後述するが、嫡出推定＝否認制度に存在意義を認める立場からは最高裁の判断は妥当である。

3 学　説

すでに述べたように、父性推定規定は正常な婚姻関係を前提としている。したがって、異常な事情のために夫による懐胎ということが絶対にあり得ない場合には、この規定の適用は排除されるべきである（ドイツ民法では1998年

までこのことが明文をもって規定されていた[44])。

しかし夫による懐胎が絶対にあり得ない異常な事情はいろいろ考えられる。例えば、①夫の長期不在・行方不明・服役・入院、②事実上の離婚、③夫の生殖不能等、また、事後的に④夫と出生子との人種の不一致、⑤夫と出生子との血液型の不一致等があれば、それもやはり夫による懐胎ではあり得なかったという証になるだろう。そして、これらすべての場合に民法第772条の適用を否定することが妥当か否かについて見解が分かれているのである。主な説は以下のとおりである。

（1）外観説

嫡出否認制度の趣旨が家庭の平和の保護および夫婦間の秘事の非公開にあり夫婦間の個人的交渉に立ち入るべきでないことを根拠に、民法第772条の推定が及ばないのは、夫の失踪・出征・在監・外国滞在や事実上の離婚成立等、夫による懐胎の可能性がないことが外観上はっきりしている場合に限るとする説[45]。通説である。最高裁の判例も、離婚に先立ち約2年半の間別居をしていた夫婦が離婚をした後、その300日以内に妻たりし女子の産んだ子には民法第772条の推定が及ばないとしている[46]。外観説によれば上記③、⑤の場合には推定が及ぶことになる（父子関係を争うには嫡出否認の訴えによらなければならない）。

（2）血縁説

受胎可能性が完全に存在しないすべての場合に同条の推定を排除するとする説（客観説・無制限説）[47]。この説によれば上記のいずれの場合にも推定は及ばないことになる（父子関係を争うには一般的な親子関係不存在確認の訴えで足りる）。下級審裁判例には、上記③、④、⑤のような場合にも推定を否定するものがある[48]。

---

(44) 1998年までのドイツ民法典第1591条第1項は、諸状況から判断して、妻が夫によって当該子を懐胎したということが明らかに不可能な場合は、その子は嫡出でない旨を規定していた。
(45) 我妻栄『親族法』（昭和36年、有斐閣）221頁
(46) 最判昭和44年5月29日民集23巻6号1064頁
(47) 中川善之助『新訂親族法』（昭和40年、青林書院新社）364頁以下
(48) 青木義人・大森政輔『全訂戸籍法』（昭和57年、日本評論社）261頁

（3）家庭破綻説（折衷説）

　外観説の出発点である家庭の平和と血縁説が重視する真実主義との調整を図るべく、家庭の平和がすでに崩壊している場合には真実主義に途を譲って嫡出推定を排除しようとする説[49][50]。

（4）新家庭形成説（新・家庭破綻説）[51]

　嫡出推定の排除を認めるべき要件としては、従来の家庭が破綻してその平和が崩壊しているということだけでは足りず、それに加えて子を巡る新家庭がすでに形成されているという事情があり、それを認めることが子の利益に合致するものであることをも要するとする説[52]。

（5）合意説

　当該子、その母そしてその夫の三者の合意があれば、嫡出推定の排除を認めてよいとする説[53]。

4　裁判所の立場

（1）判例

　民法第772条第2項所定の期間内に生まれたにもかかわらず嫡出否認の対象とならない「推定の及ばない子」というカテゴリーを認めた昭和44年5月29日の最高裁判決（民集23巻6号1064頁）以来、本章で取り上げた2つの判決も含めて、判例は外観説を踏襲している。

（2）下級審裁判例

　昭和48年に松倉耕作教授によって家庭破綻説が提唱された頃から、家庭裁判所における「合意に相当する審判」（家事審判法第23条、いわゆる「23条審判」）

---

(49)　松倉耕作「嫡出性の推定と避妊」法時45巻14号133頁以下
(50)　梶村太市「婚姻共同生活中の出生子の嫡出推定と親子関係不存在確認」（同『家族法学と家庭裁判所』（平成20年、日本加除出版）273頁以下）
(51)　梶村太市元判事が、水野紀子教授の論考（「嫡出推定・否認制度の将来」ジュリ1059号115頁以下）から示唆を得られ、従来の立場に一部修正を加えられた説。
(52)　梶村太市「嫡出子否認の訴えと親子関係不存在確認の訴え―嫡出推定排除と科学的証拠に関する最近の東京高裁の2判決を素材として」（同『家族法学と家庭裁判所』（平成20年、日本加除出版）289頁以下）
(53)　福永有利「嫡出推定と父子関係不存在確認」家族法の理論と実務（別冊判例タイムズ8号）254頁

を中心に同説に依拠したものが現れ始め、今日ではそれが相当数に至っている。
(54)

　人事訴訟においても、神戸地裁平成3年11月26日判決（判時1425号111頁）、東京高裁平成6年3月28日判決（判時1496号76頁）、東京高裁平成7年1月30日判決（判時1551号73頁）等、下級審で同説を採るものがある。

Ⅵ　むすび──「嫡出子」について思うこと

　以上、嫡出父子関係は血縁の存在を前提としているとする一般的な理解の下で論述を進めてきたが、これが今日「子Xは嫡出子である」というすべての場合について妥当するかを、「はじめに」で示した4つの例に沿って検討してみる。

　甲男乙女の夫婦間において、
ⅰ）父が甲・母が乙で婚姻成立の日から200日が経過した後にXが生まれた場合（「はじめに」で挙げた①-aの場合）
　これはまさに民法の立法者が「嫡出子」として想定したものである。
ⅱ）父が甲・母が乙で婚姻成立後200日以内にXが生まれた場合（①-b）
　これは、民法の立法者が「嫡出子」として想定したものではないが、判例・学説によって生来の嫡出子であると認められるに至ったいわゆる「推定されない嫡出子」（第1タイプ）である。
ⅲ）父が甲以外の男子丙・母が乙で、甲乙間の婚姻成立の日から200日が経過した後にXが生まれた場合（②-a）
　これは形式的には民法の立法者が想定していた嫡出子である。したがって、このXは原則として「推定される嫡出子」として取り扱われなければならないものであり（これは嫡出子として届け出られなければならない）、第2タイプの「推定される嫡出子」である。
　ここでのXには民法第772条の推定が働いているので、表見父子関係を否

---

(54)　梶村太市「嫡出子否認の訴えと親子関係不存在確認の訴え──嫡出推定排除と科学的証拠に関する最近の東京高裁の2判決を素材として」（同『家族法学と家庭裁判所』（平成20年、日本加除出版））301頁

定するためには嫡出否認の訴えによらなければならない。しかしこのようなXの中には、同条の推定の基礎が欠けているため、表見父子関係を親子関係不存在確認の訴えで否定できるものもいる。これが「推定の及ばない子」（第2タイプの「推定されない嫡出子」）であること、またその線引きについては諸説があること、については既述のとおりである。

　ところで、父性推定規定の適用範囲に関する多数説である限定説に従えば、当該子が夫の子でないことが外観上明瞭な場合にのみ父性推定が及ばないことになるので、例えば血液型の不一致により当該夫の子でないことが客観的に明らかになったような子も「推定される嫡出子」として扱われることになる。その結果、当該子とその表見父との父子関係は嫡出否認の訴えによってのみ覆されることができるので、もしその表見父がこの訴えを提起せずに出訴期間が徒過し、または表見父が当該子の嫡出性を承認しそれにより嫡出否認権が消滅すれば、血縁的事実と異なる嫡出父子関係が法律上のものとして確定してしまう。つまり、母の夫の血統を引き継いでいない嫡出子の出現である。この嫡出子は一般的な理解とは異なるが、少なくとも理論的には存在し得る。(55)このようにわが国の嫡出推定制度は、それによって確定される父子関係の中に、血縁によって結ばれていない父子関係を法律上の父子関係としてしまうことがあり得ることを承認しているのである。現行民法は法定親子関係として養子を唯一のものとしているが、実子が必ずしも「実の子」でない場合を承認している現行法の下では、実子も法定親子関係と呼んでもよいのではないだろうか。客観説によればこのような嫡出子は現れてこないが、これを採用すると民法第774条以下の嫡出否認制度が完全に骨抜きになってしまう恐れがある。嫡出推定＝否認制度は、①夫婦関係の秘事の公開防止、②家庭の平和の維持、③法律上の父子関係の早期安定、④子の養育の確保、を目的として現行法上認められているものであるが、同制度の空洞化の傾向に不快感を示す論者もいる。実務では、23条審判において当事者間に合意が成立するときには嫡出否認の訴えの提訴権者や提訴期間などにとらわれ

---

(55)　民法第776条はこのような嫡出子の存在を前提としなければ理解できない規定である。そもそも父性を否認し得るのは（否認権を有しているのは）真実の父以外の男子であるところ、同条はこのような男子が嫡出性を承認できることを謳っているからである。

ず父子関係を否定する傾向にある。合意ができず23条審判が使えない場合についても、前述の昭和44年5月29日の最高裁判決が「推定の及ばない子」なるものを認め、空洞化に拍車がかかってしまっているのが現状である。[56]

　学説においても、血縁説、家庭破綻説は嫡出推定＝否認制度を否定するものである。血縁説は、外観説が推定を排除する場合はもちろんのこと、夫と当該子の血液型の背馳や人種の不一致等子の出生後に明らかになった事実によっても嫡出推定を排除する。これは当該夫婦間の関係は問題としていない。どんなに仲のよい夫婦の間に生まれた子でも、その子が夫の子でないことが明らかになれば嫡出推定は及ばない。これでは嫡出否認の訴えを設ける意味がない。水野紀子教授が指摘されているように、血縁関係の有無を科学的証拠によってむやみに明らかにすべきではない。「科学的鑑定を裁判に利用するにあたっては、血縁上の親子関係が明らかになることで争いに決着がつく訴訟類型でありかつそれを明らかにすることが子の福祉を害しない親子関係の争い、つまり科学的鑑定を利用することができる親子関係の争いを明確に限定することをまずしなければならない。そのような争い以外では、そもそも科学的鑑定を主張することが許されるべきではなく、<u>既に確立している法的親子関係を争う場合の多くは、その許されない場合に入るであろう</u>」[57]（強調は、引用者）。家庭破綻説が説くところも、父子関係を問題視する段階では家庭の平和はすでに崩壊している場合がほとんどで、結局血縁説と大差はない。

　現行法の解釈としては、判例が採用する外観説が妥当である。

　なお、新家庭形成説では、新家庭が形成されていなければ血縁のない父に当該子の養育の義務を負わせることになる。当該子の懐胎時期に家庭の平和がすでに崩壊していれば夫としてもその子の父性を疑う余地があろうが、その子の出生後1年以上が経過した後にその子が実は自分の子ではないと知ることになった父の心中を察すると、子の養育の重要性は十分承知しているが、そのような父には嫡出性を否定する途を開いてあげたくなる。

---

(56)　水野紀子「嫡出推定・否認制度の将来」ジュリスト1059号115頁（115頁）
(57)　水野紀子「嫡出推定の及ぶ子について、嫡出否認の訴えによることなく、親子関係不存在確認の訴えにより父子関係を否定した事例」判評435号55頁（48頁）

嫡出否認の訴えにつきその出訴期間の起算点を「否認すべき子の出生を知った時」と解することで、不実の父子関係の確定を避けようとする審判例があり[58]、有力学説もこれを支持している[59]。現行法の解釈論としては許容される拡張であると考える。

iv）父が甲以外の男子丙・母が乙で、甲乙間の婚姻成立後200日以内にXが生まれた場合（②-b）

これは乙の非嫡出子にほかならず、届出もそのようになされるべきものである。しかしまたこのXは、婚姻中の女子が産んだ子であるので「推定されない嫡出子」としての外観も呈している。したがってXは、真実には反することになるが、甲乙間の（表見）嫡出子として届け出られることもできる。その限りにおいてこのXもまた、父子間に血縁関係は存在しないが、嫡出子である。ただしこのXは、法律上の推定という盾を持っていないので、たとえ甲が妻乙の不貞を宥恕しXをわが子として受け入れ平穏な親子関係を続けていても、その父子関係は利害関係者からいつでも親子関係不存在確認の訴えによって否定され得る非常に脆いものである[60]。

このように、「ある子はある男子の嫡出子である」ということと「その子はその男子の血を引いている」ということとがすべての場合で一致するというものではないということをまず認めなければならず、その上で嫡出子の定義を考える必要がある。法律上の父子関係を決定するということは、「誰が当該子の父であるか」ではなく「誰を当該子の父とするか」を決することである。血縁の存在は親子関係とその他の人間関係とを区別する本質的なもの

---

(58) 札幌家審昭和41年8月30日家月19巻3号80頁、東京家審昭和42年2月18日家月19巻9号76頁、松江家審昭和46年9月30日家月24巻9号173頁、奈良家審昭和53年5月19日家月30巻11号62頁等
(59) 久貴忠彦『親族法』（昭和59年、日本評論社）171-172頁
(60) この点に関しては、第5章で取り上げた平成10年の最高裁判決において福田博裁判官が、「嫡出推定が排除される（親子関係不存在確認の訴えで父子関係を否定できる―引用者）場合であっても、父子関係の存否を争い得るのは、原則として、当該家庭を構成している戸籍上の父、子、母、それに新たな家庭を形成する可能性のある真実の父と主張する者に限定されるべき」であり、「それ以外の第三者については、（中略）たとえ身分上、財産上の利害関係が存する場合であっても、むしろ特段の事情のない限り、親子関係不存在確認の訴えの提訴権者となり得ないものと解する」ことが身分関係の早期安定を図り、第三者の家庭への介入を防ごうとする民法の趣旨にかなうものである、と鋭い指摘をされている。

ではあるが、その一事をもって社会関係たる法律上の親子関係を決定すべきではないと考える。

---

(61) 谷口知平『親子法の研究』(昭和31年、有斐閣) 4頁

成年者保護と憲法
――世話、措置入所および強制治療――

フォルカー・リップ
Volker LIPP

（訳）青木仁美

I　はじめに
II　憲法上の条件
III　国家により組織された成年者保護：法的世話
IV　私的な成年者保護：老齢配慮代理権
V　措置入所および強制治療
VI　展　望

I　はじめに

　自由主義国家は、高齢、病気または障害の場合においても人間の尊厳および自律を尊重し、かつ保護しなければならない。他方で、病気の者、障害者および高齢者は、特別な保護をたびたび必要とする。成年者保護法は、すなわちドイツにおいては、とりわけ法的世話、老齢配慮代理権（Vorsorgevollmacht）、措置入所（Unterbringung）および心的病気罹患者に関する州法は、本人の権利を、とりわけ有益かつ適切な医的治療および健康配慮に関する本人の要求を保護し、かつ実現すべきである。しかしながら他方で、これは本人の権利の制限と結びついている。このことは、本人の意思に反して世話人を任命する場合、措置入所の場合および強制治療の場合に顕著となる。

　自由と監護（Fürsorge）の緊張関係は、以前から成年者保護を特徴付けていた[1]。このため、成年者保護は、常に基本法および人権法に関する議論の対象にもなっていた。ここでは、長い間、国連障害者権利条約が重要な地位を

（1）　成年者保護の歴史および発展に関しては、次の文献を参照されたい。Vgl. *Holzhauer,*

占めている。強制治療に関する最新の連邦憲法裁判所判決および連邦通常裁判所判決によって、憲法的次元が再びとりわけ明確になった。世話法における強制治療は、その間に法律によって規制された。これに対し、心的病気罹患者に関する州法に基づく強制治療については、これまで第一草案しか存在しない。

このため、尊敬する日本の同僚であり、かつドイツ成年者保護法の優れた専門家である田山輝明教授にささげる本稿は、ドイツ成年者保護法の現在の憲法に関する挑戦およびそこから生じる今後の展望を論じるものである。これに関して、まず、憲法上の条件（Vorgabe）（II）、その世話に関する結果（III）および老齢配慮代理権（IV）を概観する。その後、このような背景のもとで、措置入所および新たに規定された強制治療を詳細に検討することができ（V）、最終的に成年者保護の展望を述べることができる（VI）。

II 憲法上の条件

1 文言の調査結果

基本法は、人間の尊厳を保障しており（基本法1条1項1文）、かつ自由権によって人間の自己決定権を保護している。もっとも、実際に自己責任に基づ

　　　Gutachten B für den 57. DJT: Empfiehlt es sich, das Entmündigungsrecht, das Recht der Vormundschaft und der Pflegschaft über Erwachsene sowie das Unterbringungsrecht neu zu ordnen?, in: Verhandlungen des 57. Deutschen Juristentags, Band I, 1988 und jüngst *Heider*, Die Geschichte der Vormundschaft seit der Aufklärung, 2011.
（2） Übereinkommen über die Rechte von Menschen mit Behinderungen, BGBl. 2008 II S. 1420; zur Bedeutung der UN-BRK für das Erwachsenenschutzrecht vgl. *Aichele/v. Bernstorff*, BtPrax 2010, 199 ff.; *Lipp*, FamRZ 2012, 669 ff.; *Rosenow*, BtPrax 2013, 39 ff.; sowie die Beiträge von *Schmahl, Ganner und Arai*, in: *Coester-Waltjen/Lipp/Schumann/Veit* (Hg.), Perspektiven und Reform des Erwachsenenschutzes, 2013, S.11 ff., 41 ff., 63 ff.
（3） *BVerfGE* 128, 282 ff. = FamRZ 2011, 1128 ff. = BtPrax 2011, 112 ff.; BVerfGE 129, 269 ff. = FamRZ 2011, 1927 ff. = BtPrax 2011, 253 ff.; BVerfG, BtPrax 2013, 61 ff.
（4） *BGHZ* 193, 337 ff. = FamRZ 2012, 1366 ff. m. Anm. *Bienwald und Sonnenfeld* = JZ 2012, 1182 ff. m. Anm. *Lipp* = NJW 2012, 2967 ff. m. Anm. *Dodegge*, NJW 2012, 3694 ff.; übereinstimmend BGH, BtPrax 2012, 218 (Leitsatz). この判決は、www.bundesgerichtshof.de. にて全文を参照できる。
（5） これについては、V. 3. c) にて後述する。
（6） *BVerfGE* 65, 1, 41; *Dreier*, in: *Dreier* (Hg.), Grundgesetz. Kommentar, 2. Aufl. 2004,

いて決定し、かつ行動するという能力の現れ方は非常に様々である。多くの人は、この能力を完全に失ってさえいる。たとえば、重度の認知症に罹患している者、重い心的病気の切迫した段階にある者または昏睡状態にある者である。基本法がこのようなことを考慮せずに、全ての者に人間の尊厳および基本権を保障する場合には、そこでは、憲法の意味内容が重要な意義を有する。つまり人間の尊厳と基本権は、全ての者に対し、その出生の瞬間から最後に息を引き取るまで、本人がこの権利を自ら行使できるかどうか、またどの範囲においてかに全く関係なく認められる。

2 連邦憲法裁判所判決の発展方向

ここから連邦憲法裁判所は、すでに1951年に行為能力剥奪宣告を受けた者の憲法異議に関する最初の結論を導き出した。その結論は、行為能力剥奪宣告を受けた者は、その者が行為能力を剥奪されたことを理由としてすでに手続無能力であるのではなく、その者の状態が具体的な手続を行う能力を排除する場合に手続無能力となるというものだった。ここから判例は、行為無能力者または訴訟無能力者が、裁判所がその者の行為能力または訴訟能力を確定したことに対して異議を述べる場合には、その者は訴訟能力を有すると見なされるべきであるという原則を発展させた。このことは、本人の人間の尊厳からも結果として生じるとされた。

1960年に連邦憲法裁判所は、基本法104条2項から、行為能力剥奪宣告を受けた者をその後見人によって民事法に基づき措置入所させることは、裁判所の許可によってのみ許容されるという結論を出した。人身の自由に関する基本権（基本法2条2項2文）は、精神病者にも認められる。国家が精神病者を（措置入所および心的病気罹患者に関する州法に基づいた公法上の措置入所のように）自ら措置入所させるのではなく、後見人に対し措置入所に関する権限を与え、かつ後見人にその後措置入所を指示する場合にも、これに関して基本法

Art. 1 GG Rn.137, 157.
(7) Vgl. *Starck*, in: *v. Mangoldt/Klein/Starck*, 6. Aufl. 2010, Art. 1 GG Rn.18 ff.
(8) *BVerfGE* 1, 87, 89; vgl. auch BVerfGE 19, 93, 100.
(9) Vgl. *BGHZ* 35, 1, 9 f.; *Lindacher*, in: Münchener Kommentar zur ZPO, 4. Aufl. 2012, §§ 51, 52 ZPO Rn.45.

104条2項に基づき、同様に裁判所による許可が必要となるとした[10]。

しかしながら連邦憲法裁判所は、行為能力の剥奪および後見制度に関しては許容すべきものと考えている。これ以上に問題となっていたのは、強制監護、すなわち本人の意思に反して監護者を本人の法定代理人として任命することであった。法は、強制監護を規定していなかった。むしろ判例は、強制監護を法に反して、行為能力剥奪宣告に代わる選択肢として障害者監護制度 (Gebrechlichkeitspflegschaft) から発展させた。しかしながら、強制監護が行為能力剥奪宣告と比較するとより緩やかな手段であることを理由に、連邦憲法裁判所は、強制監護を憲法に合致すると見なしていた。もちろん、とりわけ行為無能力と監護必要性を確定させる法治国家による手続が要件とされた[11]。

連邦憲法裁判所は、1981年に初めて、公法上の措置入所に関する判決において、国家による成年者保護に関する実体上の要請に取り組んだ。出発点は、再び、全ての者に基本権を認めることの確定であった。このため、心的病気の者もまた「病気に関する自由」を有するとされた。しかしながら、自己決定に関する本人の能力が侵害されており、かつその都度の措置が本人保護のために必要となる場合には、本人を自分自身から保護するための国家による干渉は可能であるとされた。このようなケースにおいて、健康維持の際に必要である場合にも、監護的干渉は国家に対し許容されると考えられた[12]。

このことは、今日に至るまで、国家による成年者保護の中心的内容となっている。その後の判例において、裁判所は、とりわけ比例原則の意義、法的手続の意義および十分な事実調査の意義、ならびに法的基礎の必要性を強調してきた[13]。

立法者は、世話法による成年者保護法の基本的改正の際に、この判例を取

---

(10) *BVerfGE* 10, 302, 327 ; vgl. auch *BVerfGE* 54, 251, 268 f.; *BVerfGE* 75, 318, 327 ; *Starck*, in : *v. Mangoldt/Klein/Starck* (Fn.7), Art. 1 GG Rn.232.
(11) *BVerfGE* 19, 93, 99.
(12) *BVerfGE* 58, 208, 225 f.
(13) *BVerfG* (K), FamRZ 1998, 895 f. = NJW 1998, 1774 ff.; vgl. auch *BVerfGE* 70, 297 ff. (strafrechtliche Unterbringung); sowie die Entscheidungen zur Zwangsbehandlung im Maßregelvollzug (Fn.3) *BVerfGE* 128, 282 ff.; *BVerfGE* 129, 269 ff.; *BVerfG*, BtPrax 2013, 61 ff.; und schon *BVerfG* (K), FamRZ 2009, 1475 ff. = NJW 2009, 2804 f.

り上げた。これにより、1992年1月1日に、行為能力剥奪宣告、成年者に対する後見および障害者監護制度が廃止され、法的世話制度に取って代わることとなった。

連邦憲法裁判所は、世話人の任命に関し3つのケースにおいて取り組んだ。最初のケースにおいては、エホバの証人である本人の夫が世話人に任命されていた。この夫は、患者である妻が意識不明であった際に、輸血に同意した。しかし、彼女は前もって医師に対し輸血を拒否することを説明し、かつその信仰団体の関係者に与えた代理権を提示していた。連邦憲法裁判所は、夫を世話人に任命したことを確かに患者の一般的行動自由に対する侵害とみなした。しかし裁判所は、代理権を認識していなかったことを理由として、患者の基本権は侵害されなかったとした。患者にとって、輸血に対する世話人の同意が基本権侵害にあたるかどうかについては、連邦憲法裁判所は未解決とした。[14]

第2のケースにおいて、本人は、2つの老齢配慮代理権を与えていた。親族からの申請に基づき、後見裁判所は、両方の代理権を早急に撤回する監督世話人（Kontorollbetreuer）を任命した。連邦憲法裁判所は、監督世話人の任命を自己決定権に対する侵害とみなした（基本法1条1項との関連で基本法2条1項）。詳しくいうと、それは、次の2つの観点から決定されていた。一方では、世話人が事情によっては本人の意思に反して行動することができ、かつ行動することが許されることから（ドイツ民法典1901条3項1文）、監督世話人の任命は、被世話人自身の決定の自由を制限しているとされた。他方では、本人は、老齢配慮代理権を付与したことによって、その自己決定権を行使したと考えられた。監督世話人が代理権撤回のための権限を得るのであれば、自己決定権の行使に介入する。このため、連邦憲法裁判所は、これに対して本人に効果的な法的保護の可能性を開かなければならなかった。[15]

第3のケースでは、自由の剥奪措置のために裁判所の許可を得るという老齢配慮代理権者の義務が問題となった。連邦憲法裁判所は、裁判所による許可が代理権行使に際する裁判所のコントロールによって代理権授与者の保護

---

(14) *BVerfG*（K）, FamRZ 2009, 945 ff. = NJW 2002, 206 ff.
(15) *BVerfG*（K）, FamRZ 2008, 2260 ff.

に資すること、およびこのために代理権授与者の自己決定権への侵害とはならないことを明確にした。[16]

近年、連邦憲法裁判所は、同様に3つのケースにおいて、強制治療に関して判決を出さなければならなかった。[17]全てのケースにおいて、患者は、措置執行（Massregelvollzug）における刑法上の判決に基づいて措置入所させられていた。連邦憲法裁判所は、措置執行における退院能力（Entlassungsfähigkeit）を導くための強制治療が一般的には許容されないとは解さずに、強制治療の国家命令の際に、法的基礎を必要とする重大な基本権の侵害が問題となることを明確にした。強制治療の目標は、自己決定のための能力を再び確立することでなければならない。強制治療は、最終手段として、基本法の条件にも国連障害者権利条約の要件にも合致するとされている。強制治療は、全てのケースにおいて、患者が同意無能力である場合にのみその実施が許される。厳格な比例性の検討が必要となる。これには、とりわけ患者が計画されている治療に関して分かりやすい情報提供を受け、かつ信頼に基づいた同意に至ることの試みが含まれる。この実体的要請は、手続法に基づき例えば医師の留保と書類の必要性によって、強制治療要件の独立した検討によって、および患者が強制治療の実施前に裁判所による法的保護を得る可能性を有することによって保障されるべきである。

この要請を満たしている州法は存在しない。これは、ザクセンについてもいえる。ザクセン州法は、必要な実体法上の規制および手続法上の規制を有しておらず、その代わりに単に法定代理人の同意を指示しているからである。しかしながら、世話人の介入は、法律上の規制を適切に代替するものではない。

連邦憲法裁判所は、措置執行における強制治療に関するこの憲法上の条件を発展させた。そこではその都度、措置目標の達成のための強制治療が、すなわち退院能力が問題となっていた。[18]これは、当該要請が成年者保護の枠組

---

(16) *BVerfG* (K), NJW 2009, 1803 ff.
(17) *BVerfGE* 128, 282 ff; *BVerfGE* 129, 269 ff.; *BVerfG*, BtPrax 2013, 61 ff.; これ以外の参考文献として、脚注3参照。
(18) *BVerfG*, BtPrax 2013, 61, 63.

みにおいてもどの程度顧慮されるべきかという疑問を投じている。というのも、ここでは強制治療が自己を危険にさらすことからの保護という他の目標に資するからである。最初の答えは、公法上の措置入所判決から引き出されている。[19] そこでは、治療を目的とした措置入所により、自己を危険にさらすことからの保護が問題となっていた。連邦憲法裁判所は、治療を目的とする措置入所を本人の自己決定権およびその「病気に関する自由」に対する侵害とみなした。しかしながら、自己決定のための能力が著しく害されており、かつ企図されている措置が必要性および相当性を有している場合には、当該保護は許容されるとした。このため、自己を危険にさらすことからの保護は、措置入所だけではなく本人の意思に反した治療をも憲法上正当化することができ、前提とされるのは、本人が同意無能力であり、強制治療が本人保護にとって適切であり、必要であり、かつ相当性を有していることである。措置執行における強制治療について、連邦憲法裁判所は、この要請をさらに具体化した。しかし、措置執行に関して発展させられた条件が、全ての状況において、例えば被収容者を重大な生命の危険または健康の危険から救うためといった他の目的遂行のために強制治療が行われる場合にもあてはまるかどうかについて、連邦憲法裁判所の最新判例は、明確に未解決とした。[20] これに関しては、また後述する。[21]

3 老齢配慮代理権の憲法的位置づけ

しかしながら、先ほど述べた側面は、成年者保護に関する憲法上の条件の全体像を与えるものではない。このことは、まず、老齢配慮代理権に該当する。老齢配慮代理権はこれまで判例において自己決定権の行使とみなされてきたのに対し、世話は侵害とみなされてきた。もっとも、世話人も本人の申請および希望に基づき任命されうる（ドイツ民法典1896条1項1文および2文参照）。そうなると、代理権授与と世話の差異は、任命という形式的行為に限定される。このため、連邦憲法裁判所は、裁判所による任命という侵害的特

---

(19) 前述脚注12参照。
(20) *BVerfG*, BtPrax 2013, 61, 63.
(21) 後述V.1.

徴に関して、世話人がその活動に際し確かに原則的には被世話人の希望に拘束されているが、場合によっては被世話人の意思に反して行動でき、かつ行動しなければならないという見解を正当に有している[22]。

このことは、いうまでもなく老齢配慮代理権者についてもいえる。老齢配慮代理権者は、同様に本人をその意思に反して閉鎖的施設に収容することができ、そこではまさに同じ要件のもとで（ドイツ民法典1906条5項）強制治療に同意することができる。このことは、老齢配慮代理権が世話と同様に自己決定権への侵害をもたらしうることを示している[23]。このため、老齢配慮代理権のこの「ダークサイド」が曖昧にされる場合には、それは、〔問題解決には―訳注〕不十分である。このため、老齢配慮代理権は、単なる自己決定の表明ではない。世話と同様に、老齢配慮代理権も自己決定の著しい制限をもたらしうる。しかしながら老齢配慮代理権は、国家による侵害とは評価されない。

4 成年者保護の憲法上の基礎

これまで、成年者保護の憲法上の基礎も明確にされていない。確かに連邦憲法裁判所の判例は、どのような条件のもとで世話が本人の自己決定権と結びつくのかを明示している。しかしながらその判例からは、なぜ、国家が自己決定かつ自己責任に基づく決定を行うことができない者を、その者自身から保護するよう義務付けられているのかが導かれていない[24]。

国家の保護義務は、基本法における人間の尊厳の保障および平等原則の調和から生じる。基本法は、自己決定権を様々な自由権によってのみ保護するのではない。むしろ自己決定権は、基本法1条によって保護されている人間の尊厳の核であり続けている[25]。人間の尊厳および自己決定権は、全ての者に等しい方法で認められており、高齢、病気または障害によってその自己責任性を制限された者にも認められている（基本権1条1項および3条1項）[26]。国家

---

(22) *BVerfG* (K), NJW 2002, 206 ; *BVerfG* (K), FamRZ 2008, 2260, 2261.
(23) Vgl. auch *BVerfG* (K), FamRZ 2009, 945, 946 = NJW 2009, 1803, 1804.
(24) Vgl. nur *BVerfGE* 58, 208, 225.
(25) 前述 II. 1。
(26) *Starck*, in *v. Mangoldt/Klein/Starck* (Fn.7), Art. 1 GG Rn.18 ff.

はこの自己決定権を基本法1条1項に基づいて尊重し、かつ保護しなければならない。

これに関しては、2つの表現がとられている[27]。一方では、国家は市民の自己決定権を無視してはならない（尊重命令）。他方では、国家は市民の自己決定権の実現について配慮しなければならない（保護命令）。尊重命令からは、世話人の任命は、本人に自己責任に基づいて自由な決定を行う能力がなく、かつ本人自らが事前配慮を行っていなかった場合に初めて憲法上許容されるということが結論として出される。他方で保護命令は、その援助によって彼らがその病気または障害にもかかわらず、実際に他の全ての者と同様の方法で自己決定に関する権利を実現できる制度を、これらの者に利用可能にしておくことを国家に対して義務付けている。

したがって、保護義務および平等原則は、法的世話に関する憲法上の基礎を形成している。これに対し尊重命令は、本人がその病気または障害のために実際に自己責任に基づいて決定できず、かつ自ら事前配慮を行っていなかったケースに法的世話を限定する。

この出発点は、国際的な人権保護の現代的理解に合致する。たとえば、国連障害者権利条約は、権利能力および行為能力を平等に保障することによって、障害者差別の禁止と自己決定権の承認を規定している。締結国は、自己決定権を尊重しなければならず、第三者の侵害から保護しなければならず、かつ自己決定権の実現について配慮しなければならない。これら3点は、成年者保護の人権法上の基礎を形成している[28]。

ドイツの成年者保護法は、法的世話以外にとりわけ老齢配慮代理権を設けており、老齢配慮代理権を優先してさえいる。私的な事前配慮の可能性および優先性はともに、基本法による自律の承認および保護に基づいている。もっとも、老齢配慮代理権の付与は自己決定の行為というだけではなく、さらに世話と同様に本人を自分自身から保護することに資する[29]。このため老齢配

---

(27) 引き続き詳細なものとして、次の文献がある。*Lipp*, Freiheit und Fürsorge, 2000, S.118 ff., 141 ff.

(28) これについてより詳しくは、次の文献参照。*Lipp*, FamRZ 2012, 669, 671 ff; vgl. auch *Schmahl* (Fn.2), S.16 ff.; その都度、異なる見解に関してもこれ以外の文献がある。

(29) 同様に、私法的性格の強調にもかかわらず、次の文献がある。*Löhnig*, in: *Löhnig/Schwab/*

慮代理権は、最終的には同様に、その国民に対して保護義務により権利擁護を私的に準備するための制度を整備するという、国家の保護義務に基づいている。

5 「国家権力の機関」としての世話人および老齢配慮代理権者？

　これまで連邦憲法裁判所は、世話人の個々の措置自体がどれほどの範囲において国家による基本権侵害であるかどうかを未解決のままにしていた[30]。これに対して連邦通常裁判所は、以前の強制治療に関する判決においてこれを肯定し[31]、かつ世話裁判所だけではなく、世話人も国家権力の機関であるとの見解を示した。このため、被世話人の意思に反する世話人の措置は、国家による侵害とされた。連邦通常裁判所は、2012年6月の最新判例において類似の見解を示した。国家は世話人を任命することができるので、これによって世話人は基本権の束縛から解放さえ得ないとしたのである。もっとも連邦通常裁判所は、ここから世話人に関する法律上の権限の基礎に対する要請ではなく、むしろ世話人のコントロールに対する要請を導き出した。

　このことは、強制治療に関して結果的にまったく正しいものであり、立法者はすでにその間に喜ぶべき速さにおいて対応し、世話法に法律上の規制を設けた。しかし、世話人は国家権力の機関であるという出発点は、引き続き明確に批判されなければならない。というのも、この出発点は、概念的に間違った方向へと向かうからである。この出発点を論理一貫して最後まで考えると、法律が世話人に対し、場合によっては被世話人の現実の希望に反して行動すること（ドイツ民法典1901条3項1文）を正当化しかつ義務付けることは、全く満足させられないだろう。むしろ、本人の意思に反する世話人の全ての措置のために、特別な権限の基礎が定められなければならないだろう。

Henrich/Gottwald/Kroppenberg (Hg.), Vorsorgevollmacht und Erwachsenenschutz in Europa, 2011, S.16, 18 f., 22 f.
(30)　前述 II. 2. 脚注20。
(31)　Erstmals *BGHZ* 145, 297 ff. = FamRZ 2001, 149 ff. = JZ 2001, 821 ff. m. Anm. *Lipp*, JZ 2001, 825 ff.; *BGHZ* 166, 141 ff. = FamRZ 2006, 615 ff. = JZ 2006, 685 ff. m. Anm. *Lipp*, JZ 2006, 661 ff.; 今では慎重なものとして、次の判決がある。*BGHZ* 193, 337 Rn. 27 ff. = FamRZ 2012, 1366 (Fn.4); しかしながら、世話の「侵害モデル」については、次の文献参照。*Schmidt-Recla*, MedR 2013, 6 ff.

たとえばこれは、世話人が本人の住居に立ち入ることを望む場合である。[32]

　これに対して、世話人が国家権力の機関ではないということが強調されるべきである。世話人は、公益において活動するのではなく、単に被世話人の利益において保護のためにのみ活動する。世話人は、確かに裁判所によって任命され、そのコンロトールを受ける。しかし、このことによって世話人は国家権力の機関になるのではない。確かに、成年者の権利擁護は公的な課題であるが、これは私法の手段および方式によって実施される。子の後見人と同様に、世話人も国家権力を行使するのではなく、私的任務を遂行する。[33]これは、世話だけに目を向けるのではなく老齢配慮代理権も含めて考えると、とりわけ明確になる。世話人および老齢配慮代理権者は、同様の公的任務を、つまり成年者の権利擁護を行う。しかし、世話人も老齢配慮代理権者も、直接的にも間接的にも国家権力を行使していない。

　それにもかかわらず、世話人の任務および権限は、被世話人の自己決定権の保護のために法的に規制されなければならず、かつ拘束されなければならない。なぜなら国家は、被世話人の尊厳と自律を尊重しなければならないからである。[34]世話人の任務および権限は、一方では、世話裁判所による世話人の任命および任務範囲の指定から（すなわち民法典1896条から）生じ、他方では、世話人にその権限を被世話人の福祉のために行使することを義務付け、かつ正当化するドイツ民法典1901条に基づいて生じる。[35]ドイツ民法典1902条における法定代理権は、例えば被世話人の動作の自由および身体的完全性に対する適切な継続的侵害に世話人が同意することによって、世話人に対しこの任務を果たす手段を与えている。しかし世話人は、これ以上特別な法律上の権限を必要としない。

　これに対して、1960年2月10日の連邦憲法裁判所判決は、後見人による被後見人の措置入所を裁判所によって許可するために、世話の公法的性格およ[36]

---

(32)　例えば、*LG Berlin*, FamRZ 1996, 821, 823。
(33)　*Schwab*, in : Münchener Kommentar zum BGB, 6. Aufl. 2012, §1896 BGB Rn.78.
(34)　上述 II. 4. 参照。世話は、援助であると同時に侵害である。このため、世話の「侵害モデル」と「構造モデル」の切迫した対比（vgl. *Schmidt-Recla*, MedR 2013, 6 ff.）は、不十分である。
(35)　*Lipp*, JZ 2001, 825, 828 ; *Schwab*, in : MünchKommBGB (Fn.33), §1896 BGB Rn.78.
(36)　*BVerfGE* 10, 302, 323 ff.

び世話人に関する法律上の権限の必要性が生じる根拠として頻繁に用いられる。しかしながら、判決を正確に読むと、この見解は不適切であることがわかる。連邦憲法裁判所は、基本法104条2項の憲法上の保障がこのケースにおいても及ぶのかという疑問を述べているにすぎない。連邦憲法裁判所は、当該保障がこのケースにも及ぶとし、措置入所の侵害的性格および基本法104条2項の客観的価値判断を理由として示した。連邦憲法裁判所は、後見人による身上監護の私法的性格を明確に認めた。しかし、身上監護が被後見人の保護および福祉に資するために、国家は自由剝奪に際しこのような個人的権限の濫用から被後見人を保護するために、基本法104条2項に基づいて法的保護を保障しなければならないとしたのである。これに関して連邦憲法裁判所は、基本法104条2項を適用するための憲法上の理由を最終的に明示しなかった。連邦憲法裁判所の最近の判例においても、これは明確に未解決のままにされた。

このため措置入所についても、強制治療についても、世話人の権限は、一方でドイツ民法典1896条に基づく世話裁判所による適切な任務範囲の指定から、他方ではドイツ民法典1901条、1902条から原則的に生じるといえる。もっとも、措置入所の場合と同様に強制治療の場合にも、重大な基本権侵害からの予防的保護が必要となる。措置入所について、連邦憲法裁判所はすでに1960年に予防的保護の必要性を判示した。強制治療に関しては、連邦通常裁判所は、2012年6月の判決においてこの予防的保護について説得力のある説明を行っている。この限りにおいて、予防的保護は、明確に同意されなければならない。

この出発点の正しさは、最終的には、この出発点が老齢配慮代理権による措置入所および強制治療に容易に適用されることに示されている。老齢配慮

---

(37) Vgl. nur *Marschner*, R&P 2005, 47, 48.
(38) *BVerfGE* 10, 302, 322 f., 326 f.
(39) *Schwabe*, AöR 100 (1975), 442, 456 f.; *Windel*, BtPrax 1999, 46, 48.
(40) *BVerfG*, FamRZ 1999, 985, 987 ; *BVerfG*, FamRZ 1998, 895 f. = BtPrax 1998, 144, 145 f.
(41) 前述脚注12参照。
(42) *BVerfGE* 10, 302 ff.
(43) *BGHZ* 193, 337 Rn.30 ff. = FamRZ 2012, 1366 (Fn.4).
(44) *Lipp*, JZ 2012, 1186, 1188.

代理権者は、監護国家の信頼する者ではなく、本人自身の信頼する者であることは疑いがない。それにもかかわらず、老齢配慮代理権者は、自由剥奪、強制治療および特定の医療措置の際に、世話人と同じ拘束およびコントロールのもとに置かれる（ドイツ民法典1906条5項、1904条5項）。ここでは国家による侵害が存在しないので、老齢配慮代理権者が世話人と同じ拘束およびコントロールを受けることは、老齢配慮代理権者による個人の権限の濫用を国家によってコントロールするという命令によってのみ理由づけられる。

このため、裁判所によるコントロールおよび実体的条件は、老齢配慮代理権者の場合にも、世話人の場合にも、本人の基本権に対する国家の保護義務に基づいている。これにより本人の基本権ではなく老齢配慮代理権者の権限が制限され、かつこれはまさに本人の自律および基本権の保護に資するという理由から、このことは老齢配慮代理権者の場合においても憲法上問題はない。連邦通常裁判所[45]および連邦憲法裁判所[46]は、このことを明確に認めている。

Ⅲ　国家により組織された成年者保護：法的世話

誰かが心的病気、身体的障害、または精神的障害により、もはや自己の法的事務を処理することができず（ドイツ民法典1896条1項1文）、法定代理人として世話人が必要となる場合には（ドイツ民法典1896条2項2文、1902条）、世話人が世話裁判所によって任命される。世話人は、その都度必要となる範囲において、特定の任務範囲に関して任命される（ドイツ民法典1896条2項1文）。この際、これが被世話人の福祉に反しておらず、かつ世話人にとって酷でない（ドイツ民法典1901条3項1文）限りにおいて、世話人は被世話人の希望に添わなければならない。世話人の任命は、緊急の場合においては被世話人の意思に反して行うことが可能であり、これが被世話人の保護に必要となる場合には、世話人は被世話人の意思に反して行動することができる。特別な事情があるケースにおいては、世話裁判所は同意留保によって行為能力を制限し

---

(45)　Vgl. *BGHZ* 154, 205 Rn.51 = FamRZ 2003, 748.
(46)　*BVerfG*（K）FamRZ 2009, 945 ff.; これについては、上述Ⅱ.2.参照。

(ドイツ民法典1903条)、世話人は被世話人をその意思に反して措置入所させるか、またはこの他の自由剥奪措置に同意することができる(ドイツ民法典1906条)。

国家による権利擁護としての世話の任務は、被世話人の自己決定権を保障し、かつ実現することである[47]。世話は、被世話人を教育すること、または改善することに資するものではない[48]。世話は第三者保護のための制度でもない。すなわち世話は、家族・親族を保護するのでなければ、社会的環境を保護するのでもなく、さらに被世話人を世間一般から保護するのでもなく、被世話人の保護のみに資するのである。成年者のための権利擁護としての世話は、法的な行為能力を行使する際の援助および本人の自傷からの保護を包括している。このため、世話は法定代理以上のことを意味している。法定代理(ドイツ民法典1902条)は、世話人にその任務を行うために用いられる単なる手段である。法定代理は世話の任務ではない。

その活動時に、とりわけ世話人がその任務を具体的な個別のケースにおいて行う手段を選択する際に、世話人も、世話の任務、すなわち被世話人のための権利擁護、必要性の原則および自己決定の優先を顧慮しなければならない。ドイツ民法典1901条1項によれば、世話人は、まずはじめにその行動が権利擁護に属しているかどうか、それが必要かどうか、そしてこれが肯定される場合には、どのような手段によってその任務が果たされるべきかどうかを問わなければならない。被世話人を自ら行動させるという目標とともに、手段として、被世話人の助言と援助が用いられる。このような権利擁護の弱い方式が十分ではなく、代理が必要となる場合に初めて、世話人は代理人として活動することが許される[49]。自己決定の優先は、ドイツ民法典1901条3項

---

(47) *Lipp*, BtPrax 2005, 6, 9 ; 詳細なものとして、同著者の Freiheit und Fürsorge (Fn.27), S. 75 ff がある。

(48) Vgl. nur *BVerfGE* 58, 208, 225 ; *BVerfG*, FamRZ 1998, 895, 896 = BtPrax 1998, 144, 145.

(49) *Lipp*, BtPrax 2008, 51, 53 ; vgl. auch BT-Drucks. 11/4528, S.122. もっとも、これは頻繁に見落とされている。Vgl. z. B. die Kommentierungen von *I. Götz*, in : Palandt, 72. Aufl. 2013, zu §1901 und §1902 BGB ; *Kieß*, in : *Jurgeleit* (Hg.), Betreuungsrecht. Handkommentar, 2. Aufl. 2010, §1902 BGB Rn.2 f.; しかしながら、これとは対照的に、そこから代理権行使のための法的条件を導き出すことのないものとして、次の文献がある。*Schwab*, in: MünchKommBGB (Fn.33), §1901 BGB Rn. 5, §1902 BGB Rn.1 ; *A. Roth*, in : Erman. BGB, 13. Aufl. 2011, §1902

が規定している。同規定は、被世話人の希望がその福祉に反さず、すなわちその病気の徴表ではなく、かつ被世話人を害しないであろう限りにおいて、最終的な行為無能力または同意無能力に関係なく、被世話人の希望に従うことを世話人に義務付けている。[50]

必要性の原則および自己決定の優先による世話人の活動に関するドイツ民法典1901条の原則規範は、被世話人の全ての活動に、したがって例えば同意留保の枠組みにおいても、そして措置入所または自由剥奪措置の際の活動にも該当する。このことは確かに明確に法律から生じるが、まさに措置入所の際には、実務においても学説においてもたびたび見落とされている。[51]

法律は、健康上の世話のための特別規定を、2009年の第3次世話法改正法から規定している。しかしながら、ドイツ民法典1901条aおよび1901条bはドイツ民法典1901条の根拠規範から逸脱しておらず、規制技術的にも排他的な特別規定として理解されえない。これらの条項が世話人を患者配慮処分(Patientenverfügung)、治療希望および推測的患者意思に拘束させ（ドイツ民法典1901条a）、かつ患者意思の探求を規定することによって（ドイツ民法典1901条b）、これらの条項は、むしろドイツ民法典1901条の基本原則を具体化している。[52]これらの規定は、健康配慮の枠組みにおいて、世話人の全ての活動に際し重要な基準となる。このため、これらの規定は、ドイツ民法典新1906条

BGB Rn.2.
(50) BGHZ 182, 116 Rn.18 = FamRZ 2009, 1656 = BtPrax 2009, 290 m. Anm. von *Thar* und *Brosey*, BtPrax 2010, 12 ff. bzw. 16 ff.; *Schwab*, in : MünchKommBGB (Fn.33), §1901 Rn.11, 14 ; ebenso schon *Lipp*, Freiheit und Fürsorge (Fn.27), S.149 ff.
(51) Vgl. z.B. die Kommentierungen zu §1903 und §1906 BGB von *Knittel*, Betreuungsrecht. Kommentar, Stand : Juni 2012 ; *Bienwald* und *Hoffmann*, in : *Bienwald/Sonnenfeld/Hoffmann*, Betreuungsrecht. Kommentar, 5. Aufl. 2011 ; *Bauer/Walther* und *Rink*, in : *Bauer/Klie/Lütgens* (Hg.), Heidelberger Kommentar zum Betreuungs- und Unterbringungsrecht (HK-BUR), Stand : Februar 2013 ; *I. Götz*, in : Palandt (Fn.49); *Kieß*, in : *Jurgeleit* (Fn.49); *A. Roth*, in : *Erman* (Fn.49); これに反して、同意権留保については、*Schwab*, in : MünchKommBGB (Fn.33), §1903 BGB Rn.1, 自由剥奪についてもその発端において、aaO., §1906 BGB Rn.2, 13；詳細なものとして *Brosey*, Wunsch und Wille des Betreuten bei Einwilligungsvorbehalt und Aufenthaltsbestimmungsrecht, 2009 がある。
(52) BT-Drucks. 16/13314, S.20 ; *Lipp*, in : Lipp (Hg.), Handbuch der Vorsorgeverfügungen, 2009, §17 Rn.124 ff., §18 Rn.115 ff., 118 ff.；類似するものとして *Hoffmann*, in : *Bienwald/Sonnenfeld/Hoffmann* (Fn.51), §1904 BGB Rn.52 ff がある。

3項に基づいた最終的な強制治療を世話人が決断する際にも、適用される。このことは法体系から生じ、立法者の明確な意思に合致する。[53]

IV 私的な成年者保護：老齢配慮代理権

本人が自ら事前配慮を行った限りにおいて、この事前配慮は、憲法上の保護を受ける本人の自己決定権の現れとして優先されなければならない。法律は、これを明確に命じている（ドイツ民法典1896条2項2文）。事前配慮は自己決定権に基づいているので、代理権は原則的に全ての事務に関して付与されうる。しかし、代理権は、個人的事務においても原則的に許容されている。この事務とは、例えば法律が明確にしているように（ドイツ民法典1904条5項、1906条5項）、医療措置または自由剥奪に対する同意である。

老齢配慮代理権は世話と代替可能であり、また代替すべきである。このため、老齢配慮代理権は、機能的にみれば、代理人の援助を伴った自己決定権の行使にとどまらず、権利擁護の私的化された方式なのである。世話と同様に、老齢配慮代理権も緊急の場合には、本人の意思に反してまで本人保護を保障する。このためその限りにおいて、世話の場合と同様に、他者決定および濫用に対する同様の保護も行わなければならない。[54]立法者はこれに関して憲法上正当な権限を有するだけではなく、本人の自律の保護についても義務付けられている。[55]このため法律は、老齢配慮代理権者を、自由剥奪の際も医療措置の際も、世話人と同程度に世話裁判所の予防的コントロールのもとに置いている（ドイツ民法典1904条5項、1906条5項）。

V 措置入所および強制治療

今日、措置入所させられた患者の収容および強制治療を見ると、次の3つ

---

(53) BT-Drucks. 17/11513, S.5, 7 ; *Dodegge*, NJW 2013, 1265 f.; *Grotkopp*, BtPrax 2013, Heft 3 (im Erscheinen); vgl. auch *T. Götz*, Die rechtlichen Grenzen der Patientenautonomie bei psychischen Erkrankungen, 2013, S.90 ff., 137.
(54) 異なるものとして次の文献がある。Löhnig (Fn.29), S.22 f.
(55) 前述 II. 5. 参照。

の異なるコンテクストが存在する。すなわち、刑法上の措置執行の枠組みにおいて、公法上の措置入所において、および世話法上の措置入所の枠組みにおいてである。これらは、その都度多岐にわたる目的に資する。すなわち措置執行は刑法上の制裁であり、公法上の措置入所は警察法上のものであり、第三者保護に資する。世話法上の措置入所だけが、本人を自分自身から保護することに資する。

1 措置執行および公法上の措置入所

もちろんこれは、措置執行においてまたは公法上の措置入所において、被収容者およびその治療が問題にすらならないということではない。措置執行は拘禁するだけではなく、退院能力に向けて努力しなければならない。公法上の措置入所は、今日、心的病気の者のための公的な健康監護の一部であり、彼らに援助と保護を提供するものである。このため当然の帰結として、関連する州法は、公法上の措置入所を第三者保護のためだけではなく、とりわけ急迫の危険性における患者保護のためにも許可している。この限りにおいて、措置入所のこのような方式は、措置入所がその目標に基づいて患者を自傷から保護するという理由から、成年者保護の一部である。もっとも、単に患者とその保護のみが問題となるのは、世話法だけである。ここでは、第三者保護はまったく重要ではない（ドイツ民法典1896条、1901条、1901条 a、1906条参照）。

措置入所の目標および治療の目標だけではなく、それぞれの基礎も異なっている。措置執行においては、検察庁は、実刑判決を遂行する（刑事手続法451条1項、463条1項）。公法上の措置入所は、緊急の場合には管轄官庁によって指示され、通常の場合には措置入所裁判所が申請に基づいて命じる。

医的治療は、一般原則によれば、適切に述べられた患者の同意を必要とする。これは、患者が措置執行中であるか、または公法上措置入所させられて

---

(56) *BVerfGE* 128, 282, 303 = FamRZ 2011, 1128 Rn.45 = BtPrax 2011, 112, 114.
(57) *Marschner*, in : *Marschner / Vockart / Lesting*, Freiheitsentziehung und Unterbringung, 5. Aufl. 2010, Teil A Rn.10 f., Teil B Rn.1 ff.
(58) *Marschner*, in : *Marschner / Vockart / Lesting* (Fn.57), Teil B Rn.94 ff.

いる場合にもいえる。このため、施設医師、施設責任者またはこれについて管轄を有する裁判所の命令に基づいた強制的治療は、基本法によって保護されている患者の身体の完全性および自己決定権（基本法2条2項）への国家による直接的侵害である。これは、どの治療によってそのような目標が追求されるかに関係なくいえる。したがって、例えば被収容者が公法上の措置入所における強制治療によって、重大な生命の危険および健康の危険または著しい自傷から保護される場合にもいえる。ここで、強制治療が措置執行と別の目標を追求することは、比例原則の具体化の場合と手続法上の保護の場合における、状況に関連した差異を正当化しうる。しかしながら、公法上の措置入所の枠組みにおける強制治療の際にも、原則的に連邦憲法裁判所によって形成された国家によって命じられる強制治療への要請が満たされなければならない。このため、関連法は個々の強制治療の実体上の要件を確定し、かつ手続上の保護を定めるための権限の基礎を有していなければならない。このため、その措置執行に関する法律だけでなく、その心的病気罹患者または措置入所に関する法律をも改正し、そこでも強制治療の合憲的規制を行うことが、全ての州に対して呼び掛けられるべきである。

世話人または老齢配慮代理権者による措置入所および強制治療の場合は、その本質は少し異なる。

2　世話裁判所による措置入所

世話人による被世話人の措置入所のための基礎は、被世話人の居所を決定する権限、つまりドイツ民法典1896条に基づいて、世話裁判所から世話人に与えられる任務範囲である。世話人によるこの権限の行使は、ドイツ民法典1901条の条件に基づいている。これによれば、個々のケースにおいて世話人の行動が必要とならなければならず（ドイツ民法典1901条1項）、原則的に被世話人の希望に合致していなければならない（ドイツ民法典1901条3項1文）。このため、世話人はこの希望を調査して知っておかなければならず（ドイツ民

---

(59)　*BVerfGE* 128, 282 ff.; *BVerfGE* 129, 269 ff.; *BVerfG*, BtPrax 2013, 61 ff.; その他の参考文献として、脚注3参照。
(60)　*Schwab*, in : MünchKommBGB (Fn.33), §1896 BGB Rn.76.

法典1901条3項3文)、かつ被世話人とコンタクトをとることによって世話を遂行しなければならない(個人による世話の原則、ドイツ民法典1897条1項)。

もし被世話人の現実の希望がその福祉に抵触する場合には、つまり、希望が病気から生じており、かつ被世話人にとって有害である場合[61]、またはその希望が明らかになっていないか、または突き止められていない場合には、世話人は、被世話人の以前の希望に基づいて行動しなければならないか(ドイツ民法典1901条3項2文)、または主観的福祉、すなわち被世話人の推定的意思に基づいて(ドイツ民法典1901条2項)行動しなければならない[62]。

この原則は、世話人の活動全体について、すなわち措置入所の決定に際しても適用される。立法者は、このことをドイツ民法典1906条の最新規定において、明確に強調した[63]。措置入所および他の自由剥奪措置について、ドイツ民法典1906条は、構成要件として整えられた一定の実体法上の要件によって一般的な世話法上の条件を具体化し、さらに裁判上の許可を要求している[64]。これらにより、世話人は、憲法(基本法104条2項[65])によって要求された世話法の私的化されたコントロールを受ける。

これによれば、自由の剥奪は、本人保護のための最終手段である。もっともしばしば見落とされるのは、世話人がここではドイツ民法典1906条だけでなく、1901条にも拘束されることである[66]。このため、ここではドイツ民法典1906条1項および4項の要件だけが、必要性の原則(ドイツ民法典1901条1項)および福祉による限界(ドイツ民法典1901条3項1文)の具体化として検討されるべきではない。これらが満たされている場合には、確かに被世話人の措置に対する現在の異議が考慮に値せず、かつこの措置が原則的に正当化されることが確定する。しかし、このことにより、世話人が自由剥奪に同意しても

---

(61) 前述脚注50の文献を参照。
(62) *Lipp*, Handbuch (Fn.52), §18 Rn.117, 119.
(63) Entwurf eines Gesetzes zur Regelung der betreuungsrechtlichen Einwilligung in eine ärztliche Zwangsmaßnahme vom 19. 11. 2012, BT-Drucks. 17/11513, S.6.
(64) *Hoffmann*, in: *Bienwald/Sonnenfeld/Hoffmann* (Fn.51), §1906 BGB Rn.28 f.; Schwab, in: MünchKommBGB (Fn.33), §1906 BGB Rn.14.
(65) BVerfGE 19, 302 ff.; これについては、前述II. 5. 参照。
(66) Vgl. nur *I. Götz*, in: Palandt (Fn.49), §1906 BGB Rn.2, 9 ff.; dagegen zutreffend *Brosey* (Fn.51), S.30 ff., 44 ff.; vgl. auch *Knittel* (Fn.51), §1901 BGB Anm. 43, 45.

よいかどうか、またはしなければならないかどうかは、まだ肯定的に述べられてはいない。これは、ドイツ民法典1901条の一般規定、したがって前もって述べられていた被世話人の希望（ドイツ民法典1901条3項2文）または被世話人の主観的福祉（ドイツ民法典1901条2項）により方向づけられる。このため、重要なのは、被世話人自身がそのような状況において以前同意していたかどうか、または被世話人が実際に自由な意思形成を制限されていなければ同意するかどうかである。この基準は、世話人、許可の際の世話裁判所およびこれに応じて手続保護人（Verfahrenspfleger）にも適用される。

このため、世話に関して以前一般的に言われていたことは、世話人による措置入所についてもいえる。措置入所は、親族と生活環境の利益における侵害権または世間一般の保護のための侵害権ではない。本人が病気により自由な意思形成ができず、このために著しい障害が生じるおそれがある場合には、措置入所は、保護および治療に関する本人の請求を実行する任務を有している。世話人は、生命および健康に関する権利ならびに医的治療への平等なアクセスに関する権利を実現させる。これは、措置入所の際においても同様である。措置入所の目的は、第三者の保護への道を遮断することではない。措置入所は、被世話人の保護および被世話人の医療上の世話に対してのみ資する。

老齢配慮代理権者による自由剝奪に関しては、憲法の定めるところに従い、同様のことが適用されなければならない[67]。このためドイツ民法典1906条5項は、自由剝奪に関する権限を世話人の権限に適用されるのと同様の要請のもとに置いている。つまり、自由剝奪に関する権限は、明確に老齢配慮代理権証書から生じなければならず[68]、裁判所の許可によってのみ行使されなければならない。

---

(67) 前述II. 3。
(68) 世話裁判所は、世話人に自由制限に関する権限を明確に与えなければならない。このことは、「居所決定」という任務範囲に属する。これに対して、一般的な任務範囲である「身上監護」は、明確にするという必要性を十分に満たしていない。Vgl. *Schwab*, in: MünchKommBGB (Rn.33), §1906 BGB Rn.5; *Marschner*, in: Jürgens, Betreuungsrecht, 4. Aufl. 2010, §1906 BGB Rn.2; *Knittel* (Fn.51), §1906 BGB Rn.17; a.A. *Hoffmann*, in: Bienwald/Sonnenfeld/Hoffmann (Fn.51), §1906 BGB Rn.83; 未解決にしているのは、次の文献である。*A. Roth*, in: Erman (Fn.49), §1906 BGB Rn.9; *Meyer/Jurgeleit*, in: *Jurgeleit* (Fn.49), §1906 BGB Rn.5.

3 世話法上の強制治療

a) 2012年までの法状況の発展

被世話人が同意無能力であり、かつ強制治療が相当性を有する場合には、世話法の立法者は、世話人の適切な同意に基づく被世話人の強制治療を許容するとした。[69]

これに従い、連邦通常裁判所は、強制措置は特別な法律上の権限に基づいてのみ許容されるとの見解を示した。連邦通常裁判所は、2012年6月まではドイツ民法典1906条1項2号にこの根拠を見出してきた。[70] これによれば、強制治療に関しても厳格な要件が規定されるべきであった。許可は強制治療をも包括しなければならず、かつ強制治療をその種類と範囲に応じて確定しなければならなかった。

これを基礎とすると、世話法は、実体法的観点および手続法的観点において、次のような重大な例外を除いて、強制治療に対する憲法上の要請を満たしていた。すなわち、ドイツ民法典旧1906条1項2号および同条2項は、強制治療における世話人の同意に関する法律上の権限ではなかった。第1に、同条は単に自由剥奪のみを規定しており、強制治療を規定していなかった。第2に、同条は世話人の法的権限を制限していたが、理由を述べていなかった。

b) 2012年6月20日の連邦通常裁判所判決

このため、連邦通常裁判所は、2012年6月20日の2つの判決において、上述の判決を踏襲しなかった。[71] ここで連邦通常裁判所は、被世話人を措置入所させ、かつ被世話人の強制治療に同意するという世話人の権限を、もはやドイツ民法典1906条からではなく、ドイツ民法典1901条および1902条から適切に導いた。世話人の権限は、ここにその法律上の根拠を見出した。この限りにおいて、連邦通常裁判所は、憲法上の疑念を見出すこともなかった。

判決の中心を形成しているのは、別の疑問である。すなわち、強制治療へ

---

(69) BT-Drucks. 11/4528, S.72, 140 f.; ebenso noch BT-Drucks. 16/8442, S.10.
(70) *BGHZ* 145, 297 ff. = FamRZ 2001, 149 ff. = BtPrax 2001, 32 ff.; *BGHZ* 166, 141 ff. = FamRZ 2006, 615 ff. = BtPrax 2006, 145 ff.; *BGH* BtPrax 2008, 115 ff.
(71) *BGHZ* 193, 337 ff. = FamRZ 2012, 1366 ff.; übereinstimmend *BGH*, BtPrax 2012, 218 (Leitsatz); この他の文献として、脚注4。

の同意に際する世話人のコントロールは、連邦憲法裁判所によって打ち立てられた基準を満たしているか、というものである。連邦通常裁判所は、このようなコントロールを当然ながら憲法上必要であるとした。しかしながら、このようなコントロールは、法律に明確に規定されなければならないとしたのである。ドイツ民法典旧1906条ならびに家族事件および非訟事件に関する手続法（FamFG）旧312条以下の手続法的規定は、自由剥奪のみを規定し、強制治療を規定していなかった。連邦通常裁判所は、強制治療への類推適用を十分であるとみなしていない。これによって憲法上要請されるコントロールが存在しなかったために、強制治療への世話人の同意に関する十分な基礎も存在しなかった。

c) 新しい法的規制

その間、連邦法立法者は、世話法上の強制治療を詳細に規定した。2013年2月18日の「医的強制措置への世話法上の同意規定に関する法律」は、本質的に2013年2月26日に施行された。立法者の視点からも、ドイツ民法典1901条、1901条a、1901条b、1902条の規定は、強制的な医療措置への同意に関する世話人の権限を原則的に基礎づけている。新規制は、これまで欠けていたが、憲法的に必要とされるコントロールを導入する。ここでは、立法者は、連邦通常裁判所および連邦憲法裁判所の判決を参考にした。

法律は、ドイツ民法典1906条1項2号による被世話人の措置入所の枠組みにおいてのみ、強制治療を許容している（ドイツ民法典1906条3項「1項2号による医療措置」参照）。これによって立法者は、第2次世話法改正法の枠組みにおいて追求された方針を引き継いでいる。すでに当時、外来の強制治療を許容するという適切な提案が拒否された。今でも立法者は、当該提案を取り上

---

(72) *BGHZ* 193, 337 Rn.30 ff. = FamRZ 2012, 1366 (Fn.4).
(73) *BGHZ* 193, 337 Rn.43 = FamRZ 2012, 1366 (Fn.4).
(74) BGBl. I 2013 Nr. 9 vom 25. 02. 2013, S.266 ; vgl. dazu den Gesetzentwurf vom 19. 11. 2012 (BT-Drucks. 17/11513) und die Beschlussempfehlung und den Bericht des Rechtsausschusses vom 16. 01. 2013 (BT-Drucks. 17/12086); *Lindemann*, BtPrax 2013, 44 ff.; *Dodegge*, NJW 2013, 1265 ff.; sowie *Grotkopp*, BtPrax 2013, Heft 3 (im Erscheinen); *Thar*, BtPrax 2013, Heft 3 (im Erscheinen).
(75) Gesetzentwurf (Fn.74), S.5.
(76) Gesetzentwurf (Fn.74), S.1 ; Rechtsausschuss (Fn.74), S.1.

げていない[78]。このため、新規定を他の状況に類推適用することは認められていない。

　措置入所との関連を理由として、法はドイツ民法典1906条の枠組みにおいて医療措置に同意するという世話人の権限を規定し、家族事件および非訟事件に関する手続法312条以下の枠組みにおいて手続を規定した。しかし規制の立場は、当然であるが、医療措置のために、まず、ドイツ民法典630条a以下における医的治療に関する一般規定[79]、ドイツ民法典1901条aおよび1901条bにおける健康配慮に関する規定ならびにドイツ民法典1901条の原則規定が適用されるということへの展望をふさぐものであってはならない[80]。

　一般的な医事法によれば、医師は、とりわけ診断、蓋然性のある健康的発展、療法および取られるべき措置（ドイツ民法典630条c第2項1文）に関して、患者に対し治療の基本的状況を分かりやすく説明しなければならない。患者が同意無能力である場合においても、これらの義務は、全ての患者に対して、詳しく言えば患者が同意無能力の場合にも生じる。というのも患者は、治療の主体であって客体ではないからである[81]。これは、治療の強制的実施についてもいえる[82]。

　これに関して、被世話人が医療措置を拒否する場合には、ドイツ民法典新1906条3項が追加的に実体的要件を掲げている強制的医療措置が問題となる。このような強制措置は、連邦憲法裁判所判決[83]および連邦通常裁判所判決[84]の合意において、被世話人が措置を「自然意思によって」、つまり単なる反射ではなく意識的に拒否する場合に常に存在する。被世話人が世話と措置の範囲を理解することは必要とならない[85]。このため、全ての意識的かつ認識可

---

(77)　この提案は、1906条aとして立法草案に規定されていたが、連邦議会の立法委員会において拒否された。(vgl. BT-Drucks. 15/2494, S.30 und BT-Drucks. 15/4874, S.27).
(78)　Gesetzentwurf (Fn.74), S.1, 6 ; Rechtsausschuss (Fn.74), S.1.
(79)　2013年2月20日の患者の権利改善のための法律 (BGBl. I 2013, S.277) によって導入された。当該法律は、2013年2月26日に施行された。
(80)　Für die §§ 1901, 1901a, 1901b BGB ebenso *Dodegge*, NJW 2013, 1265 f.
(81)　Begründung zum Patientenrechtegesetz (Fn.79), BT-Drucks. 17/10488, S.53 ; i. E. ebenso *Dodegge*, NJW 2013, 1265, 2167.
(82)　*BVerfGE* 128, 282, 310 = FamRZ 2011, 1128 Rn.59 = BtPrax 2011, 112, 115 f.
(83)　前述II. 2。
(84)　前述V. 3。

能な異議があれば足りる。つまり、身体的抵抗は必要ない[86]。なお、このことは連邦憲法裁判所も強調している[87]。

　ドイツ民法典1906条3項1文は、被世話人が同意無能力である場合にのみ、世話人が（も）強制的医療措置において同意可能であるという、すでに健康配慮の一般原則から生じている必要性を明確に繰り返している。したがって、被世話人には、計画されている措置に同意するために必要な認識能力および制御能力が欠けていなければならない[88]。

　ドイツ民法典1906条3項2号は、患者を措置の必要性に関して納得させることが前もって試みられた場合に初めて、強制的医療措置を認める。同時に施行された患者権利法（Patientenrechtegesetz）は、これが治療医の義務に属していることを明確に述べている（ドイツ民法典630条2項1文）[89]。措置が強制的に実施される場合には、世話人は、とりわけこのために、医師が当該義務を実際に遵守しているかどうかを確認しなければならない。なぜなら、そうでなければ世話人は強制措置に同意することを許されていないからである（ドイツ民法典1906条3項2号）。これが許可の要件であるため、同様のことが裁判所にもいえる。同時に、ドイツ民法典1906条3項2号は、重要な事務を被世話人と話し合うという世話人の一般的義務を具体化している（ドイツ民法典1901条3項3文）。このため、世話人は強制的医療措置の前に医師が患者に措置の任意的実施について説得したことを確認するだけでなく、これを自ら試みなければならない[90]。

　ドイツ民法典1906条3項3号から5号は、医療措置の強制的実施を最終手段として許容するという比例性の命令を、最終的に具体化している[91]。これ

---

(85)　Gesetzentwurf (Fn.74), S.7.
(86)　Ebenso *Dodegge*, NJW 2013, 1265, 2166 ; vgl. auch A. Roth, in : *Erman* (Fn.49), § 1905 Rn. 10.
(87)　*BVerfGE* 128, 282, 300 f. = FamRZ 2011, 1128 Rn.41 = BtPrax 2011, 112 113 ; *BVerfGE* 129, 269, 280 = FamRZ 2011, 1927 Rn.36 = BtPrax 2011, 253, 254.
(88)　Gesetzentwurf (Fn.74), S.7 ; ebenso *Dodegge*, NJW 2013, 1265, 1266 f.
(89)　結果は同じだが、患者権利法（Patientenrechtegesetz）を考慮していないものとして、*Dodegge*, NJW 2013, 1265, 1267。
(90)　Rechtsausschuss (Fn.74), S.11.
(91)　Gesetzentwurf (Fn.74), S.7 ; ausführlich dazu *Dodegge*, NJW 2013, 1265, 1267 f.

は、その都度の個々のケースにおける注意深い検討を前提としている。ここで、要求可能性および適切性は客観的に決定すべきではなく、ドイツ民法典1901条2項の根本規範に応じて、被世話人の主観的見解から決定すべきである。法律は、要求可能性に関してはこれを明確に定めている（ドイツ民法典1906条3項4号）。適切性に関しては、同様のことが適用されなければならない。

　結果的に、ドイツ民法典1906条3項という実体法上の新規定は、すでに必要性の原則（ドイツ民法典1901条1項）、福祉による限界（ドイツ民法典1901条3項1文）および医事法とこれらの条文との調和、とりわけドイツ民法典630条2項1文からの医師の義務との調和から本質的に生じる、強制的医療措置への世話人の同意に対する高度な要請を具体化している。もっとも、これに関して、措置入所の場合には、医療措置に対する現在の異議が考慮されず、このために原則的にその強制的な実施が可能であるということのみが確定している。強制的医療措置に世話人が同意することが許されるかどうかは、健康配慮に関する一般規定に基づいて決定される（ドイツ民法典1901条、1901条a、1901条b）。重要となるのは、世話人が突き止めなければならない患者意思である。このため、被世話人が患者配慮処分において医療措置に同意していたか（ドイツ民法典1901条a第1項）、またはこれに関する治療希望（ドイツ民法典1901条22項前段）が述べられていたか、または被世話人が同意無能力でなかったならば、今、医療措置に同意するであろう場合においてのみ（ドイツ民法典1901条2項後段）、世話人は、計画されている（強制的）医療措置に同意することが許される。

　しかし、実体法上の規制は、憲法上の必要性を満たしていなかっただろう。とりわけ、実体法上の要請が個々のケースにおいて実際にも遵守されることを確実にする、有効なコントロールが存在していなかった。確かに、世話人の介入および世話人の同意の必要性は、医師が強制治療を1人で決定で

---

(92)　*Grotkopp*, BtPrax 2013, Heft 3（im Erscheinen）.
(93)　これについては、前述V. 2。
(94)　Ebenso *Dodegge*, NJW 2013, 1265 f.; *Grotkopp*, BtPrax 2013, Heft 3（im Erscheinen）; 精神病に関する患者配慮処分に関して、次の文献がある。Vgl. *T. Götz*（Fn.53）, S.212 ff.

きなくなるために、すでにある程度の保護を提供している。しかしながら、このことは、連邦憲法裁判所(95)および連邦通常裁判所(96)が正当に強調しているように、それだけでは不十分である。

このため今では、法律は、常に裁判所による許可を求めている。世話人が1人で決定することは、緊急の場合においても規定されるべきではない（ドイツ民法典1906条3項a）。これに従い、精神病の悪化への介入は、心的病気罹患者に関する州法または措置入所に関する州法に基づいて行われるべきである。(97) そこでいっそう残念に思われるのは、各州の州法がいまだに憲法に適合する規制を行っていないことである。このため、目下、緊急の場合に関する原則に基づいた治療のみが考慮されている。(98)

許可手続は、原則的に措置入所に関する手続に合致する（家族事件および非訟事件に関する手続法312条1文1号および2文）。もっとも、常に手続保護人が任命されるべきであり（家族事件および非訟事件に関する手続法312条3文）、専門家に対して特別な要請が適用される（家族事件および非訟事件に関する手続法321条1項2文、329条3項、331条1文2号）。これによって、立法者は憲法上の条件を遵守している。連邦憲法裁判所は、強制治療の要件が独立して吟味されなければならず、かつ被世話人が有効な予防的法的保護を受けなければならないことを強く強調している。(99)

法は、上述の規定を老齢配慮代理権者にも及ぼし、代理権が書面によって付与され、かつ強制的医療措置を明確に包括することを要求している（ドイツ民法典1906条5項）。これは、世話法の体系（ドイツ民法典1901条a第5項、1901条b第3項、1904条5項、1906条5項参照）および患者に対する国家の保護義務に合致している。強制的医療措置の際には、被世話人と同様の方法において、健康に関する事務について委託されている老齢配慮代理権者のコントロールが必要となる。(100)

---

(95) *BVerfG*, BtPrax 2013, 61, 64 f.（ザクセンの措置執行における強制治療について）.
(96) *BGHZ* 193, 337 (Fn.4) Rn.39 = FamRZ 2012, 1366.
(97) Gesetzentwurf (Fn.74), S.7.
(98) *LG Kassel*, BtPrax 2012, 208 ; *Dodegge*, NJW 2013, 1265, 1268.
(99) *BVerfGE* 128, 282, 311 ff. = FamRZ 2011, 1128 Rn.62 ff. = BtPrax 2011, 112, 116 f.
(100) *Dodegge*, NJW 2013, 1265, 1268.

Ⅵ 展 望

　憲法は、病気の者、障害者および高齢者に対しても等しく、尊厳および自律を保障することを命じている。判例は、一見すると言葉少なである基本法の文言から成年者保護のための重要な憲法上の条件を発展させてきた。立法者は憲法からの委託を受けとめ、法的世話および老齢配慮代理権によって、自由と自律を中心に置いた成年者保護法を生み出した。

　自律か、または監護か。これが成年者保護の基本的疑問である。その答えが自律かつ監護であることは、ほとんど驚くことではない。より驚かれるべきことは、もしかしたら、老齢配慮代理権が純粋な自律ではなく、世話は単なる監護ではないという認識である。むしろ、老齢配慮代理権および世話の両者は、被世話人の自律を実現し、かつ被世話人に必要な保護を与えるという同じ目的を有している。

　この目標設定は、措置入所および強制治療にさえも共通する。世話法は、第1に、適切な医的治療と世話に対する被世話人の請求を保障し、被世話人をその心的病気の結果から保護する手段として両者を捉えている。

　ただし、措置入所と強制治療だけではなく、世話も、そして老齢配慮代理権さえも、矛盾を抱えている。成年者保護の全ての手段は、援助となるだけでなく、同時に本人の権利を常に制限する。このことは、老齢配慮代理権にもいえる。老齢配慮代理権に対する世話の補充性がこの矛盾をないものとすることは許されない。

　もっとも、本人が最終的にどの程度自律を享受するのかは、成年者保護法の構成によってだけではなく、他の成年者保護の外側に位置する援助方式の利用可能性によっても非常に強く左右される。このため、成年者保護制度に対する他の援助の優先性は、構造的改革によって強化され、手続法によって守られるべきであろう。これに合致する連邦政府の法律草案は、すでに存在する。[101] これは、連邦参議院によって肯定的に受け入れられた。[102] このため、当

---
[101]　Entwurf eines Gesetzes zur Stärkung der Funktionen der Betreuungsbehörde vom 22. 03. 2013, BR-Drucks. 220/13；法律草案に関して、次の文献参照。Vgl. die Stellungnahmen in：

該草案がまもなく可決されることが望まれる。

　措置入所および強制治療は、憲法の定めるところにより、最終手段でなければならない。このため、各州の措置入所法は、心的病気の者のための援助措置および保護措置に関する真の法律に発展し続けるべきであろう。その目標は、措置入所および強制治療を憲法に適合するように規制するだけではなく、これらを効果的に回避することでなければならない。実務上、これには、とりわけ外来の援助提供および世話の提供の強化が含まれる。

　このような指摘は、すでに援助を必要としており、かつその自己決定能力が制限されている成年者の保護および援助が、成年者保護法の課題だけではないということを示している。総合すると、国家および社会は、傷つきやすく、保護を必要とする者たちに対する責任を果たすよう、呼びかけられている。

Coester-Waltjen/Lipp/Schumann/Veit (Fn.2), S.197 ff.
(102)　Beschluss des Bundesrates vom 3. 05. 2013, BR-Drucks. 220/13 (B).

判断能力の不十分な人々をめぐる事務管理論の再構成
―― 本人中心主義に立った成年後見制度との統合的解釈の試み ――

菅　富　美　枝
Fumie SUGA

I　はじめに――本稿の射程
II　本人中心主義の観点からみた事務管理論の再構成――イギリス法からの示唆
III　日本法における判断能力不十分者へのサービス提供と事務管理論
IV　結びに代えて――本人中心主義の観点から見た、事務管理法の再構成へ

I　はじめに――本稿の射程

　著者はこれまでいくつかのところで、法的な代理権限を有する後見人の職務遂行基準について、後見制度の目的ともいうべき本人の位置づけがどのように図られているかという観点から、英日比較を行ってきた[1]。また、国連障害者権利条約12条が象徴する判断能力の不十分な成年者の「積極的な法的主体としての再定置」という近年の国際的潮流を踏まえ、わが国の民法における判断能力不十分者の位置づけの体系的な見直しを、成年後見人の職務基準である民法858条を通して試みるという作業を行った[2]。本稿は、さらにこうした視点が、公式な法的権限を有する成年後見人としてではなく、非公式的な形で判断能力不十分者に関わる場合の法的構成にも影響を与えうると考え、この点に着目して論じるものである。

＊本稿は、文部科学省「科学研究費基金（平成25年度～平成27年度基盤研究（C）課題番号25380113「判断能力不十分者の法主体性回復に向けた成年後見法制と事務管理法制の体系的再解釈」に基づく研究成果の一部である。
（1）　拙著『イギリスの成年後見制度にみる自律支援の法理』（2010年、ミネルヴァ書房）；拙稿「意思決定支援の観点から見た成年後見制度の再考」法政大学大原社会問題研究所・菅富美枝編『成年後見制度の新たなグランド・デザイン』（2013年、法政大学出版局）217-261頁。
（2）　拙稿「民法858条における本人意思尊重義務」『名古屋大学法政論集』250号（2013年）129-153頁。

すなわち、日本法においては、日常生活必要品の購入、ケアや医療行為の諾否、転居先の決定等、本人に（のみ）決定権限が帰属するとされながらも、実際には、事実上の代行決定が、法的な裏付けのないまま、そして明確な職務遂行基準もないままに、実施されているといった実態が存在する。たとえば、医師、看護師、ケアワーカー、隣人等が、偶発的な形で、ごく短期間、判断能力が不十分な人々に関わることになり、本人にとって有益であると客観的に考えられるサービスを、本人の同意を得られないままに提供する必要性に直面するといった場面が想定されよう。また、本人の身近にいる家族といえども、本人の管理する金銭を用いて日用品の購入を行うことは、本来、無権限な行為であるが、実際には、ケアや医療行為の提供に関する（サービス提供者に対する）代諾や、転居先の代行決定と共に、事実上行われている。これらは、いわゆる「事実上の後見」[3]が実施されている場面と重なることもあるが、さらに、同様のことは、正規の法的権限を有する後見人であっても、本人の福祉の向上のために権限外の行為——特に、日本法においては、法律行為にあたらない事実行為（まさに、先述の各場面がこれに当たる）——を行う際にも、問題となりうる。[4]

---

(3)　家庭裁判所による後見人選任手続きを経ないままに近親者などが事実上法律行為をなす、いわゆる「事実上の後見」が行われる場合、その後右法律行為について、特に、当該無権代理行為の効果帰属（具体的には、法定後見人による追認拒絶の可否）をめぐって紛争になることも多い。旧制度下における事案ではあるが、禁治産者の後見人がその就職前に禁治産者の無権代理人によって締結された契約の追認を拒絶することが信義則に反するか否かが争われたものとして、最判平6・9・3（判例タイムズ867・159）がある。
(4)　この点について、平成11年民法改正当時の立法担当官は、身体に対する強制を伴う事項（例 手術、入院、健康診断の受診の強制、施設への入所の強制など）は成年後見人の権限におよそ含まれるものではないとする（小林昭彦＝原司『平成11年民法一部改正法等の解説』（法曹会、2002年）、261頁）。そして、緊急性のあるいわゆる「医的侵襲」については、緊急事務管理等の一般法理に委ねざるを得ないとするのが法制審議会の結論であったと述べている（同書、268、271頁）。しかしながら、本稿の目的は、判断能力の不十分な状態にある人に対して、同意を得られないままに事実行為を提供するにあたっての一般的な規制原理として、本人の意向の引き出しを含む積極的な反映という観点から、事務管理の成立要件の再考を試みるものである。そのため、事務管理法の特則として、本人の意思や利益にかかわりなく事務管理を成立させ、また、注意義務等の軽減を規定する緊急事務管理（民法698条）には立ち入らない。緊急事務管理の法理においては、特別の場合（名誉、財産に対する危害の急迫性の存在）における管理の奨励という政策的意図が先行していると思われ（梅謙次郎『民法要義 巻ノ三 債権編 【復刻版】』（有斐閣、1984年）853-854頁参照）、この点において本稿とは趣旨を異にするものと考えるからである。

たしかに、非公式に他者の事務に関与することになった場合の法的構成について、日本法では、事務管理の規定が置かれている。しかしながら、現在のわが国の通説が697条2項の対象を、十分な判断能力のある者の「意思」に限定することから、判断能力の十分ではない人々の事務に非公式に関与する場合には、「その事務の性質に従い、最も本人の利益に適合する方法」によって管理を行うことを要請する697条1項のみが適用されることになる。こうした解釈からは、判断能力の不十分な状態にある本人の意向や感情、希望を重んじたり、推し量ろうとする姿勢は見出しにくいであろう。

　しかしながら、最近の国際的潮流である「本人中心主義」の観点からは、判断能力の不十分な人々のために事務管理を行うにあたっては、697条2項を適用することによって、たとえ本人の判断能力の低下が著しく、民法の一般的な意味での「意思」が認められない状況であっても、本人の現実的もしくは推知可能な「意向」に反してはならないと解釈することが望ましいように思われる。さらには、事前に本人の現実的もしくは推知可能な「意向」を一定程度調査することなどを、こうした事案における善管注意義務の具体的内容として捉え、こうした義務を尽くしたか否かを事務管理の成立要件に反映させる解釈の可能性についても、検討すべきではないかと考える。そこで、本稿では、特に、判断能力の不十分な人々が関わる場合における事務管

（5）　管理者が従うべき本人の意思としての本人とは、「当該事務につき管理能力または管理権限を有する」者であるとして、行為能力制限などによって本人が当該事務につき管理能力または管理権限を有しない場合、当該事務につき管理権限を有する法定代理人等の意思を問えばよいとする。谷口知平・甲斐道太郎編『新版 注釈民法（18）債権（9）【復刊版】』（有斐閣、2010年）、金山正信執筆分、197、231頁。後掲注（60）参照。

（6）　「本人中心主義」とは、判断能力の程度がいかに制限された情況にあろうとも、本人を常に意思決定の「主体」として（ひいては真の意味での「法的主体」として）再定置しようとする思想を指す。国連障害者権利条約（UN Convention on the Rights of Persons with Disabilities：以下、CRPD）第12条に象徴されている発想である（同条約同条について、成立過程における各国間の議論も踏まえた解釈の詳細については、上山泰「現行成年後見制度と障がいのある人の権利に関する条約12条の整合性」『成年後見制度の新たなグランド・デザイン』（前掲注（1））39-116頁を参照）。ここで、「法的主体」として認識される成年者とは、単に、理論的に権利を享有しているということのみならず、それらの権利を積極的に行使する（exercise legal capacity）主体であることを意味し、究極的には、そのために必要な法的支援（すなわち、意思決定支援）を国家（締約国）に要求しうる権利までもが包含されている点に、注意する必要がある。同概念についての詳細、特に、これを実現するための具体的な法制度のあり方について論じるものとして、拙稿、前掲注（1）及び（2）を参照。

理の成立要件の再考を行い、本人意思（「意向」を含む広義の意味）の尊重を説く成年後見制度と統合的な解釈を試みたいと考える。

　これまで、わが国の事務管理法をめぐっては、沿革的な理由から、ドイツ法、スイス法を中心とした研究が多く行われてきた。しかしながら、既述のような視点から論ずる文献は少ない一方、イギリス法においては、本人中心主義を徹底させる成年後見法制への転換を果たした結果、わが国の事務管理論に相当するコモン・ロー上の「必要性の法理（principle of necessity）」における介入の違法性阻却要件としての「必要性」、及び、介入行為の正当化要件としての「ベスト・インタレスト（best interests）」といった概念が、本人の従前の意思や現在の意向を基準にした主観的な内容へと転換した（2005年意思決定能力法5条、7条、8条参照）という経緯があることから、考察にあたって、本稿では、主としてイギリス法を用いて論じることにする。なお、現在、ヨーロッパではいくつかの研究グループを中心として、大陸法とコモン・ローとの沿革的相違を超えた「統一事務管理法」を提案する動きなどもあることから、基本的に大陸法系に立つわが国の事務管理法を分析するにあたり、イギリス法に示唆を求めることも、あながち見当外れであるとはいえないように思われる。

（7）　一例として、平田健治「事務管理法の構造・機能の再検討一～三」『民商雑誌』89巻5号・6号、90巻1号（1984年）；副田隆重「事務管理法の機能とその適用範囲（上・下）——最近のドイツの動きを中心として」『判例タイムズ』514、522号（1984年）；前掲注（5）、『注釈民法』、磯村保執筆分、8-30頁；同書、高木多喜男執筆分、105-186頁；平田春二「事務管理の成立と不法干渉との限界」『不当利得・事務管理の研究（2）谷口治平教授還暦記念』（有斐閣、1971年）233-251頁。一木孝之「事務管理者に生じた経済的不利益等の塡補をめぐる史的素描」『早稲田法学』84巻3号（2009年）149頁。
（8）　前掲注（5）、『注釈民法』、高木執筆分、130-132頁。
（9）　フォン・バール（Von Bar）を代表者とする研究グループ「欧州民法典研究会（Study Group on a European Civil Code）」がまとめるヨーロッパ事務管理法草案については、*Principles of European Law Benevolent Intervention in Another's Affairs*（以下、*PEL Ben. Int.*）（OUP 2006）を参照。同書については、角田光隆「欧州事務管理法の原則と我国の事務管理法：事務管理の要件」信州大学法学論集9巻（2007年）200-207頁、平田健治「事務管理」内田貴・大村敦編『Jurist 増刊民法の争点』（有斐閣、2007年）、263頁に紹介がある。

II 本人中心主義の観点からみた事務管理論の再構成
——イギリス法からの示唆

1 イギリス法における必要品（necessaries）をめぐる法制度

　イギリス法上、厳格な意味で当事者間に契約が成立しなくとも、客観的にみて「（受け手にとって）必要である」と考えられるものが実際に提供された場合には、受領者はその合理的価格についての支払いを免れないとする法理が存在する(10)。そして、制定法上、必要品（necessaries）の提供に関して、1979年動産売買法（the Sale of Goods Act 1979）第3条（売買に関する能力（Capacity to buy and sell））2項に規定が置かれている(11)。さらに、2005年意思決定能力法7条は、こうした法理を、判断能力の不十分な人々が、商品のみならずサービスの受領者である場合について、明確に定める。

　すなわち、判断能力の低下のために、契約の「本質的意味（nature）と効果（effect）」を理解できない状態にあり、かつ、そのことについて相手方が悪意又は有過失であっても、「必要な商品やサービス（necessary goods and ser-

---

(10) *Brockwell v Bullock* (1889) 22 QB 567; *Re Rhodes* (1890) 4 Ch D 94, CA（ただし、本事案においては、提供当時、提供者に支払請求の意図があったことを認定しえないとして、提供者側（遺族）からの請求が棄却された）。また、借財の返還に関して、必要品に費消された範囲に限るものとして、*Re Beavan* [1912] 1 Ch 196. 詳しくは、拙著、前掲（1）、第2章頁参照。

(11) ただし、「mental incapacityを理由として、契約能力を有さない者」という文言は、2005年意思決定能力法附則6第24条によって無効とされている。次注を参照。

(12) イギリス法には、わが国の民法にみられるような制限行為能力制度は存在しない（詳しくは、拙著、前掲注（1）、第2章、及び、拙稿「イギリス法における行為能力制限の不在と一般契約法理等による支援の可能性」『成年後見法研究』8号（2011年）35-50頁参照）。また、2005年意思決定能力法は、能力の否定を個別具体的に、時間と対象を限定して行うため、たとえ財産管理に関して法定後見人がついているような状況においても、一般的に契約能力を否定することはない。この点、旧制度（1983年精神保健法第7章、99条）上の「法定受託（receivership）」に付された者の財産管理処分が裁判所の権限を侵害するものとして否定されていたこととは大きく異なるのである（これに関連して、2005年意思決定能力法によって、*Re Walker* [1905] 1 Ch 160や *Re Marshall* [1920] 1 Ch 284といった判例法も、以後適用される可能性はないと考えられている（Ashton, G., *Elderly People & the Law*, 2nd edn (Jordans, forthcoming), Chapter 3)。

　ただし、こうしたイギリス法においても、現実に、本人が目下の契約の本質的意味と効果を理解することができず、そうした状況にあることを相手方も知っているか知り得た場合には、契約を取り消しうる（voidable）ことになっている（*Imperial Loan Company v Stone* [1892] 1 QB 599; *York Glass Co Ltd v Jubb* [1927] 134 LT 36. 詳細は、拙著、前掲注（1）、第2章参照）。

vices)」が提供された場合には、本人は「合理的な」対価を支払わなければならない (he must pay a reasonable price for them) と規定する (2005年意思決定能力法7条1項)。そして、ここでいう「必要な」とは、提供された時点における現実的な必要性 (his actual requirements at the time)[13] のみならず、本人の具体的な生活状況に適合的である (suitable to a person's condition in life) ことを意味する (同条2項)。特に、後者について、本人の精神の状態や身体の状態からみた客観的な判断とは異なり、本人のそれまでのライフスタイルや生活水準の維持が積極的に意図されている点が注目される。[14]

そもそも、こうした規定が、2005年意思決定能力法の中に改めて置かれた理由は、対価の不払いを危惧する相手方によって判断能力の不十分な人々との契約締結が躊躇される結果、彼らが社会的に排除されたり、必要な商品やサービスを得ることができずに生活に窮すること、さらに、それまでのライフスタイルや生活水準の低下を防止することにある。そこで、本人自身が(商品やサービスの受領に向けて)行為を行った場合には、従来からの伝統的見解である客観的観点からの必要性を判断するとともに、本人のライフスタイルや生活水準からみた主観的な観点からの必要性が判断される。両観点から、必要性が肯定されさえすれば (本人の判断能力の程度は一切問題とされずに)、「合理的な対価」の支払いが義務づけられるとされたのである。[15]

　本条は、そうした場合においても、本人が「必要とする」範囲で契約の成立を認め、本人が支払い義務を負うべきことを確認した点に特徴がある。Ashton, G., edd., *The Court of Protection 2012* (Jordan 2012), at 444.
(13)　1979年動産販売法3条3項における必要品の定義と同義である。
(14)　Code of Practice of the Mental Capacity Act 2005, para 6. 58. なお、2005年意思決定能力法成立前の立法論議の段階では、こうした「主観的に」必要性を解する視点は示されておらず、基本的な商品やサービスを奪われないようにすべきであるといった視点にとどまっている。法改革委員会 (Law Commission) が5年間の調査を得てまとめた、Law Commission, *Mental Incapacity* (Law Com No 231) (HMSO 1995), para 4.6-4.9、及び、同提案に対する政府内での審議の模様について、Lord Chancellor's Department, *Who Decides?―Making Decisions on Behalf of Mentally Incapacitated Adults* (HMSO 1997), para 3. 29、さらに、政府が議会に対して行った趣旨説明について、Lord Chancellor's Department, *Making Decisions--the Government's Proposals for Making Decisions on Behalf of Mentally Incapacitated Adults* (TSO 1999), para 1. 31を参照。
(15)　なお、実際の事案として、両親と同居している、生来重篤な知的障害と身体的障害を有する子について、父親との間で法的に有効な賃貸借契約 (tenancy agreement) を行うことはできないものの (子が本件契約を締結することの本質的意味と効果を理解することができず、また、理

この点に関連して、日本法においても、平成11年改正によって、9条但書において、成年被後見人のなした「日用品の購入その他日常生活に関する行為」が成年後見人による取り消しの対象から外された点をもって、イギリス2005年意思決定能力法7条1項と同一の趣旨に立つものと評価することが可能であるようにも思われる。ただし、本人のライフスタイルや生活水準の維持そのものをも直接的な目的としていると捉えることは難しいように思われる。[16]

2　イギリス法における「必要性の法理」

　前項では、本人自身が、判断能力が不十分ながらも、自らの欲する商品やサービスの取得に向けて、積極的に行為する場面について扱った。一方で、外部者の視点から見た場合、本人が「ケアや治療」に関して必要な商品やサービスを得るべき状況にあるにもかかわらず、自ら求めることができない（と見える）状況において、他者がそれらの提供を手配することが社会的・道義的に求められる場合がある。本稿の主たる関心もここにある。これに関連するのが、イギリス法上、判例法において認められてきた法理である「必要性の法理（principles of necessity）」である。「必要性の法理」とは、本人の利益を本人に代わって保護する必要性が存在すると考えられる状況において、

　解していないことを父親は知っているため（前掲注（12）参照））、住居の提供という、本人にとって必要なサービス提供を受けていることから、本人には父親に対して合理的な対価（賃料相当額）を支払う義務があるとした判決が存在する（*Wychavon District Council v Em（HB）* [2012] UKUT 12（AAC））。この訴訟における原告（父親）の意図は、地方自治体に対する住宅保障給付（housing benefit）の受給申請を本人（娘）のために有利に進めることにあり、実際、判決を受けて、当該申請が認められることになった。また、住宅の提供が同法7条にいう必要な「サービス」に当たるのかという解釈上の問題については、従来からのコモン・ローが存在する以上、特に問題はないとされた。

(16)　この点に関連して、立法担当官によれば、9条但書の意義について、「改正法の理念である自己決定の尊重の理念及びその下位概念であるノーマライゼーションの理念に基づいて、本人の日常生活に関する行為については、本人の自己責任に委ねることとされたものである」として、責任面が強調されているようにもみえ、また、同時に、取引の相手方にとって、この範囲では取消権の行使のリスクから解放されることを意味していると捉え、取引の安全にも資する改正であるとしていることから、「ノーマライゼーション」への言及があるとはいえ、本人に対する「社会的包摂」や本人の自己実現という観点を見出すことは難しいように思われる。小林昭彦・原司、前掲注（4）、82頁。

本人の同意を得ていないにもかかわらず、介入が違法とならず、また、当該介入行為の合法性が認められうるという法理である (In re F (Mental Patient : Sterilisation) [1990] 2 AC 1, at 74-A—75-H, 78-A) における、ゴフ卿 (Lord Goff) の判示を参照)。つまり、「必要性の法理」とは、必要性の認められる介入 (necessitous intervention) を法的に正当化する「必要性に基づく介入の法理」と敷衍できよう。

「必要性の法理」の古典的な事例としては、悪天候で船が損傷し近隣の港での待機を余儀なくされていたところ、船長が船主に指示を仰ぐべく電報を打ったもののなかなか連絡がとれなかったため、合理的価格で必要な修理を施すべく予定航路外の別の港へと船を移動させたこと (Phelps, James & Co. v Hill [1891] 1 QB 605)、荷主が荷物（馬）の受取りに現れない間、運送を請け負った鉄道会社が馬に必要な飼育を行った場合 (Great Northern Railway Co v Swaffield (1874) LR 9 Ex 132) などが挙げられる。[17] 財産の保護のみならず、生

---

(17) 同法理は、介入者と本人との間に、介入以前から一定の法的関係の存在が認められる場合（伝統的には船主と船長の関係に制限されてきたが、後に、荷主と運送業者、さらに、傷みやすい商品の売主と受領遅滞中の買主、雇用主と職務上負傷した被用者を介抱したマネージャー等へと適用範囲が拡大）に、介入者が本人の名で、本来の権限範囲を超えた行為をする場合の法理である「必要性による代理 (agency of necessity)」を中心として発展してきた。「必要性による代理」の法理は、代理法を基礎とした法理であるため、本人から指示を仰ぐこと（具体的には、本人への連絡を試み、返答を待つこと）の可否が同法理の適用を左右してきた（本人の指示を仰ぐことが、現実的に (practically) あるいは商業的に (commercially) 見て不可能とはいえない状況にありながら、それを怠り、荷主への連絡を試みることなく運送業者が無断で行ったトマトの売却（港への到着が3日間遅滞した上、鉄道会社のストライキにより、目的地への運送途中で傷みが悪化することが容易に予想される状況にあった）をめぐって、同法理の適用が否定された事件として、Springer v Great Western Railway Co [1921] 1 KB 257 (CA)、特に Bankes 判事の見解 (at 265) と Scrutton 判事の見解 (at 267-268) を参照）。「必要性による代理」の法理の適用が認められると、介入者が相手方との間で締結した契約は本人を拘束し、かつ、介入者は、介入に対する法的責任を免れるとともに、本人に対して費用返還請求権を取得する。「必要性による代理」をめぐるイギリス判例法の整理や分析については、Burrows, A., *The Law of Restitution*, 3rd edn (2011 OUP), at 469-474 ; Kortmann, J., *Altruism in Private Law—Liability for Nonfeasance and Negotiorum Gestio* (2005 OUP), at 127-136 ; Goff and Jones, G., *the Law of Restitution*, 7th edn (Sweet & Maxwell 2007), at 448-467 ; Watts, P. and Reynolds, FMB., *Bowstead and Reynolds on Agency*, 19th edn (Sweet & Maxwell 2010), at 149-160 ; "Notes", *Columbia Law Review* Vol 25 (1925) 464-470 ; Von Bar, C., *Principles of European Law Benevolent Intervention in Another's Affairs*, (n 9 above), at 80-83, 156-7, 161-2が詳しい。

ただし、Kortmann や Bowstead and Reynolds は、「必要性による代理」の法理と「必要性（に基づく介入）の法理」とを意識的に区別している。たとえば、Kortmann は、「必要性によ

命、健康、福祉の保全を目的とする場合も含まれる。[18]

　いずれにも共通するのは、本人と連絡がつかず意思疎通を図れないことが、本人の同意を得ないままに他者が介入することの「必要性」を認める前提と考えられている点である。この点、「緊急性」は、特に要件とされているわけではない。たしかに、緊急の場合でなければ、本人と連絡を取りその同意を得る機会があるであろうから、必要性がみたされないことが多いとも思われるが、それでも、緊急性自体が介入に際しての違法性阻却要件であるわけではない (Re F, at 75-C)。すなわち、①本人と連絡を取ってその意思を確認するための現実的な手段がない状況において (when it is not practicable to communicate with the assisted person)、介入の必要性 (a necessity to act) が存在し、かつ、合理的な人間であれば、あらゆる状況を考慮して、本人の「ベスト・インタレスト」に従って行うであろう行動 (a reasonable person would in all the circumstances take, acting in the best interests of the assisted person) がとられた場合に限り、当該介入行為の合法性が認められるのである (Re F, at 75

──────────

る代理」の法理は、代理法的推論に依拠しているために、本人に代理行為の効果が帰属するのか否かという「対外的」問題と、介入者が本人に費用償還を請求できるか、また、本人に対して免責を主張できるかという「対内的」問題とを明確に区別しえないと指摘する。そのため、警察官からの指示を受けて公道に放置された盗難車の撤去を行った業者が、車の所有者に対してレッカー移動に要した費用の償還請求をなしうるかが問題となっている事案において、本人との間の事前の法的関係を想定できないにもかかわらず、警察官を「必要性による代理人」と構成して盗難車の所有者と業者との間に契約を締結させ、業者から所有者に対して、実際にかかった費用の支払いを超えて、同種のサービスに対する通常料金の支払いの請求が認められることに違和感を示し（むしろ、移動業者を、必要性に基づいて正当化される介入者と構成し、介入に要した費用（のみ）の償還を認めるべきではなかったかとして）、両者を慎重に区別して議論すべきことを主張する（上記書、166-169頁；See *Surrey Breakdown Ltd v Knight* [1999] RTR 84 CA）。同様に、Bowsteadn and Reynoldsも、「必要性による代理」の法理が有する固有の対外的効果に着目し、いわば対内的効果に過ぎない費用償還請求権や免責のみが主たる問題となっている場合に同法理を持ち出すことが招いてきた理論的混乱について示唆を与えている（上記書、149-154、157-159頁）。

　一方で、Goff and Jonesは、（契約法の枠外にある）原状回復法の観点から、むしろ、緊急の状況における本人の利益の保護のために事前の法的関係のない第三者によって介入行為が行われる場合 (necessitous intervention by strangers) の法理と「必要性による代理」の法理との間に共通点を見出し、いずれも、緊急の状況において他人のために介入する者は、厳格な要件を充たしている限り、あたかも介入する権限があるかのように法的に取り扱われるべきであるとして、両者を統合する法理論の提唱を唱えている（上記書、447-467、特に、467頁）。この他、Birks, P., *An Introduction to the Law of Restitution* (1985), at 199-202.

(18) *Re Meres* (1898) 10 Ch D 552, at 553参照。

F-H)。

　このような法理の下、判断能力が不十分であるために医療機関が必要だと考える医療処置に同意できない者をめぐって、医療処置を施す必要性が明らかであるにもかかわらず、同意不可能であるが故に、「同意能力のある患者であれば享受できるであろう治療の恩恵を奪われる」ことは防止されなければならないとして (Re F, at 68 (ブランドン卿 (Lord Brandon) の判示部分))、介入が認められてきた。判断能力の不十分な人々との関係において、同法理は、1959年精神保健法改正によって「国王大権」が消失して以降、2005年意思決定能力法において明文規定が置かれる（同法17条1項 (d)）までの間、本人の同意を得ぬままに医療処置を施す場面において、裁判所が当該行為の合法性 (lawfulness) を間接的に与える権限を根拠づけるものとして、大きな役割を果たしてきたのである。

---

(19) 本判決において、Goff 卿は、「必要性による代理」(前掲注 (17) 参照) に関連して、「本人の指示が仰げない緊急的状況において、『賢明 (wise)』かつ『分別のある (prudent)』者の判断基準によれば『本人の利益に最も資すると思われる』行為は『必要な』行為とみなされる」とする法理 (Australasian Steam Navigation Co v Morse (1872) LR4 PC 222, at 230における Montague Smith 卿の判示) を参考にして、事前の法的関係が存在しない場面である本事案に対する判示を行っている。この点に関連して、一般的に、事前の法的関係がないにもかかわらず緊急的な介入行為が行われた (necessitous intervention by stranger) 場合に費用償還請求が認められるための要件 (①介入を正当化し得るほどの事態の重大性や緊急性の存在、②本人の「ベスト・インタレスト」に従った介入が行われたこと、③介入当時、介入者は無償で介入行為を提供するつもりであったということを、本人（被告）が立証できなかったこと、④本人と連絡を取って指示を仰ぐことが現実的に困難であったこと) を明示するものとして、Goff and Jones (n17 above), at 459-460も参照。このうち、要件②は、直接的に Re F 判決から導き出されたものである。また、要件③について、Re Rhodes (n 10 above) において控訴院が示した立証責任に対する考え方とは異なっている (Goff and Jones, at 463-464)。
(20) 中世以来の国王大権による権限 (the parens patriae jurisdiction) は、1959年精神保健法の施行、及び、権限委譲のための令状 (the Royal Warrant) が1960年11月に廃止されたことによって形式上失われ、以後、裁判所は、判断能力が不十分なために自ら同意することができない者に代わって医療処置に同意することや、本人の同意のないままになされる医療処置を許可することができなくなった (Re F における Brandon 卿の判示 (at 57-65)。詳細は、拙著、前掲注 (1)、序章及び113-114頁参照。
(21) 裁判所の権限は前述の通り（前注参照）であったが、提案されている医療処置について、それが本人にとっての「ベスト・インタレスト」に適っているか否かを判断し宣告する (declare) ことは妨げられていないとの解釈の下、「ベスト・インタレスト」に適っていると判断された範囲において当該処置の「合法性」が認められていたのである。拙著、前掲注 (1)、113-114頁参照。

ただし、こうした文脈において登場してきた「ベスト・インタレスト」は、その時点における医学的水準に照らして判断されるなど、医療過誤が争われている場面において不法行為責任をめぐって過失（negligence）の有無を問う際の注意義務の内容と未分離であった[22]。また、判断能力を有さない状態にある人々の健康と福祉のために当該医療処置が必要であるか否かが問われる際に、その存否が検討される「ベスト・インタレスト」とは、本人の意向や自己決定の結果としての選択と異なるものとして捉えられていた[24]。

　しかしながら、こうした意味での「ベスト・インタレスト」概念は、治療目的とはいえない医療処置（例　避妊手術）や賛否の分かれる治療に関して倫理的、社会的配慮を欠くものであるとの批判を受け、「必要性の法理」とともに、概念の精緻化、明確化のための立法作業が進められていく[25]。また、こうした動きに呼応するかのように、その後の判決において、「ベスト・インタレスト」は、医学的利益のほか、本人自身の感情的利益や心情、その他さまざまな福祉的利益を含めて考えられ、また、関係者の利益や社会的利益と混同されうる危険性が認識された上で、内容を充実化し、実質化させていった[27]。

　こうした経緯を経て、2005年意思決定能力法は、本人の意向や心情、信念、価値観を、「ベスト・インタレスト」の要素として重視すべきことを明

---

(22)　Bolam v Friern Hospital Management Committee [1957] 1 WLR 582.
(23)　たとえば、Brandon 卿は、生命を救うこと、身体的・精神的健康を改善しあるいは悪化を防ぐことがベスト・インタレストに適った行為の（唯一の）例として挙げており（Re F, at 55 E)、また、ベスト・インタレストに適った医療行為であるか否かをめぐって、医療過誤における注意義務違反を問う際の基準（Bolam test：前注）を適用すべきことを述べている（at 68 C-E)。
(24)　Airedale NHS Trust v Bland [1993] 1 ALL ER 821, at 864-5, at 891等を参照。詳細は、拙著、前掲注（1）、115頁参照。
(25)　ベスト・インタレストを医学的利益の観点からのみ捉える見解については、すでに、法改革委員会による最初のコンサルテーションペーパーにおいて問題点が指摘され、制定法による「ベスト・インタレスト」概念の明確化が論じられている（Law Commission, Mentally Incapacitated Adults and Decision-Making : An Overview (Law Com No 119) (HMSO 1991), paras 2. 22-2. 24)。
(26)　Mental Incapacity (n14 above), para 4. 2, 4. 3.
(27)　Re A (Male Sterilisation) [2000] 1 FLR 549, at 555等を参照。詳細は、拙著、前掲注（1）、116-123頁参照。

記するに至る（同法4条6項(a)、(b)、(c)、及び、同法施行指針（Code of Practice）パラグラフ5.7)[28]。また、「必要性の法理」について、そもそも、本人に介入する必要があるとの判断を下す前になすべきこととして、本人領域に対する過介入を可能な限り抑制すべく、本人の判断能力がいかに不十分にみえる状況であっても、本人自身が意思決定を行えるものと推定し（「意思決定能力存在の推定（the presumption of capacity)」原則の確立（2005年意思決定能力法1条2項))、推定を覆すに際して慎重な態度をとるべきこと（すなわち、推定を覆すのに十分な事実が揃わない場合には、能力が「ある」と推定して、「不必要な」介入を踏みとどまるべきこと）が介入者に要求されることになった。こうした姿勢は、医学的に見て精神障害が重いことをもって、「本人との意思疎通が（長期的に）期待できない場合」として他者による介入（具体的には、医療従事者による手術の実施）の「必要性」を容易に認めてきた Re F 判決（既述。特に、77-D）以降の裁判所の姿勢に変化を与えてきた[29]。

さらに、2005年意思決定能力法は、こうした「厳格化された」必要性の法理の適用される範囲を、医療行為の実施・不実施のみならず、居住場所の決定や、日常の生活支援（例 食事や排泄の介助）が提案されている場面へと拡張した。これにより、判断能力の不十分な人々が直面する日々の生活のあらゆる場面において、法的な規制を受けないままに他者介入が行われる実態の改善が図られることになった。実際、2005年意思決定能力法が施行された2007年10月以降、イギリス社会において、病院内での治療の実施方法のみならず、介護施設におけるケアの質に大きな変革が生じていることは注目に値しよう[30]。

---

(28) すなわち、2005年意思決定能力法は、本人の意向が唯一の最高（paramount）であって、その直接的な実行が求められているとするものではなく、最大の立法目的は、あくまで「ベスト・インタレスト」の実現であるという立場をとっている。その上で、「本人の見解や意向を考慮し尊重する」こと自体が「ベスト・インタレストを構成する極めて重要な側面」であると理解されており、また、ベスト・インタレストの特定にあたって、本人にとっての利益・不利益を拾い上げて総合的に判断する「バランス・シート方式」を用いる際には、本人の見解や意向に適切な配慮がなされなければならないことが判示されている（Re S and S (Protected Person) [2008]（Court of Protection 公刊物未登載), para 56)。詳細は、拙著、前掲注（1）、123-129頁。
(29) 詳細は、拙著、前掲注（1）、第3章参照。
(30) 詳細は、拙稿「障害者法学の観点からみた成年後見制度――公的サービスとしての意思決定

3 2005年意思決定能力法における「5条行為」論
――「厳格化された」必要性の法理

2005年意思決定能力法5条は、介入行為のうち特にケアや治療に関する行為（acts in connection with care or treatment）について、①（介入）行為に先立ち（before doing the act）、直面している問題について（in relation to the matter in question）、本人が意思決定能力を有しているか否かを判断するにあたり合理的な手順を踏んだ（takes reasonable steps to establish whether P lacks capacity）こと、②（介入）行為に際して（when doing the act）、当該事柄について、本人は意思決定能力を有していないと、合理的に信じた（reasonably believes）こと、③（介入）行為に際して、当該（介入）行為を行うことが本人の「ベスト・インタレスト」に適うものである（it will be in P's interests for the act to be done）と、合理的に信じたことを要件として挙げ、これら3要件がすべて充たされた（介入）行為については、本人による有効な同意が与えられた場合と同様に扱われることを規定する。本条は、一定の要件を充たしている限り、本人の同意を得ないままに介入したことについて介入者は法的責任を負わされないこと（違法性が阻却されること）を明確にし、その際、「合理的な手順を踏んだこと」や「合理的に信じたこと」という文言が示すように、介入者の主観的な判断を基準としながらも、自らの判断の「合理性」の立証を介入者自身に求めることによって、適正かつ厳格な裁量行使を保障した。

すなわち、第一に、介入すること自体の正当化が要求され、両要件（要件①、②）が充たされた場合にのみ介入の必要性が認められ、違法性が阻却される。介入者は、本人に意思決定する能力がないとの判断を下したことについて、そうした判断を正当化しうるだけの客観的理由を説明できるように事前に備えておくことが求められている。ここで重要となるのが、同法が基本

支援」大原社会問題研究所研究所雑誌641号（2012年）59-77頁、特に、70-72頁参照。この点に関連して、2012年3月27日には、「ヘルスケア及びソーシャルケアに関する法（the Health and Social Care Act 2012）」が成立し、また、現在（2013年8月脱稿時）、貴族院において「ケア法案（Care Bill 2013-14）」が審議中である（庶民院での審議は秋以降の予定）。

(31)　一方で、過失ある行為について従来通り法的責任を問われることは、いうまでもない。
(32)　これは必ずしも医学的診断書が必要であったり、それで足りるということを意味しない。知的障害や精神障害などが、当該場面においてどのように本人の判断力に影響を与え、本人自身が意思決定することを困難にしているのかを、たとえば複数の人々による証言などの情報を集める

原則とする「意思決定能力存在の推定原則」(既述)や、これに関連して、「賢明でない決定をしただけで (merely because he makes an unwise decision)、決定することができないとはみなされない (not to be treated as unable to make a decision)」とする条文 (2005年意思決定能力法1条4項) である。意思決定能力の有無を、本人の決定がもたらす結果に対する客観的評価 (すなわち、客観的に見た場合の結果の好ましさ) からいわば逆算して推測することが、明文において否定されている点が注目される。本人の真摯な思いであれば、たとえ賢明な選択に見えないものであっても、本人の意思決定能力を否定して他者が介入することは法的に許されない。さらには、提案されている介入行為について、本人自身が (同意や拒絶といった) 意思表明をできるよう、最大限の支援を行うべきこと (all practical steps to help him to make a decision) を規定する条文が置かれている点も注目に値しよう (同法1条3項)。

第二に、介入者には、本人の利益 (厳格には、2005年意思決定能力法4条に規定された「ベスト・インタレスト」) に積極的に適合しうると合理的に信じた行為がなされるべきことが求められている (前述、要件③)。介入行為の合法性について、介入によって本人に現実にもたらされた利得、すなわち、本人の状況を改善できたかどうかという「結果」としての現存利益に重点が置かれるのではなく、ここでも介入者の主観的な判断を基準として、どのようにして当該介入行為の実施を決定するに至ったのかという「過程」の明確化に重点が置かれている。これに関連して、2005年意思決定能力法においては、同法4条において「チェックリスト」が示されており、これらの規定に従って、多角的に「ベスト・インタレスト」を探し出すことが求められている。そし

ことによって、より具体的に示す必要がある。詳しくは、拙著、前掲 (1)、第1章、第2章参照。
(33) たとえば、本人は意思決定できないと決めてかかる前に、決定するのに必要な情報が伝わっているか、複数の選択肢がある場合にそれぞれに関する情報が伝わっているかを確認し、より良く理解してもらうのに適した個人個人に合った伝え方を試みること、本人の理解力が高まる時間帯や気持ちの落ち着く場所を選ぶことなどが挙げられる (Code of Practice, paras. 4. 36, 4. 45)。
(34) 2005年意思決定能力法において新たに概念を整理された「ベスト・インタレスト」について、それまでのものと区別する趣旨で、著者は「主観的ベスト・インタレスト (主義)」という語を用いている。拙稿「イギリス2005年意思決定能力法 (The Mental Capacity Act 2005) 体制における「ベスト・インタレスト」論」『高齢社会における法的諸問題——須永醇先生傘寿祝賀記念論集』(2010年、酒井書店) 343-370頁;拙著、前掲注 (1)、第3章参照。

て、介入者は、自分が下した決定について異議申し立てがなされた場合には、当該事案においてなぜそうした結論を出すに至ったのか、決定に際して考慮した事柄を客観的に示せるよう、準備しておくことが常に求められている。ここに、本人の現実的意思や推定的意思の調査を介入者に義務付ける具体的法体制を認めることができ（特に、チェックリストの第4、6、7項目（前掲注（34））を参照）、わが国の事務管理法において、管理者に課せられた善管注意義務の具体的内容（対象）を考える際の参考となしうるように思われる。

4 小括——本人の観点に立った手法による、過干渉の抑制

　2005年意思決定能力法5条は、それまでの曖昧なコモン・ロー上の「必要性の原理」を法文上明確にすることによって、一定の要件の下、介入者たちに、本人の同意を得て介入を始めたのと同様の法的効果（すなわち、財産や身体に対する違法な介入を行ったとの民事・刑事責任の免責）を与えた結果、それまで法的責任を恐れて躊躇していた支援者たちを後押しすることに成功した。同

---

(35) 第1項目として「本人の年齢や外見、状態、ふるまいによって、判断を左右されてはならない」（2005年法4条1項 & Code of Practice, paras. 5.16-5.17）。第2項目として、「当該問題に関係すると合理的に考えられる事情については、全て考慮した上で判断しなければならない」（2005年法4条2項 & Code of Practice, paras. 5.18-5.20）。第3項目として、「本人が意思決定能力を回復する可能性を考慮しなければならない」（2005年法4条3項 & Code of Practice, paras. 5.25-5.28）。第4項目として、「本人が自ら意思決定に参加し主体的に関与できるような環境を、できる限り整えなければならない」（2005年法4条4項 & Code of Practice, paras. 5.21-5.24）。第5項目として、「尊厳死の希望を明確に文書で記した者に対して医療措置を施してはならない。他方、そうした文書がない場合、本人に死をもたらしたいとの動機に動かされて判断してはならない。安楽死や自殺幇助は、認められない」（2005年法4条5項 & Code of Practice, paras. 5.29-5.36）。第6項目として、「本人の過去および現在の意向、感情、信念や価値観を考慮しなければならない」（2005年法4条6項 & Code of Practice, paras. 5.37-5.48）。第7項目として、「本人が相談者として指名した者、家族・友人などの身近な介護者、法定後見人、任意後見人等の見解を考慮に入れて、判断しなければならない」（2005年法4条7項 &Code of Practice, paras. 5.49-5.57）ことが規定されている。なお、このチェックリストは、公式の代理人・代行決定者である法定後見人や任意後見人にも適用される。

(36) すなわち、理論的には、同意なく着替えを手伝えば「暴行（assault）」の罪に該当し、同意なく治療を行えば「暴行（battery）」の罪に該当し、同意なく家の掃除を行えば不法行為法上の「不法侵害（trespass）」にあたりうるが、あたかも本人から同意を得たのと同じ効果を提供者に与えることによって、提供者の法的責任を免責するのが、同条の趣旨である。

(37) 本人の福祉の向上に真摯かつ誠実な関心をもつ看護師、介護被用者、身近な親族介護者等の不安を解消することも、法改革の目的の一つであった。2005年意思決定能力法の前身である「意思無能力法案（Mental Incapacity Bill）」をめぐる下院での議論状況について、Hansard, HC

時に、「必要性の原理」の原型ともいうべき「必要性による代理」が、成立のための4要件として、①客観的にみた場合の介入の「必要性」の現実的存在、そしてこれに直接的に関連するものとして、②本人と連絡がとれないために本人からの指示を仰げないこと（言い換えれば、本人の「意思」を直接的に聞くことができないこと）、③合理的で慎重な人間であればとるであろう行為が選択され実行されること、全ての前提として、④介入の目的は本人の利益に資することであって介入者のそれではないことを挙げてきたのに対して、それらを本人の観点に立った要件へと再編成することによって、本人に対する過干渉の抑制に成功した。[38]

この背後にあるのは、たとえ客観的に見て「必要な」サービスであっても、受領者である本人の生き方や人生に関わるものである場合には、受領を強制すべきではないとの価値観である。判断能力の不十分な人々が、その後の生活に支障をきたしたり、従来の生活スタイルとは不適合な、過剰な物品販売やサービス提供に対する対価の支払いを課されることを法的に防止しなければならないことはいうまでもない。だが、不必要な出費の強制からの保護が本人にとっての経済的自律に関わるとすれば、本人の望まない生き方を強いられることを法的に防止することは、本人の人格的自律に関する事柄であり、後者を前者と別異に取り扱う理由はないと思われる。

そこで、2005年意思決定能力法においては、本人の「意向」をより反映させるべく、「主観的ベスト・インタレスト主義」（既述。（注（34））も参照）の観点から、介入行為（商品やサービスの手配行為、あるいは、手配者自身が提供を行う場合には、提供行為）の合法性が問われ（同法5条）、それと連動する形で、費用償還請求権の存否が問われる（同法8条）。[39] さらに、重大な結果を伴う手術や入院や転居、施設入所など、本人の生活に大きな変化をもたらすと考えら

Deb, vol 425, ser 6, col 29 (11 October 2004) 参照。

(38) 「必要性による代理」の成立要件について、こうした分類を行う見解として、Kortmann (n 17 above), at 131-132;; Goff and Jones (n17 above), at 450-451; see Watts and Reynolds (n17 above), at 151-152を参照。

(39) こうした連動は、Re F 判決においては見られず、むしろ別の問題として取り扱おうとする姿勢が見られるが（Re F, 74-F）、それは、医療同意を扱った本事案の性質によるものであろう。

れる介入について、本人に代わって異議を唱えてくれるような本人を良く知る親しい人（例　友人、家族）がいない場合には、独立した第三者の関与を要求する制度が用意され、本人の意向を引き出したり、本人の身になって介入者に対して質問を行ったり、異議を唱えることを可能にする体制も整えられた。[40]

　具体的には、まず既述の通り、一般的な生活必需品やサービス（例　牛乳、食品、靴、新聞、衣類、美容院、旅行）を本人が購入した場合については、本人の判断能力を問わず、相手方は本人に対して、代金支払い請求を行うことができる。さらに、一般的な水準を超えるものであっても、本人の従来の生活スタイルに適合的なもの（例　ネイルサロン、特定のブランドの靴や衣類、一等車両での旅行）については、「本人にとっての」必要品であるとして、相手方は相当する代金の支払いを当然に請求することができる。こうした法規定により、本人は、判断能力が不十分な状況になっても、また、たとえそれが一般的な生活水準を超えるものであっても、従来通りのライフスタイルを損なうことなく暮らすことが間接的に保障されている。

　他方、こうした商品やサービスのうち、本人の「ケアや治療」に関するものであって、その手配を本人自身が行うことができず、本人の福祉の保持を真摯に考える者が手配したり、実際に提供した場合（例　牛乳の購入や、足治療、休日の旅行、屋根の修理などの実行や手配）には、それらが本人の「ベスト・インタレスト」に適っている限り、（本人に対する違法な介入であるとの）法的責任を免れ（既述）、さらに、合法的に提供者に対する支払いに関与したり、[41]自

---

(40) 本人を代弁（アドヴォケート）することの意味については、スー・リー（菅富美枝訳）「イギリスにおける本人を代弁する公的サービス」、前掲注（1）、『成年後見制度の新たなグランド・デザイン』265-279頁を参照。また、Independent Mental Capacity Advocate (IMCA) について、詳細は、拙著、前掲注（1）、47-51頁、258-270頁；拙稿「イギリスの成年後見制度——自己決定とその支援を目指す法制度」新井誠・赤沼康弘・大貫正男編『成年後見法制の展望』（日本評論社、2011年）88-126頁；拙稿、前掲注（30）、「障害者法学の観点からみた成年後見制度」大原社会問題研究所研究所雑誌641号（2012年）59-77頁参照。

(41) 本人が所持する現金から、牛乳代や美容代金を業者に支払うことが許される（同法8条1項(b)）。この理論的前提として、2005年意思決定能力法は、一定の範囲で、従来のコモン・ロー上の法理である「必要性による代理」を制定法化した（特に、同法8条1項(a)）と捉え得る（Watts and Reynolds (n 17 above), at 159）。ただし、口座からの引き下しや本人の財産の売却を伴う場合には、法的な代理権限を得ることが必要になる（次注参照）。

らが提供者であったり立替払いをした場合には費用償還を受けることができる。
(42)

　以上をまとめる。2005年意思決定能力法において、本人以外の者が本人の同意や法的権限のないままに本人に介入する場合には、それが本人にとって一般的な意味で「必要である」というのでは足らず、「ケアや治療に関する行為」であることを前提（同法5条〔ケア及び治療に関する行為〕の射程範囲）として、同法5条に明示された要件——特に、当該介入行為が本人の「ベスト・インタレスト」に適うものであると信じたことが合理的であること——が充足される必要がある。そして、この「ケアや治療に関わる行為」という文言が広く解釈されるとき、結局、判断能力の不十分な人々の身上監護・財
(43)
(44)

---

(42)　立て替え分について、本人の所持する現金から受け取ることが許される（同法8条2項(a)）。ただし、口座からの引き下しを伴う場合には、法的な代理権限を得ることが必要になる。たとえば、台風の被害を受けて自宅の屋根の修理が必要な状況にあるにもかかわらず、判断能力が不十分なために修理の手配を行えない父親のために、息子が修理の手配と代金の立替を行ったような場合、事後に息子は保護裁判所の許可を得て、保険金の請求を行うとともに、そこから費用償還を得ることができる（同法8条2項(b)）。

(43)　この点に関連して、Goff卿の提示した基準（既述）における「合理的な人間であればとるであろう行為」、また同様に、法改革委員会の提案書における「あらゆる状況に照らして、介入者によって行われること合理的である行為」という表現との相違が注目される。すなわち、「介入行為が合理的であるか否か」を問う姿勢に対して、政府提案は、法廷弁護士（バリスタ）評議会（Bar Council）等からの「ベスト・インタレスト」との関連性をより明確にすべきとのコメントを受けて、「代行決定者によって、本人のベスト・インタレストに適うものと合理的に信じられた（reasonably believed by the decision-maker to be in the person without capacity's best interests）こと」へと表現が改められた（*Making Decisions* (n14 above), para 1. 16. こうした文言の変更は、単に表現上のものにとどまらず、合理性が問われている内容自体を実質的に変容させた。すなわち、客観的な意味での合理性が問われているのは、あくまで手続の遵守に関してのみであり、決定内容の方には同基準が当てはまらないものとすることで、主観的要素を法的評価に取り入れる余地を見出したものと理解できるのである。

(44)　この点について、2005年意思決定能力法は明確な定義を置いていないが、施行指針の中に、「本来なら本人の同意が必要なもの」という観点から、具体例（入浴・食事・着替え・移動の介助、教育・社会活動・余暇活動への参加の手配、自宅訪問、本人の金銭を用いての日常品の購入、家の修理・ガスや電気サービスの手配）が例示的に列挙されている（Code of Practice, para 6. 5）。ただし、①本人の転居、②医療に関する重大な決定に関わる場合には、「慎重な配慮（careful consideration）」が求められており、特に、③生命維持装置の取り外し、臓器提供、避妊手術、妊娠中絶については、裁判所の判断に従うことが要求されている。さらに、④本人に対する行動制限（restraint）については、極めて限定的権限しか与えられておらず、自傷・他者危害の恐れがある場合に、その結果の深刻さに応じた（proportionate）介入のみが認められる。詳細は、拙著、前掲（1）、192-199頁参照。

産管理に他者が非公式に関与する際の一般的な法規範として、主観的ベスト・インタレスト主義に立った考察が常に求められることになる。

さらに、法形式的にみて、2005年意思決定能力法5条は、介入行為に着手することについて違法性を阻却することと、その後の介入行為に合法性を与えることとを区別した上で、同一条文内に両者を規定している点が特徴的である（前者については、同条1項(a) & (b)(ⅰ)、後者については、同条1項(b)(ⅱ)）。そして、「主観的ベスト・インタレスト」の観点から見た基準が適用されるのは、後者（介入行為の合法性）に関してのみである。前者（介入行為の違法性阻却）をめぐっては、本人に意思決定能力がない（故に、他者が介入する必要性が生じている）と信じたことが客観的な事実に基づいて合理的であったといえるか否か、という合理性の基準のみが適用される。

以上の点は、日本の事務管理法において、成立要件や遂行方法をめぐる規定や解釈（特に、前者については明文上の規定がなく、解釈に委ねられている）、介入者が負うべき善管注意義務の内容・対象や違反の有無を判断する際の評価基準、それに伴う効果について考察するにあたり、重要な視点を与えてくれるように思われる。果たして、イギリス法における5条行為論と日本法における事務管理論には、介入を正当化するための要件や効果をめぐって、本人を過干渉から防衛するとともに適切な支援を奨励するという目的の実現という点において、差異があるのであろうか。この点について、日本法においても解釈上の対立があることから、以下、検討を続ける。

Ⅲ 日本法における判断能力不十分者へのサービス提供と事務管理論

1 事務管理の成立と「本人の意思」

前節では、事務管理論及びそれに相当する法理論において、本人の利益や意思への適合が法律構成の上でどのように表れているかについて、イギリス

---

(45) 介護者たちにとっての明確な法の提示と判断能力の不十分な人々に対する十分な保護の必要性を説くものとして、*Who Decides?* (n14 above), para 3. 27 ; *Mental Incapacity* (n14 above), para 4. 4参照。

法の理論をみてきた。この点について、日本の事務管理法においては学説上の争いがあることから、以下、順に検討する。[46]

わが国の民法は、事務管理の遂行方法について、697条1項において「本人の利益に適合する方法」に従うこと、また、2項において「本人の意思を知っているとき、又はこれを推知することができるとき」にはそれらの意思に従うことを規定する。この点について、本人の利益と、現実的意思あるいは推定的意思を並置するようにみえるが、2項が1項に優先するというのが通説的見解である。[47]すなわち、管理者が、「本人の意思を知らずまたは推知することができなかったとき（あるいは、後述するように、そうした意思が公序良俗に反するものであるような場合）、最も本人の利益に適すべき方法で管理すべき」と解される。[48]したがって、通説によれば、本人の意思に従って管理した結果が、たとえ最も本人の利益に適すべき方法ではなく、さらには、本人に不利となる場合であっても、管理者は本人の意思に反する管理を行う（変更する）ことは許されないと解される。[49]

また、通説は、事務管理の成立要件について、700条但書において、事務管理の継続に関し、「本人の意思に反し、又は本人に不利であることが明ら

---

(46) なお、現在、債権法を中心とした民法改正作業が進んでいるが、法制審議会の中間とりまとめ（「民法（債権関係）の改正に関する中間試案」）では、事務管理法はそもそも改正対象から外されている（商事法務編『民法（債権関係）の改正に関する中間試案（概要付き）』（商事法務、2013年））。他方、民法改正研究会（代表 加藤雅信）による試案においては、事務管理に関する条文はすべて書き改められている。ただし、法制度についての考え方が抜本的に現行法と異なるわけではない（「日本民法典財産法改正試案——「日本民法改正試案・仮案（平成21年1月1日案）」の提示」判例タイムズ1281号5頁（2009年）、37、135-136頁）。本稿との関連で特筆すべき点としては、事務管理を開始するための要件として、①本人の意思に関しては「反しない」こと、一方で、本人の利益については不利であることが「明らかでない」ことを規定している（改正案640条1項）——すなわち、結果的に本人の意思に反する介入が行われた場合には事務管理が成立しないと考えられる（後掲注（56）の加藤説も参照。）——点、また、②事務管理の遂行方法について、本人の意思が利益に優先することの明示（改正案640条3項）、③事務管理者の注意義務として善管注意義務の明記（改正案641条1項）、④702条3項が事務管理不成立の場合の費用償還請求権に関するものであることの明記（改正案644条）が挙げられよう。
(47) 前掲注（5）、『注釈民法』、金山執筆分、229-230頁。この他、四宮和夫『現代法律学全集 事務管理、不当利得、不法行為 上巻』（青林書院新社、1981年）26頁。さらに、本人の意思や利益への適合を事務管理の成立要件と考える戒能説も、この点においては同様の見解である（戒能通孝『債権各論　【第4版】』（巌松堂書店、1950年）382頁）。
(48) 前掲注（5）、『注釈民法』、金山執筆分、229頁。
(49) 前掲注（5）、『注釈民法』、金山執筆分、230頁。

かであるとき」には、事務管理の継続義務が認められていないことをもって、同規定を事務管理の成立についても適用し、本人の意思及び利益に「不適合ではない」ことを事務管理成立の要件のひとつと考える[50]。そのため、介入行為の開始時に、善良なる管理者の注意をもってしても本人の意思に反するか否かが明確でなく、かつ、本人の利益に反するか否かが明確でない場合、通説に従えば、後になってそれらに反する干渉であったことが判明したとしても、事務管理が成立することになる[51]。その結果、事務管理者は費用償還請求権を取得する。

他方で、成立要件について、本人の意思及び利益に「適合すること」を積極的に求める学説が存在する[52]。特に、個人の意思を尊重し、利益といえども本人の意思に反して押し付けるべきではないという民法の一般的基本姿勢に照らして、干渉者が本人の意思に反する干渉であることを知らず、また善管注意をもってしても本人の意思及び推定的意思が不明であって、あるいはさらに、その干渉をすることが最も本人の利益に適合すると認められる場合であっても、そうした干渉を適法行為として承認し継続を義務づける解釈の問題性を指摘する見解が注目される[53]。この説に従えば、本人の現実の意思ある

---

(50) 鳩山秀夫『増訂 日本債権法各論（下）』（岩波書店、1924年）760頁以下；我妻栄『債権各論（民法講義V4）下巻Ⅰ』（岩波書店、1972年）911頁；広中敏雄『債権各論講義【第6版】』（有斐閣、1994年）376-377頁；金山正信「事務管理の要件」『不当利得・事務管理の研究谷口知平教授還暦記念（2）』275-277頁；前掲注（5）、『注釈民法』、金山執筆分、257頁；加藤雅信『新民法体系Ⅴ 事務管理・不当利得・不法行為【第2版】』（有斐閣、2007年）12頁；四宮、前掲注（47）、23頁。ただし、こうした見解に反対の見解として、平田春二「事務管理の成立と不法干渉との限界」『不当利得・事務管理の研究 谷口知平教授還暦記念（2）』（有斐閣、1971年）234-5頁。

(51) 前掲注（5）、『注釈民法』、高木執筆分、134頁；鳩山、前掲注（50）、761頁参照；我妻栄『新法学全集 事務管理・不当利得・不法行為【復刻版】』（日本評論社、1988年）13頁参照。また、この背景には、管理を始める際にそれらを確認できない限り、管理者は管理を始めることに躊躇するのではないかという懸念があるとする（池田真朗『新標準講義民法債権各論』（慶応義塾大学出版会、2010年）157、158頁）。

(52) この立場は、700条但書を事務管理者の管理中止義務について規定したものにとどまると解し、事務管理の成否の判断はこれとは本質的に異なる問題と考える（平田春二、前掲注（50）、234-5、249頁）；戒能、前掲注（47）、382頁以下。ただし、平田説と戒能説の相違点については、後掲注（54）を参照。

(53) 平田春二、前掲注（50）、236、238頁。同見解は、本人の意思に「適合すること」を事務管理の成立要件とする法的根拠を、702条3項の反対解釈に見出す（同書、248頁）。

いは推定的意思に合致し、かつ、本人の利益に適う行為のみが事務管理とし[54]て成立し、事務管理者は費用償還請求権を取得しうることになる。

　上記のような学説の対立は、具体的には、本人の意思に反する事務管理であったことがあとになって判明したが、客観的にみれば本人の不利益になったわけではない、といった場合をどのように考えるべきかをめぐって明らかになる。本人の反対意思が適法であり公序良俗に反するものでないにもかかわらず（後述）、干渉者がそれを知らなかったために結果的に本人の意思に反してなされた有益な管理の効果は、どのように解されるべきか。[55]

　通説は、善管注意をもってしても本人の意思に不適合であったことを知りえず、また、本人の利益に不適合な場面でもなく、むしろ、適合的な場面であれば、事務管理の成立を認めた上で、本人が自らの意思に反する事務管理である旨を主張すれば、702条3項によって、現に利益を受ける程度で費用償還すれば足りるとする。[56]他方、事務管理成立要件として、本人の利益への適合のみでは足らず、本人の意思への適合を積極的に説く立場（既述）から

---

(54) 同説は、700条但書を、通説のように事務管理の成立要件にあてはめることはしないが、「民法は事務管理の成否に関して、その管理をすることが本人の利益に反する場合に対しては、その管理をすることが本人の意思に反する場合に対すると同じ評価をなすものと推論できる」根拠と捉え、さらに、702条3項を類推して、本人の利益に適合するのでなければ事務管理は成立しないとする（平田春二、前掲注（50）、249頁）。他方、戒能説は、適合説をとるも、本人の意思あるいは善良なる管理者の注意をもってすれば知りえたであろう意思がわかればそれに従い、不明の場合やそれらが公序良俗に反する場合に、客観的に本人の最も利益とするところへの適合性を説く（戒能、前掲注（47）、382頁）。
(55) この点に関連して、そもそも本人の意思に反することを知りながらあえて行った場合には、もはや「本人のためにする」という意思を欠くことにもなることから事務管理は成立しないと考えられる。鳩山、前掲注（50）、760頁；我妻、前掲注（50）、911頁。また、700条但書を参照して同様の結論を導くものとして、内田貴『民法Ⅱ債権各論【第3版】』（東京大学出版会、2011年）558頁参照。ただし、事務管理が成立しない場合でも、不当利得返還請求権（703条）は発生すると考えられる（我妻、前掲注（50）、920頁）。他方、本人の意思に反しても事務管理は成立するが、法律によって管理者の保護に差が設けられている（現存利益に限るか否か）に過ぎないと考える見解として、梅、前掲注（4）、863頁。
(56) 四宮、前掲注（47）、29、32頁；我妻、前掲注（51）、17頁；我妻、前掲注（50）、920頁；前掲注（5）、『注釈民法』、金山執筆分、232頁；広中、前掲注（50）、382頁；円谷峻『不法行為法・不当利得・事務管理【第2版】』（成文堂、2010年）298頁。北川善太郎『債権各論（民法講義Ⅳ）【第3版】』（有斐閣、2003年）209頁。本人の意思に（結果的に）反するものであっても事務管理は成立するが、その効果は、不当利得返還請求権の範囲に限定されると考えられている。他方、こうした場合には事務管理は成立しないとしながらも、702条3項によって同様の結論を導くものとして、加藤、前掲注（50）、18頁。

は、こうした場合に事務管理が成立することはないことから、不当利得返還請求権のみが問題となる[57]。

逆に、本人の意思には適合的であったが、本人の利益には不適合であった場合、管理はどのような法的効果を有するか。この点について、702条3項は、本人の意思に反して管理がなされた場合を規定するにとどまり、管理をすることが本人の利益に反するという場合には触れていない[58]。通説に従って、本人の意思を本人の利益に優先させるならば、事務管理が成立し、また、費用償還請求権が発生することになろう。他方、本人の意思及び利益への適合性を積極的に唱える立場からは、本人の利益に反する結果となる場合、そのことが管理にとって明らかであったか否かを問わず、事務管理を認めるべきではないことになる[59]。また、利益に不適合な管理である以上、不当利得返還請求権も発生しない。

さて、本稿の関心から最も問題となるのは、事務管理の引き受けの時点において、本人の意思に反していることが明白であったわけではないが、周囲に問い合わせるなどすれば本人の意に沿わない内容であることを容易に知り得たにもかかわらず、介入者が本人の意向確認を全く行わなかった場合に、事務管理の成立の有無や事務管理者の費用償還請求権の発生の有無をどのように考えるべきか、という点である。客観的には本人の利益に適合する形で事務管理が実行されているような場合には、問題は一層複雑になろう。以下では、本稿の主題との関連で、事務管理の開始時点において、本人が判断能

---

(57) 702条3項の法的性格を不当利得の規定とみて、同規定は、管理を行うことが本人の意思に反するときは事務管理にならない旨を表明したものと解釈するものとして、平田春二、前掲注(50)、248頁；戒能、前掲注(47)、385頁。

(58) この点について、ドイツ民法684条前段が、同法683条の規定する「管理者（Geschäftsführer）が、本人の利益、及び、本人の現実的あるいは推定的意思に従って行為した場合に、受任者（Beauftragter）の場合のように支出した費用の償還（Ersatz seiner Aufwendungen）を求めることができる」の要件を充たさない場合を扱う規定として、管理の引き受けが本人の意思に反する場合、あるいは、本人の利益に反する場合の両方を対象としているのとは対照的である。この点に関連して、同法684条前段を、事務管理ではなく、不当利得の規定であると解するものとして、平田春二、前掲注(50)、242頁；S "Negotiorum Gestio" (1980) in Caemmerer, E. and Schlechriem, P., (edd), *International Encyclopedia of Comparative Law* (volume x) *Restitution/Unjust Enrichment and Negotiorum Gestio* (2007), at 27, 29-30, section 1, chapter 1.

(59) 平田春二、前掲注(50)、248頁。

力の不十分な状況にあり、自ら意思決定を行いうる状態にない場合について、特に検討していく。

2 意思決定が困難な人々と「本人の意思」

自ら意思決定を行うことが困難な知的、精神的状態にある者に対する事務管理に関連して、現在のわが国の通説は、697条2項の対象を、十分な判断能力のある者の「意思」に限定する。すなわち、管理者が従うべき本人の意思としての本人とは、「当該事務につき管理能力または管理権限を有する」者であるとして、行為能力制限などによって本人が当該事務につき管理能力または管理権限を有しない場合、当該事務につき管理権限を有する法定代理人等の意思を問えばよいとされる[60]。だが、その理由は述べられていない。

ここで法定代理人として考えられうるのは、本人が未成年者の場合には親権者であり、被後見人の場合には後見人を指していると一般的には考えられることから、ここで問題にされている「管理権限」とは、特に後者の場合、主として、財産管理権限であると解することができるように思われる。たしかに、事務管理成立の効果として、管理者に費用償還請求権が発生することから、事務管理法を財産管理に関わる法制度、特に、財貨帰属秩序に関する利害調整規範であると捉えるならば[61]、財産管理権限を有する者の意思のみを法的に意味あるものとして取り扱うことにも、一理あるかもしれない。しかしながら、事務管理法を、社会的相互連帯の価値を認めながらも、人格的個人の自律の観点から不法な干渉を排除する制度として考えるとき、財産管理権限の有無では、制度の趣旨を実現することは難しいように思われる[62]。

---

(60) 広中、前掲注(50)、378頁；前掲注(5)、『注釈民法』、金山執筆分、197、231頁。別の言い方をすれば、(意思能力を有さず、行為能力が制限されている)本人の側の「意思」の存在は事務管理の成立要件とされておらず、事務処理における本人の意思への適合性も、法定代理人の意思で定めればよいとされる。前掲注(5)、『注釈民法』、高木執筆分、113頁。

(61) この点に関連して、事務管理法を不当利得、転用物訴権と並んで、包括的な「契約によらない財貨帰属の調整規範」として捉えるものとして、副田隆重「事務管理法の機能とその適用範囲(下)——最近のドイツの動きを中心として」『判例タイムズ』522号(1984年)、143頁。

(62) 他方、他人の事務に対する「違法管理」(本人の利益と意思に適合しない、いわゆるおせっかい)を事務管理の範囲より排除することにより「どのように本人を保護しうるかというと、費用償還請求権の面においてである」とする見解として、前掲注(5)、『注釈民法』、高木執筆分、144頁。

また、通説は、この点に関連して、管理者が従うべき本人の意思には一定の限界があり、その意思が法的にも社会的にも妥当性を有することが必要であるとする[63]。つまり、事務管理者によって配慮されるべき「本人の意思」は、適法かつ公序良俗に反するものであってはならないとされる（大判大正8年4月18日民録574頁1371末段）[64]。したがって、本人の反対意思が明白であっても、それが違法であったり（例　納税義務（大判昭和8・5・3法学2・12・104）や扶養義務の懈怠（最判昭和26・2・13民集5・3・47））、公序良俗に反するものである場合（例　本人の自殺行為）[65]には、事務管理が成立し、管理者に費用償還が認められるべきであると解するのが通説である[66]。こうした見解からは、本人の意思よりも社会的合理性が重視されること、また、本人の趣味や性格よりも公序良俗が重要であるとする姿勢が窺える[67]。そして、意思決定が自ら行えない状況にある人々が抱いている「意向」というものは、違法や公序良俗に反するものでないとしても、法で保護されるべき意思とまではいえないとの暗黙の了解の下、これまで特に問題とされてこなかったとも考えられる。
　このように考えるならば、管理能力や管理権限を有さない本人の意向は無視されやすく、さらに法定代理人などがない場合（代理権を有さない保佐人や補助人のみが任命されている場合を含む）には法定代理人の意思も考慮されないため、「その事務の性質に従い、最も本人の利益に適合する方法」によって管理を

---

(63)　前掲注（5）、『注釈民法』、金山執筆分、232頁。なお、これに関連して、ドイツ法においては、本人の反対意思が介入者に対して拘束力を有さない場合（具体的には、公共の利益に反するものや、扶養義務の懈怠）について、明文上の規定が置かれている（ドイツ民法679条、後掲注（65）も参照）。スイス債務法420条3項にも、同様の規定がみられる。

(64)　我妻、前掲注（50）、911頁；前掲注（51）、13頁。事務管理の成立を妨げるに足るものとして、私法の一般原則に従い、意思の効力に適切な制限が設けられるべきであるとするものとして、鳩山、前掲注（50）、761頁。

(65)　鳩山、前掲注（50）、762頁；加藤、前掲注（50）、12頁；戒能、前掲注（47）、382頁；広中、前掲注（50）、377頁。但し、「自殺は本人の自由であって、公序良俗に反するとはいえない」とする見解もある（四宮、前掲注（47）、23頁）。また、ドイツ法においても、自殺を試みようとする意思については、不道徳な意思であって法的に無視すべきと考えられ、自殺行為を止める行為にドイツ法679条が適用されると考える見解が有力であるとされる（*PEL Ben. Int.* (n 9 above), at 177）。これに対して、ヨーロッパ事務管理法草案は、精神状態の不安定さなど自己決定能力の混乱が伴っていることを理由に、自殺意思は介入者を拘束しないとする（at 117-118）。

(66)　この場合、費用償還の範囲も、現存利益の範囲に限られないとされる。我妻、前掲注（50）、17頁。円谷、前掲注（56）、298頁。

(67)　我妻、前掲注（50）、895頁。

行うことを要請する697条1項のみが適用されることが理解できよう。いずれにおいても、本人が判断能力不十分者である場合には、本人自身の意向を確かめるという姿勢はみられず、介入者は本人意思の確認に対する善管注意義務を負わされていない点に注意するべきであろう。

判断能力不十分者の意向を軽視するという傾向は、一般論としては本人の意思を重視していると思われる見解においても、同様である。たとえば、事務管理の成否が問題となるのは、本人の不在中や意識喪失中に管理が始められた場合が多いと考え、そうした場合に本人の意思が別段表明されていなかったとすれば、「裁判官的立場から客観的・合理的に推断される本人の意思」が基準となるとする見解がある。[68] 判断能力が不十分な人々については、一般的に、本人からの積極的な意思(意向)表明が期待できない状況であることから、この見解によれば、常に客観的・合理的に推断される本人の意思が問題とされる場面として扱われることになろう。結局のところ、本人の意思(意向)を調査探求しようとする介入者の姿勢なしには、「通常人であればどのように思うであろうか」ということが問題にされるのみであろうから、本人の意思を尊重するといっても実質上は、客観的利益の追求と異ならないように思われる。こうした見解においては、判断能力の不十分な状態にある本人の意向や感情、希望が重んじられたり、推し量られるという可能性は、少ないものとなろう。

他方、事務管理に関するヨーロッパ法原則を提示した、欧州民法典研究会による「事務管理」規定試案(ヨーロッパ事務管理法草案)では、事務管理の成立要件(特に、管理者の反対訴権の要件)として、管理者の管理意思に加え、介入についての合理的根拠 (a reasonable ground for acting) を求め、その内容は、管理者が本人の意思の探求義務を積極的に尽くしたか否かを求めるものとなっている(1：101(2))。[69] ここでは、本人の意思の調査義務違反が合理[70]

---

(68) 平田春二、前掲注(50)、248頁。
(69) *PEL Ben. Int.* (n 9 above), at 119。
(70) 具体的には、本人に尋ねさえすれば介入に同意するか否か本人自身から答えが得られたはずであるのに、連絡をせずに介入を行ったような場合(本項(a)の場合)、または、他の手段によって本人の意思あるいは推定的意思の獲得を試みたならば、本人が望まないであろうことを知りえたであろうのに怠った場合(本項(b)の場合)が挙げられている。*PEL Ben. Int.* (n (9)

性排除の一例とされている点が注目される(71)。しかし、精神障害、薬物やアルコールの影響を受けている者、未成年者については、たとえ管理者が彼らの意思を探求する（discover）努力を怠ったり、彼らの意思に反すると知りつつ管理が行われたとしても、管理者が従うべき重要な意思ではないとして管理者を拘束せず、このことは、自由な意思決定を軽視することにはならないと解されている(72)。

近年では、日本法においても、本人の意思を、明示的不同意ないし承諾という外形的に明白な基準のみに頼るのではなく、内心の意思をも基準とし、そうした本人の内心的意思に関する介入者の配慮を法的に構成しようとする見解も登場している(73)。本人の内心的意思について調査探求する義務を措定するこの見解は、いわゆる「真意探求義務」をどの時点で問題とすべきか、義務違反の効果をどのように考えるべきかについて考察を行う。このうち、前者の本人の意思を配慮する時点の問題について、介入の決定と実行との時間的間隔が長い場合と短い場合とを区別する。そして、間隔が長い場合には、実行に至る前に本人の意思が判明する可能性があるとし、その場合には手段を変更する必要や介入を中止する必要性があるとする。そして、事務管理においては、介入者は積極的に、本人の意思の解明を義務づけられ、それに従い行動するか、抑止するかを義務づけられている以上、他人の権利領域への介入開始の一時点における義務で尽きるものではなく、介入の前後を通じてかつ個々の介入行為ごとに続く「継続的配慮義務」のようなものであると

---

above), at 117-122.
(71) ただし、こうした研究会草案については、「むしろ、契約締結が可能であったか否かが基準であるべきである」とし、特に、本草案が、「本人の意思の調査が介入者の主観的基準として捉えている」が、これは「不法行為上の評価であり、本人の実際の意思ないし利益を基準として費用償還の可否を判断する事務管理の伝統に反する」とする批判もある。本草案に対するヤンゼン教授の批判的考察を詳細に紹介・検討する文献として、平田健治「事務管理法の規範構造を考える―ヤンゼン説とドイツ民法の編纂過程を示唆に」『阪大法学』62巻2号（2012年）229頁、236-237頁。
(72) *PEL Ben. Int.* (n 9 above), at 117. 一方、単に不合理な選択を本人が行っているという場合、それに反する介入を行っても、管理は正当化されないとする（at 121）。
(73) 平田健治「求償利得における、他人の事務処理活動に対するコントロール原理としての事務管理法理の位置づけ―三種の法定債権相互の関係についての一視点」『阪大法学』57巻4号（2007年）、578-580頁。

する。この見解は、介入前の本人の意思の調査義務を、介入後の調査義務へ
と連続するものとして捉えている点において、他の日本法の学説と異なり、
むしろ、介入前後を通して本人を中心とした法的構成をとる2005年意思決定
能力法の姿勢（本稿Ⅱ参照）と共通点を見出しうるように思われる。しかし、
この見解においても、本人に判断能力、特に行為能力がない場合について、
直接的な示唆はみられない。

Ⅳ 結びに代えて——本人中心主義の観点から見た、事務管理法の再構成へ

　本稿では、判断能力が不十分なために、客観的には必要であると考えられ
るサービス（例　医療、介護、日常生活上のケア）や商品を自ら求めたり、他人
が手配してくれた場合に同意を与えることのできない人々のために、他者が
介入する際の法理論、法的構成のあり方について、主としてイギリス法と日
本法を比較検討しながら考察してきた。実際には、日本法において、そもそ
もこうした議論の前提となる事務管理の一般的な成立要件についてすら、未
だ一致した解釈がみられるわけではない。したがって、単純な構図化は慎ま
なければならないが、本稿で考察したイギリス法の姿勢と比較するならば、
これまでの日本の諸学説は、事務管理の成立要件の判断に当たって、判断能
力不十分者の意向を全く考慮しておらず、この点に大きな課題を抱えている
と考える。

　まず、①介入行為着手についての違法性阻却要件についてみると、わが国
の学説は、単に「他人のために義務なくして他人の事務の管理を始めるこ
と」を確認しているにすぎないが、イギリス2005年意思決定能力法は、それ
まで判例法において認められてきた「必要性の法理」を厳格化し、介入者の
視点ではなく、本人の視点による再構成を行っている。具体的には、それま

---

(74) 介入の時点に不法行為的注意義務を尽くしたか否かと問うだけでは不十分であり、「引受過失」と「実行過失」の双方が問題にされるべきだとする。前注、580頁。
(75) こうした状況は、日本法と沿革上の共通点が見られるドイツ民法や、ヨーロッパ事務管理法草案においても、基本的に同様であるように思われる（既述）。

での判例法が、本人と連絡をとることが（介入者にとって）現実的に不可能なことをもって、介入の「必要性」の存在を認定してきたのに対して、介入の「必要性」の存否を、直面する当該問題に関する本人の意思決定能力の有無によって判断すべきこととなった。その際、この意思決定能力の有無の判断については、事前に及び介入時に、制定法に則って慎重に判断すべきとされたうえで（2005年意思決定能力法1条、2条、3条）、さらに、そうした判断の合理性については、介入者自身が立証責任を負うべきことが規定された（同法1条2項、2条4項、5条1項（a）＆（b）（i）参照）。特に、本人が自ら決定できるよう最大限の支援を行った後でなければ、本人が決定できないと法的に評価してはならないとして（同法1条3項）、介入者に対して、「意思決定支援」義務を課している点が注目される。こうした法規定により、客観的には介入する必要性がどんなに高いように見えても、たとえ限定的であるとはいえ本人に意思決定能力が認められる以上、介入の必要性は存在しないとみなし、他者が介入することは法的に許されないとすることによって、判断能力不十分者に対する過干渉を抑制する法体制が確立されているといえよう。

次に、②介入行為の正当化（合法性付与の）要件についても、わが国の通説は、一般論としては「本人の意思に不適合でないこと」を判断要素に挙げるものの、ここで考慮されるべき本人の意思に判断能力不十分者の意向を含める姿勢は示されていない。むしろ、法定代理人がいる場合には、「本人の」意思は、法定代理人について定めるべきであると解釈されている。この結果、③客観的利益と本人の意思との優先関係という視点から見れば、少なくとも判断能力不十分者に関する限り、本人の意思あるいは意向は常に軽視されることとなってしまう。

これに対して、イギリス法では、旧来の判例法が、「合理的人間であれば当該状況においてとるであろうと評価される行為」に合法性を付与していたのに対して、合法性を付与する対象を「本人のベスト・インタレストに適っ

---

(76) 2005年意思決定能力法は、本人は意思決定を行う過程のどこでつまずいているのか（例 決定するにあたっての前提情報が理解できないのか、理解はいったんできても記憶を保持することができないのか、選択肢の比較検討ができないのか）を見定めた上で、情報を決定に活かせるように手伝い、本人自身が意思決定を行えるよう支援を行うべきことを、代行決定に先立つ義務と捉えている。詳細は、前掲注（1）、拙著、第1章；前掲注（2）、拙稿、130、136-139頁参照。

ている行為」に制限することとなった。さらに、ここで問題となる「ベスト・インタレスト」の概念について、それまでの判例法が前提としていた合理的な利益追求という視点とは異なり、本人の意向、信念、心情、価値観を十分に把握し尊重しながら、本人の客観的な福祉の向上をも図ることが意味されることになった点が注目に値する。

これに関連して、イギリス法では、④介入者が負う法的義務に関して、判断能力が不十分な本人の「ベスト・インタレスト」に関する調査義務を明文によって課している[77](2005年意思決定能力法4条、5条。特に、本人の意向の探求については、4条4項及び6項)[78]。さらに、制度全体を貫く原則として、⑤介入を最小限に抑制すべき旨の明文規定を置くことによって、判断能力不十分者に対する過剰干渉の危険性を最大限に排除しつつ、他方で望ましい介入行為は促進させるような工夫を凝らしているということができる。

これに対して、わが国の通説は、そもそも判断能力不十分者の意向を事務管理の要件から排除する方向性を示していることもあり（前掲②③）、解釈論上、事務管理者が判断能力不十分者の意思（意向）確認に関する善管注意義務を負うことを積極的に主張したものは見当たらない（前掲④）。また、日本法が、過干渉を抑制するための①や⑤に関する明文規定を欠いていることはいうまでもなかろう。

今後、日本法においても、判断能力の不十分な人々に対する支援のあり方をめぐって、本人中心主義の傾向が強まっていくとするならば、事前に本人の現実的もしくは推知可能な「意向」を一定程度調査することなどを、こうした事案における善管注意義務の具体的内容として捉え、こうした義務を尽くしたか否かを事務管理の成立要件に反映させる解釈の方向で再構成していくことが求められているように思われる。たとえば、697条2項及び700条但

---

(77) 介入行為自体が法的正当性を与えられるためには、同法において本人の主観的利益を中心に再構成された新たな意味での「ベスト・インタレスト」の確保のために必要な行為が手順を追ってなされたことが立証されなければならないのである（前掲注（35）参照）。

(78) 本人に一般的な意味で判断能力がないと判断される状況においても、本人が決定過程に関与する権利を保障し、かつ、周囲から本人の意向に関する情報を収集した上で代行決定を行わせる法体制について、詳細は、拙著、前掲注（1）、第1章；拙稿、前掲注（1）、223-227頁；拙稿、前掲注（2）、139-142頁を参照。

書における「本人の意思」の中に、判断能力不十分者の意向も含めると捉えた上で、この意向（意思）の探求義務を事務管理者の善管注意義務として位置付け、事務管理の成立要件の判断要素として組み入れていく解釈論を検討していくべきではないだろうか。

平成25年法律第47号による精神保健福祉法改正と成年後見制度
―― 医療における代諾の観点から ――

廣　瀬　美　佳
Mika HIROSE

I　はじめに
II　医療における代諾の観点からみた現行精神保健福祉法と成年後見制度
III　医療における代諾の観点からみた改正精神保健福祉法と成年後見制度
IV　おわりに

I　はじめに

　20世紀後半からの、特にここ十数年の科学技術の発達には目を見張るものがあり、このことは医療においても例外ではない。不治の病といわれた病気が治療可能となったことはいうに及ばず、人工授精に代表される不妊治療の技術など、医学および医療技術の進歩・発達が人類にもたらした福利は絶大なものであったということができよう。しかし、その一方で、例えば、生命維持治療の発達は、尊厳死の問題、さらには脳死者からの移植用臓器摘出の問題を引き起こし、本来患者の病気を治すことによってその生命を救うことを究極の目的とするはずの医療において患者の死をもたらすための議論がなされるという、実に皮肉な状況を作り出しているのであり、「死の方向」での議論が強調される中、特に「死の選択」において、患者本人以外のもの（社会をも含む）の「意思」が大事にされ過ぎているようにも思われる。特に脳死者からの臓器移植に関する議論においては、2009年7月の「臓器の移植

（1）　精神保健及び精神障害者福祉に関する法律（昭和25年5月1日法律第123号）。なお、今般の改正は拙稿脱稿段階（2013年11月18日現在）では未施行であることから、以下、現行の規定について論じる際には「法」または「精神保健福祉法」といい、平成25年法律第47号によって改正されたものを指す場合には「改正法」または「改正精神保健福祉法」という。

に関する法律」（平成9年法律第104号。以下、「臓器移植法」という）の改正にみられるように、受容者の生命を救うということを強調するあまり、そのために死を宣告されなければならない者がいるということが蔑ろにされている感は否めない。この改正臓器移植法では、"生前の"意思表示が決定的に重要となるが、これができない者こそより保護されるべきであるにも拘わらず、マスコミ等で大きく取り上げられていた小児の場合はもちろん、たとえ未成年者でなくとも、承諾能力を欠く提供予定者たる患者本人について、その「意思」は、ガイドラインで一定の配慮がなされているとはいえ、事実上、無いに等しい扱いを受ける場面が出てくることも想定される。そもそも、現行の法制度下では、通常の医療行為についてさえ、患者本人の保護が十分とは云い難い状況にある。例えば、胃瘻や経鼻経管等の人工的水分・栄養補給の導入ないし中止・差控え等をめぐっては、近時、患者本人のみならず、その家族の当事者性を強調した上で、患者本人の意思確認ができる場合であっても、また、それが患者の生死に関わるような決定であっても、患者の家族を当該意思決定プロセスに参加させるべきとの見解が主張されるようになっており、ここにも、ともすれば、医療行為を受ける患者本人よりも周囲の者の"都合"を優先させようとする傾向が見て取れる。こうした点についての抜本的な解決を図ることのないまま、云わば"場当たり的"に個別の問題の解決のみを図ろうとする態度は、広く患者本人の保護という観点からみて、将来に禍根を残すものと考えられるのであり、今般の精神保健福祉法の改正も決して例外ではない。本稿では、紙数の関係もあり、医療における代諾という観点に的を絞った上で、民法上の成年後見制度との関係性をも念頭に、改正法による保護者制度廃止とその影響を中心に論じることとしたい。
(3)

---

(2) 日本老年医学会「高齢者ケアの意思決定プロセスに関するガイドライン」および指針1.3-5並びに同註8-10および12、清水哲郎「テーマ別報告③『高齢者ケアの意思決定プロセスに関するガイドライン』について」医療と法ネットワーク第2回フォーラム「高齢者医療における患者の判断能力と医療決定―医と法の対話と協働―」（2012年4月22日）配布資料2頁以下（同フォーラム当日配布資料は http://www.kclc.or.jp/medical-legal/public/files/kenkyu_forum/dai2_haifushiryou_web.pdf）等参照

(3) なお、医療における「患者の承諾と医師の説明義務（いわゆるインフォームド・コンセント）の理論」と、これを前提とした代諾の必要性等については、本稿中に掲げたものをはじめ多くの文献が発表されているので、そちらを参照されたい。

II 医療における代諾の観点からみた現行精神保健福祉法と成年後見制度

1 総説

　医療行為を実施する際に患者本人に承諾能力が認められない場合には、患者に最終決定権（自己決定権）を保障することによって医師と対等な医療の主体としての患者の地位を確立しようとする「患者の承諾と医師の説明義務」の理論の趣旨を没却しないためにも、患者本人に代わって有効な承諾をなし得る者、すなわち、代諾権者による承諾（代諾）が必要となる。ここにおいて、代諾権者となり得る者の範囲が問題となる。

　この点に関し、患者に民法上の法定代理人ないしは法律上の保護者がいる場合に、これらの者を代諾権者とすべきことについては、従来、大方の見解が一致していたようである[4]。なぜなら、これらの者は、患者本人にとって最善の利益となる意思決定をなすことによって当該患者本人の保護を図ることをその職務とする者だからである。従って、行為能力の制限に関する民法の法定代理等の規定の適用の是非につき、これを肯定する方向で―条文の文言だけからいえば必ずしも不可能ではないと思われるが、法務省の見解として示されているように、現行法の解釈として無理であるならば、立法政策としてでも―考える場合にも、患者本人の保護にとって必要とする限りでのみ類推適用される、と解すべきこととなる。また、患者に法定代理人等がいない場合に代諾権者となり得るのは誰かという問題については、殆ど論じられていないといってよい[5]。もし、現行法による解決が不可能あるいは不十分ということであれば、患者本人を保護するために何らかの制度を創設することの可能性まで含めて考える必要があろう。

---

(4) 新美育文「医師と患者の関係」加藤一郎＝森島昭夫編『医療と人権』144頁、西野喜一「説明義務、転医の勧奨、患者の承諾、自己決定権」判タ686号82頁
(5) 唄孝一『医事法学への歩み』15頁

2 承諾能力を有しない精神障害者に対する医療行為と保護者制度(6)

i) 序

　患者本人が精神障害者であっても、承諾能力の有無は精神障害を有することとは切り離して判断しなければならず、承諾能力ありと認められる場合には、当該患者本人の承諾だけで十分であり、代諾は不要と解すべきである。(7)しかし、医療行為が実施される際に精神障害者たる患者本人に承諾能力がない場合には、医師の自由裁量に任せるのではなく、やはり、代諾権者による当該医療行為に対する代諾を必要とすべきこと(8)、一般の患者の場合と何ら異なるところはない。そして、この場合においては、従来、法20条による保護者が代諾権者となる、と解されてきた。(9)なぜなら、保護者制度は、精神障害者に必要な医療を受けさせるとともに、その財産の管理も行なうなど、精神障害者の私生活一般における保護を図るため、1950年、旧精神衛生法が制定された際、「保護義務者制度」(当時)として特に設けられ、スタートした制度であって、そもそも保護者というもの自体が精神障害者の保護を図るべき

---

(6)　本稿において「精神障害者」とは、精神保健福祉法20条に規定されてきた保護者をその代諾権者とする者を中心に論じることから、法5条において定義されている通り、統合失調症、精神作用物質による急性中毒またはその依存症、知的障害、精神病質その他の精神疾患を有する者をいうこととする。

(7)　唄・前掲書14頁、拙稿「代理判断はどこまで患者を守れるか」法と精神医療学会編『法と精神医療　第10号』78頁以下および85頁注(8)参照。なお、この点に言及した判例として、札幌地判昭和53年9月29日判時914号85頁および名古屋地判昭和56年3月6日判タ436号88頁参照。

(8)　法22条3項は「保護者は、精神障害者(同条第1項により任意入院者および通院患者を除く[筆者注])に医療を受けさせるに当たっては、医師の指示に従わなければならない。」と規定してきたが、これを精神医療における医師の全面的裁量権行使を認めたものと解するのは適当でない。旧精神衛生法から旧精神保健法を経て精神保健福祉法に至る改正の過程において、任意入院が基本とされる(法22条の3～4)など、精神障害者自身の医療における主体性がより尊重・重視されてきた趣旨に鑑みても、患者たる精神障害者自身が承諾能力を欠いている場合には、やはり、当該精神障害者の利益保護を図ることをその職務とする者(現時点では保護者)に代諾権が認められるのであり、医師はその意思決定に従うべきである。従って、本項は、保護者が代諾をなす際には、医師の専門家としての判断・指示をも十分に考慮すべきである、という方向でこれを解釈すべきであろう(全家連保健福祉研究所編『全家連保健福祉研究所モノグラフ増刊 NO.2 保護者(代替)システム研究会報告』34頁参照)。

(9)　橋本雄太郎＝中谷瑾子「患者の治療拒否をめぐる法律問題―『エホバの証人』の信者による輸血拒否事件を契機として―」判タ569号12頁、新美・前掲論文144頁、新美「医療関係の法的性格」莇立明＝中井美雄編『医療過誤法入門』56頁、熊倉伸宏「精神障害者の人権と法制度(臨床精神医学の立場から)」松下正明総編集／松下正明＝斎藤正彦責任編集『臨床精神医学講座22 精神医学と法』23頁

職務であるとともに、保護者となり得る者として、精神障害者の後見人・保佐人・配偶者・親権者および扶養義務者が定められてきたのであり（同条1項）、普段から精神障害者の傍らにあってこの者を理解することができ、従って当該精神障害者にとっての最善の利益が何であるかを最もよく知り得る立場にあるこれらの者ならば、当該精神障害者が患者となった場合にも、患者の側に立って患者本人の保護のために最も適切な判断・意思決定をなし得る、と考えられたからである。(10) しかし、同時に、同条に基づいて保護者となる者の多くが当該精神障害者の近親者であろうことを考えると、精神障害者が近親者から疎んじられるのが実情であるとするならば、近親者による承諾を直ちに全面的に信頼することはできないという一面があることもまた、否定し得ない。(11) そして、この点につき、精神保健福祉法は、その前身である旧精神衛生法や旧精神保健法同様、患者たる精神障害者の保護のための配慮に著しく欠けているように思われる、との批判がなされてきた。しかも、旧精神衛生法から旧精神保健法へ、そして精神保健福祉法へと改正を重ねていく中で、当該制度に関しては、当初より、その職務の内容等をめぐるさまざまな議論や、さらには根強い廃止論がありながら、(12) 半世紀以上に亘って抜本的な改革は行なわれないままであった。そのため、当該制度については、各方

---

(10) 新美・前掲論文［加藤＝森島・前掲書］144頁、同・前掲論文［莇＝中井・前掲書］56頁、橋本＝中谷・前掲論文12頁、拙稿「医療における代諾に関する諸問題（上）」早稲田大学大学院法研論集第60号268頁以下、同「医療上の代諾と保護義務者制度に関する法的考察」精神神経学雑誌第95巻第8号623頁以下、精神保健福祉研究会監修『改正精神保健福祉法の概要 改正事項の説明と検討の経緯』159頁等。なお、全家連保健福祉研究所編・前掲書30頁以下参照。

(11) 新美「ロボトミーと民事責任」ジュリ767号179頁

(12) 第145回国会参議院国民福祉委員会における渡辺孝男発言および小池晃発言（同委員会会議録第8号）、第145回国会衆議院厚生委員会における衛藤晟一発言および石毛えい子発言（同委員会会議録第11号）、広田伊蘇夫「精神保健福祉法概論」松下総編集／松下＝斎藤責任編集・前掲書52頁以下、白石弘巳「保護者制度の諸問題」松下総編集／松下＝斎藤責任編集・前掲書277頁以下、横藤田誠「精神医療における自己決定と代行決定」日本医事法学会編『年報医事法学15』70頁以下、（財）全国精神障害者家族会連合会『'99精神保健福祉法改正に向けての全家連意見書』4頁および6頁以下並びに25頁以下（池原毅和「保護者制度はなぜ撤廃すべきなのか 〜保護者制度を考えるための全家連の視点〜」）、全家連保健福祉研究所編・前掲書1頁以下、日本弁護士連合会「成年後見法大綱（最終意見）」126頁以下。なお、1995年改正時の衆議院厚生委員会平成7年4月26日付附帯決議および参議院厚生委員会平成7年5月11日付附帯決議並びに1999年改正時の参議院厚生委員会平成11年4月27日付附帯決議および衆議院厚生委員会平成11年5月21日付附帯決議参照。

面から引き続き検討が加えられてきていたのであり、特に民法を研究する立場からは、同様の社会的弱者保護のための制度として民法上の後見制度が設けられているにも拘わらず、わざわざ精神保健福祉法（旧精神衛生法・旧精神保健法）の中で精神障害者について改めて保護者（旧保護義務者）制度を設けていることの必要性についての疑問が提起されていたところ、改正法では、医療保護入院や後述する民法上の成年後見制度との非整合性に係る問題につき何ら解決策を示さぬまま、突如、これを廃止するに至ったのであり、とりわけ前者については、厚生労働省精神障害保健課が主催した「新たな地域精神保健医療体制の構築に向けた検討チーム」の構成員や作業チーム構成員から、むしろ完全な逆コースであり現在の精神医療福祉の矛盾をさらに拡大するものである旨の批判がなされている[14]。そこで、以下では、改正精神保健福祉法が抱える問題点について、現行成年後見制度との関係性をも含めて考察する前提として、現行制度下において保護者を代諾権者とすることの是非につき検討されてきたところを、今一度、振り返っておきたい[15]。

ii）現行精神保健福祉法下における代諾権者としての保護者

　法20条1項本文に明らかなように、保護者となり得るのは精神障害者の後見人・保佐人・配偶者・親権者および扶養義務者である。このうち、後見人

---

(13) 星野茂「精神保健法上の保護義務者制度をめぐる諸問題―後見制度の再検討を踏まえて―（上）」法律論叢第63巻6号116頁以下、日本弁護士連合会・前掲大綱（最終意見）126頁以下、第145回国会衆議院厚生委員会における石毛えい子発言（同委員会会議録第11号）、調一興「障害者福祉と精神保健福祉法〔発表要旨〕」精神神経学雑誌第100巻第12号1030頁、白石「成年後見制度と保護者制度の問題点」精神神経学雑誌102巻10号107頁以下。なお、1999年改正時の参議院厚生委員会・前掲附帯決議および衆議院厚生委員会・前掲附帯決議参照。

(14) 町野朔代表「精神保健福祉法改正案に関する意見書（厚生労働大臣宛）」（平成25年5月17日付）

(15) なお、法20条2項各号の保護者がないときや、当該保護者がその義務を行なうことができないときは、市町村長も保護者となり得るが（法21条）、その場合には、代諾権者としてふさわしいとされるための「（家族等近親者は）普段から精神障害者の傍らにあってこの者を最もよく理解できる者である」という前提そのものがあてはまらないことに加え、実際問題としても、十分な調査等は行なわれないまま、保護者たる市町村長によって医療保護入院への同意等がなされるのが実情であると思われるのであり（東京地判平成2年11月19日判タ742号227頁および東京高判平成8年9月30日判タ944号205頁参照）、医療における代諾という観点からみる限り、保護者たる市町村長に対し、その職務ないし義務を十二分に果たすことを期待することは、現実には、家族等近親者に対する以上に、難しいようである。そして、この問題は、後述するように、保護者制度を廃止した改正法においても、その33条3項に引き継がれている。

となり得る者および保佐人となり得る者については、かつて民法旧840条が、旧禁治産者の後見人の任務は夫婦間の愛情に基づいて行なわれることが適切であると考えられることから、旧禁治産宣告により後見が開始すると（同旧838条2号）、配偶者が当然に後見人となる旨を規定し（法定後見人）、同旧847条が保佐人にこれを準用していた。しかし、本人保護の観点からみると、配偶者が後見人として適切でない場合もある。例えば、被後見人となるのが認知症となった高齢者である場合には、その配偶者も相当高齢に達している場合が多く、配偶者が十分に後見人の役割を果たすことができない場合が少なくない。そこで、家庭裁判所が個々の事案に応じて最も適切な者を成年後見人として選任することができるようにするため、成年後見制度導入にあたって配偶者法定後見人制度を廃止するとともに、保佐人および補助人についても同様のことがいえることから、旧840条を準用していた旧847条の内容を、新法には規定しないこととした。(16) したがって、後見人となり得る者については、現行法上、特段の定めはないが、実際には家族等近親者から選ばれるのが通常であろうと思われる。(17) 他方、精神保健福祉法上の保護者については、このような民法改正の動向にあわせ、同法の改正においても、配偶者を優先的に保護者となるものの対象から外し、扶養義務者と同等の扱いにするか否かが問題とはなったが(18)、結局は見送られたことから、配偶者が後見人・保佐

---

(16) 原司「後見体制・監督体制の充実及び経過措置」新井誠編『成年後見 法律の解説と活用の方法』77頁以下、法務省民事局参事官室「成年後見制度の改正に関する要綱試案の概要［平成10年4月14日付］」5頁、法務省民事局参事官室「成年後見制度の改正に関する要綱試案補足説明［平成10年4月14日付］」2頁および37頁

(17) 最高裁判所事務総局家庭局「成年後見関係事件の概況」平成12年4月以降のデータにつき裁判所ホームページ http://www.courts.go.jp 参照。但し、当該データによれば、平成24年には、制度開始以来、初めて、親族以外の第三者が成年後見人等に選任されたケースの割合が、親族が成年後見人等に選任されたケースの割合を上回っており（「同概況 ―平成24年1月〜12月―」10頁）、申立ての主たる動機として財産の管理・処分に係るものが身上監護よりも圧倒的に多い（同8頁）ことをも併せ考えると、今後も当該分野の専門家である弁護士や司法書士（それぞれ法人を含む）が成年後見人等に選任されるケースが増えることが予想され得る。もっとも、他方で、かつて弁護士会の副会長を務めた弁護士による成年被後見人の財産横領事件が発覚、実刑判決を受けたことをも含め、大々的に報じられるなどしたことや、他の同種の事件が顕在化していることが如何なる影響を及ぼすか、親族による同様の事案の方がより水面下で起こりやすいと思われることをも視野に入れつつ、慎重に見極める必要があろう。

(18) 精神保健福祉研究会監修・前掲書169頁

人に次いで保護者となる者として規定されたままとなったのである（このことは―Ⅱ3において後述するところと併せて―実態はともかく、少なくとも制度上は、民法と精神保健福祉法との非整合性を示すこととなった、といえよう）。また、扶養義務については、民法877条により、原則として直系血族および兄弟姉妹がこれを負うことが規定されている。こうして、先にも若干触れた通り、法20条に基づいて保護者となるのは当該精神障害者の近親者である場合が多くなるであろうことに鑑みると、そこから、医療上の代諾権者としての保護者について、以下にみられるような、さまざまな問題が生じることが考えられてきた。[19]

精神障害者の近親者が保護者として医療上の代諾をなすに際して最も懸念されるべきは、精神障害者とその保護者との間で利害が対立し得る場合が決して少なくないことである。すなわち、これまで、精神障害者家族の多くは実際に疲弊し幾多の職務の下に喘いできたといわれており[20]、ただでさえ身内に精神障害者を抱えているということで家族等近親者にとっては、①経済的・精神的・肉体的負担、②世間体が悪いといった不利益が考えられる。しかも、入院していた精神障害者の病状が回復し退院してくるといった事態となった場合には、これらの面での不利益が増す上に、③居住空間が狭くなる等の点で当該精神障害者との間で利害が対立する可能性を有しているということができる。さらに、④財産のある精神障害者については当該財産の管理・処分や相続等をめぐり両者の間で利害が対立し得るのであり[21]、特に患者たる精神障害者に対する医療行為について生死の選択が問題となるような場合には、相続をめぐって被相続人たる精神障害者本人とその相続人となり得る近親者との間における利害の対立がより顕著な形で現われることとなろう。また、このような「利害の対立」という側面以外にも、⑤過大な事務を

(19) 滝沢武久「シンポジウム補足発言」日本医事法学会編『年報医事法学5』114頁以下、（財）全国精神障害者家族連合会編『（財）全国精神障害者家族会連合会保健福祉研究所年報1』18頁以下、西原道雄「保護義務の法的性格と実質的機能」法と精神医療学会編『法と精神医療第4号』2頁以下、精神保健福祉研究会監修『改訂精神保健福祉法詳解』158頁以下、全家連保健福祉研究所編・前掲書2頁以下
(20) （財）全国精神障害者家族連合会編・前掲年報18頁
(21) 日本精神神経学会「成年後見制度の改正に関する要綱試案について（意見）」精神神経学雑誌第100巻第10号915頁

家族に代替させているといわざるを得ない現行の保護者制度は、戦前の家制度を前提とした親族による監置主義の考え方を引きずったものであり、社会的受皿の不備という問題をも含めて、個人でできないことは国および地方自治体で行なうべきとする近代以降の考え方に反していること、さらには、法制度が十年一日のごとく家制度的発想を前提としていることとは対照的に、特に現代的な家族形態から生じる問題として、⑥核家族化によって、家族等近親者が代諾権者として相応しいとされるための「近親者は普段から精神障害者の傍らにあってこの者を最もよく理解できる者である」という前提そのものが崩壊しつつあり、特に事件数の増加や法定代理人ではないことなどから以前ほど十分な調査はなされず誰がなるのかもあまり重視されないといわれる保護者選任手続の実務の実情に鑑みれば、普段あまり交際のない近親者が保護者となる可能性も十分あり得ること、⑦夫婦共働き家庭の増加や保護者となるべき者の高齢化等によるいわゆる社会的入院の問題等、実に多くの難点が指摘されてきたのである。

以上のことに鑑みるならば、少なくとも医療上の代諾という視点からみる限り、現行の精神保健福祉法とその下での保護者制度は患者たる精神障害者

---

(22) (財)全国精神障害者家族連合会編・前掲年報19頁、精神保健福祉研究会監修・前掲書（概要）7頁以下、第145回国会参議院国民福祉委員会における入澤肇発言（同委員会会議録第8号）、秋元波留夫「精神障害者と人権」日本医事法学会編・前掲書（年報5）7頁以下、星野・前掲論文118頁以下、町野「保護義務者の権利と義務―同意入院と監督義務をめぐって―」法と精神医療学会編『法と精神医療第3号』19頁以下、中谷陽二「精神医療法制史から見た保護者制度」法と精神医療学会編『法と精神医療第10号』58頁以下、西原・前掲論文2頁以下、白石・前掲論文（松下総編集/松下＝斎藤責任編集・前掲書）277頁、西園昌久「日本の精神医学・医療の回顧と展望（2）」日本精神神経学会編『精神神経学雑誌第102巻第8号』684頁、精神保健福祉研究会監修・前掲書（概要）156頁および171頁、全家連保健福祉研究所編・前掲書15頁、平野龍一『精神医療と法 新しい精神保健法について』37頁以下
(23) 滝沢・前掲補足発言115頁、(財)全国精神障害者家族連合会編・前掲年報18頁
(24) 安倍晴彦「後見・保佐と保護義務者」法と精神医療学会編『法と精神医療第7・8号』112頁以下
(25) 新潟家佐渡支審判平成12年3月7日家裁月報52巻8号53頁参照
(26) 全家連保健福祉研究所編・前掲書9頁
(27) 全家連保健福祉研究所編・前掲書7頁、精神保健福祉研究会監修・前掲書（詳解）158頁以下、同監修・前掲書（概要）157頁、第145回国会参議院国民福祉委員会における渡辺孝男発言（同委員会会議録第8号）。なお、これらの詳細については、前掲拙稿、拙稿「医療における代諾の観点からみた保護者制度」『早稲田大学比較法研究所講演記録集（Vol. 4）』329頁以下等参照

の保護のための配慮を著しく欠いてきたと思われる。それでは、成年後見制度との関係においては、保護者が代諾権者となること、ひいては保護者制度が存在すること自体が如何なる問題を孕んできたのか、確認しておくこととしたい。

3 承諾能力を有しない精神障害者に対する医療行為と成年後見制度

　医療における代諾という観点からみたとき、民法上の成年後見制度とは別に保護者制度を設けたことから生じ得る問題点としては、次のようなものが挙げられる。すなわち、まず、①成年後見制度の立法化にあたっては、成年後見人の職務の範囲は、たとえ身上監護に関するものであっても、契約等の法律行為に限られるのであり、患者たる本人に対して実際になされようとしている個々の医療行為への代諾の権限はないとされたが[28]、それにも拘わらず、成年後見人が保護者となった場合には[29]、これを保佐人や配偶者・親権者とことさら別異に解する合理的理由はないことから、成年後見人であっても、少なくとも保護者としては、代諾権者たり得ると解されることとなり（法33条1項1号参照）、両制度間で大きな矛盾を抱えることとなった[30]。しかも、②このように制度間の整合性を欠くだけでなく、そもそも、現実には、後見開始の審判の申立がなされないために成年後見人が選任されない場合が少なくない。従来、その最大の原因とされてきたのが、ⓐ戸籍記載その他本人家族の不名誉・不利益、ⓑ身分上・職業上の資格や許認可の支障であった。このうち、ⓐについては、成年後見制度導入にあたり、公示方法が戸籍記載・官報公告から成年後見登記に変わったが、このことが当該制度施行後1年間における後見開始の審判の申立の著しい増加に繋がったといわれており[31]、その後の動向をみても、本人や家族等近親者の抵抗感がかなり薄らいできていることが窺える。また、ⓑについても、現在では、旧厚生省中央障害者施策

---

(28)　法務省民事局参事官室・前掲補足説明48頁以下
(29)　保護者となり得る後見人（法20条）には任意後見人は含まれないと解されてきた（精神保健福祉研究会監修・前掲書（詳解）159頁参照）。
(30)　上山泰「身上監護に関する決定権限―成年後見制度の転用問題を中心に」成年後見法研究7号45頁以下
(31)　最高裁判所事務総局家庭局・前掲概況データ参照

推進協議会「障害者に係る欠格条項の見直しについて（平成10年12月15日付）」およびこれを踏まえた内閣府障害者施策推進本部「障害者に係る欠格条項の見直しについて（平成11年8月9日付決定）」を経て、2002年に関係諸法律が改められるなど、大幅に見直されている。したがって、これらの点については今後も改善が期待されるが、成年後見人が選任されない事態を招く要因としては、他にも、ⓒ現行法によると申立権者がいない場合が生じ得ることが挙げられる。すなわち、後見開始の審判の申立権者は、民法上は本人・配偶者・4親等内の親族・未成年後見人・未成年後見監督人・保佐人・保佐監督人・補助人・補助監督人または検察官（民法7条）、「任意後見契約に関する法律」（平成11年法律第150号。以下、「任意後見契約法」という）上は任意後見受任者・任意後見人または任意後見監督人（10条2項）であり、精神障害者の場合は、これらに加えて、市町村による審判の申立が可能である（法51条の11の2）。このため、事前に任意後見契約が締結および登記されていればともかく（任意後見契約法第10条1項）、近親者がいなかったり、いても関わりを嫌うなどさまざまな理由から申立をしようとしない場合には、検察官による申立の途か、市町村による申立の途しか残されていないこととなる。しかし、検察官や市町村に期待することは現実には難しいようである(31)。そのため、裁判所の職権行使による後見開始の審判が認められていない我が国においては、後見人が選任されず精神障害者の保護に悖る結果を招く可能性があるのである。そして、ⓓ人権擁護のため当然である鑑定その他の厳重かつ慎重な手続も、殆どの場合5〜10万円近くかかる費用等が(31)、ある所得者層にとっては決して軽くはない負担となろう。この点に関しても、場合によっては30万〜50万円かかるといわれた旧制度下と比べれば、かなり低額化し利用しやすくなったとはいうものの、公的な扶助の制度が充実していない現状においては、精神障害者の近親者に後見開始の審判の申立を躊躇させる一因になり得るものと思われる。そして、ⓔ成年後見人が選任されず、代理権を有しない配偶者や保佐人等が保護者となった場合には、法律的な意味での財産管理（処分・運用など）を行なうことができるのはあくまで法定代理人たる成年後見人であるため（民法858条・859条）、保護者としては法22条1項に基づいて後見人の選任が間に合わないなど緊急の必要がある場合に一定の行為（財産保全行

為）ができると解する余地があるに過ぎないこととなる。また、④実際上、選任等され、その職務についている（そう扱われている）保護者がいるのに、後で別人の成年後見人が選任されたり、現われる場合もある。そのため、財産を有する精神障害者の奪い合いが起こったり（近時、精神障害者の財産の支配権をめぐる親子間・兄弟間等の争いが多い）、複数の者が成年後見人になろうと争う、あるいは後見開始の審判の是非で争う、改めて後見開始の審判がなされ成年後見人が選任されても保護者から成年後見人への引継ぎがうまくいかないなど、さまざまな紛争が生じてきた。さらには、⑤成年後見制度の導入にあたっては、財産管理と療養看護は別人があたるのが適当な場合があることなどから、後見人を１人に限っていた民法旧843条が改められたが、成年後見人が複数選任されている場合に、成年被後見人に対する医療行為について代諾をなし得る者は誰なのか、成年後見人の間で意見が対立した場合はどうするのかといったことについては、先にみたように、成年後見人には医療行

(32) 精神保健福祉研究会監修・前掲書（詳解）171頁、厚生省精神保健福祉法規研究会監修『精神保健福祉法詳解』145頁、大谷實『精神保健福祉法講義』77頁、安倍・前掲論文110頁以下、大谷編集代表『条解精神保健法』95頁、大谷『精神保健法』62頁、精神保健法規研究会編『精神保健法詳解』96頁、西原・前掲論文２頁以下
(33) 安倍・前掲論文111頁以下
(34) 民法旧843条は、後見人を複数にすると意見の統一を欠き、責任が分散して事務が停滞するといった弊害が生じるなどの理由から、後見人は１人でなければならないと規定していた。しかし、成年後見人のあり方をめぐっては、近年、本人の状況によっては、例えば、財産管理については法律実務家が、身上監護については福祉の専門家が、その他の日常生活については家族が、それぞれ分担したり、チームを組み協同して、これら後見等の事務を遂行することが効果的な場合や、本人の入所施設における日常生活に関する財産管理等を担当する成年後見人とは別に、遠隔地所在の財産の管理の事務を担う成年後見人が必要となる場合など、後見等の事務の遂行のために複数の成年後見人を選任した方が、本人保護のため適切な場合があり得ると考えられるようになった。そこで改正民法は、認知症高齢者・知的障害者・精神障害者等の多様なニーズに対応するために後見等の態勢についての選択肢を広げるという観点から、以上のような現実のニーズを考慮して、成年後見人については人数の制限を廃止した。これによって、家庭裁判所は、後見開始の審判と同時に、数人の成年後見人を選任することができ（同条１項：人数が規定されていないので、文理上当然に数人を選任できることとなる）、成年後見人が選任されている場合においても、家庭裁判所が、必要があると認めるときは（数人の成年後見人を置く必要がある場合、既に数人の成年後見人が選任されていたがその一部が欠けた場合が考えられる）、既に選任されている成年後見人または成年被後見人もしくはその親族その他の利害関係人（退任した成年後見人を含むと解される）の請求によって、または職権で、さらに成年後見人を選任することができることとされた（同条３項）（原・前掲論文79頁以下、法務省民事局参事官室・前掲概要５頁、同・前掲補足説明２頁および37頁以下）。

為への代諾の権限はないとされたため、民法859条の2は適用できないこととなって、少なくとも法文上は不明なままであること、しかも、⑥既に触れたように、保護者となり得る後見人（法20条）には任意後見人は含まれないと解されているため、精神障害者の場合には、能力を有しているうちに任意後見契約の制度を利用することにより事前の意思を表示しておいて、精神障害によって能力が不十分となった後、自らが予め選んでおいた任意後見人に保護者になってもらって当該意思を実現してもらう、という途が断たれてしまったこと、⑦成年後見制度導入にあたっては、後見人が禁治産者を精神病院等の施設に入れるには家庭裁判所の許可が必要であるとしていた民法旧858条2項が廃止されたが、このことは、精神障害者の入院措置に対する家庭裁判所によるチェック機能という観点からは後退したといわざるを得ないと考えられることなどが指摘され得る。特に⑦については、1950年の精神衛生法の制定により、精神病院その他これに準ずる施設への非任意の入院については、都道府県知事の行政処分による措置入院および保護（義務）者の同意による医療保護入院（旧同意入院）の制度が設けられ、民法旧858条2項は保護者が後見人である場合における医療保護入院手続の特則的な規定となっていたところ、後見人以外の者が保護者である場合には保護者の同意のみで医療保護入院手続をなし得るのに対し、保護者が後見人である場合にのみ家庭裁判所の許可を得なければ医療保護入院手続をなし得ないとする合理的理由は見出し難いとの指摘もあり、同条1項と共に削除すべきとの意見が強かったことから、精神障害者の入院措置に関しては、私法法規である民法ではなく、精神保健福祉法において統一的に取り扱うことが相当であるとの判断に立って同項を削除することとされたものであり、その他の点では両法それぞれにおける取扱いを必ずしも一にしていないにも拘わらず、このような判断に基づき、後者における制度的担保がないまま、ただ同項を廃止したことは大いに疑問である。そして、このように、成年後見制度とは別に保護者制度を設けていたことがかえって、解釈論の上でも実際の運用面でも、問題を徒に複雑化していると考えられてきたのである。

---

(35) 新美・前掲論文［ジュリ］179頁、安倍・前掲論文111頁以下参照
(36) 原・前掲論文86頁以下

以上のことに鑑みるならば、確かに、精神保健福祉法の保護者制度は廃止すべきであり、その上で、財産管理に重きをおいている民法上の成年後見制度そのものの、さらなる改正を図る方向で考えるべきこととなろう。なぜなら、精神障害者の保護ということを出発点にそのような抜本的な見直しを行なうことによって、ひいては、例えば植物状態にあるような、精神障害者ではないが承諾能力のない成人の患者に対する医療行為が問題となっており、かつ、法定代理人もいないという場合にも、[38]無能力者（制限行為能力者）の身上保護という枠組の中で対処が可能になると思われるからである。従って、民法上の制度はそのままに、精神保健福祉法の範囲内でのみ保護者制度の改善を図ろうとする説もないわけではないが、[39]オーストリアやドイツ等諸外国が民法をも含めた積極的な改革を行なっていることに鑑みても、[40]筆者自身としては、我が国においても、やはり、保護者制度は廃止した上で、民法をも含めた見直しを考慮すべきであると考えてきた。しかし、それはあくまで、保護者制度が廃止されても精神障害者たる患者の保護を充分に担保し得る制度が、別途、整えられていることが大前提となる。そして、今般の精神保健福祉法改正は、そのような担保を欠いたまま、ただ拙速に保護者制度を廃止し、さらには、医療保護入院をめぐる改正によって、これまで少しずつでも進めてきた精神医療をめぐる法体制改善への歩みを大きく後退させてしまっ

(37)　安倍・前掲論文111頁以下、星野・前掲論文125頁以下、調・前掲論文1030頁
(38)　第145回国会衆議院厚生委員会における石毛えい子発言（同委員会会議録第11号）参照
(39)　新美「保護義務者制度の再検討（1991年度・中間報告）」主任研究者・藤縄昭『厚生科学研究費補助金（精神保健医療研究事業）精神障害者の医療及び保護の制度に関する研究　平成3年度研究報告書』59頁以下（旧精神保健法下での記述）、町野「保護者制度の改革と精神医療」法と精神医療学会編『法と精神医療第27号』43頁以下参照
(40)　新井誠「ドイツ成年者世話法の運用状況」ジュリ1011号60頁以下、ドイツ成年後見法研究会「ドイツ成年後見制度の改革―世話法（Betreuungsgesetz）注解―（一）」民商法雑誌第105巻4号572頁以下、同「同（二）」同第105巻6号850頁以下、菱木昭八朗「スウェーデンにおける成年者後見制度について」法と精神医療学会編『法と精神医療第7・8号』72頁以下、岡孝「フランス、ドイツ、オーストリアにおける被保護成年者制度の改正」法と精神医療学会編『法と精神医療第7・8号』61頁以下、田山輝明「ドイツにおける行為能力剥奪宣告の廃止―行為（無）能力と世話制度」『民法学の新たな展開　高島平蔵先生古稀記念』31頁以下、田山輝明「オーストリア法における成年後見制度」『現代家族の諸相　高野竹三郎先生古稀記念』383頁以下、須永醇編『被保護成年者制度の研究』所収の小林秀文（109頁以下）・新井（149頁以下および297頁以下）・須永（179頁以下および219頁以下）・奥山恭子（237頁以下および341頁以下）・岡孝（267頁以下）・菱木（309頁以下）・伊藤知義（367頁以下）各氏の論稿

たものと云わざるを得ないものと考える。そこで、最後に、医療における代諾という限られた視点からではあるが、改正法が内包する問題点について検討してみることとしたい。

Ⅲ 医療における代諾の観点からみた改正精神保健福祉法と成年後見制度

1 承諾能力のない精神障害者に対する医療行為と代諾権者

　当該医療行為を実施するか否かが問題となっている患者本人が精神障害者であり、かつ、承諾能力を欠いている場合であっても、当該患者が未成年者であるならば、保護者制度が廃止されたとしても、法定代理人たる親権者（民法824条・820条）や未成年後見人（民法859条・857条）が、これらの規定を類推適用することにより代諾をなし得ると解することは可能である。また、同様に、精神障害者たる患者本人が成年に達しており、かつ、承諾能力がない場合でも、法定代理人がいて当該患者の保護にあたることができる場合（民法8条・858条）には、既に触れたように、これらの規定を類推適用することによって当該法定代理人が代諾をなし得ると解することが絶対にできないというわけではないと思われるし、任意後見人がいれば、この者が登録された任意後見契約に則り、本人の意思を尊重しつつ、当該患者の保護にあたればよい（任意後見契約法2条1号・6条）が、このような代理権を有する者がいない場合には誰が代諾権者となり得るか、特に成人たる患者につき問題となる。患者に承諾能力がないからといって、医師の裁量権行使に全てを委ねてよいということには決してならない。患者を保護するためには、主体性をもって医師と対等の立場に立ち得る者による、医療における意思決定過程への患者の側からの参加が保障されなければならないということは、法定代理人等がいる場合といない場合とで何ら異なるところはないというべきである[41]。しかし、では医師以外の者で患者に代わってそのような意思決定をなし得る者は誰かということになると、現行法では成年後見人等が選任される場合は限ら

---

(41)　新美・前掲論文［加藤＝森島・前掲書］145頁以下

れており、これらに該当しない場合には、このまま保護者制度が廃止されてしまうと、成人の精神障害者については、法的に当該患者の保護をその職務とする者がいないこととなってしまうのである。

　そこで、成人たる患者に承諾能力がなく法定代理人も任意後見人もいない場合の1つの方法として考えられるのは、法定代理人を選任したならば法定代理人に選任されるであろう者を代諾権者とすることであるが、この方法の最大の難点は、誰が法定代理人となるのかを予め想定することが不可能なことである。[42] また、実際の医療の現場では家族や近親者による代諾がなされているという現実を踏まえて、当該患者に配偶者がいれば、民法旧840条の趣旨も加味して配偶者を、配偶者がいない場合でも親がいれば、当該患者自身は承諾能力を失っていて自分自身では判断・意思決定をなすことができず保護を必要とするという点において承諾能力を欠く未成年者と変わるところがないということから親を、その他の場合には扶養義務者を、代諾権者と解することも考えられなくはない。しかし、成年後見人が選任されている場合についてさえ医療における代諾が―少なくとも公的な見解としては―否定される現行法の解釈としてはかなり無理があることを否定し得ないし、これらの者は、日頃から患者本人をよく知っており何が患者本人にとって最善の利益であるかを最もよく知り得る立場にある者であると同時に、相続等において患者本人と利害が対立する関係に立ち得る者でもある。また、現在の医療上の慣行に鑑みてこれらの者を代諾権者として認めるとしても、この者達の間での順位付けをどうするか、家庭内の複雑な人間関係が絡むこともあり、難しいところであると思われる。そして、患者に全く身寄りがない場合には、問題は解決されないまま残ることになる。

　以上のことから、成人たる患者本人に承諾能力がなく、法定代理人等もいない場合には、このままでは代諾権者を選任することができず、結局は患者の周辺にいる者の中から誰かが意思決定をなすか、あるいは、医師の全面的裁量に任せるということになってしまうものと思われる。医療という、財産行為とは異なる特別な場合であることを考慮した上で、やはり、例えば裁判

---

(42) 新美・前掲論文 [加藤＝森島・前掲書] 146頁

所の職権による後見開始の審判を認める等、民法上の成年後見制度のさらなる改正を含めた立法上の解決が必要であろう。

2 改正法における医療保護入院の見直しについて

　医療保護入院をめぐっては、前記検討チームによって、まず、精神保健福祉法改正にあたって、保護者制度は残しつつ、その義務規定を全て削除すべきとの結論が出され(43)、その上で、さらに、強制入院としての医療保護入院をも維持すべきだが、それを保護者の同意を要件としない制度に改めるべきとの結論が採られていた(44)にも拘わらず、実際に第183回国会（常会）に提出された法案は、保護者制度を全面的に廃止し、なおかつ、医療保護入院の同意者を「家族等のうちいずれかの者」とし（改正法33条1項）、この「家族等」として当該精神障害者の配偶者・親権者・扶養義務者・後見人・保佐人を挙げており（同条2項）、これらについては原案のまま可決・成立している。

　そもそも医療保護入院は、自傷他害の虞はないが本人に病識がないなどのために入院の必要性について本人が適切な判断をすることができず、任意入院（法22条の3）が行なわれず、自己の利益を守ることができないような場合に、保護者の同意というチェック機能を通して、専ら当該精神障害者本人の利益を図ろうとする趣旨の下、設けられた制度であるにも拘わらず、医学的な理由ではなく社会的な理由等により適用されている不適切な事例が生じたり(45)、入院への同意をきっかけの1つとして精神障害者が保護者に対し反発感情を抱くなどした結果、家族関係がこじれる基となったりしてきたものである(47)。このような制度が、少なくとも入院に係る同意に関しては殆どそのま

---

(43) 厚生労働省障害保健福祉部「精神障害者の地域生活の実現に向けて」（平成23年10月付）27頁以下、町野代表・前掲意見書参照

(44) 前掲検討チーム「入院制度に関する議論の整理」（平成24年6月28日付）1頁以下、町野代表・前掲意見書参照

(45) 精神保健福祉研究会監修・前掲書（詳解）297頁以下、大谷『新版精神保健福祉法講義』98頁、太田順一郎「精神保健福祉法改正 ―保護者制度がなくなったときに」太田＝岡崎伸郎責任編集『精神医療』71号3頁、横浜地判平成21年3月26日判タ1302号231頁等

(46) 精神保健福祉研究会監修・前掲書（詳解）297頁、東京地判平成22年4月23日判時2081号30頁、大阪地判平成25年7月5日 LEX/DB25501586等

(47) 町野・前掲意見書、名古屋高判平成22年4月15日 LEX/DB25442166

まの形で―保護者制度が廃止されたことに伴い、保護者となるべき者として法20条に掲げられていた者が、改正法では同意者として挙げられているに過ぎない―残存し（従って、II 2 ii）で述べたところもまた、未だあてはまる）、しかも、他方では、法20条による保護者となるべき者の法定順位もが撤廃されることで、II 2 ii）④⑤のような問題が改正法の「家族等」の間で生じることが懸念される。こうしたことに鑑みても、やはり、保護者制度を撤廃するのであれば、医療保護入院については II 3 ⑦で触れた民法旧858条2項のような裁判所によるチェック機能を―「家族等」による同意ではなく―用意するといった、より抜本的な制度改革が必要であろう。

IV　おわりに

以上述べたところにつき、真に患者本人たる精神障害者の最善の利益を考えるならば、まずは前記検討チームが結論付けたところへいったん戻った上で、財産管理に重きをおいている民法上の成年後見制度およびこれに関連する諸制度のさらなる改正、精神障害によりかつては有していた承諾能力を欠くこととなった患者本人の事前の意思表示を実現するための制度や当該医療行為実施時点での適法な患者（側）の判断・意思決定を担保する制度の創設などが不可欠である。従って、精神医療の分野に限らず、現在行なわれているさまざまな指針の提示等を契機として、今後も、引き続き、必要かつ十分な議論と検討の積み重ねがなされることが肝要であろう。

---

(48) 山本輝之「精神保健福祉法の改正について　―保護者の義務規定の削除と医療保護入院の要件の変更について」太田＝岡崎責任編集・前掲書41頁以下

アメリカ合衆国の成年後見法における成年後見人の意思決定基準としての代行判断決定法理と最善の利益基準の関係
――各州制定法の類型化と新学説の登場――

志　村　　　武
Takeshi SHIMURA

Ⅰ　はじめに
Ⅱ　成年後見人の意思決定基準に関するアメリカ合衆国全州の制定法調査と類型化
Ⅲ　成年後見人の意思決定基準としての代行判断決定法理と最善の利益基準に関する新学説の登場

Ⅰ　はじめに

　成年後見制度の理念は本人の自己決定の尊重と保護の必要性の調和であり、補助人、保佐人、成年後見人からなる広義の成年後見人は本人たる成年被後見人が自分で判断できる事柄については自己決定の尊重の見地から可及的に成年被後見人自身が意思決定（自己決定）をすることを前提に代理を行わず、被後見人の事理弁識能力が不十分又は欠けているときにのみ本人保護の必要性の見地からその不十分又は欠けている限りにおいて成年後見人が被後見人に代わって法定代理人として意思決定（代理行為）を行う（876条の9、876条の4、859条参照）。
　成年後見人が代理権を付与されている場合には、その限りにおいて本人が自己決定を十分にできないために成年後見人が本人に代わって意思決定（代理）を行うのであって、代理行為においては本人が意思決定を行うのではない。成年後見人による代理行為における意思決定の主体はあくまでも成年後見人であって本人ではないのである。
　近年、障害者権利条約の国連総会における採択、発効後、成年後見制度に

おいても「代理よりも支援を (support rather than supplant)」というスローガンの下に、代理人が自己決定できない本人に代わって意思決定する伝統的に行われてきた代理制度からパラダイムシフトして、代理人ではなくて可及的に支援を受けた本人こそが自ら意思決定をするべきだという「自己決定支援 (supported decision-making)」という新たな考え方がカナダや北欧などで急速に広まってきている。日本でも障害者権利条約の採択、署名から批准に至る過程において同条約12条の法律の前にひとしく認められる権利と従来の成年後見制度の整合性に関して立法論、解釈論が展開されてきているが、自己決定支援の考え方に立っても事理弁識能力を欠く常況にある後見に相当するような植物人間や最重度の知的障害者の場合のように、どうしても自ら意思決定できないために成年後見人による代理を最後の手段として利用せざるを得ない場合が存在することは否定できない。自己決定支援を主張する論者自身もその内在的な限界として自己決定できず代理を利用せざるを得ない場合があることを認めているのである。

　それでは成年後見人は本人を代理する際に一体どのような基準に従って意思決定を行うことが要請されているのか。この命題は障害者権利条約の批准という事態を受けて、従来の伝統的な法定代理を前提として成年後見制度を考えるのか、自己決定支援によるパラダイムシフトを採用するのか、いずれ

（1）　この点につき、田山輝明教授は「被保佐人や被補助人はもちろん、成年被後見人の中にも、通常の法律行為との関連では判断能力が不十分であるにしても、自分の意思を決定し表明できる人がいることは確かである。その場合に、補助人、保佐人または成年後見人（援助者）に代理権を与えてしまうと、本人の意思尊重義務が法定されている（民法858条）とはいえ、代理権が本人に対して『抑圧的』に行使される場合があることは否定できない。つまり、本人の自己決定を支援するのではなく、代理して決定してしまう制度が『抑圧的』に機能する場合があることは否定できない。その限りでは、一定の法改正が必要である。しかし、そのことは、決してこの分野における法定代理制度一般の否定につながるものではない。成年被後見人の中には、自己の意思を表明できない者が含まれていることも確かなことだからであり、法定代理制度一般を否定することは、条約の趣旨とは逆に、これらの者から保護手段を奪ってしまうことになるからである」と述べられて、障害者権利条約を批准して自己決定支援の考え方を受け入れても、自己決定できない者に対する権利擁護（アドヴォカシー）のための手段として従来の法定代理制度の重要性は変わらないことを指摘されている。田山輝明「障害者権利条約と成年後見制度―条約12条と29条を中心に―」成年後見法研究10号26頁（2013年）参照。
（2）　この点につき、志村　武「本人の自己決定を尊重するアメリカの成年後見制度―統一任意後見法における本人の自己決定尊重と任意後見人の権限濫用防止の必要性の調和から日本法への示唆を求めて―」社会保障法28号22-23頁（2013年）参照。

の立場に立っても重要である。日本民法上、「成年後見人は、成年被後見人の生活、療養看護及び財産の管理に関する事務を行うに当たっては、成年被後見人の意思を尊重し、かつ、その心身の状態及び生活の状況に配慮しなければならない。」（858条。なお876条の5　第1項、876条の10　第1項参照）として、「本人の意思尊重義務」と「身上配慮義務」が規定されている。両者とも立法担当者によれば成年後見人の「善管注意義務（869条、644条）の内容を敷衍し、かつ、明確にした」規定として位置づけられているが（なお876条の5　第2項、876条の10　第1項参照）、一般条項的で非常に抽象的であり、たとえば本人の意思を尊重すると本人の最善の利益が害される場合（「本人は認知症が進行する前に、自分が定年まで勤めた愛着ある会社の株式を手放さずに保持しその配当金で生活したい旨話していたが、認知症が悪化した後、当該株式が暴落し配当が半減した場合、後見人は当該株式を売却して他のよりよい配当の株式を購入することができるか」、「本人は以前から亡くなるまで住み慣れた家族の思い出がある自宅で過ごしたいといっていたが、認知症が進行した現在、一人暮らしで何度かぼやを起こした自宅で過ごすよりも施設入所する方が、安全で費用がかからない場合に、成年後見人は本人を施設入所させるべきか」、究極的には「本人の信仰上の理由による輸血拒否や生命維持治療の拒否は認められるべきか」などの場合）に後見人はどのような意思決定をしたらよいかなどについては何ら具体的な基準が示されていない。

　このような日本法の状況と同様にアメリカでも、成年後見人の意思決定基準や成年後見人の義務についての各州制定法の規定が抽象的で具体的な基準として機能しておらず、成年後見人はどのように意思決定したらよいか何ら明らかになっていないという問題意識の下に、最近、成年後見人の意思決定基準としての代行判断決定法理と最善の利益基準の関係についてアメリカ合衆国全州を含む52法域の制定法を調査し類型化した上で、代行判断決定法理と最善の利益基準の関係についてあるべきモデルを提示する注目すべき斬新な研究成果が発表されている。[3]

---

(3)　アメリカ合衆国における成年後見制度研究における先駆者の一人であり、制限された後見制度（部分後見）(limited guardianship) の理論を提唱しその制定法化に影響を与えたピッツバーグ大学ロースクールのローレンス・エイ・フローリック教授と統一任意後見法の立法責任者 (reporter) であるヴァルパライソ大学ロースクールのリンダ・エス・ウイットン教授によって、成年後見人が判断能力の不十分な本人を代理して意思決定する際のあるべき基準を明らかにする

そこで本稿ではアメリカにおけるこの最新の研究成果から日本方への示唆を求めて、成年後見人の意思決定基準について、Iにおいてアメリカ合衆全州の制定法調査と類型化を見た上で、IIにおいて代行判断決定法理と最善の利益基準の相互関係について提示されたあるべきモデルを紹介することにしたい。

II 成年後見人の意思決定基準に関するアメリカ合衆国全州の制定法調査と類型化

この調査はアメリカ合衆国50州にコロンビア特別区と合衆国ヴァージン諸島を加えた全52法域の一般的な成年後見法に関する制定法について、成年後見人の意思決定基準としてどのような規定が置かれているか、規定が置かれている場合にはそれは、代行判断決定法理か、最善の利益基準か、また双方について規定されている場合にはその両者の関係はどうなっているのか明らかにするものであり、2011年10月12日から15日までユタ州のソルトレイクシティにあるユタ大学のエス・ジェイ・キニー法科大学で「最高の基準」をテ

ために代行判断決定法理と最善の利益基準及びその相互関係について考察する注目すべき2本の共著論文、Lawrence A. Frolik & Linda S. Whitton, The UPC Substituted Judgment/ Best Interest Standard for Guardian Decisions : A Proposal for Reform, 45 U. Mich. J. L. Reform 739 (2012)〔以下、Frolik & Whitton, A Proposal for Reform と略す〕と Linda S. Whitton & Lawrence A. Frolik, Surrogate Decision-Making Standards for Guardians : Theory and Reality, 2012 Utah L. Rev. 1491 (2012)〔以下、Whitton & Frolik, Theory and Reality と略す〕が最近立て続けに発表されている。本稿はこの研究成果に依拠して日本法への示唆を得ようとするものである。Theory and Reality はその後半部分において、4つの州に居住する114人の成年後見人に対して財産管理や医療を含む身上監護意について意思決定する際に実際にどのような基準に従って判断しているのか、またその基準が代行判断決定法理である場合には、その代行判断をするにあたってどのような証拠・要因に基づいて判断しているのか等につき、2011年5月31日回答〆切りのアンケート調査を行い、60人から得られた回答結果について、後見人が本人の家族であるか否か、後見人の居住州の制定法が本稿で後に述べる最善の利益基準単独適用型か代行判断決定法理・最善の利益基準混合型かによってどれほど当該結果に違いを与えているのか等につき詳細に分析して実務の傾向の一端を明らかにしている。この部分の検討は後日の課題としたい。なお、イギリスの2005年意思決定能力法の下における最善の利益の基準と代行判断決定法理の統合については、菅富美枝「イギリス2005年意思決定能力法（The Mental Capacity Act 2005）体制における『ベスト・インタレスト論』」『須永醇先生傘寿記念論文集――高齢社会における法的諸問題』（2010年）所収参照。

一マとして行われたアメリカ合衆国第3回全国後見サミットにおける研究報告の準備のために行われた。この調査では医療に関する代理人による意思決定基準については大部分の州がすでに独自の制定法や判例法を有しているので除外し、医療以外の身上監護と財産管理に関する意思決定基準をその対象としている。

代行判断決定法理 (substituted judgment doctrine) とは、後見人が被後見人に代わって意思決定するにあたり、被後見人の「願望」、「個人的価値」、「希望」、「意見」又は「選好」に基づいて、もし被後見人が今、意思決定することができるなら、被後見人はどのような意思決定をするであろうかを考えて、後見人が被後見人の立場から意思決定を行うべきであるという原則をいう。

これに対して最善の利益基準 (best interest rule) とは、後見人は被後見人にとって最大の利益をもたらす意思決定は何かを合理的な通常人の立場から考えて意思決定を行うべきであるという原則をいう。代行判断決定法理は本人のすでに表明されている意思を手がかりに本人の立場に立って判断する主観的な原則であり、最善の利益基準は合理的な通常人本人にとって何が「最善」であるかを考える客観的な原則である。また成年後見制度の理念との関係では、代行判断決定法理は本人の自己決定の尊重を最大限に図るための法理であり、最善の利益基準は本人の保護を目的としているといえる。

52法域の一般的な成年後見法に関する制定法の調査結果により、各法域の制定法の規定は成年後見人の意思決定基準に関してA　意思決定基準不存在型（28法域）、B　代行判断決定法理採用型（18法域）、C　最善の利益基準単

---

(4)　See Frolik & Whitton, A Proposal for Reform, supra note (3), at 742. このアメリカ全州の制定法調査と成年後見人へのアンケート調査に基づいてなされたアメリカ合衆国第3回全国後見サミットでの研究報告の成果をまとめた論文がWhitton & Frolik, Theory and Realityである。なおアメリカ合衆国第3回全国後見サミットの解説と最高の基準として採択されたあるべき後見人の職務規準と裁判所や立法者など後見実務に携わる関係者に対する実務改善のための提案の全訳については、拙稿「シンポジウム　アメリカ合衆国第3回全国後見サミット――最高の基準　アメリカ合衆国第3回全国後見サミットにおける規準および提案」早稲田法学（田山輝明先生御退職記念号）（2014年）所収参照。
(5)　See Whitton & Frolik, Theory and Reality, supra note (3), at 1492, 1494.
(6)　See id. at 1492, 1510.

独適用型（6法域）の3類型に大別される。以下、それぞれの類型について、その内容の概要を見た上でその類型について指摘されている問題点があればそれを検討することにする。

A　意思決定基準不存在型（28法域）

　52法域のうち過半数にあたる28法域の成年後見に関する制定法において、成年後見人の意思決定基準として何ら明確な一般的な規定を置いていないことが分かった。すなわち、これらの意思決定基準不存在型の法域においては代行判断決定法理も最善の利益基準も規定されていないのである。この類型においては、後見人は意思決定する際に参照し依拠すべき基準をもたないことになる。

（7）　See Frolik & Whitton, A Proposal for Reform, supra note（3）, at 742.
（8）　アラバマ州（Ala. Code §§26-2-2 to -55, 26-2A-1 to -160, 26-3-1 to -14, 26-5-1 to -54, 26 -8-1to -52, 26-9-1 to -5 and - 7 to -19　（LexisNexis 2009））、アラスカ州（Alaska Stat. §§13. 26.001-. 410 (2010))、アーカンソー州（Ark. Code Ann. §§28-65-101 to -603 ; 28-66-101 to - 124 ; 28-67-101 to -111 (2004))、カリフォルニア州（Cal. Prob. Code §§1400-1490, 1500-1611, 1800-1970, 2100-2893 (West 2002 & Supp. 2012))、デラウエア州（Del. Code Ann. tit. 12, §§ 3901-3997 (2007 & Supp. 2010))、フロリダ州（Fla. Stat. Ann. §§744. 101-. 715, 747. 01-. 052 (West 2010 & Supp. 2012))、アイダホ州（Idaho Code Ann. §§15-5-101 to -603 (2009 & Supp. 2011))、インディアナ州（Ind. Code Ann. §§29-3-1-1 to -13-3 (West 2010))、アイオワ州（Iowa Code Ann. §§633. 551-. 682 (West 2003 & Supp. 2011))、ケンタッキー州（Ky. Rev. Stat. Ann. §§387. 010-. 990 (LexisNexis 2010))、ルイジアナ州（La. Code Civ. Proceedings Ann. art. 4542-4569 (1998 & Supp. 2011) and La. Rev. Stat. Ann. §§9 : 1021 to : 1034 (2008))、メイン州（Me. Rev. Stat. Ann. tit. 18-A, §§5-101 to -105, 5-301 to - 432　(1998 & Supp. 2011))、メアリーランド州（Md. Code Ann., Est. & Trusts §§13-101 to - 222, 13-704 to -908 (LexisNexis 2011))、ミネソタ州（Minn. Stat. Ann. §§524. 5-101 to -502 (West 2002 & Supp. 2012))、ミシシッピィ州（Miss. Code Ann. §§93-13-1 to -281 (West 2007 & Supp. 2011))、モンタナ州（Mont. Code Ann. §§72-5-101 to -638 (2011))、ネブラスカ州（Neb. Rev. Stat. §§30 -2601 to -2672 (2008))、ニュー・ハンプシャー州（N. H. Rev. Stat. Ann. §§464-A : 1 to : 47 (LexisNexis 2007 & Supp. 2010))、ニュー・メキシコ州（N. M. Stat. Ann. §§45-5-101 to - 617 (2004))、ノース・ダコタ州（N. D. Cent. Code §§30. 1-26-01 to -29-31 (2010))、オクラホマ州（Okla. Stat. Ann. tit. 30, §§1-101 to 4-904 (West 2009 & Supp. 2012))、オレゴン州（Or. Rev. Stat. §§125. 005-. 650 (2011))、サウス・カロライナ州（S. C. Code Ann. §§62-5-101 to -435 (2010 & Supp. 2010))、テネシー州（Tenn. Code Ann. §§34-1-101 to 34-3-109 (2007 & Supp. 2011))、テキサス州（Tex. Prob. Code Ann. §§601-916 (West 2003 & Supp. 2010))、ユタ州（Utah Code Ann. §§75-5-101to -433 (LexisNexis 1993 & Supp. 2010))、ヴァーモント州（Vt. Stat. Ann. tit. 14, §§2602-3081 (2011))、ワイオミング州（Wyo. Stat. §§3-1-101 to - 3-1106 (2011))　の28法域である。

しかし、このうち14法域においては、成年後見人は被後見人に対して親の未成年の子に対する権利義務と同じ権利義務を有するとする1969年統一財産管理法典（U. P. C.）の規定と同様の規定が存在している。親が未成年の子に代わって意思決定する際には、最善の利益基準に従うと一般的に考えられているため、これらの14法域においては制定法上、明文の規定はないものの、未成年の子の親と同様に後見人は最善の利益基準によって意思決定をすることになる。したがって、これらの14法域は、実質的には以下に述べるＣ　最善の利益基準単独適用型に属すると評価できることになる。
　さらに、この意思決定不存在型に属する法域のうち7法域は医療に関する意思決定基準については制定法上、詳細な明文の規定を有している。

───────────
（9）　アラバマ州（Ala. Code §26-2A-78（a）（LexisNexis 2009））、アラスカ州（Alaska Stat. §13. 26. 150（c）（2010））、デラウエア州（Del. Code Ann. tit. 12, §3922（b）（2007））、アイダホ州（Idaho Code Ann. §15-5-312（2009））、インディアナ州（Ind. Code Ann. §29-3-8-1（a）,（b）（1）（West 2010））、ルイジアナ州（La. Code Civ. Proceedings Ann. art. 4566（A）（Supp. 2011）; La. Rev. Stat. Ann. §9：1032（A）（2008））、メイン州（Me. Rev. Stat. Ann. tit. 18-A, §5-312（a）（1998））、メアリーランド州（Md. Code Ann., Est. & Trusts §13-708（b）（1）（LexisNexis 2011））、モンタナ州（Mont. Code Ann. §72-5-321（2）（2011））、ネブラスカ州（Neb. Rev. Stat. §30-2628（a）（2008））、ニュー・メキシコ州（N. M. Stat. Ann. §45-5-312（B）（2004））、サウス・カロライナ州（S. C. Code Ann. §62-5-312（a）（2010））、ユタ州（Utah Code Ann. §75-5-312（2）（1993））、ワイオミング州（Wyo. Stat. Ann. §3-2-201（e）（2011））の14法域である。
（10）　この7法域の医療に関する意思決定基準の内容は次のとおりである。なお、各州制定法の内容後の〔　〕内は、それが以下本文で述べるどの類型に属するか、又は最も近いと考えられるかを示している。
①アラスカ州（Alaska Stat. §13. 26. 150（e）（3）（2010））
　後見人はただ単に被後見人の死期を遅らせ治癒の見込みがない場合には、被後見人が明確に反対していない限りは、例外的に生命維持治療の停止ないし見合わせに反対しないことができ、これについて故意又は重過失の場合を除き原則として民事責任を負わない。〔Ｂ－1－②　代行判断決定法理優先適用型〕
②デラウエア州（Del. Code Ann. tit. 12, §3922（b）（3）（2007））
　後見人は、被後見人の最善の利益であると客観的に信じるところに従って、被後見人の医療につき同意権を有し、診療記録の公表を許可する権限を有しており、合理的な理由なく、又は後見人もしくは被後見人の個人的な信念に基づいて、同意や許可を見合わせることはできない。〔Ｃ　最善の利益基準単独適用型〕
③メイン州（Me. Rev. Stat. Ann. tit. 18-A, §5-312（a）（3）（1998））
　後見人は被後見人に代わって医療同意権を有し、裁判所によって権限を与えられている場合を除き、原則として代行判断決定法理に従い、それができないときは最善の利益基準に従う。生命維持治療の停止ないし見合わせについては、被後見人の主治医の助言に反し、かつ、能力がある段階でなされた被後見人の指図がない場合を除き、後見人は裁判所の同意なく有効に代諾することができる。〔Ｂ－1－②　代行判断決定法理優先適用型〕

B 代行判断決定法理採用型（18法域）

　制定法上、代行判断決定法理を採用している類型であり18法域存在する。この類型はさらに同時に最善の利益基準をも採用しているか否かによって1　代行判断決定法理・最善の利益基準併存型（14法域）と2　代行判断決定法理単独適用型（4法域）に類型化されている。

1　代行判断決定法理・最善の利益基準併存型（14法域）

　代行判断決定法理のみならず最善の利益基準をも採用している類型で14法域ある。この類型はさらに代行判断決定法理と最善の利益基準の相互関係によって、①双方充足必要型（Dual Mandate Jurisdictions）、②代行判断決定法理優先適用型（Hierarchy Jurisdictions）、③優先適用不存在型（No Priority Jurisdictions）に類型化される。以下、それぞれの類型について詳しく見ていくことにする。

①双方充足必要型（Dual Mandate Jurisdictions）（5法域）

　後見人は判断能力が不十分な者に代わって意思決定する際には代行判断決

---

④ミネソタ州（Minn. Stat. Ann. §524. 5-313 (c) (4) (i) (West Supp. 2012)）
　後見人は、事前に裁判所の命令によって承認されていないあらゆる種類の精神外科治療、電気ショック治療、不妊治療、実験的治療の場合を除き、医療同意権を有する。後見人は自ら知っている被後見人の良心的な、宗教上の、又は道徳的な信条を侵害するような医療上の同意を被後見人に代わってしてはならない。〔B－1－②　代行判断決定法理優先適用型〕
⑤ネブラスカ州（Neb. Rev. Stat. §30-2628 (a) (3) (2008)）
　後見人は、法によって許される限りにおいて無能力になる前に被後見人によって表明された意思を考慮し実行する、医療同意権を有する。本規定やネブラスカ州の統一財産管理法典の他の規定にかかわらず、被後見人は一定の要件の下に財産上、医療上、及びその他の守秘義務を負う記録を公表する権限を与えることができる。〔B－2　代行判断決定法理単独適用型〕
⑥ニュー・ハンプシャー州（N. H. Rev. Stat. Ann. §464-A : 25 (e) (Supp. 2011)）
　被後見人が有効なリヴィング・ウィルを作成していた場合には、後見人は、ニュー・ハンプシャー州法137-Jの下で、裁判所が当該文書の曖昧さを解釈するための審理を開催することを条件として、リヴィング・ウィルの条項に拘束される。被後見人が医療のための持続的委任状を作成した場合には、ニュー・ハンプシャー州法137-Jが適用される。〔B－2　代行判断決定法理単独適用型〕
⑦ニュー・メキシコ州（N. M. Stat. Ann. §45-5-312 (B) (3) (2004)）
　統一医療意思決定法による医療に関する意思決定の権限をもつ任意後見人（agent）がいないときは、当該法律に基づいて後見人（guardian）が被後見人に代わって医療に関する意思決定を行う。当該意思決定は後見人が被後見人の価値を知っているときは、その被後見人の価値に基づいて、知らないときは最善の利益基準に基づいてなされなければならない。〔B－1－②　代行判断決定法理優先型〕

定法理と最善の利益基準の双方を同時に満たすように意思決定しなければならないという類型であり、次の後見人の義務について定める1997年統一後見保護手続法314（a）条の後段のゴシック体の強調部分の規定がこの類型の典型例とされている。

1997年統一後見保護手続法314（a）条　後見人の義務

「裁判所によって別段の制限がなされている場合を除き、後見人は被後見人の支援、世話、教育、健康及び福祉に関する意思決定を行わなければならない。後見人は被後見人の限界によって必要とされている限りにおいてのみ権限を行使しなければならず、可能な限り、被後見人が意思決定に参加し、自分自身の利益のために行動し、自分の個人的な事柄を管理する能力を伸長し、回復するように励まさなければならない。**後見人は意思決定をするにあたり、被後見人によって表明されている願望や個人的価値を、自ら知っている限りにおいて、考慮しなければならない。後見人は常に被後見人の最善の利益にかなうように行動し、合理的な注意義務**（reasonable care, diligence, and prudence）**を尽くさなければならない。**」（ゴシック体の強調は筆者）

　この類型においては、代行判断決定法理を採用しているが、本人の自律ないしは自己決定の尊重と保護の必要性の調和を図る見地から「常に」本人の最善の利益にかなうように行動しなければならない。したがって、後見人は代行判断決定法理と最善の利益基準の双方を充足しなければならないことになる。この結果、証拠に基づいて本人ならば下したであろう意思決定が最善の利益基準に合致する場合にのみ、後見人はその意思決定を行うことができることになる。本人が最善を求める願望を表示している場合には両者は一致し問題は生じない。しかし、たとえば自殺するほどの理由が何もないのに自殺願望ある場合のように本人の願望が馬鹿げておりエキセントリックで不合理だったり、先に「はじめに」で挙げた3つの例のように本人の願望が馬鹿げ得ておりエキセントリックであるとまでは言えず合理的であっても最善の意思決定とはいえない場合においては、両者は一致しない。この場合には、双方充足必要型の立場では後見人は何ら意思決定できないことになる。

---

(11) Uniform Guardianship & Protective Proceedings Act §314 (a) (1997), 8A U. L. A. 369 (2003).

この類型を採用している法域は5法域ある。[12]

②代行判断決定法理優先適用型（Hierarchy Jurisdictions）（6法域）

本人の自律ないしは自己決定の尊重の見地から、代行判断決定法理が最善の利益基準に優先して適用されるべきだとする類型であり、「後見人は、意思決定をするにあたり、知っている限りにおいて、自ら意思決定する能力を欠く者（incapacitated person）によって表明されている願望や個人的価値を考慮しなければならず、**それ以外の場合には**、自ら意思決定する能力を欠く者の最善の利益にかなうように行動し、合理的な注意義務を尽くさなければならない。」（ゴシック体の強調は筆者）とのマサチューセッツ州法の規定が典型例である。[13]すでに見た①双方充足必要型とは代行判断決定法理と最善の利益基準をつなぐ言葉が「常に」ではなく「それ以外の場合には」となっている点が異なっており、代行判断決定法理が原則で最善の利益基準は例外であることを明示している。したがって、本人の願望につき証拠が何もない、又は証拠があっても曖昧であるなど、代行判断決定法理が適用できないときに初めて最善の利益基準が適用されることになる。代行判断決定法理による結果が最善の利益基準による結果と一致しない場合でも後見人は代行判断決定法理の結果を採用することになるが、本人の馬鹿げておりエキセントリックで不合理な結果をもたらす意思や不合理ではなく合理的ではあるが最善とは言えない意思に従って後見人が意思決定することが果たして妥当であるかという点が問題になる。このうち不合理な意思決定について、現行制定法の欠点を踏まえて後に詳説する代行判断決定法理・最善の利益基準連続移行説を考案する際に、フローリック教授とウイットン教授は、「代行判断決定法理の目的は本人の自己決定の尊重であるが、自ら意思決定する能力をもつ本人が一見、馬鹿げた無責任な意思決定をする権利を有していることと自ら意思決定する能力を欠く者の後見人に不合理な方法で意思決定するように命じることは区別されなければならない」と述べて、代行判断決定法理においても後見[14]

---

(12) コロラド州（Colo. Rev. Stat. Ann. §15-14-314 (1)（West 2011））、ジョージア州（Ga. Code Ann. §29-4-22 (a)（West 2007））、ハワイ州（Haw. Rev. Stat. Ann. §560 : 5-314 (a)（LexisNexis 2006））、カンザス州（Kan. Stat. Ann. §59-3075 (a) (2)（Supp. 2009））、合衆国領ヴァージン諸島（V. I. Code Ann. tit. 15, §5-314 (a)（Supp. 2010））の5法域である。

(13) Mass. Gen. Laws ch. 190B, §5-309 (a)（West Supp. 2010）.

人は本人の不合理な意思に従って意思決定することはできないと主張している。その理由として、そもそも成年後見制度は自ら意思決定する能力を欠く者の身上と財産を守るための制度であるから、成年後見人は被後見人の身上と財産を害するような意思決定を実行するよう期待されるべきではないこと、本人が命じる不合理な意思決定を実行すると後見人は受認者の注意義務に反して民事責任を追求される可能性があること、民事責任を追及される可能性があり、後見人が精神的に葛藤し専門家として困惑するような不合理な意思決定の実行を強いられるならば専門家でも親族でも後見人のなり手がなくなってしまうことが挙げられている。

(14) Frolik & Whitton, A Proposal for Reform, supra note (3), at 748. なお、任意後見人の義務に関する統一任意後見法114条 (a)(1) は「任意後見人は本人の合理的な意向 (reasonable expectations) を現実に知っているときは当該意向に添うように、また、そうでなければ本人の最善の利益 (best interest) において、行為をしなければならない」と規定しているので、任意後見人も法定後見人と同様に本人の不合理な意向には拘束されないことになる。また、この任意後見人の義務に関する統一任意後見法の規定を任意後見人と同じ受認者である法定後見人にも類推して、条文上、明文の規定がない法定後見人についても本人の不合理な意思決定に従う義務はないという規範を導き出すこともできよう。この点につき、志村・前掲 (2) 論文27頁参照。

(15) しかし、たとえば註 (10) の7法域のうち、単独で又は優先して代行判断決定法理を適用している法域が6法域あるのに対して、最善の利益基準を単独で採用している法域が1法域であり、優先して適用している法域はないように、生命維持装置の取り外しや治療拒否などの医療に関する意思決定については制定法上、判例法上、原則として代行判断決定法理が最善の利益基準に優先する傾向が見られ、さらに医療に関する意思決定の独自性に鑑みて、統一医療意思決定法 (Uniform Health-Care Decisions Act) は代行判断決定が合理的であることを要求していない。これは註 (14) で見た統一任意後見法とは正反対の立場である。この点につき See id. at 747-748,748 n. 34, 759 n. 61. 判例法上、クインラン事件 (In re Quinlan, 335 A. 2d 647 (N. J. 1976)) 以降、患者の代理人による治療拒否権が認められ、クルーザン事件 (Cruzan v. Director, Missouri Department of Health, 497 U.S. 261, 279 n. 7 (1990)) においては、人は合衆国憲法第14修正の自由の利益に基づいて憲法上の治療拒否権を有しており、自ら意思決定する能力を有する者は自ら望まない医療を拒絶できる憲法上保護された自由の利益を有するという原則が先例から導かれている。クルーザン事件以降、自ら意思決定する能力を有する者はほぼ絶対的な治療拒否権を有するという立場が下級審によって強められてきている。したがって、自ら意思決定できない場合における治療上の選好に関する十分な証拠を患者が提供しているときは、裁判所は、それにより患者の死亡という結果がもたらされる場合でも、ほぼ常に代理人が患者の願望を実行することを許可しているのである。この点につき、See id. at 759 n. 61.

(16) See id. at 748-749. なお、合理的だが最善ではない意思決定は本人の自己決定尊重の見地から代行判断決定法理優先適用型では許されるが、皮肉なことに双方充足必要型では合理的であり善であるのに最善ではないという理由で許されない。双方充足必要型では後見人は表明された本人の「合理的な意思決定」に反する「最善の意思決定」をすることを余儀なくされてしまうことになり、この限りで本人の個性的な判断は尊重されないことになる。この点につき See id. at

この類型を採用している法域は6法域ある。[17]
③優先適用不存在型（No Priority Jurisdictions）（3法域）
制定法上、代行判断決定法理と最善の利益基準の2つがただ併記されているだけで、その優劣関係について何ら規定されておらず、後見人はどちらでも自分の裁量で適用することができる。しかし代行判断決定法理の結論と最善の利益基準の結論が一致しない場合、後見人によって判断が異なってしまうことが生じうる。この場合に仮に代行判断決定法理を適用するならば、②代行判断決定法理優先適用型について述べた問題点がここにもあてはまることになる。
この類型を採用している法域は3法域存在する。[18]
2 代行判断決定法理単独適用型（4法域）
最善の利益基準についての規定はなく、代行判断決定法理が単独で適用されるべきであるとする類型であり、この類型を採用している法域は4法域ある。[19] この類型では本人の自律ないしは自己決定の尊重のみを考慮し本人保

750.
(17) マサチューセッツ州（Mass. Gen. Laws ch. 190B, §5-309 (a) (2010)）、サウス・ダコタ州（S. D. Codified Laws §29A-5-402 (West 2004)）、ヴァージニア州（Va. Code Ann. §37. 2-1020 (E) (2005)）、ウエスト・ヴァージニア州（W. Va. Code Ann. §44A-3-1 (e) (LexisNexis 2010)）、コロンビア特別区（D. C. Code §21-2047 (a) (6) (Supp. 2011)）、イリノイ州（755 Ill. Comp. Stat. Ann. 5/11a-17 (e) (West Supp. 2011)）の6法域である。なお、このうちマサチューセッツ州、サウス・ダコタ州、ヴァージニア州、ウエスト・ヴァージニア州の4州については制定法の文言について「常に」が「それ以外の場合には」に代わっている以外はほとんど①双方充足必要型の1997年統一後見保護手続法と同じ文言なので、双方充足必要型の5法域と代行判断決定法理優先適用型のうちの4州を一緒にして広く上位概念として1997年統一後見保護手続法型ないしは代行判断決定法理・最善の利益基準混合型（hybrid substituted judgment/best interest standard）（9法域）と捉えることもできる。この点につき、See Whitton & Frolik, Theory and Reality, supra note (3), at 1499-1501. このような制定法の調査結果を踏まえた上でなされた代行判断決定法理と最善の利益基準の関係の理論的類型化において、Whitton & Frolik, Theory and Reality では、Frolik & Whitton, A Proposal for Reform の狭義の代行判断決定法理、広義の代行判断決定法理、広義の最善の利益基準、狭義の最善の利益基準の4類型にこの代行判断決定法理・最善の利益基準混合型を加えた5類型について検討している。この点につき、See Whitton & Frolik, Theory and Reality, supra note (3), at 1504, 1514-1515, 1519.
(18) ペンシルヴェニア州（20 Pa. Cons. Stat. Ann. §5521 (a) (West 2005)）、ニュー・ジャージー州（N. J. Stat. Ann. §3B : 12-57 (West 2007)）、ウィスコンシン州（Wis. Stat. Ann. §54. 18 (2) (b),. 20 (1) (b) (West 2008)）の3法域である。
(19) アリゾナ州（Ariz. Rev. Stat. Ann. §14-5312 (A) (11) (2005)）、コネチカット州（Conn. Gen. Stat. Ann. §45a-656 (b) (West Supp. 200410)）、ミシガン州（Mich. Comp. Laws Ann. §

護の必要について考慮しないため、②代行判断決定法理優先適用型の問題点がここにもあてはまる。

C 最善の利益基準単独適用型（6法域）

代行判断決定法理についての規定はなく、最善の利益基準が単独で適用されるべきだとする類型である。この類型ではB—2の代行判断決定法理単独適用型とは逆に、本人保護の必要性のみを考慮し本人の自律ないしは自己決定の尊重については考慮しないパターナリスティックな態度をとることになるが、このことは成年後見制度の理念との関係で果たして妥当と言えるかという批判があてはまる。この類型を採用している法域は6法域ある。[20]

Ⅲ 成年後見人の意思決定基準としての代行判断決定法理と最善の利益基準に関する新学説の登場

1 代行判断決定法理・最善の利益基準連続移行説

以上のアメリカ合衆国全52法域の制定法の類型化とその内容、及びそれに対する批判を踏まえて、フローリック教授とウイットン教授は、成年後見人が自ら意思決定する能力を欠く成年被後見人に代わって意思決定する際に依拠すべき基準のより一層の具体化と明確化が必要だと考えた。そしてそのために、従来、理論的に相対立するものと考えられてきた主観的な代行判断決定法理と客観的な最善の利益基準のそれぞれについてさらに狭義と広義に細分化して、（1）「狭義の代行判断決定法理（Strict Substituted Judgment）」、（2）「広義の代行判断決定法理（Expanded Substituted Judgment）」[21]、（3）「広

---

700. 5314（West 2002））、ニュー・ヨーク州（N. Y. Mental Hyg. Law §§81. 20, 81. 21 (McKinney 2006 & Supp. McKinney 2011)）の4法域である。

(20) ミズーリ州（Mo. Ann. Stat. §475.120 (2) (West 2009)）、ネヴァダ州（Nev. Rev. Stat. Ann. §§159. 083, 159. 079 (LexisNexis 2009 & Supp. 2011)）、ノース・カロライナ州（N. C. Gen. Stat. §§35A-1241 (a) (3), 35A-1251 (2011)）、オハイオ州（Ohio Rev. Code Ann. §2111. 14 (West 2005)）、ロード・アイランド州（R. I. Gen. Laws §33-15-29 (1995)）、ワシントン州（Wash. Rev. Code Ann. §11. 92. 043 (4) (West 2010)）の6法域である。

(21) 厳格な主観的規定である「狭義の代行判断決定法理」を緩めてより客観的な要素を取り入れたもので「客観的代行判断決定法理」ともいえよう。

義の最善の利益基準（Expanded Best Interest）」、(4)「狭義の最善の利益基準（Strict Best Interest）」の4つに類型化した。そして成年後見人が成年被後見人に代わって意思決定する場合における本人の自律ないしは自己決定を最大限に保障する見地から、まず（1）狭義の代行判断決定法理の適用を検討し、（1）が適用できない場合、すなわち本人の能力ある段階で示された特定の指図、願望、及び現在の意見が後見人に知られていない場合、又はそれに従うと不合理な結果が生じる場合には（2）広義の代行判断決定法理の適用を検討することになる。（2）が適用できない場合、すなわち本人の能力ある段階で示された一般的な発言、行動、価値、選好が後見人に知られていない場合、又はそれに従うと不合理な結果が生じる場合には（3）広義の最善の利益基準の適用を検討することになる。さらに（3）が適用できない場合、すなわち自ら意思決定する能力を書く者の福祉に十分な関心をもつ者がいない場合、又はそれに従うと不合理な結果が生じる場合に最後の手段として（4）狭義の最善の利益基準の適用を検討するべきだとする。このように主観的な代行判断決定法理と客観的な最善の利益基準の連続帯の中で固定的にではなく動的に移行するものとして成年後見人の意思決定基準の適用を考えているので、このフローリック教授とウイットン教授によって新たに提唱されている学説は代行判断決定法理・最善の利益基準連続移行説と呼ぶことができよう。この学説の概略を図示すると右頁のようになる。

以下、この代行判断決定法理・最善の利益基準連続移行説の各類型について、(a)具体的にどのような要素を考慮して後見人による意思決定がなされるのか、(b)該当する具体的事例、(c)内在する欠陥ないしはそれに対する批判をさらに詳しく検討することにする。

(1) 狭義の代行判断決定法理[25]

(a) 後見人の意思決定は、自ら意思決定する能力を欠く者の以前に表示

---

(22) 厳格な客観的規定である「狭義の最善の利益基準」を緩めてより主観的な要素を取り入れたもので「主観的最善の利益基準」ともいえよう。
(23) See Frolik & Whitton, A Proposal for Reform, supra note (3), at 750-751.
(24) 具体的事例は、ウィットン教授とフローリック教授の事例を基にして筆者が適宜、加筆変更して作成した。
(25) See Whitton & Frolik, Theory & Reality, supra note (3) at 1505-1507 ; Frolic &

基準	狭義の代行判断決定法理	広義の代行判断決定法理	広義の最善の利益基準	狭義の最善の利益基準
意思決定の基礎	自ら意思決定する能力を欠く者によって以前になされた**特定の指図、表明されている願望、及び現在の意見**（※）	自ら意思決定する能力を欠く者によって以前になされた**一般的な発言、行動、価値、及び選好**	**専門家及び自ら意思決定する能力を欠く者の福祉に十分な関心をもつその他の者**の見解を含む利用可能な情報に基づいた、自ら意思決定する能力を欠く者にとっての利益と負担。**合理的な通常人がその自ら意思決定する能力を欠く者の状況にあれば考慮するであろう、その他の者にとっての結果の考慮をも含むことができる。**	専門家の見解を含む利用可能な情報に基づいた、自ら意思決定する能力を欠く者**のみ**にとっての利益と負担
適用できない場合	何も知られていない場合／不合理な結果となる場合	何も知られていない場合／不合理な結果となる場合	自ら意思決定する能力を欠く者の福祉に十分な関心をもつ者がいない場合／不合理な結果となる場合	

主観的 ←――――――――――――――――――→ 客観的

本人の自己決定の尊重 ←――――――――――――→ 保護の必要性

代行判断決定法理・最善の利益基準連続移行説

Frolik & Whitton, A Proposal for Reform, supra note（3）, at 752の図を基にして、筆者が文字の一部をゴシック体化し、主観的・客観的の矢印と本人の自己決定の尊重・保護の必要性の矢印を付け加えて作成した。
（※）後見制度を利用している者も、その多くは完全に自ら意思決定する能力を欠くわけではなく、後見人からなされた質問を理解し、それに対する応答をする限定的能力をもっていると考えられる（本人の自己決定を可及的に尊重する制限された後見制度の考え方）。被後見人が身ぶり、手ぶりや顔の表情などを含めて意思決定に参加できる限りにおいて、後見人はその表情など表明されたものを現在の意思ないし意見として尊重することができる。この点につき、See Whitton & Frolic, Theory and Reality, supra note（3）, at 1506-1507.

された特定の指図、表明された願望や希望、及び現在の証拠能力ある意見に基づいてなされなければならない。

(b) たとえば、高価なスポーツカーを所有する高齢の被後見人が「自分がスポーツカーを運転できなくなったらスポーツカーを売って生活費に充て

Whitton, A Proposal for Reform, supra note（3）at 753-754.
(26) 図の（※）参照。

て欲しい」と言っていたところ、重い認知症になり被後見人がスポーツカーを運転できなくなった後に、孫が「今まで祖父が楽しみにしてくれていたので、今後も週末には祖父をスポーツカーに乗せてドライブに連れて行くから、車を売らないで僕に使わせて欲しい。そうしてくれれば僕が祖父の生活の面倒を見る」と後見人に頼んできた場合に、後見人はどのような判断をすべきであろうか。狭義の代行判断決定法理によれば後見人は本人の個別具体的な発言を尊重しても結果が最善ではない可能性はあるが不合理になるとまでは言えないので、孫の依頼を断って車を売り売買代金を生活費に使わねばならないことになる。仮に被後見人の以前の発言が確認できなくても、かつて同様の状況にある友人に車を売って生活費に充てるべきだというアドバイスをしていた、又は友人の後見人としてそのように対処したことが後見人にとって明らかになれば、広義の代行判断決定法理により、同様の結論を導くことができる。また仮に被後見人が以前に知人に「孫がとてもかわいいので、孫から頼まれればどんなことでも最優先してできる限りかなえてやりたい」と言っていたことを後見人が知っても、狭義の代行判断決定法理では結論は代わらない。以下に見る（3）広義の最善の利益基準によれば、孫が喜ぶことを被後見人は第一義に考えるだろう、そしてそれが被後見人の最善の利益にかなうだろうと後見人が判断して、孫の依頼のとおりに意思決定することができる。代行判断決定法理・最善の利益基準連続移行説ではこの事例において、被後見人が当該車についてどうしたいか述べた発言を後見人が確認できず、また一般に車を運転できなくなった高齢者が車を売却するべきか否かについての友人へのアドバイスなどの被後見人の見解も確認できないときに初めて（又は確認できる場合でも車の値段が暴落しており車を売却して生活費に充てることが不合理になっているときは）、広義の最善の利益基準によることが可能になる。

(c) この法理に対する批判として、第1に実務上、後見人が意思決定しようとしているまさにその特定の事柄について被後見人がはっきりとした指図や願望を表明していることは実際にはほとんどありえず、大部分の場合にこ

---

(27) (15)、(16) 及びその本文参照。

の法理を適用できなくなってしまうということが挙げられる。そもそも法定後見は、被後見人が判断能力のある時点で将来判断能力がなくなったときに備えて事前指示書（advance directive）で自分の意思決定を明示したり、委任状（power of attorney）で任意後見人（agent）に前もって権限を個別具体的に授与したりしていないときに初めて補充的に行われることが多いのだから、実務上、法定後見人（guardian）は当該事案についてかつて表明された被後見人の願望など被後見人の意思を知ることができないのがむしろ普通なのである。[28] たとえば以前に宗教施設に80万円寄付していた高齢者が重い認知症にかかった後で、その施設が火事に遭ってしまい高齢者の後見人に対して施設から施設再建のためさらに80万円の寄付の要請があっても、当該高齢者が火事の後の施設再建のために80万円を寄付するという特定の指図や発言があったという個別具体的な証拠がない限り（火事を見越してこのような発言を予めしていることは通常は考えられない）、被後見人は以前寄付をしているのだから同様に寄付をするだろうと後見人がどれほど強く思ってもこの法理を適用して寄付をすることはできないのである。このような狭義の代行判断決定法理の限界、不合理を克服するために、より一般化、客観化した次の（2）広義の代行判断決定法理が必要とされるのである。広義の代行判断決定法理によれば以前に寄付をした被後見人は今回も寄付をするであろうと考えて後見人は寄付をする意思決定をすることができるのである。第2に理論上の批判として、自ら意思決定する能力を欠く者が以前に表明した願望や意思は、その後時間がたてばたつほど必ずしも現在のその者の意思を表しているとはいえず、もし被後見人が今意思決定できたなら状況の変化に応じてかつての意思とは異なる別の意思決定をすることが十分に起こりうるのであり、代行判断決定法理は必ずしも本人の現在の自己決定を尊重することにはならないという点が挙げられる。たとえば「私が病気のために自分でプレゼントを継続することができなくなっても、年に一度孫の誕生日に50万をプレゼントして欲

---

[28] アメリカ退職者協会の2007年の調査によればリヴィング・ウィルや医療に関する代理権授与証書を事前に作成している者の割合は総計で29％に過ぎない。大多数を占める71％の医療に対する意思や願望を事前に明示していない者が、自ら意思決定する能力を欠いた段階で事後的に法定後見制度を利用することになる。See Whitton & Frolik, Theory and Reality, supra note (3), at 1506 n. 77.

しい」と指図していた高齢者が認知症の悪化後、収入が減り自分の生活が苦しくなった場合には、現在置かれている状況においても被後見人は当初考えていたとおり年間50万円の寄付を継続する意思があるかは疑問である。このとき後で見る代行判断決定法理・最善の利益基準連続移行説によれば、50万円の寄付をするという以前に表明された意思や行動が現時点で不合理であると判断されるならば、狭義・広義の代行判断決定法理は適用できず、広義の最善の利益基準が適用され後見人はプレゼントを減額ないしは終了する判断が可能になる。

(2) 広義の代行判断決定法理[29]

(a) 後見人の意思決定は、自ら意思決定する能力を欠く者の以前に表示された一般的な発言、行動、価値、選好、及び先入観や偏見[30]に基づくことができる。この法理によれば被後見人によって以前に表示された特定の指図、願望、意見がなくとも、被後見人が以前に一般的な発言、行動、価値、及び選好を表明していれば後見人はそれに基づいて被後見人の立場に立って合理的な推論をすることが許されることになる。

(b) たとえば、前述した（1）(c) の宗教施設への寄付の事例において、被後見人が以前寄付をしたことがあり、今回も同様の寄付をすると後見人にとって考えられれば、それによって被後見人の生活が苦しくなるなど不合理な結果が生じなければ寄付は許される。また、自宅での生活は費用がとてもかかるから被後見人を施設入所させたいと後見人は考えたが、被後見人は現在脳梗塞で意思を表明できず、また以前にも自宅での生活と施設入所と自分はどちらを望むか意思表明していなかった場合でも、被後見人が数年前に自分の母を施設入所させた際に友人に介護のことを考えると母は自宅で生活するより施設入所する方が現実的な対応だと言っていた場合には、それは被後見人自身に関する発言ではなく母に関する発言ではあるが、後見人はそれか

---

(29) See Whitton & Frolik, Theory & Reality, supra note (3) at 1507-1509; Frolik & Whitton, A Proposal for Reform, supra note (3) at 754-755.

(30) See Frolik & Whitton, A Proposal for Reform, supra note (3), at 754. もっとも先入観や偏見に基づいて下した意思決定が不合理な結果を生じさせるときは、後見人はその意思決定をすることができず、より客観的な広義の最善の利益基準の検討に移ることになる。この点につき、代行判断決定法理・最善の利益基準連続移行説の図を参照。

ら推論して被後見人を施設入所させることができるのである。このように、後見人が被後見人ならば何を望むであろうかと推論する際に、その推論を支えるに足る以前に被後見人自身によってなされたまさにその事柄についての発言などの特定の証拠がなくても類似の一般的な証拠が存在すれば広義の代行判断決定法理では意思決定が可能になる。これによって、実務上後見人が意思決定できる場面は格段に広がることになる。しかし、本人の意思をうかがわせる手がかりとなる本人が主体となる証拠が何もない場合も存在しうる。そのときにはじめて、後見人は（3）又は（4）の基準によって意思決定することになる。

(c) この法理に対する批判として、第1に自ら意思決定する能力を欠く者の発言や価値や選好に関する情報が個別具体的ではなく一般的であるため、第三者を介在して後見人に伝わる場合、二次的情報源としての第三者自身の解釈や価値判断によってバイアスがかかってしまい情報の信頼性が失われてしまう可能性が挙げられる。後見人が本人から直接に情報を得た場合であっても自分自身の視点でその情報を加工してしまう恐れがある。この点は、後見人が本人の立場に立って本人がなすと考えられる意思決定をする代行判断決定法理に不可避的に付随する欠陥であるといえる。第2に過去の発言が現在の状況に必ずしも当てはまらないということで、これも広義、狭義を問わず代行判断決定法理事態に内在する欠陥である（狭義の代行判断決定法理に対する批判の第2と同じ）。意思決定にとって現在の状況が重要であることに鑑みれば、過去の発言はその者が現在どういった行動をとるかについての当てずっぽうの域をでないとさえ批判されているのである。[31]

(3) 広義の最善の利益基準[32]

(a) 後見人の意思決定は、専門家及び自ら意思決定する能力を欠く者の福祉に十分な関心をもつその他の者の見解を含む、利用可能な情報から認識される自ら意思決定する能力を欠く者に対する利益と負担の比較に基づくことができ、自ら意思決定する能力を欠く者の状況にある合理的な通常人の立

---

[31] See Witton & Frolik, Theory & Reality, supra note (3) at 1509.
[32] See Witton & Frolik, Theory & Reality, supra note (3) at 1512-1514 ; Frolik & Whitton, A Proposal for Reform, supra note (3) at 755-756.

場から行われなければならない。

　意思決定は、自ら意思決定する能力を欠く者の状況にある合理的な通常人が考慮するであろう、その他の者にとっての結果の考慮をも含むことができる。

　(b)　たとえば、重度の認知症の被後見人はペットの犬を飼っており、時々遊びに来る孫がその犬になついていた。孫はその犬をもらって自分の家で飼いたかったがマンションの規約で禁止されていたためにかなわなかった。被後見人は認知症が悪化して老人介護施設に入所したがやはりペットの飼育は禁止されていたため、後見人は孫が犬になつき犬をとてもかわいがっていることを被後見人が心から喜んでいたことを知っていたので、犬の処分を保健所に頼めば孫が悲しむことになるので、費用はかかるものの犬を有料の飼育業者預けていつでも孫が会いに行けるようにした。狭義の最善の利益基準ではどれほど孫が本人にとって大切でも本人以外の者の利益は考慮に入れないが、広義の最善の利益基準では被後見人にとって大切な存在である孫の利益を考慮に入れることができるのである。また失業した息子が再就職のために入学した専門学校の費用を被後見人の財産から支出することも、それがあまりに高額であるなど被後見人の生活に不合理な結果とならなければ認められよう。さらに、介護を要する高齢の認知症被後見人の後見人である娘が、母の介護のために母と同居することになった。車椅子を利用せざるを得なくなった母の介護のために家をバリアフリー化するに際して、今まで母を抱き上げてトイレや浴槽まで運ばなければならず介護の負担が大きかったので、最小限、階段をスロープ化するだけでなくトイレと浴槽を車椅子でも入れる広々としたより便利な最新機能を備えたものにリフォームしようと考えたが、遠方に住む兄弟姉妹は「お前がお母さんのお金を使って快適な生活をしたいのだろう」といって反対している。後見人はリフォーム費用の支出につき裁判所の許可を求めた。裁判所は広義の最善の利益基準によって、リフォームには費用がかかり、また本人のみならず後見人も付随的に恩恵に浴することになるが、本人は自分を介護してくれる（たまたま後見人になっている）娘の介護負担を少しでも減らしたいと考えるであろうし、何よりも施設入所せずに住み慣れた自宅に住み、また愛する家族と一緒に生活できること

は被後見人の最善の利益にかなうとして許可すると考えられる。
　(c) 事例でも見たように、あくまでも本人の利益が主で、そのために本人が大切に考えている家族や親しい友人などの他人（後見人になることも多い）の利益を従として考えるべきであるのに、主従が逆転してしまい、他人の利益のために本人の利益が侵害されてしまう後見人の権限濫用を含む濫用事例や搾取事例が本質的に生じやすいという点が批判されている。
　広義の最善の利益基準のみならず、他のすべての類型においても、また広く代理制度一般についても後見人や代理人が本人を食い物にする代理人の権利濫用は生じうるものであり代理人の権限濫用防止はその最大の課題であるが、特に広義の最善の利益基準においては第三者の利益を理論的に考慮する仕組みになっているために代理人の権限濫用が起きやすいといってよい。とくに重要な財産に関する意思決定については裁判所の許可をとることが望ましいといえる。

(4) 狭義の最善の利益基準[33]
　(a) 後見人の意思決定は、専門家の見解を含む、利用可能な情報から認識される自ら意思決定する能力を欠く者に対する利益と負担の比較のみに基づかなければならず、自ら意思決定する能力を欠く者の状況にある合理的な通常人の立場から行われなければならない。
　代行判断決定法理・最善の利益基準連続移行説によれば、最後の手段としての狭義の最善の利益基準の利用は、被後見人が完全に意思決定できず、後見人は被後見人の個性や特有の人柄について何も直接には知らない家族以外の専門家かボランティアであり、かつ、被後見人の個性や特有の人柄について知ることのできる情報源すら何ももたない例外的な場合にのみ必要になる。しかし、現代社会における生活様式は多様化しているとはいえ、我々は生まれてから亡くなるまでそれぞれの人生において、家庭の中で家族に囲まれて育ち、学校で先生や友人と共に学び、生活のために職場で働き、家庭を持ち地域の中で居住しており、家族・親戚や先生、友人、同僚などの学校・職場の関係者や近所の人と何らかのつきあいがあるのが普通であり、一切誰

---

(33) See Witton & Frolik, Theory & Reality, supra note (3), at 1510-1512 ; Frolik & Whitton, A Proposal for Reform, supra note (3), at 756-757.

ともかかわらずに「真空の中で孤立して生きている」[34]ことは通常はありえない。したがって、通常は広義の最善の利益基準が適用でき、狭義の最善の利益基準の適用が必要となる例外的な場合はほとんどゼロに近いと言えよう。

(b) たとえば、85歳の認知症高齢者は時価200万円の高給スポーツカーを所有していたが、現在は認知症のために自ら車を運転できないため、後見人は、被後見人は年金収入しかなく生活費を払うために預金を減らしている状況なので車を売却して生活費に充てようと考えている。しかし、被後見人の長男は「父は今までいつも車を買い換える時にはいつも古い車を僕にくれていたから、今回も僕に車をあげようと思っているはずだ」と言って、車を売却せずに自分にくれるように要求してきた。この場合、過去に車をいつも長男にあげていた証拠があり被後見人は車を今回も長男にあげたいと思っていると考えられるときは、広義の代行判断決定法理ではそれが不合理でないかぎり、すなわち現在の生活のために車を売却することがどうしても必要でないならば、長男に車をあげることになる。狭義の最善の利益基準では後見人は合理的な通常人の立場から被後見人の利益だけを考えて、長男の利益を考えずに、生活費のために必要であれば、車を売却しなければならない。しかし、広義の最善の利益基準によれば、被後見人は自分の生活を切り詰めても子供の喜ぶ顔を見たがる人だったということが周りの家族の証言から明らかになれば、多少生活を切り詰めても車を売却せずに長男にあげる意思決定が可能になる。また、高齢認知症患者の被後見人は夫が建ててくれた山小屋に住んでおり、死ぬまで住み慣れた愛着がある山小屋から離れたくないと言っていた。ところが最近、被後見人は持病の呼吸器疾患が悪化したため医師に電動酸素吸入器の着用を命じられたので、後見人は山小屋では度々停電が起きるので、被後見人を街中の老人介護施設に入所させようと考えている。このとき狭義の最善の利益基準によれば被後見人の生命を守るために入所させることになるが、代行判断決定法理によれば被後見人の意思を尊重して発電機を買うことによって被後見人は山小屋に住み続けることができることになる。なお、発電機が非常に高額で被後見人の生活を圧迫する場合には不合理

---

(34) See Whitton & Frolik, Theory and Reality, supra note (3), at 1512.

となり、代行判断決定法理の適用は許されないことになる。

(c) この基準に対しては、第1に主観的な要素をもつ狭義・広義の代行判断決定法理、広義の最善の利益基準のすべてが適用できないためやむをえないとはいえ、自ら意思決定する能力を欠く者の保護と引き換えにその者の自己決定を手放してしまっており、パターナリスティクであると理念的に批判されている。第2にこの基準を適用して合理的な通常人の立場で本人の最善の利益を追求しても、同様の状況でも別の後見人になれば別の結論が導かれてしまうことがあり、必ずしも確固とした客観的な意思決定が得られるわけではないとの実務的な批判がある。第3にやはり実務的な批判であるが、弁護士や医療関係者、福祉関係者、金融関係のアドバイザー、宗教家などの専門家の見解に基づいて後見人が合理的な通常人の立場で本人の最善の利益を判断しなければならないのに、後見人が専門家の権威の前で言いなりになってしまうおそれが指摘されている。

2 代行判断決定法理・最善の利益基準連続移行説によるあるべき成年後見人の意思決定基準の条文化とその趣旨の分析から得られる日本法への示唆

以上Ⅲ1ではⅡのアメリカ合衆国全州の制定法調査と類型化を踏まえてフローリック教授とウイットン教授によって成年後見人の意思決定基準として考案された新学説である代行判断決定法理・最善の利益基準連続移行説の内容を概観し、そこにおいて連続移行の対象となる類型である（1）狭義の代行判断決定法理、（2）広義の代行判断決定法理、（3）広義の最善の利益基準、（4）狭義の最善の利益基準のそれぞれにつき、(a) 後見人は具体的にどのような要素を考慮して意思決定をするのか、すなわち後見人が意思決定の際に依拠すべき基礎は何か、(b) 各類型を特徴づけ、他の類型と区別するような具体的事例、(c) 内在する欠陥ないしはそれに対する批判につき詳細に検討してきた。

このような検討を経てフローリック教授とウイットン教授は、最後に、自ら考案し提唱されている代行判断決定法理・最善の利益基準連続移行説に基づくあるべき成年後見人の意思決定基準を条文化し、次の通り「1997年統一

後見保護手続法314（a）条　後見人の義務」の改正案として提示している。以下、（1）において、あるべき成年後見人の意思決定基準の条文化としての改正案の内容を明らかにし(35)（2）においてむすびに代えて、その趣旨とその分析から得られる日本法への示唆を述べたい。

(1)　あるべき成年後見人の意思決定基準の条文化

「1997年統一後見保護手続法314（a）条　後見人の義務」の改正案

「裁判所によって別段の制限がなされている場合を除き、後見人は被後見人の支援、世話、教育、健康及び福祉に関する意思決定を行わなければならない。後見人は**被後見人の自己決定を促進し**、被後見人の限界によって必要とされている限りにおいてのみ権限を行使しなければならず、可能な限り、被後見人が意思決定に参加し、自分自身の利益ために行動し、自分の個人的な事柄を管理する能力を伸長し、回復するように励まさなければならない。

後見人は常に合理的な注意義務を尽くさなければならず、意思決定をする場合において、

（1）後見人が現実に知っている又は確認できる限りにおいて、被後見人の合理的な現在又は過去の指図、表明されている願望、及び意見に従って行動しなければならず、それを後見人が知らず、かつ、確認できないときは、

（2）後見人が現実に知っている又は確認できる限りにおいて、被後見人の合理的な以前の一般的な発言、行動、価値、及び選好に従って行動しなければならず、それを後見人が知らず、かつ、確認できないときは、

（3）専門家及び被後見人の福祉に十分な関心を示す者から獲得された合理的な情報により決定される、被後見人の最善の利益に従って行動しなければならない。当該最善の利益の決定は合理的な通常人がその自ら意思決定する能力を欠く者の状況にあれば考慮するであろう、その他の者にとっての結果の考慮を含むことができる。」(36)（ゴシック体の強調は筆者）

---

(35)　(11) の本文に掲げた Uniform Guardianship & Protective Proceedings Act §314 (a) (1997), 8A U. L. A. 369 (2003) の現行法の条文に対してなされた加筆、修正部分をゴシック体で表示している。

(36)　See Frolik & Whitton, A Proposal for Reform, supra note (3), at 757-758.

(2) その趣旨とその分析から得られる日本法への示唆……むすびに代えて

　この「1997年統一後見保護手続法314（a）条　後見人の義務」の改正案の趣旨は次の①から⑤の通りである。
①被後見人の自己決定は、代理人により意思決定がなされる際の最高の目標である。
②代行判断決定法理に基づく意思決定は合理的なものでなければならない。
③後見人は代行判断決定法理を適用する際に依拠する情報を確かめるよう努めなければならない。
④後見人は、専門家及び自ら意思決定する能力を欠く者の福祉に関心をもつ者から情報を獲得しようとすることによって、最善の利益基準に基づいてなされる意思決定さえも当該個人にふさわしいものにするよう努めなければならない。
⑤合理的な通常人がその自ら意思決定する能力を欠く者の状況にあればそうすると思われるときは、後見人は自ら意思決定する能力を欠く者以外の者に対する結果を考慮することができる。

　これはあるべき成年後見人の意思決定基準を明らかにするために制定法の欠陥を克服して考案された代行判断決定法理・最善の利益基準連続移行説の内容を箇条書きの形で具体化したものであり、フローリック教授とウイットン教授の広汎にわたる研究の最終的結論であり、その研究の精華ともいうべきものである。以下、具体的にその内容を明らかにしてそれとの関係で本論文で紹介し検討してきた内容をまとめることで、むすびに代えて日本法への示唆としたい。

　①は成年後見制度の理念である「本人の自己決定の尊重と保護の必要性の調和」のうち、本人の自己決定の尊重が保護の必要性に優先し、成年後見制度の最終目標となるべきことを明らかにしている。例外的に現時点で自ら意思決定する能力を欠き自己決定できないとされ後見人が付いている者も、コ

---

(37) See id. at 758.
(38) このように最終的な研究成果を分かり易い条文の改正案という形で呈示しているところにも、先に見たように学説を構成する各類型について実務的に有益な詳細な具体例の検討を通してその問題点を明らかにしていく手法と同様に、アメリカ法学の実用主義的側面が表われているといえよう。

ミュニケーションを通して可及的にその者の現在の意思を汲み取るように試み、それができないときは、以前に意思決定された直接間接の証拠がある場合にはそれが最大限尊重されるべきことになる。

②は①を受けて、自己決定は最大限に尊重されねばならないが、代行判断決定法理の適用において本人の自己決定の結果示された指図や願望や希望が、馬鹿げておりエキセントリックで不合理な結果をもたらすものである場合には後見人がそれに従うことは認められないことを明らかにするものである。これはすでに検討したように、意思能力のある本人自身がそのような意思決定をすることと本人の代理人がその意思に従うことは別のことと考えられているからに他ならない（ただし、医療における代行判断決定法理の適用においては本人の不合理な自己決定をも尊重する傾向が看て取れる）。なお、本人の願望が馬鹿げ得ておりエキセントリックであるとまでは言えず合理的であっても最善の意思決定とはいえない場合においては、後見人は①により本人の自己決定を尊重してその決定に従うことができる。

③は本人の意思決定を示す証拠がなければ、後見人は本人の意思を知ることができず、結局は代行判断決定法理を適用できなくなってしまうので、後見人はできるかぎり本人や本人に関心をもつ家族や友人などから直接（狭義の代行判断決定法理の場合）間接（広義の代行判断決定法理の場合）に本人の意思（についての家族の判断、ではない……なお、④ではこれを含む）を示す証拠の収集に努めなければならないことを示している。

③が代行判断決定法理における情報収集義務について規定するのに対して、④は代行判断決定法理が適用できないときには広義の最善の利益基準の適用を検討するが、その際の情報収集できる対象を明らかにしている。すなわち、狭義の最善の利益基準では専門家に限られていたが情報収集対象を本人の福祉に関心を持つ家族や友人や福祉、医療関係者などにまで広げることによって、またそれらの者自身の判断、見解をも考慮に加えることができ、より広汎に情報収集につとめることが可能になり後見人がより本人らしい本人の個性、人柄にふさわしい真に本人の福祉にかなった意思決定をすることを可能にしている。

④が広義の最善の利益基準における証拠となる情報の収集対象について定

めているのに対して、⑤は広義の最善の利益基準において、収集情報に基づいて後見人が本人に代わって意思決定する際の考慮事項について定めている。狭義の最善の利益基準のように本人自身の利害得失のみならず、本人が大切だと考える家族や友人やその他の者にとっての利害得失をも考慮事項に加えることによって、より人間らしい血の通った思いやりのある判断が可能になるのである。

　Ⅰはじめにで述べたように、日本民法858条は「成年後見人は、成年被後見人の生活、療養看護及び財産の管理に関する事務を行うに当たっては、**成年被後見人の意思を尊重し、かつ、その心身の状態及び生活の状況に配慮しなければならない。**」（ゴシック体の強調は筆者）として、「本人の意思尊重義務」と「身上配慮義務」の双方を規定しているが、いずれも善管注意義務の内容を敷衍し、明確にした規定として位置づけられているものの、一般条項的で非常に抽象的であり、判例の集積を待たねば規範の具体的な内容を明らかにすることができない。アメリカ法との比較法的見地から「本人の意思尊重義務」は代行判断決定法理に「身上配慮義務」は最善の利益基準に対応すると、少なくとも文理上は考えることができるように思われる。そうすると日本法は２つの義務を「かつ」繋いでいることから、代行判断決定法理と最善の利益基準の双方の充足を要求するアメリカ法上の統一後見保護手続法の規定と類似し、双方充足必要説の立場に立っているといえよう。したがって、本人の自己決定を最大限尊重して代行判断決定法理・最善の利益基準連続移行説の立場から統一後見保護手続法の条文改正を提言しているフローリック教授とウイットン教授の研究成果に学べば、本人の意思と本人の最善の利益が一致せず本人の意思を尊重すると本人の最善の利益が害されてしまう場合には、後見人は本人の馬鹿げたエキセントリックで不合理な意思を尊重する必要はないが、すくなくとも合理的ではあるが最善とは言えない本人の意思は最大限尊重すべきだといえよう。

　〔後記〕田山輝明先生には、大学１年の民法総則の授業で民法学のおもしろさと論理的に考えることの大切さを教えていただき、大学２年からの専門演習ゼミナールでは判例に基づいた事案をケースメソッドで考え議論し具体的妥当な結論を導き出ことを優秀な仲間

達と切磋琢磨する中で身につけさせていただいた。また何より大学院、助手時代から今日まで、英米法を比較対象とする成年後見制度の研究に厳しくも温かいご指導を通して私を導いていただいた。記して心からの感謝を申し上げるとともに、今後も牛歩ではあっても何らかの形で社会に貢献できるような研究と教育に専心することで恩師の学恩に少しでも応えていきたいと意を新たにしている。心からの感謝とともに、本論文をわが恩師田山輝明先生に捧げたい。

死後事務委任契約の可能性とその限界
――委任者の相続人の解除権行使を中心に――

黒　田　美亜紀
Miaki KURODA

I　はじめに
II　委任者の死亡と委任の終了
III　死後事務委任の有効性
IV　委任者の相続人による解除権行使
V　私見による具体的問題の検証
VI　むすび

I　はじめに

　近年、超高齢社会・核家族化・少子化の進展などにより、ある人が死亡した場合に、相続人がいない、あるいは相続人がいても死後の事務処理に速やかに対応できないケースが増えている。これらの場合には、相続人ではない他人が死後事務を処理せざるを得ない。また、相続や葬儀に対する人々の考え方の変化に対応して、自己の死後事務を他人に委託するための契約を予め締結しておきたいと考える人も増えてきている。

　もっとも、死後の事務処理を委託する契約をそもそも承認することができるのか、承認できるとしてもどこまで有効といえるのかなど、そこでの法律関係はいまだ十分に解明されているとはいえない状況にある。そのため、死後の事務を委託する契約を締結しても、その実現が必ずしも保証されているわけではない。

　こうした状況下で近時、最高裁は、死期を悟った委任者が死亡前後の事務処理を委託した事案において、当事者の特約を根拠に、死後事務を委託する契約は委任者の死亡によっても終了しないと判示した（最三小判平成4・9・22金法1358号55頁。以下、この判決を「平成4年最判」とする）。これを契機に、死

後の事務処理を委託する契約の問題がにわかに意識されるようになった。その証左として、平成4年最判以降の下級審裁判例でも、委任者が自己の葬儀・供養等を第三者に委託した事案や葬儀および子の世話を第三者に委託した事案などで、死後事務委任の有効性や委任者の相続人による解除権行使の可否をめぐる争いが散見されるようになった。

ここでの最大の問題は、委任者の相続人が承継する解除権（委任の場合に当事者はいつでも解除できる〔民法651条1項。以下、特に断りのない限り、民法については条数のみで示すこととする〕）の行使をどのようにして制限することができるかということである。一方で、委任者の相続人による自由な解除を認めれば、委任者の意思は結局実現されず、死後も存続する委任を認める意味がなくなってしまう。他方で、被相続人の意思を尊重していかなる場合でも死後事務委任に相続人を拘束するとすれば、遺言制度・相続法秩序との摩擦が生じることになる。

そこで、本稿では、死後の事務処理委託の場面において、死亡した本人の生存中の意思を実現するために考えられる法的主張としての死後事務委任契約につき、委任者の相続人の解除権をめぐって生じる問題を中心に採り上げて検討することとする。

以下、次の手順で考察を進めることとする。まず、委任者（本人）の死亡と委任の終了をめぐる従来の学説や判例の状況を概観する（II）。次に、死後事務委任契約（もっぱら死後の事務を委託する委任契約）を現行法上有効なものとして承認することができるか否かを検討する（III）。その後、死後事務委

（1）　この判決に関する主な評釈・コメントとして、秦光昭「銀行取引における委任と取引の終了」手形研究485号6頁、石井眞司＝伊藤進＝上野隆司「鼎談・自己の死後の事務を含めた法律行為の委任と委任者の死亡」手形研究485号34頁、西尾信一「判批」手形研究482号74頁、松本崇「判批」金法1366号4頁（以上、1993年）、淺生重機「判批」金法1394号60頁、岡孝「判批」判タ831号38頁、金山直樹「判批」判タ852号66頁、河内宏「判批」リマークス9号58頁、円谷峻「判批」NBL539号53頁、中田裕康「判批」金法1384号6頁（以上1994年）、力丸祥子「判批」新報101巻11＝12号181頁（1995年）、後藤巻則「判批」別冊ジュリ137号148頁（1996年）、中田『継続的取引の研究』342頁（有斐閣、2000年。以下、『継続的取引』として引用する）、後藤「判批」別冊ジュリ160号146頁（2001年）、藤原正則「死後委任事務の判例と成年後見への応用の可能性」実践成年後見10号18頁（2004年）、後藤「判批」別冊ジュリ176号146頁（2005年）、石川美明「判批」大東ロージャーナル6号81頁（2010年）、および松川「判批」『成年後見における死後の事務』2頁（日本加除出版、2011年）がある。

任契約における当事者（委任者〔＝被相続人自身、その相続人、または被相続人の地位を継承した者〕および受任者）の解除権についてその帰属を明らかにし、解除権行使の可否を決する基準を探る（IV）。さらに、そこで導き出した基準を具体的事例に当てはめ、検証する（V）。そして最後に、本稿をまとめ、むすびとする（VI）。

II 委任者の死亡と委任の終了

　民法は、委任者の死亡を委任の終了事由として規定している（653条1号）。これは、委任者と受任者の関係は、当事者間の個人的な信頼関係を基礎とするものであることや相続人の利益に配慮したことによるものとされている。[2]

　もっとも、立法者は、653条1号を任意規定であると解していた。[3] 学説もこれを任意規定と解し、それとは異なる合意、すなわち委任者死亡後も委任が終了しないとの特約が可能であるとしてきた。[4] したがって、特約があるケースでは、委任者死亡後も委任が存続すると認められる可能性がある。さらに、明示の特約がなくても、委任事務の内容や性質などから、委任者死亡後も委任が存続するものとして取り扱うべき場合があるとされている。[5] なお、判例は、委任者死亡後も委任契約が終了しないことの根拠を、特約、契約の性質や契約時の事情、慣習などに求めてきたといえる。[6]

---

(2) 法務大臣官房司法法制調査部監修『日本近代立法資料叢書4　法典調査会民法議事速記録四』671頁以下（商事法務研究会、1984年）。
(3) 梅謙次郎『民法要義巻之三債権編〔復刻版〕』757頁（有斐閣、1984年）。
(4) 我妻榮『債権各論　中巻二』694頁以下（岩波書店、1962年）、三宅正男『契約法（各論）下巻』1020頁以下（青林書院、1988年）、幾代通＝広中俊雄編『新版　注釈民法（16）』283頁以下〔明石三郎〕（有斐閣、1989年）、および広中俊雄『債権各論講義〔第6版〕』294頁以下（有斐閣、1994年）など。
(5) たとえば、受任者が委任者の死亡を知らない場合（655条）、受任者や相続人の利益を保護する必要性がある場合、さらには受任者の利益とは関係ないが他の契約の一部として委任があるために行為の性質からして受任者が拘束される場合などが挙げられる（淺生・前掲注（1）63頁、中田・前掲注（1）「判批」6頁、力丸・前掲注（1）181頁、および中田・前掲注（1）『継続的取引』349頁参照）。
(6) 特約に根拠を求めたものとして、大判昭和5・5・15新聞3127号13頁（父親が生後間もない婚外子の養育を受任者に委託し養育費を取り決めて支払っていたが、取り決めの7ヶ月後に死亡した事案で、受任者が幼児を養育する限り委任者〔＝父親〕の死亡によっても委託関係が終了し

ただし、従来の学説・判例が前提としてきたケースは、委任者生存中の事務処理を予定していたが、その事務処理完了前に委任者が死亡してしまったというものであった。そのようなケースでは、当該委任をどの程度の期間・範囲まで存続させるべきかについて検討し、相続人を拘束することが適切でないと考えられる事情の有無に応じて、委任を存続または終了させるという法的処理で足りた。ところが近時、判例および裁判例において現れた事案では、もっぱら委任者死亡後の事務処理を委託する委任契約（以下、この種の委任契約を「死後事務委任契約ないし死後事務委任」とする）が問題とされており、従来の議論が想定していなかったものであり、これまでとは異なる法的処理が必要になってきているといえよう。

III 死後事務委任の有効性

1 学説の状況

学説においては、死後の財産処分は遺言によってなされるべきとするのが民法の態度であるとして、無方式で成立する死後事務委任を無制限に許容す

ないという特約があると認めるのが相当であり、委託関係は終了しないとした）、および最一小判昭和28・4・23民集7巻4号396頁（応召出征する際に、後事一切を父に託した本人が戦死し、そのことが代理人の行為後に判明した事案で、本人死亡後の代理人の行為を有効であると判断する前提として、111条1項1号は反対の合意の効力を否定する趣旨ではないとした。なお、本件は、代理権の消滅が問題となったケースであるが、本人の死亡を代理権の消滅事由として規定する111条1項1号は、653条1号と同じく、任意規定と解されている）があり、契約の性質や契約時の事情に根拠を求めたものとして、東京高判昭和24・11・9高民集2巻2号274頁（委任者〔＝兄〕が郷里を離れて東京で生活している関係上、妹に入夫を迎え、妹夫妻の身分上の地位を信任して彼らに郷里の留守を託して家政の処理を委任していたが、30余年で死亡したという事案で、右委任は委任者の死亡によって直ちに終了するものではなく、委任者の相続人からの解約の告知をまって始めて終了するものであるとした）、また、慣習に根拠を求めたものとして、大判明治42・4・13民録15輯342頁（株券記名者が名義書換手続を委託する趣旨で白紙委任状を添付した株券が輾転流通した事案で、委任状記名者〔株券記名者〕の死亡が輾転流通を妨げる事由とはならないことは一般の慣習であり、名義書換義務負担の意思表示が表意者の死亡によってその効力を失うことはないとした）などがある。

（7）　判例としては、前掲大判明治42・4・13民録15輯342頁、前掲大判昭和5・5・15新聞3127号13頁、前掲最判昭和28・4・23民集7巻4号396頁、および最二小判昭和31・6・1民集10巻6号612頁（応召出征に際し、後事一切を祖母と妻に託した本人が戦死し、そのことが代理人の行為後に判明した事案で、本人死亡後の代理行為を有効と判断する前提として、111条1項1号に反対の合意の効力を認めて代理権が消滅しないとした）などをあげることができる。

ることに対しては批判的な見解が多い。この点に関しては、私見も遺言制度・相続法秩序との関係で、これを無制限に認めるべきではないと考える。しかし、財産処分は、民法上、遺言事項であるが、そのうち遺言でしかできないと規定されている事項には該当せず、遺言によってもすることができる。したがって、死後事務委任による財産処分に対し、厳格な方式を要求している遺言制度を潜脱するものであり許されないとの批判は直接には当たらず、また遺言によってのみなし得ることを他の形で行っているという問題も生じないと思われる。さらに、この問題を考えるにあたっては、被相続人は、その生存中は自己の財産を自由に処分することが認められている（遺留分を侵害しない範囲での被相続人の財産処分の自由〔964条〕）ことを看過すべきではなかろう。

2　判例・裁判例の動向

　最高裁は、冒頭でも述べたように、平成4年最判において、死期を悟った高齢者が死亡間際および死後の事務処理を委託して死亡した事案で、委任契約の内容・性質・契約締結時の諸事情から、委任者の死亡後も委任が終了しない旨の当事者の合意を推認して黙示の特約を認定した上で、このような合意は653条に反するものではなく、委任は終了しないと判示した。この判決の事案を敷衍すると、死期を悟った高齢の委任者が受任者に対し、委任者名義の預金通帳、印章、およびそこから引き出した金員を交付して、①入院中の諸費用の支払い、②葬式を含む法要の施行とその費用の支払い、③入院中に世話になった知人に対する応分の謝金の支払いなどを依頼して死亡し、受

---

(8)　浜上則雄「本人の死亡後における代理権の存続」阪法27号17頁（1958年）、岡・前掲注（1）41頁、河内・前掲注（1）58頁（以上、1994年）、および松川正毅「成年後見の終了―委任契約と法定代理」実践成年後見38号5頁（2011年）など。
(9)　未成年後見人または未成年後見監督人の指定（839条1項・848条）、相続分の指定または指定の委託（902条1項）、遺産分割方法の指定または指定の委託（908条前段）、遺産分割の禁止（908条後段）、共同相続人相互の担保責任の指定（914条〔911条・912条・913条参照〕）、遺言執行者の指定または指定の委託（1006条）、および遺贈減殺方法の指定（1034条ただし書）。
(10)　浜上・前掲注（8）20頁、岡・前掲注（1）41頁、河内・前掲注（1）61頁、および松川・前掲注（1）5頁
(11)　中田・前掲注（1）『継続的取引』350頁参照。

任者が委任者の死亡後にその依頼に添って行動したところ、相続人が委任者（＝被相続人）と受任者の間の契約の不存在を争ったというものであった。最高裁は、ここで、委任者の死亡によっても委任を終了させない旨の当事者の合意（明示の特約が存在する場合に限らず、委任契約の内容・性質・契約締結時の諸事情から合意が推認される場合も含む）の存在を根拠に、委任者死亡後も委任は終了しないとしたのである。

この平成4年最判以降、裁判例においても死後事務委任契約の有効性が承認されるようになった。[12]

3 検討

653条1号は任意規定であり、特約がある場合には、委任者死亡後も委任は存続する。そして、死後事務委任では、当事者双方とも、委任者死亡後の事務処理が契約の目的であることを認識した上で契約を締結している以上、委任者が死亡しても委任は終了しないとの当事者の合意（特約）の存在が当然の前提となっている。また、私的自治の原則・契約自由の原則のもと、委任契約の内容をどのように定めるかは、当事者の自由に委ねられている。したがって、死後事務委任契約は有効であると考えるべきであろう。

ただし、委任者が死亡すると、委任者（＝被相続人）に属していた一切の権利義務は相続人に承継されるため（882条、896条）、相続財産について、相続人の意思ではなく、被相続人の意思を反映させることが許されるか否かについて、相続人の利益や正当な期待との関係でこれがどこまで認められるかを考えなくてはならない。

思うに、これまでの議論には、被相続人が死亡した際の財産の取扱いを考える際に、被相続人（＝委任者）の意思を尊重するという視点がいささか欠

---

(12) 東京高判平成11・12・21判タ1037号175頁（被相続人が生前に、被相続人名義の預金を本人および母親の生活費や療養費ならびに家産の維持や祭祀のために使用することを条件として、その管理を母や姉妹に委託して死亡したところ、死亡した被相続人と交流がなかった相続人が、被相続人名義の預金を払い戻した姉妹に対して不法行為に基づく損害賠償を請求した事案で、当該委任は、死後も継続して同種の事務を処理するよう委託したものと認めるのが相当であると判断し、委任の趣旨に従った払戻しならびに費消は、何ら不法行為を構成するものではないとした）、東京高判平成21・12・21判時2073号32頁（本文後掲の平成21年東京高判）、および高松高判平成22・8・30判時2106号52頁（本文後掲の平成22年高松高判）など。

落していたように見受けられる。民法典が制定された当時、今日のような超高齢社会、核家族化・少子化といった事態を迎えることは想定されていなかった。しかし、時代の進展に伴い家族形態が変容し、現代社会にあっては、死後事務を家族や親族ではなく、信頼する第三者に委ねたいと考える人、または委ねざるを得ない人が増加しているといえる。確かに、死後事務委任を承認することで、遺言制度・相続法秩序とぶつかり合う場面が生じることは否めないが、現行法のもとでも、こうした社会のニーズを民法の解釈に取り込み、場合によっては相続法秩序を超克し、被相続人の意思を尊重し、これを相続人の利益に優先させることが許されるべき局面もあるように思われる。そこでは、敢えて相続人ではない他人に死後の事務処理を委託した被相続人の意思を尊重することに合理性があり、遺言制度・相続法秩序との関係で一定の限界を付した上で、その意思の実現を許容してもよい場合があろう。

Ⅳ　委任者の相続人による解除権行使

1　原則―解除権の承継

（1）前提　　死後事務委任が委任者死亡後も存続するとした場合、委任者の死亡により、委任者（＝被相続人）の地位は相続人に承継される（882条、896条）。このとき、委任者が有していた任意解除権（651条）も、相続人に承継される。そのため、死後事務委任では、一方で、相続人には解除権が帰属しているが、受任者が事務処理を完了する前の段階でその自由な（特に被相続人死亡直後の）解除権行使を認めると死後事務委任を認めた意味が減殺され、他方で、死後事務委任を絶対に解除できないとすると相続人・受任者の意思が制限されるとともにその者たちが有する解除権の意味が没却され、相続法秩序と真っ向から対立する事態が生じかねないことが問題となる。

（2）解除権不行使の特約　　そこで、死後事務委任では、当事者間には解除権を行使しないとの合意が存在している（解除権不行使の特約が契約に盛り込

---
(13)　新井誠『財産管理制度と民法・信託法』116頁（有斐閣、1990年）。
(14)　金山・前掲注（1）68頁参照。

まれている）と推認すべきものと考える。その上で、相続人は不行使の特約付き解除権を承継し、また受任者の解除権は元来不行使の特約が付されたものであり、結果として相続人・受任者ともそうした解除権不行使の特約（の推認）に拘束されるものと解するというわけである。

裁判例においても、委任者が自己の死亡後における葬儀、永代供養も含めた一切の供養などを委託して死亡し、委任者の地位の承継者がその契約の終了ないしは解除を争った事案で、以下のような判断を示して、原則として解除権行使を認めないとしたものがある（東京高判平成21・12・21判時2073号32頁。[15]以下、この判決を「平成21年東京高判」とする）。すなわち、平成21年東京高判は、前掲平成4年最判に依拠して、委任者の死亡後における事務処理を依頼する旨の委任契約は、委任者の死亡によっても当然に契約を終了させない旨の合意を包含する趣旨とする。そして、契約の内容に不明確性や実現困難性があって履行負担が過重であるなど契約の履行が不合理と認められる特段の事情がない限り、委任者の遺言により指定された祭祀主宰者が当該委任契約を解除して終了させることを許さない合意をも包含する趣旨と解するのが相当として、当事者の合意を根拠に委任契約の終了および委任者の地位の承継者からの解除を認めないとした。これは、当事者の特約を根拠に、委任者の地位の承継者からの解除を原則として認めないとしたものと評価できよう。

もっとも、死後事務委任にあって、いかなる場合にも相続人の解除権行使が認められないというのは適切でなく、例外的に解除権行使が許容される場合も承認しなければならないであろう。そこで、この解除権行使の可否を決する基準をどうすべきかが次に問題となる。

2　例外—相続人による解除権行使

学説では、相続人による解除権行使の問題は、解除権放棄特約の有効性と関連づけられ、死後事務委任存続の根拠が当事者の合意に求められる場合に、自らその委任契約を締結したのではない相続人を全面的にこれに拘束することはできないとして、どのような場合に相続人が死後事務委任を解除で

---

(15)　この判決に関する主な評釈として、冷水登紀代「判批」月報司法書士465号60頁（2010年）、松川・前掲注（1）7頁、および吉政知広「判批」リマークス42号22頁（2011年）がある。

きるかという観点から論じられてきたといえる。以下、代表的な見解を概観する。

まず、①委任の存続する根拠が合意に求められる場合、相続人は原則として死後事務委任を解除できるとするが、被相続人が負担した債務の迅速な支払いを目的とする委任で、これが被相続人の生前における法律関係の成就を死亡によって中断させないようにする目的から出たものであり、しかもその法律関係の成就が相続人の意思で左右されてはならないものであるときに限り、例外的に解除できない可能性があるとの見解がある。[16]

次に、②原則として相続人は解除できるとするが、委任事務の内容、受任者と死亡した委任者との関係、受任者の立場などを考慮して、委任者（＝被相続人）自身が解除できないと判断される場合には、その相続人も解除できないことがあり得るとの見解がある。[17]

そして、③当事者の合理的意思、特に委任者の意思を尊重しつつも、その合意のみで委任者死亡後に相続人を拘束すべきでないとして、死後事務委任の事務内容が「社会的にみて典型的かつ相当であって、人の死に際して何らかの形で最低限保障されるべきもの」で、当該委任の事務処理が相当の期間内に終了し、相続人が不当に拘束されたり不利益を受けるわけではない場合には、相続人からは正当事由ないし受任者の債務不履行がなければ解除できないとの見解がある。[18] この説によると、委任の内容が「社会的に典型的かつ相当で人の死に際し最低限保障されるべきもの」、たとえば死亡関連の事務処理（葬儀・法要の施行）や諸費用（入院費、謝金、葬儀・法要代）の支払いなどに該当しない場合には、相続人は解除できることになる。

また、④私的自治の原則も、被相続人が生前に有していた財産の処分を超

---

(16) 淺生・前掲注（1）66頁。この説は、結果の妥当性という見地からは必ずしも現実のニーズに対応していないと思われる。

(17) 中田・前掲注（1）「判批」10頁。この説によると、死後事務委任の内容等を考慮して委任者自身が解除できないと判断される場合とはいかなる場合か、実際の判断はきわめて難しいであろう。

(18) 金山・前掲注（1）68頁、および後藤・前掲注（1）160号147頁。この説の主張する「典型的かつ相当」、「最低限保障されるべき」、「相当の期間」などの要素は抽象的であり、その判断が困難である場合が多いと予想され、解除権行使の可否を決する基準として機能しないように思われる。

えて、自らの地位を承継する相続人にのみ義務を負わせる契約を締結する、あるいは同様の状態をもたらす遺言をする権限まで与えるものではないとする見解がある[19]。この説によると、死後事務委任にあっては、契約を締結した者が生前に義務の履行を終えており、相続人がさらなる義務を負担することがない等の事情がある場合を除き相続人を拘束することは認められない、つまり解除できるということになる。

　さらに、⑤委任事務をその内容に従って分類し、清算事務および人生の清算的要素の強い事務（たとえば葬儀・法要の施行とその費用の支払い、応分の謝金の支払いなど）については相続人は解除できないが、それ以外の事務については相続人による解除を認めるべきとの見解がある[20]。

　最後に、⑥受任者には相続人の意向に従って行動する義務があり、事務処理前に相続人の意向を確認する必要があるとの見解がある[21]。この説によると、事務処理に同意しない相続人は解除できることになる。

　いずれにしても、これらの学説は、当該委任契約ないしその事務処理の内容を基準に、解除権行使の可否を決しているといえよう。

　なお、裁判例としては、前掲平成21年東京高判は、契約の履行が不合理と認められる特段の事情がない限り委任者の地位の承継者による解除を認めないとして、契約内容の合理性の有無を解除権行使の可否を決する基準にしており、学説と基本的に同様の判断枠組を採用しているといえる。なお、前掲平成4年最判や後掲平成22年高松高判は、解除権行使可否の基準については直接の判断を示していないことも付言しておこう。

---

(19) 吉政・前掲注（15）25頁。この説は、民法典の体系上、被相続人には遺留分を侵害しない範囲での財産処分の自由が認められていることを考慮していないように見受けられる。
(20) 松尾知子「遺言以外の死後の意思実現―死因贈与と執行者、死後事務委任、負担付（死因）贈与―」野田愛子ほか『新家族法実務大系　第4巻　相続2　遺言・遺留分』（新日本法規、2008年）351頁。この説も①の見解と同様、現実のニーズに対応しておらず、また、民法典の体系上、被相続人には遺留分を侵害しない範囲での財産処分の自由が認められていることを考慮していないように見受けられる。
(21) 岡・前掲注（1）42頁。ドイツの学説でかつて有力に主張されていた立場であるが、わが国において相続開始後に受任者が相続人との関係で新たに義務づけられるとする根拠に乏しいと思われる。なお、ドイツの判例も相続人の同意を確認する必要はないとしている（BGH NJW 1969, 1245）。

3 解除権行使の基準についての検討

（1）従来の学説の視点　上で採り上げた学説は、死後事務委任の存在（委任の存続）と遺言制度・相続法秩序との対立を常に意識しているが、論者によりその視点や立脚点が異なっている。そのため、論者が対象とする特定の事務処理の内容や形式についてこれを行うことができるかが論じられており、そこでの論理が他の事務処理類型にも及ぶのかは今ひとつ判然としていない。また、これらの学説は、遺言制度・相続法秩序に配慮するあまり、解除権行使の可否に関する明確な基準を定立してそれによる限界画定をすることなく、相続人による解除権行使を基本的に認めるとの判断に傾きがちであるという点でも共通しているといえよう。具体的なケースでの解除権行使の可否は、当該委任ないし事務処理の内容を基準に判断されているが、このような基準では、解除権行使の可否が個々の委任契約の内容に左右され、法的安定性を欠くことになってしまう。もちろん、これらの学説の多くは、具体的な裁判例における評釈の中で展開されたものであり、そうしたアプローチにならざるを得なかったのかもしれない。しかし、これまでの議論の不透明さの原因がここにあるということも否めないであろう。

（2）私見─解除権行使基準の定立　従来の学説は、すでにみたとおり、死後事務委任における相続人の解除権行使を基礎づけるため、死後事務委任の存続と遺言制度・相続法秩序との対立（相続人等を害する）をその根拠に挙げてきたといえる。したがって、ここでは、死後の事務処理類型全般を射程として、死後事務委任の委任者の地位および解除権は相続人に承継されるということを前提に、民法典において、被相続人の意思の尊重と遺言制度・相続法秩序との調和点がどこにあるのかという視点から、解除権行使の可否に関する基準を探ることとする。そこで、そのための検討素材として、わが国において死後事務委任と類似の機能ないし帰結をもたらす生前の贈与（529条

---

(22)　こうした視点は、ドイツ法の考察から得られた示唆である（ドイツ法の考察については拙稿「死後の事務における故人の意思の尊重と相続法秩序」明治学院大学法学研究93号49頁以下〔2012年〕を参照）。また、こうした視点に基づき解除権行使の基準を模索したものとして、拙稿「死後の事務における故人の意思の尊重と相続法秩序─ドイツにおける本人死亡後の代理に関する議論を手がかりとして」私法75号172頁以下（2013年）がある。

以下）および負担付贈与（553条）を採り上げ、これらとの類比を試みることとする。

まず、贈与に関しては、本来、被相続人は、自分の財産を自由に処分できる権利を有しており、それゆえ、その財産を自由に特定の人に生前贈与によって与えることが可能である。しかし、これを無制約に認めると、場合によっては、遺族の生活を脅かし、相続人の潜在的持分に対する正当な期待を裏切るおそれがある。そこで、民法は、被相続人の財産処分の自由（＝贈与者の意思の尊重）と相続人の正当な期待の保護（遺言制度・相続法秩序）との調和を図るため、相続人の遺留分を侵害しない範囲での財産処分を認めるとする遺留分制度（1028条以下）を置いている。そして、相続財産のうちの一定割合を遺留分として一定の範囲の相続人に留保し、これを侵害するような贈与が行われた場合に、相続人は遺留分の範囲内でこれを取り戻せることとしている。同時に、この制度が、被相続人が相続人に遺さずに自由に処分できる財産の限界を画している[23]という点にも鑑みれば、民法典は、贈与制度と遺言制度・相続法秩序との対立の調和点を、遺留分侵害の有無に求めているといえよう（1029条1項参照）。

また、負担付贈与についても、被相続人が生存中に、死後事務を負担として受任者に財産を贈与するケースが想定されるが、負担付贈与も贈与の一類型であり、その限界につき贈与の場合と同様に考えることができよう。負担付贈与は単なる贈与と比べて死後事務委任による財産処分により近いといえ、そのことを前提にするならば、死後事務委任でも、委任者（＝被相続人）の意思の尊重と遺言制度・相続法秩序との調和点は、遺留分侵害の有無に求めることができると考える。

ところで、死後事務委任では、その事務処理は、委任者（＝被相続人）の死亡後に行われるため、受任者は相続人の財産を処分しているに他ならず、本来的には、相続財産に関する遺留分の問題は生じないかのようにみえる。また、委託された事務処理にかかる費用や受任者の報酬なども、その発生時点ではもともとの委任者（＝被相続人）は死亡しており、被相続人のもとではな

---

(23) 我妻『改正親族・相続法解説』217頁（日本評論社、1949年）、および高木多喜男「遺留分」『総合判例研究叢書　民法（23）』528頁（有斐閣、1964年）参照。

く、相続人のもとで発生する債務であることから、本来的には相続財産（相続債務）に該当せず、遺留分侵害の問題は生じないようにも思われる。ただし、委任者（＝被相続人）が締結した死後事務委任契約の事務処理遂行と事務処理費用・報酬の支払いは相続された財産の中から行われるわけで、相続人にしてみれば、仮に死後事務委任がなかったならば得られたであろう相続財産が目減りしているという感覚を抱くのではないだろうか。相続人がこのような感覚を抱くケースでは、死後事務委任も被相続人による死後の財産処分ともいうべき側面を多分に有していると見得ることから、その出捐は、被相続人の財産処分の自由が認められる範囲、すなわち相続人の遺留分を侵害しない範囲内でなされなくてはならないといえよう。そしてそのような範囲を超える場合には、死後事務委任が実質的に相続人の遺留分を侵害しているとみることができ、相続人の正当な期待との関係で、そうした委任の事務処理は許されないように思われる。つまり、被相続人が生存中に締結した死後事務委任それ自体が実質的に遺留分を侵害していると捉えられる場合には、相続人に解除権を行使させる余地があると考えるわけである。

　他方、受任者による解除については、自ら当事者となった受任者が当該委任に拘束されることには、一定の合理性があるといえよう。しかし、受任者が事故や病気で事務処理が不可能な場合にまで、これに拘束されるのは妥当でないことから、やむを得ない事情があれば、受任者側からの解除が認められると解する。

---

(24)　葬儀費用については、基本的には葬儀を手配した実質的主催者が負担すべきものと考える（東京地判昭和61・1・28家月39巻8号48頁〔相続人ではない親族が葬儀を主催し、その費用を相続人に支払わせようとした事案で、葬儀費用は、特段の事情がない限り、葬儀を準備・手配等して挙行した実質的な主宰者が負担すると解するのが相当であるとした〕参照）が、死後事務委任の受任者が葬儀を施行した場合に、その者に費用を負担させることは妥当でなく、その者が相続人でない場合には「相続財産に関する費用」（885条）となり、相続財産全体の負担になると解する（喪主の負担とみる考え方もあり、判例も分かれているが、相続財産に関する費用とみるのが多数説であるように思われる。東京地判昭59・7・12判時1150号205頁〔相続放棄者＝妻が夫である被相続人の葬式費用を被相続人名義の預金から支払ったことが相続財産からの不当利得に当たるかが争われた事案で、夫が生前妻に渡していた生活費は夫婦共有財産であり、夫の死後妻が夫の社会的地位に応じて支弁した葬式費用は相続財産の負担となるとした〕、中川善之助編『註釈　相続法（上）』42頁〔於保不二雄〕〔有斐閣、1954年〕、我妻榮＝唄孝一『相続法』21頁〔日本評論社、1966年〕、および中川善之助＝泉久雄『新版注釈民法（26）』135頁以下〔泉久雄〕〔有斐閣、1992年〕など）。

なお、遺留分権利者である相続人の遺留分がない場合や、遺留分権利者がいない場合で相続財産が明らかに事務処理費用に不足するようなケースでは、相続財産がプラスである場合でさえ実質的に遺留分を侵害される、あるいはそのおそれがあるときは解除できるとする以上、相続人は当該委任契約を解除できると考える。

　ところで、死後事務委任の委任者に相続人がいない場合、委任者が死亡すると、委任者の地位を承継する者がいなくなってしまうため、委任が終了するかのように思われる。しかし、このようなケースでは、委任を終了させず、死亡した委任者の意思を尊重して、受任者による事務処理遂行を認めてもよいと考える。なぜなら、死後事務委任では、委任者は積極的に果たすべき義務を負っておらず、受任者は、相続人不存在の場合に成立する相続財産法人に対し費用・報酬を請求することができるからである。なお、相続人不存在のケースでは、相続人による解除権行使の問題は生じないが、委任は継続しており、受任者は引き続き善管注意義務を負っていると考えられよう。

V　私見による具体的問題の検証

1　未払い債務の支払い

　公共料金や光熱水道費、施設利用料、医療費、家賃・地代など被相続人の生存中に発生した未払い債務は、相続財産の一部であり、それらの支払いを行うかどうかは原則として相続人に判断が委ねられるべきといえる。もっとも、これらは、債務者である被相続人の死亡により、相続人自身の債務となっており、相続人はこれを清算すべき義務を負うことになる。また、被相続人の死亡後、契約関係を解消するまでの間にこれらの債務が発生した場合、それは発生時から相続人自身の債務である。したがってここでは、そもそも遺留分侵害の問題は生じない。それゆえ、こうした死後事務委任に相続人は拘束され、解除権を行使できないということになる。ただし、相続財産が債務超過であるようなケースでは、死後事務委任による事務処理は相続債権者を害することとなるため認められないと考える。

2 葬儀・法要

　葬儀・法要の委託は、遺言事項には該当しないため遺言ではなし得ないが、これを死後事務委任の内容とすることは可能であると考える。しかも、これらは被相続人の人生に幕を引くための社会的儀式であり、その性質上、被相続人の意思が最大限尊重されるべきものといえよう。もっとも、葬儀・法要の施行自体については、遺言制度・相続法秩序との直接の摩擦は生じないとも見受けられる。しかし、これらの事務処理には相当額の出費を伴うため、葬儀・法要のための費用や報酬（合意があるとき）の出捐が相続人の遺留分を実質的に侵害するおそれは多分にあると思われる。そこで、本来的には遺留分侵害の問題は生じないが、実質的に遺留分を侵害するおそれがあるときには、相続人は当該委任を解除できると解する。

3 財産処分

　財産処分については、他の事務処理と比べ、相続人の利益との対立が鮮明になる。ここでは、すでに述べたとおり、死後事務委任により、相続人に法律上保障された遺留分を実質的に侵害、または侵害するおそれがない限り、財産処分も許されると解する。したがって、相続人が死後事務委任を解除することは許されないといえよう。

　なお、平成4年最判の事案におけるような応分の謝金支払いについては、この判決の法律構成は必ずしも明確ではないが、それを委託した被相続人の意思としては、自分が生きているときになされた世話に見合う額であると受任者が判断する金銭を支払うよう委託していると解されよう。この場合、委任者（＝被相続人）は、受任者に対し、一定の範囲での贈与契約の締結とその履行を委託したと考えることができよう。[25]

---

(25)　なお、被相続人の生存中に行われた世話と、委託された財産処分（応分の謝金支払い）の間には、それらが対価関係に立つ限りで清算的な関係があると捉えることもできるであろう。このように解した場合には、委託された財産処分を、被相続人自身が生存中に負担していた債務の支払いと同視することができ、未払い金の支払いと同様に処理することができると考える。

4 配偶者や子の世話

　高松高裁は、被相続人が自身の葬儀などのほかに、精神病で入退院を繰り返していた子の将来にわたる世話を委託していた事案で、死後事務委任の成立を認めた（高松高判平成22・8・30判時2106号52頁。以下、この判決を「平成22年高松高判」とする）。この事案のような家族の世話のケースにも、死後事務委任により一定程度対応することが可能であると考える。そして、この場合は、被相続人の財産処分が前面に出てこないという点で、遺言制度・相続法秩序と真っ向から衝突するものではなく[27]、被相続人の意思が最大限尊重されるべきものと思われる。

　ところで、平成22年高松高判の事案では、受任者による事務処理がすでに終了していたために相続人による解除権行使が認められるか否かは問題とならなかったが、仮に世話が継続中（世話を受ける者が生存中）であったとしても、相続人による解除は事実上不可能であると思われる。すなわち、こうである。先ほどの基準を世話のケースに適用すると、世話の費用・報酬の出捐により実質的に遺留分を侵害する、あるいはそのおそれがある場合には、相続人は解除権を行使して死後事務委任を解除できるかのようにみえる。しかし、世話を受ける者のみが相続人である単独相続の場合には、そもそも他の相続人による解除権行使可否の問題は生じず、他方、世話を受ける者以外にも相続人が存在する共同相続の場合には、解除権の不可分性（544条）および法律関係の複雑化回避の観点から、解除は全員でのみなし得ると解されるからである。後者においては、世話を受ける者も含めた相続人全員が共同で解除権を行使しない限り死後事務委任契約を解除することができないため、相続人による解除権の行使は事実上制限されることになるであろう[28]。なお、世

---

(26) この判決に関する主な評釈として、青竹美佳「判批」月報司法書士478号84頁、田中壯太「判批」NBL957号124頁、常岡史子「判批」リマークス44号34頁（以上、2011年）、および拙稿「被相続人が自身の葬儀及び子の世話を相続人でない者に委託した場合の法律関係～高松高判平成22・8・30を素材として」月刊登記情報53巻2号7頁以下（2013年）がある。

(27) 従来、被相続人による相続財産の処分（特に第三者への無償譲渡）を内容とする委任に対して、遺言制度や相続分指定の潜脱であるという批判が向けられていたが、家族の世話を委託するような場合、こうした批判は直接には当たらないであろう。

(28) 結果として、世話のケースでは、相続財産は、世話のために留保されていることになる。ただし、解除権不可分行使の原則により、相続人側（とりわけ障害のある子ではない相続人）にお

話を受ける者自身が受任者による世話に不満や問題を感じた場合、あるいは世話が不要になったような場合（平成22年高松高判の事案で世話を受ける者の精神病が回復したようなケースなど）には、相続人は解除権を行使できると解する。

Ⅵ　むすび

　最後に、本稿を要約しておく。近時、もっぱら委任者死亡後の事務処理を委託する死後事務委任に対するニーズが高まっている。このような委任契約は、委任の目的である事務が委任者の死後にのみ処理され得る性質のものであり、従来の議論とは異なる、新たな考慮が必要になってきている。もっとも、こうしたニーズの高まりに対応してこれを何らの限定も付さずに認めると、相続人の利益を害する可能性がある。また、判例（裁判例）・学説ともに死後事務委任の効力を一定の場合に認める傾向にあるが、その理論的根拠は現段階ではあまり明確ではなく、その論理が必ずしも一貫しているとはいえない状況にある。

　ここでの問題の核心は、相続人が委任者の地位を承継すること、また解除権も承継するが、同時に解除権不行使の特約も承継する（またはそれが推認される）ため原則として解除権を行使できないことを前提に、各個別的な事案において、被相続人の意思の尊重および他の制度との権衡から、解除権行使が許されない、または事実上解除権を行使することができない場合をいかなる基準により振り分けるのかということである。この点につき、本稿は、民法典における被相続人の意思の尊重と遺言制度・相続法秩序との調和点がどこにあるのかという視点から、死後事務委任では本来的には相続財産や遺留分の問題は生じないが、死後事務委任がもたらす結果の特殊性に鑑みて実質的な判断を組み込むべきであるとした。その上で、死後事務委任において被相続人の意思を尊重することができる限界は、委任の事務処理が相続人の遺

ける解除権の事実上の行使を制限するとした場合、受任者側に善管注意義務違反等の債務不履行事由があったときでも、当該死後事務委任契約を相続人側から解除できないというのも問題となり得る。そうした意味において、親なき後の子の世話の問題について、もっぱら死後事務委任によって対処するには限界があり、本文でも述べたように将来的には立法論的解決が望まれるところである。

留分を実質的に侵害する、あるいは侵害のおそれを生じさせるか否かという基準によるべきとの提言を行った。こうした基準により、①被相続人の生前における事務処理の清算的な局面では遺留分を侵害するおそれがなく相続人に解除権行使を認める必要がないこと、②「親なき後」の子の世話などの局面においては事実上相続人の解除権行使が認められないこと、そして③死後の財産処分など遺言制度・相続法秩序との対立が顕在化する局面では他の財産処分制度との類比から、相続人の遺留分を実質的に侵害する、あるいはそのおそれがない限り、被相続人の財産処分の自由が認められるべきこと、などを明らかにした。以上から、法的安定性を確保するとともに、遺言制度、ひいては相続法秩序との調整も可能となり、相続人を不当に拘束したりその正当な期待を裏切ったりすることなく、被相続人の意思を尊重することができるのではないかという結論に達した。

　このように考えることで、死後事務委任により、現在大きな問題として意識されているいわゆる「親なき後」の子の世話の問題にも、一定程度は解釈論的に対応できる可能性があると思われる[29]。もっとも、この問題に死後事務委任によって全面的に対処することには限界があり、また、障害ある家族の世話を死後事務委任という方式で手配することが常態化すると、個人あるいは家族の責任で障害者を一生にわたり世話すべきと考える風潮が蔓延する原因にもなりかねないことが危惧される。したがって、この問題の根本的解決は、立法によることが望まれよう。しかし、死後事務のニーズに対応する制度が存在しない現状では、既存の民法の解釈、すなわち委任によるアプローチの可能性を模索することにはなお十分な意味があることを指摘しておきたい。

　最後に、本稿では検討し得なかったが、死後の事務処理については、死後事務委任によらないアプローチとして、負担付贈与によるアプローチや信託

---

(29) 平成22年高松高判の事案は、平成12年の成年後見制度施行前のものであり、現在では成年後見制度による対応が可能であると思われる。しかし、成年後見制度は判断能力が不十分な者の権利擁護のための制度であり、高齢で病弱であるが判断能力は減退していない配偶者の世話や、判断能力が減退している子の事実上の世話（法的な世話には成年後見制度で対応することが可能である）など、なお成年後見制度では対応しきれない局面もあり、これを補完する手法として死後事務委任を利用することが有効であろうことを付言しておく。

によるアプローチも考え得ることを指摘しておこう。そして、特に信託によるアプローチが可能とされる場合には、委任によるアプローチの問題点を相当程度克服すると同時に、被相続人の意思をより確実に実現することができるように思われる。もっとも、信託は信託目的を達成するための財産管理・処分のための制度であり、本稿で問題とした葬儀・法要の施行や親なき後の子の世話といったニーズに必ずしも対応できるというわけではないであろう。また、本稿で採り上げたようなケースでは、そもそも信託が成立しているといえるのかどうかが大きな問題であり、仮に信託が成立するとしても相続人の遺留分との関係では、委任によるアプローチと同様に、相続人との利害対立が生じることも否めないと思われる。いずれにしても、これらについては将来の検討課題とすることとし、ひとまず本稿を閉じることとする。

　〈付記〉恩師田山輝明先生に、学部・大学院時代に、とりわけ成年後見法制についてご指導を受けたことを心より感謝申し上げます。先生の古稀のお祝いに際し、このような拙いものを古稀祝賀論文として献呈するのは、内心忸怩たるものがありますが、本稿をもちまして先生の学恩に多少なりとも報いますとともに、御祝いにかえさせていただきたいと存じます。

スイス成年後見法における法定代理権の変遷

青 木 仁 美
Hitomi AOKI

I　はじめに
II　スイス民法典の歴史
III　スイス後見法における法定代理権
IV　2013年成年者保護法における法定代理権
V　おわりに

I　はじめに

(1)　問題意識と本稿の課題

　日本の成年者保護の法的制度には、成年後見制度と任意後見制度が存在する。両制度の利用件数を比較すると、圧倒的に成年後見制度の利用が多い[1]。ここから、日本の成年者保護を中心的に担っているのは、成年後見制度であるということができる。この成年後見制度については、現在、障害者権利条約との関係でその本人の保護手段に問題が生じている。主たる問題点として、法定代理制度と行為能力の制限が挙げられる[2]。前者においては、法定代理制度が本人の自己決定を抑圧するように機能する可能性があるということが、そして後者においては、本人の行為能力を法律によって自動的に制限することが条約に抵触すると考えられているのである。双方において共通しているのは、本人が自己決定を行う能力を有するにもかかわらず、法定代理権

---

[1]　2012年1月から12月において、後見、保佐および補助の申立件数は、34,004件であるのに対し、任意後見監督人選任の審判は、685件であった（成年後見関係事件の概況—平成24年1月～12月、最高裁判所事務総局家庭局、http://www.courts.go.jp/vcms_lf/koukengaikyou_h24.pdf）。
[2]　先行研究として、松井亮輔＝川島聡（編）『概説　障害者権利条約』（法律文化社、2010年）（池原毅和執筆部分）183頁以下、田山輝明「障害者権利条約と成年後見制度―条約12条と29条を中心に―」成年後見法研究第10号（2013年）23頁以下、等がある。

およひ取消権(同意権)が法によって自動的に付与されることにより、本人から法律行為を1人で行う可能性を奪っている状態が生じていることである。この問題点は、類似の法制度を有する諸外国においても認識されている。[3]

この状態を解決するには、法定代理権および取消権を付与する範囲を制限することが必要となる。また、取消権を付与することなく法定代理権を発生させる制度の創設も有効である。このような制度によって、本人の行為能力を制限することなく、本人を保護することが可能になるからである。そこで、成年後見制度において、いかに法定代理権および取消権を付与する範囲を制限するか、さらに成年後見制度以外の法定代理制度としてどのような制度が想定されるかを検討することが本稿の課題となる。

(2) 検討方法

この課題を検討するために、本稿ではスイス成年後見法の検討という比較法定手段を用いる。

スイスでは、1912年1月1日に現行の民法典が施行された。このスイス民法典において、日本の成年後見制度に当たる「後見法」は、家族法の部分に規定されていた。[4] 以後約100年に渡り、後見法は抜本的な改正を受けることなく利用され続けた。しかし、その内容が時代にそぐわないとして、2013年1月1日から新法が「成年者保護法(Erwachsenenschutzrecht)」として施行されることとなった。[5] ここでは、日本の成年後見制度にあたる制度とともに、複数の新制度が導入されている。

この改正法は、本人の行為能力の制限を抑制的に行っている。例えば、成年後見制度に当たる新制度「補佐制度(Beistandschaft)」には、法定代理権

---

(3) Ganner/Barth, Die Auswirkungen der UN-Behindertenrechtskonvention auf das österreichische Sachwalterrecht, BtPrax (2010), S. 204 ff ; Schauer, Das UN-Übereinkommen über die Behindertenrechte und das österreichische Sachwalterrecht, iFamZ (2011), S. 258 ff.
(4) 先行研究として、松倉耕作「スイス後見法(条文訳と概要紹介)」南山法学17巻4号(1994年)45頁以下、松倉耕作『スイス家族法・相続法』(信山社、1996年)がある。
(5) 先行研究として、松倉耕作「新しいスイスの後見法―二〇〇六年連邦評議会草案」名城ロースクール・レビュー18号(2010年)241頁以下、松倉耕作「新スイス後見法、親子法―二〇一三年一月一日施行法の邦訳―」名城ロースクール・レビュー25号(2012年)81頁以下、ダニエル・ロッシュ(著)=上山泰(訳)「スイスにおける成年者保護法の改正」法政大学大原社会問題研究所=菅富美枝(編著)『成年後見制度の新たなグランド・デザイン』(法政大学出版、2013年)395頁以下がある。

を付与せずに支援者を任命する類型および取消権を付与することなく（本人の行為能力を制限することなく）代理権を付与する類型が存在する。また、新制度として、配偶者などの身近な者に法定代理権を付与する制度が設けられている。ここから、スイスにおける成年者保護制度の方向性は、日本が現在直面している問題を解決するための示唆を有するものであると推測できる。

そこで本稿では、スイス民法典施行時から成年者保護法に至るまでの成年後見制度とその周辺の制度を考察する。民法典施行時に遡って考察することにより、本人の自己決定権および行為能力への干渉がスイスにおいても時代を追うにつれて制限的に実施されていくことを明らかにすることができる。それとともに、成年後見制度、すなわち行為能力の制限を伴う制度だけではなく、自己決定を法的に正当化する制度および取消権を付与せずに法定代理権のみを付与する制度によって成年者を保護するという成年者に対する法的保護の多様化の必要性も示すことができると考える。

(3) 本稿の構成

スイス民法典施行時の後見法を検討するにあたり、本稿は、スイス民法典の成立を考察することから始める（Ⅱ）。その後、成立時のスイス民法典に定められていた後見法（Ⅲ）、新法である成年者保護法における補佐制度およびその周辺の制度（Ⅳ）の検討を行い、結論を述べる。

Ⅱ　スイス民法典の歴史

1　スイス民法典編纂に対する最初の試み

スイス民法典は、1912年1月1日に施行された。ドイツ民法典は、1900年1月1日に施行されている。スイス民法典は、ドイツ民法典に次ぐ中央ヨーロッパ的パンデクテン法学による第2の法典であり、支配的見解によれば、ドイツ民法典よりも優れているとされている[6]。その施行は1912年であるが、スイス民法典の統一的編纂に対する試みは、もっと以前から開始されていた。

最初の試みは、1798年から1803年の間に存在したヘルヴェティア共和国に

---

(6) F・ヴィーアッカー（著）＝鈴木禄弥（訳）『近世私法史―特にドイツにおける発展を顧慮して―』（創文社、1961年）593頁。

おいて行われた。この頃にはすでに、経済的発展および社会的発展が、統一的民法典を必要としていたのである。1798年12月5日に、共和国のための統一された民法典の創設が、立法委員会の会議において承認されていた。しかし、この試みには失敗に終わっている。失敗の原因は、今もベルンに残る3部からなる民法典草案の断片から、この民法典の編纂が「人工的産物」であったことにあると考えられている。つまり、民法典の編纂は早急に行うものではなく、民法典編纂を目指す活動を経た結果として、自然に生じるものと考えられたのである。

このヘルヴェティア共和国における民法典の編纂が失敗に終わったのち、再びスイスにおいて民法典の編纂が唱えられるまでには、長い年月が必要とされた。

2 統一的州法の成立

民法典の編纂が前述した「自然の成果」として実現されるために、スイスは、まず州法の成立という段階を踏まなければならなかった。ほとんどの州（カントン）は、19世紀において、自らの領域における法の統一を成し遂げていた。これは、通常、州民法の編纂という形で行われていた。

州法の編纂段階においては、1804年に成立したフランス民法典および1811年に成立したオーストリア一般民法典が、非常に強い影響を及ぼした。スイス南西部に位置する州は、フランス民法典の影響を受けて立法を行った。これに対し、ベルン、ルツェルンなどのドイツ語圏である州は、オーストリア民法典をもとに州民法の編纂を行った。

3 債務法の制定

この州民法の編纂は、スイス全体に効力を及ぼす民法典の統一的編纂を妨げるものではなかった。1848年に憲法が制定された後、連邦に民法制定に関する権限が与えられるよう憲法を改正すべき必要性が主張され始めた。この運動の中心となっていたのが、スイス法律家協会（der Schweizerische Juristen-

---

(7) Tuor/Schnyder/Schmid/Rumo-Jungo, Das schweizerische Zivilgesetzbuch (2009, 13. Aufl.), S. 2.

verein）である。そして、「ひとつの統一的国家にはひとつの法を」という考えのもとに憲法改正が主張され、1872年の国民投票において憲法改正を行うことが可決された。

しかし、この国民投票の結果を受けて改正された憲法は、限られた範囲における民法典の統一を許容するにすぎないものであった。つまり、経済的な必要性が認められる範囲でのみ、その統一的立法が認められただけだったのである。立法が許容されたのは、債務法（商法、手形法を含む）、個人の行為能力、著作権法、経営法および破産法といった範囲であった。このような経緯で成立したのが、「個人の行為能力に関する法律（das Gesetz über die persönliche Handlungsfähigkeit）」および「スイス債務法（das Schweizerische Obligatonenrecht）」（1881年）である。

その後、時を置かずして憲法が再び改正され、民法典の統一的編纂への動きが開始された。1893年11月13日の国民投票において、憲法64条に、次のような一文が追加されることとなった。「連邦は、民法の残りの領域においても、立法に関する権限を有する。」この一文により、民法典の残余部分の編纂が開始された。

スイスには、それぞれの州に深く根付いている慣習が存在した。スイスにおける民法典のこのような段階的編纂は、現在では、それぞれの州が有する慣習を中央集権化によって消滅させないために効果的であったとの評価を受けている。[8]

4　スイス民法典の制定

スイス民法典の制定にあたり、州法の中に規定されている優れた法制度を連邦法にも導入することが検討された。この作業を行うにあたり、スイスにおける法制史に関する知識、および当時の州民法に関する基本的知識が必要とされた。スイス法律家協会はすべての州民法の比較が必要と考え、この任務を法律家協会の会長であり州の政治家でもあったオイゲン・フーバー（Eugen Huber）に委託した。この委託を受け、フーバーは、4巻からなる

（8）　Tuor/Schnyder/Schmid/Rumo-Jungo, Das schweizerische Zivilgesetzbuch（2009, 13. Aufl.）, S. 5.

『スイス私法の体系と歴史 (System und Geschichte des Schweizerischen Privatrechtes, 1886-1893)』を書き上げた。この優れた業績のために、フーバーは、民法典編纂の全過程において、精神的指導者となるに至った。

1892年に、司法・警察省 (Justiz- und Polizeidepartment) は、フーバーに民法典草案の作成を委託した。フランス民法典やドイツ民法典と異なり、フーバーは、この草案の作成を1人で行った。草案作成を1人で行うことが、スイスにおける州の慣習だったのである。

フーバーは、まず、婚姻の効力 (1894年)、相続 (1895年) および不動産担保 (1898年) に関する草案を作成した。法編集委員会 (Gesetzredaktor) の補足が加わった後、法律家協会は、この草案に関する議論を行った。委員会においてその後も合議された後、人事法 (Personenrecht) および家族法 (1896年)、物権法 (1899年) ならびに相続法 (1900年) に関する連邦司法・警察省による草案が成立した。この草案は、「1900年11月15日の連邦司法・警察省の原草案」または「第一草案」として、より上位の委員会に提出された。

この専門家による検討会は、合計4回、その都度数週間に渡り、非常に繊細かつ活発な議論が交された。ルツェルンで人事法および家族法 (1901年)、ノイエンブルクで後見法および相続法 (1902年)、チューリヒとジュネーブで物権法 (1902年および1903年) がそれぞれ検討された。これらの結果は、スイス連邦議会に提出され、大きな修正を受けることなく採択された。この草案は、「1904年5月28日の連邦議会の草案」と称されるが、この他に単に「草案」または「第2草案」とも呼ばれる。

連邦の両議院は (国民議会および全州議会)、当該草案を1907年12月10日に全員一致で採択した。この草案は、「スイス民法典 (Schweizerisches Zivilgesetzbuch、(ZGB))」として1912年1月1日に施行された。

このスイス民法典は、これ以後の他国における民法典編纂に多大な影響を及ぼした。とりわけ顕著な影響を受けたのがトルコである。トルコは、1926

---

(9) Huber, System und Geschichte des Schweizerischen Privatrechtes (Band1-4, 1886-1893).
(10) Tuor/Schnyder/Schmid/Rumo-Jungo, Das schweizerische Zivilgesetzbuch (2009, 13. Aufl.), S. 7.
(11) H・シュロッサー (著) ＝大木雅夫 (訳)、『近世私法史要論』(有信堂、1993年)、176頁。

年にスイス民法典を自国の民法として施行した。また、リヒテンシュタインは、物権法（1922年）、人事法および後見法（1926年）を継受している。

III　スイス後見法における法定代理権

1　スイス民法典における後見法
(1)　後見任務の捉えられ方[12]
スイス民法典には、日本における成年後見制度にあたる制度も設けられていた。「後見法（Vormundschaftsrecht）」である。

「Vormundschaft（後見制度）」という語は、古高ドイツ語の「mund」に由来する。この「mund」とは、「Schirm（保護）」、「Schutz（保護）」と同義である。中世においては、後見は、家族・親族またはいわゆる氏族（Sippen）のために財産を維持するということを意味していた。家族・親族は、後見をどのように実施するか、また後見人を誰にするかを自分達で決めることができた。当時、後見人は、本人の身近な成人男性である親族がなることが常であった。

しかし、時が経つにつれ、国家または役所が次第に後見に影響力を及ぼすようになっていった。これに伴い、氏族は、もはや自己の法によって後見人を任命することができなくなっていった。後見人は、裁判所によって任命されるようになり、後見の方法に関しても、役所が決定するようになっていった。この役所は、主として裁判所であった。このように、後見制度の意義および目的は、氏族の利益保護から本人保護へと移行していった。財産保護は後方に退き、制度の中心的目的として、「本人の監護（Fürsorge）」が重視されるようになっていったのである。

(2)　後見人となる者[13]
スイス民法典は、人事法および家族法（第1編および2編）、相続法（第3

---

[12] Aeschlimann-Vogel/Noser, Vormundschaft —Von der Beistandschaft bis zur Fürsorgerischen Freiheitsentziehung— (2003), S. 10.

[13] Aeschlimann-Vogel/Noser, Vormundschaft —Von der Beistandschaft bis zur Fürsorgerischen Freiheitsentziehung— (2003), S. 20.

編)、物権法（第4編）ならびに10か条の序編から構成されている[14]。ここから明らかなように、スイス民法典に総則は存在しない。家族が後見業務を担うことが制度利用の典型と考えられたために、後見法は、第2編家族法の部分に規定された。

また、1912年のスイス民法典施行時には、後見職は、知人または親戚といった本人の身近にいる者によって行われることが前提とされていた。これらの者は、「私的後見人（privater Vormund）」と呼ばれた。これに対し、職業として後見職を実施することを「職業後見（Amtsvormund）」といった。もっとも、スイス民法典施行時において、後見職は家族・親族が行うことと想定されていたために、スイス民法典において「職業後見」という概念は存在しない。後見職が兼業的ではなく専業的に実施されることは、スイス民法典施行後に認められるようになった。

なお、後述するように、スイス民法典には、後見制度に関する制度として、後見制度（Vormundschaft）だけではなく、保佐制度（Beiratschaft）および補佐制度（Beistandschaft）が存在する。「職業後見人」という語は、後見制度だけではなく、保佐制度および補佐制度を実施する際にも、用いられていた。

後見職の実施には、福祉および法学の知識が必要となるために、職業後見人には、大学で福祉または法学を専攻した者が多く見受けられた。私的後見人および職業後見人の間でその権限に差異は存在せず、個々のケースに応じて、その都度適切な後見人が選任されていた。

(3) 後見官庁

後見人の任命など、後見制度に関する手続は、後見官庁（Vormundschaftsbehörde）が行っていた。後見官庁は市町村ごとに組織され、後見人等を選任し、その任務を決定した上で、監督官庁に申請を行っていた。この監督官庁は後見措置を監督し、かつ後見措置の終了に関する権限を有していた。どのような組織が後見官庁となるかは州によって様々であり、ドイツ語圏においては、主として市町村参事会（Gemeinderat）または孤児委員会（Weisenrat）

---

(14) H・シュロッサー（著）＝大木雅夫（訳）、『近世私法史要論』（有信堂、1993年）、177頁。

が、フランス語圏においては、裁判所が担当していた。また、監督官庁を1箇所ではなく2箇所設置する州もあり、西スイスにおいては、裁判所が管轄官庁に関しても担当していた。

2　スイス後見法における後見制度

　スイス連邦憲法は、その122条において、連邦法の立法者に対し民法典制定の権限を付与している。この権限に基づいて成立したスイス民法典には後見制度も規定され、2013年の改正法までほぼ100年にわたり改正されることなく利用されてきた。スイスの成年後見制度において法定代理権がどのように変遷していったのかを明らかにするためには、現行法の前の制度となる民法典施行時の制度を明らかにする必要がある。そこで、本章においては、スイス民法典施行時における後見制度の概要を述べる。

(1)　スイス後見法の概要

（ⅰ）　後見の意義

　スイス法には、狭義の意味の後見と広義の意味の後見が存在する。民法典に規定されている後見制度は、狭義の意味の後見である。これに、例えば民法典における行為能力または子の保護に関する規定および後見法に関係する民法典以外の規定（例えば、刑法典または州法）が合わさって、広義の意味の後見を形成する。本稿における後見は、狭義の意味の後見を指す。

　スイス法においては、権利能力に次ぐ概念として「行為能力（Handlungsfähigkeit）」がある。行為能力を有する者は、その行動によって権利を有し義務を負う（12条）。そして、行為能力を有する者は、成年であり、かつ判断能力を有する者である（13条）。しかし、本人の判断能力が何らかの原因で弱まり、自らの事務処理を行うことができなくなる場合には、本人の福祉が危険にさらされる。そこで、スイス後見法は、このような状態にある本人を、財産的側面および身上的側面から保護する目的のもとに創設された[15]。

　スイス民法典に置かれた規定は原則的なものに限定されており、より具体的な内容は、州法に委ねられた。もっとも、州法で定める事項は、連邦法に

---

(15) Hauscheer/Geiser/Aebei-Müller, Das Familienrecht des Schweizerischen Zivilgesetzbuches (2007, 3. Aufl.), S. 312.

抵触することは許されない。
　（ⅱ）　後見法を構成する制度
　2013年の改正前には、後見に関連する制度は、スイス民法典の中に4制度存在した。それが、後見（Vormundschaft）（これは、より直接的に「行為能力の剥奪（Entmündigung）」とも呼ばれる）、保佐（Beiratschaft）、補佐（Beistandschaft）および監護的自由制限（Die Fürsorgerische Freiheitsentziehung）である。それぞれが、「後見的措置（Die vormundschaftlichen Massnahmen）」とも呼ばれる。前3者は官庁と関係する措置であり、本人を援助する後見制度に関する機関として、自然人のみが想定されている。これに対し、監護的自由制限は、官庁と関係なく用いられる制度であり、本人を援助するのは、後見官庁以外の施設および後見官庁に属していない者となる。

　後見法は当該4制度によって構成されていたが、これ以外にも、次のような事前的措置が存在していた。まず、本人が後見開始の手続中に援助を必要とする場合には、後見官庁は、スイス民法典旧386条に基づき必要な措置を取ることができた。また、同条2項により、一時的に本人の行為能力を剥奪することも可能であった。

　（ⅲ）　後見法における制度の侵害の程度
　後見法には4制度が存在していたが、このうち、監護的自由制限から生じる本人への侵害は、その質的観点から、官庁と関係のある措置（後見、保佐および補佐）と比較不可能である。そこで、ここでは、監護的自由制限を除く措置が本人に対してもたらす侵害の程度を比較する。

　まず、もっとも侵害の程度が強いのが後見（行為能力の剥奪）である。ついで、保佐、補佐となる。なお、保佐には、組み合わされた保佐（Kombinierte Beiratschaft）、管理保佐（Verwaltungsbeiratschaft）、協力保佐（Mitwirkungsbeiratschaft）および自己申請による保佐（Beiratschaft auf eigenes Begehren）がある。そして、補佐にも、組み合わされた補佐（Kombinierte Beistandschaft）、管理補佐（Verwaltungsbeistandschaft）、代理補佐（Vertretungsbeistandschaft）および自己申請による補佐（Beistandschaft auf eigenes Begehren）がある。それぞれを侵害の程度が強い順に並べると、次の通りになる。

後見的措置における本人に対する侵害の程度[16]

後見	侵害の程度
自己申告よる後見	強
組合わされた保佐	
管理保佐	
協力保佐	
自己申告による保佐	
自己申告による補佐	
組合わされた補佐	
管理補佐	弱
代理補佐	

ここで、自己申請による後見の侵害の程度が低いとされる理由として、本人が望んで利用しているため、侵害と感じないであろうという点が挙げられていた。また、自己申告による補佐は、継続的に広範囲による財産管理および代理権限を生じさせるという意味では、補佐の中で侵害の程度が強くなる。しかし、これも申請によっていつでも終了できる制度であるので、強いて言えば最も侵害の程度が強いというだけである。

このように、スイスの後見制度は詳細に類型化されており、この類型を適切に用いるには、相当性の原則を重視しなければならないとされていた[17]。相当性の原則とは、目的の遂行に必要となる措置が取られることである。このため、適用される措置は、侵害の程度が強すぎても弱すぎても適切ではないと考えられていた。また、このような後見的措置は、本人が他の対処法で援助されない場合にのみ、用いられるべきであるとする補充性の原則も、すでに後見法のときから主張されていた。後見的措置以外の援助方法として、本人の身近な者による世話、公益目的の組織または国家による社会扶助のための組織などが想定されていた。次からは、後見、保佐および補佐の各類型を検討する。なお、スイス後見法における措置の概観表を本稿末部に掲載したので、参照されたい。

---

(16) Hauscheer/Geiser/Aebei-Müller, Das Familienrecht des Schweizerischen Zivilgesetzbuches (2007, 3. Aufl.), S. 317.
(17) Hauscheer/Geiser/Aebei-Müller, Das Familienrecht des Schweizerischen Zivilgesetzbuches (2007, 3. Aufl.), S. 316.

(2) 後見（行為能力の剥奪）

　後見は、後見的措置の中で、本人に対する侵害の程度が最も強い制度であった。後見類型を利用すると、本人はその行為能力をほぼ完全に剥奪された[18]。法定代理人の同意がない場合には、本人には、利益を得ることおよびその人格のために付与される権利を行使することのみが認められていた（旧19条2項）。後見人は、本人の法定代理人として行動した。

　後見（行為能力剥奪宣告）を利用するには、行為能力剥奪宣告理由（Emtmündigungsgrund）と行為能力剥奪宣告要件（Entmündigungsvoraussetzung）の双方が必要となる。行為能力剥奪宣告理由とは、本人の精神的状態が弱まっていることである。そして、行為能力剥奪宣告要件として課されるのは、本人が置かれている状況が、行為能力の剥奪を正当化するまでの段階に至っていることである。したがって、本人が精神病に罹患していても、十分な社会的援助を受けているのであれば、後見制度は利用され得ない。後見制度を利用するには、本人の精神状態に加えて、本人が後見的措置によって援助される必要性が、行為能力剥奪宣告要件として必要となるのである。

　行為能力剥奪宣告理由は、次の5項目であった。すなわち、（1）親権に服していない未成年者、（2）精神病または精神薄弱（Geistesschwäche）、（3）浪費、アルコール中毒、悪癖といえる素行（lasterhafter Lebenswandel）および経済の混乱（Misswirtschaft）、（4）自由刑、および（5）自己申告である。

（i）未成年者

　未成年者は通常親権に服するが、親権者の死亡または親権の剥奪により、スイス民法典旧368条に基づき、後見のもとに置かれていた。

---

(18)　スイス民法典旧19条「判断能力のある未成年者（urteilsfähige Unmündigte）または行為能力剥奪宣告を受けた者（Entmündigte）」

　1　判断能力を有する未成年者または行為能力剥奪宣告を受けた者は、その法定代理人の同意を伴ってのみ、自らの行動により義務を得ることができる。

　2　判断能力を有する未成年者または行為能力剥奪宣告を受けた者は、法定代理人の同意なしに、無償である利益を得ることができ、その人格のために与えられている権利を行使することができる。

　3　判断能力を有する未成年者または行為能力剥奪宣告を受けた者は、不法行為による損害賠償義務を負う。

（ⅱ）　精神病または精神薄弱

　精神病または精神薄弱も、行為能力剥奪宣告理由となる（旧369条）。もっとも、精神病および精神薄弱の差異は、実務においては存在しなかった。

　精神病または精神薄弱が行為能力剥奪宣告理由となる場合に、具体的な行為能力剥奪宣告要件とみなされるのは、つぎの3つのいずれかに当てはまる場合である。すなわち、自己の事務を処理できないこと、継続的援助または監護を必要とすること、または他者の安全を危険にさらすことである。後見制度を利用するためには、その要件として、少なくともこのうちの1つを満たさなければならない[19]。もっとも、他者の安全を危険にさらすという要件については、第三者保護のみを目的として後見を利用することはできず、本人が精神病によって引き起こす不法行為の可能性を後見によって排除するという意味で用いられる[20]。

（ⅲ）　浪費、アルコール中毒、悪癖といえる素行および経済の混乱

　浪費、アルコール中毒、悪癖といえる素行および経済の混乱も、行為能力剥奪宣告理由となっていた（旧370条）。この場合の要件とは、本人またはその家族に急迫の危険または困窮の危険が生じていること、本人が継続的援助もしくは監護を必要とすること、または本人が他者の安全を危険にさらすことであった。

　もっとも、判例および学説は、これらを理由として行為能力を剥奪することを躊躇していた。これらの理由による行為能力の剥奪は、本人への援助というよりは、むしろ本人への差別または烙印という意味合いが強かったからである。

　なお、「悪癖といえる素行」という概念は道徳的なものであるとして、実務で適用されることはほとんどなかった。また、「経済の混乱」とは、金銭の消費そのものではなく、その財産管理方法の問題であると考えられていた[21]。

---

(19) Hauscheer/Geiser/Aebei-Müller, Das Familienrecht des Schweizerischen Zivilgesetzbuches (2007, 3. Aufl.), S. 327.
(20) Riemer, Grundriss des Vormundschaftsrechts (1997, 2. Aufl.), S. 48.
(21) Hauscheer/Geiser/Aebei-Müller, Das Familienrecht des Schweizerischen Zivilgesetzbuches (2007, 3. Aufl.), S. 329.

（iv）　自由刑

　１年を越える自由刑も、行為能力剥奪宣告の理由となっていた（旧371条）。しかし、最高裁判所は、本人が後見による保護を必要としている場合にのみ、371条を用いるとの結論を出していたため、自由刑を受けている者がすべて後見に付されるわけではなかった。

（V）　自己申請

　本人は、自己申告によってその行為能力を剥奪され得た（旧372条）。その理由として、高齢化、高齢以外の弱体化または経験不足が挙げられており、要件として自己の事務を１人で処理できないことが挙げられていた。

(3)　保　佐

　後見に次いで本人への侵害度が高いのが保佐であった。保佐は、「補佐」の部分に行為能力の制限を伴う１類型として定められていたに過ぎない。しかし、保佐制度は、独自の法的内容および効果を有していることから、補佐とは区別されるのが一般的であった。

　法は保佐制度を利用するための理由を規定しておらず、本人を後見に付する理由が十分でない場合に用いるとのみ規定していた（旧395条）。そして、その利用要件は、行為能力制限を正当化する保護の必要性であった。利用効果として、本人の行為能力の制限が生じた。

　保佐制度には、（１）協力保佐、（２）代理保佐、（３）組み合わされた保佐、（４）自己申告による保佐の４類型が存在した。

（ｉ）　協力保佐

　協力保佐を利用すると、本人は、スイス民法典旧395条１項に列挙されている事務を行う際に、保佐人の協力を必要とする。本人は、その保佐人の同意なしに有効に義務を負うことができない。この限りにおいて、本人は行為能力を制限されていることになる。これに対し、保佐人は、同条に列挙されている事務を本人の代理人として行うことはできなかった[23]。つまりこの類型においては、保佐人は、本人の法定代理人ではなかった。

---

(22)　BGE 109 II 11（1983年５月17日最高裁判決）。
(23)　Hauscheer/Geiser/Aebei-Müller, Das Familienrecht des Schweizerischen Zivilgesetzbuches (2007, 3. Aufl.), S. 339.

（ⅱ）　代理保佐

代理保佐では、保佐人は、財産管理において本人の法定代理人となった（旧395条２項）。本人には、旧409条に基づいて協力権（Mitwirkungsrecht）が認められるが、本人はその財産管理に関してはもはや行為能力を有しないと考えられていた。もっとも、保佐人が権限を有するのは、本人の資産の管理であるとされていたため、本人は、その収入（例えば年金など）を自由に処分することが可能であった。

（ⅲ）　組み合わされた代理保佐

協力保佐と代理保佐を組み合わせることにより、財産管理に関する法定代理権と、旧395条１項に列挙されている事務に関する保佐人の同意権を組み合わせて利用することができる。

（ⅳ）　自己申請による保佐

法は、自己申請による保佐を規定していない。しかし、学説はこれを認めており、実務においても頻繁に利用されていた。

(4)　補佐制度

前述のとおり、補佐の部分には、保佐制度に関する条文も規定されていた。このため、補佐は、広義の意味と狭義の意味を有し、狭義の意味の補佐は、純粋に補佐制度のみを意味する。次から、狭義の補佐制度について述べる。

補佐制度は、後見的措置の中でも本人への侵害の程度が最も弱い措置であり、本人の行為能力は制限されない（旧417条１項）。このため、本人は１人で法律行為を行うことができる。もっとも、精神病等により、本人が援助を必要とするのであれば、補佐人が任命される。補佐人は、本人の名において法律行為を行い、本人は、この補佐人が行った法律行為について責任を負わなければならない。この意味において、本人の法律行為を行う自由が制限されるとされ、事実上は本人の行為能力が制限される結果となると考えられて

---

(24)　スイス民法典旧409条「被後見人の協力」
　　１　被後見人が判断能力を有し、かつ少なくとも16歳である場合には、後見人は、これが可能である場合限り、重要な事務に際し、その決定前に被後見人に意見をきかなければならない。
(25)　Hauscheer/Geiser/Aebei-Müller, Das Familienrecht des Schweizerischen Zivilgesetzbuches (2007, 3. Aufl.), S. 339.

いた。もっとも、補佐の利用は、特に代理保佐および管理保佐においては、一時的なものであると考えられていたために、本人に対するこのような侵害も一時的なものとされていた。

　補佐の利用要件は、本人が弱っている状態にあるか、または自ら事務処理ができない客観的背景が存在することである。補佐には、（1）代理補佐、（2）管理補佐、（3）組み合わされた補佐の3種類が存在する。なお、補佐においても、本人の申請による利用が可能であった（旧394条）。

（ⅰ）代理補佐

　代理補佐の利用理由として、法には、病気、本人の不在（旧392条1号）、本人（成年者および未成年者）と法定代理人との間の利益相反（同条2号）、および法定代理人による妨害（同条3号）が挙げられていたが、これに限られるものではなかった。利用要件は、本人が事務を自ら適切に行えないことであった。代理補佐の利用は、一時的なケースが想定されていた。例えば、本人が事故によって昏睡状態に陥り、一時的に判断能力が存在しないといった場合である。代理補佐を命じる場合には、後見官庁は、補佐人に与える任務とその目的を明確に述べることが必要とされていた。

（ⅱ）管理補佐

　管理補佐は、本人がその財産に必要な管理を行えない場合に利用される。管理補佐の利用理由として、本人の不在（旧393条1号）、無能力（同条2号）、相続の不確実（同条3号）、および管理されていない財産（同条5号）が列挙されていたが、これも、これだけに制限されていなかった。代理補佐によって保護される対象となるのは、本人ではなく、収入を除いた本人の財産である。そして、補佐人の権限は財産の維持にとどまり、その増加には及んでいなかった。

（ⅲ）組み合わされた補佐

　代理補佐と管理補佐は、組み合わせて用いることができた。当該類型は、広汎な財産管理および身上監護を意味し、原則的に長期間の利用が想定され

---

(26)　Hauscheer/Geiser/Aebei-Müller, Das Familienrecht des Schweizerischen Zivilgesetzbuches (2007, 3. Aufl.), S. 335.
(27)　同条4号は法人に関する規定を置いていたが、2005年12月16日に削除された。

たが、ここでも本人の行為能力は制限されなかった。実務においては、この組み合わされた補佐は、とりわけ高齢者に利用されていた。

Ⅳ　2013年成年者保護法における法定代理権

　スイス後見法は、監護的自由制限（1981年1月1日施行）を除いて、約100年にわたり抜本的に改正されることなく利用された。しかし、その内容がもはや現代的感覚に即しておらず、また類型が複雑すぎるという理由から、20世紀中ごろから、後見法の抜本的改正への動きが開始された。

　新法の具体的準備作業は、1993年に開始された。司法省は専門家グループを設置し、報告の作成を委託した。この報告書をもとに、第一原草案が提示された。これを受けて、連邦司法・警察省は、学術的専門委員会を設置し、この委員会が作成した原草案（Vorentwurf）を2002年に発表した。この草案は、多方面から好意的に受け止められた。2004年10月に、連邦評議会（Bundesrat）は、連邦司法・警察省に対して草案に関する解説書（Botschaft）および草案の作成を委託した。当該解説書は2006年6月28日に、草案は2008年12月19日に可決され、新法は2013年1月1日に施行された。

　なお、後見法の改正はスイスにおいて行われていた家族法改正の一部分であり、かつその最終段階でもあった。家族法改正は、養子縁組、婚姻および離婚後の子の権利に関して、1973年、1978年、1988年および2000年に行われていた。

　新法は、成年者保護法（Erwachsenenschutzrecht）という。その目的は、後見法を現代の感覚に適合させることだけではなく、自己決定の尊重、家族間の連帯の強化および居住施設等における本人保護など、多岐にわたっていた。本稿は、成年後見制度における法定代理権の変遷を考察するものなので、ここでの検討対象も主として成年後見制度およびその周辺の制度の内容に限定する。具体的には、自己決定を促進する制度、後見的措置ではない法定代理制度、および後見的措置（後見、保佐および補佐）に代わる制度を検討する。

1 自己決定に関する制度

今回の改正の目的の一つは、本人の自己決定権の強化である。このため、「事前配慮委託（Vorsorgevortrag）」と「患者配慮処分（Patientenverfügung）」の2制度が民法典に導入された。この制度を用いることにより、本人の行為能力を制限する制度の利用を回避することが可能となる。

(1) 事前配慮委託

事前配慮委託は、日本の任意後見制度にあたる。本制度により、本人は、判断能力を喪失した場合に備えて、代理人に身上監護、財産管理および法的取引における代理を委託することができる（360条1項）。事前配慮委託は、自筆で作成するか、公的証明を受けなければならない（361条1項）。自己決定権の尊重に伴う自己決定の法的正当化は、もはや国際的潮流であるといえる。すでに州法において事前配慮代理権を導入している州も存在したが、今回の改正によって、全国的に統一された制度が創設された。[28]

(2) 患者配慮処分

患者配慮処分によって、本人は、将来判断無能力となった場合に、どの治療に同意するか、または同意しないかを決定することができる（370条1項）。さらに本人は、自己に代わり医師と話し合い治療方針を決定する者を決めておき、この者に指示を出しておくことも可能である（370条2項）。患者配慮処分は、その形式要件である書面性、日付および署名の記載を満たしていれば有効となり、その存在は、健康保険カードに記載される。判断無能力である者に治療が必要となる場合には、治療医は、患者配慮処分に従うよう義務付けられる。指示が適切ではないか、本人の自由意思に即していない場合には、申請に基づき、成年者保護官庁が介入する。

当該制度は日本には存在しないが、オーストリアにおいては、2006年から患者配慮処分法が施行されている。もっとも、オーストリアの患者配慮処分は望まない治療のみを表示することができるようになっており、制度内容において差異が認められる。

---

(28) Botschaft zur Änderung des Schweizerischen Zivilgesetzbuches (Erwachsenenschtz, Personenrecht und Kindesrecht) vom 28. Juni 2006, BBl 2006 S.7001 ff.（以下、Botschaft）, S. 7011 ff.

2 後見的措置によらない法定代理制度

　改正の主たる目的のひとつに、家族間の連帯の強化がある。もともと、スイスにおいても、判断能力を有しなくなった者をその家族が代理するということが実際に行われてきた。そして改正により、このような家族の行為に対し法的正当性を与えることによって家族間の連帯の強化を図るとともに、後見的措置を取らないという意味において国の負担軽減が望まれたのである。

　このような考えに基づいて、（1）「配偶者、登録されたパートナーによる代理」（374条以下）、（2）「医療措置の際の代理」（377条以下）、（3）「居住施設または介護施設における判断無能力者の保護」（382条以下）という3制度が、民法典に新たに創設されることとなった。これらの制度は、「法律による措置（Massnahmen von Gesetzes wegen）」と呼ばれ、本人の行為能力を制限することなしに、本人を保護することを可能にする。

(1) 配偶者、登録されたパートナーによる代理

　これは、事前配慮委託が存在しないか、または補佐制度の利用がない場合に、判断能力を失った本人と家計を共にするか、または本人を援助している配偶者もしくは登録されたパートナーに、一定の範囲の事務に関する法定代理権が法によって自動的に生じる制度である（374条1項）。代理権は、生活に必要となる全ての法律行為（374条2項1号）、収入および通常の財産の管理（374条2項2号）、ならびに必要であれば郵便物を開封し、処理する権限（374条2項3号）に及ぶ。通常ではない財産管理については、代理人によって、成年者保護官庁の同意が得られなければならない（374条3項）。

　類似の制度は、オーストリアにも存在する（近親者代理権制度、オーストリア一般民法典284条bから284条e）。オーストリアにおいては、配偶者、登録されたパートナーに加えて、両親、子、3年間本人と同居している者が代理人となることができるのに対し、スイスにおいては、配偶者、登録されたパートナーに限られている。

---

(29) Wolf, Erwachsenenschutz und Notariat, (ZBGR, 2010), S. 77.
(30) Wolf, Das neue Erwachsenenschutzrecht- ein Überblick, (in dubio, 2012), S. 206.
(31) 拙稿「オーストリア代弁人制度の発展過程に関する一考察（2・完）——代弁人制度成立（1983年）から代弁人法改正（2006年）まで——」（2011年）早稲田法学会誌61巻2号13頁以下。

本人の身近な者に代理権を与えることによって、後見的措置（新法においては官庁的措置）が回避されるのであるから、本人の行為能力の制限も国家負担も生じることはない。しかし、ドイツにおいては、濫用の危険を回避できないとして、類似する制度の導入は見送られた[32]。このため、スイスは、オーストリアに次いで当該制度を導入した国となっている。

(2) 医療措置の際の代理

改正により、事前配慮委託または患者配慮処分が存在しない場合に限り、親族は本人の名において医療措置に同意するか、または拒否する権限を与えられることとなった（377条以下）。この代理権を与えられる者の序列は、法によって次のように定められている（378条1項）。

1．患者配慮処分および老齢配慮委託に挙げられている者
2．医療措置の際の代理権を有する補佐人
3．判断能力を失う者と家計を共にするか、またはその援助を行っている配偶者または登録されたパートナー
4．判断能力を失う者と家計を共にし、かつその結果としてその者に定期的かつ個人的に援助を行う者
5．本人の子孫が判断能力を有しない者を定期的かつ個人的に援助している場合には、その子孫
6．本人の両親が判断能力を有しない者を定期的かつ個人的に援助している場合には、その両親
7．本人の兄弟姉妹が判断能力を有しない者を定期的かつ個人的に援助している場合には、その兄弟姉妹

本人が判断能力を喪失した後、この序列に基づいて代理人となった者は、医師との間で治療を計画し（377条1項）、医師は代理権者から本人に関する必要な情報を入手する（377条2項）。

オーストリアにおいても前述の近親者代理権制度によって、近親者は、重大ではない治療に限り同意権限を有する（オーストリア一般民法典284条b第3

---

(32) Barth/Ganner (Hrsg.), Handbuch des Sachwalterrechts (2010, 2. Aufl.), S. 463.

項)。しかし、スイスではこのような制限は設けられていないため、代理権者は、重大な治療に関しても決定権を有すると考えられる。

(3) 居住施設または介護施設における判断無能力者の保護

　法改正により、判断能力を有しない者が居住施設または介護施設に滞在する場合には、書面により世話契約（Betreuungsvertrag）を締結することが必要となる。この世話契約によって、施設が行うサービスおよびそれに対する報酬が定められる（382条1項）。契約の締結、変更および撤回を行う法定代理人を決定する際に、前述の医療同意に関する代理人の規定が準用される（382条3項）。

3　官庁的措置

　旧法において後見的措置と呼ばれていた制度（後見、保佐および補佐）は、「官庁的措置（die behördlichen Massnahmen）」と呼ばれることとなった。ここでも、本人の自己決定権、補充制の原則および相当性の原則の尊重が謳われている（388条2項、389条）。当該制度の目的は、援助を必要とする者の福祉とその保護の確保である（388条1項）。

　官庁的措置は、後見、保佐および補佐から補佐制度（Beistandschaft）に一本化されることとなった。この補佐制度を利用するには、次の要件が存在することが必要となる。すなわち、成年者が精神的障害、心的障害またはその者に内在する衰弱状態に類似することが原因で、その事務を部分的にのみ処理しうるか、もしくは全く処理することができないこと（390条1項1号）、または成年者が処理しなければならない事務において一時的に判断無能力になるか、もしくは不在になることを理由に自ら行動できず、かつ代理権を有する者を指定していなかったこと（390条3項）である。補佐人は、成年者保護官庁によって任命される。

　この補佐制度には、（1）支援補佐（Begleitungsbeistand）、（2）代理補佐（Vertretungsbeistand）、（3）協力補佐（Mitwirkungsbeistand）および（4）包括補佐（umfassende Beistandschaft）の4類型が設けられた。

(1) 支援補佐（393条）

　支援補佐は、補佐制度において、本人に対する制限が最も小さい類型であ

る。本人の同意が補佐人任命の要件となっており、行為能力の制限が生じないことから、旧法の自己申告による補佐（旧394条）にあたる。保佐人は、特定の事務処理のために任命される。

(2) 代理補佐（394条および395条）

代理補佐は、旧392条および旧393条の補佐ならびに旧395条2項における保佐に相当する制度である。代理補佐では、本人の行為能力は原則的に制限されない。また、補佐人は、本人の法定代理人として行動する。もっとも、代理人の行動は本人の行動とみなされて、本人はそれについて責任を負うことから、事実上の行為能力制限を受けると考えられている。なお、本類型においても、成年者保護官庁は、部分的に本人の行為能力を制限することができる（394条2項）。この代理補佐は、①一般的な意味における代理補佐（394条）と②財産管理を伴う代理補佐（395条）に分けられる。

（ⅰ）一般的な意味における代理補佐

本人が特定の事務を行えず、代理される必要がある場合には、代理補佐が用いられる（394条1項）。成年者保護官庁によって本人の行為能力が部分的に制限された場合には、法定代理人は、その任務に関して排他的権限を有する。本人が制限されるのは、義務を負う能力、または義務を負う能力および処分能力である。補佐人の任務範囲と本人が制限を受ける事務範囲が同範囲である必要はないが、本人の能力制限はより狭い範囲において行われなければならないと考えられている。

（ⅱ）財産管理を伴う代理補佐

財産管理を伴う代理補佐は、代理補佐の特別な類型として、改正により新設された。財産には、通常の財産だけでなく、収入および年金も含まれる。管理とは、住居の賃貸、所有権の譲渡などの処分行為および訴訟行為を意味する。成年者保護官庁は、この類型を命じる場合には、補佐人によって管理される財産の範囲を確定する。これは、収入の一部または全収入の管理、財

---

(33) Rosch/Büchler/Jakob (Hrsg.), Das neue Erwachsenenschutzrecht, (2011), S. 142.
(34) Botschaft, S. 7016.
(35) Botschaft, S. 7046.
(36) Rosch/Büchler/Jakob (Hrsg.), Das neue Erwachsenenschutzrecht, (2011), S. 143.

産の一部または全財産の管理、もしくは全収入および全財産の管理となる（395条1項）。

　成年者保護官庁は、本人の行為能力を制限することなしに、本人が個々の財産に干渉することを禁じることができる（395条3項）。実際に、どの財産に本人が関与できないかは個別に命じられる。もっとも、本人は行為能力を制限されていないので、引き続き財産を処分することが可能である。成年者保護官庁が本人に土地に関する処分を禁ずるときは、これは登記に記載されなければならない（395条4項）。

(3)　協力補佐

　協力補佐とは、旧395条1項の協力保佐にあたる。協力補佐においては、本人が特定の法律行為を行う場合に、補佐人の同意が必要となる（396条1項）。この類型において、本人の行為能力は、法律によって制限される（396条2項）。

(4)　組み合わされた補佐

　支援補佐、代理補佐および協力補佐は、互いを組み合わせて利用することができる（397条）。このように組み合わせることによって、個々のケースの必要性に応じた法的保護が可能になるとともに、次に述べる包括補佐の利用を回避することができる。

(5)　包括補佐

　包括補佐は、旧法の後見（行為能力の剝奪）に相当する。包括補佐という類型は残されたものの、その利用は制限すべきであるとされ、本人は特別な必要性がある場合にのみ、この類型を利用できる（398条1項）。その範囲は、身上監護、財産管理および法的取引に関する全事務に及び（398条2項）、本人の行為能力の剝奪を生じさせる（398条3項）。

Ⅳ　おわりに

　本稿においては、日本の成年後見制度において、法定代理権と取消権を付与する（行為能力を制限する）範囲をいかに制限すべきかを検討課題として、スイスにおける成年後見制度を概観してきた。

　まず、後見的措置および官庁的措置における法定代理権に関しては、もと

もと、スイスにおいては法定代理権を付与しない類型が設けられており、改正によって法定代理権を付与しない類型が新設されたのではないということが明らかになった。つまりスイスは、ドイツ・オーストリアと異なり、民法成立時から行為能力制限を伴わずに本人保護を実現していたのである。これは、改正法において、法定代理権も行為能力制限も生じさせない支援補佐に受け継がれている。

また、改正により、「配偶者、登録されたパートナーによる代理」、「医療措置の際の代理」、「居住施設または介護施設における判断無能力者の保護」が設けられたことにより、一定の範囲の事務に関して本人の行為能力を制限することなく、また官庁における手続きを経ることなく、法定代理権が生じることとなった。類似の制度はオーストリアでも設けられていることから、このような制度の創設は、今後の高齢化社会の制度のあり方のひとつを示唆するものと考えられる。

ここから、スイスでは行為能力の制限に関してその実施が民法典成立時から制限的に考えられており、時代を追うにつれてそれが顕著になってきたといえる。その理由として、改正法において包括補佐の利用に特別の必要性が要件として課されていることと、包括補佐を回避するために組み合わされた補佐という類型が設けられていることが挙げられる。これに加えて、本人の行為能力を制限せずに本人の財産を管理する類型（代理補佐）も設けられていることから、本人の行為能力制限に関して、スイスは、より一層慎重な姿勢を示していることがうかがえる。

以上から、法定代理権および取消権を付与する範囲を制限するためには、成年後見制度以外の制度の創設、および成年後見制度内における法定代理権を広汎に与えるが取消権を付与しないというような補助類型[37]の柔軟な活用または新類型の創設が有効であるとの示唆を得ることができた。そこで、今後は、補佐の各類型の具体的適用状況ならびに官庁的措置以外の法定代理制度の適用状況を引き続き調査し、その有効性を証明することを課題としたい。

---

(37) 2012年1月から12月において、後見、保佐および補助の申立件数の合計である34,004件のうち、補助の審判は、1,264件であった（成年後見関係事件の概況—平成24年1月〜12月、最高裁判所事務総局家庭局、http://www.courts.go.jp/vcms_lf/koukengaikyou_h24.pdf）。

スイス後見法の概観[38]

類型	措置	条文	行為能力の制限：一般原則	財産	収入
補佐 (Beistandschaft)	代理補佐	原則392条	一時的措置；原則的に行為能力制限なし	後見官庁によって具体的に身上監護および（または）財産管理が命じられる	
	管理補佐	393条、325条	継続的な身上監護および財産管理；原則的に行為能力制限なし		
	組み合わされた補佐	393条との関係で392条			
	自己申請による補佐	394条			
保佐 (Beiratschaft)	協力保佐	394条、372条（準用）	継続的・部分的に行為能力を制限	申請者、官庁によって任務範囲が明確にされる 395条1項に列挙されている事務につき保佐人と本人が協力する。保佐人は法定代理人ではない	
	管理保佐	395条2項		保佐人は、法定代理人である	本人処分権限あり、行為能力制限なし
	組み合わされた保佐	395条1項および2項			395条1項に列挙されている法律行為を協力して行う
行為能力の剥奪 (Entmündigung)	自己申請による能力剥奪	372条	継続的であり、原則的に包括的な行為能力の制限が生じる		
	行為能力の剥奪	369条から371条			
保護的行為能力の制限	監護的自由制限	397条aから397条	行為能力制限なし		

(38) Hauscheer/Geiser/Aebei-Müller, Das Familienrecht des Schweizerischen Zivilgesetzbuches (2007, 3. Aufl.), S. 345における表をもとに作成した。

成年後見事件担当裁判官の
行為に基づく国家賠償責任
―― フランス成年後見法制理解の機縁として ――

山　城　一　真
Kazuma YAMASHIRO

I　はじめに
II　責任の法的特性
III　責任の基礎づけ
IV　結びに代えて

I　はじめに

1　問題の所在
(1)　裁判例を機縁として

　[1]　広島高判平成24年2月20日（金判1392号49頁）は、家事審判官による適切な監督処分が行われなかったために成年後見人による横領を阻止し得なかったことにつき、成年被後見人による国家賠償（以下、「国賠」という）請求を認容した。本判決は、その結論もさることながら、家事事件における裁判官の職責に照らして国賠請求の成否に関する判断枠組の定立を試み、かつ、その判断枠組の内容が「争訟の裁判」に関する国賠請求におけるそれとは異なる旨を明言した点において、注目に値するものである。

（1）　最二判昭和57年3月12日民集36巻3号329頁によって定立された判断枠組である。なお、篠田省三「判批」『最高裁判所判例解説 民事篇 昭和57年度』（法曹会、1987年）215頁は、司法機関としての裁判所または裁判官の職務行為が多岐にわたることから、「争訟の裁判」以外の手続については、同判決とは別異の考慮がはたらく余地があると指摘していた。上掲の広島高裁判決は、こうした理解に沿うものといえよう。
（2）　本判決の評釈として、藤原正則「判批」実践成年後見43号（2012年）93頁がある。また、家事審判官による職務執行の違法性が問題となった裁判例として、後見事件につき、広島地裁福山支判平成22年9月15日金判1392号58頁（本件原判決――請求棄却）、大阪地裁堺支判平成25年3月14日金判1417号22頁（請求棄却）があるほか（後者の評釈として、宮下修一「判批」現代民事

本稿では、この裁判例によって提示された課題への対処を探るべく、成年
後見事件担当裁判官という特殊な主体の違法行為に基づいて生じる損害賠償
責任につき、その「法的特性」と「基礎づけ」を考察する。はじめに、本判
決の理路を辿りつつ、この問題設定のもつ意義を確認しよう。

[2] 第一に、本判決は、家事審判官の負うべき責任の特徴を、国賠法1
条1項の適用に即して提示した。すなわち、本判決は、「法定後見の趣旨、
目的、後見監督の性質」に照らして、「成年後見人が被後見人の財産を横領
した場合に、成年後見人の被後見人に対する損害賠償責任とは別に、家庭裁
判所が被後見人に対し国家賠償責任を負う場合」とは、「家事審判官が、そ
の選任の際に、成年後見人が被後見人の財産を横領することを認識していた
か、又は成年後見人が被後見人の財産を横領することを容易に認識し得たに
もかかわらず、その者を成年後見人に選任したとか、成年後見人が横領行為
を行っていることを認識していたか、横領行為を行っていることを容易に認
識し得たにもかかわらず、更なる被害の発生を防止しなかった場合などに限
られる」とする。

以上の説示において、本判決は、国賠法の一般規定から出発しつつも、家
事審判官、ひいては成年後見事件担当家事審判官に特有の責任像を垣間見さ
せている。それは、「法定後見の趣旨、目的、後見監督の性質」に照らして
具体化される注意義務に対し、「著しく合理性を欠く」と認められる程度に
違反することを内容とするものと捉えられた。かかる規律は、家庭裁判所に
は、「成年後見人の不正が明らかに疑われるとき以外は、積極的な作為義務
ないし調査義務はない」とする趣旨のものと解され[3]、したがって、その責任
は、後見監督人等の責任との関係で劣後するものとして位置づけられている
とみることができる。本判決の意義は、まず、このような制度理解の当否を
主題化した点に認められよう。

[3] 第二に、本判決は、責任根拠の探究にあたって、家庭裁判所による

判例研究会編『民事判例Ⅶ』(日本評論社、2013年) 110頁)、不在者の財産管理につき、東京地
判平成22年2月24日訟月57巻3号613頁 (一部認容)、東京高判平成22年10月7日判タ1332号64頁
(控訴審判決——原判決取消し、請求棄却) がある。
(3) 藤原・前掲評釈 (注2) 97頁。

「選任」および「監督」の適法性を争点として掲げている。そのうえで、判決は、成年後見人らによる私的費消の疑いと、被後見人の財産減少を防止するための手続の必要性とが調査官から報告されたにもかかわらず、担当審判官が「更なる横領を防止する適切な監督処分をしなかった」ことを理由として、家庭裁判所にある種の監督義務違反を認めた。

この推論の根拠は、後見事務に必要な処分および後見人解任の権限を与えた民法863条2項および846条に求められている。もっとも、上記各規定はいずれも家事審判官に監督権限を付与する規定であり、家事審判官の監督義務を直ちに具体化させるものではない。たしかに、国賠責任は、国家がその権限を適正に行使しなかったことの裏面であるとはいえよう。けれども、そのような一般論を超えて、上記各権限規定が、いかなる論理により、いかなる内容の「選任義務」ないし「監督義務」を導出させるかを理論的観点から明確化することは、なお課題として留保されているように思われる。

(2) 比較法研究の有用性

[4] 以上のような日本法の現状にかんがみるとき、フランス法が、民法典に明文の規定を設けて「後見裁判官 (juge des tutelles)」の責任を明確化していることは、注目されてよいだろう(4)（以下、フランス法における後見裁判官とわが国における成年後見事件担当家事審判官を総称して、「後見事件担当裁判官」という）。しかも、当該規定については、件数こそ多くはないものの、これを適用して国の責任を肯定した判例・裁判例が複数公表されており、特に1990年代以降には、同種の争訟が増加傾向にあるともいわれている(5)。そこで、本稿においては、フランス法において以上の規律が民法典に規定された理由、および、その責任の規律内容および運用実態を解明することを試み、その成果として二つの知見を得ることを目指したい。

第一は、問題解決に関する知見である。今後、成年後見制度の利用が増加するのに伴い、前記判決と同種の不正事件が生じる可能性が高まることも予

---

(4) この点については、既に今尾真「フランス成年者保護法改正の意義と理念」新井誠ほか編『成年後見法制の展望』（日本評論社、2011年）177頁以下において言及されている。

(5) *V.* L. PÉCAUT-RIVOLIER, obs. sous Cass 1ᵉ civ., 4 juillet 2006, AJF. 2006, p. 328. 論者は、近年における訴訟件数増加の要因を、①制度利用者の増加、②コントロールの不十分さ、③報道の活発化等に求める。

想される。これに対処するためには、裁判所による監督権限の実効的な行使が期待されるはずであり、それゆえに、そのいわば裏側の問題である責任の限界づけについても十全な考察を進めておく必要があろう。そのために、フランス法の規律がわれわれにどのような示唆を与えるかは、検証に値する課題であると考える。

　第二は、制度理解に関する知見である。フランス法は、この問題を、国賠責任一般とは区別して「民法」の平面において捉える。私見によれば、それは、フランス法が後見担当裁判官を「後見の機関」として位置づけたことのコロラリーであり、かかる位置づけは、フランス後見法における後見裁判官像を端的に照射するものである。本稿が、成年後見関連の不正一般ではなく、特に後見事件担当裁判官の責任を論じるのは、その考察を通じて、後見裁判官制度の基本的性格に対する以上の所見を論証することを狙いとするからである。いまだ十分に解明されているとはいい難いフランス成年後見法の研究にとって、後見裁判官の位置づけを正確に把握することは、きわめて重要な課題であると考えるのである。

2　前提の確認

　[5]　本論に先立ち、この問題に関するフランス民法典の規律を確認しておこう。(6)

【64年法】
　　473条　計算の承認は、被後見未成年者（pupille）に属することがある後見人及び後見のその他の機関に対する損害賠償の訴えを妨げない。
　　2　被後見未成年者に対して、あるいは後見裁判官又は書記官が、あるいは小審裁判所主任書記官が、あるいは433条により空席の後見の任に当たる公の管理人が、後見の遂行（fonctionnement）において犯したいかなるフォートであっても、それから生じた損害については、国のみが責任を負う。ただし、必要がある場合には、その〔求償の〕訴えを妨げない。

（6）　旧法にかかる条文訳として、『諸外国における成年後見制度』（法曹会、1999年）1頁（稲本洋之助教授による翻訳）が、現行法にかかる条文訳として、清水恵介「フランス新成年後見法」日法75巻2号（2009年）491頁がある。本稿における条文訳は、これら既成訳を参照しつつ訳出した。

3　被後見未成年者が国に対して行使する責任訴権は、すべての場合に大審裁判所に提起される。

【現行法】
　421条　裁判による保護措置のあらゆる機関は、その権限行使について犯されたいかなるフォートから生じた損害についても責任を負う。ただし、強化された保佐の場合を除くほか、保佐人及び保佐監督人は、詐欺又は重大なフォートがある場合にのみ、その補佐（assistance）によって行われた行為について責任を負う。
　422条　保護措置の組織（organisation）及び遂行につき、後見裁判官、小審裁判所主任書記官又は書記官が損害の原因となるべきフォートを犯したときは、被保護者又は保護されていた者が行使する民事責任訴権は、求償訴権を有する国に対して行使される。
　2　裁判による成年者保護受任者（mandataire judiciaire à la protection des majeurs）が損害の原因となるべきフォートをを犯したときは、民事責任訴権は、この者又は国に対して行使されることができる。ただし、国は求償訴権を有する。

　両条に共通する特徴として指摘し得るのは、後見裁判官の責任が「いかなるフォート」についても生じ得るものとされ（64年法473条2項、現421条）、この責任の性質が「国賠」であるにもかかわらず、フォートの内容に何ら限定がないことである。このことを踏まえたうえで、両条の成立経緯と規定の体系的地位について述べておくことにしよう。
　まず、64年法473条であるが、同条は未成年後見に関する規定であり、1964年12月14日の法律第64-1230号による法改正において新設されたものである（この改正を「64年改正」、これによって成立した未成年後見法を「64年法」という）。これに対し、64年法（および、これに続く1968年1月3日の法律第5号による改正成年後見法——以下、「68年法」という）は、成年後見との関係では、裁判官のみならず、後見人や後見監督人についてもその責任を定める規定を置かない。けれども、同法473条は、未成年後見に関する諸規定を包括的に準用する495条を介して、成年後見にも当然に準用されるものと解されていた。したがって、本稿においては、未成年後見に関する議論をも視野に入れつつ、64年法473条の意義と射程を考察することとする。

これに対し、2007年3月5日の法律第2007-308号による改正(7)（前同様に「07年改正」「07年法」という）に由来する421条・422条は、成年後見の総則規定群（415条～424条）に挿入されたものである。そのうち、「責任」について定めるのは、421条ないし424条である(8)。上記引用のとおり、421条・422条は、基本的には旧473条1項・2項を踏襲しつつ、前者が、後見の機関一般に関する——つまり、主体のいかんを問わない——責任根拠を設定し、後者が、特に後見裁判官および書記官の責任を定めるという構造を有している(9)。

3　本稿の構成

[6]　本稿における議論は、次の順序で進める。

まず、64年法において後見裁判官の責任規定が設けられた経緯を、裁判官の不法行為を理由とする国家の損害賠償責任（以下、便宜上、「裁判官の（国賠）責任」と略称する）に関する一般準則との相違を踏まえつつ検討する（Ⅱ）。

次に、旧法下において現れた判例・裁判例を考察し、その延長線上に07年法における規律が位置づけられることを明らかにする（Ⅲ）。

最後に、日本法との比較を念頭におきつつ、フランス法の検討から得られる知見を整理し、今後の課題を提示することをもって結びに代える（Ⅳ）。

Ⅱ　責任の法的特性

[7]　フランス法上、司法裁判所裁判官の国賠責任については特別の責任(10)

（7）　同年改正の経緯等については、拙稿「法定後見申立権者の範囲に関するフランス法の規律——成年後見制度の『担い手』論への布石として」早法89巻3号（2014年刊行予定）（通し番号［38］）以下）および同所引の文献を参照。

（8）　上掲の二条のほか、423条が、421条・422条に共通の時効期間（保護措置の終了から5年）を、424条が、わが国の任意後見受任者・任意後見人に相当する「将来の保護の受任者」の責任（委任契約の一般準則によるものとする）を、それぞれ定めている。

（9）　以下での本論で論じるほか、新法の主な変更点に付言しておくならば、旧来の「公の管理人」制度が廃止されたことに伴い、これに代えて、新たに第三者後見人としての任を担うこととなった「裁判による成年者保護受任者」の責任が明定されたことが重要である。しかし、その考察については他日を期することとしたい。

（10）　この分野には多くの文献が存在するが、以下の叙述は、主として、Ph. ARDANT, *La responsabilité de l'État du fait de la fonction juridictionnelle*, préf. A. de LAUBADÈRE, LGDJ,

体系が構築されており、その一般的枠組みは、司法組織法典（Code de l'organisation judiciaire——以下、COJ と略記する）L.141-1条に規定されている。この規定は、1972年7月5日の法律第72-626号に由来する COJ 旧 L.781-1条を承継したものである。同法以前には、裁判官に対する責任追及の法的手段は、国家無答責の原則に立脚する厳格な手続を擁する「裁判官相手どり訴訟（prise à partie）」（旧民訴法505条以下。以下、「相手どり訴訟」という）に限られていた。

以上の通則に対し、64年法は、特に後見裁判官を対象として、国賠レベルでの原則的規律に対する例外を設けた。それでは、いったいなぜ、このような特則が設けられたのであろうか。この点を解明すべく、本項においては、「通則」と「特則」の内容を照合しつつ、後見裁判官の責任の特性を考察していくこととする。

裁判官の責任に関する法的規制の変遷は、これを時系列に沿って整理すると、①旧民訴法505条の「相手どり訴訟」、②64法473条、③COJ 旧 L.781-1条、④COJ 現141-1条、⑤07年法422条、という流れをたどる。以下では、この入り組んだ経緯に留意しつつ、まず、「通則」としての相手どり訴訟・司法組織法典の規律内容（①③④）を整理し（**1**）、次いで、それとの対比において、民法典旧473条によって創設された後見裁判官の責任規定（②⑤）の理論的位置づけ——「特則」としての意義——を考察する（**2**）。

1　裁判官の行為による国家の責任に関する通則

上述の時系列に即して、「通則」としての裁判官相手どり訴訟（**(1)**）および司法組織法典（**(2)**）の規律を順次考察しよう。

1956 ; J.-M. AUBY, *La responsabilité de l'état en matière de justice judiciaire*, AJDA 1973, p. 4 ; S. GUINCHARD, *Rép. pr. civ. Dalloz*, v° Responsabilité encourues pour fonctionnement défectueux du service public de la justice, 2010 による。わが国における研究としては、ロジェ・ファーブル（若林安雄訳）「フランス法における『裁判官の責任』」判タ34巻20号（1983年）56頁があるほか、滝沢正「各国の国家補償法の歴史的展開と動向——フランス——」『国家補償法大系1』（日本評論社、1987年）11頁（特に51頁以下）が、国賠法に関する総説的叙述のなかで裁判官の国賠責任に言及している。

(11)　現行法は、2006年6月8日のオルドナンス第2006-673号に基づく改正によって成立した。後に詳しくみるとおり、その基本的な内容は旧法のそれと異ならない。

(1) 裁判官相手どり訴訟

[8] 相手どり訴訟の歴史は、きわめて古い。その沿革は中世にまで遡り、1667年の王令によって「相手どり」の名称が冠せられ、1806年には民事訴訟法典による法典化をみることとなった(12)。けれども、当面の検討にとって重要なのは、64年法制定時に効力を有していた1933年2月7日の法律以後の規律である。

相手どり訴訟は、本質的には、裁判官個人を相手方とする手続として構想されたものである。国ではなく、裁判官が相手方とされたのは、国家無答責の原則の現れであった。そして、裁判官個人の責任であるにもかかわらず、民事責任の一般規定である民法典1382条以下によらしめないのは、裁判官を悪意ある訴追から厚く保護し、その判断の自由を保障するためであった。この意味において、国のみならず、裁判官個人についても「無答責」が原則とされたということができるのである(13)。

以上の事情を反映して、相手どり訴訟は、許可申請と本案審理の二段階からなるきわめて厳格な手続によって構成された。すなわち、第一段階として、許可申請においては、当事者または公署証書による特別の委任状を有する代理人が申請書を提出し、相手どり訴訟の提起につき、控訴院長の事前の許可を得なければならない（旧民訴法510条1項、511条）。そのうえで、第二段階として、本案審理においては、旧民訴法505条所定の加重された責任要件が充足されなければならない。64年法制定当時の規律によれば、その内容は次のとおりであった(14)。

【旧民訴法505条】
　裁判官は、次の場合に相手どり訴訟の当事者にされることができる。
　① 審理中であれ、判決のときであれ、詐欺、詐害、瀆職または職務上の重大なフォートが犯されたと主張される場合

---

(12) 制度の歴史に関する概観として、v. ARDANT, th. préc. note 10, pp. 108 et s. 同制度の沿革である「裁判官を相手どる決闘」を考察するものとして、江藤价泰「裁判官相手どり訴訟の形成過程」野田良之先生古稀記念『東西法文化の比較と交流』（有斐閣、1983年）661頁をも参照。

(13) V. E. GLASSON et A. TISSIER, Traité théorique et pratique d'organisation judiciaire, de compétence et de procédure civile, tome 1, 3ᵉ éd., Sirey, 1925, n° 76, p. 185.

(14) 訳出にあたり、フランス民事訴訟法典翻訳委員会「フランス民事訴訟法典の翻訳(14)」法協90巻8号（1973年）56頁を参照した。

② 相手どり訴訟が法律によって明示的に定められている場合
③ 法律が損害賠償の制裁のもとに、裁判官に責任ありと宣言する場合
④ 裁判拒否がある場合
　国は、これらの事実を理由として裁判官に対して言い渡された損害賠償を命ずる判決について、民事上責任を負う。ただし、裁判官に対する国の求償を妨げない。

　ここにおいて、詐欺、詐害、瀆職と並ぶ責任原因とされている「重大なフォート」は、国による保証（2項）とともに、前述の1933年法によって導入されたものである。この要件を追加したことは、責任原因を「故意（faute intentionnelle）」に限定する旧来の立場との関係で「裁判官の責任の拡張への一大進歩」をなすものとされ、爾後、相手どり訴訟においては、もっぱら「重大なフォート」の存否が争われることになったといわれる。[15]

　それでは、この「重大なフォート」は、具体的にどのような内容をもつものと解されていたのか。この点につき、破毀院は、「司法官または司法官吏が、通常どおりに義務を果たそうとするならば陥ることのないような著しい過誤のもとで犯された」フォートというように、裁判官個人の主観に着目する定義を示してきた。[16] より具体的にいえば、裁判官の過誤は、それが法規範を甚だしく看過し、または訴訟資料の検討について許されざる疎漏が認められる場合に限って、重大なフォートとなり得るものとされたのである。[17]

　[9]　以上のとおり、後見事件担当裁判官の責任に関する特則をもたない64年改正以前の後見法のもとでは、裁判官の責任は、相手どり訴訟に基づき、個人責任として追及され得るにすぎなかった。[18] 64年法は、このような一般法の修正を企図したものである。冒頭にみた同法473条の基本的特徴、すなわち、国への責任集中、フォート要件の緩和、大審裁判所への出訴のみを手続要件としたこと等を比べてみるだけでも、同条が相手どり訴訟の狭隘さの克服を目指したことは明らかであろう。[19]

---

(15)　ARDANT, th. préc., note 10, p. 120.
(16)　Cass. 1ᵉ civ., 13 octobre 1953, Bull. civ. I, n° 272, p. 224.
(17)　ARDANT, th. préc., note 10, p. 120.
(18)　V. J. MASSIP, Les incapacités, étude théorique et pratique, Defrénois, 2001, n° 361, p. 275. もっとも、後見事件関係での裁判官相手どり訴訟が提起された実例は、見当たらないようである。

(2) 司法組織法典

[10] 64年法制定後、1972年7月5日の法律は、相手どり訴訟に代わるものとして、裁判官の国賠責任に関する一般規定を設けた。「国家無答責の最後の遺物の一つ」[20]とも形容された司法裁判官の責任制限に対しては、同法制定前の実務においても、既に様々な例外が認められつつあった。同法の制定は、周到に計画されたものではなく、民事訴訟法典改正の機を捉えて、かかる実務傾向を追認するかたちで行われたものであったと評されている[21]。その具体的な規律をみると、L.781-1条が、①「司法役務の瑕疵ある遂行」に基づく責任（1項、現L.141-1条）、②裁判官の「個人的なフォート（個人過失）」に基づく責任（2項、現L.141-2条）を、それぞれ規定している。

【COJ 旧 L.781-1条】（4項略）[22]

　1　国は、司法役務（service de la justice）の瑕疵ある遂行によって惹起された損害を賠償しなければならない。この責任は、重大なフォート（faute lourde）又は裁判の拒絶によってのみ発生する。

　2　個人的なフォートを理由とする裁判官の責任は、司法組織の司法官については司法官職法により、特別管轄裁判所を構成する裁判官については特別法により、それぞれ規制する。

　3　国は、裁判官及びその他の司法官の個人的なフォートによって惹起された損害の被害者を保証する。ただし、裁判官及びその他の司法官に対する国からの求償を妨げない。

二つの訴訟類型のうち、①は、「役務に関するフォート（役務過失）」を問題とし、裁判官個人のフォートを要素としない。つまり、これは、国の直接責任を定めたものである。これに対し、②は、相手どり訴訟の流れを汲むものであり、被害者の救済のみならず、個人責任の追及を通じて裁判官の不正行為を抑止することを企図しつつも、裁判官の責任を国が代位するという構想に基づくものである。

---

(19)　V. P. BLONDY et G. et M. MORIN, *La réforme de l'administration légale, de la tutelle et de l'emancipation*, 3ᵉ éd., tome 1, Defrénois, 1972, nᵒˢ 369 et s., pp. 179 et s.
(20)　AUBY, *op.cit.*, note 10, p. 4.
(21)　AUBY, *op.cit.*, note 10, pp. 4 et 5.
(22)　訳出にあたっては、若林安雄「フランス司法組織法典(3)」近法28巻4号（1981年）45頁を参照した。

もっとも、②の責任内容の具体化は、事後に制定される「司法官職法」、つまり1979年１月18日の組織法律第79-43号１条による新設規定（1958年12月22日のオルドナンス第58-1270号に11-1条として追加）に委ねられた。この規定を理解するうえでは、特に二点の補足を要する。第一に、同条は、責任要件については、「司法組織の司法官は、自らの個人的なフォートについてのみ責任を負う」と規定するにとどまる（同条１項）。したがって、何が「個人的なフォート」を構成するかは、この観念それ自体の解釈によって論定されなければならない。第二に、「司法役務に関して個人的なフォートを犯した裁判官の責任は、国からの求償訴権によらなければ発生しない」（同条２項）。つまり、司法裁判官の個人責任は、国からの求償（COJ旧L.781-1条３項）を通じて具体化され得るにすぎないのである。[23]

　以上のとおり、COJ旧L.781-1条両項は、「重大な」「個人的な」としてフォートの内容を特定した責任類型を創設した。これらの定式は、「いかなる」フォートであっても責任が成立し得るとする旧473条とは明らかに異質である。そこで、各々の内容を比較するために、重大なフォート（ア）、個人的なフォート（イ）の意義をそれぞれ確認することにしよう。

　ア　重大なフォート

　[11]　「重大なフォート」要件は、既に相手どり訴訟にも現れていたが、そこでは、この観念は、裁判官の主観に着目して定式化されていた（[8]）。これに対し、COJ旧L.781-1条１項は、「司法役務の瑕疵ある遂行」という客観的定式を用いてその要件を規制しているのだから、裁判官個人による義務違反の態様に着目する基礎づけは、もはや無用となったかにみえる。しかし、この新しい要件は、主体を特定せずに国賠責任を追及する途を開きはしたものの、[24]責任原因としてのフォート概念の変更を意図したものではなかった。それは、依然として「裁判拒否」を典型とする「重大なフォート」として理解されたのであり、破毀院もまた、1990年代に至ってなお、相手どり訴訟のもとでの「古色蒼然たる」定義をここに適用し続けてきたのである。[25]

---

(23)　もっとも、国家からの求償が行われた実例はみられないという（GUINCHARD, *op.cit*., note 10, n° 59, p. 21）。
(24)　AUBY, *op.cit*., note 10, p. 6 は、この点に本改正の重要な意義があるとする。

ところが、こうした厳格な規律は、国に対する責任追及を易化する方向へと決定的に転換させられることとなる。その画期となったのは、破毀院全部会2001年2月23日判決であった[26]。同判決は、「重大なフォート」を、「司法公役務が与えられた任務を果たすことができないことを示す、一つまたは一連の行為によって特徴づけられるあらゆる瑕疵」と再定義した。ここにおいて、破毀院は、もはや裁判官個人の主観を問題とせず、もっぱら任務との客観的な関連性に着目する機能的な定式を採用するに至ったのである[27]。

なお、このような判例の転換が生じた背景には、COJ旧L.781-1条が、裁判官の国賠責任を一般的に認める建前を採りながら、その要件を「重大なフォート」として著しく限定していることは、公正な裁判を受ける権利を保障する欧州人権条約6条に反するのではないか、との疑義が高まっていたという事情があった。2001年判決において、破毀院は、COJ旧L.781-1条が同条約に矛盾しないことを確認したが、いわばその代償として、「重大なフォート」を条約適合的に読み直すことを余儀なくされた、というのである[28]。本判決は、フランス司法制度論上、一個の考察に値する論点であろうが[29]、当面の関心からは、「重大なフォート」要件が以上のように再定義され、裁判官の国賠責任を拡張する傾向が生じたことを確認するにとどめざるを得ない。

イ　個人的なフォート

[12]　次いで、「個人的なフォート」についてみよう。この概念は、いまだ判例によって明確に定義されたことがなく、学説における理解も一定しないようである。

前記2001年判決以前のものをも含めてみると、「個人的なフォート」の理

---

(25)　Ex. Cass. civ. 1ᵉ, 20 février 1996, Gaz. Pal., 1997, II, p. 421.
(26)　Cass. ass. plén., 23 février 2001, BICC, n° 532, p. 4. ある少年の殺人事件について勾留されたものの、嫌疑不十分として釈放された者が、同人を犯人と信じる被害少年の父によって殺害された事件。同人が勾留されてから事件が終結するに至るまでの国の活動が「司法役務に関する重大なフォート」に当たるとして、同人の遺族が国に対する損害賠償を求めて訴えを提起した。
(27)　G. VINEY, obs. sous cet arrêt, JCP G., 2001. I, 340, n° 7, p. 1497.
(28)　V. Avis de R. De GOUTTES, op.cit., p. 10, not. p. 21.
(29)　全般的な問題状況につき、小林真紀「フランスにおける公正な裁判―欧州人権条約がもたらす影響―」比較法研究78号（2012年）46頁（および、同号所収のシンポジウム「『公正な裁判』をめぐる比較法」の各報告）をも参照。

解に関する学説においては、①「重大なフォート」との重畳を認めるか、②重畳を回避するかをめぐって、見解の相違がみられた。①の立場に属する者は、「個人的なフォート」とは、「重大なフォート」の特別な場合を定めたにすぎないとみる。これに対し、②の立場に与する者は、「個人的なフォート」による責任は、司法役務の瑕疵ある遂行に加えて認められた補充的な責任であり、１項によっては責任の成立が認められない場合をカバーするものであると解する。そのうえで、この見解を唱える論者、たとえばギンシャールによると、ここでの責任根拠は、民事法の一般原則ではなく、むしろ公権力の責任に関する原則に求められるべきであり、したがって、「個人的なフォート」の内容は、行政法上の一般原則に従って論定されなければならないとされる。これは、すなわち、その内容が原則として「故意」に限定されることを意味する。

　上記①説は、2001年判決以前のものであるから、かつての限定的な「重大なフォート」概念を前提とする。したがって、同判決の登場によってこの観

---

(30) この旨を最も明瞭に説くのは、P. ESTOUPE, note sous CA Versailles, 27 juillet 1989, JCP G., 1990, II, 21450 であり、「３項所定の『裁判官及びその他の司法官の個人的なフォート』とは、司法役務の瑕疵ある遂行の特別の場合であり、その独自性は、国家が司法官に対して求償訴権を行使することを認め、もって個人責任を負わせるところにある」という。また、F. LEMAIRE, note sous Cass. civ. 1e, 13 octobre 1998, D. 2000, p. 576, not. p. 580 は、判決の読解を通じて、「破毀院は、３項が定める裁判官の個人的なフォートとは、１項によって国家の責任を生ぜしめる重大なフォートの特別の場合にしかみていないようである」との理解を示す。

(31) GUINCHARD, op.cit., note 10, n° 57, p. 20. このことを論証するにあたり、ギンシャールは、この問題に関するリーディング・ケースである Cass. civ. 2e, 23 novembre 1956, Bull. civ. II, n° 407 ; D. 1957, Jur., p. 34 concl. LEMOINE を援用する。同判決は、ガス漏れによって窒息死した者の検死のために召喚された医師が、司法警察当局が現場の安全措置を講じていなかったために検死中にガス爆発に巻き込まれて負傷した事案において、医師に対する国の損害賠償責任を認めたものである。本件においては、司法警察当局の行為に国家無答責の原則が適用されるかが争われたが、本判決は、①国家無答責の原則の妥当範囲を、事実認定・法適用という司法作用に限定すべしとするルモワーヌ検事の総括意見に親和的な立場から、②国の責任の根拠を、私法ではなく、公法の原則の適用に求めた。ギンシャールは、②に着目して、個人的なフォートもまた公法規範に従って確定されるべきであると論じるのである（ただし、上記判決は、行政法上、無過失責任が認められていた領域に関する事案であったため、司法役務の遂行について広汎な賠償可能性を認めている）。もっとも、以上のギンシャール説が一般に受け容れられているかは、判然としない。たとえば、H. CROZE, J.-Cl. Procédure civile, Fasc. 74, 2009, n° 61〔オンライン版しか参照し得なかったため、対応頁は不明〕は、是々非々の応接を示すのみであり、自らは態度決定を留保している。

念が著しい拡張をみた後にも同じ理解が維持され得るかには、留保が必要である。しかし、この点を措いても、次のように整理することは可能であろう。すなわち、①説が、2001年判決以後の緩和された「重大なフォート」の判断枠組を「個人的なフォート」についても適用する趣旨と仮定するならば、裁判官の国賠責任が認められる要件は、結局、先にみた意味での「重大なフォート」の存否に収斂する。これに対し、②説によるときにも、たとえ「個人的なフォート」、つまり「故意」の立証に失敗しても、広範な適用領域をもつ「重大なフォート」に基づく責任追及の余地が残ることとなる。

このように整理すると、①・②のいずれの見方によるかにかかわらず、後見裁判官の国賠責任との対比において考察されるべき、裁判官の国賠に関する最も包括的な救済規定としては、1項を念頭に置くことが適切であるといって大過ないだろう。そのうえで問われるべきは、2001年判決以来、同項に基づく国賠責任の成立可能性が著しく拡張されつつある現状において、後見裁判官の責任規定になお「特則」性を見出すことができるか、である。

2　後見裁判官の行為による国家の責任

[13]　後見裁判官が負うべき法的責任に「特則」性を認めることができるとすれば、その根拠は何か。一般論としていえば、ある主体が特別の責任を負うことは、それが他の主体とは区別される特別の任務を負うことによって基礎づけることができよう。それでは、後見裁判官の任務の特性は、いかなる点に見出されるのであろうか。

この問いに答えるためには、フランス民法典が、後見裁判官を「後見の機関（organe）」として位置づけていることを看過し得ない。本項では、64年法の立法過程において示された構想を確認し（(1)）、そこから引き出される責任根拠を論定する（(2)）ことを通じて、こうした位置づけがもつ意義の解明を試みよう。

(1)　64年法の構想

[14]　未成年後見に関する64年改正の最大の特色は、旧来の家族会（conseil de famille）制度の機能不全に対処すべく、後見裁判官制度を新設したことであった。そして、後見裁判官の責任を定めた473条は、まさにこの改革

と一体をなすものとして導入された。この理は、国民議会におけるコレット議員の説明において、端的に表されている（傍点引用者）[33]。

「後見裁判官に対して広い権限が認められたことは、後見に関する真の公役務（véritable service public des tutelles）を創設することにつながる。そこで、この役務が不適切に行われた場合につき、国の責任を定めておくことが必要だと考えられた（473条）。……」

「473条は、後見の機関に対して被後見未成年者が有すべき損害賠償訴権に関するものである。かかる責任は、新法が、被後見未成年者の財産管理につき、後見の機関に対して非常に大きな自由を認めたことの不可欠の代価だと解されたのである。

本条2項は、国が不適切な活動をした場合に、国が責任を負うことがある旨を定める。本法以降、国の活動は、後見に関する公役務と呼ぶことができる。後見裁判官であれ、書記官であれ、フォートを犯した場合には、未成年者は直接に国を訴えることができ、かつ、求償権を行使する可能性があることは別論としても、国が後見裁判官および書記官に代位して責任を負うことが適切だと考えられたのである。……」

以上に掲げた二つの説明は、前者が「法案の全般的な仕組み」として改正の基本構想を説いたもの、後者が「法案の分析」として逐条解説を行ったものである。両者において特に目を惹くのは、「後見に関する公役務」という標語が共通して用いられていることであろう。ここからは、後見裁判官という官職に「（公）役務」的性格を付与するという構想が窺われるとともに、それに基づく権限行使の適法性を裏づける趣旨で責任規定が新設されたことがわかる[34]。

もっとも、そこでいわれる「（公）役務」という標語それ自体の具体的な意義・内容については、法案は何ら説くところがない[35]。この標語は、国の不

---

(32) V. J. CARBONNIER, *Préface à la réforme de l'administration légale, de la tutelle et de l'émancipation*, in : *Jean Carbonnier 1908-2003, Écrits*, PUF, 2008, p. 354. 未成年後見における家族会の役割については、稲本洋之助『フランスの家族法』（東京大学出版会、1985年）108頁を参照。

(33) J. O., *Assemblée Nationale, 1963-1964, Rapport n° 1006 de M. COLLETTE*, pp. 11 et 24.

(34) 公的機関の責任を考えるうえでは、64年法427条が、「子に対して与えられる保護たる後見は、公の負担である」として未成年後見の公的性格を強調することも、同法の基本構想を表す規定として併せて念頭に置かれるべきであろう。

法行為責任の基礎づけという上記の文脈で語られたにすぎないのである。したがって、「役務」という語を援用することにより、立法者がどのような責任根拠を構想したのかは、法文、立法資料および学説上の議論から推知されなければならない。

(2) **責任根拠**

[15]　64年法の立法者が「役務」という概念を援用した理由を推考するには、①後見裁判官の職務内容がどのように理解されたか、②「役務」概念がいかなる法技術的意義を担わされたかという二点に注目することが有益である。

第一に、職務内容については、64年法が、後見裁判官を、後見人、家族会と並ぶ——しかも、これらに先立って規定される——「後見の機関」として位置づけたことが注意を惹く。後見裁判官は、「その管轄区域の法定管理及び後見につき、一般的な監督を行う」(395条1項) ことを初めとして、様々なかたちで成年者の保護に関与することが予定されたのである。

このような役割を担う後見裁判官を「機関」として位置づけるという民法典の構成は、元老院におけるジョゾー＝マリニェ報告書が「後見裁判官は、家族会を主催するだけでなく、自ら後見の機関ともなる」(傍点引用者) と明言したように、偶然の産物ではなく、立法者による自覚的な選択の結果であった。「いまや裁判官が関与するようになったことから、書記官や後見人不在の場合の管理人とともに、裁判官がフォートを犯し得ると規定せざるを得ないこととなった」との評にも示唆されるとおり、ここには、後見裁判官と後見人とが、後見制度の担い手として協働するという制度観を窺うことができる。

---

(35)　なお、64年法の条文としては、「児童社会支援機関 (service de l'aide sociale à l'enfance)」との関係を規定する390条3項が、唯一、「役務 (service)」の語を用いているようであり、後見自体を《 service 》として捉える見地は明示されていない。

(36)　第十章「未成年、後見および解放」、第二節「後見」、第二款「後見の組織」。同款は、後見裁判官 (393条〜396条)、後見人 (397条〜406条)、家族会 (407条〜416条)、その他の後見の機関 (417条〜426条)、後見の負担 (427条〜448条) の各項目によって構成される。

(37)　*J. O., Sénat, 1964-1965, Rapport n° 15 de L. JOZEAU-MARIGNÉ*, p. 5.

(38)　G. DURRY et M. GOBERT, *Réflexion sur la réforme de la tutelle et de l'administration légale*, RTDciv. 1966, pp. 34 et 35.

後見裁判官を制度の要とし、これを一つの「機関」として民法典に位置づけるという64年法の構想は、学説においても異論なく受容されている[39]。責任規定も、かかる役割に対応するものとして捉えられてきたのである[40]。

[16] 次に、法技術的意義に着目すると、「役務」性の強調は、後見裁判官の責任を「公役務」に関する責任論に接近させることとなる。

この推測を裏づけるのは、64年法制定後の実務家による解説が、旧473条における「後見の遂行において」の解釈として、「役務に関するフォート」をめぐる行政法学説を明示的に参酌していることである。それによると、「後見の遂行」におけるフォートとは、①役務に関するフォート、または、②役務との結びつきを完全には欠いていない個人的なフォートのいずれかを指すものとされる[41]。このような着想は、被後見人による責任追及の可能性を拡大することを企図したものであり、同条の規律は、まさにこの点において、爾後に制定されるCOJ旧L.781-1条の先蹤ともなったのである[43][44]。

---

(39) 未成年後見に関する叙述であるが、H., L. et J. MAZEAUD, *Leçons de droit civil*, t. 1, 3ᵉ vol., *Les personnes（suites）: mariage, filiation, incapacités*, 4ᵉ éd. par M. De JUGLART, Montchrestien, 1970, nº 1306, p. 633 ; A. WEILL, *Droit civil, Les personnes, la famille, les incapacité*, 3ᵉ éd., Dalloz, 1972, nº 805, p. 718 ; G. MARTY et P. RAYNAUD, *Droit civil, Les personnes*, 3ᵉ éd., Sirey, 1976, nº 554, p. 673. その叙述構成をみると、マルティ＝レイノーは条文の構成を忠実に踏襲して、ヴェイルは機関の最後の部分において、マゾーは後見人と監督機関とを大別したうえで監督機関の項において、それぞれ後見裁判官の解説を行っている。

(40) MAZEAUD, *op.cit.*, note 39, nº 1315, p. 641 ; MARTY et RAYNAUD, *op.cit.*, note 39, nᵒˢ 542 et 587, pp. 664 et 694. ただし、その内容は、一部の論者の目には過酷なものと映ったようであり、マゾーは、「……後見裁判官は、自らの管轄に属するすべての法定管理と後見について、本当に監督することなどできるのだろうか。国の責任が絶えず生じることにはならないだろうか」との懸念をも示している。

(41) P. BLONDY et G. et M. MORIN, *La réforme de l'administration légale, de la tutelle et de l'émancipation*, 3ᵉ éd., tome 1, Defrénois, 1972, nº 374, p. 181.

(42) なお、通達によれば、旧473条は、裁判官個人に責任が生じ得るという原則を変容するものではなく、したがって、相手どり訴訟が認められるべき場合には（かつ、その場合にのみ）、国からの求償という局面で裁判官の個人責任が生じる余地はなお否定されないものとされた（Circulaire du 1 juillet 1966, *J. O.*, 7 juillet 1966, not. nᵒˢ 31 et 32, p. 5790）。以上の構造は、事後に司法組織法典によって明示された理解（本文 [10]）と共通するものといえる。

(43) COJ旧781-1条の構想にあたり、後見裁判官の責任規定が意識されたことは、多くの論者が指摘するところである。もっとも、旧473条がCOJ旧781-1条の1項・2項のいずれに類するかについては、ニュアンスの違いがみられる。旧473条の文言は、後見裁判官（ないしは書記官等）のフォートを問題としつつ、国を相手方とする訴訟を定めており、この点で2項の規律に類する。こうした理解に立つG. GOUBEAUX, *Traité de droit civil, Les personnes*, LGDJ, 1989, nº 495,

3 小　括

[17]　以上の検討によって、冒頭に予示した通則・特則の発展過程につき、一応の整理を与え得たと考える。後見裁判官の責任がいかなる意味での「特則」性を有するかにつき、ここで若干の所見を述べておこう。

64法以降、後見裁判官の責任に関する特則と、裁判官の国賠責任に関する通則の改革は、交錯しつつ展開した。より正確にいえば、後見裁判官の責任に関する規律を追いかけるかのように、一般法においても責任要件が次第に緩和されてきた。そうした展開のなかにあって、2001年の破毀院全部会判決の登場は、旧473条のもつ「特則」性にも影響を与え得る重要な事実である。もちろん、通則においては「重大なフォート」が要件となるのに対し、後見裁判官の責任においてはフォートの内容を問われないという形式的差異は、なお残されている。けれども、同判例によって「重大なフォート」による責任限定の意義が著しく減じられた今日においては、旧473条の特則性は実質的に失われたという評さえも、決して理由のないものとは思われない。

しかし、そのような評価は、制度のいわば現象面には妥当し得ても、後見裁判官の責任を民法典に編入した際の制度理解それ自体を変容させるわけで

---

p. 421 texte et note 255 は、64年法が、後見裁判官につき、裁判官個人の行為に基づいて国が一次的な責任を負うとする取扱いを認めたことを嚆矢として（この点につき、64年法は、教師の責任に関する1937年4月5日の法律に着想を得ている。同法については、奥野久雄「学校事故賠償法史―フランスにおける教師の民事責任法制の変遷」関法29巻5号（1980年）659頁を参照）、かかる取扱いが裁判官の国賠責任に関する一般原則の地位に高められたという（ファーブル・前掲論文（注10）59頁をも参照）。これに対し、Th. FOSSIER, *J.-Cl. Code civil*, Art. 469 à 475, Fasc. 890, 2002, n° 60, p. 16 は、むしろ1項の規律との間に類似性を認める趣旨のようである。

(44)　なお、同条の適用対象から除外されている主体として注意を要するのは、検察官である。後述する07年改正の立法過程においては、検察官についても国の代位責任を導入しようという修正提案がなされた。しかし、この提案は、「検察官の関与は後見の機関のそれとは性質を異にするものであり、むしろ後見事務への関与の程度に応じて異なる責任制度を規定することが、論理の要請するところである」との理由で斥けられている（*J. O., Assemblée Nationale, Rapport n° 3557 de M. E. BLESSIG*, p. 126）。ところで、07年法は、先述の68年法395条に相当する条文を改め、「後見裁判官および検察官は、その管轄区域の保護措置に対して、一般的な監督を行う」とした（現416条）。このように、一般的監督者としての役割においては両者を等置しつつ、なおも責任規定においては相違を認めようとしたことは、それぞれが制度運用において果たすべき具体的な役割を考察するうえで意義深いことのように思われる。なお、07年法が検察官の役割を再編したことについては、簡略ながら、別稿（前掲注7）通し番号［47］をも参照。

(45)　FOSSIER, *op.cit*., note 43, n°s 60 et s., pp. 16 et s.

はない。後見裁判官は、後見人・後見監督人・家族会と並ぶ「後見の機関」として民法典に位置づけられ、そのような役割を担うがゆえに、他の裁判官とは異なる責任規範に服する。こうした後見裁判官像は、いまなおフランス後見法における一つの特徴をなしているとみることができるだろう。

ところで、以上の特徴は、後見裁判官の責任の法的特性を明らかにするにはとどまらない。後見という社会関係に妥当する国賠責任の特則を認めることは、遵守されるべき義務内容の確定、さらには義務違反の認定を通じて、現実問題の解決をも左右する可能性をもつはずである。Ⅲにおいては、破毀院判例の検討を通じて、64年法以降の判例が以上の構想をどのように具体化し、また発展させてきたかを明らかにしよう。

Ⅲ　責任の基礎づけ

[18]　本項では、後見裁判官についてどのような義務が設定され、その違反がどのように認定されたのかを、リーディング・ケースとしての価値をもつ三件の破毀院判決に即してみていく。検討にあたっては、判決がいかなる義務違反に着目したかに応じて、事案を二つに大別する。すなわち、〔1〕は、64年法395条の一般的監督義務を帰責根拠として援用した先例であり、〔2〕は、この枠組みを踏襲したものと位置づけられる(1)。これに対し、〔3〕は、後見の「組織」に関するフォートという、それとは異質な——64年法473条のいう「遂行」に当然には包摂され得ない——帰責根拠を援用したものである(2)。

1　監督・許可
(1)　判　決

[19]　いずれも未成年後見に関するものであるが、後見裁判官の監督義務違反が問題になった二件の判決を採り上げよう。
〔1〕破毀院第一民事部1979年6月26日判決[46]
【事案】　Aは、妻と死別後、1966年にY₁と再婚したが、1967年、Y₁、子X（当時未成年）を遺して死亡した。Aの積極財産は、レストランの営業財産のみで

あり、Y_1 がその経営を引き継いだ。その後、1971年、家族会は、全員一致の議決により、積極財産が消極財産を上回るとの見通しのもと、一方で相続の単純承認を許可し、他方で代金10万フランで営業財産を売却することを許可した（家族会の構成員である後見裁判官は、投票を棄権）。ところが、その後、実はAに営業財産の価値を上回る多額の消極財産があったことが判明した。

原判決は、Xが被った損害の半額について国の責任を認めるとともに、Y_1 と公証人である Y_2 とが、それぞれ4分の1について責任を負うとした。これに対し、国は、国にはフォートはなく、また、仮にフォートがあったとしても、後見裁判官が反対票を投じていたとしても単純承認が許可されたことに変わりはないから損害との間に因果関係がないと主張して、破毀申立をした。

【判旨】 破毀申立棄却 「民法典395条により、後見裁判官は、その管轄に属する後見について一般的な監督を行うのであり、また、同法典461条により、家族会は、積極財産が消極財産を上回ることが明らかな場合を除いて、未成年者に生じた相続の単純承認を許可することはできない。本件において、控訴院は……、次のとおりに認定している。すなわち、後見裁判官は、『……家族会の構成員のもとに付託された消極財産の内容が、その状況に適するものであるかを確認することなく』、家族会の構成員をして『裁定せしめた』。以上の理由のみによっても、……第二審は、Xが被った損害が、彼の名によって債務超過の相続について単純承認がなされたために生じたものであることを認定せざるを得なかったのであり、後見裁判官が、民法典473条の適用によって国の責任を生じさせるフォートを犯したものと認めることができたのである」。

〔2〕 パリ控訴院1994年1月21日判決[47]・破毀院第一民事部1996年7月3日判決[48]

【事実】 1982年2月8日に死亡したAには、当時14歳の娘Xがいた（妻は先死）。1982年3月8日、後見裁判官（パリ20区。その後、Xの住所地であるジュヴィシーに移送）によってXのために家族会が組織され、Y_1 が後見人、Y_2 が後見監督人にそれぞれ選任された。その後、Aの死亡年金がXに支払われることとなったため、家族会は、①Y_1 が年金を受領したうえで、これをXが成

---

(46) Cass 1ᵉ civ., 26 juin 1979, Gaz. Pal. 1981, 1. p. 2, note J. MASSIP.
(47) CA Paris, 21 janvier 1994, D. 1994, p. 530, note E. S. De LA MARNIERRE ; RTDciv. 1994, p. 324, obs. J. HAUSER ; Defrénois 1994, p. 787, obs. J. MASSIP.
(48) Cass 1ᵉ civ., 3 juillet 1996, Bull. civ. I, nº 291 ; Defrénois 1997, p. 320, obs. J. MASSIP ; RTDciv. 1996, p. 879, obs. J. HAUSER.

人するまで預金すること、②養育費としてY₁が月700フランを受領することを許可した。1982年11月2日、年金として23万余フランが支払われ、これが2つの口座に預金された（11月5日には、その旨が後見裁判官に報告された）。ところが、Xが成人した時、X名義で開設された2つの預金の残額は、それぞれ46余フラン、730余フランになっていた（なお、Xが成人するまでの間、後見事務に関する年次報告がなされたことはなかった）。そこで、Xは、1988年、①Y₁に対して計算の報告を求めるとともに、②後見の機関によるフォートを理由としてY₁、Y₂および国を提訴した。審理の結果、Y₁が、1982年12月、Xの口座から「XからY₁へのプレゼント」なる名目で3万7500フランを引き出したこと、また、大は6万フラン、小は1000フラン程度の引出しを自己または第三者のために理由なく繰り返していたことが判明した。

　以上の事実関係につき、パリ控訴院は、①Y₁に対し、3万7500フランおよび判決の日以降の法定利息を支払うことを命ずるとともに、②Y₁、Y₂および国に対し、連帯して15万2500フランおよび同様の法定利息を支払うことを命じた。これに対し、国は、「後見裁判官は、未成年者の財産管理において後見人の代わりを果たすものではなく、後見裁判官の責めに帰すべき後見遂行上のフォートがある場合にしか責任を負わない」と主張して、破毀申立をした。

【判旨】　破毀申立棄却　「民法典395条により、後見裁判官は、その管轄に属する後見について一般的な監督を行うのであり、かつ、そのような資格に基づき、未成年者の財産が適切に管理されることにつき、絶えず注意を払わなければならない。また、後見裁判官は、同法典470条の適用により、後見監督人の審査を受けた後に年次事務報告を確認しなければならない。しかるに、本件においては、原判決が明らかにするとおり、年金基金から2度にわたって死亡年金の支払いについて通知を受け、かつ、後見裁判官が定めたのよりも利回りの良い運用が可能である旨、連絡を受けていたにもかかわらず、パリの後見裁判官は、この点を何ら顧みておらず、また、ジュヴィシーの後見裁判官に一件記録を送付する際にも、Xに給付された多額の元金の存在について何ら注意を喚起していない。次いで、判決は、第二の〔＝ジュヴィシーの〕後見裁判官が、年次報告を受けるのに必要な注意を果たしていないことを認定しているが、これが1983年6月以前に行われていれば、Y₁による不適切な財産管理が明らかになる可能性もあったところである。また、同後見裁判官は、未成年者の財産減少を防ぐための何らの手立ても講じていないことをも認定している。

これらの認定および陳述により、控訴院は、後見裁判官が民法典473条の適用によって国の責任を生じさせるフォートを犯したものと認めることができたのであって、その判決には適法に理由が付されている」。

(2) 分 析

[20]　学説上、後見裁判官の損害賠償義務の発生要件は、①損害を被ったこと、②当該損害が後見裁判官のフォートによって惹起されたものであること、そして、③当該フォートが後見の遂行において犯されたものであること（以下、「後見遂行関連性」という）の三点に整理されている[49]。これらと対照すると、〔1〕〔2〕は、特に要件②・③の解釈について大きな意義をもつと解される。順次考察しよう。

[21]　まず、〔1〕は、後見裁判官の一般的監督義務（64年法395条）を根拠として後見裁判官のフォートを認定したものであり、この点において、要件③との関係で重要な意義を有する。というのは、同条の援用は、「後見の遂行」という同法473条の前提となる注意義務が、これと同じ「後見の遂行」という標題をもつ同法第三款（449〜468条）の諸規定に依拠せずに構成され得ること、したがって、同法473条にいう「遂行」には、同款に含まれる諸事務の遂行よりも広いものが含まれることを前提とするからである。この点は、〔3〕判決登場の伏線として重要な意義をもつこととなる。

責任根拠に関する以上の理解は、要件②の解釈に対しても影響を及ぼす。破毀院が監督義務を明言する契機となったのは、本件においては自らの義務違反によって損害の惹起に積極的に加功したわけではないとする国からの破毀申立であった。これに応接するにあたり、破毀院は、家族会をして法令（本件では民法典旧461条）違反の裁定を「なさしめた」ことを理由に後見裁判官のフォートを認めた。この応接により、破毀院は、「法令違反の裁定によって本人に損害を生じさせることを防ぐために、後見裁判官が家族会に対して必要な情報を提供する義務を負う」という理解を示したのである[50]。同じ論

---

(49)　V. ex. J. MASSIP, *Les incapacités, op.cit.*, note 18, n° 363, p. 277.
(50)　MASSIP, note préc., note 46, pp. 3 et 4. さらに、マシプ教授は、適切な情報提供がなされたにもかかわらず、家族会が法令違反の裁定を行った場合には、後見裁判官は、その裁定を是正するために必要な大審裁判所への申立て（旧民訴883-2条、現1221条）をする義務まで負うと解する。

理は、たとえば、後見人が、法律上禁じられている贈与を許可したような事例にも妥当しよう。
⁽⁵¹⁾

　[22]　次いで、〔2〕は、〔1〕における責任根拠の理解を踏まえつつ、フォートの評価根拠事実を列挙して国の責任を認めた。もっとも、この結論を導くにあたり、判決が、各々の裁判官について損害賠償の原因となるフォートを認め得るものと解したのか、あるいは、一連の事情を総合してフォートを認めたのかは、判示の内容からは必ずしも判然としない。判例評釈においては、国の責任を認めるという結論を支持することを前提として、各々の裁判官について損害と因果関係のあるフォートを認める口吻のものが多数を占めているといえる。
⁽⁵²⁾⁽⁵³⁾

　また、〔2〕の説示においては、「後見裁判官は、未成年者の財産管理において後見人の代わりを果たすものではな〔い〕」との破毀申立理由への応答によって、後見裁判官の監督責任が副次的なものではないとされた点が注目される。このような抗弁が認められないことについても、評釈においては異論をみない。後見裁判官の責任は、後見人および後見監督人の責任に劣後するものではなく、これとまさに同列のものとして位置づけられているのである。
⁽⁵⁴⁾

2　後見の組織

　[23]　次いで、成年後見の「組織」に関するフォートを扱った事案をみよう。

(1) 判　決

〔3〕破毀院第一民事部2006年7月4日判決⁽⁵⁵⁾

【事実】　Xは、1996年に後見に付されたが、Xの子がいずれも後見人への就任

---

(51)　V. Cass. 1ᵉ civ., 18 juillet 1995, Defrénois 1996, art. 36354, n° 50, p. 736, obs. J. MASSIP.
(52)　ただし、原々審たるパリ大審裁判所1992年2月27日判決は、監督義務違反と横領との間には因果関係がないとして、後見監督人および国の責任を否定したようである（De LA MARNIE-RRE, note préc., note 47, p. 532）。
(53)　前注47所掲の各評釈を参照。ただし、MASSIP, obs. préc., note 48, p. 321は、年次報告を求めなかったことが特に重要であるとして、摘示された諸義務の重要度に軽重の差があることを意識している。
(54)　MASSIP, loc. cit. は、かかる抗弁は強弁に等しいとまでいう。

を拒絶したため、Yが法定管理人（民法典497条）の資格において後見人に選任された。2000年、Yによる横領が発覚したため、後見裁判官は、Yを解任し、マイエンヌ県家族会連合に後見事務を委託した。刑事訴訟・付帯私訴の結果、Yは、Xに対し、横領した15万ユーロ余を返還すべきことを命ぜられたが、この債務は約5万ユーロしか弁済されていない。そこで、県家族会連合は、Yを後見人とし、そのほかに監督機関を設けないとする審判がなされたことにつき、国に対する責任訴訟を提起した。

控訴院は、民法典473条は後見の「遂行」に関する国の責任を定めたものであって、保護措置の選択は同条の射程外にあるとして、Xの請求を棄却した。Xより破毀申立。

【判旨】　破毀差戻　「473条2項に徴して……、県家族会連合の請求を棄却するにあたり、原判決は、保護措置の選択は、国の責任を後見の遂行のみにかからしめている民法典473条の射程に属しない旨、判示している。しかし、〔旧473条にいう〕後見の遂行におけるフォートは、無能力者の保護のために選択された措置に従って行われるコントロールの適正性との関係でも、同様に解されなければならない。それにもかかわらず、以上のように判示したことにより、控訴院は上記法条に違背したものである。」

(2)　分　析

[24]　〔3〕においては、財産の内容からすれば家族会を伴う完全な後見を選択すべきであったにもかかわらず、法定管理（旧499条）が選択されたことを理由として、後見裁判官による後見の遂行におけるフォートが主張された。この主張は、後見裁判官による措置の選択という、後見の「組織」の不適切さをフォートの内容とするものであったため、「組織」が「後見の遂行」（旧473条）に含まれるかという問題を提起した。この点が特に問題とされた背景には、民法典が両者を区別していること（注(36)および **[21]**）に加えて、権限裁判所1952年11月27日判決以来、公役務の組織と遂行とが峻別されてきたという事情がある。

---

(55)　Cass 1e civ., 4 juillet 2006, Bull. civ. I, n° 348 ; JCP G., 2006, II, 10018, p. 1395, avis J.-D. SARCELET, note Th. FOSSIER ; JCP N., 2007, 1003, p. 28, obs. J.-M. PLAZY ; AJF. 2006, p. 328, obs. L. PÉCAUT-RIVOLIER ; RTDciv. 2006, p. 739, obs. J. HAUSER.

(56)　T. confl., 27 novembre 1952, JCP G., 1953, II, p. 7598, note G. VEDEL.

後見の機関としての後見裁判官の責任が、後見人の任務とパラレルに捉え得るものに尽きるのであれば、本件のように司法作用が介在する場合には473条の適用の余地はなく、通則としての司法組織法典が適用されることとなろう。このような理解は、同条の解釈として適切であろうか。この点につき、本判決に付されたサルセレ検事の意見は、次のような分析を示している。
(57)

　まず、国の責任に関する規律は、計算の報告（第四款）、後見裁判官の監督義務（第二款）にも関連づけられているから、同条にいう「後見の遂行」は、これと同一の標題をもつ第三款に規定される諸義務よりも広い。したがって、組織と遂行の区別は、民法典の編成という形式的理由によっては基礎づけられない。それでもなお、両者を区別して扱うとすれば、その理由は、「組織は司法作用に属し、裁判官の自由な選択に委ねられる」という点に認められる。しかし、司法作用についても国賠責任が成立し得ることは、司法組織法典の適用において既に認められた例がある。のみならず、選択し得る措置が法律によって限定されており、裁判官に全面的な裁量が与えられているわけではないことを考えても、この理解は十分な説得力をもたない。こうして、サルセレ検事は、「遂行」の文言を過度に厳格に解釈することによって、通則よりも広範な国の責任を規定した473条の趣旨を骨抜きにすべきではなく、後見の組織をも「遂行」に含めてこそ、被後見人に対して十全な法的安全を提供することができると説くのである。ここでの「法的安全」とは、結局、不正への対処としての賠償の資力を確保するという現実的な要請を意味するものと解されよう。

　本判決の登場により、473条は、「遂行」という文言が想起させるよりも広範な射程を有するに至った。もっとも、子細にみると、その射程に関する学説の理解にはニュアンスの違いがみられる。比較的多くの論者は、「組織」

---

(57) Avis de SARCELET, *op.cit.*, note 55, pp. 1396 et 1397.
(58) Cass. 1e civ., 20 mars 1989, Bull. civ. I, n° 131, cité par SARCELET, *loc. cit.*
(59) この点は、旧473条の「拡張」とも評された（v. Fr. ARBELLOT, *Droit des tutelles, protection judiciaire et juridique des mineurs et des majeurs*, 2e éd., Dalloz, 2007, n° 69.22, p. 349）。もっとも、1966年の通達が、後見の「組織」が同条にいう「遂行」に含まれる旨をつとに明言していたことには留意を要する（Circulaire, *op.cit.*, note 42, n° 33, p. 5790）。

630

という文言が用いられる以上、審判の不当性や後見人の不適格性についてまでも、国の責任が生じる可能性が開かれたと理解している[60]。しかし、本判決は、あくまで法定管理という保護形態を選択したことの当否を問題にしたにすぎず、後見・保佐のいずれを適用するか、だれを後見人に選任するか等に関する決定についての責任を問題にしたものではない。そうであれば、それらの点に関する破毀院の態度はなお明らかにされなかったとみるほうが、本判決の読み方としては穏当といえよう[61]。

3　小括と補論

[25]　以上にみた旧法下の判例の動向を要約するとともに、その内容に照らして、07年改正にも付言しておくことにしよう。

64年法のもとでは、破毀院は、395条所定の監督義務を介して、国の責任をアド・ホックに肯定するという解決を志向してきた。そこにおいては、後見裁判所の責任は、後見人・監督人のそれに劣後するものとしては位置づけられておらず、むしろ、家族会による違法な裁定、後見人による横領等を積極的に防止する役割を果たすべきことが義務づけられていた。そして、サルセレ検事の意見が示唆するように、不正事案において国の責任が肯定されることは、賠償の資力に裏づけを与えるという意味で、被後見人の救済において重要な意義をもっていた。

さらに、改正を間近に控えた2006年には、〔3〕によって責任範囲の「拡張」がもたらされた。本判決は、多くの後見法研究者によって好意的に迎え入れられるとともに[62]、07年改正に結実することとなる。すなわち、本稿冒頭に掲げた07年法422条は、「実定法に即応して」[63]、後見裁判官の責任が「組織」に関するフォートによっても生じ得ることを明定した趣旨のものと評される

---

(60)　*V.* PÉCAUT-RIVOLIER, obs. préc., note 55, p. 328 ; HAUSER, obs. préc., note 55, p. 739.
(61)　このような見方を示す評釈として、PLAZY, obs. préc., note 55, p. 29.
(62)　前掲の各評釈を参照。さらに、同判決の登場を受けて、来たるべき改正においては国の無過失責任を認めるべきだとする論調までもが形成されている（PÉCAUT-RIVOLIER, *obs. préc.*, note 55, p. 329）。
(63)　*V.* Rapport de BLESSIG, *op.cit.*, note 44, p. 125. この「実定法」が〔3〕判決を指すことに疑いはない（*v.* J. MASSIP, *Tutelle des mineurs et protection juridique des majeurs*, Defrénois, 2009, nº 166, p. 134）。

のである。

　以上によれば、現在のフランス法は、「国家と後見人が、同じ平面において、適正な保護の実現のための職責を担う」という64法以来の根本理念を踏襲するとともに、破毀院判例の新しい傾向を裏書きすることで、これをいま一歩推し進めたものとみることができよう。

Ⅳ　結びに代えて

　[26]　以上、フランス法に即して序論に示した問題の検討を行ってきた。その結果に基づき、序論（[4]）において予示した二つの知見を具体的に提示し、もって結びに代えることとしたい。

　なお、問題解決に対する示唆を探るに先立ち、まず、後見事件担当裁判官に委ねられた人的・金銭的資源が限られたものであること、したがって、不正一般への対処方法としては、以上の分析が限られた意識しか有しないであろうことを指摘しておかなければならない。マシプ教授が〔 2 〕原審にかかる判例評釈において「公然と後見裁判官を非難することは差し控えるべき」だとの所感を示していることもまた、損害賠償責任法理による対応の限界と、根本的な制度改革の必要性とを指摘する声として聴くべきであろう。このような問題は、もちろん、日本法においても等しく存在するものである。

　この点を留保したうえで、本稿の検討からは、以下のような知見を得ることができると考える。

　[27]　まず、責任の法的性質についてみると、フランス法においては、後見裁判官の責任は、本質的に「後見の機関」の責任として位置づけられていた。そこでは、後見裁判所の責任は、一般の裁判所のそれとは区別され、むしろ後見人・後見監督人のそれと並立するものと解されていた。これに対

---

(64)　MASSIP, *op.cit*., note 63, nº 165, p. 133.
(65)　MASSIP, obs. préc., note 47, p. 789.
(66)　たとえば、藤原・前掲評釈（注2）99頁の指摘を参照。さらに、加藤雅信「成年後見制度の充実と、不祥事防止」現代民事判例研究会編『民事判例Ⅴ』（日本評論社、2012年）100頁を参照。
(67)　本文 [17]。

し、日本法においては、家事審判官の責任は、国賠に関する一般法の適用問題として論じられる。そこでの議論は、必然的に、広範な射程をもつ国賠法１条を所与として、その適用領域を個別化することを通じて規範内容の調整を図るという手順を踏むこととなる。

[28] 次いで、注意義務の内容についてみると、フランス法においては、後見裁判官の監督義務が明示されており（旧395条、現383-3条）、これを媒介して国の損害賠償責任が認められてきた。しかも、その責任は、後見裁判官の「機関」性を反映して、他の機関の責任に劣後するとは捉えられていない。[68] これに対し、日本法においては、民法が規定するのはあくまで家庭裁判所の監督権限であり（民法863条。さらに、家事事件手続法124条をも参照）、そこから直ちに「一般的監督義務」を帰結することはできない。家事審判官の損害賠償責任を認めたとはいえ、前掲広島高判が、家事審判官になお相当に広汎な裁量の余地を認め、しかもその責任を成年後見人の損害賠償に劣後するものとして捉えるのは、このこととも無関係ではないように思われる。[69]

のみならず、フランス法は、後見の「組織」にかかる後見裁判官の決定の当否までもが賠償の原因となり得ることを認めていた。[70] 前掲広島高判も、選任の過誤を主張自体失当として扱ってはいないことを考えると、そのような責任が生じる理論的可能性を否定したとまではいえないかもしれない。しかし、日本法において、審判の結果との抵触を孕み得る解決を是認することは、たとえ損害賠償という形式ではあっても、きわめて例外的な場合に限定されざるを得ないであろう。後見人選任の審判については即時抗告が認められないことをも考えるならば（家事手続123条）、損害賠償請求を肯定するための障壁は、いっそう高くなるといえるかも知れない。

[29] 以上のとおり、フランス法は、総じて後見事件担当裁判官の国賠責任を認めるのに積極的な制度的前提を整えている。こうした態度は、日本法における問題解決のあり方を考察するうえでも興味深いものといえよう。し

---

(68) 本文 [22]。
(69) 大阪地裁堺支判（前掲注２）、特に金判37頁の説示部分においては、家事審判官の責任を後見監督人のそれに劣後させるという視点がより明確に現れている。
(70) 本文 [24]。

かし、そのことは、同時に、そこから直ちに「日本法への示唆」を導き出そうとすることについて、慎重さを求めているようにも思われる。裁判官の国賠責任に関する通則、後見事件担当裁判官の責任に関する特則のいずれについても、日仏両法の間には看過し得ない相違がみられた。そして、後見事件担当裁判官の責任に関する規律の相違は、結局、その役割に関する成年後見法の基本構想それ自体の相違に由来するもののように思われるのである。

　[30]　それでは、成年後見法の基本構想の相違とは何か。既に繰り返し述べてきたように、本稿がフランス成年後見法に特有の制度像として示すのは、後見裁判官を後見の「機関」として位置づけるという見方である。

　64年法は、後見裁判官制度を未成年後見の要として位置づけた。また、68年法は、立法過程において強力な異論に遭いながらも[71]、成年後見にも後見裁判官制度を導入し、以後、フランス法はこの制度に独自の役割を担わせてきた。いまや、成年後見法の運用においても確固たる位置づけを占めるに至った後見裁判官は、「何でも屋」と形容されるほどに広範な役割を果たしている[72]。

　けれども、そのように形容されることの具体的意味は、従前の諸研究においてもなお十分に明らかにされていない。本稿においては、その一斑を示すための試みとして、後見裁判官の国賠責任に考察の焦点を当てたが、その成果もまた、わずかな問題を通じて、後見裁判官の存在感の大きさを垣間見るにとどまっている。後見裁判官制度の全体像の把握を将来の課題として指摘することをもって、本稿の結びに代えることとしたい。

本研究は、早稲田大学2013年度特定課題研究費（課題番号2013-A-006）の助成による研究成果の一部である。

校正の段階において、ギャンシャール教授の論稿（注10）の改訂版（2013年刊）を参照することができたが、本稿に反映させることはできなかった。

---

(71)　この点については、別稿（前掲注7）通し番号[34]以下を参照。
(72)　今尾・前掲論文（注4）177頁以下本文および注28を参照。

比較法について

ゲルハルト・ケブラー
Gerhard KÖBLER

（訳）藤巻　梓

Ⅰ）田山輝明教授が、ゲッティンゲン大学農業法研究所[(1)]のカール・クレッシェル[(2)]教授[(3)]の研究室のゲストとして来られた際に初めてお会いしてから、すでに何十年も経過した。それ以降、私たちは不定期ながら幾度も再会し、さらに田山教授のご招待により、桜の季節の日本で、忘れ得もしない数週間を過ごす機会をいただいた。

私は、このたび田山教授の記念論文集に寄稿することができることを大変嬉しく思う。そして、論文のテーマとしては比較法を選びたい。田山教授はその学問人生の多くの部分を比較法に捧げられたのであり、比較法を論文のテーマとすることはきわめて適切であろう[(4)]。

比較法の意味を、地域の異なる諸法を学問的に比較することと理解するならば、私の学問人生は少々異なる。もちろん、私はこれまでの人生において比較法に関心を抱いてきた。しかし、人はその短い寿命をできる限り慎重に配分しなければならず、私は、異なる二言語による法律用語辞典の編纂に集中する必要があったのである[(5)(6)]。

他方で、法は、地域的な境界に接して変化するのみならず、時間の経過に

---

(1) Vgl. http://www.uni-goettingen.de/
(2) Vgl. http://www.uni-goettingen.de/de/70956.html
(3) http://www.koeblergerhard.de/werist.html s. Kroeschell
(4) http://de.wikipedia.org/wiki/Teruaki_Tayama
(5) Z. B. Köbler, G., Rechtsenglisch, 8. A. 2011. フランス語、イタリア語、スペイン語、ロシア語、中国語、ポーランド語、チェコ語、ギリシャ語、ブルガリア語、ルーマニア語、ポルトガル語、リトアニア語、フィンランド語、ハンガリー語、トルコ語についても同様である。
(6) Köbler, G., Deutsche Rechtsgeschichte, 6. A. 2005.

よっても、その範囲内で、またその範囲を超えて変化する。その限りにおいて、法の歴史的な考察のために、法の比較を行うことは当然であり、また必要不可欠である。こうして、私は実際に、歴史的な比較法に従事してきたのである。[7]

さらにいえば、歴史と比較法の結合が可能であり、かつ有効であろう。比較法もまた、人の人生全体と同様に歴史である。[8] そこで、私自身は本来の意味における比較法学者ではないが、田山教授に敬意を表し、比較法の歴史的側面について検討したい。

II）カールスルーエのバーチャルの図書館カタログに[9]「Rechtsvergleichung」という検索語を入力すると、ベルリンの国立図書館について約7360件、南西ドイツ図書館連盟については7379件、ドイツ国立図書館では5224件、ヘッセン連盟カタログにおいては4899件、GBV（Der gemeinsame Bibliotheksverbund：訳者注）のカタログにおいては5977件、その他バイエルンにおいては57件の登録がある。これに代えてフリーワードに「Rechtsvergleichung」と入力しても、ベルリンについて件数はそのまま変わらず、ヘッセンにおいては、件数は増えるものの5549件であり、GBVのカタログは8966件、ドイツ国立図書館については6273件、バイエルンについては3056件である。[10] このことから、細かい事情にかかわらず、現代における比較法の重要

---

(7) http://www.koeblergerhard.de/KoeblerGerhardWerksverzeichnis.htm
(8) http://www.koeblergerhard.de/KoeblerGerhardWerksverzeichnis.htm
(9) http://kvk.ubka.uni‐karlsruhe.de/hylib‐bin/kvk/nph‐kvk2.cgi?maske=kvk‐last&lang=de&title=KIT‐Bibliothek %3A+Karlsruher+Virtueller+Katalog+KVK+%3A+Ergebnisanzeige&head=http %3A %2F %2Fwww.ubka.uni‐karlsruhe.de %2Fkvk %2Fkvk %2Fkvk‐kit‐head‐de‐2010-11-08.html&header=http %3A %2F %2Fwww.ubka.uni‐karlsruhe.de %2Fkvk %2Fkvk %2Fkvk‐kit‐header‐de‐showEmbeddedFullTitle.html&spacer=http %3A %2F %2Fwww.ubka.uni‐karlsruhe.de %2Fkvk %2Fkvk %2Fkvk‐kit‐spacer‐de‐2010-11-08.html&footer=http %3A %2F %2Fwww.ubka.uni‐karlsruhe.de %2Fkvk %2Fkvk %2Fkvk-kit-footer-de-2010-11-08.html&css=none&input-charset=utf-8&kvk‐session=X7YZ1GHU&ALL=&target=_blank&Timeout=120&TI=&PY=&AU=&SB=&CI=&SS=&ST=Rechtsvergleichung&PU=&VERBUENDE=&kataloge=SWB&kataloge=BVB&kataloge=NRW&kataloge=HEBIS&kataloge=HEBIS_RETRO&kataloge=KOBV_SOLR&kataloge=GBV&kataloge=DDB&kataloge=STABI_BERLIN&kataloge=ITALIEN_VERBUND

な意義が明らかとなる。

　以上の結果は、さらにグーグルの検索システムにより確認される。すなわち、「Rechtsvergleichung」と入力すると、およそ27万9 千件がヒットするのである。検索結果は、予想通り、ウィキペディアの内容から始まる。そこでは、比較法学（vergleichende Rechtswissenschaft）または比較法（komparative Rechtswissenschaft）を、異なる法秩序の比較を行う、法律学の一分野であるとしている。

　ここから、具体的な比較法の源泉の歴史的探究が始まる。インターネット事典のウィキペディアによれば、その源泉は時代を相当遡ることになる。この補助手段によれば、紀元前438／427年から348／347年にアテネに住んでいたソクラテスの門弟プラトンが、その最後の著作である、「あるアテネ人、スパルタ人及びクレタ人との対話におけるノモイ」のなかで、ギリシャの地域（ポリス）の法を比較し、多様な特色を認めていた。

　これについては、さらにもう少し遡ることができる。例えば、ローマ法史の初頭には、パトリキとパトレスとの間の和解のために定められた、紀元前451／450年の有名な十二表法があり、約120の文章が断片的ながら残って

---

(10)　http://kvk.ubka.uni‐karlsruhe.de/hylib‐bin/kvk/nph‐kvk2.cgi?maske=kvk‐last&lang=de&title=KIT‐Bibliothek %3A+Karlsruher+Virtueller+Katalog+KVK+%3A+Ergebnisanzeige&head=http %3A %2F %2Fwww.ubka.uni‐karlsruhe.de %2Fkvk %2Fkvk %2Fkvk‐kit‐head‐de‐2010-11-08.html&header=http %3A %2F %2Fwww.ubka.uni‐karlsruhe.de %2Fkvk %2Fkvk %2Fkvk‐kit‐header‐de‐showEmbeddedFullTitle.html&spacer=http %3A %2F %2Fwww.ubka.uni‐karlsruhe.de %2Fkvk %2Fkvk %2Fkvk‐kit‐spacer‐de‐2010-11-08.html&footer=http %3A %2F %2Fwww.ubka.uni‐karlsruhe.de %2Fkvk %2Fkvk %2Fkvk-kit-footer-de-2010-11-08.html&css=none&input‐charset=utf-8&kvk‐session=X7YZ1GHU&ALL=Rechtsvergleichung&target=_blank&Timeout=120&TI=&PY=&AU=&SB=&CI=&SS=&ST=&PU=&VERBUENDE=&kataloge=SWB&kataloge=BVB&kataloge=NRW&kataloge=HEBIS&kataloge=HEBIS_RETRO&kataloge=KOBV_SOLR&kataloge=GBV&kataloge=DDB&kataloge=STABI_BERLIN&kataloge=ITALIEN_VERBUND

(11)　http://www.google.de/#hl=de&gs_nf=3&cp=10&gs_id=u&xhr=t&q=Rechtsvergleichung&pf=p&output=search&sclient=psy‐ab&oq=Rechtsverg&gs_l=&pbx=1&bav=on.2,or.r_gc.r_pw.r_qf.&fp=fce550cbd5d063f3&bpcl=35277026&biw=1016&bih=867

(12)　http://de.wikipedia.org/wiki/Vergleichende_Rechtswissenschaft

(13)　http://de.wikipedia.org/wiki/Platon

(14)　http://de.wikipedia.org/wiki/Nomoi

いる。十二表法は、権限を委譲された十人委員会により作成され、十人委員会はギリシャ地域に妥当する法を参照し、ローマにとって有利な解決を探究すべく比較を行った。

したがって、実践的な比較法は、はやくから用いられていたといえよう。この事象は、未知の場所において未知の時間に二つの異なる法が遭遇するときに発生したかもしれない。しかし、確実な資料が存在しないため、今日において、この端緒の詳細を述べることはできない。

結局、実際的な比較法がローマ法に一定程度内在的であったことは想像に難くない。ローマ人は、ローマ市民に適用される ius civile と非ローマ市民に適用される ius gentium を区別していたのである。ローマ帝国内に住む自由民全員にローマ市民権が付与されるまで、ローマ法は基本的に市民にのみ適用されていたから、比較は自然なことであった。

実践的な比較法へのさらなる関心は、ローマ帝国の包括的なキリスト教化の結果としての教会法の形成とともに生まれた。つまり、教会はローマ法に従って存在していたのである。しかし、詳細において多くの実際的な相違が生じた結果、ius civile と ius canonicum の実際的な比較もまた自ずから生まれることとなった。

紀元後375年に生じた民族大移動とともに、ゲルマン民族とローマ人の大

---

(15) Vgl. Köbler, G., Zielwörterbuch europäischer Rechtsgeschichte, 5. A : 2009, s. unter Zwölftafelgesetz.

(16) S. Wieacker, F., Römische Rechtsgeschichte, Bd. 1 1988 ; Das Zwölftafelgesetz, hg. v. Flach, D., 2004.

(17) Vgl. Kaser M., Ius gentium, 1993, vgl. auch Kaser, M., Ius honorarium und ius civile, ZRG RA 101 (1984), 1

(18) Vgl. Sasse, C., Die Constitutio Antoniniana, 1958 ; Wolff, H., Die Constitutio Antoniniana und Papyrus Gissensis 40 I, Diss. jur. Köln 1976

(19) Vgl. Lange, C., Eine kleine Geschichte des Christentums, 2012

(20) Ecclesia vivit lege Romana（ラテン語、「教会はローマ法に従って生きる」）は、7世紀のLex Ribvaria に示される中世の法規則であり、キリスト教会は原則としてローマ法の概念を取り入れ、ローマ法の信者への適用求めたことを言い表している。ただし、所々において、教会は意識的にローマ法から別の立場をとっている。

(21) Vgl. auch Wolter, U., Ius canonicum in iure civili, 1975.

(22) Vgl. Pohl, W., Die Völkerwanderung, 2002, 2. A. 2005 ; Arens, P., Sturm über Europa, 2002 ; Rosen, K., Die Völkerwanderung, 2002 ; Regna und gentes, hg. v. Goetz, H. u. a., 2002 ;

規模な遭遇が生じた。流入してきたバーバリアンは、文字の利点を認識すると、ただちにローマを模範として自分たちの法を記録した。例えば、西ゴート族[23]やブルグンダー[24]が、紀元後6世紀初頭に各民族およびローマ先住民の法を記録したとき[25]、比較の意義は明白であった。

このような多数の民族の法の共存は、その後、部族法の思想に支配されていた中世初期全体を通じて継続した。そして、それが変化するのは中世中期の初頭である。12世紀以降には、定住化の結果として、従来の部族にラントが代わることになる[26]。このことは、例えば、有名なドイツの法書であるザクセンシュピーゲル[27]やシュヴァーベンシュピーゲル[28]において、また数多くのラント法[29]と都市法[30]において明白となった。これに対して、イタリアから始まりほぼ同時に全ヨーロッパに拡大した大学では、相当程度統一化された法が教授され、研究された。つまり、古代以来同様に、世界の（ローマの）法と教会法が区別されたのである。局地的、若しくは地域的な土着法は、実務において重要な意義を有していたにもかかわらず、長い間、特別な注意を払われることはなかった。

ハインツ・モーンハウプトは、ドイツ法制史に関する事典における比較法の論稿のなかで[31]、法的秩序モデルの最も初期の比較行動として、ノモイにおけるプラトンのギリシャの都市国家の比較と、アリストテレスの国家形態とその法への影響に関する論述に言及している。しかしハウプトは、後に、より叙述的、編集的および概観的な比較（これについてハウプトは、例えばアーサ

 Halsall, G., Barbarian Migration and the Roman West, 2007 ; Rummel, P. u. a., Die Völkerwanderung, 2011

(23) Vgl. Kampers, G., Geschichte der Westgoten, 2008.
(24) Vgl. Kaiser, R., Die Burgunder, 2004.
(25) 例えば、Lex Visigothorum、Lex Romana Visigothorum または Lex Burgundionum および Lex Romana Burgundionum である。
(26) 例えば、"Bayern" ではなく "Land Bayern"、または "Sachsen" ではなく "Land Sachsen" というようにである。
(27) S. Köbler, Zielwörterbuch s. v. Sachsenspiegel.
(28) S. Köbler, Zielwörterbuch s. v. Schwabenspiegel.
(29) S. Köbler, Zielwörterbuch s. v. Stadtrecht.
(30) S. Köbler, Zielwörterbuch s. v. Italien, Glossator, Kommentator.
(31) HRG 4, 1990, 403.

一・ダックスの著作である"De usu et auctoritate juris civilis romanorum, in dominiis principum christianorum"(32)および"Leibniz Projekt eines theatrum legale"(33)を引き合いに出している。)とは別に、いわゆるDifferentierenliteratur(34)(原文ママ)において、集点を絞った法の比較行動の最初の適用事例を認めている。ハウプトによれば、そこでは、ラテン語の表記である、"differentiae"、"parallela"、"consonantina、"collation"または"comparatio"が、一方において"ius commune"の内部における相違する規律の意識的な調和化の徴表として、土着の固有法、レーン法、ユダヤ法、教会法、自然法または多くの外国法領域との比較において用いられているのである。

これについての例として、ウィリアム・フルベックを挙げることができる。フルベックは1560年にリンカーン市長の息子として生まれ、クライスト・チャーチのセント・アルバン・ホール、オックスフォードのグロセスター・ホールで学び、学士号(1581年)および修士号(1584年)を取得した後、ロンドンのグレイ法曹院に採用された。作家、歴史家および法律家であったフルベックは、その死の2年前である1601年に、"A Parallele or conference of the civil law, the canon law and the common law of this realme of England"(35)(イングランド王国のシビル・ロー、カノン法、およびコモンローの比較と対話)を公表し、そこにおいて三つの法の共通点および相違、並びにその原因と理由を探究した。(36)

18世紀には、啓蒙主義が、新たな知見の獲得のための手段として経験的比較を一般的に用い、そこでは特殊性と普遍性が対置された。すなわちシャルル・モンテスキュー(37)は、その著名な著作である「法の精神」(38)において、個々

---

(32) London 1653).
(33) 1667.
(34) Vgl. Stintzing, R., Geschichte der populären Literatur, 1867, Neudruck 1957 ; Handbuch der Quellen und Literatur der neueren europäischen Privatrechtsgeschichte, hg. v. Coing, H., Bd. 1ff. 1973 ff., 1, 345.
(35) モーンハウプトは出版年を1618年としている(405頁)。
(36) http://en.wikipedia.org/wiki/William_Fulbecke, vgl. auch Bernhard Walther 1516-1584, Johann Baptist Suttinger 1662, Nikolaus Beckmann 1634-1689, Johann Weingärtler 1674, Bendeikt Finsterwalder.
(37) Vgl. Desgraves, L., Montesquieu, 1996 ; Mass, E., Der Einfluss Montesquieus, (in) Wandel von Recht und Rechtsbewusstsein, 1999, 107 ; Cattaneo, M., Montesquieus Strafrech-

の国の地理上および気候上の相違と、それが法について有する意義を強調している。同時期に、国家の統一的な法典編纂の試みがプロイセンを端緒として⁽³⁹⁾バイエルンおよびオーストリアにおいて開始し、バイエルンでは既に早くから⁽⁴⁰⁾、プロイセンでは1794年に⁽⁴¹⁾、フランスでは1804年に⁽⁴²⁾、そしてオーストリアでは1811年に⁽⁴³⁾有名な立法活動において実現した。さらに、ヨハン・ステファン・ピュッターは、1774年に、書籍の再版に関する論稿において法の現実に関する模範的な考察を行い⁽⁴⁴⁾、他方でフランスでは1763年に全ヨーロッパの税制の比較が行われた⁽⁴⁵⁾。

　このような、例えば言語、宗教、美術および医学を包摂する一般的基礎により、19世紀の初頭には体系的な結論が導かれた。カール・ヨゼフ・ミッターマイアー⁽⁴⁶⁾は1809年から刑法制定の実践的比較を進め⁽⁴⁷⁾、1829年に"Zeitschrift für die Rechtswissenschaft und Gesetzgebung des Auslands"（外国における法律学と立法に関する雑誌）を創刊した。エデュアード・ガンスは⁽⁴⁸⁾1824年以降、4分冊の"Das Erbrecht in weltegeschichtlicher Entwicklung"（相

---

tsliberalismus, 2002 ; Montesquieu-Traditionen in Deutschland, hg. v. Mass, E. u. a., 2005 ; Montesquieu zwischen den Disziplinen, hg. v. Mass, E., 2010.
(38) Vgl. Montesquieu, C., Vom Geist der Gesetze, hg. v. Forsthoff, E., 2. A. 1992 ; Gewaltentrennung im Rechtsstaat, hg. v. Merten, D., 1989 ; Schlosser, H., Montesquieu, 1990 ; Kondylis, P., Montesquieu und der Geist der Gesetze, 1996
(39) Vgl. Project des Codicis Friderici ani Marchici, Corpus juris Fridericiani 1749/1751.
(40) Codex iuris Bavarici criminalis 1751, Codex iuris Bavarici iudiciarii 1753, Codex Maximilianeus Bavaricus civilis 1756.
(41) Allgemeines Landrecht.
(42) Code civil und andere.
(43) Code civil und andere.
(44) Pütter, J., Der Büchernachdruck, 1774
(45) Mohnhaupt 406.
(46) S. Köbler, Zielwörterbuch s. v. Mittermaier.
(47) Mittermaier, J., De nullitatibus in causos criminalibus, 1809 (Diss. jur. Heidelberg), Theorie des Beweises im peinlichen Prozesse nach den gemeinen positiven Gesetzen und den Bestimmungen der französischen Criminal-Gesetzgebung, 1809 ; Mittermaier, J., Die Strafgesetzgebung in ihrer Fortbildung geprüft nach den Forderungen der Wissenschaft und nach den Erfahrungen über den Werth neuer Gesetzgebungen, und über die Schwierigkeiten der Codification, mit vorzüglicher Rücksicht auf den Gang der Berathungen von Entwürfen der Strafgesetzgebung in constitutionellen Staaten, 1841.
(48) S. Köbler, Zielwörterbuch s. v. Gans.

続法の世界史上の展開）を公刊した。ヨハン・ヤコブ・バッハオーフェンは、バーゼルで哲学、歴史および法律を学んだ後、ベルリンとゲッティンゲンでローマ法の教授を務め、その後バーゼルに招聘されたが、1856／1861年の法民族学的研究において原始的な母権論の構想を展開した。

ロレンツ・フォン・シュタイン⁽⁵¹⁾は1865年以降、7部に分かれた比較行政学⁽⁵²⁾を発表し、1869年以降その第二版が刊行されている。ルドルフ・フォン・グナイスト⁽⁵³⁾は1869年に、行政についてイギリスおよびドイツの関係の観点から描写している。その直前、アメリカ合衆国は神奈川県における1854年3月31日の通商条約をもって日本に開国を迫り、それにより法の比較活動の新たな次元が開かれることになった。

ここで現在を一瞥すると、比較法という言葉が今日において当然に周知の法律用語の一つであることがわかる。ドイツ語を話す過去の法律家の経歴を確認すれば、およそ600人について、比較法との何等かの関係を見出すことができる。それにもかかわらず、これまで、ヨハン・ヴォルフガング・ゲーテの1982年の死に至るまでのドイツの法律用語をも包摂するドイツの法律用語辞典においても、グリム兄弟の一般的なドイツ語辞典においても、また比較的新しい現代ドイツ語辞典においても、比較法"Rechtsvergleichung"という言葉は採録されていない。

---

(49)　S. Köbler, Zielwörterbuch s. v. Bachofen.
(50)　Über das Weiberrecht, 1856, Das Mutterrecht, 1861.
(51)　S. Köbler, Zielwörterbuch s. v. Stein.
(52)　Die Verewaltungslehre, Teil 1 Die Lehre von der vollziehenden Gewalt, ihr Recht unde ihr Organismus-mit Vergleichung der Rechtszustände von England, Frankreich und Deutschland, 1865
(53)　S. Köbler, Zielwörterbuch s. v. Gneist.
(54)　Gneist, R. v., Verwaltung, Justiz, Rechtsweg, Staatsverwaltung und Selbstverwaltung nach englischen und deutschen Verhältnissen, 1869
(55)　Vgl. dazu Kitagawa, Z., Rezeption und Fortbildung des europäischen Zivilrechts in Japan, 1970 ; Kroeschell, K., Das moderne Japan und das deutsche Recht, (in) Japans Weg in die Moderne, hg. v. Martin, B., 1987, 45 ; Ishibe, M., Die Verwestlichung des japanischen Rechtsdenkens, FS K. Kroeschell, hg. v. Köbler, G. u. a., 1997 ; Ishibe, M., Nobushige Hozumi und die japanische Rechtswissenschaft in der Meiji-Zeit, 2001
(56)　http://www.koeblergerhard.de/Rechtsfaecher/Rechtsvergleichung507.htm
(57)　S. Köbler http://www.koeblergerhard.de/DUW/DUW-R.doc, この言葉は、"Rechtsvergehen"の後ろで、かつ"Rechtsverhältnis"の前に記載されなければいけない。

したがって、この言葉を探究するには、果てしない数の法律文献のなかで、19世紀の後半とそれに続く時代において、法の比較をその特別な関心の対象とした法律家について詳細に考察をおこなうことが有意義であると思われる。そして、それはヨゼフ・コーラーから始めることができるであろう。

ヨゼフ・コーラーは、2012年に至るまでの全期間の、2482件にのぼるドイツ語法律文献のリストの先頭に立つのであるが、1849年5月9日、バーデンのオッフェンブルクにフォルクスシューレの教師の息子として生まれ、ブライスガウのフライブルクとハイデルベルクにおいて8学期間法律学を学び、フランスの相続法について博士論文を執筆した後、1874年には国家試験に優秀な成績で合格した。コーラーは、1878年に、ベルンハルト・ヴィントシャイトの記念論文として、フランスの特許法との比較法的考察におけるドイツの特許法に関する723頁にわたる包括的業績を公表した。[59]この論文は、マンハイムの区裁判官として活動していた筆者を瞬く間に有名にし、コーラーは、ベルンハルト・ヴィントシャイトの推薦により、教授資格論文を執筆することなく、1878年10月1日にヴュルツブルク大学の正教授の職に呼ばれた。[60]

同年、フランツ・ベルンヘフト[61]、ジョージ・コーン[62]およびコーラーにより、ハイデルベルクの豊かな交友関係をもとに比較法雑誌が創設された後、

---

(58) Wörterbuch der deutschen Gegenwartssprache, hg. v. Klappenbach, R./Steinitz, W., Band 4, 1977, S. 2974 zwischen Rechtsverdrehung und Rechtsverhältnis.
(59) http://www.koeblergerhard.de/Fontes/KohlerJosefDeutschesPatentrecht1878.pdf
(60) http://www.koeblergerhard.de/Fontes/KohlerJosefDeutschesPatentrecht1878.pdf
(61) Bernhoeft bzw. Bernhöft, Franz (Alwin Friedrich August), Prof. Dr.; geb. Karlkow bei Lauenburg/Pommern 25. 06. 1852 ; gest. Rostock 27. 03. 1933 ; WG.: Studium Rechtswissenschaft Univ. Berlin, Würzburg, Greifswald, 1873 Promotion, Referendar Greifswald, 1875 Habilitation Univ. Heidelberg, 1877 o. Prof. Univ. Rostock ; F.: bürgerliches Recht, römisches Recht, weiter Rechtsgeschichte; Verö: Beiträge zur Lehre vom Kaufe 1874, Der Besitztitel im römischen Recht 1875 (Habilitationsschrift)
(62) Cohn, Georg Ludwig, Prof.; geb. Breslau 19. 09. 1845 ; gest. Zürich 16. 02. 1918 ; WG.: Vater Kaufmann, 1864 Studium Rechtswissenschaft Univ. Breslau, Berlin, 1866/67 Staatsprüfung, 1867-1874 Justizdienst Preußen, 1868 Promotion Univ. Greifswald, 1874-1876 Eigenstudien, 10. 06. 1876 Habilitation Univ. Heidelberg, 01. 07. 1878 ao. Prof. Univ. Heidelberg, 1886 o. Hon.-Prof. Univ. Heidelberg, 03. 03. 1892 o. Prof. Zürich (Nachfolge von Orelli)

コーラーは、著作権の問題を扱い、[63]無体財産権の構想を展開した。1884年にコーラーは、シェークスピアを、1885年に血讐（Blutrache）の理論および文化的現象（Kulturerscheinung）としての法を扱い、続いて古代インドの手続法（1891）、アステカの法（1892）、夫婦の原始時代（1892）あるいはハムラビ法典（1904）に方向を変えた。これにより、コーラーについて「ベルベル人とティロル人の法はドイツの大コーラーが研究した」と表現されるに至った。そして、1908年以降、コーラーはマキシミリアン・ミンツとともに「全民族の特許権」を公刊した。[64]

コーラーと同様に、アウレル・フォン・マイヤー（1845-1914）[65]もまた、インド法との比較に従事した。マイヤーは、ドイツで学んだ後、ブダペストでインド・ヨーロッパ言語学の研究室を設立した。彼はインド・ゲルマン語学者であったので、1873年にはインドの相続法に関する論稿を発表しているものの、ここでは除外されよう。

この時期には、すでに比較法学に対する一般的関心が認識されていた。このことは、1894年にベルリンに設立された、「比較法学及び国民経済学のための国際団体」に明確に表れている。この団体は1933年に至るまで存続し、政治的理由によりいったん活動を停止した後、1950年に比較法のための組合として新たに設立された。[66]

時期的に次に比較法と関連するのは、エルンスト・ヘイマンである。ヘイマンは1870年4月6日にベルリンで枢密院議員の息子として生まれ、ブライスラウ大学で法律学を学んだ。彼はそこで、フェリックス・ダーンおよびオットー・フィッシャーと出会った。ヘイマンは、ローマ法の下で時効は職権により顧慮されるかについての博士論文（1894）、およびドイツ帝国民法典における法定相続に関する基本的特質に関する教授資格論文（1896）を執筆し

---

(63) Das Autorrecht, 1880
(64) "Die Patentgesetze aller Völker" については、ヨーゼフ・コーラーおよびマキシミリアン・ミンツによるはしがき、概説および索引が付され、目録には、その出版年が1905年、1906年、1907年および1912年とも記載されている。
(65) http://digital.indologica.de/?q=node/1792
(66) http://de.wikipedia.org/wiki/Gesellschaft_f%C3%BCr_Rechtsvergleichung、1950年以降、Hans Dölle, Ernst von Caemmerer, Hans-Heinrich Jescheck, Rudolf Bernhardt, Peter Schlechtiem, Uwe Blaurock および Jürgen Schwarze が代表に就いている。

た後、1899年にベルリン大学の准教授に就任し、その後ケーニヒスベルク（1902）とマールブルク（1904）でハインリヒ・ブルナース（1914）の後任として正教授を務めた後、ベルリン大学に戻った。

　ヘイマンは1903年に、ホルツェンドルフ法律百科事典においてイギリス私法の概観を執筆し、1917年にはハンガリー私法を取り扱った。ヘイマンの後の関心領域は非常に広範にわたるようであるが、本来の教授資格はドイツ法についてのみ有していた。[67]

　エルンスト・ヘイマンの誕生の２年後である1872年６月26日、プファルツのローデンバッハにおいて、フォルクスシューレの教員の息子としてフリードリヒ・カール・ノイベッカーが生まれた。ノイベッカーは、ミュンヘンとベルリンで法律学を学んだ後、1897年にベルリンで帝位継承権および外国籍に関する博士論文を執筆し、1902年には権利能力なき社団に関する教授資格論文（1901）をもって教授資格を取得した。1909年には、「持参金に関する比較法的論述」に関する研究を公表し、故郷の大学で准教授に就任した。[68]

　同じく1872年には、10月23日に、ベルリンの出版業者の息子として、フリードリヒ・エミル・ハインリヒ・ティッツェが誕生した。ティッツェは、ライプチヒ大学、ハイデルベルク大学、ベルリン大学で法学を学んだ後、1897年にベルリンにおいて、ドイツ民法典における緊急権とその歴史的発展に関する博士論文を執筆して博士号を取得し、ゲッティンゲンで1900年に、ドイツ民法における履行不能に関する著作をもとに教授資格を取得し、1902年に准教授に、1908年には正教授に就任した。その後、ティッツェは1917年にフランクフルト・アム・マインに、1923年にベルリンに移った。ティッツェは、民法典の債務法総則の領域における一般的な基本問題に最も強い関心を持っていたが、ドイツの比較法学者の先駆者の一人であった。[69]

　ウィーンでは1874年１月28日に、エルンスト・ラベルが、メーレンのアウステルリッツ出身のユダヤ人弁護士の息子として誕生した。ラベルは、出生

---

(67)　ヘイマンの関心の対象は、ドイツ民法、私法、比較法、法制史、商法、取引法、経済法、国際法、外国法、著作権法、特許法、比較法学にわたる。
(68)　S. Drüll, D., Heidelberger Gelehrtenlexikon 1803-11932, 1896, 190 f.
(69)　S. Drüll, D., Heidelberger Gelehrtenlexikon 1803-11932, 1896, 190 f.

の地で法律学を学び、1895年に21歳で当時のオーストリアの方式で博士号を取得した。その後、先ず父の事務所で弁護士として働いた後、教授のルードビヒ・ミッタイス^((70))の後を継いでウィーンからライプチヒに移り、そこで権利の瑕疵を理由とする売主の責任に関する著書をもとに、1902年に28歳で、ローマ法、民法、比較法学および国際法について教授資格を取得した。

1904年に、ラベルはライプチヒ大学の准教授に就き、1906年にはバーゼルに移り、正教授に就任した。1909年以降、ラベルは1919年に死亡したヨゼフ・コーラーとともに、独仏の比較法雑誌として "Rehinische Zeitschrift für Zivil-und Prozessrecht des In-und Auslands"（国内外における私法および手続法についてのラインの雑誌）を創刊し、1925年の刊行停止まで15巻、6別冊、1特別号が出版された。

1910年に、エルンスト・ラベルはキールに招聘され、その後1911年にミッタイスの弟子であるヨゼフ・アロイス・アウグスト・パルチュスの後継者として^((71))ゲッティンゲンに、1916年にはミュンヘンに招聘された。この折に、ラベルは、比較法学に対する関心を特別な形で表現することができた。つまり、招聘の範囲内で、自身の比較法研究所の創設が叶ったのである^((72))。

その直前の1911年に、ベルリンでは、カイザー・ヴィルヘルム協会が学問の促進を目的として設立された。これにより、著しく高額化する自然科学研究費およびアメリカ合衆国における科学技術の進歩と同様に、急激に増加す^((73))る学生の数に対応することが望まれた。そのために、ユダヤ系銀行家を含む大市民階級からの財政上の支援が求められた。これは、1911年に化学、物理化学、電気化学、生物について、1912年には労働心理学、実験的療法について、1913年には美術史（新規採用）、1914年には脳の研究、1917年には精神医学、物理学、及び鉄化学について、1920年には繊維化学、1921年には金属研

---

(70) Köbler, Zielwörterbuch s. v. Mitteis, Ludwig.
(71) Partsch, Josef, Prof. Dr.; geb. Breslau 02. 09. 1882 ; gest. Berlin 30. 03. 1925 ; WG.: Vater Geograph, Studium Rechtswissenschaft Univ. Breslau, Genf, Leipzig (Ludwig Mitteis), 1906 ao. Prof. Univ. Genf, 1910 o. Prof Univ. Göttingen, 1911 Prof. Univ. Freiburg im Breisgau, 1921 Prof. Univ. Bonn, 1923 und 1925 Prof. Univ. Berlin
(72) http://de.wilipedia.org/wiki/Ernst_Rabel
(73) http://de.wikipedia.org/wiki/Kaiser-Wilhelm-Gesellschaft_zur_F % C3% B6rderung_der_Wissenschaften

究及び皮革研究について実現した。

　ハイデルベルクでは1916年に、鉄製品のユダヤ人事業家であるカール・レオポルド・ネッター（1864年1月29日ビュール生、1922年7月14日バーデン-バーデン没）が、カール・ハインシャイマール、(ネッターの継母方の親戚)の提言により、法経済学及び比較法研究の研究所を設立した。これに対して、大学法学部は、1917年にネッターに名誉博士号を授与した。ネッターは、さらに1918年には講座を寄付し、それまで准教授であったフリードリヒ・カール・ノイベッカーが教授に就いていたが、ノイベッカーは1923年12月31日に死亡した。

　この時期には、言語上のみならず実際上の進歩がすでに目前に迫っていた。ベルリンでは1877年にユダヤ人家族に生まれたアーサー・ヌスバウムが、1898年にBGB278条に基づく補助者の責任に関する論文により博士号を取得し、そこにおいてヌスバウムは普通法とラント法との比較をおこなった。数年後に弁護士として実務に就いている際に完成した教授資格論文により、ヌスバウムは、民法のほか国際私法、商法および比較法についても教授資格を取得した。

　1893年7月22日に、西プロイセンのマリーエンヴェルダーに法律家の息子として生まれたエリッヒ・ゲンツマーにも、類似のことが当てはまる。ローザンヌ大学およびベルリン大学で法学を学んだ後、エミル・ゼッケルのもとで助手を務めている期間に、ゲンツマーは、古代ローマ法における債務者遅

---

(74)　Heinsheimer, Karl (August), Prof. Dr.; geb. Mannheim 20. 10. 1869 ; gest. Heidelberg 16. 04. 1929 ; WG.: aus jüdischer Familie, zuerst im Kraichgau nachweisbar (Levi 1686 Weinheim), Urgroßvater Moses Lemle (11. 10. 1771 Eppingen), Anfang 19. Jh. Familiennamen angenommen (wohl nach der Mutter Kusae Karoline Maier aus Heinsheim), Vater Oberlandesgerichtsrat (Max Heinsheimer Bretten 14. 8. 1832-4. 1. 1892), Mutter früh gestorben, 1886 Abitur (mit 16), häufig krank, untauglich, 1886/1887 Studium Rechtswissenschaft Univ. Lausanne, 1887-1888 Straßburg, 1888/1889 Berlin, 1889 Leipzig, 1889/1890 Freiburg im Breisgau, 1890 erste Staatsprüfung gut (bester von 18), Justizdienst Baden, 1891 Promotion Univ. Leipzig (Adolf Wach), 1894 zweite jur. Staatsprüfung (gut), 1896 Amtsrichter Mosbach, 1899 Landgerichtsassessor Heidelberg, 1903 Habilitation Univ. Heidelberg, 1907 o. Prof. Univ. Heidelberg, 1917 Stiftung Seminar für Wirtschaftsrecht, geheimer Hofrat, 1929 Rektor

(75)　http://de.wikipedia.org/wiki/Carl_Leopold_Netter

(76)　http://www.koeblergerhard.de/werwarwer20020226.htm, s. Nußbaum

滞の主観的構成要件に関する論文で博士号を取得した。1922年に完成し、自身をケーニヒスベルク大学に導いた教授資格論文により、ゲンツマーはすでにドイツ民法、ローマ法およびローマ史、民事訴訟法、外国法および比較法について教授資格を取得していた。[77]

ハンス・デレ（1893年8月25日ベルリン生、1980年5月25日ミュンヘン没）は、ローザンヌ、ブライスガウのフライブルク、およびベルリンで法律を学び、1923年7月24日に、マーティン・ヴォルフ[78]およびヨゼフ・パルチュ[79]の下で、「契約は二つの一方的意思表示において解消されうるか？」（1921／テオドア・キップ）という問いにつき学位論文を作成した後、ヴェルサイユ講和条約の実質的な補償請求権に関する著書により、民法、国際法、国際私法、外国法および比較法について教授資格を取得した。[80]ゲルハルト・フッサール（1989年月12月22日ハレ生、1973年9月8日ブライスガウのフライブルク没）は、1921年のフライブルクでの博士論文作成に続く、1924年のボンでの教授資格論文により、法哲学、民法および比較法について教授資格を取得した。比較法の教授資格認可は、その後、オットー・リーゼ（1894年10月27日フランクフルト・アム・マイン生、1977年6月4日ローザンヌ・プリ没）[81]やカール・テオドア・キップ（1896年3月7日エアランゲン生、1963年7月24日ボン没）[82]にも付与されたが、他方でマックス・ラインシュタイン[83]もしくはクライブ・M・シュミットホフ[84]には当時の政情が理由で付与されなかった。

以上を概括すれば、比較法は、多くの先駆者たちが現れた後、とりわけエルンスト・ラベルによって独立の専門領域として確立したといえよう。ラベ

---

(77) http://www.koeblergerhard.de/werwarwer20020226.htm, s. Genzmer
(78) Wolff, Martin, Prof. Dr. Dr. h. c. mult. D. C. L. h. c.; geb. Berlin-Charlottenburg 26. 09. 1872; gest. London 20. 07. 1953; WG.: Vater (Posen 08. 02. 1842-Berlin 30. 08. 1921) Kaufmann, jüdische Religion, s. weiter http://www.koeblergerhard.de/werwarwer20020226.htm.
(79) Vgl. http://www.koeblergerhard.de/werwarwer20020226.htm.
(80) http://www.koeblergerhard.de/werwarwer20020226.htm, s. Dölle
(81) http://www.koeblergerhard.de/werwarwer20020226.htm, s. Riese
(82) http://www.koeblergerhard.de/werwarwer20020226.htm, s. Kipp (betreut von Martin Wolff), gefördert von Josef Partsch
(83) http://www.koeblergerhard.de/werwarwer20020226.htm, s. Rheinstein
(84) http://www.koeblergerhard.de/werwarwer20020226.htm, s. Schmitt

ルは、1924年におこなった比較法の課題と必要性に関する講演で、法においては、全てが社会的、経済的、および法的な形象において条件づけられているとして、法にとっての全般的な意義の関連を強調した。この研究対象の全面的な拡大に際して、実際上の知識の取得により、世界の法秩序は法圏に区分されることになろう。[85]

同じ1924年に、カイザー・ヴィルヘルム協会はその最初の法律学研究所を設立し、この研究所は、ハイデルベルクのカール・レオポルト・ネッターの基金を継承した。[86] また、この研究所は、外国公法および国際法を包摂しベルリンを所在地とするものであった。[87]

そのほか、エルンスト・ラベルは、1926年にミュンヘンからベルリンに呼ばれ、そこで公法研究所の2年後に新たに設立された、カイザー・ヴィルエルム協会（1911）の外国私法・国際私法研究所の初代所長に就任した。[88] ラベルはカトリックの洗礼を受けていたが、そのユダヤ系の出自により、1953年に退職し、1937年に研究所の指揮をエルンスト・ヘイマンに引き渡した。1939年に、ラベルはアメリカ合衆国に移住し、そこでアメリカ法研究所、アナーバーのミシガン大学ロー・スクール、ハーバード大学ロー・スクールからの援助を得た。[89]

Ⅲ) 以上を簡潔に概括すれば、次のようになる。比較法についてはきわめて古い歴史を振り返ることができる。輪郭がはっきりしてくるのは前近代であ

---

(85) S. Mohnhaupt 409
(86) http://de.wikipedia.org/wiki/Max-Planck-Institut_f％C3％BCr_ausl％C3％A4ndisches_％C3％B6ffentliches_Recht_und_V％C3％B6lkerrecht （„es entstand aus einer Stiftung Netters von 1916/1918）．
(87) http://www.archiv-berlin.mpg.de/tektonik/deutsch.php/AbteilungI/Rep47. 1925以降の所長は Viktor Bruns であり、1943年以降は Carl Bilfinger、その他の顧問または構成員として、Rudolf Smend（1924-1935, Smend はその後、客員研究員となっている）、Ludwig Kaas（1925-1933）、Friedrich Glum（1925-1937）、Heinrich Triepel（1925-1946）、Erich Kaufmann（1928-1935）、Erst Schmitz（1931-1942）、Carl Schmitt（1933-1948）、および Berthold Graf Schenck von Stauffenberg（1935-1944）がいる。
(88) http://de.wikipedia.org/wiki/Max-Planck-Institut_f％C3％BCr_ausl％C3％A4ndisches_und_internationales_Privatrecht
(89) http://de.wikipedia.org/wiki/Ernst_Rabel

る。大学の独立の専門科目となる最初の端緒は、19世紀終盤に現れた。[90]

　1894年に、ドイツ語圏における最初の学問団体が設立された。最初の特別な教授資格は1914年に付与されたようである。最初の大学の研究所は、1916年にエルンスト・ラベルがミュンヘンに設立し、当該研究所は1926年にベルリンのカイザー・ヴィルヘルム協会に統合されたが、間もなく政治的理由から消滅する。

　この専門は、約600名の関係者がいることからわかるとおり、1945年以降大きく開花することになる。そして、その都度の実質的素材（Sachstoff）の広がりゆえ、内部の区分の重要性が認識された。こうして、例えば、私法の比較、刑法の比較、手続法の比較、労働法の比較もしくは歴史上の比較等の特別な下位分野が発生した。

　同時に、当該分野の最初の包括的記述が、コンラッド・ツヴァイゲルトから始まった。[91] ツヴァイゲルトは1937年に、カイザー・ヴィルエルム協会の外国法・国際私法研究所に研究員として入所し、1946年にテュービンゲンでエルンスト・ヘイマンの下において、過去に公表した業績をもとに教授資格を取得し、さらに、テュービンゲンの連邦憲法裁判所で活動した後、1963年にハンブルクのマックスプランク外国法・国際法研究所の所長に任命された。ツヴァイゲルトは1969年に、ハイン・ケッツ[92]とともに、私法分野における比較法入門を公表し、1984年にその第二版が、さらに1996年に第三版が発行された。[93]

　1971年から1983年に出版された、レオンティン・ジーン・コンスタンティネスコの三巻にわたる比較法の叙述がこれに続いた。[94] ベルンハルト・グロスフェルド[95]は1984年に、比較法の力と無力に関して、1996年には比較法の根本的問題について執筆し、2001年と2002年には比較法学者と比較法に関する論

---

(90)　当該の大学の講義に関する調査は、残念ながらここではかなわなかった。
(91)　http://www.koeblergerhard.de/werwarwer20020226.htm, s. Zweigert.
(92)　http://www.koeblergerhard.de/Rechtsfaecher/Rechtsvergleichung507.htm, s. Kötz, Hein (geb. 14. 11. 1935)
(93)　これに数多くの外国語の翻訳が続くことになった。
(94)　Einführung in die Rechtsvergleichung, 1971, Band 2 Die rechtsvergleichende Methode, 1972, Band 3 Die rechtsvergleichende Wissenschaft, 1983.
(95)　http://de.wikipedia.org/wiki/Bernhard_Gro％C3％9Ffeld.

稿を公表した。さらに1989年に第一版、1996年に第二版、2004年に第三版、2009年に第四版が発表された、ハラルド・コッホ[96]、ウルリヒ・マグナス[97]、およびペーター・ヴィンクラー・フォン・モーレンフェルス[98]による詳述において、比較法は国際私法と結びつけられている[99]。

　これらの業績のなかで包括的に取り上げられた比較法は、とりわけ実際上重要な意義を有することが明らかである。国際競争の観点からも、ドイツの比較法には多くの傑出した成果が認められるが、この成果はおそらく、田山教授がかつて東京からゲッティンゲンに来られ、それ以降、その研究業績において比較法の灯りを常に高く掲げてこられたことにも寄与するものであったであろう。これから先も、絶え間ない喜びが田山教授とともにありますようお祈り申し上げたい。

---

(96)　http://koch.rewi.hu-berlin.de/cv, 1943 geboren, Professor in Hamburg, Hannover und Rostock, 2002 emerieitert, Senior Professor Universität Berlin（HU）
(97)　http://www.koeblergerhard.de/werist.html, s. Magnus, Ulrich.
(98)　http://www.koeblergerhard.de/werist.html, s.Winckler von Mohrenfels, Peter.
(99)　参考として、Rheinstenの1974年の著作、Ebertsの1978年の著作、およびHäberlesの1992年の著作をも挙げることができる。

田山輝明先生古稀記念論文集に寄せて
――田山輝明教授の学問を語る――

五十嵐　敬　喜
Takayoshi IGARASHI

I　はじめに
II　田山法学の生成と展開―田山・五十嵐対談集―
III　終わりに

I　はじめに

　田山輝明教授（以下後記理由により田山君という）は、早稲田大学法学部在中、1964年、全国最年少（20歳）で司法試験に合格しました。しかし司法研修所（裁判官・検事・弁護士などの実務家を養成する機関）ではなく、そのまま大学院に進学しました。その後助手として早稲田大学法学部に採用され、2014年3月末に定年で退職されるまでの48年間、専任講師、助教授、教授として早稲田大学法学部に在任しました。

　その間、学部および大学院において民法、関連科目の講義、演習などの担当を通じて教育に携わる一方、法学部教務主任、法学部長、早稲田大学常任理事・副総長などを務め、学部と大学の運営にも多大な貢献をしました。学外では日本農業法学会会長、日本私法学会理事、日本法社会学会理事、多摩南部成年後見センター理事長、杉並区成年後見センター理事長、全国社会福祉協議会地域福祉権利擁護に関する検討委員会座長、東京都社会福祉協議会福祉サービス運営適正化委員会委員長等、として、専門の民法研究者の活動をおこなうと同時に、社会現象の矛盾に対処するためにも深くかかわってきました。なかでも特筆すべきは、民法研究者あるいは法科大学院の教授というと「民法解釈」の専門家としての研究者と教育者と思われやすいが、主著『西ドイツ農地整備法制の研究』（成文堂、1988年）に見られるように、一方で

ドイツの農地法制(主として耕地整理法)の歴史を丹念に追いながら、ドイツでの成果を日本に導入した先駆者とそののの苦悩を描き出すなど、歴史家あるいは農業法学者の素養の一面を見せました。他方で日本の少子・高齢化社会の到来をいち早く予見し、その際、困難で深刻かつ誰にでも訪れる高齢者の宿命的な問題とその対策について、「成年後見」というこれまで日本に存在しなかった新たな立法の提言をも行い立法学者としての一面も有しているのである。このような事実は田山君の主たる戦場である民法分野での田山理論の理解と評価にも欠かせないものであります。

　さて、私自身は田山君とは早稲田大学時代同学年であったこと、田山君が先に司法試験に合格し、彼に何人かの友人とともに司法試験の勉強方法を教わったという以外に、実は会食や学会などで一緒になったことはあっても密着して共同研究をしたり活動したりするということはなかった。正確に言えば時々の事象、特に都市と土地問題(農村を含む)に対して問題意識は共有していたが、活動する方法や場面が異なっていたというようなことかもしれません。私は司法試験合格後、司法研修所に入り、以降、弁護士活動に従事し、その後、縁あって法政大学法学部政治学科に迎えられ大学教員として教育に携わるようになったのですが、私の関心も都市問題の法解釈的な解決というよりは、そもそもそれら諸問題を生み出す根源としての都市政策あるいは公共事業の研究、さらにそれらの問題を根本的に解決するための立法学という分野に広がりました。大学卒業後、今日までのほぼ50年間、日本社会は大いに変化し、またその抱える問題も複雑化し、多様化し、変遷してきました。もはや戦後ではないといわれるようになった1950年代からすでに60年もたっています。日本は戦後復興を超えて世界でもアメリカに次ぐ強国にもなり、この間のグローバル化を含めて、既存の理論や制度では解決できない論点が続出するようになったのは必然でありました。そして互いにそれらの問題事象について連絡を取り合うことなどもなくそれぞれの道を歩んで格闘してきたというのが実際でありました。

　ところが、どういう経過か不明だが、田山君を「師」と仰ぐ後継者達がその恩に自らの論文をささげることによってお返しをするという、「退職記念論文集」の編纂にあたって、私にも突然論文寄稿の声がかかってきたのであ

る。私はもちろんこれに応じたのですが違和感も強く残った。というのは古稀記念論文集の編纂という従来からの慣習からすれば、同級生であり先のような関係にある私が恩返しのために何か論文を寄稿するという方法は似合わないという感覚があったからである。しかし、私も田山君と同じように今回大学を定年退職するのです。そこで、ふとこれを機会に双方で、これまで、それぞれが何を考えてどのような道を歩いてきたか、語り合うことも、若い人たちにとっても無駄ではないのでは、と考えるようになりました。そこでいくつかのテーマについて相互に語り合う（主として私から田山君に対するにインタビュー）中で、その取扱いをどうするか、本書編集員会あるいは出版元である成文堂に相談したところ、中身は大変興味がある、また田山法学の理解にあたって大変参考になる、そこでこれを変に細工するよりはそのまま掲載した方がよい、という方向になり、本書のように古稀記念論文集としては異例中の異例なのですが、田山君が私のインタビューに答えて自己を語るというような企画となってしまったのです。このような形式は、私としてもいまだに戸惑いを覚えるのですが、しかし、このような動機付けによる会談も何よりも田山君の学問形成とその展開を多くの方々に知っていただくために許される一つの方法ではないかと思うようになったのです。

II 田山法学の生成と展開――田山・五十嵐対談集――

　田山君の学問は、以下のようにして創られた。

五十嵐　学部入学の頃のことを簡単に話してください。

田山　1962年に早稲田大学法学部に入学しました。1年の時に新井隆一先生（行政法・税法）、2年の時に篠塚昭次先生（民法）のゼミに入りました。ここはある種人気ゼミで、緑法会や創法会など司法試験を目指すサークルの人たちも入ってきていて活発に議論していたことを思い出します。このころから司法試験を目指す仲間として、五十嵐君や東京地裁裁判官から早稲田大学部法科大学院教授になった遠藤賢治君と知り合いました。また、隣のサークル（創法会）にいた斎田国太郎君（検事）、中西武夫君（裁判官）、長

谷川泰造君（弁護士）を含めて、多くの友人と知り合いました。さらに、星徳行君（弁護士）のように、全く別系列のサークルの友人も周辺にいました。3年の時は酒巻俊雄先生の商法ゼミをとりましたが、酒巻先生の恩師でもある星川長七先生が、私が司法試験に合格した直後に、将来の進路について大変貴重なアドバイスをしてくださったことを、今でも感謝しています。4年の時は中山和久先生の労働法のゼミをとりましたが、当時勉強し始めていたマルクス経済学とうまく一致させることができず、苦労したことを覚えています。

　ところで、自分はなぜ司法試験を受けたかということですが、自分の性格やサラリーマンだった父親のキャリア（民間会社の任意退職が多かった）から考えて、サラリーマンよりも、自由業の方が向いていると思っていました。資本金がなくてもなれる憧れの自由な職業は弁護士でした。しかし、試験の合格が近づいたころには、裁判官にもあこがれていました。

五十嵐　自分も当時の学生時代を思い出しました。私は1944年に山形県で生まれ、それこそ満足に食べるものもないような時代であったが、川や山が私たちの遊ぶフィールドであり、毎日外で遊んでいた。授業も、敗戦によってガラッと変わり、先生方も軍国主義から価値転換に戸惑いながらも「民主主義」というものを手探りで勉強し一生懸命教えてくれたような気がします。私自身は小学校時代に無著成恭の「やまびこ学校」を知り、貧乏は恥でないこと、生活情報をきちんと記録すること、そして貧乏の原因を探ることなどを「作文」という方法で教えていることに興味を覚えました。高校生の頃に東京で60年安保闘争があり、そのニュースを山形で聞いて、親からは東北大学のなぜか医学部受験を進められていたが強く「自由」にあこがれ上京したものです。

　然し、田山君は優等生でしたが、私は早稲田大学では授業が面白くなく、時折デモなどに参加していました。2年の時は、ゼミ以外は多分ほとんど授業に出てないと思います。山形県の寮の近くにあった図書館に行き、法律とは関係のない哲学や文学などのいろいろな本を手あたり次第読んでいたという感じです。3年になって田山君が司法試験に合格したとい

う話を聞き、私も初めから会社には向かない（入れない）と思っていたので挑戦しようと思いました。3年の秋に山形寮（二人部屋で勉強できなかった）から大学近くの下宿に移り、図書館で勉強を始めました。最初、法律が全く分からず、興味もわかず、中大真法会の択一試験も落第ばかりしていました。そこで田山君に頼み、先の遠藤賢治、大浜恵弘（ともに裁判官）君などと、それこそ朝、昼、晩、毎日付き合ってもらい、そこではじめて法律の正確な理解、特に体系性と論理整合性の問題を教えられたのです。教科書も一冊に絞りほかには目もくれず、毎日、小さなゼミをやっていました。4年の正月が明けたころから真法会の択一試験にもうかるようになり、ようやく、5月の択一試験本番に間に合いました。多分この時期は、今から考えると約1年位ですが、全く純粋に「勉強」だけに打ち込んだ時期であり、今振り返ると夢のような懐かしい時間です。

田山　最近の五十嵐君は、多忙を極めていて連絡するのも遠慮がちになっていたので、ゆっくり話すのは久しぶりですね。民主党の菅内閣の時は内閣官房参与の一人でしたからね。

五十嵐　ところで田山君はどうして大学院進学を決めたのですか。

田山　酒巻先生・星川先生のアドバイスもあったのですが、2年生の時のゼミの教授であった篠塚昭次先生（先生ご自身はまだ大学院のメジャーを担当されていなかった）からの助言で、野村平爾先生の民法研究室に進学し、ドイツの内地植民制度に関する修士論文を執筆しました。ワイマール憲法制定の前後の土地法制の研究をしたいと思ったのです。野村先生は労働法の研究室におられたが、同時に戒能通孝先生の退職後の民法研究室も担当しておられたのです。当時の早稲田大学の状況では、現在とは異なり、司法研修所に行ったら、再び大学に戻るのは事実上困難でした。先輩教授にも、司法試験合格者はおられたが、研修所にはいっていませんでした。早稲田大学で研究を続けたいと思ったのです。研修後も大学に戻れるのなら司法研修所へ行ってから大学へ戻る道を選んでいたと思います。

五十嵐　私たちが司法試験の勉強をしていたころ、田山君は大学院進学を目

指して、ドイツ語を勉強しながらマルクスの資本論なども読み始めていました。この大学院での様子は後でもう少し詳しく聞きたいと思いますが、もう一つ重要なファクターとしての当時の学生運動とのかかわりを聞いておきたいと思います。当時慶応大学の学費値上げ反対運動に端を発して学生運動が盛り上がり、早稲田でも通常の授業のボイコットが始まり、確か卒業式はもちろん大学院、学部の入試も中止されるような状態となりました。その結果それぞれの進路も相当に混迷しました。私の入所した20期修習生の同級生にも、この運動に参加していたものが多く、会社や官庁、大学院にも入れず、やむなく研修所に来た人も多く、修習後大学に戻った人も多いのです。そのような混乱の原因は「学費値上げ反対」に端を発した学生運動ではありましたが、底流には学生側からの「戦後民主主義と学問の在り方」についての深刻な問題提起があり、これには大学当局がほとんど答えられなかったことが原因だったと思います。全共闘運動、東大封鎖、三島と全共闘との対話、連合赤軍事件、三島の自害などなどいろいろなことが記憶に浮かんできます。そして私が研修を終えるころには裁判所では全共闘運動での逮捕者の裁判が始まりました。私も少々この運動にかかわっていたこともあって、いわば「同志」が裁く側と裁かれる側に分かれてしまい、とても苦しい時期でありました。

　田山君はそのころ大学院でひたすら学問に励んでいたというわけですが、もう少し大学院での勉強の内容や方法について教えてくれませんか。

田山　司法試験のような厳密な解釈論から少し離れた社会科学的な民法学の研究者になりたかったのです。そのために、当時の時代背景（大学紛争等）の下で、一種流行のようにもなっていた社会科学の基礎としてのマルクスの資本論をよく読みました。これに限定すれば、おそらく経済学科の学生の誰よりも熱心に読んでいたと思います。司法試験で我妻先生の民法講義を読んだのですが、それと同じように極めて丁寧に読みました。友人とのゼミも行いました。その際利用したのは、ロビンソン婦人の「マルクス経済学演習」だったと思います。また、その後は宮本憲一先生の「社会資本論」の輪読も行いました。私は端的に言うと、好きな本を読んで、自由に

論文を書きたかったのです。民法解釈論が嫌いだったわけではなく、むしろそのための基礎的な力をつけたかったということかもしれません。

　もちろん、当時の学生運動的なものと全くかかわらなかったというわけではありません。随分とそれを意識していました。マルクスの資本論、その日本的理解や応用について、先の宮本先生のような経済学的アプローチだけでなく、法学的なアプローチも学びました。特に沼田稲次郎先生（労働法、都立大学教授、後に総長）の「法哲学特殊研究」（早稲田大学大学院演習）の授業では、「国家と法の死滅」やの藤田勇先生（ソビエト法　東大社研教授）の「ソビエト法理論」などをめぐって「全共闘」系の人々や「革マル」系の人々と大いに論争しました。これはそれなりに大変楽しい思い出です。

　現在は、大きくは憲法改正を筆頭に「特定秘密保護法」のような法律が出てくる時代になっています。若い人も専門分野に閉じこもらないで、「国家と法」というような大問題をとことん考えつくしてみる、というようなことも必要でしょう。

五十嵐　それと共通するかもしれませんが、私は弁護士になった時から弁護士会だけでなく、いくつかの学会に顔を出しておりました。学界に対しもちろん期待もありましたが、少々不満もありました。時系列的に言えば日本は安保条約、公害、都市問題、バブル、大震災などなどいくつも大きな課題を抱え、それらは今でも社会全体に対して大きな傷跡を残しています。そのたびごとにたくさんの法律がつくられました。法学者は、これらの問題に対応し、解決し、正義の光をともさなければなりません。しかし、これらの社会的課題に答えた学者もいましたが全体的には無関心でした。正確に言えば法律分野では比較的に公平・中立的であったと思いますが、自然科学、特に医学、薬学、工学あるいは経済学などの分野の人はほとんど政府の代弁人というようなもので、弁護士時代に、裁判所に提出する鑑定書の作成あるいは法廷の証言などを頼むのにほんとに苦労したことを覚えています。政治や官僚そして財界だけでなく、「学」も大いに「悪」に関与していたことがはっきりわかったのは、私の場合、公共事業の問題に取り組むようになったからです。そしてそのような歪みを修正できない

まま肥大化させている間に、例の3・11の大災害が発生し、特に原発事故によってその「悪」が極点に達していたことが、「原子力村」の存在として国民的に暴露されました。それ以来国民的な目線でいえば、「学者」なるものもかなり冷ややかに言えば政治家、官僚、東電、などと並ぶ「笑いぐさ」くらいの地位に置かれるようにもなっています。法学者はそんなに露骨ではないと思いますが、沈黙を含めていえば、やはり「学者」の責任ということを考えていかなければなりません。この学者の社会参加と責任の問題はのちに田山君の大きな業績の一つである「成年後見制度」のところで考えてみましょう。

　さて、ここで初期田山法学に戻りましょう。まずはなぜ農業法だったのですか。

田山　はじめは、農業法というより土地法でした。はっきりは覚えていませんが、篠塚先生から、20世紀における有名な土地改革論者であるアドルフ・ダマシュケの『土地改革 Bodenreform』（原書）をお借りして（というより与えられて）読んでいるうちに、ドイツの土地問題に興味を持ったためであると思います。

五十嵐　ダマシュケの話は私も学生時代に聞いたことがあります。どういう人であったか懐かしいのでもう少し解説してくれませんか。

田山　ダマシュケの土地改革は、理論というよりも「運動」でした。運動体の基礎理論ないしはマニフェストというべきものでした。荒蕪地であったベルリンの地がなぜ19世紀には高価な土地になったのか。それは、決して、ホーエンツオレルン王家のみの功績ではなく、むしろそこに居住し、働き、商売をしてきた人々の「労働」の成果であったというのです。つまり、ベルリンの土地が有している価値は、これらの人々の「努力」の成果であります。したがって、たまたまその土地を私的に所有している人が、売却等によってその価値を具体化して独占してしまうことは正しくないという主張です。自然増加税のような形でこれを徴収して社会全体のために利用すべきであると主張しました。彼のこのような思想は、第二次大戦後

に至っても、社会民主党の土地政策の中に生き続けています。

五十嵐　なるほど。ダマシュケの土地所有権はジョン・ロックと似ているところもありますね。ジョン・ロックは当時の自然法思想の中で、「議会」を発明した人としても有名ですが、貴族あるいは宗教者による支配から脱出するために、個人の所有権の確立を求めました。今でいう近代的所有権の萌芽です。そして、その所有は市場経済による交換価値から生まれたものではなく、あくまでダマシュケのように自らの労働の対価としての権利でした。

田山　そうそう。ダマシュケの思想は、またヘンリー・ジョージの思想と比較されることもありますが、そのような問題意識でいえば、みずからの労働の対価としての土地所有は農業問題の理解なしには本質に迫れないと、私も考え農業土地法の研究に重点を移行しました。その後、農業から都市の土地にも研究を拡大していきました。

五十嵐　留学先にドイツ・ゲッチンゲン大学を選んだのもそのような動機があってのことでしょうか。

田山　私の留学は、同時代の同僚と比べますと時期的に早いのですが、それは、当時の学部長でいらっしゃった西原春夫先生と、教務主任の鈴木重勝先生のご配慮によるものです。今でも大変感謝しています。

　留学に際して、石部雅亮先生（当時、大阪市立大学教授）に相談したところ、ドイツで近代法制史と農業法を勉強したいのであれば、ゲッチンゲン大学のカール・クレッシェル教授しかいないと言われ、紹介状までいただきました。実際には、同所のヴォルフガンク・ヴィンクラー先生と双方に大変お世話になりました。この選択は正しかったと今でも思っています。ゲッチンゲン大学農業法研究所に籍を置かせてもらい、同付属図書館でたくさんの資料を集めることができ、大量のコピーを日本に持ち帰りました。ドイツ農業法の資料はコピーですが、相当に充実しています。このおかげで「亀の子文字」を含めて相当に読めるようになりました。なお、クレッシェル先生はご健在ですが、ヴィンクラー先生が昨年逝去されました

ことは、まことに残念であります。

五十嵐 さていよいよ田山法学の本題ですが、そこでの研究成果が「西ドイツ農地整備法制の研究（成文堂）」（これはのちに日独の文化交流に寄与したとしてドイツから功労十字勲章を授与されている）として現れるのですね。これは700頁を超える大著で、当時ほとんど日本では見ることのできなかった内容・研究です。

田山 留学中にゲッチンゲン大学で収集した原資料やドイツ食糧農林省のDr. Quadflieg 氏から提供を受けた新しい資料を基に、ドイツの農地整備法制の歴史を本格的に研究したもので、これにより、早稲田大学から法学博士（早大）の学位を受け、さらに、幸いにして日本農村計画学会賞と農業法学会賞を受賞できました。

　上記の著作について少し説明しますと、明治時代の日本の耕地整理法の制定に決定的な影響を与えたドイツの耕地整理法を研究する必要を感じていましたので、この研究は、そのための基礎的研究です。これについて農業分野の研究者の研究はなかったわけではりませんがが法律学的観点からの研究が必要であると感じていました。この法律の本質は、農業生産との関連における土地所有権の制限原理を含むものであったからです。具体的には、なぜ、土地所有者の3分の2の賛成で耕地整理事業が開始できるのか、などが問題関心でありました。最後に、この分野における「西欧法の日本への継受」を論じました。もう少し内容について説明しますと、耕地整理法のように土地所有権に対する重大な侵害行為が、その要件として、参加者の全員同意→10分の8同意→3分の2→2分の1→4分の1同意→「参加者の利益」（一定割合の同意は不要）となることへと変化していく過程を分析したのです。

五十嵐 なお、この本についてはドイツ大使館で受賞式の時、田山君がこの本の内容を、日本語とドイツ語の双方で紹介してくれたことを覚えています。学者の国際的な研究あるいは学問の継受、異なる文化の架橋といったものを教えられ、大変感激しました。その際、明治維新の立役者の一人で

もある谷干城が渡欧しドイツの耕地整理法を研究したことも初めて知りました。

田山 谷干城を団長とする調査団が、明治10年代に欧州の耕地整理法制の調査を行いました。これは、当時の日本にとって農業が重要な産業であったことを意味しています。この調査は、後に報告書として、樋田櫓一がまとめています。当時のドイツ各州の耕地整理法を誰が実際に翻訳したかはわかりませんが、きわめて正確です。調査団員の一人がベルリンで病気になり、看病の者一人と共にベルリンに残して調査団はアメリカにわたったのですが、この病人は結局ベルリンで死亡しました。このような厳しい状況の中での調査でありました。

なお、日本でも耕地整理は行われていました。石川県や静岡県のそれが有名です。さらに、圃場の拡大など西欧流の耕地整理法が明治32年に制定されましたが、水田に対する配慮が不十分であったため、10年後（明治42年）に大幅な改正がなされました。

また、私の関心がこの作業と並行して再び民法解釈に向かったのも、留学の成果であります。ゲッチンゲンで知り合ったゲルハルト・ケブラーGerhard Köbler教授（現、インスブルック大学名誉教授）が、法制史家であるにもかかわらず、民法や法学入門の教科書を出版していたのを知り、大きな感銘を受け、解釈論から離れていたことを反省させられたからです。

このような留学の成果としてできたのが「ドイツの土地住宅法制」（成文堂）であり、これは「ドイツにおける土地所有権思想の歴史」から説き起こし、国土（空間）整備法制という観点から執筆した、「建設法典と都市再開発、ドイツの住宅制度」とドイツ農地法制に関する論文集です。

ついでに土地・都市問題関係の業績を挙げますと、このようなドイツ研究から、さらに日本の「現代土地住宅法の基本問題」（成文堂）に移りました。ここでは土地政策と土地法制から説き起こし、借地借家法の改正、沖縄における土地（軍用地）問題を含めて、日本の土地住宅法に関する諸問題、農地法制等を扱っています。

これらの著作を公表していたころは、日本農業法学会で、小倉武一会長

(元農林事務次官、元政府税調会長）の下で事務局長を務めておりました。大変厳しい先生でしたが、私のように孫のような世代の者に対しては、それほどでもありませんでした。ドイツ・ボンで学会を開催することができたことは楽しい思い出になっています。

　上記の2つの著作は、都市法あるいは土地法に関する研究として、五十嵐君と問題関心を共有するものですね。ところで五十嵐君はどうして都市問題に興味を持ったのですか。弁護士でこんなところに首を突っ込む人は極めて少ないと思いますが。

五十嵐　そうですね。私が都市・土地問題に興味を持ったのは、弁護士駆け出し時代に最初「日照権」に対する弁護依頼を受けたからです。今では日照権というと誰も知っている言葉ですが、当時はこのような言葉すらなかった。そこで私は裁判で「差し止め」を勝ち取るためには、これを社会化する必要があると感じ、東京で「市民連合」を立ち上げ運動化し、時間のすべてを日照権にささげたのです。日照権は世論の支援もあって裁判でも勝訴するようになり、のちに建築基準法に日影規制基準として公法基準となりました。その間、私は、いろいろな文献など調べまして、日本の法学界には土地法論はあってもトータルな都市法論がないということがわかりました。そこで都市の空間に着目した研究をしなければと思い、その際ある種のモデルにしたのが田中二郎東大教授（行政法）の「土地法」でした。しかし、そこには建築基準法や都市計画法といった空間に関する視点や叙述はほとんどないといった状況でした。そこで、たぶん私は、日本で初めてと思いますが「都市法」（ぎょうせい）というタイトルで一冊の本をまとめましたが、これは日本の特殊性（都市空間の量や質あるいはその決定システム、さらにはその影響など）を見ただけで、もっと普遍的なものとして世界各国の「都市法」の研究をしなければならないと感じるようになりました。そのような状況の中で、東大社会科学研究所の原田純孝君（法社会学　民法）たちの研究会に参加させてもらい、そこで田山君の先のドイツ都市法なども参考にさせていただいたというわけです。

田山　東京大学社会科学研究所などでは、公的研究費の裏付けの下で、学際

的なグループ研究がなされていました。しかし、同じことをやろうと思っても簡単にできるものではなかったのです。そこで、私は、自分の置かれた研究環境で可能なことを粛々とやろうと考えていました。

　五十嵐君の研究はいわば表舞台でのそれであったと思います。五十嵐君は実践的な弁護士という立場と研究をうまく結合させていたという感じはします。同じ土地問題に関する研究でも、私の研究のような、楽屋裏の研究も必要になるときが来るだろうと、当時から考えていました。

　特に、ドイツ農地整備法の研究は、食料農林省の農地整備担当官（Dr. F. Quadflieg）とゲッチンゲン大学農業法研究所の教授（Dr. W. Winkler）の援助（資料提供など）の下で初めて可能でした。彼らの援助の下で、農地整備法87条（起業農地整備）の研究も行いました。例えば、ある地方に飛行場や高速道路を設置する場合に、直接的にその用地を買収するのではなく、必要な用地を含む何倍も広い区域を農地整備区域として設定し、その範囲内で農地を提供してもよいという農家から土地を取得し、それらの土地を施設のための所定の場所に集団化するのです。何軒かの農家は移転しなければなりませんが、彼らには十分な代替地が提供されるのです。同時に地域振興策として、道路整備などを実施します。

五十嵐　日本の成田空港のように国家が強権的に権力を発動し、それに農民などが大反発（学生も共闘していった）するというような日本のケースと全く違いますね。良くも悪しくも強固な日本の「絶対的な土地所有権」と、全く正しい意味での「公共の福祉」をどう調和させるか、これは今でも日本の大問題です。この土地所有権が醜い姿となって噴出したのが例の「バブル」（1989年から1991年ころまで）でした。当時土地はその絶対性ゆえに何よりも大きな「財産」であり、これが毎日毎日とてつもないスピードで値上がりしました。これを転がしたゼネコンや不動産屋さんだけでなく、日本国中、総不動産屋といった状況となりました。国会でも「土地基本法」などが論議されました。これについて私は学者も積極的に関与しなければならない、という立場だったのですが、それは少数説で、多くはそのような現象が静まったころからバブルの原因などについて論評を加える、つま

り生きて苦しんでいる人の治療をしないで、遺体・病理解剖ばかりしているようで、がっかりしたことを覚えています。またこのころから日本には解釈法学と法社会学はあるが「立法学」はほとんどないということも痛感させられました。法学界は確かに土地基本法など、いわゆる抽象的な文言で綴られる「基本法」まではついていけるのですが、これを支える都市法あるいは税法などが、このバブルにどう関係するか、さらにはどう直せばよいか、というレベル、つまり関連実定法まで下りてくる（これは実に何十本もあるのですが）ともうお手上げ状態になる。かりにある程度の対策を見出したとしても、これを法案化して国会に持ち出す（閣法や議員立法）となるとほとんど動く人がいなくなる、ということで、ここにも日本法学界の歪んだ状況が見えたという感じでした。

　また都市の重要な構成要素であり、バブルにも大きな影響を与えるインフラ、公共事業については研究が極めて弱体であるか、欠落していると感じ、私はそのころからいわば独力で「公共事業研究」を始めるようになり、法政大学で、これもほとんど日本で初めてだと思いますが、「都市政策」「立法学」と合わせて「公共事業論」という講座を開設しました。これはやや手前味噌ですが自民党から民主党への「政権交代」にほんのちょっぴりですが寄与したと思っています。しかし、政権交代ののち民主党の堕落もあって、安倍政権の下で再び都市の規制緩和や「国土強靱化」というこれまでと姿を変えた公共事業が強行されています。これに対する反撃も法学界からほとんど聞きません。

　ついでもう少し私の研究関心について述べさせてください。それは以前から考えていたことですが、日本の様に個別土地所有権にこだわっていては、都市・農村は救われないのではないかという疑問です。これは第一に日本の少子・高齢化の下で、最初は森林から、次いで農地の耕作放棄、あるいは中山間地の「限界集落」そしてついに都市のど真ん中の団地やマンションの空洞化という形で土地・建物所有権の放棄という現象が目立ってきました。まさにバブルの時と正反対の現象が生まれてきたのです。もう一つのきっかけは端的には今回の東日本大震災の復興にかかわることですが、現地・被災地ではまず土地所有権の面積、位置、境界あるいは所有者

の確定に膨大なエネルギーがとられています。さらには今後の復興にあたって各人が自由な土地所有権とその行使を唱えると、まとまったまちづくりができない、という状態が露呈するようになってきました。そこで私は、土地所有権はそのままにして利用は共同で行い、そこでの果実は皆に分配するという形の「現代的総有権」を確立すること、という主張を行っています。この総有を考える際、田山君の沖縄久高島のレポートも大変参考になりました。

田山 大きな問題提起ですね。まずちょっと弁明からはいります。バブルの最盛期には、私は、発言の機会が少なかったというような事情もあったとは思いますが、個人的には、地代論等（収益地代を基礎として地代を理解していた）を根拠にあまり「ぶれ」なかったように思います。

　また、五十嵐君が興味を持ってくれた、沖縄久高島における総有地の調査・研究は、石井啓雄先生（農林省→駒沢大学）との共同研究であり、日本における数少ない「総有地」に関する調査でした。この調査は、直接的には土地総有制の下にある久高島において、土地改良事業の実施が法律上可能であるか、というものでした。現在でも、入会権や入会的墓地利用権等において、総有権論は生きています。少なくとも、沖縄の土地総有制は合理的要素を多く含んでいました。例えば、具体的な利用地の「割り替え」等を通じて、台風の被害が特定の者に集中しないように配慮されていたのです。

　ただ、昔の思想や制度を現代に如何に生かすかという点は、難しいですね。単なる復古でよいはずはないからです。社会福祉の面でも親族後見などについて同じようなことがいえます。結局は、私的所有権に対する制限原理として「総有」理論を用いるのであれば、国家法と一定の距離を置いた私的所有権に対する「制限原理」になるのではないでしょうか。総有のような「いける法」は、民法によって取り込まれてはいるが、本質的には国家法ではありません。街づくり協定との共通点なども問題になるのでしょうか。

五十嵐 もちろん総有論の基礎は民法にありますが、私自身は生ける法とし

てだけでなく、実は国家法としての総有法の制定にも魅力を感じています。というのは、もう一つの所有権の形態である「共有」を考えてください。民法の共有は明治時代、「長屋」しかなかった時代に制定されました。しかし昭和の後半から長屋とは質的の異なる共有の形態が表れました。マンションがそれですが、これに対応するために「建物区分所有法」が制定されました。これは共有法の発展とみてよいでしょう。さらに現在ではマンションは維持保全あるいは解体の問題がクローズアップされるようになっています。そうするとマンション所有者の管理組合だけでは到底対処できません。そこでゼネコンなどが参加できる「マンション法」が制定されてくる。同じように総有も入会権や温泉権といった古典的なそれだけでなく、今後の日本の都市や農村の再建のために「現代的な総有」として再構築されるべきです。現行の農地法ではそのような方向性が明瞭になってきていますし、被災地などでもそのような町づくりが思考されるようになっています。田山君にも今後この分野に参加していただきたいと思っているのです。

田山 マンション法の意義については同感です。私の物権法の教科書でも、述べています。

五十嵐 さて都市・土地問題はだいぶ外郭が見えてきましたので、田山君のもう一つの柱である「成年後見法制の研究（上巻・下巻）」と「続」（成文堂）に移りましょう。田山君にはこの成年後見についても沢山の業績があります。

　まず、なぜこの問題に興味を持ったか、そこから教えてください。

田山 東京都の権利擁護センター・すてっぷの設立のための検討委員会のメンバーとして参画したことが発端です。そこで問題の深刻さを痛感させられました。その後、引き続きそこで活動することになりますが、ここで具体的に障害福祉行政とかかわり、社会福祉協議会の仕事も多くなってきました。また、当時厚生省障害福祉課長であった浅野史郎氏（後の宮城県知事）が私の仕事に注目して、彼の諮問機関に呼んでくれて、国レベルで物

事を考えるようになりました。

五十嵐 その成果が膨大な著作物となっていますが、その内容について簡単に説明してくれませんか。

田山 個別に話しましょう。

　まず、成年後見法制の研究（上巻・下巻）」（成文堂）です。これには、日本の禁治産後見制度の欠陥を明らかにし、進むべき方向性を示した諸論文を収録しました。その際の視点は、ドイツ等との比較法的研究でした。上巻では、新しい成年後見制度の成立へ向けての論稿が中心でした。下巻では、ドイツの世話法とオーストリアの代弁人法を先進的立法として紹介しています。下巻に収録した諸論文は、野田愛子先生（元札幌高裁長官）と共同で行ったヨーロッパの成年後見法制調査のおかげでありました。

　次に、「続・成年後見法制の研究」（成文堂）を執筆しました。これは現代日本における後見制度の史的点描から始めており、皇国民法仮規則、全国民事慣例類集、ボアソナード民法（旧民法）および明治民法における後見規定を検討しています。さらに第二次大戦の前後における改正準備や改正内容にも論及しています。そのうえで、2000年4月1日から施行された新成年後見法（民法の新規定）を実現するために行なった様々な研究成果を収録しています。ここでは、西欧法における後見法制と日本の伝統的な「後見」との連続性をも探求しました。

　3番目は、成年後見読本（三省堂）です。少子・高齢社会における成年後見法の課題を解明したものです。冒頭では、成年後見の理念、歴史、具体的課題等について、総括的に述べています。成年後見の「ハウ・ツウ」を述べた著書ではありませんので、表現はやや硬いですが、制度の本質を知るには必読の書だと思っています。地域福祉権利擁護事業等の周辺制度にも論及しています。上記2冊が研究書であったため、一般市民に読んでいただくには適していなかったので、コンパクトにまとめたものが必要でした。これは、早稲田大学のロースクール（高齢者と法）における教科書にもなっています。

　4番目は、『成年後見制度と障害者権利条約』（三省堂）です。成年後見

分野における最も新しい編著であり、若い研究者との共同研究の成果でもあります。障害者権利条約の内容を切り口として、様々な内容を検討していますが、具体的テーマの1つとして、成年被後見人の選挙権の比較法的検討を行いました。この本で、私たちはオーストリア憲法裁判所の選挙権制限を違憲とした判決を紹介し、これは、2013年3月の日本の公職選挙法が憲法違反であるとした東京地裁判決にも大きな影響を与えることができました。特に、オーストリアにおける経験についてのM・ガナー教授の講演・論文は重要でした。

なお、私はこれらの研究により、多くの学内外の教え子の協力を得てプロジェクト研究所「成年後見法制研究所」（5年ごとに更新、現在は「比較成年後見法制研究所」）を立ち上げました。私は、残念ながら定年のため、これを若い人たちに引き継いでもらいますが、この研究を引き継ぐため、学外に「比較後見法制研究所」（一般社団法人）を設立し、今後は、ここを拠点に頑張るつもりです。

またこの際、国際交流の意義についても触れておきたいと思います。さきの農業分野とこの成年後見の分野で、特に私は「比較」（国際交流）を重視してきました。農水省や文部省科学研究費の援助などを得て、農業法の分野では、ドイツ食料農林・消費者保護省から、生産調整の専門家を招き日本の減反政策を検討したり、牛乳やブドウの生産調整などについても講演をしてもらったりしました。また、成年後見についてもゲッチンゲン大学のフォルカー・リップ教授とオーストリア・インスブルック大学のミヒャエル・カナー教授と交流しています。単なる比較研究であれば文献の翻訳でもよいのですが、来日していただいて、日本の気候や風土・文化などを理解していただければ、相互理解もより深まると思ったからです。

五十嵐　なるほど、各著書の執筆の動機、内容、相互の関連そして国際的な広がりや研究の体制などが良くわかりました。日本も少子・高齢化時代を迎え、しかも私たち自身がいつその当事者になってもおかしくないという重要テーマについて深く研究し、さらにはそれを立法につなげたという意味で大変立派な業績であると思います。そこで、さらに田山法学の理解を

深めるためにいくつか関連する事項について教えてください。

　まず、先ほどの都市・土地法から成年後見法に移ったのはどういう理由からでしょうか。

田山　この二つの領域は、社会の少数派の利益ないし権利を守るという点では共通しています。民法総則における禁治産宣告の制度の研究から、次第に障害者・高齢者の社会福祉の問題に研究の関心が移りました。バブルの崩壊後、土地問題よりも社会福祉の問題の方が、緊急性があるように感じたからでもあります。また、少子・高齢社会の後見の問題は、都市問題、農村問題の重要な一部であることも忘れてはなりません。

五十嵐　一学者としての研究を立法に結びつけていったプロセスについてはどう見ていますか。

田山　このような新しい分野でも、伝統的な民法学界の了解が得られないと、制度改革は進みません。1999年の成年後見法の改革では、その意味でも、前述の野田愛子先生の役割は大きかったといえます。

　また、私自身の意見を強く述べるよりも、諸外国の実情を紹介しながら、改革の社会的必要性を述べる方が、立法府に対する働きかけとしては、効果的であると感じました。

五十嵐　成年後見法が制定され、運用がなされました。どのような問題が出ていますか。

田山　長い間、介護や後見は家族・親族の問題と考えられてきましたが、少子・高齢社会にあっては、それを超えた社会問題であり、政策問題であるという認識を裁判官も、政治家も持たなければならないと思います。同時に、最高裁の統計によれば、親族が成年後見人に就任する割合がついに50パーセントを割りましたが、2000年4月からの1年間はその割合が90パーセント以上であったことを思えば、親族後見の減り方が早すぎると思います。これは依然として身内に介護や後見を任せているということに対する反発が多少は生まれているという証拠でもあります。この問題は改めて社

会や行政による親族後見人に対するサポートの必要性を訴えているのではないでしょうか。

五十嵐 今後のこの問題はより深刻なっていくと思います。行政あるいは社会的なサポート含めて制度設計をするとすればどのようなものになると思いますか。

田山 少子・高齢化がもたらす問題を家族に押し付けるのではなく、後見問題等についても社会問題として真正面から受け止めて、国家・社会が有効な対策を打ち出すべきです。具体的には、成年後見は個人や家族の問題に封じ込めるのではなく、地域包括支援センターや社会福祉協議会との連携を重視すべきであると思っています。あるいは市民の参加する成年後見センターのようなものを行政の責任で立ち上げるというようなことも必要になります。

五十嵐 ここまでは田山君の学者としての研究業績を見てきましたが、本来的といえば、本来的な民法研究の中に、長らく受験生にも親しまれてきた「我妻・有泉コンメンタール」の改訂という継続作業があります。これも田山法学研究の中で見逃すことのできないもの、と思われますので少し紹介してください。田山君はもちろん我妻先生の直弟子ではありません。なぜこのような作業をやるようになったのでしょうか。

田山 私はこのコンメンタールの仕事を一緒にした清水誠先生（旧都立大学・民法）のような師弟関係はありません。しかし第一法規（株）の「判例体系」の検討会に、当時立教大学教授であった高橋康之先生の誘いで参加させてもらい、我妻先生からも直接ご指導を受けました。そこでは民法学界の大御所である加藤一郎、遠渡浩、水本浩等の各先生もいて、私たちが作っていく新判例の要旨をもとに議論するというものでした。ある時、軽井沢の合宿で、裁判例の中に「原付自転車」という表現があり、私は、うかつにも子供のころ見た「自転車に小型のエンジンをつけたもの」を想定しそれ以上は調べませんでした。ところが我妻先生に「原付自転車」とは何ですかと聞かれて立ち往生してしまいました。代わりに編集者の方が知っ

ていて答えてくれたので、その場はすんだのですが、我妻先生が、ご自分でも予習されて検討会に出席されているということを知り、仕事に対する姿勢の厳しさを教えられた思い出があります。

　さて、このコンメンタール改訂の仕事ですが、当初清水先生が、総則・物権と債権法の２冊を数冊にして改訂されたのですが、何年か後にこれを一冊にしたいということで相談にこられたのです。おそらく清水先生の頭にはドイツの「クルツ・コンメンタール」が念頭にあったのでしょう。清水先生は私の大学院時代のドイツ民法の恩師でもあり、同時に、我妻先生は私の最も尊敬する大学者でもありましたから、「お釈迦様の手の中を飛んでいる孫悟空」のようなものでもよいから、お手伝いをさせていただきたいと思いました。少し私自身のことを言えば学部の司法試験受験の時から我妻先生の「民法講義」（岩波書店）を十分に読みこんできた、という自信もあり不可能ではないと考えたのです。その作業中、誠に残念がら、清水先生が急逝されてしまったので、第三版（最新版）からは、私がほぼ単独で作業するということになったのです。この作業は私の力が続く限り両先生の教えを胸に継続していきたいと思っています。

　なお、私が我妻先生を尊敬申し上げている理由は、実は、もう一つあります。それは、我妻先生はかつて農業法学会の会員であられたし、貴重な研究業績も残されているからです。日本農業法学会が、我妻先生の故郷・米沢がある山形県で学会を開催した際に、私は、「資料構成・農業法学者としての我妻栄先生」を執筆して、参加者に配布させてもらいました。

五十嵐　ところで、民法解釈を通じて、裁判に関与したことはないのですか。

田山　弁護士登録はしていませんので、そういう意味では全くありません。しかしいくつかの事件で、裁判所あての意見書を書いたことはあります。東京都の外形標準課税事件に関する意見書（内容については、環境・公害法の理論と実践、日本評論社）2004年参照】、東京三菱ＵＦＪ対住友信託との独占交渉権をめぐる訴訟に関連して、契約締結過程論について述べた意見書（内容は「ＵＦＪ vs 住友信託 vs 三菱東京――Ｍ＆Ａのリーガルリスク」日本評論社）、

医療法人からの脱退社員の補償請求権を論じた意見書（2点）、墓地所有ないし利用権関連の意見書、など他にも数点あります。いずれも地裁や高裁の段階で提出したものですが、最高裁判決において、多少は生かされたと思われるものもあります。

五十嵐 こうして田山君の研究業績を振り返ってみると、民法学を中心とする学問的営為を社会の改革に如何に結合させるかをめぐる問題との格闘があったのではないかと思います。それは例えば米軍用地をめぐる法律問題と取り組んだ『米軍基地と市民法』（一粒社）という書物にも端的に表れています。田山君は「米軍基地といえども日本社会の市民法の論理に服しなければならない、というのが本書の主張の中核である」と書き、市民法＝国内法の適用を排除する米軍用地等賃貸借契約や米軍用地特措法等を、民法を尺度として批判したのです。当時憲法学を中心に、日本国憲法とは矛盾する日米安保条約・地位協定に根拠を置く特措法や法解釈が国内法の適用をゆがめている現実を法体系二元論として認識、批判し、憲法の一元的支配を主張するのが批判的法学の主流でした。しかし、田山君はあえて二元論の立場に立ち米軍基地の合法的存在を前提としたうえで、米軍用地等賃貸借契約の違法性を民法解釈学の立場から徹底的に解明して、基地周辺住民の自由と人権の伸長に寄与しようとしたのです。ここに民法解釈学者としての田山君の社会問題に対する実践感覚を読み取ることができるのではないでしょうか。

先に話題になった博士論文『西ドイツ農地整備法制の研究』（成文堂）は、法制史学、比較法学、法社会学の方法を駆使した純粋な学術研究ですが、その背後にはやはり社会問題に対する深い洞察があります。圃場整備の問題を農業分野の問題に限定せず、土地開発問題、土地の農業的利用と都市的利用の調整、という大きな枠組みの中で捉えなおそうという発想が本書の下敷きになっています。公共事業の用地取得の際の農地の任意買収や収用で農家が取得するキャピタルゲインをどう公共還元するかといったことが当時問題となっていました。この問題を圃場整備という事業展開によって解決できないか、そのヒントをドイツにおける農地整備法制の歴史

と現状に求めたわけです。その意味で田山君の農業法制研究が、農業法制に止まらず、都市法制研究、開発法制研究へと広がりを見せるのも、戦後日本社会が生み出した土地問題という社会的現実との格闘があったから、ということができるのではないでしょうか。

　一方における学術研究の理論と、他方における法実務、法実践への架橋ということがよく言われますが、田山君は研究に軸足を置きながら実践へアプローチしてきたし、私はむしろ実践から研究へ入って行ったと思っています。経路を異にする二人が協働すれば、相当面白いことができるのではないかという気がしてきました。

田山　私の研究をそのような観点から見てもらうのは大変ありがたいし，光栄でもあります。

五十嵐　最後に大学教育などについてお聞きしたいと思います。農業を含む土地と都市の法制度そして成年後見制度の研究について、田山君にとっては何よりも「ドイツ」がその中心だった思いますが、留学してみて改めてドイツについてどう思いますか。

田山　一口で言えば、人生観が変わったと言えます。もっとゆっくり物事を考えて研究や教育の仕事をするようにしないといけないと感じました。しかし、帰国後は、様々な仕事が押しかけてきてそれを実践することは難しいことでした。また、ドイツ留学中は、法律学（特に解釈論）の勉強よりも、ドイツ文化、ヨーロッパ文化の勉強をしました。また、多くの研究者と知り合うよりは、少数の研究者と深くお付き合いをさせていただくように努力しました。

　また、ドイツの大学では、法律学の教授は原則として、司法試験に合格し、博士学位を取得しており、実定法と基礎法の科目を担当するのが普通であるということには、新鮮さを感じました。例えば、民法と法制史、刑法と法哲学等を担当していました。さらに、彼らは教科書の執筆も軽視していなかったように感じました。これは現在法科大学院の設置によってだいぶ歪められてしまった教育者の任務と法学教育の在りかたについて、大

きな反省を迫るものと思います。

　さらに、私的なことについても触れると、最後に家族とともにヨーロッパ旅行を行った時の感想ですが、歴史的建造物等を見てその文化の偉大さと古さに驚嘆したことを付け加えておきたいと思います。学問もそのような大きな文化や歴史と深く関係しています。ドイツに対してはアレキザンダー・フォン・フンボルト財団から奨学金をいただいたことを含め「感謝」の2字あるのみです。

五十嵐　本年度で、田山君も私も教員としての仕事は最後になります。大学での教育全体を振り返ってどのような印象を持ちますか。

田山　自分は一教員としての仕事だけでなく、法学部教務担当教務主任（4年）、法学部長（4年）として学部行政を、さらに大学常任理事（副総長）（8年）として人事、法務も担当してきました。

　まず、学生についてですが、個性的な学生もいますが、他から与えられた方向でしか考えたり行動したりすることができなくなっていると感じられる者もいます。しかし、これは大学や教師の努力である程度は修正できるのではないでしょうか。教師が自らの経験を語る等なさまざまな方法で、何らかの働きかけを積極的に行う必要があると思います。特に法学を学ぶ学生全体についていうと、良い教科書を選び何度も読み、物事を体系的につかまえて考えるという作法を身に着けるようにすること、また若いうちにしかできないことについて勇気をもって挑戦することを勧めるべきであると思います。

　個人的なことを言えば、何と言っても学部学生とのゼミ合宿がほんとに楽しい思い出です。自分が最初にゼミを持ったのは、2年生科目の民法演習と外国書研究でしたが、合宿は伊豆の大島、北富士演習場などで行いました。このころ一緒にやったキャンプファイヤーが懐かしい思い出です。その後、南房総の大学の千倉寮で、明け方までゼミをやり、明るくなったころから釣りに行き、その成果を管理人さんが料理してくれて全員で堪能しました。その後の時期は国民宿舎の「潮騒」で合宿をやり、ここにはOBの諸君も参加してくれ、そのような関係から「田山ゼミOB稲門会」

ができ、これが継続しており、奨学基金も設置されています。大変ありがたいことです。その後も合宿は、勝浦、銚子、茂原、軽井沢セミナーハウス、新潟の塩沢、鴨川セミナーハウスなど転々としていますが、私にとって忘れがたいものの一つが、恩師の野村平爾先生のお墓参りです。先生がが亡くなられて、鴨川の菩提寺（鏡忍寺）に埋葬されましたので、房総での合宿の帰途、司法試験の合格者を同伴したことがありますが、その時、ある合格者が、そっと「先生と一緒に、先生の恩師のお墓参りをしたくて一生懸命勉強しました」と言ってくれたことです。このようなことは、教師冥利に尽きることです。

　法科大学院には問題が多いと思います。法学教育が法科大学院によって、基礎法の軽視、研究者の偏在、関連諸科学の断絶など生んでいて、大変嘆かわしい状態です。関係者が早くこれに気が付いて、軌道修正をすべきです。もちろん、私は法科大学院の枠内において、関係者が大変な苦労と努力をされているのはよく知っています。しかし、それが、残念ながら成果として現れていません。法学教育のあり方について根本的な問題があるのではないでしょうか。

五十嵐　大学を終えたらなにをしたいですか。

田山　成年後見法に関する研究を始め、やり残した民法学の仕事をこなしながら、農作物を育ててみたい。我妻・有泉コンメンタールの改定の仕事も重要であると思っています。

Ⅲ　終わりに

五十嵐　冒頭に記したように田山君も私も、何とかこの年齢まで生き延びて今回大学を去ることになりました。大学を去るといってもすべてを放棄して隠居するということではありません。実は、田山君は謙虚に今後のことを述べていますが、本音は社会の要請ある限り、いつ、どこにでも、はせ参じるつもりと見かけました。何よりも日本の法学教育が危ない。このままでは司法試験や公務員試験に向けての解釈学だけが残り、その解釈や立

法に方向性を与える法哲学、あるいは社会の実態とかかわる法社会学、さらには世界との比較や競争などを含む国際的な研究、そしてそれら一切を含めた日本の法秩序の在り様について、深く学び研究し、実践する多面的な研究者の養成や教育方法の開拓が要請されています。また、田山君の関心事であった農業や高齢化社会が、世界のグローバル化や日本の少子・高齢化の進展などにより、これまでに見られなかったような劇的変化を迎えようとしていることも周知のとおりです。言い換えれば田山君には引退などできないような仕事が待ち受けているのです。

　本書に収録された数多くのご論文は、このような生き方をしてきた田山君に直接・間接に影響された多くの後輩が、田山君の業績をしのびつつかつこれを乗り越えるべく努力されて結実したものであり、田山君を大いに激励するとともに学界にも多大な貢献をするでしょう。

　冒頭に触れたように、通常この種の古稀記念論文集では「先生はいつまでも元気で我ら後進をお導きください」として「感謝の礼」を述べるのが通例でありますが、今回はこのような形式をやめて、田山君に対する私のインタビューという方法で学問の生い立ち・環境とその業績を紹介したのは、体力・気力ある限り学問の道を歩みたいという彼の覚悟の一端を示したかったからです。

略　歴

略　歴

1944年1月21日	群馬県に生まれる
1962年	早稲田大学法学部入学
1964年9月	司法試験合格
1966年	早稲田大学法学部卒業、早稲田大学大学院法学研究科修士課程入学
1968年	早稲田大学大学院法学研究科博士課程入学、同大学法学部助手（〜1971年）
1971年	早稲田大学法学部専任講師（〜1973年）
1973年	早稲田大学法学部助教授
1974年3月〜1977年1月	西ドイツ・ゲッティンゲン大学農業法研究所留学（早稲田大学在外研究員、および引き続きA. v. フンボルト財団給費生）
1978年	早稲田大学法学部教授 東京大学農学部講師（比較農業法担当）（1979〜）
1990年1月	法学博士（早稲田大学）学位取得
1998年	早稲田大学法学部長（〜2002）
2003年	早稲田大学常任理事・副総長（人事・労務、法務）（〜2010年11月）

受賞・叙勲など

1989年　日本農業法学会より同「学会賞」受賞
1990年　農村計画学会より同「学会賞」受賞
1995年　不動産学会より同「学会賞」を受賞（ドイツ建設法典の共同翻訳により、代表者として）
　　　　ドイツ連邦共和国大統領より、日独学術交流により功労十字勲章

学会活動・社会活動

農村計画学会理事（常任理事、副会長）（1985年〜1989年）

農村計画学会会員（1993年〜）
日本農業法学会常任理事・事務局長（1986年〜）
日本農業法学会副会長（2006年〜2008年）
日本農業法学会会長（2008年〜）
日本土地法学会理事、理事長（1993年〜）
日本法社会学会理事（1993年〜2002年）
日独法学会会員（1993年〜）
日本私法学会理事（1997年〜1999）
農政審議会専門委員（内閣）（1987年〜1989年）
東京都「精神薄弱者・痴呆性高齢者権利擁護センター・すてっぷ」権利擁護委員（1991年〜）
埼玉県痴呆性高齢者・知的障害者権利擁護機関検討委員会委員
引き続き権利擁護委員会委員（1996年〜）
中央児童福祉審議会臨時委員（厚生省）（1991年〜1993年）
中央児童福祉審議会委員（厚生省）（1993年〜1999年）
東日本フンボルト協会常任理事（1994年〜）
多摩南部成年後見センター理事長
杉並区成年後見センター理事長
社会福祉法人 東京都社会福祉協議会運営適正化委員会委員長
中央障害者施策協議会委員（内閣府、2005年〜2012年）
厚生科学審議会生活衛生適正化分科会委員（2003〜2013年）
模範六法編集委員（三省堂）
一般社団法人比較後見法制研究所理事長（2013年〜）

研究業績目録

1．単独著書

『法曹入門』（成文堂、1978年、改訂増補版・1980年、新版・1991年）
『Die Entwicklung des landwirtschaftlichen Bodenrechts in der japanischen Neuzeit』（ドイツ・ゲッティンゲン大学農業法研究所叢書第19巻　Karl Heymanns Verlag［カール・ハイマン出版社］、1978年）
『米軍基地と市民法』（一粒社、1983年）
『契約法各則　上［民法講義案6　1］』（成文堂、1984年）
『民法総則　[民法講義案1]』（成文堂、1985年、第2版・1990年）
『契約法　[民法講義案5]』（成文堂、1985年、第2版・1989年、第3版・1993年）
『債権総論　[有斐閣双書プリマ・シリーズ6]』（有斐閣、1986年、第2版・1992年）
『物権法　[法律学講義シリーズ]』（弘文堂、1987年、補正版・1995年、第2版・2004年、第3版・2008年）
『西ドイツ農地整備法制の研究』（成文堂、1988年）
『口述契約・事務管理・不当利得　[口述法律学シリーズ]』（成文堂、1989年、第2版・1997年）
『民法──市民・財産と法──　[法律学への第一歩III]』（岩波書店、1990年）
『現代土地住宅法の基本問題　土地法研究　第1巻』（成文堂、1990年）
『特別講義民法II（債権法）』（法学書院、1991年）
『ドイツの土地住宅法制　土地法研究第2巻』（成文堂、1991年）
『通説物権法』（三省堂、1992年）
『通説物権・担保物権法』（通説物権法第2版・三省堂、2001年、第3版・2005年）
『入門民法ゼミナール』（実務教育出版、1994年、改訂版・1999年、改訂第2版・2000年）
『特別講義民法 物権法・担保物権法』（法学書院、1996年）
『特別講義民法 総則』（法学書院、1996年）
『事務管理・不当利得　[民法講義案6]』（成文堂、1996年）
『不法行為法』（青林書院、1996年、補訂版・1999年）
『ガイダンス民法：市民・財産と法』（三省堂、1998年、第2版・2000年、第3

版・2006年)
『担保物権法　［民法要義3］』（成文堂、1999年、第2版・2004年、第3版・2013年）〔単著〕
『成年後見法制の研究　上下巻』（成文堂、2000年)
『民法総則　［民法要義　1］』（成文堂、2000年、第2版・2007年、第3版・2009年)
『物权法』（中国語）（早稲田大学・日本法学丛书　法律出版社、2001年)〔陆庆胜译、齐乃宽、李康民审校〕
『債権総論　［民法要義4］』（成文堂、2001年、第2版・2008年、第3版・2011年)
『債権各論　上巻　［民法要義5］』（成文堂、2001年)
『特別講義民法　債権各論』（法学書院、2001年)
『債権各論　中巻　［民法要義6］』（成文堂、2001年)
『続・成年後見法制の研究』（成文堂、2002年)
『事例で学ぶ家族法』（法学書院、2002年、第2版・2005年、第3版・2013年)
『契約法　［民法要義5債権各論　上巻］』（成文堂、2006年)
『事務管理・不当利得・不法行為　［民法要義6債権各論　下巻］』（成文堂、2006年、第2版・2011年)
『成年後見読本』（三省堂、2007年)
『特別講義　債権総論』（法学書院、2009年）〔単著〕
『日本侵权行為法』（北京大学出版社、2011年顧祝軒・丁相順共訳)
『事例演習民法』（法学書院、2012年)
『物権法　［民法要義　2］』（成文堂、2012年)

2．共　　著

『民法講義5　契約』（「賃貸借」担当）（有斐閣、1978年)
『民法講義ノート4　［有斐閣新書　A54、A55（補訂版)］』（有斐閣、1980年、補訂版・1989年、第2版・1993年）〔共著　篠塚昭次〕
『所有権思想の歴史』（ドイツ担当）（有斐閣、1979年)
『農地・農村整備に関する比較研究』（ドイツの一部担当）（農政調査委員会、1983年)
『欧米における都市再開発制度の動向』（ドイツ担当）（小林国際都市政策研究財団、1987年)〔共著、欧米都市再開発制度研究会編〕
『基本法コンメンタール・債権各論』（賃貸借の一部担当）（日本評論社、1988年)［遠藤浩編］

『借地借家法──条文と解説』（有斐閣、1992年）〔共著　篠塚昭次、内田勝一、大西泰博〕

『新・判例コンメンタール　民法7』（「組合契約」担当）（三省堂、1992年）

『詳解新借地借家法』（借地部分担当）（大成出版社、1993年）〔共編著　森泉章、近江幸治〕

『現代の都市法』（ドイツの一部担当）（東京大学出版会、1993年）〔編集　原田純孝、吉田克己、渡辺俊一、広渡清吾、戒能通厚〕

『諸外国の都市計画・都市開発』（ドイツの一部担当）（ぎょうせい、1993年）〔編　建設省都市政策課，都市開発制度比較研究会〕

『新しい成年後見制度をめざして　意思能力が十分でない人々の社会生活を支援するために』（ドイツ・オーストリア担当）（東京精神薄弱者・痴呆性高齢者権利擁護センター、1993年）〔編集　野田愛子〕

『我妻・有泉コンメンタール民法：総則・物権・債権』（日本評論社、2005年、第2版・2008年、第2版追補版・2010年、第3版・2013年）〔共著　我妻榮、有泉亨、清水誠〕

『借地借家法：事業用定期借地権等の法改正に対応』別冊法学セミナー no. 199. 基本法コンメンタール（日本評論社、2009年）〔共著　水本浩、遠藤浩〕

3．編　　著

『西ドイツの農地賃貸借制度に関する資料』（農林省構造改善局農政部農政課、1973年）〔共編　松浦利明〕

『ヨーロッパの土地法制──フランス・イギリス・西ドイツ』（ドイツの農地法制担当）（東京大学出版会、1983年）〔共編著　稲本洋之助、戒能通厚、原田純孝〕

（編集）『民法演習1』（成文堂、1987年）

（監修）『民法総則：体系整理』（法研出版、1989年）〔編集　民法体系整理研究会〕

『不動産担保［注解不動産法3］』（青林書院、1990年）〔共編著　遠藤浩・遠藤賢治〕

『民法演習II（物権法・担保物権法）』（成文堂、1991年）

『民法基本論集（7）──家族法』（法学書院、1993年）〔共編　森泉章・中川高男・下森定・半田正夫・伊藤進〕

『民法演習III（債権総論）』（成文堂、1996年）

『Q&A 高齢者財産管理の実務』（新日本法規出版、1997年、新版・2002年）〔共

編　野田愛子〕

（責任編集）『農地整備法制に関する日欧比較研究――ドイツと日本の比較を中心として――　早稲田大学農地整備法制研究会シンポジューム報告書』（日本語版）（成文堂、1998年）

Vergleichende Studien über die japanische und mitteleuropäische Flurbereinigung unter besonderer Berücksichtigung der deutschen Flurbereinigung : Bericht eines Symposiums, 1996〔農地整備法制に関する日欧比較研究，ドイツ語版〕（成文堂、1998年）

『現場の成年後見 Q&A：くらしの相談室［有斐閣選書］』（有斐閣、2001年）〔共編　長谷川泰造〕

『マンションの法律 Q&A［有斐閣選書］』（有斐閣、2003年）〔共編　鎌野邦樹〕

『成年後見制度と障害者権利条約　東西諸国における成年後見制度の課題と動向』（三省堂、2012）

4．論　文

「内地植民問題を通じて見たドイツ民法施行法の一側面」早稲田大学法学会誌19巻49頁～120頁（1996年）

「II『現代法理解のための歴史的視点』について」季刊現代法 1 号24頁～39頁〔共著　田端博邦〕（1996年）

「ドイツ民法の形成と営業令―― BGB 第618条論」早稲田大学法学会誌21号37頁～108頁（1971年）

「都市開発の理念（（特集）都市開発をめぐる宅地建物）」自由と正義22巻11号13頁～20頁（1971年）

「米軍基地賃貸借契約と民法604条」法律時報44巻 2 号62頁～67頁（1972年）

「都市三法と住民（地域住民と法〔日本法社会学会　1971年春季大会シンポジウム〕）」法社会学24号10～23頁（1972年）

「米軍用地契約と政府統一見解」法律時報44巻 9 号62頁～68頁（1972年）

「農民の基地反対闘争の前進――北富士・忍草のたたかい（軍事基地反対闘争の前進〈特集〉）」労働・農民運動77号53頁～63頁（1972年）

「『営業の自由』Gewerbefreiheit の立法史的考察――『10月勅令』と改革立法をめぐって」高柳信一、藤田勇編『資本主義法の形成と展開 1（資本主義と営業の自由）　東京大学社会科学研究所研究報告　第17集』（東京大学出版会）（1972年）

「米軍用地契約の期限切れ問題と政府統一見解」季刊現代法10号75頁～97頁

（1972年）
「北富士演習場闘争と国内法──『暫定使用協定』をめぐって」法学セミナー204号10頁〜15頁（1972年）
「地域問題の諸相　軍用地をめぐる地域住民と法（〈特集〉開発と住民）」ジュリスト533号252頁〜257頁（1973年）
「ミュンヘン一揆（ワイマール司法の軌跡-5-）」法学セミナー213号86頁〜93頁（1973年）
「首都圏における米軍用地問題」法社会学26号82頁〜86頁（1973年）
「民法604条の意義について──山王ホテル返還請求事件判決を契機として」法律時報45巻14号83頁〜88頁（1973年）
「米軍基地をめぐる法的諸問題──都有地返還訴訟を中心として」法学セミナー221号18〜24頁（1973年）
「西ドイツの不動産登記制度」香川保一編『不動産登記の諸問題　登記研究300号記念　上巻』（帝国判例法規出版社）55頁〜88頁（1974年）
「西ドイツにおける最上級裁判官の選任」法と民主主義97号20頁（1975年）
「戦後西ドイツ農地整備法制の展開」早稲田法学52巻1・2号101頁〜152頁（1977年）
「西ドイツにおける住宅賃料補給金制度」土地問題双書8号46頁〜69頁（1977年）
「西ドイツの農地制度」不動産研究22巻2号29頁〜37頁（1980年）
「短答式による民法入門・物権法──物権とは何か」法学セミナー315号139頁〜145頁（1981年）
「短答式による民法入門・物権法──物上請求権とは何か」法学セミナー316号120頁〜125頁（1981年）
「西ドイツにおける農地の賃貸借と相続」農業法研究15・16号133頁〜146頁（1981年）
「短答式による民法入門・物権法──物権契約とは何か」法学セミナー317号120頁〜125頁（1981年）
「南麻布米軍用施設建設事件をめぐる法律問題」法律時報53巻8号90頁〜94頁（1981年）
「短答式による民法入門・物権法──不動産物権の二重譲渡」法学セミナー318号136頁〜141頁（1981年）
「横田基地公害訴訟判決」ジュリスト749号131頁〜136頁（1981年）
「短答式による民法入門・物権法──復帰的物権変動と登記」法学セミナー319号88頁〜93頁（1981年）

「短答式による民法入門・物権法――登記請求権」法学セミナー320号122頁～127頁（1981年）
「短答式による民法入門・物権法――相続と登記」法学セミナー321号140頁～145頁（1981年）
「短答式による民法入門・物権法――取得時効と登記」法学セミナー322号130頁～135頁（1981年）
"Japan", in: Götz/Kroeschell/Winkler, "HANDWÖRTERBUCH DES AGRARRECHTS", Erich Schmidt Verlag, I. Bd., 1981（独文）（1981年）
「短答式による民法入門・物権法――動産の即時取得」法学セミナー323号152頁～157頁（1982年）
「短答式による民法入門・物権法――建物の築造と附合・加工」法学セミナー324号94頁～95頁（1982年）
「短答式による民法入門・物権法――善意占有者と果実の取得」法学セミナー26巻3号（325号）100頁～105頁（1982年）
「短答式による民法入門・物権法――占有権の承継」法学セミナー326号128頁～133頁（1982年）
「比較法的日本考」創文1982年9号（創文社）（1982年）
「取引行為と関連諸機関〔総論〕（民法学習マニュアル〔公的機関〕-1-取引行為）」法学セミナー334号26～29頁（1982年）
「農業金融法制と担保」篠塚昭次・椿寿夫・伊藤進編　高島平蔵教授還暦記念『現代金融担保法の展開』453頁～476頁（成文堂、1982年）
「人・家族と関連諸機関（総論）（民法学習マニュアル〔公的機関〕-2-人と家族）」法学セミナー335号36頁～38頁（1983年）
「公的土地取得制度としての農地整備」渡辺洋三・稲本洋之助編『現代土地法の研究（下）――ヨーロッパの土地法』507頁～535頁（1983年）
「農地価格の評価に関する法制度」渡辺洋三・稲本洋之助『現代土地法の研究（下）――ヨーロッパの土地法』537頁～545頁（1983年）
「建物区分所有法改正の背景と概要（現代の視点）」法学セミナー343号54頁～58頁（1983年）
「流動財産の譲渡担保」受験新報33巻11号176頁～179頁（1983年）
「雇傭契約と安全配慮義務　（争点の近況）」受験新報34巻2号154頁～156頁（1984年）
「西ドイツ農地整備法制の研究（一）、（二）、（三）」早稲田法学58巻4号59頁～90頁、60巻1号1頁～46頁、60巻2号1頁～69頁（1984年）

「請負契約をめぐる諸問題（争点の近況）」受験新報34巻7号143頁～147頁（1984年）
「相殺の第三者効」受験新報34巻11号154頁～158頁（1984年）
「賃貸契約の現状と問題点」月刊不動産流通3巻1号26頁～29頁（1984年）
「西ドイツにおける土地所有権の性格」（「農業構造問題研究」1984年第3号、食料・農業政策研究センター）（1984年）
「委任と『解除』（争点の近況）」受験新報35巻2号161頁～162頁（1985年）
「西ドイツ農地整備法制の研究（四）、（五）」早稲田法学60巻3号1頁～38頁、60巻4号1頁～38頁（1985年）
「ドイツ農業法研究の課題――都市法と農村法の接点について」農業法研究20号18頁～22頁（1985年）
「建物の朽廃と滅失」水本浩・田尾桃二編『現代借地借家法講座〔1〕――借地法』（日本評論社）69頁～91頁（1985年）
「西ドイツ農地整備法制の研究（六）、（八）」早稲田法学61巻2号19頁～64頁、62巻2号1頁～73頁（1986年）
「村落再整備の歴史的位置づけ」農村計画学会誌4巻4号62頁～65頁（1986年）
「一九世紀北部ドイツにおける耕地整理法の生成――西ドイツ農地整備法制の研究（七）――」早稲田法学61巻3・4号33頁～72頁（1986年）
「借地権の存続保障-1-存続期間（借地・借家法改正の問題点〈特集〉）」法律時報58巻5号50頁～55頁（1986年）
「建物区分所有法に基づく『暴力団追放訴訟』――地裁二判決の意義と問題点（時の問題）」ジュリスト860号66頁～71頁（1986年）
「新『建設法典 Baugesetzbuch』について――西ドイツ都市計画法制における1960年連邦建設法と1971年都市建設促進法等の統合」土地住宅問題150号9頁～16頁〔共著 鈴木直哉〕（1987年）
「ドイツ帝国耕地整理令の成立――西ドイツ農地整備法制の研究（九）――」早稲田法学62巻3号1頁～58頁（1987年）
「和解の本質と効力（法学レーダー 民法）」受験新報37巻5号11頁～15頁（1987年）
「借地法と都市開発（借地・借家法改正問題を考える〈特集〉）」法と民主主義220号8頁～14頁（1987年）
「土地政策――その動向と分析（土地問題と法の新局面〈特集〉）」法律時報59巻11号35頁～40頁（1987年）
「立法と判例にみる Landeskultur 概念の変遷：西ドイツ農地整備法制の研究（一〇）・完」早稲田法学63巻1号77頁～122頁（1987年）

「西ドイツにおける国土整備・都市計画法制の理念と体系」土地住宅問題160号34頁～40頁（1987年）

"Die Entwicklungsgeschichte der Landeskultur als Aufgabe der Flurbereinigung in der Gesetzgebung und Rechtssprechung"（独文）カール・クレッシェル教授還暦祝賀論文集『Wege europäischer Rechtsgeschichte』所収、Verlag Peter Lang（1987年）

「不当利得の観念をめぐって——不当利得論の争点（1）（民法の新しい争点）」受験新報38巻1号22頁～25頁（1988年）

「不当性と受益・損失・因果関係について——不当利得論の争点（2）（民法の新しい争点）」受験新報38巻2号15頁～19頁（1988年）

「契約の無効と不当利益——不当利得論の争点（3）（民法の新しい争点）」受験新報38巻3号16頁～19頁（1988年）

「有体物の返還請求と不当利得——不当利得論の争点（4）（民法の新しい争点）」受験新報38巻4号16頁～19頁（1988年）

「欧米諸国の都市再開発——その基本的制度と思想（都市再開発の現状・問題点と展望〈特集〉）」自由と正義39巻5号69頁～73頁（1988年）

「転用物訴権と不当利得——不当利得論の争点（5）（民法の新しい争点）」受験新報38巻5号15頁～18頁（1988年）

「抵当権に対する侵害（民法の新しい争点）」受験新報38巻6号16頁～20頁（1988年）

「受領遅滞と危険負担（民法の新しい争点）」法学新報38巻7号16頁～20頁（1988年）

「借権にもとづく妨害排除（最高裁昭和28年12月14日第一小法廷判決民集7巻12号1401頁、最高裁昭和28年12月18日第二小法廷判決民集7巻12号1516頁）」半田正夫編　森泉章教授還暦記念論集『現代判例民法学の課題』475頁～490頁（1988年）

「金銭と不当利得（民法の新しい争点）」受験新報38巻10号17頁～20頁（1988年）

「意思能力について（民法の新しい争点）」受験新報38巻11号20頁～25頁（1988年）

「障害者人権問題を考える——きっかけとなった小さな体験」ユニオンポスト23号（1989年）

「動産売買の先取特権（民法の新しい争点）」受験新報39巻1号21頁～25頁（1989年）

「法定追認について（民法の新しい争点）」受験新報39巻2号16頁～19頁（1989年）

「精神遅滞者の法律行為」日本発達障害学会、日本精神薄弱研究協会、日本発達障害学会編『発達障害研究：日本発達障害学会機関誌10巻4号（通巻40号）』14頁～49頁（1989年）

「権利能力なき財団をめぐる基本的問題点（民法の新しい争点）」受験新報39巻3

号16頁～18頁（1989年）
「履行利益と信頼利益（上）（下）（民法の新しい争点）」受験新報39巻４号31頁～33頁、39巻７号19頁～21頁（1989年）
「普通借地権の存続期間・存続保障（借地・借家法改正問題の論点〈特集〉）」法律時報61巻７号26頁～30頁（1989年）
「土地についての国民の意識」人と国土15巻2号（通巻90号）38頁～39頁（1989年）
「時効援用の意義と判例理論（民法の新しい争点）」受験新報39巻９号16頁～18頁（1989年）
「代理権の授与と109条の『表示』（民法の新しい争点）」受験新報39巻11号17頁～21頁（1989年）
「無能力者の詐術と判例の評価（民法の新しい争点）」受験新報40巻３号16頁～20頁（1990年）
「明治期における耕地整理法の生成――大正８年都市計画法12条の基礎的研究も兼ねて」乾昭三編『土地法の理論的展開』（法律文化社）253頁～275頁（1990年）
「借主の費用償還請求権と収去権（民法の新しい争点）」受験新報40巻５号18頁～20頁（1990年）
「種類債権をめぐる問題点（民法の新しい争点）」受験新報40巻７号19～21頁（1990年）
「『財産以外ノ損害』について（民法の新しい争点）」受験新報40巻９号16頁～20頁（1990年）
「共同不法行為をめぐる若干の問題点（民法の新しい争点）」受験新報40巻11号16頁～19頁（1990年）
「西ドイツにおける土地利用規制について」協同農業研究会会報第16号（農政研究センター、1990年）
「動機の錯誤に関する問題点（民法の新しい争点）」受験新報41巻３号17頁～20頁（1991年）
「墓地使用権の法的性質（墓地の法律問題〈特集〉）」ジュリスト975号14頁～20頁（1991年）
「譲渡担保をめぐる最近の問題点（民法の新しい争点）」受験新報41巻５号17頁～23頁（1991年）
「ドイツにおける開発事業と地価形成」板倉宏・吉田善明編集代表　北野弘久教授還暦記念論文集『納税者の権利』（勁草書房）229頁～247頁（1991年）
「単独行為と心裡留保・虚偽表示（民法の新しい争点）」受験新報41巻７号18頁～

21頁（1991年）

「法定地上権判例の流れ（民法の新しい争点）」受験新報41巻9号16頁～20頁（1991年）

「ドイツにおける住宅建設簡易化のための建設法典特別措置法」季刊不動産研究33巻4号84頁～90頁（1991年）

「水と都市生活 現代都市住民と水資源」西原春夫・末石冨太郎編集代表 板橋郁夫教授還暦記念『現代水問題の諸相』（成文堂）283頁～306頁（1991年）

「ドイツにおける住宅建設簡易化のための建設法典特別措置法」日本不動産研究所不動産研究33巻4号84頁～90頁（1991年）

「続・法定地上権判例の流れ（民法の新しい争点）」受験新報41巻11号25頁～30頁（1991年）

"Bodenrechtliche Probleme auf dem Lande als ein Teil der gegenwärtigen Aufgaben in der japanischen Landwirtschaft", in : "Veroffentlichungen des Japanisch- Deutschen Zentrums Berlin Bd. 8, 1991（独文）

「ドイツの農業事情」シリーズ 世界の農業 No. 3（日本乳業協議会）（1991年）

「法律行為の取消と第三者（民法の新しい争点）」受験新報42巻1号39頁～43頁（1992年）

「墓地使用権の法的性質」西原春夫・湯浅道男編集代表 善家幸敏教授還暦記念『宗教法学の課題と展望』（成文堂）101頁～117頁（1992年）

「有効な意思表示とその失効（民法の新しい争点）」受験新報42巻3号25頁～29頁（1992年）

「消滅時効をめぐる若干の問題点（上）（下）（民法の新しい争点）」受験新報42巻5号17頁～21頁、42巻7号25～28頁（1992年）

「借地借家法と都市問題 〈特集〉改正借地借家法の問題と展望」自由と正義43巻5号12頁～17頁（1992年）

「『ドイツの土地住宅法制』——土地法からみた土地利用計画〈自著を語る〉」農政調査時報428号46頁～47頁（1992年）

「老人と財産管理」不動産受験新報20巻4号30頁～31頁（1992年）

「注目される新農業政策」法律時報64巻9号2頁～6頁（1992年）

「詐欺による取消と無効の『二重効』（民法の新しい争点）」受験新報42巻9号16頁～20頁（1992年）

「農村整備と法の在り方」農村計画学会誌11巻2号2頁～5頁（1992年）

「債権譲渡と契約の解除——545条1項但書と468条2項の関係」森泉章ほか編半田正夫教授還暦記念論集『民法と著作権法の諸問題』（法学書院）353頁～

370頁（1993年）

「不動産物権の変動と第三者（民法の新しい争点）」受験新報43巻3号20頁～24頁（1993年）

「オーストリア法における成年後見制度」田山輝明・浦川道太郎・内田勝一・岩志和一郎編　高野竹三郎先生古稀記念『現代家族法の諸相』383頁～424頁（1993年）

「ドイツにおける行為能力剥奪宣告の廃止――行為（無）能力と世話制度」田山輝明・鎌田薫・近江幸治・執行秀幸編集代表　高島平蔵教授古稀記念『民法学の新たな展開』（成文堂）31頁～64頁（1993年）

「ドイツにおける新成年後見制度の手続と組織」森泉章編集代表 内山尚三・黒木三郎・石川利夫先生古稀記念『続現代民法学の基本問題』（第一法規出版）667頁～691頁（1993年）

「土地区画整理事業と換地処分――法学的検討（〈特集〉土地区画整理事業の系譜と展望）」都市計画42巻1号（181号）17頁～20頁（1993年）

「保険金請求権上の質権と抵当権の物上代位（民法の新しい争点）」受験新報43巻5号17頁～21頁（1993年）

「原始取得と承継取得（民法の新しい争点）」受験新報43巻7号17頁～21頁（1993年）

「理事の代表権の制限（民法の新しい争点）」受験新報43巻9号15頁～18頁（1993年）

「無権代理人の法的地位（民法の争点）」受験新報43巻11号18頁～22頁（1993年）

「高齢化社会と成年後見制度」法の支配93号3頁～18頁（1993年）

「土地所有思想と公共思想について――土地の公共的性格をめぐる日独の相違に留意しつつ――」土地と農業 No. 23（全国農地保有合理化協会）（1993年）

「不動産の工事と保存の先取特権（民法の争点）」受験新報44巻1号25頁～29頁（1994年）

「占有権の承継（民法の争点）」受験新報44巻3号17頁～21頁（1994年）

「時効完成後の債務の承認（民法の争点）」受験新報44巻5号17頁～21頁（1994年）

「日本の『新政策』等の特徴――EC諸国ないしドイツの最近の政策動向との比較において――（日本農業法学会平成五年度年次大会　シンポジウム『今日の農業構造政策と農業法の課題』）」農業法研究29号78頁～92頁（1994年）

「契約自由の原則（民法の争点）」受験新報44巻7号12頁～17頁（1994年）

「都市と農村の土地利用計画の法制的視点について（〈特集〉都市と農村）」都市計画189号33頁～36頁（1994年）

「成年後見制度」ケース研究240号2頁～22頁（1994年）

「登記請求権（民法の争点）」受験新報44巻9号12頁～16頁（1994年）

「成年後見制度について」日本障害者協議会、日本障害者協議会編JDジャーナル14巻6号（通号168号）10頁～11頁（1994年）
「物上請求権の競合（民法の争点）」受験新報44巻11号13頁～17頁（1994年）
「施設入居中の知的障害者のための財産管理」書斎の窓438号10頁～15頁（1994年）
「無能力者制度と相手方の保護」森泉章・中川高男・下森定・半田正夫・伊藤進・田山輝明編『民法基本論集〔1〕―総則』（法学書院）31頁～43頁（1994年）
RAUMORDNUNGSRECHT IN JAPAN in : Japanstudien. Jahrbuch des Deutschen Instituts für Japanstudien. Band 6/1994, *Deutsches Institut für Japanstudien der Philipp-Franz-von-Siebold-Stiftung* (*Hg.*)
「ドイツの世話法と介護保険」季刊年金と雇用13巻4号（通号49号）33頁～42頁（1995年）
「不在者の財産管理制度の再評価――高齢化社会における知的障害者の財産権保護のために」司法研究所紀要6巻1頁～21頁（1995年）
「ドイツの社会保険システムにおける介護保険」早稲田法学71巻4号109～140頁〔共著 Friedrich E. Schnap〕（1996年）
「知的障害者の人権擁護と青年後見制度（〈特集〉障害者の人権侵害問題と権利擁護）」障害者問題研究24巻1号22頁～30頁（1996年）
「楚辺通信所『不法占拠』」世界623号70頁～74頁（1996年）
「ドイツの世話法（〈特集〉新しい成年後見制度に向けて）」ノーマライゼーション：障害者の福祉16巻11号25頁～28頁（1996年）
Bodenprobleme am Stadtrand = Land use problems in the urban periphery, Travaux scientifiques de la Faculté européenne des sciences du foncier Strasbourg ; Bd. 21 = Studies of the European Faculty of Land Use and Development, Strasbourg, P. Lang, 1996〔Erich Weiss, Hrsg〕（1996年）
「所有権の私有化（日＝ロ憲法・民法・土地法の現況をめぐって――第4回早大比研・モスクワ大学法学部共同シンポジウム――『所有権の私有化』の部）」比較法学30巻2号193頁～203頁（1997年）
「ドイツの農村開発公社」高橋岩和、本間重紀編『現代経済と法構造の変革』（三省堂）325頁～369頁（1997年）
「各国における農地保全の取り組み 第1回 ドイツにおける農地保全制度」協同組合経営研究月報525号45頁～53頁（1997年）
「後見法の部分的崩壊と新しい法理念の生成」奥島孝康、田中成明編『法学の根底にあるもの』（有斐閣）343頁～373頁（1997年）

「医療社団法人の定款中の『社員タル資格ノ得喪ニ関スル』規定の効力」伊藤進教授還暦記念論文集『民法における「責任」の横断的考察』（第一法規出版）1頁～17頁（1997年）
「老後生活と財産保全」佐藤進編『高齢社会の法律』（早稲田大学出版部）175頁～194頁（1997年）
「都市の生活と福祉の保障――法律学の観点から」岩村正彦ほか編『岩波講座 現代の法〔９〕――都市と法』（岩波書店）177頁～201頁（1997年）
「法定後見制度（『成年後見問題研究会報告書』（法務省民事局）について）」判例タイムズ961号10頁～18頁（1998年）
「債権・債務の相続と多数当事者（民法の争点）」受験新報48巻５号17頁～21頁（1998年）
「供託をめぐる最近の問題点（民法の争点）」受験新報48巻７号12頁～16頁（1998年）
「成年後見人の機能と任務の範囲――身上監護を中心として（「成年後見制度の改正に関する要綱試案」（法務省民事局参事官室）について）」判例タイムズ972号20頁～22頁（1998年）
「簡易後見類型・特別代理人類型（「成年後見制度の改正に関する要綱試案」（法務省民事局参事官室）について）」判例タイムズ972号23頁～24頁（1998年）
「改正の形式などの留意事項（「成年後見制度の改正に関する要綱試案」（法務省民事局参事官室）について）」判例タイムズ972号59頁～60頁（1998年）
「提供の方法をめぐる最近の問題点（民法の争点）」受験新報48巻９号15頁～19頁（1998年）
「任意後見制度　ドイツにおける老齢配慮委任状との比較（特集・成年後見制度の立法課題）」ジュリスト1141号50頁～56頁（1998年）
「民法213条の囲繞地通行権の対象地の特定承継と当該通行権の帰趨（平成２．11．20最高三小判）」森泉章先生古稀祝賀論集『現代判例民法学の理論と展望』（法学書院）172頁～188頁（1998年）
「ドイツにおける扶養と相続」家族〈社会と法〉（71頁～89頁）（1998年）
「民法109条・110条・112条・117条（無権代理）」『民法典の百年〔２〕――個別的観察〔１〕総則編・物権編』（有斐閣）199頁～255頁（1998年）
「詐欺行為と詐害の意思（民法の争点）」受験新報48巻11号８頁～13頁（1998年）
「二重効――錯誤による無効と詐欺による取消（特集　民法と民事訴訟法）」法学教室219号30頁～34頁（1998年）
「消滅時効と中断をめぐる理論的課題（民法の争点）」受験新報49巻３号13頁～17

頁（1999年）
「民法における一般条項について（民法の争点）」受験新報49巻5号12頁～16頁（1999年）
「農山地の地域資源と農林業（日本農業法学会1998年度年次大会）〈シンポジウム〉」農業法研究34号63頁～95頁（1999年）〔総合討論・司会〕
「権利擁護を制度化するということ——成年後見制度と地域福祉権利擁護事業（特集　権利擁護制度とセルフアドヴォカシー）」季刊福祉労働83号12頁～25頁（1999年）
「成年後見制度の改正について（民法の争点）」受験新報49号7号15頁～19頁（1999年）
「障害者の権利を保障する——成年後見制度と地域福祉権利擁護事業への期待（特集　21世紀の障害保健福祉を展望する）」全国社会福祉協議会編　月刊福祉82巻8号58頁～67頁（1999年）
「取得時効の要件としての自主占有（民法の争点）」受験新報49巻9号24頁～29頁（1999年）
「保証・物上保証——担保的機能上の類似点と法的構成上の相違点との比較（特集　債権と担保物権の基本用語）」法学教室231号28頁～30頁（1999年）
「遺産共有と債権・債務の帰属（民法の争点）」受験新報50巻3号24頁～28頁（2000年）
「既存の禁治産宣告等はどうなるか——戸籍記載から後見登記へ（民法の争点）」受験新報50巻5号18頁～21頁（2000年）
「法定成年後見制度の比較法的検討——新成年後見制度への影響」成年後見制度と地域福祉権利擁護事業〔判例タイムズ臨時増刊1030〕110頁～118頁（2000年）
「制限能力者の詐術と相手方の保護（上）（下）（民法の争点）」受験新報50巻7号14頁～17頁、50巻9号14頁～17頁（2000年）
「成年後見人としての法人——日独比較研究・福祉サービス利用援助事業にも留意しつつ」飯島紀昭・島田和夫・広渡清吾編集代表清水誠先生古稀記念論集『市民法学の課題と展望』（日本評論社）223頁～246頁（2000年）
「借地権の登記」鎌田薫・寺田逸郎・小池信行編『新・不動産登記講座4——各論1』（日本評論社）261頁～288頁（2000年）
「新しい成年後見制度の活用——新後見人、新保佐人、補助人、任意後見人（民法の争点）」受験新報50巻11号10頁～13頁（2000年）
「制限能力者と金融取引（民法の争点）」受験新報51巻1号16頁～19頁（2001年）

「不在者の財産管理人の地位と権限（民法の争点）」受験新報51巻3号12頁～15頁（2001年）

「成年後見制度と遺言の関係（民法の争点）」受験新報51巻5号8頁～11頁（2001年）

「権利能力なき社団における社員の地位（民法の争点）」受験新報51巻7号12頁～15頁（2001年）

「成年後見制度と関連制度（特集1　問題解決！　家族法講座）」法学セミナー560号16頁～19頁（2001年）

「無権代理人の地位と限定承認（民法の争点）」受験新報51巻9号8頁～11頁（2001年）

「詐害行為の本質」奥島孝康・田山輝明・加藤哲夫・本間法之・近藤隆司編　櫻井孝一先生古稀祝賀『倒産法学の軌跡と展望』（成文堂）303頁～333頁（2001年）

「任意後見制度と公証人の役割」公証法学32号27頁～64頁（2002年）

「特別寄稿　ドイツの世話法における健康関連措置と措置入院（所）等の現状」日本在宅ケア学会誌6巻1号32頁～42頁（2002年）

「地域福祉権利擁護事業の展望と期待（特集　福祉サービス利用者の権利擁護の進展——苦情解決と地域福祉権利擁護事業を中心に）」全国社会福祉協議会編　月刊福祉89巻2号40頁～43頁（2003年）

「知的障害者、精神障害者、痴呆性高齢者の消費者取引と権利擁護」国民生活センター『知的障害者、精神障害者、痴呆性高齢者の消費者被害と権利擁護に関する調査研究』（2003年）

「成年後見制度と不動産取引行為」森泉章　刊行委員代表　半田正夫先生古稀記念論集『著作権法と民法の現代的課題』（法学書院）565頁～583頁（2003年）

「Die Orientierung des Landentwicklungsplanes und der Flurbereinigung —— unter besonderer Berücksichtigung der Aufgaben der Landwirtschaftsverwaltung und der Gesetzgebung」農業法研究38号200頁（2003年）

「農村計画と農村整備——立法論と解釈・運用（日本農業法学会2002年度年次大会　シンポジウム「農地・農村整備の今日的課題」）」農業法研究38号55～69頁（2003年）

「公序良俗と不法原因給付（特集2　関連でみる民法（4）債権各論）」法学セミナー586号40頁～43頁（2003年）

「講演　シンポジウムの成果」比較法学37巻2号267頁～273頁（2004年）

「日本の成年後見制度の現状（〔日本成年後見法学会〕設立記念国際シンポジウム第1部　基調報告）」成年後見法研究1号34頁～41頁（2004年）

「これからの成年後見制度（特集　これからの成年後見）」月報司法書士387号 2 頁～ 8 頁（2004年）

「『無形の損害』について」富井利安編集代表　牛山積先生古稀記念論文集『環境・公害法の理論と実践』329頁～360頁（2004年）

「成年後見制度の現状と課題（特集　生活の安全保障と社会福祉）」鉄道弘済会社会福祉部編　社会福祉研究91号35頁～41頁（2004年）

「実践講座　痴呆をめぐる最近の動向（ 5 ）成年後見制度と地域福祉権利擁護事業」総合リハビリテーション32巻11号1071頁～1076頁（2004年）

「市民社会と公共政策．成年後見制度の現状と基本的人権」大浜啓吉編『公共政策と法［早稲田大学現代政治経済研究所研究叢書；23］』（早稲田大学出版部）（2005年）

「成年後見制度と地域福祉権利擁護事業の現状と課題（特集　地域での暮らしを支える"権利擁護システム"）」全国社会福祉協議会編　月刊福祉89巻 2 号18頁～23頁（2006年）

「『不動産サブリース契約』の多様性と借地借家法32条の適用」稲本洋之助先生古稀記念論文集『都市と土地利用』（日本評論社）123頁～142頁（2006）

「労働債権と先取特権」堀龍兒・鎌田薫・池田眞朗・新美育文・中舎寛樹編　伊藤進先生古稀記念論文集『担保制度の現代的展開』（日本評論社）95頁～116頁（2007年）

「特別講演　 5 年を経た新成年後見制度――その評価と課題（［日本成年後見法学会］第 3 回学術大会）」成年後見法研究 4 号 3 頁～14頁（2007年）

「継続的土地利用と黙示の契約」戒能通厚・原田純孝・広渡清吾編　渡辺洋三先生追悼論集『日本社会と法律学：歴史、現状、展望』（日本評論社）365頁～383頁（2009年）

「農地法制の現代的課題（特集　農地法改正と農地の有効利用）」日本不動産学会誌24巻3号（通号94号）63頁～70頁（2010年）

「成年後見制度の法的位置づけ」小林一俊・小林秀文・村田彰編　須永醇先生傘寿記念論文集『高齢社会における法的諸問題』（酒井書店） 1 頁～29頁（2010年）

「市町村長申立制度――公的成年後見制度の観点から（市町村長申立ての意義と現状（特集　市町村長申立て））」実践成年後見35号 4 頁～13頁（2010年）

「農地法制の現代的課題（特集　農地法改正と農地の有効利用）」日本不動産学会誌24巻 3 号（通号94号）63頁～70頁（2010年）

「解題：EUにおける牛乳生産枠規制と日本のコメの作付け規制のあり方につい

て」農業法研究47号210頁～216頁（2012年）
「成年後見制度の運用サポート体制」新井誠監修、2010年成年後見法世界会議組織委員会編『成年後見法における自律と保護　成年後見法世界会議講演録』（日本評論社）141頁～148頁（2012年）
「障害者権利条約と成年後見制度――条約12条と29条を中心に――（第 9 回学術大会　統一テーマ：障害者権利条約と成年後見）」成年後見法研究10号23頁～35頁（2013年）
「再度、公後見を考える！〈展望〉」実践成年後見46号 1 頁（2013年）
「後見審判による選挙権制限についての比較法的検討――東京地裁判決を読んで（特集　選挙権訴訟からみた成年後見）」実践成年後見46号 1 頁50頁～56頁（2013年）
「入会権的墓地利用権の歴史的展開」広渡清吾、浅倉むつ子、今村与一編清水誠先生追悼論集『日本社会と市民法学』351頁～372頁（2013年）
「成年被後見人と選挙権」月刊福祉 9 月号（2013年）
「親なき後における成年後見制度の利用」（プロジェクト報告書、公益財団法人荒川区自治総合研究所、2014年 2 月（195頁～203頁）

5．対談・座談会

（座談会）「借地・借家法改正問題を考える（上）（下）（鑑定セミナー）」不動産鑑定23巻 4 号 2 頁～21頁、23巻 5 号 2 頁～22頁〔共著　植木敬夫、満井忠男、新堀鑛麻治、澤野順彦〕（1986年）
（座談会）「判例回顧と展望（特集　判例回顧と展望1990）」法律時報63巻 3 号 3 頁～29頁（1991年）
（座談会）「成年後見制度をめぐって」法の支配97号　41頁～79頁〔三木妙子・長谷川信・梶村太市・仁平総・杉野翔子・外村隆・藤林益三・大内恒夫・野田愛子・藤井冨弘〕（1995年）
（座談会）「座談会『早稲田法学の峰々』（ 1 ）――島田信義先生を囲んで」早稲田法学72巻 2 号445頁～473頁〔島田信義・大畑篤四郎・小口彦太・佐藤昭太・中村紘一・中山和久・野村稔・早川弘道・藤岡康宏・本久洋一〕（1997年）
（座談会）「専門職能の協力と支援はどうあるべきか（高齢社会を考えるヒント 4 ）」月報司法書士304号 2 頁～13頁〔青木孝志・海老原夕美・大貫正男・櫻井清〕（1997年）
（座談会）「座談会　成年後見の拡大に向けて（特集　成年後見のこれから）」

全国社会福祉協議会編　月刊福祉93巻10号26頁〜33頁〔赤沼康弘、大貫正男ほか〕（2010年）

6．翻訳（単行本）

（翻訳・解説）『西ドイツ農地賃貸借制度改革に関する資料』（農林水産省構造改善局農政部農政課、1979年）
（翻訳・解説）『西ドイツにおける農地相続制度関係資料』（農林水産省構造改善局農政部農政課、1979年）
（翻訳）『西ドイツにおける農用地買収のための損失補償に関する資料』（農林水産省構造改善局農政部農政課、1982年）
（監訳）『西ドイツの農家相続：法制度の歴史と現状［翻訳叢書20］』〔著　K. クレッシェル、W. ヴィンクラー〕（成文堂、1984年）
（編集・監訳）『西ドイツの新用益賃貸借法制［早稲田大学比較法研究所叢書　第15号］』（早稲田大学比較法研究所）〔著　W・ヴィンクラーほか〕（1986年）
（監訳）『ドイツ建設法典：対訳』（日本不動産研究所）〔共監訳　成田頼明編集　ドイツ土地法制研究会〕（1993年）
（監訳）『ドイツ建設法典：対訳　補追』（日本不動産研究所）〔共監訳　成田頼明、編集　ドイツ土地法制研究会〕（1994年）
（監訳）『知的・精神的障害者とその権利：研修と実務の手引［早稲田大学比較法研究所叢書；23］』（早稲田大学比較法研究所）〔著　フォルカー・ヤコビ　共訳　志村武ほか〕（1996年）
（監訳）『ドイツ法史［翻訳叢書30］』（成文堂）〔著 Gerhard Köbler〕（1999年）

7．翻　　訳

「北ドイツ連邦営業令〔1869年〕試訳」比較法学6巻2号301頁〜333頁（1971年）
「〈資料〉西ドイツの新農地整備法──一九七六年改正条文および改正理由」比較法学12巻1号147頁〜241頁（1977年）
"Recht des landwirtschaftlichen Bodens in Japan" 1. Teil u. 2. Teil,: in Wasada Bulletin of Comparative Law Vol. 2 u. 3 1983（独文）
「ドイツ連邦共和国の新しい州における所有権と土地利用関係の発展」日本法学58巻1号269頁〜310頁〔著　ギュンター・ローデ〕（1992年）
（翻訳・解説）「旧東独における農業生産協同組合制度の改変」農政研究センター国際部会セミナー『市場経済化と集団農業の解体』〔著　ギュンター・ローデ〕（1992年）

「旧「東ドイツ」における家族法ならびに裁判所制度の発展と現代的諸問題について」日本法学58巻1号311頁～324頁〔著　ウルズラ・ローデ〕(1992年)
「ドイツ連邦共和国における農業政策および環境政策上の現代的諸問題」農業法研究29号113頁～124頁〔著　ウィルヘルム・ヘンリッヒスマイヤー〕(1994年)
「ドイツにおける農業経営の諸形態」農業法研究29号138頁～152頁〔著　カール・クレッシェル〕(1994年)
「フランスにおける農業経営の法形態」農業法研究29号153頁～164頁〔著　ヴォルフガング・ヴィンクラー〕(1994年)
「都市近郊における土地整理」農業法研究29号175頁～192頁〔著　エーリッヒ・ヴァイス〕(1994年)
「講演　世話法における強制、収容、自由剥奪措置、強制的治療」比較法学37巻2号225頁～241頁〔講演　Volker Lipp〕(2004年)
「講演　医師の治療（または放置）に関する患者の意思（臨終に際しての尊重も）、患者配慮処分、患者代弁人制度」比較法学37巻2号243頁～253頁〔講演 Werner Bienwald〕(2004年)
「牛乳市場法を背景とする牛乳生産枠権の発展」農業法研究47号157頁～209頁〔著　クリスティアン・ブッセ〕(2012年)
「ドイツにおけるブドウ栽培の法規則」早大比較法研究所、比較法学46巻2号、309頁～326頁（2012年）

8．共　訳

「ドイツ連邦共和国における農業相続法」比較法学16巻2号167～180頁〔著 Wolfgang Winkler、共訳　楜沢能生、山田伸直〕(1982年)
「ドイツ連邦共和国における法曹養成制度」比較法学17巻1号241頁～253頁〔著 Wolfgang Winkler、共訳 山田伸直〕(1983年)
(翻訳・資料)「西ドイツの都市『建設法典』」比較法学21巻1号81頁～113頁〔著　西ドイツ連邦国土計画・建設制度・都市建設省、共訳　鈴木直哉〕(1987年)
「2006年オーストリア代弁人法改正法」比較法学44巻1号219頁～232頁〔共訳 青木仁美〕(2010年)
「生命維持装置の導入および無益である場合におけるその中止を決定する法的基礎」田山輝明（監訳）　青木仁美・池田辰夫（訳）、「早稲田法学」第89巻1号145頁～162頁（2013）〔著　フォルカー・リップ〕

9．判例評釈・判例紹介

「田中勝鉄工所事件——騒音、振動による人体被害と違法性」公害・環境判例99頁～101頁（1974年）

「請負契約において瑕疵が重要でなくその修補に過分の費用を要する場合における『修補に代わる損害賠償』の可否（最判昭58年1月20日判時1076号56頁）〈最新判例紹介〉」受験新報33巻8号184頁～186頁（1983年）

「占有を伴わない短期賃貸借の効力（東京高判昭58年6月2日判時1083号86頁）〈最新判例紹介〉」受験新報33巻12号109頁～111頁（1983年）

「建築請負契約と所有権の帰属（昭和58.7.28東京高判）〈最新判例紹介〉」受験新報34巻1号150頁～153頁（1984年）

「所有権留保売買の買主が設定した譲渡担保権の効力（昭和58.3.18最高二小判）〈最新判例紹介〉」受験新報34巻3号144頁（1984年）

「民法478条の類推適用と善意・無過失の判断基準時（昭和59.2.23最高一小判）〈最新判例紹介〉」受験新報34巻6号166頁～168頁（1984年）

「白紙委任状と表見代理（昭和59.3.15東京高判）〈最新判例紹介〉」受験新報34巻10号162頁～164頁（1984年）

「小繋事件」ジュリスト900号（特集・法律事件百選）26頁～27頁（1988年）

「海・山・宅地に関する判決（私の判例回顧）（特集　判例回顧と展望）」法律時報60巻4号189頁（1988年）

「施行者管理地の第三者占有」街づくり・国づくり判例百選（別冊ジュリスト103号）70頁～71頁（1989年）

「都営住宅の建替え事業のための明渡請求が、公営住宅法所定の戸数要件を欠くとして棄却された事例（平成元.1.31東京地判）〈最新判例批評69〉」判例時報1343号192頁～194頁（1990年）

「【1】国が行う私法上の行為と憲法98条1項にいう『国務に関するその他の行為』【2】私法上の行為と憲法9条の適用　【3】憲法9条と民法90条にいう『公の秩序』との関係（平成元.6.20最高三小判）」私法判例リマークス1号（1990〔平成元年度判例評論〕〉）4頁～17頁（1990年）

「西淀川大気汚染訴訟第1審判決」判例時報1406号132頁～137頁（1992年）

「留置権者が留置物の一部を債務者に引渡した場合における被担保債権の範囲（平成3.7.16最高三小判）」私法判例リマークス5号（1992〔下〕〔平成3年度判例評論〕）31頁～34頁（1992年）

「1．共同不法行為の加害者の各使用者間における求償権の成立する範囲　2．加害者の複数の使用者間における各使用者の負担部分　3．加害者の複数の使用者間における求償権の成立する範囲（最判平成3．10．25）」判例時報1442号196頁～201頁（1993年）

「【1】民法566条3項にいう1年の期間の性質　【2】瑕疵担保による損害賠償請求権の除斥期間と裁判上の権利行使の要否（平成4．10．20最高三小判）」私法判例リマークス8号（1994〔上〕〔平成5年度判例評論〕）57頁～60頁（1994年）

「建物の合体と旧建物に対する抵当権の存続」担保法の判例Ⅰ（ジュリスト増刊）22頁～24頁（1994年）

「不動産工事の先取特権の対抗力」担保法の判例Ⅱ（ジュリスト増刊）157頁～159頁（1994年）

「要役地の所有者によって通路が開設されたとして通行地役権が認められた事例（平成6．12．16最高二小判）」私法判例リマークス12号（1996〔上〕〔平成7年度判例評論〕）21頁～24頁（1996年）

「所有権返還請求権と民法七〇八条」民法判例百選Ⅱ債権［第四版］158頁～159頁（1996年）

「妨害排除請求権の代位」民法判例百選Ⅱ債権［第四版］36頁～37頁（1996年）

「長良川河口堰建設差止請求訴訟第一審判決（岐阜地裁判決平成6．7．20）」判例時報1567号191頁～197頁（1996年）

「地方公共団体が買主となる農地売買契約と県知事の許可──最高裁第一小法廷民事判決平成6．9．8」民商法雑誌114巻4・5号841頁～845頁（1996年）

「墓収去墓地明渡・焼骨入骨壺収去請求事件（仙台高裁判決平成7．11．27）」判例時報1594号205頁～208頁（1997年）

「賃借人が主観的に相当と認めていない従前賃料の支払と『相当賃料』最二小判平成8・7・12」平成8年重要判例解説（ジュリスト1113号）71頁～72頁（1997年）

「ゴルフクラブ会員権譲渡の第三者対抗要件（平成8．7．12最高二小判）」私法判例リマークス16号（1998〔上〕〔平成9年度判例評論〕）31頁～34頁（1998年）

「共有物分割と価格賠償（平成8．10．31最高一小判）」『民法の基本判例［第2版］［月刊法学教室増刊　基本判例シリーズ2］』72頁～75頁（1999年）

「川崎大気汚染公害第二次～四次第一審判決（横浜地川崎支判平成10．8．5）」判例時報1718号211頁～217頁（2000年）

「最新判例批評 PTAの会員はPTAに対して会計帳簿の閲覧請求権を有するか（名古屋高判平成11．9．30）」判例時報1746号213頁～217頁（2001年）

「妨害排除請求権の代位」民法判例百選II　債権［第五版］34頁～35頁（2001年）

「所有物返還請求権と民法708条」民法判例百選II　債権［第五版］158頁～159頁（2001年）

「小作地に対する宅地並み課税を理由とする小作料増額請求の可否〔最大判平成13・3・28〕」平成13年度重要判例解説（ジュリスト臨時増刊1224号）84頁～86頁（2002年）

「判例批評　転用目的の農地売買での許可手続未了と取得時効の進行（平成13．10．26最高裁第二小法廷判決）」民商法雑誌127巻1号59頁～74頁（2002年）

「最新判例批評（85）転用目的の農地につき農地法5条所定の許可を得るための手続きが執られていない場合における買主の自主占有の開始時期（最二判平成13．10．26）」判例時報1794号178頁～182頁（2002年）

「給排水施設使用許諾請求事件（平成14．10．15最高三小判）」私法判例リマークス28号（2004〔上〕〔平成15年度判例評論〕）22頁～25頁（2004年）

「妨害排除請求権の代位」民法判例百選II債権［第五版　新法対応補正版］34頁～35頁（2005年）

「所有物返還請求権と民法708条」民法判例百選II債権［第五版　新法対応補正版］158頁～159頁（2005年）

「自動車通行権（平成18．3．16最高一小判）」私法判例リマークス35号（2007〔下〕〔平成18年度判例評論〕）14頁～17頁（2007年）

「所有物返還請求権と民法708条」民法判例百選II債権［第六版］154頁～155頁（2009年）

「元本確定前の根抵当権の譲渡と登記（平成20．6．25東京高判）」私法判例リマークス39号（2009〔下〕〔平成20年度判例評論〕）22頁～25頁（2009年）

「クリーニング事故賠償基準（平成17．4．27東京簡判）」消費者法判例百選（別冊ジュリスト200号）226頁～227頁（2010年）

「共有不動産の不実登記の是正方法（平成22．4．20最高三小判）」私法判例リマークス43号（2011〔下〕〔平成22年度判例評論〕）14頁～70頁（2011年）

10．書評・その他

「民法（1969年学界回顧）」法律時報41巻14号20頁～26頁（1969年）

「民法（1970年学界回顧）」法律時報42巻14号25頁～30頁（1970年）

「外国文献紹介──西ドイツ」法の科学1号220頁～222頁（1973年）

「コメント＆リプライ『マルクス主義法学講座』の完結に寄せて 1・2（完）」法律時報53巻9号83頁～99頁、53巻10号88頁～95頁（1981年）

「もう一つの法学入門 〈特集〉新聞活用法」法学セミナー増刊179頁～219頁（1982年）

「ドイツ法（1982年学界回顧）」法律時報54巻12号179～184頁（1982年）

（書評）「佐藤昌一郎著『地方自治体と軍事基地』を読んで（読書ノート）」季刊科学と思想47号533頁～538頁（1983年）

「我妻栄著＝有泉亨補訂『新訂物権法（民法講義2）』（図書・論文ガイド）」受験新報33巻10号155頁～157頁（1983年）

「ドイツ法（1983年学界回顧）」法律時報55巻12号177頁～182頁〔共著　高橋洋、椛沢能生〕（1983年）

（書評）「読書──基地対策全国連絡会編『日本の軍事基地』」前衛：日本共産党中央委員会理論政治誌501号240頁（1983年）

「求められる人間らしさ《読書随想》」法学セミナー351号157頁（1984年）

（書評）「槇悌次著『物権法概論』」受験新報34巻8号144頁～146頁（1984年）

「ドイツ法（1984年学界回顧）」法律時報56巻13号188頁～193頁（1984年）

「ドイツ法（1985年学界回顧）」法律時報57巻13号187頁～192頁〔共著　鈴木直哉〕（1985年）

（文献紹介）「東ドイツ農業生産協同組合法に関する文献〈外国文献紹介〉」農業法研究21号124頁～126頁（1986年）

「ドイツ法（1986年学界回顧）」法律時報58巻13号179頁～184頁〔共著　鈴木直哉〕（1986年）

「法学教育の現状と問題点（第19回司法制度研究集会・特別報告）」法と民主主義214号10頁～18頁（1987年）

「ドイツ法（1987年学界回顧）」法律時報59巻13号176頁～182頁〔共著　鈴木直哉〕（1987年）

（文献紹介）「判例の『学び方』と『読み方』（井口茂著『判例を学ぶ』、中野次雄編『判例とその読み方』）〈ぜひ読んでおきたい新しい文献紹介〉」法学新報38巻8号24頁～27頁（1988年）

「日本私法学会〈民法〉ほか〈学会探訪〉」受験新報41巻1号38頁～45頁〔共著　藤井俊二〕（1991年）

（書評）「伊藤・井上・高梨・織田編『農業労働災害補償』（三省堂）〈書評〉」農業法研究26号158頁（1991年）

（書評）「江藤价泰編『司法書士の実務と理論』」法学セミナー437号131頁（1991年）

（書評）「笛木昭『戦後農業構造の軌跡と展望』（富民協会、1991年）〈書評〉」農業法研究27号192頁（1992年）
（書評）「森田勝著『要説土地改良換地』」農村計画学会誌11巻3号80頁～81頁（1992年）
（書評）「森田勝著『要説土地改良換地』」法律時報65巻2号103頁～104頁（1993年）
（書評）「森田勝『要説土地改良換地』〈書評〉」農業法研究28号237頁（1993年）
（書評）「清水誠著『時代に挑む法律学――市民法学の試み』〈法教 Bookshelf〉」法学教室151号85頁（1993年）
（書評）「『都市拡大と土地問題――バブル崩壊下の農地法制』甲斐道太郎編」法律時報66巻3号118頁～120頁（1994年）
（書評）「星野英一編『判例に学ぶ民法』〈法教 Bookshelf〉」法学教室172号64頁（1995年）
（書評）「瀬川信久著『日本の借地』」法学セミナー497号108頁（1996年）
「早稲田大学法学部から見たロースクール問題と法学部教育（特集　法曹養成と法学教育――法学部・法学大学院の果たすべき役割　各大学の取組み）」ジュリスト1168号66頁～67頁（1999年）
「『法科大学院』問題について（特集　大学改革と法曹養成　日民協〔日本民主法律家協会〕・会内シンポジウム　大学改革と法曹養成――法科大学院構想の論議状況）」法と民主主義348号27頁～32頁（2000年）
（書評）「『近代家族団体論の形成と展開』（有斐閣刊）」戸籍時報516号9頁～12頁（2000年）
（書評）「高橋寿一著『農地転用論―ドイツにおける農地の計画的保全と都市』」法律時報73巻11号107頁～108頁（2001年）
「私の受験時代（法曹を志す君たちへ〈700号記念特集〉）」受験新報59巻6号34頁～35頁（2009年）
「文献紹介　ドイツにおけるブドウ栽培の法規制：現在と将来」比較法学46巻2号309頁～326頁（2012年）

11．海外調査報告書

「ドイツ連邦共和国における農家相続（一）・（二）：1978～80年実態調査中間報告」社會科學研究34巻4号1頁～55頁（1982年）、34巻6号53頁～107頁（1983年）〔共著　利谷信義、ユングニッケル・J、広渡清吾〕
『フランス・西ドイツの都市再開発制度の実態』（ドイツ・ケルン担当）（国土庁

土地局委託調査、日本不動産研究所、1985年）

『諸外国における市街地縁辺部の土地利用調整の問題と手法に関する調査報告書』（西ドイツ担当）（国土庁土地局委託調査、三菱総合研究所、1986年）

『農地の多面的利用の手法開発に関する調査報告書』（ドイツ担当）（農林水産省委託調査、全国農地保有合理化協会、1991年）

『成年後見制度に関する調査報告書　オーストリア編　成年後見制度に関する資料；no. 2』（東京都社会福祉協議会東京精神薄弱者・痴呆性高齢者権利擁護センター）〔編著〕（1995年）

『成年後見制度に関する調査報告書　ドイツ編［成年後見制度に関する資料 no. 3］』（東京都社会福祉協議会権利擁護センターすてっぷ）〔編著〕（1995年）

12．国内調査報告書（責任者として実施した共同調査）

昭和53年度農林水産省委託小作事情調査「農用地利用関係事情調査報告書」（農林水産省、1979年）

昭和55年度厚生省・厚生科学研究事業「墓地利用権の法的性格に関する研究」（社団法人全日本墓園協会、1982年）

昭和56年度農林水産省委託調査「ほ場整備地区農地流動化効果調査報告書」（茨城県石下町・中沼地区）（1982年）

昭和57年度農林水産省委託調査「ほ場整備地区農地流動化効果調査報告書」（宮崎県国富町井水・大坪地区）（1983年）

農業者年金基金委託調査「農業者年金制度下の経営委譲の実態に関する調査報告書」（農業者年金基金、1985年）

日本住宅総合センター委託調査「賃貸住宅市場整備のための調査研究――標準賃貸借契約書について」（標準賃貸借契約約款研究会〔委員長として〕、日本不動産研究所、1984）

昭和58年度農林水産省委託調査「ほ場整備地区農地流動化効果調査報告書」（徳島県阿南市新野東部地区）（農林水産省、1985年）

昭和59年度農林水産省委託調査「ほ場整備地区農地流動化効果調査報告書」（鳥取県鹿野町、1986年）

沖縄総合事務局委託調査「農家の土地保有・利用関係基礎調査報告書」（沖縄総合事務局、1985年）

平成4年度全国中小企業団体中央会補助事業「活路開拓ビジョン調査事業～ゆとり豊かさ枠～」（全国クリーニング環境衛生同業組合連合会、1992年）

平成5年度農林水産省委託調査「農地等の承継・管理に関する実態調査」（鹿児

島県溝辺町担当、1993年)

13. 最近1年間の講演等

2013年3月　全国社会福祉協議会「権利擁護・虐待防止セミナー」で「成年後見の目指すもの」について基調講演

2013年4月　成年後見センター・リーガルサポート研修会にて「成年被後見人の選挙権剥奪問題」について講演

2013年4月　自由民主党・公明党の「成年被後見人と選挙権に関するプロジェクトチーム」で、報告

2013年9月　早稲田大学法学部横川記念公開講座にて「公的成年後見」について講演

2013年10月　早稲田大学法学部横川記念公開講座にて「成年後見と障害者権利条約」について講演

2013年10月　多摩南部成年後見センター創立10周年記念講演会にて「成年後見法人にとっての現代的課題」について講演

2013年10月　成年後見法学会にて「成年被後見人の選挙権をめぐる比較法的検討」について報告

2013年11月　中国・北京の人民大学にて「日本の成年後見制度――少子・高齢社会の法律制度」について講演

2013年11月　中国上海交通大学と上海社会学院において「日本の成年後見制度――少子・高齢社会の法律制度」について講演

2014年1月　奈良県社会福祉協議会「福祉後見推進フォーラム」にて、「成年後見制度をめぐる動向と市町村に求められる諸課題」について講演

あとがき

　私たちが心から敬愛する田山輝明先生は、平成26年1月21日にめでたく古稀を迎えられました。これまで先生から賜ったご学恩に少しでも報いたいとの一心から、先生に記念論文集を献呈申し上げたいとの声が自然と湧き起こり、ここに、田山輝明先生古稀記念論文集として公刊されることとなりました。

　先生は昭和19年1月21日に群馬県にお生まれになられ、昭和37年に早稲田大学第一法学部に入学されると、その卓越した俊英ぶりから、一気に頭角を現され、昭和39年には学部3年次在学中に弱冠20歳で司法試験に合格されました。

　その後、実務法曹界へ進まれることも一時お考えになられたそうですが、学部4年次での学業と、野村平爾先生との出合いが、田山先生を研究者の道へと誘うこととなりました。野村先生はご自身のご高齢を憂慮し、一度は田山先生の弟子入り志願をお断りになられたそうですが、田山先生の厚い志とその卓抜した能力によって説得され、大学院への進学と弟子入りを許可されたとの話が伝わっております。

　その後、田山先生は順調に研究者としての道を歩まれ、早稲田大学法学部助手に採用されたのを皮切りに、専任講師、助教授、教授へと昇進され、今日を迎えられております。

　この間、先生にとりまして、おそらく決定的に重要な契機となりましたのは、助教授時代に、フンボルト財団給費奨学生として当時の西ドイツのゲッティンゲン大学にて在外研究に励まれたことではないかと拝察いたします。同大学農業法研究所において、法制史と農業法のすでに大家であられたKarl Kroeschell先生の薫陶を受けつつ、田山先生は、西ドイツ農地整備法制についての研究を深められ、ご帰国後、同名の著書により法学博士号を受けられることになりました。

　先生が民法の各分野、土地法、農業法およびドイツ法においても顕著な学

問的業績を残されたことについては、もはや述べるまでもないところですが、先生の名をさらに高めているのは、教育、学内行政および社会的活動においても大いに活躍され、重責を担われてきたからであろうと思います。

　早稲田大学法学部田山ゼミの出身者で法曹界で活躍している者は、すでに数百人を数えるほどになっております。同ゼミが、早稲田大学だけではなく、広く法曹界一般にもよく知られているという事実は、通常の学部ゼミでは考えられないことです。また、田山先生が育てられ、研究者としての地位を得た弟子たちも、全国各地で活躍しております。

　さらに、田山先生は法学部の学部長を2期4年務められるとともに、法務研究科の創設にもご尽力された後、早稲田大学理事および副総長となられ、大学全般にわたる困難に毅然と立ち向かわれました。その当時の、先生の大変疲労に満ちたお顔から、さぞや激務なのだろうとの周りの者からの心配の声は絶えませんでした。

　社会的活動としても、成年後見制度の立法に携わられただけではなく、その後の同制度の社会への正しい浸透に向けてご尽力され、同制度は、今日、社会一般に広く認知されるているところであります。

　このように、田山先生が様々な分野において、八面六臂の活動をされてこられたという事実は、先生の類希な頭脳と弛まぬ努力の結果であることは言うまでもありませんが、それとともに、先生の謹厳実直で清廉潔白なお人柄が加わったからこそであろうとの思いを強くいたします。そうであるからこそ、先生を慕う後進の者は後を絶たないのであります。

　幸いなことに、先生はまだまだご壮健なご様子です。古稀を迎えられたことは、先生にとりましてあくまで通過点を過ぎただけであろうと存じます。ぜひ、これからも、私たち後進の者を厳しく叱咤激励され続けられることを切に希望しつつ、そして、今後も引き続きご壮健であられることを、衷心より深く願いつつ、本論文集をお届け申し上げたいと存じます。

平成26年3月吉日
田山輝明先生古稀記念論文集編集委員会事務局を代表して
早稲田大学法学学術院准教授・大場浩之

執筆者紹介 ────────────────────────────── (掲載順)

浦川道太郎	（うらかわ　みちたろう）	早稲田大学法学学術院教授
近江幸治	（おうみ　こうじ）	早稲田大学法学学術院教授
多田利隆	（ただ　としたか）	西南学院大学法科大学院教授
藤村和夫	（ふじむら　かずお）	日本大学法学部教授
小賀野昌一	（おがの　しょういち）	千葉大学法経学部教授
後藤巻則	（ごとう　まきのり）	早稲田大学法学学術院教授
青木則幸	（あおき　のりゆき）	早稲田大学法学学術院教授
大場浩之	（おおば　ひろゆき）	早稲田大学法学学術院准教授
足立祐一	（あだち　ゆういち）	早稲田大学大学院法学研究科博士後期課程
藤井俊二	（ふじい　しゅんじ）	創価大学大学院法務研究科教授
大西泰博	（おおにし　やすひろ）	早稲田大学社会科学総合学術院教授
鎌野邦樹	（かまの　くにき）	早稲田大学法学学術院教授
渠　　涛	（キョ　トウ）	中国社会科学院法学研究所教授
越知保見	（おち　やすみ）	早稲田大学法学学術院教授
秋山靖浩	（あきやま　やすひろ）	早稲田大学法学学術院教授
藤巻梓	（ふじまき　あずさ）	静岡大学人文社会科学部准教授
楜澤能生	（くるみさわ　よしき）	早稲田大学法学学術院教授
梶村太市	（かじむら　たいち）	常葉大学法学部教授
棚村政行	（たなむら　まさゆき）	早稲田大学法学学術院教授
片山英一郎	（かたやま　えいいちろう）	常葉大学法学部非常勤講師
Volker Lipp	（フォルカー・リップ）	ゲッティンゲン大学法学部教授
菅富美枝	（すが　ふみえ）	法政大学経済学部教授
廣瀬美佳	（ひろせ　みか）	國學院大學専門職大学院法務研究科教授
志村武	（しむら　たけし）	関東学院大学大学院法務研究科教授
黒田美亜紀	（くろだ　みあき）	明治学院大学法学部教授
青木仁美	（あおき　ひとみ）	早稲田大学法学学術院助手
山城一真	（やましろ　かずま）	早稲田大学法学学術院准教授
Gerhard Köbler	（ゲルハルト・ケブラー）	インスブルック大学名誉教授
五十嵐敬喜	（いがらし　たかよし）	法政大学法学部教授

民事法学の歴史と未来

田山輝明先生古稀記念論文集

2014年3月31日　初版第1刷発行

編　者	五十嵐　敬　喜
	近　江　幸　治
	楜　澤　能　生
発行者	阿　部　耕　一

〒162-0041　東京都新宿区早稲田鶴巻町514

発行所　　株式会社　成　文　堂

電話 03(3203)9201(代)　FAX 03(3203)9206

製版・印刷　シナノ印刷　　　　　製本　佐抜製本
©2014 五十嵐・近江・楜澤　Printed in Japan
☆乱丁・落丁本はおとりかえいたします☆
ISBN978-4-7923-2659-3 C3032　　　　検印省略

定価(本体18000円＋税)